Ruth Nattermann
Jüdinnen in der frühen italienischen Frauenbewegung (1861–1945)

Bibliothek des Deutschen Historischen Instituts in Rom

—

Band 140

Ruth Nattermann

Jüdinnen in der frühen italienischen Frauenbewegung (1861–1945)

—

Biografien, Diskurse und transnationale Vernetzungen

DE GRUYTER

Despite careful production of our books, sometimes mistakes happen. Unfortunately, the frontmatter showed the wrong publication year in the original publication. This has been corrected. We apologize for the mistake.

ISBN 978-3-11-099552-7
e-ISBN (PDF) 978-3-11-069535-9
e-ISBN (EPUB) 978-3-11-069546-5
ISSN 0070-4156

Library of Congress Control Number: 2020941996

Bibliografische Information der Deutschen Nationalbibliothek
Die Deutsche Nationalbibliothek verzeichnet diese Publikation in der Deutschen Nationalbibliografie; detaillierte bibliografische Daten sind im Internet über http://dnb.dnb.de abrufbar.

© 2022 Walter de Gruyter GmbH, Berlin/Boston
Dieser Band ist text- und seitenidentisch mit der 2020 erschienenen gebundenen Ausgabe.
Satz: werksatz · Büro für Typografie und Buchgestaltung, Berlin
Druck und Bindung: CPI books GmbH, Leck

www.degruyter.com

Inhalt

Vorwort —— VII

Einleitung —— 1

1 Italienisch-jüdische Familienidentitäten und säkulare Subkultur —— 29
1.1 Heiraten und Blutsverwandtschaften —— 31
1.2 Judentum als ethische Tradition —— 40
1.3 Familiengedächtnisse —— 43
1.4 Die Zukunft in den Kindern. Geburt und Aufwachsen zwischen bürgerlichem Anspruch und jüdischer Tradition —— 48

2 Biografien zwischen Laizismus und jüdischer Selbstverortung —— 54
2.1 Erzieherin, Abolitionistin, *ebrea laica*. Die Pionierin Sara Levi Nathan —— 54
2.2 *Fare gli italiani* durch pädagogische Erneuerung —— 67
2.3 Schreiben als Handeln —— 78

3 Emanzipation, Integration und Abgrenzung —— 91
3.1 Nationale Bezugspunkte, transnationale Vernetzungen. Jüdische Akteurinnen in der organisierten Frauenbewegung —— 91
3.2 Jüdinnen, Katholikinnen, Antisemitismus —— 129

4 *La Grande Guerra*. Italienische Jüdinnen im Spannungsfeld von Pazifismus, Interventionismus und nationaler Euphorie —— 150
4.1 Kriegstreiberinnen und Pazifistinnen —— 150
4.2 Veränderte Beziehungen —— 160
4.3 Trügerische Erinnerungen —— 170
4.4 Zwischen Krieg und Gewaltherrschaft —— 176

5 Marginalisierung, Entrechtung und Verfolgung. Unter faschistischer Herrschaft —— 194
5.1 Einstellungen zum Faschismus —— 194
5.2 Zionismus als Neubeginn und Fluchtraum —— 208
5.3 Die Verfolgung der Rechte und des Lebens —— 228

„Le emancipate"? Italienische Jüdinnen zwischen Risorgimento und Faschismus —— 259

Summary —— 281

Abbildungsnachweise —— 285

Abkürzungsverzeichnis —— 287

Quellen- und Literaturverzeichnis —— 291
1 Ungedruckte Quellen —— 291
2 Gedruckte Quellen —— 293
3 Literatur —— **296**

Register —— 317
1 Personen —— 317
2 Orte —— **326**

Vorwort

Das vorliegende Buch ist aus meiner Habilitationsschrift hervorgegangen, für die mir die Ludwig-Maximilians-Universität München am 2. Juli 2018 die Venia legendi für Neuere und Neueste Geschichte verliehen hat.

Mein Dank geht zuallererst an Martin Baumeister. Mit seiner charakteristischen intellektuellen Lässigkeit und kreativen Leichtigkeit hat er von München und Rom aus die Habilitation kenntnisreich begleitet und mein Vorgehen bedingungslos unterstützt. Dem erfahrenen Langstreckenläufer ist es zu verdanken, dass der lange Atem, den man für die Fertigstellung einer solchen Studie braucht, nie ausging, und die Freude an dem Erreichten immer anhielt. Neben Martin Baumeister begleitet Michael Brenner bereits seit vielen Jahren meinen akademischen Werdegang mit großem Intellekt und umfassendem Wissen. Seine stets interessierte und zugleich völlig ungezwungene Art hat wesentlich zu meiner Habilitation sowie zu der konzeptionellen und argumentativen Entwicklung dieses Buches beigetragen. Dafür möchte ich mich sehr herzlich bei ihm bedanken.

Die Diskussionen im Fachmentorat der LMU München werden mir immer in Erinnerung bleiben. Margit Szöllösi-Janze, der ich von Herzen für ihre engagierte Unterstützung danke, hat mich mit ihrem aufmerksamen, kritischen und zugleich wohlwollenden Blick immer zutiefst motiviert und angespornt. Ebenso herzlich möchte ich Paula-Irene Villa danken. Als Soziologin hat sie mich auf Fragestellungen und Zusammenhänge aufmerksam gemacht, die an der historischen Forschung oft vorbeigehen. An der LMU war es außerdem Mirjam Zadoff, die mir mit wertvollen Anregungen für meine Studie zur Seite stand. Philipp Lenhard verdanke ich nicht nur viele interessante Hinweise, sondern vor allem auch den inspirierenden Austausch im DFG-Netzwerk „Gender – Nation – Emancipation" und eine Menge geistreicher Unterhaltungen.

Dank der großzügigen Förderung durch die Deutsche Forschungsgemeinschaft und die Max Weber Stiftung wurde mir die Möglichkeit eröffnet, meine Arbeit in einem transnationalen Kontext zu verfassen. Ihren Anfang nahm die Studie zu Jüdinnen in der frühen italienischen Frauenbewegung am Deutschen Historischen Institut in Rom, mit dem ich seit langem verbunden bin. Bei Lutz Klinkhammer, seit vielen Jahren ein unverzichtbarer Freund und Diskussionspartner, bedanke ich mich ganz herzlich für seinen Teamgeist und seine wissenschaftliche Kompetenz, mit der er die Arbeit von Beginn an mit großem Interesse unterstützte. Carolin Kosuch hat Teile des Manuskripts kritisch gelesen und mit klugen Ideen bereichert. Ihr und Amedeo Osti Guerrazzi verdanke ich viele wertvolle Ratschläge und nicht zuletzt eine Menge anregender Gespräche in der Ewigen Stadt. Guido Lammers sei für die kompetente Begleitung des Forschungsprojekts durch die DFG ein großer Dank ausgesprochen.

Die Zusammenarbeit mit Sylvia Schraut an der Professur für Deutsche und Europäische Geschichte im 19. und 20. Jahrhundert an der Universität der Bundeswehr München hat mich enorm vorangetrieben und inspiriert. Ich danke ihr von Herzen für zahlreiche wichtige Hinweise und ihre selbstlose Unterstützung, auf die ich mich in jeder Situation verlassen konnte. Der vielfältige Austausch und die gemeinsamen Forschungsinitiativen mit Mirjam Höfner haben mir große Freude bereitet und mich gerade in der Endphase des Schreibprozesses immens motiviert.

Angelika Schaser und Stefanie Schüler-Springorum danke ich ganz besonders für ihren konstruktiven Beitrag zum DFG-Netzwerk „Gender – Nation – Emancipation". Die transnationale Zusammenarbeit mit großartigen Kolleginnen und Kollegen hat die Entwicklung meiner Habilitation begleitet und bereichert. Für kompetenten Rat und kritische Vorschläge bin ich zudem Tullia Catalan, Filippo Focardi, Petra Ernst-Kühr (die ich schmerzlich vermisse), Silvia Guetta, Gerald Lamprecht, Simon Levis Sullam, Brunello Mantelli und Perry Willson zu großem Dank verpflichtet.

Die Ermittlung oft schwer zugänglicher Archivalien wäre ohne die Hilfe vieler Personen nicht möglich gewesen. Dank schulde ich vor allem Mirco Bianchi, David Bidussa, Laura Brazzo, Eleonora Cirant, Fabio Desideri, Umberto Di Gioacchino, Angela Gavoni, Daniela Italia, Gisele Levy, Daniela Loyola, Gadi Luzzatto Voghera, Liliana Picciotto, Roberta Ricci, Mirka Sandiford, Susanne Schlösser und dem Personal der Biblioteca Nazionale Centrale di Firenze. Für instruktive Gespräche bedanke ich mich herzlich bei Frank Gent, Lionella Neppi Modona Viterbo und Bosiljka Raditsa.

Dass mein Buch in die wissenschaftliche Schriftenreihe des Deutschen Historischen Instituts in Rom aufgenommen wurde, wo die ersten Ideen zu diesem Thema entstanden, freut mich unsagbar. An Kordula Wolf geht ein herzlicher Dank für ihr engagiertes Lektorat und die umsichtige Betreuung der Veröffentlichung. Den anonymen Gutachter/-innen danke ich für ihre konstruktiven Bemerkungen.

Meine in mehrere Teile der Welt verstreuten Freundinnen und Freunde haben während der Höhen und Tiefen des Schreibprozesses stets ein offenes Ohr für mich gehabt. Bei Sabine Hulbe bedanke ich mich herzlich für ihre klugen Kommentare zu verschiedenen Teilen des Manuskripts.

Der größte Dank gilt wie immer meiner Familie. Meine Eltern und Geschwister haben mir Glück gewünscht, Interesse gezeigt und mich vertrauensvoll meinen Weg gehen lassen. Niemand jedoch war so nahe an der Entstehung dieser Studie beteiligt wie mein Mann Alfredo und unsere beiden Söhne. Die Freude darüber, Davide und Michele aufwachsen zu sehen, hat mich für alle Mühen des Arbeits- und Schreibprozesses reich entschädigt. Über lange Zeit wurde unser Familienalltag von vielen illustren Frauenfiguren bewohnt, die uns wohl für immer begleiten werden. Alfredo, Davide und Michele ist dieses Buch in Liebe und Dankbarkeit gewidmet.

Florenz, im Januar 2020

Einleitung

Im September 1938 erschien in der antisemitischen Zeitschrift „La Difesa della Razza" ein Artikel mit dem vielsagenden Titel „Büchersäuberung". Der anonyme Autor äußerte sich hier unmissverständlich über die geplante Entfernung von Werken jüdischer Schriftstellerinnen, Dichterinnen und Pädagoginnen aus der Unterrichtslektüre italienischer Schulen. Er schrieb:

> „Hier vor unseren Augen findet sich eine Anhäufung von Büchern unterhaltsamer Literatur, die sich zum Teil sehr gern auf Kinderliteratur spezialisiert. Versenken wir unsere Hände in diese Haufen. Und so fällt uns auf, dass unsere Kinder zur Lyrik der Jüdin Lina Schwarz singen, unsere Mädchen mit der Jüdin Cordelia seufzen, mit der Jüdin Emma Boghen Conigliani träumen, sich mit der Jüdin Haydée schwermütig machen, oder von den Jüdinnen Orvieto und Errera belehren lassen. Die Liste könnte noch weiter gehen. Was hat es überhaupt auf sich mit diesem Monopol der Kinder- und Unterhaltungsliteratur? ... Jede Figur, die aus einer jüdischen Feder stammt, talmudisiert, das heißt sie irrt, indem sie interpretiert, und interpretiert, indem sie irrt, Gemütszustände, Impulse, Verlangen, Leidenschaften. Wir erachten uns daher nicht als erbarmungslos, wenn wir beantragen, im Bereich der Unterhaltungs- und Kinderliteratur keinerlei Nachsicht walten zu lassen."[1]

Die konkreten Folgen ließen nicht lange auf sich warten. Spätestens seit November 1938 wurden die Schriften italienisch-jüdischer Autorinnen nicht nur aus Schulen und Bibliotheken entfernt, sondern auch insgesamt aus dem Umlauf gezogen. Jüdische Frauen, die unter den zeitgenössischen Kinderbuchautorinnen und Reformpädagoginnen überdurchschnittlich stark vertreten waren, gehörten nach der offiziellen Version des Regimes nicht mehr zur sogenannten „italienischen Rasse", ihre Schriften wurden als Gefahr für die einheitliche ideologische Ausrichtung italienischer Schulen gesehen. Von der staatlichen Kontrolle unabhängige Erziehungseinrichtungen und Schulen wurden geschlossen oder gingen in staatlichen Institutionen auf, darunter auch die von der Pädagogin Adele Della Vida Levi bereits 1869 gegründeten laizistischen Fröbel-Kindergärten. Die Unterdrückung der von jüdischen Frauen initiierten Werke und Institutionen beschränkte sich jedoch nicht nur auf den Erziehungsbereich, sondern betraf gerade auch die Organisationen der Frauenbewegung. Ende 1938 ordnete die faschistische Regierung die Auflösung der Unione Femminile Nazionale (UFN) in Mailand, der damals wichtigsten italienischen Frauenvereinigung, an, da der besonders hohe Anteil jüdischer Akteurinnen in der Organisation allgemein bekannt war. Die Schicksale der 1945 verstorbenen Nina Rignano Sullam, Mitgründerin und lange Zeit einflussreiche Vorsitzende der Unione Femminile, welche die letzten Jahre ihres Lebens versteckt unter falschem Namen in verschiedenen kleinen Ortschaften in Norditalien zubrachte, oder der ersten italienischen Agrar-

---

1 Bonifica Libraria, in: La Difesa della Razza I,3 (settembre 1938).

wissenschaftlerin Aurelia Josz, die mit 75 Jahren nach Auschwitz deportiert und dort umgebracht wurde, sind nur zwei Beispiele für die vielen gewaltsam beendeten oder durch Vertreibung und Exil unwiderruflich veränderten Lebenswege italienisch-jüdischer Feministinnen. Der Appell vom September 1938 zur Entfernung ihrer Werke aus italienischen Schulen lief parallel zur Exklusion der Verfasserinnen selbst aus der italienischen Gesellschaft.

Die Nachhaltigkeit dieser Entwicklung lässt sich daran ablesen, dass auch nach dem Zusammenbruch der faschistischen Diktatur die große Mehrheit der betroffenen Frauen aus dem öffentlichen italienischen Bewusstsein ausgelöscht blieb. Selbst heute sind viele ihrer Namen und Schriften allenfalls einem kleinen Fachpublikum bekannt. Die ausgebliebene Erinnerung ist nicht zuletzt Ausdruck der nach dem Zweiten Weltkrieg über Jahrzehnte hinweg verdrängten italienischen Mitverantwortung für Rassengesetzgebung und Judenverfolgung, die sich auch in der Geschichtsschreibung niederschlug. Der eminente italienische Historiker Renzo De Felice beschrieb in seinem Werk über die Geschichte der Juden im faschistischen Italien von 1961 die Integration der jüdischen Minderheit in die italienische Nation als problemlos und harmonisch und hob hervor, dass seit der zweiten Hälfte des 19. Jahrhunderts keine „jüdische Frage" mehr in Italien existiert habe. Antisemitismus sei bis 1938 unter Italienern nicht vorhanden gewesen.[2] De Felices Studie hatte entscheidenden Anteil an der Nachhaltigkeit dieser Version, welche die Historiografie in und außerhalb von Italien lange Zeit, teilweise noch bis heute, prägte.[3] Erst in den letzten Jahren haben Historiker und Historikerinnen begonnen, das traditionelle Narrativ einer auf

---

[2] De Felice, Storia degli ebrei. Noch 1987 behauptete der einflussreiche Historiker in einem Interview, Italien habe „außerhalb des Lichtkegels des Holocaust" gestanden; vgl. Jacobelli, Il fascismo e gli storici oggi, S. 3–6. Die Verabschiedung der faschistischen Rassengesetzgebung 1938 bedeutete die endgültige Aufhebung der italienischen Juden-Emanzipation des 19. Jahrhunderts. Dass die Rassengesetze jedoch nicht den Ausgangspunkt eines italienischen Antisemitismus in Form einer Nachahmung des nationalsozialistischen Modells darstellten, sondern als Kulminationspunkt einer langfristigen, individuellen Entwicklung verstanden werden müssen, haben in den letzten Jahren vor allem die Studien von Enzo Collotti und Michele Sarfatti zur Geschichte der Juden im italienischen Faschismus überzeugend herausgearbeitet; vgl. Collotti, Il fascismo e gli ebrei; Sarfatti, The Jews. Vgl. zudem die Studien von David Bidussa und Filippo Focardi über den Mythos des „guten Italieners" sowie die neuere kritische Arbeit von Valeria Galimi über die Haltungen der italienischen Gesellschaft gegenüber der Judenverfolgung im faschistischen Italien, die auch die einschlägigen historiografischen Auseinandersetzungen thematisiert: Bidussa, Il Mito del bravo italiano; Focardi, Il *cattivo tedesco* e il *bravo italiano*; Galimi, Sotto gli occhi di tutti.
[3] Die Vorstellung, Antisemitismus habe so gut wie keinen Einfluss auf die italienische Gesellschaft ausgeübt, findet sich noch immer in einigen englischsprachigen Werken der letzten 15 bis 20 Jahre, beispielsweise bei Lindeman, Anti-Semitism before the Holocaust, S. 86, 91; Stanislawski, Zionism and the Fin de Siècle, S. 13.

allen Ebenen gelungenen Integration der jüdischen Minderheit in die Gesellschaft des liberalen Italien verstärkt zu hinterfragen.[4]

Was die kleine jüdische Minderheit im italienischen Einheitsstaat angeht, so erscheinen ihre Erfahrungen tatsächlich auf den ersten Blick äußerst positiv. In keinem europäischen Land waren Juden in so großer Zahl in staatlichen Ämtern, sogar Ministerposten, tätig; auch im italienischen Heer konnten sie bis in die höchsten Ränge aufsteigen. 1910 wurde mit Luigi Luzzatti ein Jude italienischer Ministerpräsident. Die Situation jüdischer Frauen jedoch wurde innerhalb dieser Perspektive bislang nahezu gänzlich ausgeblendet. Auch nach der gesetzlichen Judenemanzipation, die zunächst 1848 im Königreich Sardinien-Piemont erfolgte, 1861 auf Gesamtitalien und 1870 auf Rom ausgeweitet wurde, waren Jüdinnen aufgrund ihres Geschlechts noch immer keine gleichberechtigten Staatsbürger. Die Partizipationsräume für Jüdinnen wie für Frauen insgesamt blieben auf soziale und kulturelle Aufgabenkreise beschränkt.

Das traditionelle Narrativ einer gelungenen Eingliederung der jüdischen Minderheit in die italienische Gesellschaft und des scheinbar jähen Endes der „Erfolgsgeschichte" der italienischen Juden im Jahr 1938 konnte sich, so die These dieser Arbeit, nicht zuletzt aufgrund der Konzentration auf die öffentlichen Errungenschaften jüdischer Männer und die allgemeine Vernachlässigung der keineswegs immer geradlinigen Emanzipations- und Integrationswege jüdischer Frauen besonders dauerhaft halten. Die vorliegende Studie wählt daher bewusst eine geschlechtergeschichtliche Perspektive. Das Ziel besteht darin, anhand der Situation jüdischer Akteurinnen zwischen 1861 und 1945 die Spannungen des Emanzipationsprozesses zwischen Partizipation und Abgrenzung herauszuarbeiten sowie die Marginalisierung, Entrechtung und Verfolgung während der faschistischen Diktatur dezidiert aus dem Blickwinkel jüdischer Frauen zu untersuchen. Im Mittelpunkt der Betrachtung stehen ausgewählte Protagonistinnen der frühen italienischen Frauenbewegung, zu denen auch alle in der „Difesa della Razza" eingangs zitierten Autorinnen zählten. Die Arbeit verbindet den geschlechtergeschichtlichen und biografischen Zugang mit organisations- und diskursgeschichtlichen Methoden.

Die Wahl des Untersuchungszeitraums seit 1861 basiert auf dem Umstand, dass sich der Eintritt von Jüdinnen in die italienische Mehrheitsgesellschaft zeitgleich mit der Entstehung und Konsolidierung von Organisationen und Gruppierungen ereignete, die im Zuge der nationalen Einigung für die Emanzipation der Frau eintraten. Die Forderung nach neuen Frauen-Rechten stellte für jüdische Frauen ein Mittel

---

[4] Vgl. Baumeister, Ebrei fortunati?, S. 43–60; Wyrwa, Gesellschaftliche Konfliktfelder; ders., Der Antisemitismus und die Gesellschaft des Liberalen Italien; Schächter, The Jews of Italy. Carlotta Ferrara degli Uberti setzt einen anderen Schwerpunkt, weist aber ebenfalls auf die Notwendigkeit einer „Dekonstruktion des Mythos einer idyllischen und unproblematischen Integration der Juden im Italien des 19. Jahrhunderts" hin, um die tieferen Ursachen des faschistischen Antisemitismus eingehend zu erklären: Ferrara degli Uberti, Fare gli ebrei italiani, S. 8.

dar, mit dem sich sowohl ihre weitere gesellschaftliche Integration als Jüdinnen wie auch ihre Emanzipation als Frauen verwirklichen ließen.⁵ Der Erste Weltkrieg schien diesen Ansprüchen zunächst Vorschub zu leisten. Seit dem Machtantritt Mussolinis und der zunehmenden staatlichen Repression veränderte sich die Situation der italienischen Frauenbewegung jedoch grundlegend.⁶ Die gewählte Langzeitperspektive ermöglicht einen differenzierten Blick auf die Entwicklung und Radikalisierung häufig miteinander verschränkter antisozialistischer, anti-laizistischer und antijüdischer Tendenzen innerhalb der einschlägigen Institutionen seit den 1920er Jahren. Thematisiert werden die Entstehung des jüdischen Frauenbunds Associazione delle Donne Ebree d'Italia (ADEI) 1927 sowie die Vorgeschichte und Entwicklung der Entrechtung, die im November 1938 Realität wurde und sich in den folgenden Jahren kontinuierlich zuspitzte. Dezidiert einbezogen wurden die Jahre der Verfolgung des Lebens seit September 1943 bis Kriegsende, um die weitgehend vergessenen Schicksale italienisch-jüdischer Feministinnen zwischen Flucht, Versteck und Deportation erkennbar zu machen.

Forschungslage

Für die italienisch-jüdische Frauen- und Geschlechtergeschichte fällt die Forschungsbilanz noch immer unbefriedigend aus. Obwohl das Interesse an der italienisch-jüdischen Geschichte des 19. und 20. Jahrhunderts in den letzten Jahren sowohl in Italien wie auf internationaler Ebene deutlich zugenommen hat, sind weibliche Akteurinnen und Geschlechterverhältnisse innerhalb dieser historiografischen Entwicklung weitgehend unbeachtet geblieben.⁷

Eine Ausnahme bildet Monica Miniatis 2003 auf Französisch erschienene Studie über jüdische Frauen im Italien des 19. und beginnenden 20. Jahrhunderts, die den innerjüdischen Diskurs über die Rolle der Frau im Spannungsfeld zwischen Tradition und Modernisierung analysiert.⁸ Miniatis Ergebnisse basieren hauptsächlich auf einer Auswertung der zeitgenössischen jüdischen Presse, v. a. Beiträge der assimila-

---

5 Der Zusammenhang zwischen den Emanzipationsforderungen von Juden und Frauen ist bislang nur in wenigen Studien thematisiert worden; vgl. für den deutschen Bereich Schaser/Schüler-Springorum (Hg.), Liberalismus und Emanzipation; Frevert, Die Innenwelt der Außenwelt. Für Italien vgl. Tasca, Die unmögliche Gleichheit von Frauen und Juden.
6 Zu den Frauen im faschistischen Italien vgl. Willson, The Clockwork Factory; dies., Peasant Women and Politics; de Grazia, Le donne nel regime fascista; zu den katholischen Frauenorganisationen während des Faschismus vgl. Gazzetta, Cattoliche.
7 Zu den aktuellen Studien gehören Ferrara degli Uberti, Fare gli ebrei italiani; Schächter, The Jews of Italy; Caffiero, Storia degli ebrei; Bettin, Italian Jews; Cavaglion, Gli ebrei nell'Italia unita; Myers u. a. (Hg.), Acculturation and its Discontents. Speziell zum deutsch-italienischen Vergleich vgl. Wyrwa, Juden in der Toskana und in Preußen; Toscano, Integrazione e identità.
8 Miniati, Les „émancipées"; seit 2008 auch in italienischer Übersetzung: Le „emancipate".

torisch ausgerichteten Zeitschriften „Educatore Israelita" und „Il Vessillo Israelitico" seit den 1850er Jahren bis zum Ende des Ersten Weltkriegs. Der Fokus liegt auf den innerhalb der jüdischen Gemeinschaft entstehenden Diskussionen über die Aufgaben und Funktionen von Jüdinnen im postemanzipatorischen Zeitalter. Dabei weist Miniati auf die zentrale Relevanz von Frauen für die Bewahrung und Weitergabe religiöser Tradition und Identität innerhalb der jüdischen Familie hin, die angesichts der Transformation jüdischen Selbstverständnisses seitens der Gemeindeautoritäten von ihnen gefordert wurden, während sie gleichzeitig als Akteurinnen des jüdischen Akkulturationsprozesses in Erscheinung treten sollten. Miniati richtet insofern den Blick vornehmlich auf religiöse Zugehörigkeiten und das Handeln wie die Wahrnehmung von Frauen im Rahmen der jüdischen Gemeinden. Das Verdienst der Untersuchung liegt zweifellos in der Sichtbarmachung der innerjüdischen Auseinandersetzungen über die Rolle der Frau und die mit ihr assoziierte Kontinuität religiöser Tradition vor dem Hintergrund gesellschaftlicher Modernisierung und Säkularisierung.

Zu Beginn des 21. Jahrhunderts bildeten die von Miniati analysierten Diskurse einen wichtigen Ausgangspunkt der bis dahin nahezu vollständig vernachlässigten italienisch-jüdischen Frauen- und Geschlechtergeschichte. Ihre Befunde verdeutlichten gleichzeitig die Notwendigkeit weitergehender Fragestellungen und der Erschließung neuer Quellenbestände, v. a. unveröffentlichter Korrespondenzen, Tagebücher und Erinnerungen, für eine umfassende Beurteilung der durchaus unterschiedlichen Erfahrungen italienisch-jüdischer Akteurinnen in ihren Beziehungen zur nicht-jüdischen Mehrheitsgesellschaft. Im Jahr 2007 wies ein Großteil der Autoren und Autorinnen des italienischen Sammelbands „Frauen in der Geschichte der Juden in Italien" auf die gravierenden Forschungsdefizite und die vielen noch unerschlossenen Quellen zur italienisch-jüdischen Geschlechtergeschichte insbesondere für den Zeitraum seit der Juden-Emanzipation hin.[9] Dennoch veränderte sich in den folgenden Jahren die Forschungslandschaft kaum; auch das Defizit an einschlägigen biografischen Arbeiten blieb bis auf einzelne, vorwiegend essayhafte Beiträge bestehen.[10]

Ein weiteres zentrales Problem für die Betrachtung jüdischer Frauen in der frühen italienischen Frauenbewegung stellt die bis heute lückenhafte Literatur zum *movimento nazionale femminile* dar. Die Standardwerke konzentrieren sich auf die Entstehungsgeschichte der italienischen Frauenbewegung im 19. Jahrhundert und lassen die Entwicklungen vor und während des Ersten Weltkriegs weitgehend außer

---

9 So etwa Catalan, Donne ebree a Trieste, S. 347–349; Scardozzi, Amiche, S. 373 f.
10 Zur Schriftstellerin Amelia Pincherle (1870–1954), Mutter von Carlo und Nello Rosselli, vgl. Amato, Una donna nella storia; zur Schriftstellerin Laura Orvieto (1876–1953) vgl. Orvieto, La voglia di raccontare; zur Mazzinianerin Sara Levi Nathan (1819–1882) vgl. Valentini, La banchiera della rivoluzione; zur Literaturwissenschaftlerin Emma Boghen Conigliani (1866–1956) vgl. Gragnani, Istanza Didattica.

Acht.[11] Nationalistische und irredentistische Positionen, die gerade auch unter jüdischen Aktivistinnen anzutreffen waren, aber ebenso antisemitische Vorurteile seitens katholischer bzw. nichtjüdischer Frauen sind für den italienischen Kontext nahezu unerforscht.

Für die Entwicklung der Organisationen der italienischen Frauenbewegung während des Faschismus liegen einige relevante Untersuchungen vor, jedoch werden die Einstellungen und Erfahrungen jüdischer Feministinnen im Zuge der Faschisierung der einschlägigen Vereinigungen und des sich verschärfenden antisemitischen Klimas kaum thematisiert.[12] Auch hat die Historiografie die Entstehung und Frühgeschichte des ersten jüdischen Frauenbunds in Italien, Associazione Donne Ebree d'Italia, der 1927 in Mailand gegründet wurde, wenig Aufmerksamkeit gewidmet. Die Umstände seiner Gründung, die politische Betätigung und zionistische Orientierung seiner Mitglieder, die sich zunehmend mit antifaschistischen Zielen verbanden, ihre Beschattung und Verfolgung durch das faschistische Regime sind weitgehend unbekannt.[13]

Jüdische Identitäten

Obwohl die Beteiligung von Jüdinnen in der Frauenbewegung des nachemanzipatorischen Italien als wichtiger Aspekt der Modernisierung und Säkularisierung des italienischen Judentums zu verstehen ist, wäre es verfehlt, diesen Vorgang mit der Auflösung einer partikulären jüdischen Identität gleichzusetzen. Das Bewusstsein, Teil einer Familiengeschichte zu sein, die ihre Wurzeln im Judentum hatte, kann als die wichtigste und nachhaltigste Komponente eines säkularen jüdischen Selbstverständnisses gelten, das für die mehrheitlich nichtreligiösen jüdischen Akteurinnen der frühen italienischen Frauenbewegung charakteristisch war. Ein jüdischer Frauenbund wie in Deutschland existierte im liberalen Italien nicht. Da sich die große Mehrheit jüdischer Akteurinnen in den überkonfessionellen Institutionen der italienischen Frauenbewegung engagierte, wurden jüdische Identitäten in diesem Kontext bislang von der Forschung nahezu vollkommen vernachlässigt.[14]

---

11 Vgl. Pieroni Bortolotti, Alle origini; Dickmann, Die italienische Frauenbewegung. Lediglich die aktuelle Studie von Liviana Gazzetta weitet den Untersuchungszeitraum bis zum Jahr 1925 aus. Sie basiert hauptsächlich auf gedruckten Quellen, v. a. Zeitschriften der zeitgenössischen Frauenbewegungspresse. Die lebensgeschichtlichen Erfahrungen und Diskurse jüdischer Feministinnen bilden keinen Schwerpunkt der Untersuchung; vgl. Gazzetta, Orizzonti nuovi.
12 Vgl. Taricone, L'Associazionismo femminile; de Grazia, Le donne nel regime fascista.
13 Unter den wenigen vorliegenden Beiträgen zur Geschichte der ADEI vgl. Follacchio, Associazionismo femminile e nation building; Nidam-Orvieto, Associazione Donne Ebree d'Italia; Miniati, Non dimenticare.
14 Eine Ausnahme bildet der Beitrag von Buttafuoco, Nina Rignano Sullam.

Einschlägige Untersuchungen über Jüdinnen in den ersten nationalen Frauenbewegungen, jüdisch-feministische Positionierungen und Intentionen haben zu einer differenzierten Beurteilung jüdischer Identitäten in den postemanzipatorischen europäischen Gesellschaften erheblich beigetragen.[15] Im Falle der Habsburgermonarchie bzw. der Republik Österreich, wo wie im zeitgenössischen Italien eine dem deutschen Jüdischen Frauenbund vergleichbare Organisation nicht entstand, konnten aktuelle Studien die Relevanz eines weit gefassten, starre Kategorien durchbrechenden Begriffs von Jüdischsein verdeutlichen, der soziale wie kulturelle Mehrfachzugehörigkeiten zulässt und situationsbezogene Selbst- und Fremdwahrnehmungen dezidiert berücksichtigt.[16] Für die osteuropäische Sphäre wurde bereits seit den 1990er Jahren die Bedeutung säkularer jüdischer (Frauen-)Identitäten innerhalb der jüdischen Arbeiter- und Arbeiterinnenbewegung und politischer Vereinigungen hervorgehoben.[17]

Die Kontinuität eines religiösen Gruppenbewusstseins spielte in explizit jüdischen zeitgenössischen Frauenvereinigungen eine ungleich größere Rolle. Dies trifft sowohl auf die Mitglieder der 1902 in England entstandenen Union of Jewish Women und des 1904 in Deutschland gegründeten jüdischen Frauenbunds zu als auch auf jüdische Akteurinnen in der Schweiz, die sich 1924 im Bund Schweizerischer Jüdischer Frauenorganisationen zusammenschlossen und vor allem im Wohltätigkeitsbereich betätigten.[18] In allen jüdischen Frauenverbänden dominierte ein gemäßigter Feminismus bürgerlichen Charakters, wenn auch der deutsche Jüdische Frauenbund die männliche Dominanz im religiösen Bereich durchaus in Frage stellte.[19]

Im italienischen Fall legte der auffallend hohe Anteil jüdischer Akteurinnen in der überkonfessionellen Frauenbewegung auf den ersten Blick eine Distanzierung der betreffenden Frauen von ihren jüdischen Ursprüngen nahe. Aufgrund ihrer laizistisch-säkularen Positionierung schien sich eine Zuordnung zu ihrem Milieu zu

---

15 Bereits Irmgard Maya Fassmann stellte die Protagonistinnen ihrer Studie zu Jüdinnen in der deutschen Frauenbewegung als jüdisch-bewusste Frauen dar; Iris Schröder bezeichnet die in der Frankfurter Frauenbewegung engagierten jüdischen Sozialreformerinnen aufgrund ihrer Beweglichkeit zwischen jüdischen und nichtjüdischen Bereichen als „Grenzgängerinnen"; vgl. Fassmann, Jüdinnen; Schröder, Grenzgängerinnen.
16 Vgl. insbesondere Malleier, Jüdische Feministinnen; dies., Jeder Sieg der Frauen; dies., Das Engagement von Jüdinnen; Raggam-Blesch, Frauen zwischen den Fronten; Grandner/Saurer (Hg.), Geschlecht, Religion und Engagement, hier v. a. das Vorwort der Herausgeberinnen, S. 17–20. Marsha Rozenblit zufolge hatten Juden und Jüdinnen des Habsburger Reiches eine „dreifache Identität", in der sich erstens die politische Loyalität zur österreichischen Monarchie, zweitens eine deutsche, tschechische oder polnische kulturelle Identität und drittens ein jüdisch-ethnisches Selbstverständnisses miteinander verbanden; vgl. Rozenblit, Reconstructing a National Identity, S. 128.
17 Vgl. Klepfisz, Di Mames, dos Loshn; Freeze/Hyman, Introduction, S. 18, 21.
18 Vgl. Tananbaum, Jewish Feminist Organisations; Weingarten-Guggenheim, Die jüdische Frauenbewegung in der Schweiz.
19 Vgl. Kaplan, Die jüdische Frauenbewegung; Richarz, Frauen in Familie und Öffentlichkeit, S. 96 f.

erübrigen. Neue Forschungsperspektiven aber können gerade durch die Auseinandersetzung mit der jüdischen Herkunft und Sozialisation der betreffenden Akteurinnen sowie ihrer oft nur scheinbar geradlinigen säkularen Selbstverortung ausgelotet werden. Hier setzt die vorliegende Studie an. Grenzphänomene und -überschreitungen, die Beweglichkeit und Prozesshaftigkeit jüdischer Identitäten werden in dieser Arbeit dezidiert berücksichtigt. So finden auch Personen laizistischer, liberaler und/ oder sozialistischer Weltanschauungen Beachtung, deren religiöse Beziehungen zur jüdischen Gemeinschaft nur noch schwach ausgeprägt oder nicht mehr vorhanden waren. Gleichzeitig sind Akteurinnen in den Blick zu nehmen, die sich sowohl für die überkonfessionellen Institutionen der Frauenbewegung wie für die jüdischen Gemeinden ihrer Heimatstädte engagierten.

Wenn in dieser Arbeit von Jüdinnen oder jüdischen Akteurinnen die Rede ist, sind damit Frauen mit weitgehend säkularen jüdischen Familienidentitäten gemeint, die sich in der Hauptsache über Ideen einer Herkunftsgemeinschaft, ethische Traditionen und Formen des kommunikativen Gedächtnisses definierten. Die zionistische Option gewann in den 1920er Jahren im Kontext der Entstehungsgeschichte der ADEI unter einigen hier thematisierten Frauen an Bedeutung. Ein allgemein verbindendes Charakteristikum der Akteurinnen ist ihre bewusste und kontinuierliche Einbindung in weit gespannte, häufig transnationale jüdische Familien- und Freundschaftsnetzwerke.[20] Ihr familiär konnotiertes Selbstverständnis wurde fundamental für die Schaffung eines jüdischen Gruppenbewusstseins, das innerhalb der überkonfessionellen Frauenbewegung lebendig blieb.

Die vorliegende Studie wirft damit auch neues Licht auf den von Barbara Armani und Guri Schwarz für die Juden des nachemanzipatorischen Italien entwickelten Begriff der *identità famigliare*, indem sie diesen mit weiteren Überlegungen verknüpft und in seiner Vielschichtigkeit gerade im Hinblick auf das Selbstverständnis italienisch-jüdischer Frauen und ihre Beziehungen zur italienischen Mehrheitsgesellschaft überprüft.[21] Dabei geht es vor allem darum, nach der Vielstimmigkeit und den unterschiedlichen Ausprägungen italienisch-jüdischer Familienidentitäten im liberalen wie im faschistischen Italien zu fragen. In den bislang vorliegenden Studien zu jüdischen Frauen im italienischen Einheitsstaat bleiben derartige Überlegungen unbeachtet. Die Herausbildung multipler jüdischer Identitäten im nachemanzipatorischen Italien wurde nicht thematisiert. Miniatis Untersuchung lehnt sich stark an die von Marion Kaplan für den deutsch-jüdischen Kontext geprägte Vorstellung von der

---

20 Vgl. dazu Nattermann, Weibliche Emanzipation und jüdische Identität, S. 139 f.
21 Armani und Schwarz plädieren für eine Betrachtung der italienisch-jüdischen Geschichte der Emanzipationszeit als Geschichte von Familien. Aus dieser Sichtweise haben die emanzipierten italienischen Juden Anteil an der kulturellen Erinnerung und dem kulturellen Erbe eng miteinander verflochtener Familien, die zuweilen den Charakter wahrer Clans annehmen; vgl. Armani/Schwarz, Premessa, S. 627 f.

Rolle bürgerlicher jüdischer Frauen als den Hüterinnen religiöser Tradition in Haus und Familie an. Jedoch kann Kaplans Theorie nicht automatisch auf die italienische Situation übertragen werden. Der ausgeprägten Laizität italienisch-jüdischer Aktivistinnen wird diese Version nicht gerecht. Zu bedenken sind neben der Laizität und dem antiklerikalen Charakter des Risorgimento insbesondere auch demografische Merkmale, welche die Emanzipationsgeschichten jeweils unterschiedlich beeinflussten. Während der Anteil von Juden an der italienischen Gesamtbevölkerung zwischen 1850 und 1910 stets nur um 0,1 % betrug, lag im Zeitraum zwischen 1871 und 1910 der Anteil in Deutschland bei 1 bis 1,2 %. Der Integrationswille, aber auch der Integrationsdruck war für die kleine italienische Minderheit damit besonders groß.[22]

Die starke Identifizierung mit dem laizistischen Charakter des Risorgimento und seines impliziten Emanzipationsversprechens führte zu einer besonders nachhaltigen Prägung auch der Privatsphären des italienisch-jüdischen Bürgertums.[23] Aufgrund der Überlieferung lässt sich nachweisen, dass Protagonistinnen wie z. B. Sara Levi Nathan, Amelia Rosselli und Laura Orvieto die jüdischen Bräuche in ihrem Hause ganz oder zum großen Teil abschafften. Ihre Vorstellung von *laicità* ging weit über die Idee einer Trennung zwischen Staat und Kirche hinaus, sondern beinhaltete eine generelle Verweltlichung des Lebens. Insgesamt identifizierten sich bürgerliche jüdische Frauen weitaus stärker mit der laizistischen Kultur des liberalen Italien als katholische Frauen der oberen gesellschaftlichen Schichten, die der Kirche meist treu blieben und sich nicht selten für katholische Frauenorganisationen engagierten.[24] Jüdische Protagonistinnen der sich seit den 1860er Jahren etablierenden italienischen Frauenbewegung hingegen wurden in der großen Mehrheit unter dem Vorzeichen des Laizismus tätig, der in den ersten Jahrzehnten nach der Staatsgründung vorwiegend von liberalen bürgerlichen Männern vertreten wurde. Italienisch-jüdische Feministinnen bewegten sich somit außerhalb des „bipolaren Geschlechtermodells" des liberalen Italien.[25] Anhand ihres Engagements in der nationalen Frauenbewegung lassen sich Handlungsstrategien dieser „Minderheit in der Minderheit" aufzeigen, die darauf abzielten, als gleichberechtigte Mitglieder der nationalen Gemeinschaft akzeptiert zu werden und ein weibliches Selbstverständnis zwischen nationalen und jüdischen Loyalitäten zu konstruieren.

---

22 Zur demografischen Entwicklung der italienischen Juden vgl. Della Pergola, Anatomia; ders., La popolazione ebraica. Charakteristisch für den italienischen Kontext ist zudem das Ausbleiben einer reformjüdischen Bewegung wie in Deutschland; vgl. Foa, Il mito dell'assimilazione, S. 24 f.
23 Die Notwendigkeit der Einbeziehung der privaten, häuslichen Sphäre für eine differenzierte Beurteilung des jüdischen Akkulturationsprozesses in den europäischen Gesellschaften und die Berücksichtigung von Egodokumenten wie Tagebücher, Briefe und Memoiren betont Hyman, Gender and Assimilation, S. 23; dies., Does Gender Matter, S. 60.
24 Vgl. Janz, Konflikt, S. 242.
25 Zum bipolaren Geschlechtermodell im liberalen Italien vgl. Borutta, La „natura" del nemico, S. 135.

Die Betrachtung säkularer jüdischer Identitäten, die ihren zentralen Ort innerhalb der Familie hatten, erfordert daher insbesondere eine Reflexion über die Pluralität und den Inhalt italienisch-jüdischer Familienidentitäten. Die Bedeutung von Erinnerungen und der Weitergabe ethischer Prinzipien an die Nachkommen müssen dabei ebenso berücksichtigt werden wie Ideen über jüdische Blutsverwandtschaft, Ethnizität und Rasse, die im zeitgenössischen jüdischen Diskurs durchaus präsent waren und in den letzten Jahren verstärkt in den Fokus der Forschung zum italienischen wie auch zum deutschen und französischen Judentum gerückt sind.[26]

Zudem soll nach der Rolle von Heiraten bei der Schaffung und Aufrechterhaltung kultureller und sozialer Milieus gefragt werden. Dabei ist zunächst festzuhalten, dass Ehen zu Nichtjuden so gut wie keine Rolle unter den hier behandelten Akteurinnen spielten. Auffällig ist die Tatsache, dass die weitgehend aus der gebildeten und wohlhabenden Mittelschicht stammenden Frauen in der Mehrheit Männer aus sozial ebenbürtigen jüdischen Familien heirateten, zuweilen sogar entfernte Cousins.[27] Erfüllte die nachweislich stark ausgeprägte Endogamie des italienisch-jüdischen Bürgertums über die Weiterführung jüdischer Identitäten hinaus soziale, kulturelle und wirtschaftliche Funktionen, die für die verwandtschaftlichen Beziehungen und Allianzen bürgerlicher Familien im zeitgenössischen Europa insgesamt relevant waren?[28] Angenommen wird, dass sich im Heiratsverhalten wie z. B. der Nathan, der Rosselli und der Orvieto die von David W. Sabean vor wenigen Jahren herausgearbeitete kontinuierliche Verhandlung von Verwandtschaftsbeziehungen, unter anderem in Form von „cousin or cousin-like marriages", nachverfolgen lässt. Sie trugen erheblich zur Verflechtung und überregionalen wie transnationalen Ausweitung von Familienverbänden bei und zielten gleichzeitig auf die Bewahrung und Weitergabe von Besitz, Bildung und Traditionen innerhalb miteinander alliierter Familien ab.[29]

Die anhand von Egodokumenten zumindest teilweise rekonstruierbaren sozialen und kulturellen Praktiken jüdischer Familien des liberalen Italien dienen als Indikator für die Anbahnung derartiger verwandtschaftlicher (Liebes-)Beziehungen und Heiraten. Sie werden in diesem Zusammenhang auch zu einem brauchbaren Instrument für eine differenziertere Betrachtung des Begriffs der Familienidentität. Speziell was die hier behandelten italienisch-jüdischen Protagonistinnen und die Spannungen im Emanzipationsprozess jüdischer Frauen generell angeht, kann diese Herangehensweise zu einem umfassenderen Verständnis des jeweils unterschiedlichen und häufig situationsbezogenen Verhältnisses zwischen Tradition und Akkulturation füh-

---

26 Vgl. Ferrara degli Uberti, Fare gli ebrei italiani, S. 142; Lenhard, Volk oder Religion.
27 Zur Bedeutung der Endogamie für das italienische Judentum vgl. Armani, Il confine invisibile, S. 241–243.
28 Die der jüdischen Geschichte inhärente europäische Perspektive betont Dan Diner; vgl. Diner, Geschichte der Juden – Paradigma einer europäischen Historie, insbesondere S. 85–88.
29 Vgl. Sabean, Kinship and Class Dynamics, S. 305–307, 310 f.

ren, beispielsweise dem Nebeneinander von Heiraten nach jüdischem Ritus und Zivilehen innerhalb derselben Familie. So werden die integrationsfördernden wie auch die exklusiven Elemente jüdischer Familienmilieus in ihrer Wechselbeziehung mit der Mehrheitsgesellschaft näher beleuchtet. Die Untersuchung der bislang nahezu vollkommen vernachlässigten Erfahrungen italienisch-jüdischer Frauen innerhalb ihrer Familien verspricht einen anderen Blick auf die Identitätsentwicklungen, welche die Judenemanzipation freisetzte, die häufig fließenden Übergänge zwischen jüdischem Selbstverständnis, italienischem Nationalbewusstsein und transnationaler Orientierung und kann gleichzeitig die Grenzen des gesellschaftlichen Integrationsprozesses anhand konkreter Lebensumstände und Verhaltensweisen verdeutlichen.

Eine „Minderheit in der Minderheit"

Unter den ältesten jüdischen Protagonistinnen, die im Mittelpunkt der vorliegenden Studie stehen, befinden sich Sara Levi Nathan, Adele Della Vida Levi, Eugenia Pavia Gentilomo, Carolina Luzzatto und Nina Modona Olivetti. Sie wurden im Zeitraum zwischen 1819 und 1837 geboren. Bei dieser Generation überwiegt das journalistische und schriftstellerische Engagement für die italienische Frauenbewegung, deren Presse seit den 1870er Jahren auch Jüdinnen einen willkommenen Raum für die Einforderung von Frauenrechten bot. Sara Levi Nathan und Adele Della Vida Levi traten zudem als Gründerinnen innovativer sozialer Einrichtungen in Erscheinung; sie wurden zu Pionierinnen der organisierten Fürsorge für Frauen und Kinder in Italien.

Die Mehrheit der untersuchten Akteurinnen wurde in den späten 60er und den 70er Jahren des 19. Jahrhunderts geboren; sie kamen also in bereits gesetzlich gleichgestellten jüdischen Familien zur Welt. An ihrem häufig weit gefächerten Einsatz sowohl als Schriftstellerinnen und Journalistinnen als auch in der organisierten Frauenbewegung v. a. seit den späten 1890er Jahren erkennt man die im Vergleich zum voremanzipatorischen Italien vorteilhafteren Ausgangspositionen jüdischer Familien insgesamt, aber auch die bereits fortgeschrittene Institutionalisierung der italienischen Frauenbewegung, in der jüdische Frauen verstärkt Fuß fassen konnten.

Die jüngsten Protagonistinnen der vorliegenden Untersuchung wurden in den 1890er Jahren und um 1900 geboren. Unter ihnen befinden sich auch einige Zionistinnen, etwa Gabriella Falco Ravenna und Marta Bernstein Navarra, beide Pionierinnen der 1927 in Mailand gegründeten ADEI. Zionistische Ideen, die seit Ende des Ersten Weltkriegs in Teilen des italienischen Judentums einen generellen Aufschwung erlebten, gewannen vor dem Hintergrund der faschistischen Diktatur auch in italienisch-jüdischen Frauenkreisen an Interesse. So lässt sich anhand der Bereiche, in denen Jüdinnen verschiedener Generationen aktiv waren, auch die Entwicklung der italienischen Frauenbewegung, ihrer Vertreterinnen und Themen insgesamt beobachten. Gleichzeitig verdeutlicht die Situation jüdischer Frauen in den einschlägigen Institutionen ihre zunehmende Marginalisierung seit der Frühzeit der faschistischen

Diktatur, die im November 1938 mit ihrer Vertreibung aus allen noch verbliebenen weltlichen Vereinigungen der italienischen Frauenbewegung ihren Höhepunkt erreichte.

Zweifellos handelt es sich bei den betreffenden Akteurinnen um eine „Minderheit in der Minderheit". Zwar beteiligten sich überdurchschnittlich viele Jüdinnen innerhalb der frühen italienischen wie den europäischen Frauenbewegungen generell,[30] jedoch engagierte sich keineswegs die Mehrheit jüdischer Frauen in Italien für zeitgenössische feministische Gruppierungen und Organisationen. Dies gilt im Besonderen für jene Jüdinnen, die sich auch im postemanzipatorischen Zeitalter weiterhin in erster Linie über ihre religiöse Zugehörigkeit und Geschlechterrolle definierten. Die wichtige Stellung von Frauen im Judentum ergibt sich aus ihrer bekanntermaßen zentralen Bedeutung innerhalb der Familie, v. a. hinsichtlich der Erziehung der Kinder und der Vorbereitung der Feiertage unter Beachtung der Reinheitsgebote. Nach der Gründung des liberalen Einheitsstaates 1861 jedoch verloren religiöse Traditionen und Riten aufgrund des allgemeinen Säkularisierungsprozesses in weiten Teilen des italienischen Judentums an Relevanz. Seitens der Gemeindeautoritäten wurde daher nach der erfolgten Gleichstellung gerade von Frauen verlangt, sich dem gesellschaftlichen Modernisierungsprozess fern zu halten und aufgrund strenger religiöser Observanz ihre Familien vor einer drohenden Verweltlichung zu bewahren. Namhafte Autoren diskutierten in der zeitgenössischen jüdischen Presse, wie die religiöse Tradition und das jüdische Kulturerbe erhalten und an die kommenden Generationen weitergegeben werden konnte. Frauen sollten aufgrund ihrer Eigenschaften als Ehefrau und Mutter den befürchteten Identitätsverlust der jüdischen Minderheit innerhalb des neuen laizistischen Staates aufhalten. So wurde etwa in der Zeitschrift „Educatore Israelita" (1853–1874) explizit die Verbesserung der religiösen und sozialen Bildung von Frauen gefordert, um sie auf die traditionell wichtigen weiblichen Funktionen innerhalb des Judentums angemessen vorzubereiten. Im Vordergrund stand die Vermittlung religiöser jüdischer Werte und jüdischen Wissens an Mädchen und junge Frauen in Kindergärten, Schulen und berufsbildenden Institutionen, da man in ihnen die Garantinnen jüdischer religiöser Identität innerhalb der (künftigen) Familien sah.[31]

Jüdischen Frauen kam aus dieser Perspektive ein bedeutendes Handlungspotential im privaten Bereich zu. Ihre Möglichkeiten eines Engagements sowohl im

---

30 So hatte beispielsweise die wichtigste italienische Frauenvereinigung, Unione Femminile Nazionale (UFN), seit ihrer Gründung 1899 bis zur Verabschiedung der Rassengesetze im November 1938 ca. 10 % Jüdinnen unter ihren Mitgliedern; vgl. Novelli-Glaab, Zwischen Tradition und Moderne, S. 110. Für die bürgerliche deutsche Frauenbewegung wiederum wurde ein Anteil von etwa einem Drittel Frauen jüdischer Herkunft errechnet. Von den 94 Frauenvereinen, die es 1893 allein in Berlin gab, wurden 30 von Jüdinnen geleitet; vgl. Schüler-Springorum, Geschlecht und Differenz, S. 97.
31 Vgl. Novelli-Glaab, Zwischen Tradition und Moderne, S. 113.

jüdischen Gemeindeleben als auch in der weltlichen Öffentlichkeit dagegen blieben deutlich eingeschränkt. De jure und de facto waren Frauen im Gegensatz zu Männern vom Thorastudium und dem Großteil der Gemeindeaktivitäten ausgeschlossen. Vorschriften und Normen regelten die insgesamt untergeordnete Stellung jüdischer Frauen in der zeitgenössischen jüdischen Gesellschaft. Beispielsweise durften sie nicht als Zeuginnen vor einem jüdischen Gericht aussagen, waren nicht in demselben Maße erbberechtigt wie ihre männlichen Familienmitglieder und durften auch die Scheidung nicht eigenständig einreichen.[32] Die Vorstellung einer „naturgegebenen" intellektuellen Überlegenheit von Männern geht aus den Worten des Rabbiners Giuseppe Levi hervor, der im Jahr 1864 im „Educatore Israelita" schrieb:

> „Frauen, überlasst ohne Neid ruhig uns die rauen Kuren, die eigenartigen Meditationen, die intellektuellen Spekulationen. Aber diese Aufgaben des Mannes wären allzu schmerzhaft, wenn nicht Ihr, Frauen, darüber die Blumen und das Licht Eures Herzens ausschütten würdet ... Frauen, überlasst ruhig uns die anstrengende Arbeit des Denkens: erzieht eure Gedanken für die Liebe, für die süßen, die heiligen Gefühle."[33]

Trotz dieser Aufforderung des Rabbiners, sich aus der angeblich den Männern vorbehaltenen intellektuellen Sphäre fernzuhalten und auf den emotionalen Beistand der Partner zu konzentrieren, war der Bildungsstand jüdischer Frauen in Italien generell sehr hoch. Mütter brachten ihren Kindern traditionellerweise das Lesen und Schreiben bei. Wie die Zahlen über die Verbreitung des Analphabetismus in Italien um 1861 belegen, befanden sich unter Jüdinnen lediglich 5,8 % Analphabetinnen, wobei der Prozentsatz für beide Geschlechter annähernd gleich ausfiel. Der Anteil unter nicht-jüdischen italienischen Frauen dagegen lag bei über 80 %.[34] Demgegenüber war beispielsweise im deutschen Kontext die Analphabetenrate stark geschlechtlich segregiert – noch zu Beginn des 19. Jahrhunderts konnten hier weitaus weniger jüdische Frauen lesen und schreiben als jüdische Männer. Zudem waren (relativ gesehen) im deutschsprachigen Raum mehr jüdische als christliche Frauen Analphabetinnen.[35]

Der generelle Bildungsvorsprung jüdischer Frauen in Italien liegt vor allem in dem ausgeprägt mittelständischen und urbanen Charakter der kleinen italienisch-jüdischen Minderheit begründet. Bereits in der Frühphase der italienischen Einigung wiesen die in Nord- und Mittelitalien ansässigen jüdischen Gemeinden ein überwiegend bürgerliches, städtisches Profil auf.[36] Durch die Abwanderung von „Landju-

---

32 Vgl. Biale, Women and Jewish Law, S. 102–120; Miniati, Le „emancipate", S. 30–32.
33 Giuseppe Levi, L'anima della donna, in: Educatore Israelita (November 1864), S. 328.
34 Vgl. Della Pergola, Anatomia; ders., La popolazione ebraica, S. 34 f.
35 Vgl. Schüler-Springorum, Geschlecht und Differenz, S. 61.
36 Unmittelbar vor 1861 lebten zwei Drittel der Juden Italiens in Rom, Livorno und Triest, deren Gemeinden jeweils mehr als 2 500 Mitglieder zählten. Im italienischen Süden dagegen existierten bereits seit den Vertreibungen des 16. Jahrhunderts durch die spanischen Herrscher keine jüdischen Ansiedlungen mehr.

den" in die Städte und den Zuzug von Juden aus mittleren Städten in Großstädte wie Turin, Mailand, Florenz und Rom wurde dieses Charakteristikum noch verstärkt. Wohlstand und wachsende ökonomische Sicherheit förderten den Zugang zu säkularem Bildungswissen. Gleichzeitig profitierten auch jüdische Mädchen und Frauen von dem Umstand, dass ihre traditionelle religiöse Erziehung eine Brücke zur modernen weltlichen Bildung humanistischer und naturwissenschaftlicher Ausrichtung schlagen konnte.[37]

Die soziokulturellen Voraussetzungen für ein Engagement als Schriftstellerinnen, Journalistinnen, Erzieherinnen und Sozialarbeiterinnen waren bei italienisch-jüdischen Frauen der Mittel- und Oberschichten insofern generell günstig. Dennoch war es nur eine Minderheit, die sich in der frühen italienischen Frauenbewegung engagierte. Die Loslösung von religiös definierten Geschlechterbildern und -funktionen, die Herausbildung feministischer Positionen und aktive Mitwirkung in der überkonfessionellen Frauenbewegung erforderten nicht nur weltliche Bildung und soziale Sicherheit, sondern hingen insbesondere auch vom familiären Kontext, der Förderung und Unterstützung von Vätern, Ehemännern und männlichen Verwandten ab.

Patriarchalische Familienstrukturen bildeten im zeitgenössischen italienisch-jüdischen Bürgertum jedoch keine Ausnahme. Auch dieser Umstand trug mit dazu bei, dass jüdische Feministinnen im nachemanzipatorischen Italien eine „Minderheit in der Minderheit" blieben. Während eine der ersten Mitarbeiterinnen der Frauenrechtszeitschrift „La Donna", die um 1850 geborene Cesira Levi Finzi, nach ihrer Heirat nicht mehr als Schriftstellerin und Journalistin in Erscheinung trat, wurde die 25 Jahre jüngere Florentiner Sozialarbeiterin Bice Cammeo von ihren Eltern daran gehindert, ein Universitätsstudium aufzunehmen. Dagegen wirkt die Tatsache, dass Cesare Lombrosos Töchter Gina und Paola studierten, zu angesehenen Gelehrtinnen avancierten und in der zeitgenössischen Frauenbewegung aktiv wurden, angesichts der legendären patriarchalischen Züge des Anthropologen überraschend, sie entspricht aber dem aus der untersuchten Familienkorrespondenz hervorgehenden „privaten" Lombroso, der mit seiner Ehefrau, Kindern und Enkelkindern ein überwiegend harmonisches Miteinander lebte.

Als sozialistischer Patriarch mit despotischen Zügen trat hingegen auch im privaten Bereich der prominente Medizinprofessor Giuseppe Levi auf, den seine 1916 geborene Tochter, die Schriftstellerin und Politikerin Natalia Levi Ginzburg, in ihrem autobiografischen Roman „Lessico famigliare" verewigte.[38] Wenn sie auch nicht zu den Vertreterinnen der frühen italienischen Frauenbewegung gezählt werden kann, ähnelt die mit antifaschistischen Positionen untrennbar verbundene jüdisch-weltliche Identität ihrer gebildeten, bürgerlichen Familie in vielerlei Hinsicht den hier

---

37 Vgl. Baumeister, Ebrei fortunati?, S. 54 f.
38 Vgl. Ginzburg, Lessico famigliare, v. a. S. 3–7, 15 f.

thematisierten Rosselli und Lombroso, mit denen die Levi-Ginzburgs während der Zeit der faschistischen Diktatur freundschaftlich wie politisch eng verbunden waren. Die ausgeprägte emotionale Nähe und der von gegenseitigem Respekt getragene Umgang zwischen Eltern und Kindern, Geschwistern und Eheleuten, der gerade bei der Rosselli-Familie dem aktiven gesellschaftspolitischen Einsatz auch ihrer weiblichen Familienmitglieder entgegenkam, traf auf Natalia Levi Ginzburgs von der väterlichen Autorität stark dominierten familiären Kontext jedoch nicht zu.

Einem feministischen Engagement der Ehefrauen, Töchter und Schwestern standen innerfamiliäre Machtstrukturen häufig entgegen. Nur in sehr wenigen Ausnahmefällen engagierten sich Jüdinnen gegen den Willen ihrer Familie in der zeitgenössischen Frauenbewegung. Dass die Entwicklung zu feministischen Akteurinnen jedoch keineswegs die vollkommene Aufgabe eines jüdischen Selbstverständnisses beinhaltete, lässt sich am Überdauern säkularer italienisch-jüdischer Familienidentitäten im Leben der untersuchten Protagonistinnen deutlich nachweisen.

Quellen

Zu den bis heute weitgehend vergessenen jüdischen Schriftstellerinnen, Journalistinnen, Pädagoginnen und Sozialarbeiterinnen im italienischen Einheitsstaat liegen bisher keinerlei ausführlichen biografischen Untersuchungen vor. Auch die wenigen vorhandenen Studien zur Geschichte der organisierten italienischen Frauenbewegung sind lückenhaft und mehrheitlich älteren Datums. Für die Abfassung der vorliegenden Arbeit mussten daher in großem Umfang archivalische, häufig schwer zugängliche und disparate Quellenbestände herangezogen werden. Nachlässe, Personen- und Familienarchive wurden konsultiert, um Biografien zu rekonstruieren, (jüdische) Selbstverortungen zu untersuchen sowie überregionale und transnationale Frauen-, Familien- und Freundschafts-Netzwerke nachzuvollziehen.

Unter den zahlreichen konsultierten Beständen unter anderem in Florenz, Mailand, Pavia, Rom, Turin und Venedig sind insbesondere die umfangreichen und relativ gut geordneten Archive der Familien Orvieto, Lombroso, Rosselli und Nathan in Florenz und Turin zu nennen, die eine große Anzahl von Selbstzeugnissen sowie Briefe an und von Protagonistinnen wie Sara Levi Nathan, Laura Orvieto, Amelia Rosselli und den Schwestern Gina und Paola Lombroso enthalten. Die betreffenden Sammlungen bieten ein überaus facettenreiches Bild der weitreichenden familiären und freundschaftlichen Verflechtungen der Protagonistinnen, aus denen die für den italienisch-jüdischen Kontext charakteristische Familienidentität deutlich hervorgeht.

Von erheblicher Relevanz für die Beurteilung des Selbstverständnisses der Pädagogin Adele Della Vida Levi wiederum erwiesen sich die Unterlagen im Jüdischen Gemeindearchiv in Venedig sowie ihre bislang unbekannten Briefe an den prominenten Schwiegersohn Luigi Luzzatti. Faszinierende Einblicke in den verschlungenen

Lebensweg der deutsch-italienisch-jüdischen Frauenrechtlerin Paolina Schiff, ihre Leistungen für die Etablierung der italienischen Frauenbewegung und die durchlebten Widrigkeiten bis zur Erlangung der Privatdozentur eröffneten ihre in der Fondazione Feltrinelli in Mailand überlieferten Briefe an den Radikaldemokraten Felice Cavallotti, einschlägige Dokumente im Archivio Centrale dello Stato (ACS) in Rom sowie in den Universitätsarchiven von Turin und Pavia. Unterlagen aus dem Stadtarchiv Mannheim konnten verschiedene Lücken zu ihrem familiären Hintergrund schließen.

Aussagekräftige Dokumente aus privaten Familienarchiven, darunter Briefe und Erinnerungsbücher, erhielt die Verfasserin von Nachfahren der Familien Ancona und Schiff. Aufschlussreiche Informationen zum familiären Hintergrund Nina Rignano Sullams verdankt sie Simon Levis Sullam, über die Familie Cammeo berichtete ihr Lionella Neppi Modona Viterbo. Mit Bosiljka Raditsa, einer Enkelin Gina Lombrosos, konnte sie ein ausführliches Gespräch über deren Vorfahren, das heterogene jüdische Selbstverständnis der Lombroso sowie die durchaus unterschiedlichen Emanzipationsvorstellungen und weiblichen Identitätsentwürfe der Schwestern Gina und Paola Lombroso führen.

Da bis 1927 in Italien kein jüdischer Frauenbund wie beispielsweise in Deutschland existierte, galt hinsichtlich des organisatorischen Engagements jüdischer Frauen das Hauptaugenmerk den Unterlagen der wichtigsten laizistischen zeitgenössischen Frauenvereinigungen, in denen Jüdinnen überdurchschnittlich stark vertreten waren. Um ihre Aktivitäten innerhalb traditionell jüdischer Bereiche, unter anderem jüdischer Kindergärten, Schulen und Waisenhäuser, zu analysieren, wurden zudem Recherchen in den Archiven der jüdischen Gemeinden von Rom, Florenz und Venedig durchgeführt. Dabei stellte sich heraus, dass verschiedene der für die Studie ausgewählten Protagonistinnen, darunter Adele Della Vida Levi, Laura Orvieto und Nina Rignano Sullam, sich für die Belange von Frauen, Mädchen und Kindern nicht nur innerhalb überkonfessioneller Institutionen, sondern auch im Rahmen der jüdischen Gemeinden ihrer Heimatstädte stark machten.

Unter den zentralen Quellenbeständen für den überkonfessionellen Bereich befindet sich das umfangreiche Archiv der Unione Femminile Nazionale (seit 1899) in Mailand und der detaillierte Bestand des Consiglio Nazionale delle Donne Italiane (CNDI) (seit 1908) im ACS in Rom. Anhand von Mitgliederlisten, Aufnahmeanträgen und Austrittsgesuchen, Sitzungsprotokollen, Projektbeschreibungen und Broschüren lassen sich die quantitative wie qualitative Beteiligung jüdischer Frauen, ihre Arbeitsschwerpunkte sowie ihre organisatorischen und privaten Verbindungen in den betreffenden Institutionen sehr gut nachverfolgen. Von besonderem Interesse ist in diesem Zusammenhang die Sammlung des von der UFN für obdachlose Mädchen gegründeten Heims Asilo Mariuccia, an dessen konzeptioneller Entwicklung und praktischer Umsetzung jüdische Akteurinnen wie Nina Rignano Sullam und Bice Cammeo maßgeblich beteiligt waren. Einen bedeutenden Teil des Archivs der UFN bilden zudem der Nachlass der Familie Majno, in dem eine große Anzahl von der

Forschung bislang vernachlässigter Briefe führender jüdischer Feministinnen an die langjährige Vorsitzende der Mailänder Organisation Ersilia Majno erhalten sind. Anhand der Korrespondenzen lassen sich vor allem lebensgeschichtliche Informationen ermitteln und ideologische Positionen verifizieren.

Für die Periode des Ersten Weltkriegs sind die Sammlungen von UFN und CNDI insofern aufschlussreich, als beide eine ausführliche Dokumentation des sozialen wie kulturellen Einsatzes italienischer Frauen an der Heimatfront enthalten. Jüdische Frauen beteiligten sich aus patriotischem Impetus heraus in der Regel besonders zahlreich an den betreffenden Aktionen.

Überraschend vollständig sind innerhalb der Bestände des CNDI die Akten der Florentiner Sektion erhalten, die nicht nur das ausgeprägte Engagement von dort ansässigen jüdischen Schriftstellerinnen und Literatinnen wie Laura Orvieto und Amelia Rosselli für die sozialen und kulturellen Belange von Frauen, ihre in Sitzungsprotokollen festgehaltenen Einstellungen und Vorschläge widerspiegeln, sondern auch auf bislang unbekannte Spannungen zwischen der römischen Zentrale und der Florentiner Sektion des CNDI hinweisen. Wie die Untersuchung des Quellenmaterials zeigte, existierten Animositäten zwischen der von Frauen jüdischer Herkunft stark beeinflussten Florentiner Gruppe und der von italienischen Adligen geprägten Zentrale des CNDI in Rom: Für den Beginn der 1920er Jahre liegt eine Reihe von Austrittserklärungen jüdischer Akteurinnen der Florentiner Sektion vor, die mit der Annäherung führender Kreise des CNDI an den Faschismus in Verbindung stehen.

Um das Verhältnis zwischen jüdischen und katholischen Aktivistinnen der organisierten Frauenbewegung in Italien gründlicher analysieren zu können, wurden Recherchen im Istituto per la storia dell'Azione cattolica e del movimento cattolico in Italia Paolo VI (Isacem) in Rom durchgeführt, wo sich das Archiv der 1908 gegründeten katholischen Frauenvereinigung Italiens (Unione fra le donne cattoliche d'Italia) befindet. Untersucht wurden Korrespondenzen des Vorstands – mehrheitlich Frauen des italienischen Adels – sowohl mit kirchlichen Würdenträgern als auch mit Vertreterinnen der laizistischen Frauenorganisationen, in denen sich ein insgesamt problembehaftetes Verhältnis zwischen Katholikinnen und Laizistinnen abzeichnet. Von besonderem Interesse für eine Beurteilung der Konflikte zwischen katholischen und jüdischen bzw. jüdisch-laizistischen Akteurinnen und die Frage nach der Präsenz antisemitischer Tendenzen innerhalb der organisierten katholischen Frauenbewegung erwiesen sich Beiträge ihres Veröffentlichungsorgans, das im Archiv der Unione Donne nahezu vollständig erhalten ist. Aus ihnen geht hervor, dass anti-judaistische Haltungen in Verbindung mit einem ausgeprägten Anti-Laizismus die Beziehung katholischer Akteurinnen zu jüdischen Protagonistinnen im liberalen Italien weitaus stärker und langfristiger bestimmten als gemeinhin angenommen. Besonders betroffen davon waren der Erziehungsbereich, das Schulwesen und der Modesektor. Auch zeigen sich in den Schriften katholischer Protagonistinnen eine zunehmende Radikalisierung anti-judaistischer Diskurse seit 1911 und der Übergang zu einer offen antisemitischen Polemik während des Ersten Weltkriegs. Anhand der überprüften

Unterlagen lässt sich insofern nachweisen, dass die weitgehende Abgrenzung jüdischer Feministinnen von den katholischen Institutionen und ihre Hinwendung zu laizistischen Organisationen auch von Katholikinnen dynamisiert wurde, die sich vom Laizismus, letztlich aber auch von Jüdinnen bewusst distanzierten.

Für die Erörterung der Situation jüdischer Feministinnen während der faschistischen Ära bildeten neben Briefwechseln der betreffenden Akteurinnen die Archive des CNDI, der UFN sowie einschlägige Bestände im Archiv des italienischen Innenministeriums die zentrale Quellengrundlage. In der umfangreichen Sammlung des CNDI hat die Verfasserin die für die 1920er und 1930er Jahre überlieferte Korrespondenz zwischen der römischen Zentrale und der Florentiner Sektion untersucht. In den Briefen zeichnet sich die ideologische Anpassung der römischen Zentrale an das faschistische Regime sowie ihre wachsende Einflussnahme auf die Gesamtorganisation ab, der sich insbesondere die traditionell vorwiegend linksliberalen Florentiner und Mailänder Sektionen – letztlich vergeblich – zu entziehen versuchten. Besonders bezeichnend für den Rechtsruck des CNDI und ein Hinweis auf die Zunahme antisozialistischer wie antisemitischer Tendenzen innerhalb der Organisation ist die bislang unbekannte Hetzkampagne, die vor dem Hintergrund des *Delitto Matteotti* einige Vorstandsmitglieder der nationalen Frauenorganisation gegen die jüdische, dem Sozialismus nahestehende Feministin Nina Sierra im Sommer 1924 initiierten.

Die Bestände der Direzione Generale della Pubblica Sicurezza (DGPS) des italienischen Innenministeriums enthalten aufschlussreiche Dokumente aus den 1930er und 1940er Jahren sowohl zur Behandlung der sozialistisch geprägten UFN als auch zur zionistisch orientierten ADEI. Beide Organisationen wurden spätestens seit Ende der 1930er Jahre vom Innenministerium als politisch gefährlich eingestuft, Informationen über ihre Mitglieder eingeholt, ihre Aktivitäten beobachtet, die Korrespondenz zensiert. Im Mai 1941 bezeichnete die politische Polizei die Vorstandsmitglieder der ADEI in Rom als „Antifaschistinnen", die der „antinationalen, antifaschistischen und internationalistischen" Bewegung des Zionismus angehörten. Aus den Unterlagen der DGPS zur UFN wiederum geht klar hervor, dass die Mailänder Organisation aufgrund ihrer bekanntermaßen hohen Anzahl jüdischer Mitglieder im Januar 1939 aufgelöst wurde. Weitgehend unbekannt dagegen ist die anhand der Quellen nachweisbare Tatsache, dass die Turiner Sektion der UFN noch früher, nämlich bereits im Sommer 1938, aufgrund einer Anordnung der Turiner Präfektur geschlossen wurde.

In der Sammlung Direzione Generale Demografia e Razza (DEMORAZZA) des italienischen Innenministeriums wurden die Personalakten von Protagonistinnen der italienischen Frauenbewegung oder/und deren Familienmitgliedern untersucht, die Ende der 1930er und Anfang der 1940er Jahre Anträge auf *discriminazione* stellten oder deren „Rassenzugehörigkeit" von Seiten der DEMORAZZA überprüft wurde. Die überlieferten Dokumente spiegeln deutlich die diskriminierenden Maßnahmen des faschistischen Regimes und seiner biologistischen Rassenpolitik wider. Gleichzeitig ließen sich den von jüdischen Protagonistinnen und Protagonisten häufig selbst verfassten Unterlagen detaillierte (wenn auch subjektive) Aussagen über ihren familiären Hintergrund und ihre politische Selbstverortung im Sinne von Distanzierung oder Nähe zum Faschismus entnehmen.

Als zentral für eine Rekonstruktion der nahezu unerforschten Entstehung und Entwicklung der zionistisch geprägten ADEI zwischen dem Jahr ihrer Gründung 1927 und ihrem vorläufigen gewaltsamen Ende 1943 erwies sich das Archiv des Mailänder Centro di Documentazione Ebraica Contemporanea (CDEC). Die Frühgeschichte des ersten jüdischen Frauenbunds in Italien lässt sich anhand der Unterlagen des noch ungeordneten und größtenteils unerschlossenen Fondo ADEI nachverfolgen. Die Überprüfung der hier enthaltenen Berichte, organisatorischen Mitteilungen und Versammlungsprotokolle wurde durch eine Untersuchung der Korrespondenz der langjährigen Vorsitzenden der ADEI, Gabriella Falco Ravenna (Mailand), mit weiteren Pionierinnen der Organisation ergänzt. Relevante Anhaltspunkte für eine Rekonstruktion der Geschichte der jüdischen Frauenorganisation während des Faschismus, insbesondere in der Zeit der Entrechtung und Verfolgung, fanden sich zudem in der Akte „ADEI" im Fondo Comunità Ebraica di Milano, die vor allem Dokumente der Triestiner Sektion aus den 1930er Jahren enthält. Konsultiert wurde darüber hinaus der Briefwechsel Gabriella Falco Ravennas aus dem Jahr 1934 mit ihrem Vater Felice Ravenna, damals Vorsitzender der Unione delle Comunità Israelitiche Italiane. In Gabriella Falco Ravennas Korrespondenz fanden sich relevante Hinweise auf die ideologische Entwicklung der ADEI, insbesondere die von ihr maßgeblich ausgehende Förderung einer jüdisch-religiösen Identität und die Orientierung hin zum Zionismus. Diese Entwicklung muss vor dem Hintergrund des verstärkt aggressiven antisemitischen Kurses des faschistischen Italien im Laufe der 1930er Jahre gesehen werden. Als aufschlussreich erwiesen sich in diesem Zusammenhang die Mitgliederlisten der Triestiner Sektion: Unter den Anhängerinnen der ADEI befanden sich seit Beginn der 1930er Jahre Akteurinnen, die vor der faschistischen Diktatur in den weltlichen Organisationen der italienischen Frauenbewegung aktiv gewesen waren, deren Handlungsspielräume aber bereits vor 1938 zunehmend auf jüdische Institutionen reduziert wurden. Mit der Auflösung der UFN im Januar 1939 erhielt diese Entwicklung zusätzliche Brisanz.

Eine Rekonstruktion des gewaltsamen Endes der UFN wurde aufgrund der Erschließung einschlägiger Quellen im Archiv der UFN vorgenommen, das unter anderem relevante Briefwechsel zwischen dem Vorstand der UFN, dem italienischen Innenministerium und der Mailänder Präfektur enthält. Die Unterlagen bestätigen, ergänzen und erweitern die Ergebnisse, die aus der Untersuchung des Bestands der Direzione Generale della Pubblica Sicurezza im ACS hervorgehen. Die persönliche Erfahrung der Exklusion manifestiert sich in Briefen der Mitgründerin und langjährigen Vorsitzenden der UFN, Nina Rignano Sullam, aus den Jahren 1938 und 1939 an verbliebene Mitglieder des Vorstands. Die Akteurin verließ den überlieferten Unterlagen zufolge bereits vor Verabschiedung der Rassengesetzgebung, im Sommer 1938, freiwillig die Organisation, vermutlich um einem erzwungenen Ausschluss zuvorzukommen. Dass sich die UFN im Gegensatz zum CNDI dem faschistischen Regime und dessen judenfeindlicher Politik keineswegs anpasste, zeigte sich in den aus Briefen und Sitzungsprotokollen hervorgehenden Versuchen der Vorstandsmitglieder, Rignano Sullams Austritt zu verhindern. Im Dezember 1938 wurde die UFN aufgefordert, den Mailänder Fasci Femminili eine vollständige Liste mit allen Namen ihrer jüdischen Mitglieder zu unterbreiten. Am 31. Januar 1939 erfolgte die Auflösung der wichtigsten Frauenvereinigung des vereinten Italien durch ein Dekret der Mailänder Präfektur.

Konsultiert wurde im Archiv der UFN außerdem der Nachlass der bedeutenden Mantuaner Feministin Ada Sacchi Simonetta (1874–1944), in dem auch die Unterlagen der von ihr maßgeblich geprägten Frauenrechtsorganisation Federazione italiana per il suffragio e i diritti della donna (FISEDD) enthalten sind. In der Dokumentation fanden sich Hinweise auf die gewaltsame Entfernung der dem Sozialismus nahestehenden Akteurin aus dem Vorsitz der Mantuaner Sektion im April 1935 durch eine Anordnung des dortigen Präfekten. Einen Einblick in die schwerwiegenden, unmittelbaren Konsequenzen der faschistischen Rassengesetzgebung auf die berufliche wie persönliche Situation italienisch-jüdischer Frauen vermittelten die Briefe Ada Sacchi Simonettas aus dem Herbst 1938 an ihre jüdische Schwiegertochter Maria Sacerdotti, Vorsitzende der Florentiner Sektion des Verbands italienischer Akademikerinnen, Federazione Italiana Laureate e Diplomate Istituti Superiori (FILDIS), die aufgrund der Rassengesetze von heute auf morgen aus dem Schuldienst entfernt wurde.

Nach der Auflösung der UFN im Januar 1939 war die ADEI die einzige Institution in Italien, die jüdischen Frauen noch einen letzten begrenzten Raum für soziales und kulturelles Engagement bot. Die von der Forschung bislang vernachlässigte Entwicklung antifaschistischer Tendenzen innerhalb des zunächst weitgehend unpolitischen Verbands im Zeitraum zwischen 1940 und 1943 ließ sich anhand einschlägiger Unterlagen der ADEI im CDEC Milano sowie relevanter Dokumente der Pubblica Sicurezza im Bestand des italienischen Innenministeriums nachweisen. Sie legen beredtes Zeugnis von der intensiven Beobachtung der jüdischen Frauenorganisation durch die politische Polizei ab: Als zionistische Organisation, die sich zudem der Hilfe für internierte Juden und ihre Familien annahm, geriet die ADEI Anfang der 1940er Jahre unter den Verdacht, regimefeindliche, antinationale Aktivitäten zu betreiben.

Für die Untersuchung der Schicksale italienisch-jüdischer Feministinnen während der Shoah wurden vom CDEC als auch von Yad Vashem durchgeführte Zeitzeugen-Interviews und -Berichte genutzt. Ausführliche biografische Informationen sowie aufschlussreiche Hinweise auf das Versteck und die Festnahme der Mailänder Aktivistin Aurelia Josz, die im Juni 1944 nach Auschwitz deportiert wurde, fanden sich im Bestand Vicissitudini dei singoli des CDEC. Einsicht in die unterschiedlichen Erfahrungen exilierter Akteurinnen wie Gina Lombroso und Amelia Rosselli wiederum boten Briefe, die die Verfasserin in den Familienarchiven der Lombroso und der Orvieto sowie im Fondo Francesco Papafava im Resistenza-Institut in Florenz ermitteln konnte.

An gedruckten Quellen, die für die Erstellung der vorliegenden Arbeit herangezogen wurden, sind in der Hauptsache Zeitschriften der italienischen Frauenbewegungspresse zu nennen. In der Biblioteca Italiana delle Donne in Bologna konnten die wichtigsten Zeitschriften der frühen italienischen Frauenbewegung eingesehen und eine große Anzahl von Beiträgen und Schriften jüdischer Autorinnen ermittelt werden. Sie erfüllen den Anspruch, Diskurse zu rekonstruieren. Besondere Bedeutung kommt dabei der bereits oben erwähnten Zeitschrift „La Donna" aufgrund ihrer Vorreiterstellung innerhalb des Emanzipationsdiskurses in Italien und seiner transnationalen Ausweitung zu. Weitere Zeitschriften der jungen italienischen Frauenbewegungspresse wie „Cordelia" und „Attività femminile sociale" erwiesen sich für eine Untersuchung der Diskurse italienischer Frauenrechtlerinnen während des Ersten Weltkriegs als besonders aufschlussreich. Die hier veröffentlichten Beiträge auch jüdischer Aktivistinnen weisen insbesondere zu Beginn der *Grande Guerra* eine stark ausgeprägte Identifizierung mit den italienischen Kriegszielen und der Rechtfertigung von Gewalt für die angebliche Vervollkommnung der italienischen Einheit und einer Neuordnung Europas auf. Der Rekurs auf Mazzini, nationale Symbolfigur der italienischen Einigung und Idealbild der frühen italienischen Frauenbewegung, nimmt in den betreffenden Schriften besondere Emphase an, die vor allem in der vaterländischen Rhetorik jüdischer Frauen spürbar ist.

Schließlich befinden sich unter den gedruckten Quellengrundlagen die Memoiren Amelia Rossellis, die Autobiografie Laura Orvietos, die von Gina Lombroso verfasste Biografie ihres Vaters Cesare sowie von italienisch-jüdischen Akteuren und Akteurinnen im Nachhinein veröffentlichte Erinnerungs- und Tagebücher. Die hier geschilderten Ereignisse sind für eine Rekonstruktion der Familiengeschichten und für ein tiefergehendes Verständnis italienisch-jüdischer Familienidentitäten und Geschlechterbeziehungen relevant, bedürfen jedoch gleichzeitig einer besonders kritischen Herangehensweise. Bezeichnenderweise stammen alle der betreffenden Egodokumente aus der Zeit des Faschismus oder wurden während der faschistischen Diktatur herausgegeben. Es ist unerlässlich, sich dieses Umstands bei der Einbeziehung der Texte in die Untersuchung bewusst zu sein. Die Tatsache, dass es sich um keine unmittelbaren, authentischen Quellen, sondern um literarische Werke sowie im nachhinein edierte, womöglich veränderte und den aktuellen Sinnbedürfnissen ihrer Herausgeber angepasste Texte handelt, macht sie jedoch im Rahmen dieser Arbeit nicht weniger interessant. In ihnen zeigt sich die Suche nach der Vergangenheit, den eigenen Wurzeln, dem Anteil der Vorfahren an der italienischen Einigung und einer vermeintlich vollkommenen nationalen Gemeinschaft während des Großen Krieges. Die Erinnerungen wurden so zum sinnstiftenden Gegenbild einer brutalen Realität, in der die Autorinnen und Autoren nicht mehr zur italienischen Gesellschaft gehörten.

Struktur der Studie

Im ersten Kapitel wird auf der Grundlage von Egodokumenten das Konzept der *identità famigliare* im Hinblick auf das jüdische Selbstverständnis italienisch-jüdischer Protagonistinnen erläutert. Den unterschiedlichen Ausprägungen und Entwicklungen säkularer jüdischer Familienidentitäten, die für die private Selbstverortung wie das öffentliche Engagement der Akteurinnen wegweisend waren, kommt dabei besondere Aufmerksamkeit zu. Anhand der Beispiele prominenter italienisch-jüdischer Familien wie den Rosselli, den Lombroso und den Orvieto werden die Konzepte jüdischer Blutsverwandtschaft, die Relevanz von Heiratsbeziehungen sowie die zentrale Bedeutung von ethischen Traditionen, Familiengedächtnissen und familären Diskursen näher beleuchtet.

Darauf aufbauend erfolgt im zweiten Kapitel eine biografische Untersuchung der Identitätsentwicklungen und -entwürfe von Pionierinnen der italienischen Frauenbewegung zwischen jüdischem Selbstverständnis, nationaler Solidarität und transnationalen Einflüssen. Zunächst wird der Fokus auf Sara Levi Nathan (1819–1882) gerichtet, langjährige intellektuelle Gefährtin Giuseppe Mazzinis, der Symbolfigur der nationalen Einigung, die mit ihrem Schwerpunkt auf Erziehung, Abolitionismus und Laizismus die Richtung der frühen italienischen Frauenbewegung vorgab.

Der anschließende Abschnitt behandelt die venezianische Pädagogin und eminente Begründerin der italienischen Fröbel-Bewegung Adele Della Vida Levi (1822–1915), Schwiegermutter Luigi Luzzattis, in deren Leben und Werk sich die für jüdische Aktivistinnen insgesamt charakteristische Beweglichkeit zwischen jüdischen und nichtjüdischen Bereichen, zwischen der Verbundenheit zur organisierten jüdischen Gemeinschaft und weltlichen Institutionen des jungen italienischen Nationalstaats wiederfindet. *Fare gli italiani* – aus den regional sehr unterschiedlichen Bewohnern des neuen Staatsgebildes „Italiener" zu machen – war das zentrale Anliegen hinter zahlreichen Initiativen im Bildungsbereich, die auf jüdische Frauen zurückgingen. In dem ausgeprägten Interesse an neuen pädagogischen Konzepten und dem regen Einsatz für die Ausbildung von Mädchen und Frauen spiegelt sich die zentrale Bedeutung von Erziehung und Unterricht innerhalb des Judentums wider, die unter veränderten Vorzeichen weiter fortgesetzt wurde. Der im Vergleich zu nichtjüdischen Frauen überdurchschnittlich hohe Alphabetisierungsgrad machte Jüdinnen zu besonders befähigten Vermittlerinnen von Wissen und Initiatorinnen einschlägiger Einrichtungen. Gefragt wird auch nach der Bedeutung transnationaler Beziehungen für den Transfer erziehungswissenschaftlicher Konzepte nach Italien.

Das dritte Unterkapitel behandelt die ersten jüdischen Journalistinnen des vereinten Italien. Sowohl die abolitionistische Kampagne, die in der Pionierin Sara Levi Nathan eine ihrer leidenschaftlichsten Befürworterinnen hatte, als auch die Fröbel-Bewegung Adele Della Vida Levis fanden ein bedeutendes Diskussionsforum in der lange Zeit wichtigsten Zeitschrift der italienischen Frauenbewegungspresse „La Donna". Das von der Italienerin Gualberta Alaide Beccari 1868 in Padua gegründete

Organ sorgte für die Verbreitung der neuen Konzepte und warb bei seinen Leserinnen erfolgreich um Unterstützung. Die von Mazzinis Ideen stark geprägte Beccari beteiligte von Beginn an auf selbstverständliche Weise auch jüdische Autorinnen an ihrem Unternehmen. Anhand der Biografien der für „La Donna" tätigen, von der Forschung weitgehend ausgeblendeten jüdischen Journalistinnen des jungen Italien soll zunächst die Eingliederung der Akteurinnen in den zeitgenössischen Frauenrechtsdiskurs herausgearbeitet werden. Zudem wird angesichts der dezidiert säkularen und europäischen Orientierung der im italienischen Norden ansässigen Zeitschrift die Relevanz von Laizismus und Transnationalismus, aber auch der ausgeprägten regionalen Unterschiede im vereinten Italien für die Integration von Jüdinnen und ihre Vernetzung mit nichtjüdischen Frauen erläutert. Thematisiert wird gleichzeitig die Relevanz jüdischer Familienidentitäten und überregionaler, häufig transnationaler jüdischer Familienverbände in der Selbstverortung der Protagonistinnen.

Die Spannungen des Emanzipationsprozesses zwischen Partizipation und Abgrenzung, die sich bereits in den Biografien der Pionierinnen abzeichnen, gewannen mit der Konsolidierung der organisierten italienischen Frauenbewegung seit den 1880er Jahren zunehmend an Brisanz. Das dritte Kapitel wendet sich daher zunächst gezielt denjenigen jüdischen Akteurinnen zu, die am institutionellen Aufbau wie der ideologischen Entwicklung der Frauenbewegung entscheidenden Anteil hatten. Anschließend werden die Beziehungen zwischen katholischen und jüdischen Akteurinnen in den Blick genommen und nach der Existenz antisemitischer Strömungen in den Organisationen der italienischen Frauenbewegung gefragt.

Im Mittelpunkt des ersten Unterkapitels stehen die Mailänder Akademikerin und Frauenrechtlerin deutsch-jüdischer Herkunft Paolina Schiff (1841–1926), im Jahr 1881 Mitgründerin der ersten italienischen Frauenorganisation Lega promotrice degli interessi femminili („Liga zur Förderung der Fraueninteressen"), und die eingangs bereits erwähnte Sozialarbeiterin Nina Rignano Sullam (1871–1945), die für die Entstehung der wichtigsten zeitgenössischen Frauenorganisation Unione Femminile Nazionale 1899 wegweisend war. Beide Akteurinnen wurden durch den Faschismus ins gesellschaftliche Abseits gedrängt und sind trotz ihrer zentralen Rolle für die organisatorische und konzeptionelle Etablierung des italienischen Frauenrechtsdiskurses auch von der einschlägigen Geschichtsschreibung lange Zeit kaum berücksichtigt worden. Dabei lassen sich anhand der transnationalen Biografie der Germanistikprofessorin Paolina Schiff die Entstehungsgeschichte und frühen Themen der organisierten italienischen Frauenbewegung im Kontext der europäischen Friedensbewegung besonders deutlich nachzeichnen. Durch eine Rekonstruktion des verschlungenen Lebenswegs Paolina Schiffs, die nach langwierigen und mühsamen Verfahren 1892 eine der ersten fünf Privatdozentinnen Italiens wurde, sollen Momente der Inklusion ebenso wie die Problematik ihrer doppelten Außenseiterposition als Frau und Jüdin untersucht werden.

Nina Rignano Sullam, Tochter des langjährigen Vorsitzenden der Mailänder Jüdischen Gemeinde Giuseppe Sullam, bildete den Ursprung und Mittelpunkt der sich rasch ausdehnenden Kreise jüdischer Anhängerinnen der UFN, die mehrheitlich das Konzept der „politischen Philanthropie" im Sinne einer aktiven Hilfe zur Selbsthilfe sozial benachteiligter Mädchen und Frauen in den italienischen Emanzipationsdiskurs einführten. Welche sozialen und kulturellen Faktoren waren für die offenbar besonders erfolgreiche Eingliederung jüdischer Frauen in die Mailänder UFN verantwortlich? Bedeutete die Mitgliedschaft in der laizistischen Frauenorganisation, die der sozialistischen Partei nahestand, einen Bruch mit ihrer jüdischen Identität? Blieben Feministinnen wie Rignano Sullam der jüdischen Gemeinschaft dennoch weiterhin verbunden? Anhand des Engagements Paolina Schiffs und Nina Rignano Sullams soll auch die charakteristische Verbindung zwischen nationalen Bezugspunkten und den bis heute weitgehend unterschätzten transnationalen Vernetzungen der italienischen Frauenbewegung erläutert werden.

Das zweite Unterkapitel untersucht die Beziehungen zwischen jüdischen und katholischen Frauen innerhalb und im Umkreis der organisierten Frauenbewegung. Da die quantitativ wie qualitativ überdurchschnittlich hohe Beteiligung jüdischer Frauen im *movimento femminile nazionale* bis heute die Frage nach dem Vorhandensein und den Erscheinungsformen antisemitischer Vorurteile unter nichtjüdischen bzw. katholischen Italienerinnen in den Hintergrund gedrängt hat, sollen hier gezielt bisher unbeachtete Diskurse der katholischen Frauenorganisation und einzelner ihrer Vertreterinnen sowie konkrete Ereignisse, vor allem Frauen-Kongresse, auf die Existenz antisemitischer bzw. anti-judaistischer Tendenzen in Verbindung mit anti-laizistischen Positionen überprüft werden. Die Untersuchung hinterfragt auf diese Weise auch die bis heute vorherrschende Version, nach der die Gesellschaft des liberalen Italien von Antisemitismus so gut wie unberührt erscheint. Ergeben sich für die im italienischen Einheitsstaat vorwiegend weiblich konnotierten Sphären wie Erziehung, Schulwesen und Mode andere Resultate? Lassen sich in den von (katholischen) Frauen dominierten Erziehungs- und Sittlichkeitsdiskursen antisemitische Einstellungen ausmachen, die während des Faschismus aufgegriffen und verstärkt werden konnten?

Der Erste Weltkrieg steht im Mittelpunkt des vierten Kapitels. Der Fokus wird auf die Erwartungen, Erfahrungen und Erinnerungen gerichtet, die italienisch-jüdische Frauen mit der *Grande Guerra* verknüpften.[39] Anhand einer Analyse von Egodokumenten und Schriften jüdischer Autorinnen in der zeitgenössischen Frauenbewegungspresse soll die Bedeutung des Krieges für die Veränderungen des Selbstverständnisses jüdischer Akteurinnen, ihre Beziehungen zur italienischen Mehrheitsgesellschaft und den Wandel von Geschlechterverhältnissen ermittelt werden.

Die Kriegssituation bot Jüdinnen eine herausragende Möglichkeit, ihre Solidarität mit der italienischen Nation offen zu demonstrieren. Im ersten Unterkapitel

---

39 Zur Trias Erwartung, Erfahrung, Erinnerung vgl. Ernst, Der Erste Weltkrieg, S. 62–68.

wird daher nicht nur das soziale und kulturelle Engagement jüdischer Frauen an der Heimatfront berücksichtigt, sondern auch nach den häufig widersprüchlichen und sich verändernden ideologischen Positionierungen jüdischer Feministinnen zwischen Pazifismus, Interventionismus und Irredentismus gefragt. Welche Rolle spielte der jüdische Hintergrund der Akteurinnen für ihre mehrheitlich starke Befürwortung eines italienischen Kriegseintritts an der Seite der Entente? Welche Hoffnungen und Erwartungen verbanden sie mit einem italienischen Sieg über Österreich-Ungarn?

Das zweite Unterkapitel wendet sich den Auswirkungen des Krieges auf die Entwicklungen jüdisch-christlicher Beziehungen sowie von Geschlechterverhältnissen zu. Dabei wird zunächst untersucht, ob die Kriegserfahrungen eine Annäherung jüdischer Aktivistinnen an das katholische Milieu zur Folge hatten. Wie nahmen jüdische Autorinnen das Verhältnis zur christlichen Mehrheitsgesellschaft wahr und bildeten es in ihren Publikationen ab? Aufgrund der Berücksichtigung von Primärquellen und der Einbeziehung von Resultaten des zweiten Kapitels werden die entsprechenden Wahrnehmungen und Darstellungen ergänzt und auf ihren realen Gehalt hin überprüft.

Anschließend stehen die Veränderungen von Geschlechterbeziehungen und weiblichen Identitäten im Mittelpunkt. Jüdische wie nichtjüdische Frauen konnten während des Krieges oft erstmals ihre Selbständigkeit unter Beweis stellen, weshalb der Große Krieg, so die These, auch Entwicklungen in der privaten Sphäre dynamisierte. Vor dem Krieg hatte die Trennung zwischen privater und öffentlicher Sphäre die Geschlechterverhältnisse dominiert. Insbesondere in bürgerlichen Kreisen war der private Bereich weiblich, der öffentliche Bereich männlich konnotiert.[40] Während des Krieges jedoch wurde der Gegensatz zwischen traditionell „männlichen" und „weiblichen" Bereichen schwächer. Auf welche Weise spricht diese Entwicklung aus den Selbstzeugnissen jüdischer Frauen, die ihre Emanzipationsforderungen aufgrund der Ambivalenz zwischen doppelter gesellschaftlicher Außenseiterposition einerseits, ihrer zentralen Stellung in der jüdischen Familie andererseits in der Regel besonders deutlich und selbstbewusst artikulierten? Inwiefern prägten sie neue Entwürfe für die Erlangung von Frauenrechten und die Gleichstellung von Frauen in der Familie für den italienischen Frauenrechtsdiskurs insgesamt?

Der dritte Abschnitt des vierten Kapitels untersucht auf der Grundlage von Memoiren und autobiografischen Quellen, darunter Werke der Schriftstellerinnen Amelia Rosselli und Laura Orvieto, die Erinnerungen jüdischer Frauen und ihrer Familien an den „Großen Krieg" vor dem Hintergrund der faschistischen Rassengesetzgebung. Ausgehend von der Auffassung, dass autobiografische Texte in der Darstellung von

---

[40] Vgl. insbesondere Willson, Gender, Family and Sexuality. Zu den bisher noch wenig erforschten Dynamiken von Geschlechterverhältnissen im Italien der *Grande Guerra* vgl. die mikrohistorische Studie über die Mobilisierung von Frauen in Friaul von Ermacora, Women behind the Lines. Zu den Entwicklungen innerhalb italienischer Familien vgl. Papa, La „famiglia italiana".

Vergangenheiten selektiv und subjektiv verfahren, wurde dem Einfluss aktueller Sinnbedürfnisse und Wahrnehmungsweisen auf die Vergangenheitsentwürfe besondere Aufmerksamkeit geschenkt. Auf welche Weise schlug sich der veränderte Blickwinkel, auf den die Erfahrungen von Antisemitismus und gesellschaftlicher Exklusion einwirkten, in den Egodokumenten nieder?

Das letzte Unterkapitel konzentriert sich auf den Zeitraum zwischen Kriegsende und dem Beginn der faschistischen Herrschaft. Im Mittelpunkt stehen die ideologischen Entwicklungen und Neupositionierungen jüdischer Frauen in der unmittelbaren Nachkriegsära. Das soziale und kulturelle Engagement für den italienischen Kriegseinsatz als Zeichen nationaler Solidarität hatte nicht zu der angestrebten Gleichstellung als Staatsbürgerinnen geführt. Die Hoffnungen der Protagonistinnen auf eine erfolgreiche Weiterführung des Integrationsprozesses als Frauen wie als Jüdinnen wurden in der historischen Realität schwer enttäuscht. Nur vier Jahre nach Kriegsende übernahm Mussolini in Italien die Macht. Welche Versuche einer persönlichen wie politischen (Neu-)Orientierung unternahmen jüdische Akteurinnen in den Jahren zwischen Krieg und Diktatur, nicht zuletzt vor dem Hintergrund antisemitischer Strömungen, die während des Weltkriegs verstärkt sichtbar geworden waren? Neben einer Betrachtung der unterschiedlichen Entwicklungen von Sympathisantinnen des Faschismus wie der Gründerin der Fasci Femminili Elisa Majer Rizzioli, moderaten Irredentistinnen und politisch linksstehenden Wahlrechtsaktivistinnen gilt es, die Annäherung des Consiglio Nazionale delle Donne Italiane an den Faschismus nachzuverfolgen und die ideologischen Einstellungen und Entscheidungen seiner jüdischen Mitglieder zu untersuchen. Lassen sich in den Jahren zwischen Krieg und Gewaltherrschaft bereits Anzeichen der Distanzierung oder Abgrenzung jüdischer Akteurinnen aus der großen nationalen Frauenorganisation feststellen, die mit ihrem zunehmend aggressiven Nationalismus und pro-faschistischen Kurs in Verbindung standen?

Das fünfte Kapitel untersucht die Marginalisierung, Entrechtung und Verfolgung jüdischer Protagonistinnen der italienischen Frauenbewegung während der faschistischen Ära seit der Machtübernahme Mussolinis bis zum Ende des Zweiten Weltkriegs. Verdeutlicht werden sollen erstens die Ausgrenzung jüdischer Feministinnen aus den gleichgeschalteten Frauenvereinigungen in den Jahren zwischen 1922 und 1926, zweitens die sich intensivierende Relevanz der zionistischen Option und der innerjüdischen Sphäre als Neubeginn und Fluchtraum seit 1927, drittens die Verfolgung der Rechte und schließlich des Lebens jüdischer Feministinnen seit den 1930er Jahren bis 1945.

Zunächst wird nach den Einstellungen zum Faschismus innerhalb der organisierten Frauenbewegung während der Frühzeit der faschistischen Herrschaft gefragt. Welche Konsequenzen hatten die Anpassung der römischen Zentrale des CNDI an das faschistische Regime und der entschiedene Antisozialismus seiner vorwiegend adligen Führungsschicht auf die Wahrnehmung und Behandlung jüdischer Feministinnen, die sich seit jeher mehrheitlich im linken politischen Spektrum betätigten? In welcher Beziehung stehen Ausgrenzungsmechanismen und mit latenten antisemitischen Tendenzen verbundene antisozialistische Motive zu einschneidenden innenpolitischen Ereignissen wie der Ermordung des Einheitsführers der Sozialisten Giacomo Matteotti im Jahr 1924 und der Schulreform Giovanni Gentiles, die den katholischen Religionsunterricht zur wichtigsten Grundlage „nationaler Erziehung" erklärte? Zu vermuten ist, dass die Distanzierung des CNDI von seinem einst programmatischen Laizismus im Kontext der Annäherung zwischen Faschismus und katholischer Kirche die Marginalisierung jüdischer Mitglieder vorantrieb. Gleichzeitig soll die Rolle von Feministinnen wie Gina Lombroso, Amelia Rosselli und Bice Cammeo in den seit Anfang der 1920er Jahre um die Brüder Rosselli entstehenden antifaschistischen Netzwerken verdeutlicht werden. Angenommen wird, dass sich als Antwort auf die zunehmende gesellschaftliche, kulturelle und politische Marginalisierung jüdische Familienidentitäten, Frauensolidarität und dezidiert demokratische politische Positionen hier zu einem neuen Gruppenbewusstsein miteinander verbanden.

Das zweite Unterkapitel richtet den Fokus auf die bislang nahezu unerforschte Gründungsgeschichte des ersten jüdischen Frauenbunds in Italien, der 1927 in Mailand entstandenen ADEI. Welche Motive standen hinter der im europäischen Vergleich auffallend späten Gründung einer jüdischen, zionistisch orientierten Frauenvereinigung in Italien? Die Entstehung der ADEI wird im Kontext des zeitgenössischen Aufschwungs jüdischer Kultur und zionistischer Ideen in Italien rekonstruiert. Sie lief mit der fortschreitenden Marginalisierung jüdischer Frauen und der Reduzierung ihrer Organisationsmöglichkeiten im weltlichen Bereich parallel. Ausgehend von einer biografischen Betrachtung der Gründerin Berta Cammeo Bernstein, die sich seit Jahrzehnten in der Mailänder UFN engagierte, und Pionierinnen wie der jungen Zionistin Gabriella Falco Ravenna sollen die Herausbildung eines religiösen jüdischen Selbstbewusstseins sowie die charakteristische Verbindung zwischen praktischem Feminismus, Antifaschismus und Zionismus erläutert werden, aus dem die ADEI in Mailand hervorging. Hatten die Ideale der Mailänder Gründerinnen innerhalb der sich anschließend auf ganz Italien ausdehnenden, jüdischen Frauenvereinigung Bestand?

Der dritte Abschnitt thematisiert zunächst die Vorgeschichte der Entrechtung. Die Untersuchung der Situation jüdischer Feministinnen im Zeitraum zwischen dem Abschluss der Lateranverträge 1929 und der Verabschiedung der faschistischen Rassengesetzgebung soll Aufschluss über die seit Beginn der 1930er Jahre kontinuierliche Radikalisierung der antisemitischen Politik des faschistischen Italien geben, die keineswegs im November 1938 erst einsetzte. Ging die in den 1930er Jahren massiv vorangetriebene und 1935 weitgehend abgeschlossene Faschisierung der organisierten italienischen Frauenbewegung mit offener antisemitischer Anfeindung einher? Thematisiert werden die konkreten Folgen, die sich aus der endgültigen Aufgabe des staatlichen Prinzips der Laizität und die diskursive wie praktische Konstruktion der „katholischen Nation" für die Handlungsräume jüdischer Frauenrechtlerinnen ergaben. Welche Institutionen standen ihnen außer der ADEI bis 1938 noch offen?

Anschließend wird anhand einschlägiger Dokumente der Pubblica Sicurezza sowie Briefen und Sitzungsprotokollen der Weg zur Auflösung der UFN vor dem Hintergrund der faschistischen Rassengesetzgebung analysiert. Zu fragen ist, ob bereits vor deren Verabschiedung die jüdischen Mitglieder der wichtigsten Vereinigung der frühen italienischen Frauenbewegung in den Blickfang der faschistischen Behörden gerieten. Welche Rolle spielte die Präsenz jüdischer Akteurinnen für das gewaltsame Ende der überkonfessionellen Organisation? Zudem soll das Verhalten der nichtjüdischen Mitglieder der sozialistisch geprägten UFN gegenüber ihren jüdischen Kolleginnen überprüft und im Zusammenhang mit der Vertreibung jüdischer Frauen aus dem faschisierten CNDI beurteilt werden.

Mit den Rassegesetzen wurden die letzten jüdischen Akteurinnen aus allen noch verbliebenen Institutionen der italienischen Frauenbewegung vertrieben. Die Untersuchung konzentriert sich daher für den Zeitraum der fortschreitenden massiven Entrechtung und Verfolgung italienischer Juden zwischen 1940 und 1943 auf die Situation der ADEI. Dabei ist zum einen nach der Wahrnehmung und Behandlung der jüdischen Frauenorganisation durch die faschistischen Behörden, zum anderen nach dem Verhalten ihrer Mitglieder zu fragen. Welche Überlebensstrategien entwickelten die Akteurinnen, wie vernetzte sich die zionistisch ausgerichtete Gruppe in und außerhalb Italiens angesichts der zunehmenden Einkreisung durch das faschistische Regime? Führten die Kriegssituation und das Bekanntwerden von Nachrichten über die Vernichtungslager zur Entwicklung antifaschistischer Tendenzen innerhalb der zuvor weitgehend unpolitischen jüdischen Frauenvereinigung?

Die Studie endet mit einer Rekonstruktion der Schicksale jüdischer Feministinnen seit der deutschen Besetzung Italiens im September 1943 bis Kriegsende. Der Fokus liegt auf den Lebenswegen von Akteurinnen der ADEI und der UFN, darunter Gabriella Falco Ravenna, Nina Rignano Sullam und Aurelia Josz, die aufgrund von Flucht oder im Versteck überleben konnten oder aber in Vernichtungslagern umgebracht wurden. Auf diese Weise werden die gewaltsam veränderten, häufig zerstörten Biografien der letzten jüdischen Vertreterinnen der frühen italienischen Frauenbewegung sichtbar. Ihre individuellen, in Vergessenheit geratenen Schicksale stehen beispielhaft für die Vertreibung, Verfolgung und Ermordung zahlloser italienisch-jüdischer Frauen, Männer und Kinder in der Shoah.

1 Italienisch-jüdische Familienidentitäten und säkulare Subkultur

Im Mai 1872 schrieb Sara Levi Nathan aus Genua einen langen Brief an ihre Tochter Janet. Die Weggefährtin Giuseppe Mazzinis, „Heldin" des Risorgimento, Matriarchin der Familien Nathan und Rosselli, die zehn Jahre später in einem Zivilbegräbnis in Rom beigesetzt werden sollte, gewährte hier einen seltenen Einblick in ihre Einstellung zum Judentum. Im vertrauten Ton der englischsprachigen Korrespondenz zwischen Mutter und Tochter reflektierte Sara über die Affinität ihres 13-jährigen Sohns Beniamino zur jüdischen Religion, die offenbar Gegenstand einer vorausgegangenen Diskussion gewesen war:

> „As to Ben being inclined to the Jewish rites I think it is owing to the want of religious expansion which is in almost every heart. It remains how to elicit it. It is very certain that true as the Jewish religion is in the spirit that inspired Moses to proclaim the unity of God and some of his laws, it is false nowadays in the form of following that law. Ben's religious feeling should be directed towards a larger horizon so that his love should extend not only to a limited circle but to the whole work of God."[1]

In dieser persönlichen Stellungnahme, eine der wenigen erhaltenen Aussagen der Protagonistin zum Judentum überhaupt, spiegelte sich ihre ambivalente Haltung zur jüdischen Religion deutlich wider. Sara Levi Nathan lehnte das Judentum keineswegs als solches ab, wie aus ihren Zeilen ersichtlich wird, sah aber die Befolgung der Rituale vor dem Hintergrund jüdischer Emanzipation und Säkularisierung als überholt an. Tatsächlich wurde eine heterogene Einstellung zum Judentum, die sich nicht selten innerhalb von Familien bemerkbar machte, charakteristisch für die jüdische Minderheit des nachemanzipatorischen Italien. Mit den Gesetzen zur Judenemanzipation, der Öffnung der Ghettos und des einsetzenden gesellschaftlichen Integrationsprozesses vollzog das vorher anhand eindeutiger Zugehörigkeiten definierte jüdische Selbstverständnis einen durchgreifenden Wandel. Parallel zum abnehmenden Einfluss der jüdischen Gemeinden und der Erosion des religiösen Normensystems begannen Juden, sich verstärkt über ein nationales italienisches Bewusstsein zu definieren. Da die rechtliche Gleichstellung mit der nationalen Einigung eng verknüpft gewesen war, fühlten sich die italienischen Juden dem jungen Nationalstaat mit großer patriotischer Begeisterung verbunden, was aus ihrer ausgeprägten Beteiligung am politischen und gesellschaftlichen Aufbau des Landes deutlich hervorgeht. Die häufige Distanzierung oder sogar Abkehr von den jüdischen Gemeinden bedeuteten jedoch in den seltensten Fällen die vollkommene Aufgabe jüdischer Identität.

---

[1] Sara Levi Nathan an Janet Nathan Rosselli, 2. Mai 1872, Fondazione Rosselli Torino (im Folgenden FRT), Archivio di Janet Nathan, C 1103.

Verwandtschaftsnetzwerke und Freundschaften spielten, wie bei den Levi Nathans, eine zentrale Rolle für die Kontinuität eines Gruppenbewusstseins. Guri Schwarz und Barbara Armani betonen in diesem Zusammenhang zu Recht, dass der jüdische Emanzipationsprozess in Italien nicht als individuelle Angelegenheit zu verstehen ist, sondern als Geschichte von Familien interpretiert werden muss. Die emanzipierten Juden hatten aus dieser Sichtweise Anteil an der Erinnerung und dem kulturellen Erbe eng miteinander verflochtener Familienverbände, der selbst bei nicht religiösen Akteuren im Überdauern einer *identità famigliare* resultierte.[2]

Die zentrale Rolle jüdischer Frauen innerhalb dieser Entwicklung ist jedoch für den italienischen Kontext noch immer wenig erforscht. Dies gilt im Besonderen für die Akteurinnen der italienischen Frauenbewegung, die im Mittelpunkt der vorliegenden Arbeit stehen. Bei der Betrachtung der gesellschaftlichen Eingliederung jüdischer Frauen muss immer berücksichtigt werden, dass sie aufgrund ihres Geschlechts auch nach der erfolgten Emanzipation noch immer keine gleichberechtigten Staatsbürger waren, dass sich der Integrationsprozess also in anderen Bahnen vollzog als der jüdischer Männer.[3] Der emanzipatorische Anspruch, der sich zuvor auf die Situation der jüdischen Gemeinschaft bezogen hatte, war hinsichtlich der Stellung als Frauen nach wie vor unerfüllt und verlor nicht an Aktualität. Gerade weil die Partizipationsräume im italienischen Nationalstaat für Jüdinnen (wie für Frauen insgesamt) beschränkt waren, blieb die Selbstverortung in Familienverbänden eine Konstante weiblicher Existenz. So ereignete sich auch die gesellschaftliche Integration jüdischer Akteurinnen im Kontext ihrer Familien, innerhalb der Interaktion mit Müttern und Schwestern, Vätern, Brüdern, Ehemännern, Kindern und Verwandten. Die Herausbildung des Selbstverständnisses zwischen italienischem Nationalbewusstsein und jüdischer Identität, das für die Protagonistinnen der frühen italienischen Frauenbewegung charakteristisch wurde, stand mit ihrem familiären Hintergrund in unmittelbarer Beziehung.

Da sich die große Mehrheit jüdischer Akteurinnen im 19. und frühen 20. Jahrhundert unter den Vorzeichen von Laizismus, Liberalismus und/oder Sozialismus in der Frauenbewegung engagierte, wird ihre jüdische Identität in der einschlägigen Forschung bis heute weitgehend ignoriert.[4] Dabei kann die Untersuchung der jüdi-

---

2 Vgl. Armani/Schwarz, Premessa, S. 627 f., 632–634. Einen ähnlichen Ansatz verfolgt Alexander Stille für die faschistische Ära, indem er die Entwicklung der jüdischen Minderheit in Italien anhand der unterschiedlichen Erfahrungen und Erinnerungen ausgewählter Familien analysiert; vgl. Stille, Benevolence and Betrayal.
3 Vgl. dazu Hyman, Gender and Assimilation, S. 18 f. Anna Foa wiederum weist darauf hin, dass die italienische Judenemanzipation nicht als Zeitpunkt, sondern vielmehr als Periode vielfältiger Prozesse zu behandeln ist, welche die Umsetzung der erlangten Rechte in die politische Realität, soziokulturellen Wandel und Integration betreffen; vgl. Foa, Il mito dell'assimilazione, S. 20.
4 Lediglich Annarita Buttafuoco thematisiert die Verbindung zwischen jüdischer Herkunft und sozialem Engagement in ihrem Beitrag über „Nina Rignano Sullam. Una Filantropa Politica". Unter den

schen Ursprünge und des Umfelds der Akteurinnen sowie ihrer keineswegs immer eindeutigen säkularen Selbstverortung einen wesentlichen Beitrag zu einem tiefergehenden Verständnis der Emanzipations- und Integrationsprozesse jüdischer Frauen im vereinten Italien leisten. Vorstellungen einer Herkunftsgemeinschaft, die Weitergabe ethischer Traditionen und Erinnerungen stellten die drei Grundpfeiler für die Konstruktion säkularer jüdischer Familienidentitäten dar, die im Leben und Werk jüdischer Protagonistinnen der frühen italienischen Frauenbewegung lebendig blieben.

1.1 Heiraten und Blutsverwandtschaften

Sowohl die Pionierinnen als auch die jüngeren jüdischen Protagonistinnen der italienischen Frauenbewegung agierten zeitlebens in eng miteinander verflochtenen Familien- und Freundschaftsnetzwerken, die ihre biografische Entwicklung, ihr Selbstverständnis als Frauen und Jüdinnen, ihren Alltag wie ihr öffentliches Engagement maßgeblich bestimmten. Den überlieferten Dokumenten lassen sich trotz einer überwiegend säkularen Gesinnung das Bewusstsein der Verbindung zu den Vorfahren und der Verortung in einer familiären Gemeinschaft deutlich ablesen. Nicht zuletzt kamen jüdische Feministinnen häufig aus Familien, in denen bereits Mütter, Großmütter und weibliche Verwandte ein ausgeprägtes Engagement für die sozialen und kulturellen Belange von Frauen an den Tag gelegt hatten. Auch in dieser Hinsicht werden eine Orientierung an den Vorfahren und der Wunsch nach Kontinuität klar ersichtlich. Für die Schriftstellerin Amelia Rosselli war es die Großmutter ihres Mannes, die eingangs zitierte Sara Levi Nathan, für die Schriftstellerin Laura Orvieto die verwandten Schwestern Errera, für Gina und Paola Lombroso die Großmutter Zefora Levi, die als Vorbilder gesellschaftlichen Engagements und weiblichen Selbstbewusstseins fungierten.[5] Der Einsatz dieser jüngeren Aktivistinnen in der italienischen Frauenbewegung wurde so zum Ausdruck einer doppelten Zugehörigkeit, der Identifizierung mit dem italienisch-nationalen wie dem jüdisch-familiären Kontext.

Prominente italienisch-jüdische Familien wie die Rosselli, die Orvieto und die Lombroso stützten und charakterisierten aufgrund der Aneignung bürgerlicher Werte

---

Standardwerken vgl. insbesondere Pieroni Bortolotti, Alle origini; Dickmann, Die italienische Frauenbewegung; Odorisio, Donna o cosa.

5 Zu den gebildeten Schwestern, Anna, Rosa und Emilia Errera, die als Erzieherinnen und Schriftstellerinnen tätig waren, vgl. Norsa, Tre donne, S. 42–55. Über die gebildete, sozial und kulturell engagierte Großmutter Zefora Levi berichtete Paola Lombroso: „Aronne Lombroso [der Großvater] war ein milder, guter, äußerst religiöser, aber nicht sehr intelligenter Mann: dagegen war die Großmutter eine absolut überlegene Frau ... alle, die sie damals gekannt haben, sind noch dreißig Jahre nach ihrem Tode dem Zauber ihres aktiven Wohlwollens, ihrer scharfen und hellseherischen Intelligenz erlegen"; Lombroso, Cesare Lombroso, S. 5.

und Verhaltensweisen den gesellschaftlichen Integrationsprozess, hielten aber gleichzeitig ihre jüdische Identität aufgrund der bewussten Weiterführung familiärer Traditionen und Verflechtungen aufrecht, insbesondere durch Heiraten, soziale, kulturelle und wirtschaftliche Beziehungen.[6] Die Subkultur, von der David Sorkin für den deutsch-jüdischen Kontext spricht, war im italienischen Fall hauptsächlich in den Familienverbänden verortet.[7] Durch den kreativen Gebrauch der Mehrheitskultur entstand hier ein eigenständiges System von Ideen und Symbolen, das zur Herausbildung komplexer Identitätsformen führte. Die Biografien von Protagonistinnen der frühen italienischen Frauenbewegung sind ein lebendiger Beweis dafür, wie sich jüdische Tradition mit nichtjüdischen bürgerlichen Verhaltensweisen auf unterschiedliche Weise und oft situationsbezogen miteinander verband. Bei den Rosselli und den Lombroso etwa existierte ein Nebeneinander von standesamtlichen Ehen und nach jüdischem Ritus gefeierten Heiraten, in der Familie Orvieto wechselten sich Synagogenbesuche mit Feiern unter dem Weihnachtsbaum ab.[8] Zweifellos waren die Grenzen zwischen Subkultur und Mehrheitskultur durchlässig und beweglich, aber immer vorhanden: Auf der einen Seite förderte die Familie, als zentraler Ort auch nichtjüdischen bürgerlichen Ideals,[9] den Akkulturationsprozess italienischer Jüdinnen, auf der anderen Seite schuf die ausgeprägte verwandtschaftliche Solidarität und

---

6 Der italienische Fall weist hier Parallelen zum Verbürgerlichungsprozess der deutschen Juden auf; vgl. das Standardwerk von Kaplan, The Making of the Jewish Middle Class. Speziell zur Rolle deutsch-jüdischer Frauen innerhalb des gesellschaftlichen Integrations- und Modernisierungsprozesses vgl. Schüler-Springorum, Geschlecht und Differenz, S. 50–66.
7 Subkultur wird von Sorkin als „identity that emerged from the ideology of emancipation" aufgefasst; vgl. Sorkin, The Transformation of German Jewry, S. 5–7; zur intellektuellen Prägung einer säkularen Kultur anhand des Beispiels Berthold Auerbach, vgl. ebd., S. 140–155.
8 Während Carlo Rosselli die englische Quäkerin Marion Cave im Juli 1926 standesamtlich in Genua ehelichte, wurde Nello Rosselli mit der aus Padua stammenden Jüdin Maria Todesco im Dezember 1926 nach jüdischem Ritus getraut. Die Lombroso-Schwestern gingen beide Zivilehen ein; vgl. Ciuffoletti/Tranfaglia, Introduzione, S. XVI; Dolza, Essere figlie di Lombroso, S. 100, 140. – Laura Orvieto schrieb in ihrem Kinderbuch „Leo e Lia" über die familiäre Feier des Weihnachtsfestes und den dafür mit den Kindern aufgestellten Weihnachtsbaum (vgl. Orvieto, Leo e Lia, S. 28–33). In demselben Werk berichtete sie über den Synagogenbesuch ihres Mannes Angiolo und des Sohnes Leo (vgl. ebd., S. 69). – Die Atheistin Gina Lombroso wiederum schrieb in einem Brief an ihren Sohn Leo, dass seine Schwester Nina begonnen habe, die Bibel zu lesen: Gina Lombroso an Leo Ferrero, 8. Januar 1928, Fondazione Primo Conti onlus, Fiesole (im Folgenden FPC), Fondo Leo Ferrero, LF.C. 778/1. Auch Nello und Carlo Rosselli lasen mit Interesse das Alte Testament, in dem vor allem Nello den Ursprung jüdischer Familienidentität sah; vgl. Sacerdoti Mariani, Lessico famigliare, S. 20–24.
9 Für papsttreue italienische Katholiken und Katholikinnen blieb die Familie der Ort des christlichen Glaubens, im Gegensatz zum laizistischen Staatsverständnis der jungen italienischen Nation, das von der großen Mehrheit jüdischer Familien unterstützt wurde. Zur Geschichte der Familie im „langen" 19. Jahrhundert und dem Problemkomplex Familie-Nation im „bürgerlichen" Zeitalter vgl. Porciani, Famiglia e nazione, S. 15–53; speziell zur italienischen Familie im Risorgimento vgl. Ginsborg, Romanticismo e Risorgimento, insbesondere S. 24–34.

das Festhalten an den aus den Ghettogemeinschaften hervorgegangenen familiären Beziehungen auch geschlossene Räume, in denen Nichtjuden eher selten anzutreffen waren. Die überlieferten Korrespondenzen sind sprechender Beweis für die ausgedehnten Kreise jüdischer Verwandte und Freunde, die einen zentralen Bestandteil der Lebenswelten der Protagonistinnen bildeten. Die Existenz einer säkularen jüdischen Subkultur spiegelt sich im Briefwechsel von Protagonistinnen wie Sara Levi Nathan wider und lässt sich insbesondere auch in den umfangreichen Familienarchiven der Rosselli, Lombroso und Orvieto nachverfolgen.[10]

Der im 19. und frühen 20. Jahrhundert mit etwa 0,1 % äußerst geringe Anteil von Juden an der italienischen Gesamtbevölkerung verstärkte zusätzlich das Phänomen familiärer Netzwerke und der überregionalen, häufig auch transnationalen Verknüpfung von Familienverbänden.[11] Nicht wenige junge Juden und Jüdinnen verließen aus objektivem Mangel an „geeigneten" Kandidaten und Kandidatinnen ihre Geburtsorte, um auf Wunsch der Eltern standesgemäße Partner bzw. Partnerinnen zu ehelichen.[12] Auf diese Weise wurden auch wirtschaftliche Beziehungen zwischen Familien gestärkt und weitergeführt. Die aus Pesaro stammende Pionierin Sara Levi Nathan, die den vermögenden englischen Staatsbürger deutsch-jüdischer Herkunft Moses Meyer Nathan heiratete, steht exemplarisch für diesen Prozess; umgekehrt fand die venezianische Pädagogin Adele Della Vida Levi in dem aus Piemont nach Venedig „zugewanderten" Textilwarenhändler Mosè Levi einen in den Augen ihrer Familie ebenbürtigen Ehemann.[13]

---

10 In Amelia Rossellis bedeutendem Nachlass etwa finden sich in der großen Mehrheit Briefe von Akteuren und Akteurinnen jüdischer Herkunft, mit denen die Schriftstellerin (nicht nur schriftlich) in Verbindung stand und die gleichzeitig in zahlreichen Fällen untereinander verwandt oder befreundet waren. Nichtjüdinnen bzw. Katholikinnen tauchen dagegen kaum unter Rossellis Briefpartnerinnen auf. Selbst die Korrespondenz der dem religiösen Judentum ablehnend gegenüberstehenden deutsch-italienisch-jüdischen Frauenrechtlerin Paolina Schiff (1841–1926) weist Spuren einer privaten wie wissenschaftlichen Verortung im zeitgenössischen Milieu jüdischer Intellektueller auf. Sie verfügte über bis nach Deutschland ausgedehnte Kontakte mit jüdischen Literaten, Journalisten und Verlegern, darunter Leopold Sonnemann (1831–1909). Auch ihre Übersetzung des Romans „Die Krankheit des Jahrhunderts" des ungarisch-jüdischen Soziologen Max Nordau (1849–1923), eines aktiven Zionisten, ist in diesem Zusammenhang bezeichnend („La malattia del secolo", Mailand 1888). Die Briefe der Frauenrechtlerin an den Literaturwissenschaftler und Politiker Felice Cavallotti befinden sich im Archiv der Fondazione Giangiacomo Feltrinelli in Mailand (im Folgenden AFF Milano), Fondo Felice Cavallotti, Corrispondenza 1849–1916. 1. Corrispondenza ricevuta 1860–1898, fasc. Paolina Schiff.
11 Zentrale Beispiele für transnationale Familien von Akteurinnen sind etwa die Nathans und die Schiffs, die sich von Deutschland aus u. a. in Italien und England niederließen. Die aus Spanien stammende Lombroso-Familie hatte sich außer nach Italien auch nach Frankreich, Deutschland, Russland und in die USA verstreut. Zum Phänomen transnationaler und transregionaler Familien vgl. Sabean/ Teuscher, Rethinking European Kinship, S. 1–21.
12 Zur Herstellung der Heiratsverbindungen vgl. Allegra, La madre ebrea, S. 73 f.
13 Zur Beziehung zwischen Endogamie, Wirtschaft und Status im italienischen Judentum vgl. Pavan, „Ebrei" in Affari, S. 782–786. Die Heiratsstrategien italienischer Juden bildeten in dieser Hin-

Heiraten innerhalb jüdischer Familien bildeten generell eine bedeutende Voraussetzung für die Kontinuität jüdischer Identität, die sich in der zweiten Hälfte des 19. Jahrhunderts zunehmend von einem religiösen Selbstverständnis löste.[14] Dies gilt für die große Mehrheit der Vertreterinnen der frühen italienischen Frauenbewegung: Die meisten von ihnen entfernten sich von der jüdischen Religion, heirateten aber Männer aus jüdischen Familien.[15] Während in Italien zwischen 1884 und 1885 knapp ein Viertel der jüdischen Eheschließungen (22,9 %) mit Nichtjuden erfolgten und der Anteil zwischen 1925 und 1934 auf 38,9 % anstieg, waren Mischehen bei den hier thematisierten Akteurinnen kaum anzutreffen.[16] Ihre Beteiligung in den überkonfessionellen Institutionen der Frauenbewegung bedeutete in den allerwenigsten Fällen die Aufgabe einer partikularen jüdischen Identität. Trotz eines ausgeprägten laizistischen Selbstverständnisses blieben nicht nur die Pionierinnen Sara Levi Nathan und Adele Della Vida Levi, sondern auch ihre Söhne und Töchter aufgrund von Heiraten in jüdischen Familiennetzwerken verortet. Weitere prominente Beispiele unter den jüngeren Protagonistinnen sind die Mitgründerin und langjährige Vorsitzende der überkonfessionellen, sozialistisch geprägten Mailänder UFN, Nina Rignano Sullam, die den Juden Eugenio Rignano ehelichte, oder die in Florenz wirkende Schriftstellerin Laura Orvieto, geborene Cantoni, die mit ihrem jüdischen Ehemann Angiolo Orvieto sogar verwandt war.[17] (Abb. 1) Heiraten unter Verwandten, insbesondere Cousins und Cousinen dritten und vierten Grades, stellten generell keine Seltenheit auch innerhalb akkulturierter italienisch-jüdischer Familien dar. Sie waren ein sichtbares Zeichen für die Existenz, Weitergabe und kontinuierliche Neuverhand-

---

sicht Teil eines zeitgenössischen gesamteuropäischen Phänomens. Durch Heiraten wurden nachhaltige Beziehungen zwischen Familien geschaffen, die Gelegenheit für zahlreiche weitere Austauschprozesse schufen. Frauen agierten als Mittlerinnen geschäftlicher und politischer Beziehungen, beruflicher Möglichkeiten sowie Heiraten zwischen weiteren Familienmitgliedern; vgl. Joris, Kinship and Gender, S. 234–237.
14 Zur ausgeprägten Endogamie italienischer Juden am Beispiel der Stadt Florenz vgl. Armani, Il confine invisibile, S. 241–243.
15 Bei den Kindern der Protagonistinnen stellt sich die Situation heterogener dar. Während etwa Carlo Rosselli eine englische Quäkerin, Nina Lombroso einen Katholiken und Leonfrancesco Orvieto eine Katholikin heirateten, wählten Nello Rosselli sowie die Söhne und Töchter der laizistisch gesonnenen Adele Della Vida Levi Ehepartner jüdischer Herkunft. Auch die Kinder der Mazzinianerin Sara Levi Nathan blieben in ihrem Heiratsverhalten weitgehend in einem säkularen jüdischen Milieu verortet.
16 Vgl. die Erhebungen bei Della Pergola, Anatomia, S. 193–195.
17 Zur Liebesheirat zwischen Nina geb. Sullam und Eugenio Rignano vgl. Archivio Unione Femminile Nazionale Milano (im Folgenden Archivio UFN), Serie 1.2: Organi amministrativi, Sottoserie 1.2.2.3: Necrologi e commemorazioni, b. 3, fasc. 14: commemorazione di Nina Rignano Sullam 1948. Zur Heirat von Laura Orvieto mit ihrem entfernten Cousin Angiolo (seine Mutter Amalia Cantoni war eine Cousine von Lauras Vater Achille) sowie den eng verflochtenen Familienbeziehungen zwischen den Orvieto und den Cantoni vgl. Il Marzocco. Carteggi e cronache, hg. von Del Vivo/Assirelli, S. 13–15.

Heiraten und Blutsverwandtschaften — 35

Abb. 1: Laura Orvieto, circa 1895.

lung säkularer jüdischer Subkultur.¹⁸ Gleichzeitig wurden sie zum Spiegel der auch im nichtjüdischen Kontext des zeitgenössischen Europa aufgrund von Verwandtenheiraten geschaffenen sozialen, kulturellen wie wirtschaftlichen Verflechtungen und Bündnissen bürgerlicher Familien. Laura Orvietos Vater, Achille Cantoni, beispielsweise verliebte sich auf einem Besuch von Verwandten in Mailand in seine Cousine dritten Grades, Maria Cantoni, die spätere Mutter Laura Orvietos. Infolge der Liebesbeziehung und Heirat machte sein Schwiegervater ihn zu seinem Mitarbeiter in einer Mailänder Bank.¹⁹

Anders als bei den Orvieto oder den Rosselli waren Verwandtenheiraten bei den Lombroso weniger auffällig, jedoch bestand auch der eminente, atheistische Anthropologe Cesare Lombroso auf dem Erhalt jüdischer Familienintegrität, gemeinsamen „Blutes" und Intellekts aufgrund von Heiratsverbindungen. Dass nach dem Wunsch des Wissenschaftlers innerhalb der Familie kein religiöses Selbstverständnis gepflegt wurde, lässt sich daran ablesen, dass die Ehen von Gina und Paola Lombroso im Standesamt und nicht nach jüdischem Ritus geschlossen wurden. Paola Lombroso ehelichte 1899 den Gerichtsmediziner Mario Carrara (1866–1937),²⁰ Gina wurde 1901 die Ehefrau von Lombrosos Schüler, dem Historiker Guglielmo Ferrero (1871–1942).²¹

An die Stelle der Orientierung am religiösen Kollektiv trat bei den Lombroso, bedeutendes Beispiel einer gebildeten italienisch-jüdischen Familie der nachemanzipatorischen Zeit, die Konstruktion jüdischer Familienidentität auf der Grundlage

---

18 Die häufigen Eheschließungen innerhalb der liberal gesonnenen Familie von Amelia Rossellis Mutter, der Venezianerin Emilia Capon, mit Angehörigen der prominenten Venezianer Familie Levi, hatten mitunter sogar zu Erbkrankheiten geführt; vgl. Rosselli, Memorie, hg. von Calloni, S. 46 f. – Jüdische Verwandtenheiraten sicherten nicht zuletzt den Erhalt des Familienvermögens, von dem traditionell ein erheblicher Teil in die Mitgift der Frauen verlagert wurde, innerhalb des eigenen Familienverbands. Der Wert der jüdischen Mitgift insgesamt überstieg im 18. und 19. Jahrhundert den Wert aller Mitgiftvermögen in der übrigen Bevölkerung; vgl. Groppi, Lavoro e proprietà, S. 159.
19 Vgl. Orvieto, Storia di Angiolo e Laura, hg. von Del Vivo, S. 52 f. Verwandtenbesuche, Korrespondenzen und die gegenseitige Einladung von Kindern zum gemeinsamen Spiel dienten in bürgerlichen italienisch-jüdischen Familien wie im zeitgenössischen europäischen Bürgertum insgesamt zur Intensivierung von Familienidentitäten innerhalb derselben Klassen-Milieus und zur engen Verflechtung ausgedehnter Familienverbände; zum europäischen Zusammenhang vgl. Sabean, Kinship and Class Dynamics, S. 306, 310–311.
20 Carrara, der 1904 den Lehrstuhl seines Schwiegervaters Cesare Lombroso in Turin übernahm, gehörte später zu den wenigen italienischen Universitätsprofessoren, die den Eid auf den Faschismus ablehnten. Er wurde aus allen öffentlichen Ämtern entfernt; sein antifaschistisches Engagement führte er trotz politischer Verfolgung und Gefangenschaft bis zum Tode fort. Zu Mario Carrara vgl. Boatti, Preferirei di no.
21 Guglielmo Ferrero, ein enger Freund und Mitarbeiter Cesare Lombrosos, wurde wie sein Schwager Mario Carrara im antifaschistischen Widerstand aktiv; er starb 1942 im Genfer Exil. Zu Ferrero vgl. u. a. Baldi, Guglielmo Ferrero; Cedroni, Guglielmo Ferrero.

des gemeinsamen „Blutes" (*sangue*).[22] Zentral war bei dieser Form jüdisch-familiären Selbstverständnisses die Vorstellung einer genetischen bzw. biologischen Herkunftsgemeinschaft. Das Konzept des Blutes, die daraus geschaffenen genealogischen Verbindungen und die Auffassung einer über die kulturellen und religiösen Dimensionen hinausgehenden gemeinsamen biologischen Zugehörigkeit von Juden unterschiedlicher Nationen stellten seit Ende des 19. Jahrhunderts zentrale Themen innerjüdischer Diskussionen auch in Italien dar.[23] Sie bildeten Teil eines zeitlich weit zurückreichenden gesamteuropäischen Diskurses, in dem Blut als Metapher für Familien- und Verwandtschaftsbeziehungen fungierte. Eng verbunden damit waren dem Blut zugeschriebene geistige Inhalte und die Fähigkeit der Weitergabe immanenter menschlicher Eigenschaften.[24] Gina Lombroso knüpfte an die betreffenden Diskurse an, indem sie den Begriff des „jüdischen Blutes" mit einem gewissen Stolz gebrauchte, der ihre Identifizierung mit der großen jüdischen Familie und ihren intellektuellen Leistungen bewies. In einem Brief an den Sohn Leo Ferrero (1903–1933) lobte sie die literarische Eleganz des französischen Dichters und Philosophen Paul Valéry (1871–1945) und fragte sich: „Da ist diese Feinheit von Valéry ... (hat nicht auch Valéry jüdisches Blut in den Venen?) Denn diese feinen ... psychologischen philosophischen Unterscheidungen, die er vornimmt, sind auf jüdische Abstammung zurückzuführen ...".[25]

Ob Valéry, dessen Mutter Fanny Grassi aus Genua stammte, tatsächlich jüdische Vorfahren hatte, ist unklar; weitaus bedeutender in diesem Zusammenhang ist die Bezugnahme Gina Lombrosos auf den Begriff des „Bluts", um auf eine gemeinsame Herkunft zu rekurrieren. Bezeichnenderweise leitete sie von der Idee jüdischer Blutsverwandtschaft auch tradierte intellektuelle Eigenschaften und Fähigkeiten ab. Ginas Ideologie erweist sich hier geprägt von den zeitgenössischen Vorstellungen über die verbindenden, geistigen Qualitäten des Blutes als auch vom jüdischen Selbstverständnis ihres Vaters. Der Anthropologe Cesare Lombroso bestand auf dem Prinzip

---

22 Zum Konzept des „jüdischen Blutes" vgl. Armani/Schwarz, Premessa, S. 635; Armani, Il confine, S. 238–240.
23 Vgl. dazu ausführlich Armani, Ebrei in casa, S. 31–56. Zum deutsch-jüdischen Kontext vgl. Brenner, Religion, Nation oder Stamm, S. 587–597; zum Konzept der „situativen Ethnizität" deutscher Juden vgl. van Rahden, Weder Milieu noch Konfession, S. 409–434. Philipp Lenhard weist in seinem Werk über die Entstehung moderner jüdischer Ethnizität in Frankreich und Deutschland 1782–1848 auf die weit zurückreichende negative Konnotation des „jüdischen Blutes" durch die nichtjüdische Umwelt hin: Bereits im frühneuzeitlichen Spanien wurde jüdischen Konvertiten der Vorwurf gemacht, sie seien dem Blut nach immer noch Juden und dürften daher nicht dieselben Rechte haben wie Christen; vgl. Lenhard, Volk oder Religion, S. 82 f.
24 Vgl. Sabean/Teuscher, Introduction, S. 8–11.
25 Gina Lombroso an Leo Ferrero, 3. Mai 1930, FPC, Fondo Leo Ferrero, LF.C. 801. Ferrero hatte Paul Valéry in Paris kennengelernt, wo er sich seit Jugendzeiten häufig aufhielt. Valéry verfasste die Einleitung zu Ferreros Studie „Léonard de Vinci ou l'oeuvre d'art", die 1929 veröffentlicht wurde.

der Endogamie als genetischer Grundlage für die Funktion und Integrität der Familie, in der er den Ort jüdischer Identität und Tradition sah.²⁶ (Abb. 2) Paola Lombroso schrieb über die geistige Entwicklung des Vaters, der in einem religiösen Elternhaus aufgewachsen war, sich aber bereits in jungen Jahren von der Religion distanziert hatte:

> „… je mehr er sich von der formalen Religion entfernte, desto mehr wuchs in ihm der Stolz auf die eigene Rasse, die er in seinem Umfeld als verschmäht oder sogar verhasst empfand; und Furcht sowie Stolz verbanden sich, wie es häufig geschieht, sodass er sich in sich selbst zurückzog und auf die Gesellschaft der Gleichaltrigen verzichtete, da er es nicht ertragen konnte, von ihnen mit Argwohn und Spott behandelt zu werden."²⁷

In Cesare Lombrosos Identitätsfindung, seinem beginnenden Atheismus und dem parallelen Rückzug in die private, jüdische Sphäre angesichts einer dem Heranwachsenden ablehnend gegenüberstehenden Umwelt manifestierte sich einer der entscheidenden Gründe für die generell auffallend starke Bindung von Juden an ihre Familien, die nicht nur auf den italienischen Kontext zutrifft: In Situationen antisemitischer Anfeindungen und Ablehnung von außen stellte die Familie immer auch einen Ort der Zuflucht und des Trostes dar.²⁸ Cesare Lombrosos „Stolz auf die eigene Rasse", wie seine Tochter es ausdrückte, und Gina Lombrosos Anspielung auf das „jüdische Blut" gegenüber ihrem Sohn Leo standen in unmittelbarer konzeptioneller Beziehung zueinander. Sie beide waren Ausdruck einer areligiösen, jüdischen Familienidentität, die auf der Idee einer durch die Substanz des Blutes verbundenen Herkunftsgemeinschaft aufbaute.²⁹ Der im familiären Selbstverständnis auftauchende Begriff der „Rasse" entsprach sowohl den generell stark biologistisch argumentierenden Forschungen Cesare Lombrosos als auch zeitgenössischen Entwürfen einer „rassischen jüdischen Einheit" (*unità della razza*).³⁰

---

26 Vgl. Dolza, Essere figlie di Lombroso, S. 30.
27 Paola und Gina Lombroso, Cesare Lombroso, S. 16.
28 Vgl. Kaplan, Jewish Social Life, S. 49.
29 Zur diskursiven Beziehung zwischen Blut und rassischer Identität vgl. Sabean/Teuscher, Introduction, S. 8, 10.
30 Zu Lombrosos Rassentheorie, die seine Studien zur Kriminologie stark beeinflusste, vgl. Gibson, Cesare Lombroso and Italian Criminology, S. 137–158. Der Journalist Anselmo Colombo wiederum, zeitweise Vizedirektor des „Vessillo Israelitico", schrieb 1913 von den „ethnischen, physischen und psychologischen Charakteristika als Konsequenz der Einheit der [jüdischen] Rasse"; Anselmo Colombo, Ebraismo d'Oriente e d'Occidente, in: Vessillo Israelitico VI,61 (1913), S. 666. Zu Colombos Verständnis einer jüdischen „Rassen-Solidarität" (*unità della razza*) vgl. auch Armani, Ebrei in casa, S. 49; Ferrara degli Uberti, Fare gli ebrei italiani, S. 105–107. Über die zeitgenössischen Versuche jüdischer Ärzte, auf wissenschaftliche Weise die Existenz jüdischer „Rassemerkmale" nachzuweisen, vgl. das Standardwerk von Efron, Defenders of the Race.

Abb. 2: Familie Lombroso, ca. 1890. Von links nach rechts: Gina, Paola und Cesare Lombroso, Nina De Benedetti.

Jüdisches Selbstverständnis im Sinne einer biologischen Herkunftsgemeinschaft war in der Familie des eminenten Anthropologen stark ausgeprägt, bildete jedoch nicht die einzige Komponente ihrer familiären Identität. Weitgehend irrationale, positiv konnotierte Vorstellungen von „jüdischem Blut" und „jüdischer Rasse" verbanden sich bei den Lombroso mit Formen des kommunikativen Gedächtnisses, das in den Familien italienisch-jüdischer Aktivistinnen generell eine zentrale Rolle einnahm und ihre jüdische Selbstverortung nachhaltig prägte.

1.2 Judentum als ethische Tradition

Im Gegensatz zur Lombroso-Familie spielten Vorstellungen einer biologischen Herkunftsgemeinschaft keine Rolle im jüdischen Selbstverständnis Amelia Rossellis und ihrer Söhne. Ihre Familie wurde zum Inbegriff einer säkularen jüdischen Identität auf der Grundlage ethischer Traditionen und sozialen Engagements. Der persönliche Anteil an gemeinsamen Erinnerungen, sozialen wie kulturellen Praktiken, der den abnehmenden Einfluss und die integrative Funktion der jüdischen Gemeinde im nachemanzipatorischen Italien kompensierte, spiegelt sich in der Familiengeschichte der Rosselli eindrücklich wider. Bei akkulturierten italienischen Juden blieb die Familie, in deren Mittelpunkt die Mutter stand, der Kernpunkt jüdischer Identität und jüdischen Gruppenbewusstseins. Während die religiösen Riten und Gebräuche im Laufe des gesellschaftlichen Integrationsprozesses häufig vernachlässigt oder aufgegeben wurden, blieben aus dem Judentum stammende Traditionen, Ideale und ethische Grundsätze auch in den meisten weltlichen italienisch-jüdischen Familien lebendig.[31]

In ihren Memoiren reflektierte Amelia Rosselli über die Bedeutung der Religion in ihrer Familie. Interessanterweise erinnerte sie sich in diesem Zusammenhang an die Mutter, die nach dem Umzug der Familie 1886 von Venedig nach Rom „die Notwendigkeiten der neuen Zeiten erkannte" und „alle äußerlichen [jüdischen] Praktiken" abschaffte, aber „in ihrem Herzen religiös blieb".[32] Geprägt vom italienischen Patriotismus ihrer Familie und dem verinnerlichten religiösen Erbe ihrer Mutter überdauerte bei Amelia Rosselli und ihren Söhnen ein jüdisches Selbstverständnis im Sinne moralischer Wertvorstellungen. Über die Erziehung von Aldo, Carlo und Nello, denen Amelia ein säkulares jüdisches Bewusstsein vermittelte, schrieb sie: „Wir waren Juden, aber in allererster Linie Italiener. Darum habe selbst ich, geboren und aufgewachsen in diesem zutiefst italienischen und liberalen Umfeld, nur die reine Essenz meiner Religion in meinem Herzen bewahrt. Religiöse Elemente, die ausschließlich moralischen Charakter tragen: und dies war die einzige religiöse Erziehung ... die ich meinen Kindern gegeben habe."[33]

Dem Judentum innewohnende Elemente wie Humanität, soziale Gerechtigkeit und Antidogmatismus legte Rosselli als ethische Prinzipien der Erziehung ihrer Söhne zugrunde. Es gelang ihr, eine säkulare jüdische Familienidentität zu schaffen, in deren Mittelpunkt konkrete, auf die jüdische Religion zurückgehende Grundsätze standen: die Pflicht jedes Einzelnen, sich für das Wohlergehen der Gemeinschaft einzusetzen, den eigenen Besitz mit weniger Begünstigten zu teilen und durch ver-

---

31 Vgl. Artom, Per una storia degli Ebrei, S. 141 f.
32 Rosselli, Memorie, hg. von Calloni, S. 127.
33 Ebd., S. 128. Zur venezianischen Familie Amelia Rossellis, den Pincherle, und ihrem ausgeprägten Patriotismus vgl. Moorehead, Una famiglia pericolosa, S. 15–19.

antwortungsbewusstes Handeln zur Umsetzung sozialer Gerechtigkeit beizutragen.³⁴ Die Söhne wuchsen ohne Synagogenbesuche, jüdische Speisegesetze und Gebete auf, entwickelten durch den Einfluss der Mutter aber dennoch ein ausgeprägtes jüdisches Selbstbewusstsein. In der Familienkorrespondenz sind die Bezüge zum eigenen Jüdischsein selbstverständlich.³⁵ (Abb. 3) Amelia Rosellis unermüdliches soziales Engagement, das sie in der zeitgenössischen Frauenbewegung und während der Diktatur Mussolinis in antifaschistischen Netzwerken an den Tag legte, war Ausdruck einer ethisch definierten jüdischen Familienidentität. So sind auch das gesellschaftspolitische Interesse und der ausgeprägte Antifaschismus Carlo und Nello Rosellis mit dem Vorbild der Mutter und ihrer jüdisch-bewussten Erziehung untrennbar verbunden. Der Unrechtscharakter des faschistischen Regimes verstärkte innerhalb der Familie das Bewusstsein persönlicher Verantwortung für die Wiederherstellung einer freiheitlichen, gerechten und demokratischen Gesellschaftsordnung.³⁶ Bezeichnenderweise bezog Carlo Roselli sich im Vorwort seines 1930 veröffentlichten Werks „Socialismo Liberale" explizit auf sein kulturelles jüdisches Erbe im Sinne von *Zedakah*.³⁷

Abb. 3: Amelia Roselli mit ihren Söhnen Nello (links) und Carlo (rechts), Sommer 1933.

---

34 Amelia Roselli orientierte sich offenbar am jüdischen Prinzip *Zedakah*; in ihren Selbstzeugnissen gebrauchte sie dafür häufig den italienischen Begriff *giustizia*. Zur Unterscheidung der jüdischen Wohltätigkeit, welche die Herstellung sozialer Gerechtigkeit als religiöse Pflicht beinhaltet, und der christlichen „Caritas", dem freiwilligen, wohltätigen Spenden, vgl. Picciotto, Tzedakah: giustizia o beneficenza; Levi D'Ancona, „Notabili e Dame", S. 741.
35 Vgl. Sacerdoti Mariani, Lessico famigliare, S. 25 f.; Amato, Una donna nella storia, S. 83 f.
36 Vgl. zu ähnlichen Erfahrungen jüdischer Antifaschisten Sarfatti, The Jews, S. 63.
37 Carlo Roselli bezeichnete hier den Sozialismus als den „Messianismus Israels", „eine irdische Gerechtigkeit, Mythos der Gleichheit, eine geistige Pein, die jegliche Nachsicht verneint". Eine rationale Politik könne nicht existieren, wenn sie nicht die Idee der Gerechtigkeit über alles setze; vgl. Roselli, Socialismo liberale, S. 4.

Das eklatanteste Zeugnis jüdischer Selbstdefinition unter moralischen Vorzeichen stammt indessen von seinem jüngeren Bruder Nello Rosselli. Die leidenschaftliche Stellungnahme des Historikers auf der vierten Zionistischen Jugend-Konferenz in Livorno 1924, mit der er eine klare Gegenposition zum Zionismus einnahm und für den antifaschistischen Widerstand im Hier und Jetzt plädierte, kann als eine Art ideologische Quintessenz seiner Familie gelesen werden:

> „Ich bin ein Jude, der nicht am Samstag in die Synagoge geht, der kein Hebräisch spricht, der keines der Glaubensrituale befolgt ... und dennoch halte ich an meinem Judentum fest ... Ich nenne mich selbst einen Juden, weil das monotheistische Bewusstsein, das keine andere Religion mit solcher Klarheit ausgedrückt hat, in mir unzerstörbar ist, weil ich ein lebendiges Bewusstsein meiner persönlichen Verantwortung habe ... weil jede Form der Götzenverehrung mich abstößt: weil ich mit jüdischer Strenge die Aufgaben unseres Lebens auf dieser Erde und mit jüdischer Heiterkeit das Mysterium des Jenseits bedenke ... Und daher habe ich eine soziale Konzeption, die von unseren besten Traditionen herstammt; weil ich jenen religiösen Sinn für Familie habe, der auch von außen gesehen als das fundamentale Kernprinzip der jüdischen Gesellschaft erscheint. Ich kann mich selbst daher als Juden bezeichnen."[38]

Abb. 4: Amelia Rosselli, circa 1905.

Judentum als soziale Konzeption, das lebendige Bewusstsein persönlicher Verantwortung und familiäre Solidarität bildeten die Grundlagen eines gesellschaftspolitischen Engagements, das den Lebensweg der Rosselli maßgeblich bestimmte. Ethische Traditionen waren das Fundament eines weltlichen jüdischen Selbstverständnisses und häufig die zentrale Motivation für das hervorragende Engagement Amelia Rossellis wie auch weiterer jüdischer Akteurinnen in der frühen italienischen Frauenbewegung und in antifaschistischen Netzwerken. (Abb. 4)

---

[38] Nellos Rede erschien am 20. November 1924 in der Zeitschrift „Israel"; vgl. Ciuffoletti, Nello Rosselli, S. 1–5.

1.3 Familiengedächtnisse

Die eng verflochtenen, durch Verwandtenheiraten zuweilen verwirrend anmutenden Familienbeziehungen der italienisch-jüdischen Gemeinschaft gehen aus den überlieferten Selbstzeugnissen deutlich hervor. Familiäre Identität wurde immer wieder heraufbeschworen, bestätigt und weitertransportiert. Ein zentrales Motiv der Briefe wie autobiografischen Texte italienisch-jüdischer Protagonistinnen ist die Bewahrung der Erinnerung an die Großeltern und Vorfahren, die im Judentum eine zentrale Rolle einnimmt: Sie ist Ausdruck des „religiösen Sinns für Familie", von dem Nello Rosselli spricht. Laura Orvietos 1909 erschienene Geschichten über ihre Kinder Leo und Lia enthalten beispielsweise ein ganzes Kapitel, das der jüdischen Herkunft der Familie gewidmet ist. Leo geht darin mit seinem Vater Angiolo in die Synagoge und „traf dort den Großvater, der ihm den Segen erteilte, indem er ihm eine Hand auf den Kopf legte und sang."[39]

Die eigene Familie als Ausgangspunkt literarischer Produktion, der die Bewahrung des Familiengedächtnisses zugrunde liegt, ist außer bei Laura Orvieto unter anderem auch in den Memoiren Amelia Rossellis und den biografischen wie autobiografischen Schriften Gina Lombrosos anzutreffen.[40] Wie eng die jüdische Identität der Ärztin und Schriftstellerin an die Familie und die Erinnerung der Ahnen gebunden war, beweist ihre Biografie des Vaters Cesare Lombroso, die sie ihrem damals elfjährigen Sohn Leo Ferrero widmete. In Ginas Vorwort vom Dezember 1914 liest man: „Dir, meinem kleinen Leo, widme ich dieses Buch. Dir, der Du noch dabei bist, ins Leben zu treten, schildere ich das Leben des Großvaters. Du wirst darin tragische Ereignisse finden, aber trotz allem eine Existenz, in der die Sonne über alle von Menschen und Dingen zusammengeballte Trauer strahlend triumphiert hat."[41]

Das erste Kapitel „Familie und Kindheit" begann die Autorin mit fühlbarem Stolz auf die jüdische Herkunft und genauer Kenntnis der Genealogie, des sozialen wie

---

[39] Orvieto, Il Re è ebreo?, S. 69. Speziell zu diesem Kapitel, das während des Faschismus vom Verleger zunächst aus dem Buch entfernt werden sollte, vgl. Del Vivo, Asterischi, S. 61–64.
[40] Vgl. u. a. Rosselli, Memorie, hg. von Calloni; Orvieto, Leo e Lia; dies., Storia di Angiolo e Laura; Lombroso Ferrero, Cesare Lombroso; dies., Manoscritti autobiografici inediti, ACGV, Fondo Gina Lombroso Ferrero. Einen Vergleich der autobiografischen Schriften bietet Calloni, (Auto)biografie di intellettuali ebraiche italiane, S. 139–158. – Natalia Levi Ginzburgs bereits erwähnter autobiografisch inspirierter Roman „Lessico famigliare" bildet das wohl bekannteste Beispiel der literarischen Darstellung einer säkularen italienisch-jüdischen Familie und ihrer Sprache im Sinne eines individuellen symbolischen Systems. Antifaschistische, vorwiegend jüdische Familien- und Freundschaftsnetzwerke bilden den Mittelpunkt der Erzählung. Die Figur des autoritären Vaters bei Ginzburg jedoch unterscheidet sich deutlich von der liebevollen Charakterisierung der männlichen Familienmitglieder durch Orvieto, deren gesellschaftspolitisches wie kulturelles Engagement vor allem ihr Ehemann Angiolo bedingungslos unterstützte.
[41] Lombroso Ferrero, Cesare Lombroso, S. V.

kulturellen Hintergrunds ihrer Familie. Ihre Schilderung beruhte sowohl auf schriftlichen Quellen als auch auf der subjektiven Perspektive mündlicher Überlieferung:

> „Cesare Lombroso wurde am 6. November 1835 um 11 Uhr in Verona geboren; seine Eltern waren Aronne Lombroso und Zefora Levi, beide Juden reinsten und edelsten Stammes ... Die Familie Lombroso, die ihren Ursprung in Spanien hatte, wanderte zur Zeit der Judenvertreibung nach Tunesien aus, wo sie offenbar den Namen ‚Solombo' annahm (was im Arabischen ‚der strahlend Erleuchtete' bedeutet) und dann in Lombroso umwandelte ... Zefora, die Mutter von Cesare Lombroso ... – so berichten die Verwandten, die sie kannten – war die Perle des Hauses, eine kleine Rebecca, wie sie Walter Scott in Ivanhoe beschreibt: eine jener schüchternen und leidenschaftlichen Jüdinnen, in denen das gesamte Ideal, die Intelligenz und die Leidenschaft der Rasse unversehrt geblieben sind, im geschlossenen Kreis des Hauses, gut geschützt vor den äußeren Hässlichkeiten."[42]

Gina Lombroso ließ auf diese Weise die Welt ihrer Vorfahren wieder lebendig werden, in denen sich ihrer Interpretation zufolge jüdische Tradition in Form von Lehre und Studium mit Handelstüchtigkeit und politischem Engagement verbunden hatte. Am Beispiel ihrer Großmutter Zefora wiederum führte sie dem Leser ihre persönliche Idee von der jüdischen „Rasse", dem Referenzpunkt jüdischen Selbstverständnisses der Lombroso-Familie, vor Augen: Ein Idealbild, das vermutlich an die großen Frauenfiguren der Bibel anspielte und durch keinerlei „äußeren" Einflüsse – Mischehen, Konversionen, aber auch antisemitische Anfeindungen seitens der nichtjüdischen Gesellschaft – getrübt worden war, sondern sich innerhalb der familiären Sphäre erhalten habe.[43] (Abb. 5) Auch in ihren Briefen an den erwachsenen Sohn Leo Ferrero unterstrich Gina Lombroso die Relevanz der jüdischen Ahnen und ihrer Traditionen. Die Verbindung zwischen jüdischer Identität und nationalem Selbstbewusstsein schlug sich dort insofern nieder, als sie das Leben der Vorfahren innerhalb eines explizit italienischen Kontextes schilderte. Während Leo Ferrero gerade an einem Roman arbeitete, schrieb die Mutter ihm Folgendes:

> „Gestern sprach ich mit Deiner Tante, die aus Verona zurückkam, und sie beschrieb mir die Sitten ihrer Verwandten, und mir kam in den Sinn, dass in Deinem Roman die alte, antike italienische Gesellschaft fehlt ... Und es fehlt auch die Familie der Ehefrau. Du sagst, dass sie aus dem Kleinbürgertum kam, und das ist alles, und dass er sie sich ausgesucht hatte. In der historischen Realität waren es damals die Verwandten, die die Ehefrau auswählten, und so ist es auch für Deinen Großvater [Cesare Lombroso] gewesen. Die Großmutter [Nina De Benedetti]

---

42 Ebd., S. 1 f.
43 Obwohl Gina Lombroso nicht religiös war, stand sie Ehen mit Nichtjuden grundsätzlich ablehnend gegenüber. Ihre Enkelin Bosiljka Raditsa berichtet, dass Gina zunächst entsetzt war, als ihre Tochter Nina Ferrero einen katholischen Kroaten, Bogdan Raditsa, kirchlich heiraten wollte. Die Idee, dass sie, ihre jüdischen Verwandten und Freunde in eine Kirche kommen sollten, schreckte sie ab; letztlich fand die Trauung in der Kirche statt, aber in großer räumlicher Distanz zum Altar; vgl. das Gespräch der Verfasserin mit Bosiljka Raditsa am 30. Januar 2013 in Florenz.

Familiengedächtnisse — 45

Abb. 5: Gina Lombroso, 1892.

hatte ihm [sein Cousin] David Levi ausgesucht. Dies verleiht der Epoche besondere Farbe und erhöht die Komplexität der Figur."[44]

Der Bezug auf die Familienmitglieder und deren Geschichte(n) findet sich jedoch keineswegs nur in den Schriften der Mütter an ihre Kinder. Laura Orvietos Ehemann Angiolo etwa eröffnete seine geistreiche und gefühlvolle Gedenkrede vom März 1954 anlässlich des Todes der Freundin Amelia Rosselli bemerkenswerterweise nicht mit einer Würdigung der Schriftstellerin, sondern erinnerte zunächst an seine und ihre Vorfahren sowie die gemeinsame Kindheit.[45] Angiolos Publikum, die florentinische Sektion der ADEI, war mit den spezifischen Verwandtschaftsverhältnissen der Orvieto und Rosselli gut vertraut: Das vom Redner zum Leben erweckte dichte Familiengeflecht venezianischer Herkunft war nicht zuletzt Ausdruck der sich vielfach überschneidenden verwandtschaftlichen und freundschaftlichen Beziehungen der italienisch-jüdischen Gemeinschaft.[46] Die Familien erscheinen bei Orvieto als Ursprung der Selbstverortung wie der Freundschaft, deren Entstehung er auf humorvolle Weise schildert:

> „Am Ende des 19. Jahrhunderts ... lebte in Venedig, nahe der Ca' d'Oro, in der Ca' Boldù, die Signora Amalia Errera, verheiratete Levi, Schwester von Annetta, verheiratete Cantoni, die in ihrem Hause die Nichte Amalia Cantoni, Tochter von Annetta, wie ihre eigene Tochter aufgenommen hatte ... Angiolo und Adolfo [Orvieto] fuhren jedes Jahr als Kinder zum Baden mit ihrer Mutter [Amalia Cantoni] an den Lido. Die Mutter, die sehr an der Tante Amalia Levi hing, wollte stets einige Wochen der Sommersaison in Venedig verbringen. In der Ca' Boldù, am Canal Grande, wohnte auch die Familie der Signori Pincherle, die nicht nur Nachbarn, sondern enge Freunde des Ehepaars Levi waren. Zwischen den Jungen Orvieto und dem Mädchen Pincherle – Amalia, genannt Amelia[47] – entstand, wie es eben so geschieht, eine herzliche und lautstarke Zuneigung. Obwohl Florentiner, waren Angiolo und Adolfo ganz sicher nicht so schamlos wie andere Jungen ihrer Stadt, aber äußerst lebhaft und auch ein wenig handgreiflich: unter sich verhauten sie sich oft und gern, und ich kann nicht ausschließen, dass ... einige Klapse nicht ganz spurlos an der schönen und zarten Amelia vorübergingen,

---

44 FPC, Fondo Leo Ferrero, LF.C. 840, Gina Lombroso an Leo Ferrero, s. d. Bei dem besagten Roman handelt es sich mit großer Wahrscheinlichkeit um „Espoirs", der 1935 posthum mit einem Vorwort des Vaters Guglielmo Ferrero in Paris erschien.

45 Zu der lebenslangen Freundschaft zwischen Amelia Rosselli und den Brüdern Adolfo und Angiolo Orvieto sowie dessen Frau Laura, die Amelia als junge Frau in Florenz kennenlernte, vgl. Moorehead, Una famiglia pericolosa, S. 33–35.

46 Dies zeigt auch Amelia Rossellis eigene Schilderung der Verwandtschaftsverhältnisse ihrer Vorfahren: „Meine Mutter [Emilia Capon] war eine Levi durch Geburt, verheiratete Pincherle: was bedeutete, dass sie zur jüdischen Aristokratie Venedigs gehörte. Und mit allen Familien Levi war sie in der Tat verwandt. Mit zunehmendem Alter verstand sie, dass ihre Ehe mit meinem Vater, der zum Glück kein Levi war (ich sage zum Glück, denn die kontinuierlichen Heiraten zwischen Verwandten führten später im Kreis der Levi in Venedig zu häufigen Neurasthenien und auch einigen Fällen von Geisteskrankheiten) ... als eine ‚Mésalliance' betrachtet werden musste"; Rosselli, Memorie, hg. von Calloni, S. 46 f.

47 Es handelt sich um Amelia Rosselli, geb. Pincherle (1870–1954).

die sich jedoch gut zu wehren wusste und sich seitdem durch eine starke und kämpferische Konstitution auszeichnete."[48]

Wie bei Gina Lombroso ging auch aus den Erinnerungen Angiolo Orvietos an die Vorfahren und die eigene Vergangenheit die Familie als identitätsstiftendes Konzept und zentrale Komponente der eigenen Biografie hervor. Diese Ausdrucksform weltlich-jüdischen Selbstverständnisses auf der Grundlage von Familienerinnerungen nimmt in Texten der familiären Memoralisierung, die in den Jahren der Verfolgung der Rechte und des Lebens der italienischen Juden entstanden, eine andere Qualität an. Das Familiengedächtnis verbindet sich hier mit der Absicht der Verfasser, die Vorfahren auf beinahe apologetische Weise als integralen Teil der italienischen Nation darzustellen. Äußerst deutlich erscheint diese Intention bei dem gebürtigen Mailänder Arturo Luzzatto (1861–1945),[49] der 1941 das Tagebuch seiner Mutter, der Patriotin Fanny, unter dem Titel „La Famiglia Luzzatto durante il Risorgimento Italiano 1848–1869" veröffentlichte.[50] Der Ingenieur Luzzatto, Anfang des 20. Jahrhunderts Parlamentsabgeordneter und Geschäftsführer der italienischen Eisenwerke, schrieb in seiner Widmung: „Um das Andenken an meine Mutter Fanny Luzzatto zu ehren, veröffentliche ich dieses Tagebuch – von 1848 bis 1860 – das unter den Familiendokumenten zum Vorschein gekommen ist."[51]

Luzzattos Veröffentlichung war Ausdruck italienisch-jüdischer Familienerinnerung, die sich nicht nur an den eigenen familiären Kreis richtete, sondern auch öffentliche Aufmerksamkeit gewinnen sollte. Fanny Luzzattos (womöglich von ihrem Sohn modifizierte oder auf bestimmte Textstellen hin zugeschnittene) Tagebücher sind ein Spiegel ihrer Verdienste für die italienische Einigung, ihres tief empfundenen Patriotismus und persönlichen Muts während der dramatischen Ereignisse der Jahre 1859/1860, in denen die aus Friaul stammende Jüdin unter anderem in Turin, Mailand und Udine mit Verfechtern der italienischen Unabhängigkeit zusammengearbeitet hatte. Die uneingeschränkte Identifikation mit dem „Vaterland" Italien, dem Luzzattos Mutter sogar die eigenen Söhne zu opfern bereit war, spiegeln ihre Aufzeichnungen eindrucksvoll wider. Der Veröffentlichung zufolge schrieb sie im Jahr 1859 in ihr Tagebuch: „Die Pflicht jeder Frau ist es, sich für das Vaterland zu opfern. Und was ist ein größeres Opfer, als [dem Vaterland] die eigenen Söhne zu geben?"[52]

Vor dem Hintergrund der zunehmenden antisemitischen Verfolgung seit den Rassengesetzen von 1938 und der massiven Verschärfung antijüdischer Maßnahmen

---

48 Angiolo Orvieto, „Commemorazione di Amelia Rosselli", ACGV, Fondo Orvieto, Rosselli Amelia. Commemorazioni e stampa relativa, Or.1.2059. Die Rede hielt Angiolo am 14. März 1955 im Sitz der örtlichen ADEI in Florenz.
49 Zu Arturo Luzzatto vgl. Biagianti, Un protagonista della siderurgia.
50 Luzzatto, La Famiglia, hg. von Luzzatto.
51 Ebd., S. 1.
52 Ebd., S. 9.

durch das faschistische Regime Anfang der 1940er Jahre kann die Publikation als verzweifelte Gegendarstellung zur offiziellen antisemitischen Version des Faschismus gelesen werden, nach der die Juden nicht zur „italienischen Rasse" gehörten.[53] Die jüdische Familienidentität, die sich im Titel der Tagebuch-Publikation niederschlug, war bei Luzzatto mit dem Zugehörigkeitsgefühl zur italienischen Nation, die den Juden einst die Gleichstellung gewährt hatte, untrennbar verbunden. Als Luzzatto die Tagebücher seiner Mutter veröffentlichte, gehörte die Judenemanzipation in Italien jedoch bereits der Vergangenheit an.[54] Die *identità famigliare*, in der sich jüdischer Familienstolz und italienisches Nationalbewusstsein miteinander vereint hatten, beschränkte sich spätestens seit 1938 gezwungenermaßen auf den privaten Bereich.

1.4 Die Zukunft in den Kindern. Geburt und Aufwachsen zwischen bürgerlichem Anspruch und jüdischer Tradition

Die weitgehend säkularen jüdischen Familienidentitäten von Vertreterinnen der italienischen Frauenbewegung beruhten zu einem erheblichen Teil auf der Erinnerung an die Vorfahren, wurden jedoch gleichzeitig durch familiäre Diskurse über die zentrale Bedeutung der Nachkommen intensiviert und fortgesetzt. Kinder und Enkelkinder symbolisierten die Fortsetzung der Familientraditionen, die Zukunft und das Weiterleben der jüdischen Familie. Bezeichnenderweise nehmen Geburten, Aufwachsen, Gesundheit und Erziehung in den Briefwechseln jüdischer Protagonistinnen der italienischen Frauenbewegung eine außerordentliche Rolle ein. Immer wieder kreisen die Unterhaltungen um den eigenen wie auch den Nachwuchs der jüdischen Verwandten und Freunde, zuweilen in besorgtem Ton über die unvermeidlichen Krankheiten, zuweilen aus Freude an dem körperlichen wie geistigen Gedeihen der Kinder.[55]

---

[53] Vgl. das „Manifesto" della Razza in „Il Giornale d'Italia", 15. Juli 1938, abgedruckt in: Sarfatti, La Shoah, S. 131–133. Zur kontinuierlichen Radikalisierung der faschistischen „Judenpolitik" Anfang der 1940er Jahre vgl. ders., The Jews, S. 161–174; Collotti, Il fascismo e gli ebrei, S. 102–117.

[54] Enzo Collotti spricht von der „Aufhebung" der Judenemanzipation durch den Faschismus; Collotti, La politica razziale, S. 3.

[55] Als etwa der zwölfjährige Carlo Rosselli eine Krankheit durchmachte, berichtete seine Mutter Amelia der Freundin Laura sowohl über seine körperlichen Fortschritte als auch sein Studium: „Er ist sehr lieb und geduldig – er hat immer Gesellschaft, und jetzt hat er auch wieder angefangen zu lernen. Gestern hat er sogar seinen ersten Latein-Unterricht gehabt, weil der Arzt ihm gesagt hat, dass nichts ihn daran hindere, sich wieder zu beschäftigen, da er nur aufgrund einer lokalen Angelegenheit im Bett bleiben müsse"; Amelia Rosselli an Laura Orvieto, 30. Mai 1912, ACGV, Fondo Orvieto, Or.1.2059, Nr. 99.

Akteurinnen wie Amelia Rosselli, Laura Orvieto, Gina Lombroso, ihre Familienmitglieder und Freundinnen zeigen ein ausgeprägtes Interesse an der Mutter-Kind-Beziehung sowie an speziellen Fragen bezüglich der Erziehung und körperlichen Entwicklung von Söhnen, Töchtern, Nichten, Neffen und Enkelkindern.[56] Auch Kindern nichtreligiöser, akkulturierter Familien wurde ein auffallend geregelter Alltag zwischen Lernen und Spiel geboten, großer Wert auf die Ernährungsgewohnheiten, die Gesundheit und die Behandlung von Krankheiten gelegt. Als beispielsweise der damals fünfjährige Leo Ferrero im Jahr 1908 für mehrere Wochen bei den Großeltern blieb, während seine Eltern auf Reisen waren, berichtete Nina De Benedetti ihrer Tochter Gina im Detail, häufig sogar mit genauen Zeitangaben, über die Spiele des Kindes, seine Mahlzeiten, Pflege sowie die Ausstattung des Kinderzimmers.[57] Der gewöhnlich als distanzierter Patriarch dargestellte Cesare Lombroso „erfreut sich an Leo, und sagt immer wieder, dass er nicht geglaubt hätte, wie lieb er ist",[58] so Nina De Benedetti in einem Brief an Gina Lombroso. Interessant in diesem Zusammenhang ist die Tatsache, dass De Benedetti im Gegensatz zu ihrem Ehemann ein religiöses Selbstbewusstsein aufrechterhielt, wenn auch die Töchter Gina und Paola nach dem Wunsch des Vaters eine betont säkulare Erziehung erhalten hatten.[59] Aus dem Umgang mit ihrem Enkel geht womöglich Nina De Benedettis Verbundenheit mit ihrem religiösen jüdischen Erbe hervor, das innerhalb des familiären Rahmens lebendig blieb.[60]

Im Falle Laura Orvietos erscheint bezeichnend, dass sie ihren 1900 geborenen Sohn Leonfrancesco bewusst selbst stillte, obwohl die Beschäftigung von Ammen in den zeitgenössischen bürgerlichen Kreisen die Regel war.[61] Den engen, körperlichen Kontakt, den jüdische Mütter traditionellerweise zu ihren Kindern haben sollen, integrierte Orvieto auf diese Weise von Beginn an in ihre eigene Form der Mutterschaft. Eine ihrer Freundinnen, die jüdische Pädagogin und Schriftstellerin Lina Schwarz

---

56 Ein eindrucksvolles Beispiel bildet Amelia Rossellis eingehende Beschäftigung mit der Gesundheit und Ernährung ihrer Enkelkinder Amelia und Andrew; vgl. Amelia Rosselli an Marion Cave, 11. Februar 1936, Istituto Storico della Resistenza in Toscana (im Folgenden: Isrt Firenze), Fondo Maria Rosselli, fasc. Amelia Rosselli an Marion Rosselli (4. Februar 1936 – 3. November 1948).
57 Vgl. die Briefe von Nina De Benedetti an Gina Lombroso aus dem November 1908, ACGV, Fondo Lombroso, GLF.II.1.64–67.
58 Nina De Benedetti an Gina Lombroso, 14. November 1908, ACGV, Fondo Lombroso, GLF.II.1.67.
59 Vgl. Dolza, Essere figlie di Lombroso, S. 31.
60 Insbesondere die dem Judentum innewohnende zentrale Bedeutung von Erziehung und Unterricht bildete die Grundlage eines kulturellen Erbes, das in den Mentalitäten und Verhaltensweisen auch akkulturierter italienisch-jüdischer Familien bewahrt und weitergegeben wurde; vgl. dazu Guetta, Donne e famiglia, S. 63–84.
61 Zur Beschäftigung von Ammen im italienischen Bürgertum des liberalen Italien vgl. Cambi/Ulivieri (Hg.), Storia dell'infanzia, S. 187; Genovesi, L'educazione, S. 12 f.

(1876–1947),⁶² schrieb Laura kurz nach der Geburt Leonfrancescos voller Genugtuung: „Wie schön, dass Du stillen kannst, und hoffen wir, dass Du damit weitermachen kannst, ohne Dich zu schwächen."⁶³ Schwarz, die so alt wie Laura Orvieto war, beobachtete die Entwicklung des kleinen Jungen mit einer Mischung aus schwesterlicher Mitfreude und erzieherischem Interesse. Regelmäßig erkundigte sie sich in ihren Briefen nach ihm: „... gestern dachte ich daran, dass Leonfrancesco mittlerweile sechs Monate alt ist, der liebe Junge! Du hast mir nicht gesagt, ob er schon die ersten Zähne bekommen hat; es interessiert mich, weißt Du!" (Juni 1901); „Und Leonfrancesco, wie geht es ihm ...? Fängt er an zu sprechen?" (Juli 1901).⁶⁴

Der Gesundheit, den geistigen Fortschritten und der charakterlichen Entwicklung der Kinder von jüdischen Verwandten und Freunden schenkte man auf diese Weise beinahe ebenso viel Aufmerksamkeit wie den eigenen Kindern. Die engen Verbindungslinien zwischen italienisch-jüdischen Familien wurden durch das gemeinsame Interesse an den Nachkommen und ihrem Wohlergehen zusätzlich gefestigt. Eine solche Konzentration auf die familiären Kreise war dem Gruppenbewusstsein zweifellos förderlich, minderte aber, zumindest im privaten Bereich, die Interaktion jüdischer mit nichtjüdischen Familien. Kaplan macht eine ähnliche Beobachtung bezüglich der sozialen Kontakte von Juden und Jüdinnen im wilhelminischen Deutschland: Ihren Resultaten zufolge verhinderte die ausgeprägte Vitalität deutsch-jüdischer Familien den Wunsch und die Fähigkeit der meisten Juden, sich auch im privaten Bereich enger mit nichtjüdischen Deutschen zu vernetzen.⁶⁵

Die säkulare Subkultur, die ihren Ort in den italienisch-jüdischen Familiennetzwerken hatte, entstand insofern auch aufgrund der nicht selten freiwilligen, zuweilen auch unbewussten Abgrenzung jüdischer Akteurinnen von Nichtjüdinnen und Nichtjuden bzw. Katholikinnen und Katholiken. In Amelia Rossellis Rat an die Freundin Laura Orvieto etwa, deren Sohn im Oktober 1915 gerade die Windpocken durchgemacht hatte, verbirgt sich bei näherem Hinsehen nicht nur das bereits erwähnte auffällige Interesse jüdischer Frauen an gesundheitlichen Fragen, sondern auch die Existenz eines von jüdischen Müttern, Kindern und Ärzten bewohnten Raumes, in der alltägliche Verbindungen zu Nichtjuden keine nennenswerte Rolle spielten:

---

62 Lina Schwarz wurde in Verona geboren, zog aber bereits als Zehnjährige mit ihrer Familie nach Mailand. Schwarz machte sich als Kinderbuchautorin und Frauenrechtlerin, u. a. im Rahmen der Unione Femminile Nazionale, einen Namen. Als Anhängerin der Anthroposophie führte sie das Werk Rudolf Steiners in Italien ein und gehörte zu den Gründern der ersten Steiner-Schule in Italien. Zu Schwarz' Leben und Werk liegt bislang keine ausführliche Monografie vor. Für einen biografischen Überblick vgl. den Eintrag in Pisano, Donne del giornalismo, S. 339 f.
63 Lina Schwarz an Laura Orvieto, 30. Dezember 1900; ACGV, Fondo Orvieto, Or.5.2.1: Lina Schwarz (a Angiolo Orvieto, a Laura Orvieto) (1899–1946), Nr. 7.
64 Lina Schwarz an Laura Orvieto, 29. Juni 1901, 11. Juli 1901; ebd., Nr. 8 und 9.
65 Vgl. Kaplan, Jewish Social Life, S. 51.

„Du solltest, wenn Du es nicht sowieso schon getan hast, Leonfrancesco ein Stärkungsmittel geben, denn nach den Windpocken ist dies absolut notwendig. Ich sage Dir dies, denn letztes Jahr hatte der kleine Sohn von Alice D'Ancona die Windpocken, und De Orefice gab ihm nichts; der kleine Junge nahm sehr ab, und dann befand Meyer [?], dass es schlecht gewesen sei, ihm nichts zur Stärkung gegeben zu haben, d. h. dass man dies nach den Windpocken immer tun muss ..."[66]

Auffällig in der Korrespondenz von Protagonistinnen wie Amelia Rosselli, Laura Orvieto, Lina Schwarz oder den Schwestern Errera ist generell die weitgehende Abwesenheit nichtjüdischer Personen. Dies bedeutet nicht, dass in der Realität keinerlei Kontakte zu Nichtjuden stattfanden: Laura Orvieto beispielsweise hatte aufgrund ihres Einsatzes als Samaritanerin in den Florentiner Krankenhäusern seit dem Ersten Weltkrieg Kontakt zu nichtjüdischen Krankenschwestern und sogar Ordensfrauen;[67] Amelias englische Schwiegertochter Marion Cave war Quäkerin. Dennoch dominierte die Zugehörigkeit zu jüdischen Familien- und Freundschaftsnetzwerken den Alltag sowie die in Briefen geäußerten Gedanken und Gefühle der Akteurinnen. Zentrale Relevanz erhielten darin die Nachkommen, in denen die Zukunft der Familie lag.

Doch waren es nicht nur jüdische Frauen bzw. Mütter, die sich über den Nachwuchs austauschten. Die Briefwechsel der Rosselli-Brüder weisen eine ausgeprägte persönliche Anteilnahme und eine auf den ersten Blick überraschende Offenheit ihrer Verfasser auch hinsichtlich intimster körperlicher Aspekte wie Entbindung und Stillen auf. Ende Dezember 1934 schrieb Nello Rosselli, noch voller Euphorie über die kurz zurückliegende Geburt seines Sohnes Aldo, einen langen Brief an den Bruder Carlo und dessen Frau Marion Cave, die sich im Pariser Exil befanden. Die Geburt hatte der Familienvater ganz offensichtlich aus nächster Nähe mit verfolgt. Sie wurde in allen Einzelheiten geschildert: Nello Rossellis Präsenz bei der Entbindung bildet einen deutlichen Hinweis auf eine für damalige Verhältnisse außerordentlich vertraute und egalitäre Beziehung zwischen den Eheleuten. Sein Bericht bietet aber nicht nur einen ungewöhnlichen Einblick in die Empfindungen eines werdenden Vaters und Vertreters des akkulturierten italienisch-jüdischen Bürgertums, sondern ist vor allem aufgrund der minutiösen, lebendigen Beschreibung der Geburt seines ersten Sohnes innerhalb eines dezidiert familiären Rahmens bemerkenswert. Zugegen sind in Nello Rossellis Erzählung seine Mutter Amelia und die Schwiegereltern Todesco, seine Töchter Silvia und Paola (genannt „Chicchi") und, in metaphorischem Sinne, auch der 1916 mit nur 20 Jahren in Carnia gefallene älteste Bruder Aldo, nach dem der neugeborene Sohn benannt wurde. Der ausführlichen Schilderung lag zweifellos auch die Intention zugrunde, das exilierte Ehepaar Carlo Rosselli und Marion Cave

---

66 Amelia Rosselli an Laura Orvieto, 2. Oktober 1915, ACGV, Fondo Orvieto, Or. 1.2059, Nr. 106 (Hervorhebung im Original). Alle der hier von Amelia aufgeführten Personen waren jüdischer Herkunft; Alice D'Ancona war eine gemeinsame Freundin von Laura und Amelia.
67 Vgl. Orvieto, Storia di Angiolo e Laura, hg. von Del Vivo, S. 117.

zumindest im Nachhinein an dem Ereignis in allen Details teilhaben zu lassen und den familiären Florentiner Kontext, in dem sich die Geburt abgespielt hatte, auf diese Weise zu vervollkommnen:

> „Als die Wehen regelmäßig anhielten ... holte ich um 2:30 Uhr die Cappellano, dann die Krankenschwester, dann Basso [den Arzt], dann die Schwiegereltern ... Maria war sehr ruhig und gelöst ... Mamma, die Arme, trabte wie ein Pferd, da ... alle sie brauchten ... Das Kindchen kam in bestem Zustand zur Welt, ganz rosig und äußerst lebhaft ... Am Morgen nach der Geburt vergaß Maria, was sie durchgemacht hatte, und begann sich aufzusetzen! ... [sie] schwört, dass sie beim nächsten Mal (allein der Gedanke daran erfordert schon ganz schön viel Mut) nicht auf die Ärzte hören, sondern um jeden Preis selbst stillen wird. Und jetzt zum Kindchen. Er ist ein bisschen kleiner als seine Schwestern (knapp drei Kilo), aber so wunderschön, dass man es nicht in Worten ausdrücken kann. Dunkelblaue Augen (wie Mammà), das Näschen ein wenig wie Chicchi, die Stirn ... wie sein Vater, zwei Hände wie ein Pianist ... Er ist sehr proportioniert und hat eine schöne, sehr robuste Stimme ... Mamma ist sehr glücklich bewegt über den Namen."[68]

Die Geburt des späteren Schriftstellers Aldo Rosselli (1934–2013) ging aus dem Brief seines Vaters als ein Ereignis hervor, das Vergangenheit, Gegenwart und Zukunft der Familie Rosselli miteinander verband und die verschiedenen Generationen der Familie zusammenführte. Womöglich war dem Verfasser dieser Kontext deshalb so wichtig, da er in der Familie das „fundamentale Kernprinzip der jüdischen Gesellschaft" sah. In einem Brief an die Mutter Amelia hatte er bereits 1929 geschrieben: „Manchmal habe ich den Eindruck, dass ich – wenn ich es wahrhaft wert wäre – mit einer Frau wie Maria eine jener harmonischen konstruktiven Familien gründen könnte, von denen uns, in geheimnisvoller Weise, das Alte Testament erzählt."[69] Die Tatsache, dass Nellos Sohn Aldo (ebenso wie sein jüngerer Bruder Alberto) gemäß jüdischen Gebots mit acht Tagen beschnitten wurde,[70] weist bei aller säkularen Orientierung der Eltern auf ein Festhalten an einer jüdischen Identität hin, die ihren zentralen Ort in der Familie hatte, verkörpert durch die Kinder und Kindeskinder.

Die unterschiedlichen und oft situationsbezogenen Verbindungen von Tradition und Akkulturation bildeten ein charakteristisches Element bürgerlichen jüdischen Familienlebens im nachemanzipatorischen Italien. Protagonistinnen wie Amelia Rosselli, Laura Orvieto und die Schwestern Lombroso, die sich in den überkonfessionellen Institutionen der italienischen Frauenbewegung engagierten, handelten nicht ausschließlich als Italienerinnen. Das Bewusstsein, Teil einer Familiengeschichte zu sein, die ihre Wurzeln im Judentum hatte, ist sowohl im Alltag als auch im öffentlichen

---

68 Nello Rosselli an Marion Cave, 21. Dezember 1934, Isrt Firenze, Fondo Maria Rosselli, fasc. Nello Rosselli an Marion Rosselli, 11. 12. 1927–1. 8. 1935.
69 Nello an Amelia Rosselli, 27. September 1929, zit. nach I Rosselli. Epistolario familiare, hg. von Ciuffoletti, S. 463.
70 So die ältere Schwester Silvia Rosselli in ihrer Autobiografie: Rosselli, Gli otto venti, S. 92.

Engagement der Akteurinnen deutlich zu erkennen. Vorstellungen einer Herkunftsgemeinschaft, ethische Traditionen und Familiengedächtnisse lagen der jüdischen Identität von Feministinnen zugrunde, die die religiösen Bräuche im eigenen Hause zumeist ganz oder weitgehend abschafften. Der Einsatz für die Belange von Frauen, deren Gleichberechtigung im Gegensatz zur Emanzipation der Juden noch immer ausstand, ermöglichte ihnen, auf konkrete Weise ihr kulturelles jüdisches Erbe, im Sinne von sozialem Engagement und erzieherischem Ideal, mit italienischem Nationalbewusstsein zusammenzuführen. Durch die Entstehung der ersten nationalen Frauenvereinigungen Ende des 19. Jahrhunderts gewann dieser Prozess zunehmend an Aktualität: Es entstanden Räume außerhalb der jüdischen Gemeindeorganisationen, in denen Jüdinnen ihre gesellschaftliche Partizipation aktiv zum Ausdruck bringen konnten.

Angesichts der zentralen Bedeutung familiärer Identitäten im italienisch-jüdischen Kontext stellt sich allerdings die Frage, ob diese Entwicklung auch zu einer langfristigen Integration jüdischer Frauen in die nichtjüdische, mehrheitlich katholische Gesellschaft des liberalen Italien führte. Gleichzeitig ist nach den Abgrenzungsmechanismen von außen, Vorurteilen gegenüber Juden und Antisemitismus zu fragen. Kam es innerhalb der Frauenbewegung zu regen Kontakten zwischen Jüdinnen und Nichtjüdinnen, oder bildeten jüdische Frauen selbst innerhalb laizistischer Institutionen eine eigene Gruppe?

Die folgende biografische Untersuchung von Pionierinnen der italienischen Frauenbewegung verdeutlicht ihre Identitätsentwicklungen zwischen Laizismus und jüdischem Selbstverständnis in den ersten Jahrzehnten des liberalen Italien. Anschließend werden im dritten Kapitel zunächst die Biografien und ideologischen Positionierungen jüngerer jüdischer Frauenrechtlerinnen in nationalen wie transnationalen Zusammenhängen behandelt, bevor jüdisch-nichtjüdische Beziehungen und die Entstehung antisemitischer Tendenzen in der organisierten italienischen Frauenbewegung Anfang des 20. Jahrhunderts in den Blick kommen.

2 Biografien zwischen Laizismus und jüdischer Selbstverortung

2.1 Erzieherin, Abolitionistin, *ebrea laica*. Die Pionierin Sara Levi Nathan

Die als Weggefährtin Giuseppe Mazzinis in die Geschichte des Risorgimento eingegangene Sara Levi Nathan ist nicht nur die älteste Protagonistin dieser Studie. Ihr Leben und Engagement wurden zum Vorbild und Antrieb für zahlreiche jüdische wie nichtjüdische Akteurinnen, an der Schaffung des neuen Italien innerhalb der für Frauen zugänglichen Bereiche mitzuwirken, ihre Handlungsräume zu erweitern und sich auch über den nationalen Rahmen hinaus zu vernetzen. In der Ausgabe der führenden zeitgenössischen Frauenrechtszeitschrift „La Donna" vom 25. Februar 1882, die der wenige Tage zuvor in London gestorbenen Akteurin gewidmet war, schrieb die Herausgeberin Gualberta Alaide Beccari mit Emphase: „Lasst uns gemeinsam trauern, Freundinnen, um unsere Sara, und machen wir ihr Leben zum Modell für das unsere. Nur auf diese Weise ehrt man die Großen."[1]

Tatsächlich avancierte die weltgewandte, mehrsprachige Sara Levi Nathan, Mutter von zwölf Kindern, die sich selbstbewusst in den Kreisen der prominentesten Politiker ihrer Zeit bewegte, aufgrund ihres Engagements für Erziehung und Abolitionismus sowie ihrer Rolle als interkulturelle Vermittlerin zu einer Pionierin der Frauenbewegung auf nationaler wie internationaler Ebene. Saras mazzinianische Prägung wurde zu einem zentralen Merkmal der frühen italienischen Frauenbewegung insgesamt.[2] Das Leben dieser „ebrea laica"[3] offenbart eine enge Verflechtung zwischen privater und öffentlicher Sphäre, zwischen jüdischer Identität und Laizismus, die für die Biografien jüdischer Pionierinnen der italienischen Frauenbewegung insgesamt auffällig ist.[4]

Bis heute liegt zu Sara Levi Nathan keine ausführliche biografische Darstellung vor. Wie die jüdischen Vertreterinnen der ersten italienischen Frauenbewegung insgesamt wurde die Mazzinianerin spätestens mit der faschistischen Rassengesetzgebung 1938 aus dem nationalen Bewusstsein herausgedrängt und fand auch nach dem Zu-

---

[1] La Donna XIII,6 (Februar 1882), S. 81 f. Zur Paduanerin Gualberta Alaide Beccari (1842–1906), glühende Anhängerin Mazzinis, vgl. Pisa, Venticinque anni di emancipazionismo; Schwegmann, Gualberta Alaide Beccari.
[2] Dass sich die italienische Frauenbewegung anfänglich in erster Linie aus dem Umkreis der Mazzinianer rekrutierte, betont auch Dickmann, Über die Grenzen, S. 212. Zu den Mazzinianerinnen, ihrer ideologischen Verortung und ihrem sozialen Engagement vgl. außerdem Gazzetta, Giorgina Saffi.
[3] Valentini, La banchiera, S. 156.
[4] Zur vermeintlichen Dichotomie zwischen männlich-öffentlicher und weiblich-privater Sphäre vgl. Heschel, Nicht nur Opfer und Heldinnen, S. 155–157.

sammenbruch des Faschismus nicht mehr den Weg zurück in die Öffentlichkeit. Erst im Zusammenhang mit dem 150. Jahrestag der italienischen Einheit und einem neu erwachten Interesse an der Geschichte des Risorgimento hat die „Bankierin der Revolution" wieder ein wenig Aufmerksamkeit auf sich gelenkt.[5] Aus dem „Schatten, in den sie ungerechterweise hineingeriet",[6] ist Sara Levi Nathan trotzdem noch nicht herausgetreten.

Der Großteil der überlieferten Informationen zu Kindheit und Jugend der Protagonistin stammt aus der biografischen Skizze ihrer engen Freundin Jessie White Mario (1832–1906) aus dem Jahr 1887[7] sowie einer kurzen Darstellung der Tochter Janet Nathan Rosselli (1842–1911).[8] Bei aller Subjektivität dieser Berichte, die ein ausnahmslos positives Bild Sara Levi Nathans vermitteln, lassen sich anhand der Texte die zentralen Ereignisse und Entwicklungslinien ihrer Biografie relativ genau rekonstruieren. Relevant ist die subjektive Perspektive insofern, als sich in ihr mit großer Wahrscheinlichkeit Erinnerungen und Kommentare der Protagonistin selbst wiederfinden.

Erziehung in Pesaro, Modena und Livorno

Die Geschichte Sara Levi Nathans beginnt nicht anders als die vieler anderer jüdischer Mädchen, die wenige Jahre nach dem Zusammenbruch der napoleonischen Herrschaft und dem erneuten Ende der von den Franzosen gewährten Judenemanzipation in Italien geboren wurden. Am 7. Dezember 1819 kam Sara als Tochter von Enrichetta („Ricca") Rosselli und Emanuele Levi in der kleinen jüdischen Gemeinde von Pesaro zur Welt, das seit 1815 wieder zum Kirchenstaat gehörte. Ihr Vater war Kaufmann im „Ghetto Grande" der Stadt, wie Jessie White Mario schreibt. Die Erziehung des Mädchens, über die Sara Levi Nathan in späteren Jahren der Freundin selbst berichtet haben muss, lag in den Händen der Mutter: „Der Vater, der Kaufmann war, überließ der Mutter alle Familienangelegenheiten. Sie unterrichtete die Töchter

---

5 Chiara Valentini konzentriert sich in ihrem Beitrag zu den „Frauen des Risorgimento" von 2011 vor allem auf das politische Engagement und die finanzielle Unterstützung der italienischen Einigung durch die Protagonistin, Anna Maria Isastia würdigt Sara Levi Nathan in ihrer Biografie der Familie Nathan aus dem Jahr 2010; Isastia, Storia di una famiglia.
6 Valentini, La banchiera, S. 156.
7 White Mario, In memoria dell'amica diletta Sarina Nathan, 19 febbraio 1887, Museo Centrale del Risorgimento a Roma (im Folgenden MCRR), b. 405, 3. Zu Jessie White, Ehefrau des italienischen Patrioten Alberto Mario, die in Paris und London studiert hatte, zum Medizinstudium in England aufgrund ihres Geschlechts in den 1850er Jahren jedoch nicht zugelassen worden war, vgl. Certini, Jessie White Mario.
8 Die Darstellung findet sich gedruckt unter dem Titel „Una biografia di Sarina Nathan" in: Il pensiero mazziniano 9 (September 1979), S. 52.

im Lesen, Schreiben, Rechnen, Handarbeiten und ein wenig in Musik. Zudem sorgte sie dafür, dass sie gewissenhaft die Riten der jüdischen Religion befolgten."[9]

Die Tatsache, dass Ricca Rosselli die Ausbildung ihrer Töchter übernahm, entsprach der rabbinischen Lehre, nach der die Erziehung der weiblichen Nachkommen im häuslichen Rahmen stattfinden und die Mutter die erste Lehrerin der Töchter sein muss.[10] So waren es die Frauen in den jüdischen Gemeinden, welche den Mädchen nicht nur die Glaubensrituale vermittelten, sondern auch das Lesen, Schreiben und Rechnen beibrachten. Sie übernahmen damit Aufgaben der öffentlichen Schule, deren Besuch Juden beiderlei Geschlechts in den meisten Fällen untersagt war. Die häuslich erworbene Bildung besaß aufgrund der allgemein prekären ökonomischen Bedingungen der jüdischen Gemeinden eine große, auch religiös motivierte Bedeutung. Der generell hohe Bildungsgrad ermöglichte Jüdinnen die Ausübung verschiedener Berufe, vor allem als Erzieherinnen, aber auch als Geschäftsführerinnen von Handels- und Finanzunternehmen. Die Unterrichtung in „weiblichen" Fertigkeiten wie Nähen, Weben und Sticken wiederum, die auch Sara Levi Nathan erlernte, sollte die Mädchen außerdem dazu befähigen, später in Heimarbeit ein zusätzliches Einkommen erzielen zu können. Das Resultat der weitgefächerten und soliden Ausbildung jüdischer Mädchen durch ihre Mütter lässt sich insbesondere daran nachweisen, dass der Anteil der Analphabetinnen unter der zeitgenössischen weiblichen jüdischen Bevölkerung in Italien bei lediglich etwa 5,8 % lag.[11]

Auch Sara Levi profitierte zweifellos von der gründlichen Erziehung, die jüdischen Mädchen im Allgemeinen zuteilwurde. Ihre Ausbildung durch die Mutter erfuhr jedoch durch den Tod Ricca Rossellis im Jahr 1830 ein jähes Ende. Mit Blick auf eine neue Heirat schickte der Vater Sara und ihre Schwester zunächst zu Verwandten in Modena, zwei älteren Damen, welche die Erziehung der Mädchen fortführen sollten. Drei Jahre später, nach der Hochzeit der Schwester, musste Sara wieder umziehen. Diesmal kam sie nach Livorno zu einem Cousin der Mutter, dem aus Rom stammenden Kaufmann Emanuele Rosselli, und dessen Frau Debora.[12] Häufige Wohnortwechsel und der Verlust häuslicher Sicherheiten gehörten mittlerweile zum Leben des 14-jährigen Mädchens. Jedoch muss die lebendige Atmosphäre der Hafenstadt Livorno, deren jüdische Gemeinde im Bereich der Erziehung von Mädchen verglichen mit anderen italienischen Städten besonders fortschrittlich war,[13] auf Sara Levis Entwicklung einen positiven Effekt gehabt haben. Gleichzeitig las und lernte

---

9 White Mario, In memoria.
10 Zur traditionellen Rolle der jüdischen Mutter und ihren Aufgaben im häuslichen Bereich vgl. ausführlich Herweg, Die jüdische Mutter, S. 92–94.
11 Vgl. Novelli-Glaab, Zwischen Tradition und Moderne, S. 110; Miniati, Le „emancipate", S. 72. Zu den demografischen Verhältnissen vgl. Sabatello, Trasformazioni S. 114–124.
12 Vgl. White Mario, In memoria.
13 Vgl. Funaro, Compagna e partecipe, S. 319–339.

sie eigenständig weiter. Jessie White Mario rekurriert wohl auf die Erinnerungen von Saras späterem Ehemann Moses Meyer Nathan, vielleicht aber auch auf Saras Selbsteinschätzung ihrer Livorneser Jahre, wenn sie die nunmehr 16-Jährige als „lebendig und dennoch ernsthaft, gesund, wendig, wunderschön"[14] beschreibt. Auf eine sorgfältige Erziehung und Ausbildung von Mädchen und Frauen sollte Sara Levi Nathan zeitlebens besonderen Wert legen, was aus ihrer späteren Gründung einschlägiger Institutionen deutlich hervorgeht.

Heirat, Mutterschaft und jüdischer Familienalltag

Entscheidend für die weitere persönliche Entfaltung der Protagonistin war ihre Heirat mit dem deutschen Juden Moses Meyer Nathan (1799–1859), der seit Beginn der 1830er Jahre in London ansässig war. Ohne ihn hätte Sara Levi vermutlich nie Italien und die für Juden dort noch immer restriktiven Verhältnisse verlassen. Die Hochzeit eröffnete ihr eine neue Existenz in der damals modernsten Stadt Europas.

Moses Meyer Nathan war ein Bekannter Emanuele Rossellis, der seine Handelsbeziehungen bis nach England ausgeweitet und in London eine Niederlassung aufgebaut hatte. Obwohl White Mario die Begegnung zwischen dem damals 37-jährigen Börsenmakler Nathan und der 20 Jahre jüngeren Sara in romantischer Manier als „Liebe auf den ersten Blick" beschreibt,[15] handelte es sich bei der Verbindung aller Wahrscheinlichkeit nach um eine von Emanuele Rosselli arrangierte Heirat. In seinen Augen war der wohlhabende, welterfahrene Geschäftsmann vermutlich eine gute Partie für das ledige junge Mädchen, ein Garant für ihre existentielle Absicherung und den Erhalt der jüdischen Familienintegrität. Tatsache ist, dass Moses Meyer Nathan im Mai 1836 bei einem Besuch im Hause Emanuele Rossellis Sara kennenlernte, bereits zwei Wochen später die Hochzeit gefeiert wurde und die Eheleute anschließend zusammen nach London zogen.[16]

Moses Meyer Nathan wurde 1799 in Rödelheim bei Frankfurt geboren. Über seine Herkunft ist generell wenig bekannt, jedoch geht aus der Familienkorrespondenz hervor, dass er Sara von seiner Kindheit in Deutschland erzählt hatte. In einem Brief an ihre Tochter Janet aus dem Jahr 1870 zeigte sie sich berührt von dem Umstand,

---

14 White Mario, In memoria.
15 „… Nathan verliebte sich auf den ersten Blick [in Sara], er bat um ihre Hand, heiratete sie innerhalb eines Monats und nahm sie mit sich nach London"; White Mario, In memoria.
16 Die Vermutung der arrangierten Ehe findet sich auch bei Isastia, Storia di una famiglia, S. 4, und bei Valentini, La banchiera, S. 138 f. Zu Moses Meyer Nathan vgl. die Erinnerungen von Levi, Ricordi della vita, hg. von Bocchi, die erstmals 1927 in Florenz erschienen. Der Jurist und Antifaschist Alessandro Levi heiratete 1911 Sarina, die Nichte Ernesto Nathans (1845–1921), ein Sohn von Sara Levi und Moses Meyer Nathan. Levi war der erste Biograf des Freimaurers Ernesto Nathan, Roms Bürgermeister von 1907 bis 1913.

dass ihr damals 16-jähriger Sohn Alfred auf einer Reise durch Deutschland zufällig an den Ort verschlagen wurde, an dem sein Vater als Kind gelebt hatte: „I have had a letter from Alfred from Offenbach, a place five miles from Frankfurt ... A Mr. Mayer recommended them there; it is about the spot where your father spent the first years of his life. It is strange that Alfred should be thrown there."[17]

Vermutet wird, dass Moses Meyer Nathan der uneheliche Sohn eines Rothschilds war und seinen dritten Vornamen als Nachnamen annahm. Dies würde zweifellos auch seinen erheblichen Reichtum erklären: Nach einem langjährigen Aufenthalt in Paris zog der Geschäftsmann nach London und gab in seinem Antrag auf Einbürgerung an, er handele mit Silber- und Goldbarren. Am 4. Juli 1850 wurde Moses englischer Staatsbürger. Sowohl im beruflichen wie im familiären Rahmen sprach und schrieb er jedoch vorwiegend Französisch. Auch seine Frau Sara beherrschte die französische Sprache bald fließend, ebenso wie das Englische.[18] Ihre sprachlichen Fähigkeiten stellten eine wichtige Voraussetzung für ihre spätere Rolle als Netzwerkerin auf internationaler Ebene dar.

Wenn auch die Heirat vermutlich arrangiert war, und trotz des großen Altersunterschieds, führten Moses und Sara eine liebevolle Ehe. An ihren Sohn Ernesto schrieb Sara viele Jahre nach dem Tod ihres Mannes: „Ich kann mir nur wünschen, dass meine Kinder ... die Erinnerung an ihn in Ehren halten, der sicher der beste aller Väter und Ehemänner gewesen ist."[19] Zweifellos waren die Loslösung von den wechselnden familiären Autoritäten in Pesaro, Modena und Livorno, der Umzug aus den engen Verhältnissen der Ghettos in die englische Weltstadt, das Kennenlernen neuer Menschen, Sprachen und Ideen eine Quelle der Inspiration für die junge Frau, die ihre Heirat vermutlich als Befreiung empfand.

Aus der Ehe mit Moses Meyer Nathan gingen in den Jahren zwischen 1839 und 1859 neun Söhne und drei Töchter hervor. White Mario schildert Sara Levi Nathan, sicher auch beeinflusst vom mazzinianischen Ideal der *maternità*, als hingebungsvolle Mutter:

> „Die erste starke Leidenschaft dieser leidenschaftlichen Seele war jene der Mutterschaft. Ich sehe sie vor mir, mit dem Neugeborenen auf dem Schoß, wie sie mit einem strahlenden und halb verwunderten Lächeln dieses Wesen anschaut, das nur ihr gehört ... Sie war die Verkörperung der Mutterschaft. Die neun Söhne und drei Töchter, die sie bekam, wurden selten von anderen Händen als den ihren berührt."[20]

Und an anderer Stelle berichtet sie: „Um [Sara] zu kennen, muss man sie – wie ich das Privileg hatte – inmitten ihrer Familie gesehen haben – mit dem Neugeborenen

---

17 Sara Levi Nathan an Janet Nathan Rosselli, 28. Oktober 1870, FRT, Archivio Janet Nathan, C 1096.
18 Vgl. Isastia, Storia di una famiglia, S. 4.
19 Sara Levi Nathan an Ernesto Nathan, in: Levi, Ricordi della vita, hg. von Bocchi, S. 5.
20 White Mario, In memoriam.

im Arm, zwei oder drei Kleinkindern, die herumtollten; die Größeren, die studierten, eine, die ein Instrument spielte, der Älteste, der von der Schule nach Hause kam und die Mutter suchte, um ihr einen Kuss zu geben."[21]

In dieser bemerkenswert modern anmutenden, lebendigen Familienszenerie lassen sich Elemente jüdischer Familienkultur wiedererkennen: Söhne und Töchter studieren zu Hause, obwohl außer dem Ältesten noch keiner von ihnen zur Schule geht. Auch Instrumente spielen sie bereits. Bemerkenswert ist außerdem die körperliche Nähe der Protagonistin zu ihren Kindern, die für zeitgenössische (nicht-jüdische) Verhältnisse eher ungewöhnlich war. Bürgerliche Frauen ließen ihre Kinder im Normalfall von Ammen stillen und großziehen,[22] Sara Levi Nathan aber kümmerte sich trotz des Wohlstands der Familie vorwiegend selbst um ihren Nachwuchs. Traditionell sollen jüdische Mütter eine enge körperlich-räumliche und emotionale Verbindung zu ihren Kindern bewahren.[23] Sara Levi Nathan hatte die betreffenden religiösen Vorschriften zur Kinderpflege und wahrscheinlich auch grundsätzliche medizinische Kenntnisse im Laufe ihrer jüdischen Erziehung erlernt. Die mit den Jahren und dem zunehmenden Kinderreichtum stetig wachsende Erfahrung der jungen Mutter trug weiterhin zur Entwicklung ihrer bemerkenswerten Fähigkeiten bei der Krankheitsvorsorge bei, von der White Mario berichtet.[24] Alle zwölf Kinder Sara Levi Nathans erreichten das Erwachsenenalter, was bei der im 19. Jahrhundert ausgeprägt hohen Kindersterblichkeit eine seltene Ausnahme darstellte.

Der Alltag der jungen Familie Nathan war in jedem Fall weitaus stärker vom jüdischen Glauben und der jüdischen Kultur bestimmt als angesichts der späteren, betont säkularen Entwicklung der Protagonistin generell angenommen wird. Da das Leben Sara Levi Nathans beinahe ausschließlich im Hinblick auf ihre Beziehung zu Mazzini wahrgenommen worden ist, sind die vom Judentum geprägten Jahre der Ehe mit Moses Meyer Nathan völlig in den Hintergrund geraten. Ihre Zeitgenossen jedoch sahen die Akteurin durchaus als Jüdin: Noch fünf Jahre nach ihrem Tod nahm Jessie White Mario in ihrer Würdigung wiederholt Bezug auf die jüdische Herkunft der Freundin und bezeichnete, eventuell in bewusster Anspielung auf *Zedakah*, ihr ausgeprägtes Engagement in der Wohlfahrt als „eine unter den Israeliten verbreitete Tugend".[25]

---

21 Ebd.
22 Vgl. Genovesi, L'educazione, S. 12 f., 22; Cambi/Ulivieri (Hg.), Storia dell'infanzia, S. 187.
23 Zur Mutter-Kind-Beziehung im jüdischen Glauben vgl. Herweg, Die jüdische Mutter, S. 92–94.
24 „[Sara] erzählte mir von einem ihrer Neugeborenen ... das so zart und apathisch war, dass sie es ein Jahr lang in Watte bettete und mit Milch badete ... Ihre Gesundheit und ihr Leben verdanken viele dieser Kinder ihrer bewundernswerten täglichen, stündlichen hygienischen Maßnahmen"; White Mario, In memoriam.
25 White Mario, In memoriam.

Dass die Familie Nathan bis in die 1850er Jahre hinein die Synagoge besuchte, geht aus einem Brief Giuseppe Mazzinis hervor. Er berichtet darin, dass Sara „ihre beiden Engel [ihre Kinder], die auf der Suche nach einer Religion sind" am Samstagmorgen in die Synagoge bringt.[26] Zudem wurden jüdische Feste wie beispielsweise Purim in der Familie gefeiert. Ein überliefertes Gebetbuch mit den handschriftlichen Kommentaren von Moses Meyer Nathan, das Alessandro Levi in seinem Aufsatz von 1931 über die „israelitischen Freunde von Giuseppe Mazzini" erwähnt, stellt einen weiteren Hinweis auf die Bedeutung des Judentums in der Familie dar.[27] Mit Blick auf die Affinität des jüngsten Sohns Beniamino zum jüdischen Glauben ist anzunehmen, dass innerhalb der großen Familie durchaus unterschiedliche, säkulare wie religiöse Formen jüdischer Identität weiterbestanden. Sara Levi Nathan schaffte vermutlich nach dem plötzlichen Tod ihres Mannes 1859 und angesichts ihrer zunehmend laizistisch ausgerichteten Weltanschauung die jüdischen Bräuche zu Hause ab.[28] Beniamino, der im selben Jahr geboren wurde, in dem sein Vater starb, muss jedoch bereits als Kind mit der jüdischen Religion und Kultur, womöglich auch im Kreise der Verwandten Rosselli, in Kontakt gekommen sein.[29] Schwerlich hätte er ein Interesse am Ritus entwickeln können, wenn ihm das Judentum vollkommen fremd gewesen wäre.

Frauenemanzipation als Weg zu gesellschaftlicher Erneuerung

Die mehr als zwei Jahrzehnte andauernde Londoner Zeit hatte zweifellos einen entscheidenden Einfluss auf Sara Levi Nathans Selbstverständnis. Obwohl das Familienleben der Nathans zumindest bis 1859 vom Judentum geprägt blieb und sie sich auch in der englischen Metropole weiterhin innerhalb jüdischer Verwandtschafts- und Freundschaftsnetzwerke bewegte, eröffneten doch die im Vergleich zu ihrer italieni-

---

26 Giuseppe Mazzini an Matilda Biggs, Juli 1855, zit. nach Isastia, Storia di una famiglia, S. 12.
27 Vgl. Alessandro Levi, Amici israeliti di Giuseppe Mazzini, Estratto da La Rassegna Mensile di Israel V,12 (aprile 1931), S. 11.
28 Vgl. Isastia, Storia di una famiglia, S. 13. Sara Levi Nathans fünfter Sohn Ernesto Nathan etwa, von 1907 bis 1913 Bürgermeister von Rom, wurde offenbar weitaus stärker als sein jüngster Bruder Beniamino von der seit Ende der 1850er zunehmend laizistischen Erziehung seiner Mutter geprägt. Zur jüdischen Gemeinde Roms stand der Freimaurer Anfang des 20. Jahrhunderts auf Distanz; vgl. Caviglia, L'identità salvata, S. 33, 78.
29 Nach dem Tod ihres Mannes kehrte Sara Levi Nathan mit insgesamt sieben ihrer Kinder nach Italien zurück. Die drei jüngsten, darunter den wenige Monate alten Beniamino, ließ sie zunächst zusammen mit den beiden ältesten Söhnen David und Henry, die damals 20 und 19 Jahre alt waren, bei Verwandten und Freunden in London zurück. Die lange und beschwerliche Reise von England nach Italien wäre für die Gesundheit des damals fünfjährigen Alfred, der dreijährigen Adah und des wenige Monate alten Beniamino wahrscheinlich zu riskant gewesen. Zur Rückkehr Sara Levi Nathans nach Italien vgl. Isastia, Storia di una famiglia, S. 15–17; Valentini, La banchiera, S. 143.

schen Heimat erheblich liberaleren Lebensumstände in England der Protagonistin die Möglichkeit, ihre Identität nicht nur nach dem traditionellen Modell der jüdischen Ehefrau und Mutter zu definieren. Dass Sara Levi Nathan unter den jüdischen Akteurinnen der frühen italienischen Frauenbewegung eine Pionierstellung einnehmen konnte, erklärt sich daher vor allem auch aus ihrer sozialen und intellektuellen Entwicklung in der englischen Metropole, weitab von den italienischen Ghettos.

Moses Meyer Nathan ließ seine Frau teilhaben an den regen gesellschaftlichen Kontakten, die er als weitgereister, weltoffener und sprachgewandter Geschäftsmann in London unterhielt. Sara Levi Nathan frequentierte die Kreise der Verwandten Rosselli, mit ihnen befreundete italienische Exilanten sowie der Sache Mazzinis nahestehende Vertreter der englischen Radikaldemokratie. Enge Freundschaften entstanden auf diese Weise zu Frauen des englischen Bildungsbürgertums wie der bereits erwähnten Schriftstellerin Jessie White Mario, der Malerin Emilie Ashurst (1819–1893)[30] und der Journalistin Giorgina Craufurd (1827–1911), die 1857 in London den italienischen Politiker Aurelio Saffi (1819–1890) heiratete.[31] Im voremanzipatorischen Italien wäre die Herausbildung derartiger egalitärer jüdisch-nichtjüdischer Frauennetzwerke nahezu undenkbar gewesen. Saras wachsendes Interesse an der Frauenfrage entwickelte sich innerhalb dieser Verbindungen und im direkten Austausch mit ihren unkonventionellen englischen Freundinnen, die alle in der jungen Frauenbewegung des Vereinten Königreichs aktiv waren.[32]

Auch ihre Begegnung mit Giuseppe Mazzini ging auf die ausgedehnten Londoner Beziehungen von Moses Meyer Nathan zurück, der als überzeugter Befürworter der italienischen Einigung regen Kontakt zu italienischen Exilanten unterhielt, darunter dem aus Modena stammenden jüdischen Patrioten Angelo Usiglio, einem Freund Mazzinis.[33] Nicht nur italienische Juden unterstützten die italienische Unabhängigkeitsbewegung besonders zahlreich, da das politische Programm des Risorgimento die Gleichstellung der jüdischen Minderheit in einem zukünftigen Einheitsstaat versprach. Moses Meyer Nathan war in diesem Zusammenhang kein Einzelfall. Seinen internationalen Kontakten wie seinem Geschäftssinn war es wohl zu verdanken, dass er spätestens seit den 1840er Jahren zum bevorzugten Mittelsmann Mazzinis in London avancierte. Moses unterstützte Mazzini zudem bei der Finanzierung seiner politischen Initiativen, vor allem des 1853 gegründeten Partito D'Azione.[34]

---

30 Emilie Ashurst war eine enge Freundin Mazzinis und die Übersetzerin seines Werks „Doveri dell'uomo" ins Englische (1862). Sie heiratete 1860 in zweiter Ehe den italienischen Patrioten Carlo Venturi. Zu Ashurst vgl. Pesman, Mazzini in esilio, S. 55–82.
31 Zur Mazzinianerin Giorgina Craufurd Saffi vgl. Gazzetta, Giorgina Saffi.
32 Vgl. Crawford, The Women's Suffrage Movement, S. 53, 652, 697 f.
33 Angelo Usiglio veröffentlichte 1838 in Brüssel eine Schrift über die Situation der Frau in Familie und Gesellschaft, in dem sich eventuell auch das Interesse des Freundes Mazzini an der Frauenfrage widerspiegelt; vgl. Miniati, Le „emancipate", S. 55.
34 Vgl. Belardelli, Mazzini, S. 182.

Das erste Zusammentreffen zwischen Sara Levi Nathan und Mazzini fand schon kurz nach ihrer Ankunft in London 1837 bei einem Empfang im Hause des Verwandten Rosselli statt, zu dem auch Angelo Usiglio und Giuseppe Mazzini erschienen waren.[35] Jahre später schrieb Sara über diese Begegnung in überschwänglichem Ton: „Mir wurde unsagbares Glück zuteil; ich lernte ihn 1837 kennen, als auch ich an der gastlichen Küste Englands angekommen war, und von diesem Tag an fing ich an zu leben ... er war das Ideal meiner Seele, mein Ratgeber in den vielen Unbeständigkeiten meines Lebens."[36]

In der Zeit nach 1837, vor allem aber seit dem Revolutionsjahr 1848, intensivierte sich die intellektuelle und politische Beziehung zwischen Sara Levi Nathan und dem „Propheten" der nationalen Einheit zusehends. Die im Ghetto von Pesaro geborene Jüdin verschrieb sich Mazzinis Sache des einen, unabhängigen, freien und republikanischen Italien, das auch Juden die Gleichberechtigung versprach.[37] Sie teilte Mazzinis Überzeugung, dass Erziehung und Unterricht die wichtigste Grundlage für die intellektuelle und moralische Entwicklung des Einzelnen wie der Gesellschaft insgesamt darstellten. Sie waren aus Sicht der beiden Akteure der Ausgangspunkt für die Schaffung einer Nation, die auf den Prinzipien der Gleichberechtigung beruhte. Ein konkretes Resultat dieser Überlegungen bildete die kostenlose Schule, die Mazzini im November 1841 für italienische Arbeiterkinder in der Londoner Greville Street gründete. Auch Sara Levi Nathan trug zur Finanzierung der Libera Scuola per i lavoratori bei.[38] Die Institution kann als Inspiration für die Schule für Töchter mittelloser Eltern gelten, die sie 1873 im römischen Trastevere ins Leben rief.

Die Ereignisse nach dem Tod Moses Meyer Nathans im Jahr 1859, Sara Levi Nathans Rückkehr nach Italien und ihr Engagement für Mazzinis Partito D'Azione auf der Grundlage des ererbten Vermögens stellen zweifellos die am meisten behandelten Stationen ihrer Biografie dar. Dass ihre Villa „Tanzina" im Luganer Exil in den 1860er Jahren auch Mazzinis Zufluchtsort wurde, ist hinlänglich bekannt. Die in der Forschung lange Zeit umgangene Liebesbeziehung zwischen den beiden Protagonisten wird heutzutage nicht mehr angezweifelt.[39]

---

35 Vgl. Isastia, Storia di una famiglia, S. 7; Valentini, La banchiera, S. 137.
36 Zit. nach Toschi-Dugnani, XIX Febbraio, La Sveglia Democratica 8 (1913).
37 Für das italienische Judentum insgesamt blieb Mazzini bis weit ins 20. Jahrhundert hinein eine Ikone, ungeachtet der späteren Rezeption und des Missbrauchs seiner Thesen durch den Faschismus; vgl. Cavaglion, Gli ebrei emancipati. Zur Rezeption Mazzinis vor und während des Faschismus vgl. Levis Sullam, L'apostolo a brandelli.
38 Vgl. Isastia, Storia di una famiglia, S. 7; Valentini, La banchiera, S. 139. Zum nachhaltigen Einfluss Mazzinis auf britische Reformer, Freidenker und Anhänger des *cooperative movement* vgl. Pellegrino Sutcliffe, The Toynbee Travellers' Club, S. 140.
39 Im „Dizionario del Risorgimento nazionale", das in den Jahren vor der Rassengesetzgebung und dem anschließenden Verschwinden Sara Levi Nathans aus dem kollektiven italienischen Gedächtnis erschien, wurden die Zusammenarbeit zwischen der Protagonistin und Giuseppe Mazzini, ihre diplo-

Es ist nicht ausgeschlossen, dass Sara Levi Nathan als intellektuelle Gefährtin, geliebte Freundin und verantwortungsvolle Mutter zu einem konkreten Modell für Mazzinis Interpretation der gesellschaftlichen Rolle von Frauen wurde, die sich in seinem 1860 veröffentlichten Werk „Doveri dell'uomo" eindrucksvoll niederschlug. In diesem Katechismus einer laizistischen Nation, der den Glauben an soziale Solidarität, Erziehung und eine spirituelle Dimension des Lebens predigte, thematisierte Mazzini auch die Gleichstellung der Frau im neuen Italien:

> „Liebt und respektiert die Frau. Sucht in ihr nicht nur Trost, sondern Stärke, Inspiration, eine Verdopplung Eurer intellektuellen und moralischen Fähigkeiten. Löscht aus Eurem Verstand jegliche Idee der Überlegenheit: ihr besitzt keine ... Behandelt daher die Frau als Gefährtin und Teilhaberin nicht nur Eurer Freuden und Eurer Schmerzen, sondern Eurer Wünsche, Eurer Gedanken, Eurer Studien und Eurer Versuche sozialer Verbesserung. Behandelt sie gleichrangig in Eurem privaten und politischen Leben."[40]

Mazzinis Ideen wurden zum wichtigsten Referenzpunkt für die Pionierinnen der Frauenemanzipation im italienischen Einheitsstaat.[41] Aus Briefwechseln und Schriften geht hervor, wie intensiv und dauerhaft die vor allem sinnstiftende Bedeutung seiner Thesen für die Sache der Frau in Italien war. Gualberta Alaide Beccari etwa platzierte seit 1878 die oben zitierte Passage als Motto unter den Titel jeder Ausgabe von „La Donna". Die Funktionsteilung zwischen Mann und Frau, die Mazzini trotz seiner Gleichheitsforderung favorisierte, wurde von seinen Anhängerinnen durchaus befürwortet. Dazu gehörten die erzieherische Mission der Frau und die Bedeutung der Mutterrolle.[42] Eine kritische Auseinandersetzung mit den Thesen der nationalen Identifikationsfigur fand innerhalb des frühen italienischen Frauenemanzipationsdiskurses nicht statt. Vielmehr wurde seine Charakterisierung der Frau als gleichberechtigte „Gefährtin und Teilhaberin" des Mannes zu einem Topos des Emanzipationsdiskurses und einer willkommenen Projektionsfläche weiblicher Aspirationen.[43]

---

matischen Missionen, die Flucht 1862 in die Schweiz und ihre finanzielle Unterstützung seiner Initiativen ausführlich geschildert; vgl. den entsprechenden Eintrag in: Dizionario del Risorgimento nazionale, S. 84–86. Zur Beziehung zwischen Mazzini und Levi Nathan vgl. Belardelli, Mazzini, S. 183; Valentini, La banchiera, S. 141, 143.
40 Mazzini, Doveri dell'uomo, hg. von Civelli, S. 50.
41 Zu Mazzinis Einfluss auf den zeitgenössischen Frauenemanzipationsdiskurs vgl. Falchi, Democracy, S. 15–30.
42 Zur mazzinianischen Orientierung der frühen italienischen Frauenbewegung, die sich in der Zeitschrift „La Donna" niederschlug, vgl. Keilhauer, Frauenrechtsdiskurs, S. 174 f.
43 Ein Echo darauf findet sich noch 1916 bei der jüdischen Journalistin Enrica Barzilai Gentilli, die in einem Artikel der Zeitschrift „Attività femminile sociale" schrieb, dass Frauen nach den Erfahrungen des Krieges nicht mehr damit zufrieden sein könnten, Dank und Lächeln zu spenden, sondern

Vor allem jüdische Frauen konnten sich mit der von Mazzini geforderten Funktionsteilung der Geschlechter zunächst problemlos identifizieren. Wenn Sara Levi Nathan die italienischen Patrioten dazu aufrief, „jedem ihrer intellektuellen und moralischen Werke eine Frau an die Seite zu stellen",[44] erinnert dies durchaus an die im Judentum verankerte traditionelle Trennung der Rollen von Mann und Frau bzw. von Vater und Mutter: Während ersterer für Verstand und Geist steht, seine Domäne das Lehrhaus und die Theorie darstellen, ist die Mutter die praktisch Handelnde, die Realistin und Hüterin des Hauses, Beistand und emotionale Resonanz. Die Elemente, die diesen Rollenunterschied bedingen, machen zugleich auch die Interdependenz aus.[45] Es ist denkbar, dass auch in ihrer Beziehung zu Mazzini Sara sich selbst als die realistische, praktisch Agierende sah. Ausschöpfen konnte sie ihre Handlungsspielräume jedoch erst in der nachemanzipatorischen Zeit, als es auch Jüdinnen möglich wurde, sich für die Stellung der Frau im jungen italienischen Nationalstaat zumindest innerhalb sozialer und kultureller Bereiche einzusetzen.

Scuola Mazzini und Abolitionist Federation

Sara Levi Nathans Hinwendung zum Laizismus, die mit ihrer Rückkehr nach Italien zeitlich zusammenfällt, ist von ihrer Beziehung zu Mazzini nicht zu trennen. Während sie sich von der jüdischen Religion nach dem Tod ihres Mannes 1859 zunehmend distanzierte, fand sie in Mazzinis „Doveri dell'uomo" einen neuen ideologischen Bezugspunkt. Das Werk prägte sowohl ihre religiöse Selbstverortung als auch ihre Auffassungen hinsichtlich Frauenemanzipation. Sara Levi Nathan identifizierte sich mit dem Konzept des Lebens als Mission und dem spirituellen Sinn menschlicher Existenz. Angelehnt an die mazzinianische Doktrin gelangte sie zu der Idee, die Befreiung der Frau aus ihrer untergeordneten Stellung könne nur aufgrund einer kollektiven Reform der Gesellschaft durch Erziehung erreicht werden. Ein Brief, den die Akteurin wenige Monate nach dem Tod Mazzinis an ihre damals 30-jährige Tochter Janet schrieb,[46] verdeutlichte ihre Überzeugung, dass die Umsetzung gesellschaftlicher Veränderungen und einer sozialen Gesetzgebung mit der moralischen Erneuerung der Frau durch die Lehren Mazzinis untrennbar verbunden war. Die „Verbesserung" der Frau würde auch zu einer Erneuerung und Erkenntnis des Mannes führen:

---

die „weise Gefährtin, beständige Mitarbeiterin des Ehemanns sein wollten": Il fallimento della dote, Attività femminile sociale IV,11 (1916), S. 276 f.
44 Valentini, La banchiera, S. 145.
45 Vgl. Herweg, Die jüdische Mutter, S. 99 f.
46 Mazzini starb am 10. März 1872 im Hause des Ehepaars Janet Nathan und Pellegrino Rosselli in Pisa.

„... we must by now be fully convinced that without the woman is reformed through his moral teaching it is useless wishing for a change of government, or of social laws. It is only by the woman's frank ... [acceptance] to uniform herself to His teaching, by her firm and sincere will to endure all the obstacles that will at first rise against her, that we can hope a reform in the other sex ... and even should it fail in this, we should be sure that the next generation would be worthier of Him."[47]

Frauen sollten, so Sara Levi Nathan, die „Doveri dell'uomo" in ihren eigenen Worten aufschreiben und studieren: „... in this way she will find herself mistress of it if she has to communicate it to others."[48]

Ausgehend von diesen theoretischen Überlegungen engagierte die Protagonistin sich auch in der Praxis dafür, Mazzinis Gedankengut im Bewusstsein von Kindern und jungen Frauen zu verankern. Die Schule, die sie 1873 für Töchter mittelloser Eltern aus eigenen Mitteln im römischen Trastevere gründete, bildete ein konkretes Resultat ihrer Ideen und erinnerte gleichzeitig an Mazzinis Arbeiterschule in London. In der Scuola Mazzini wurden den Schülerinnen statt des Katechismus moralische Prinzipien auf der Grundlage der „Doveri dell'uomo" vermittelt. Die Schule war ein sichtbares Zeichen für den Laizismus, der seit der Eroberung von Rom 1870 und der Trennung von Staat und Kirche einen festen Bestandteil des nationalen Selbstverständnisses bildete.[49] Vor dem Ende des Kirchenstaates und der Öffnung des römischen Ghettos wäre es jüdischen Frauen wie Sara Levi Nathan nicht möglich gewesen, ein derartiges Projekt in die Realität umzusetzen. Tatsächlich blieb die Scuola Mazzini Anfeindungen von Seiten katholischer Kreise ausgesetzt.[50]

Amelia Rosselli beschrieb in ihren Memoiren, wie eng die Erinnerung an die Matriarchin Sara Levi Nathan mit dem Namen und den Ideen Mazzinis in der Familie Rosselli-Nathan verknüpft blieb. Jedes Jahr traf sich Amelias Ehemann Joe Rosselli, ein Enkel der bedeutenden Pionierin, mit seinen Geschwistern zum Gedenken an den Todestag der Großmutter in der Scuola Mazzini in Rom: „Dort unterrichteten ... einige der Schwestern Nathan [Töchter von Sara] und später auch die Enkelkinder, also die neue Generation, die heranwuchs und nach denselben Idealen erzogen wurde."[51]

Sara Levi Nathan ebnete jedoch nicht nur im Bereich der Erziehung den Weg für jüngere Feministinnen. Der Kampf gegen den Mädchenhandel und die staatliche Reglementierung der Prostitution wurde nicht zuletzt dank Sara Levi Nathans ausgedehnten Kontakten zu einer der ersten bedeutenden Projekte der frühen italienischen Frauenbewegung im internationalen Zusammenhang. Ihre Verbindungen zu

---

47 Sara Levi Nathan an Janet Nathan Rosselli, 2. Mai 1872, FRT, Archivio di Janet Nathan, C 1103 (Hervorhebung im Original).
48 Ebd.
49 Vgl. dazu Janz, Konflikt, S. 232–234.
50 Vgl. Valentini, La banchiera, S. 155.
51 Rosselli, Memorie, hg. von Calloni, S. 108.

englischen Aktivistinnen, die sie während der Londoner Zeit geknüpft hatte, spielten dabei eine entscheidende Rolle. Als die britische Feministin Josephine Butler (1828–1906) Ende 1869 ihre Kampagne mit der Gründung der Abolitionist Federation startete und auf Europa ausweitete, erklärte sich Sara Levi Nathan zusammen mit den Italienerinnen Anna Maria Mozzoni (1837–1920)[52] und Gualberta Alaide Beccari sowie ihren englischen Freundinnen Jessie White Mario, Giorgina Craufurd Saffi und Emilie Ashurst Venturi sofort zur Unterstützung bereit.[53] Als konkrete Antwort auf die doppelte gesellschaftliche Sexualmoral, die sich hinter der 1860 von Cavour eingeführten Gesetzgebung zur staatlichen Reglementierung der Prostitution verbarg, entstand auf Sara Levi Nathans Initiative hin in Rom die Unione benefica. Sie bot jungen obdachlosen Frauen eine Unterkunft und Arbeitsmöglichkeiten, um sie existentiell abzusichern und so vom Weg in die Prostitution abzubringen.[54] Das von der UFN unter Mitwirkung mehrerer jüdischer Akteurinnen 1902 in Mailand gegründete Asilo Mariuccia sollte noch Jahrzehnte später an dieses Konzept anschließen.

Die abolitionistische Kampagne bildete das erste bedeutende Gemeinschaftsunternehmen jüdischer und nichtjüdischer Frauen in der Einforderung weiblicher Rechte. Die transnationale Ausrichtung dieses Projekts trug zur Vernetzung von Jüdinnen und Nichtjüdinnen auf konstruktive Weise bei. Frauen wie Sara Levi Nathan, deren familiäre und freundschaftliche Verbindungen weit über Italien hinausreichten, die mehrere Sprachen beherrschte und über interkulturelle Fähigkeiten verfügte, kam in diesem Zusammenhang eine Schlüsselrolle als internationale Vermittlerin zu.

Während private und organisatorische Verbindungen zwischen jüdischen und nichtjüdischen Protagonistinnen in den ersten Jahren nach 1861 innerhalb des nationalen italienischen Rahmens noch kaum anzutreffen waren, boten Transnationalismus und Laizismus eine wichtige Voraussetzung für die Entwicklung jüdisch-nichtjüdischer Frauennetzwerke wie in der Abolitionist Federation. Sara Levi Nathan, die Verkörperung der *ebrea laica* mit internationalen Kontakten, wurde nicht zufällig eine der bedeutendsten Pionierinnen der frühen italienischen Frauenbewegung. Ihr verschlungener Lebensweg, der sie vom Ghetto in Pesaro in die Metropole London geführt, zur Gefährtin Mazzinis und Akteurin der italienischen Einigung gemacht hatte, war zweifellos einzigartig. Sara Levi Nathans Sozialisation im jüdischen Umfeld und ihre zunächst keineswegs voraussehbare säkulare Entwicklung dagegen sind durchaus repräsentativ für die Biografien vieler jüdischer Protagonistinnen, die sich dem *movimento femminile* verschrieben. Mit ihrer Betonung auf Erziehung, Laizismus und Abolitionismus inspirierte Sara Levi Nathan das Engagement jüngerer Feministinnen

---

52 Zu Anna Maria Mozzoni vgl. Murari, L'idea più avanzata; Macrelli, L'indegna schiavitù; Farina, Politica, amicizie e polemiche.
53 Zu Josephine Butlers Abolitionist Federation vgl. Summers, Which Women; Dickmann, Frauenbewegung, S. 446–448.
54 Vgl. Valentini, La banchiera, S. 155.

und gab wichtige Impulse für die Entwicklung der italienischen Frauenbewegung insgesamt vor.

2.2 *Fare gli italiani* durch pädagogische Erneuerung

Für jüdische Männer und Frauen hatte die italienische Judenemanzipation des 19. Jahrhunderts durchaus unterschiedliche Folgen. Während Juden nach 1861 zur Entwicklung des jungen italienischen Nationalstaats im politischen wie im militärischen Bereich maßgeblich beitragen konnten, blieben die Partizipationsräume für Jüdinnen wie für Frauen insgesamt auf soziale und kulturelle Aufgabenkreise beschränkt. Der Bereich der Erziehung, dessen gesellschaftliche Relevanz auch Sara Levi Nathan in ihren diversen Projekten für die Ausbildung von Mädchen und Frauen hervorhob, eröffnete gerade Jüdinnen die Möglichkeit, sich an der Entwicklung eines nationalen Bewusstseins aktiv zu beteiligen.[55] *Fare gli italiani* war das zentrale Anliegen hinter zahlreichen Initiativen im Bildungsbereich, die auf jüdische Frauen zurückgingen. Ihr im Vergleich zu nichtjüdischen Frauen überdurchschnittlich hoher Alphabetisierungsgrad machte Jüdinnen zusammen mit der traditionell privilegierten Stellung von Erziehung und Unterricht im Judentum zu besonders befähigten Vermittlerinnen von Wissen und Initiatorinnen einschlägiger Einrichtungen.[56] Wie Sara Levi Nathan profitierten die meisten jüdischen Pädagoginnen zudem von ihren transnationalen Verbindungen, die den Transfer erziehungswissenschaftlicher Konzepte nach Italien ermöglichten und beschleunigten.

Der Stadt Venedig kam in diesem Zusammenhang eine Schlüsselrolle zu. Nach dem Ende der österreichischen Herrschaft 1866 wurde die *Serenissima* aufgrund ihrer multikulturellen Prägung zum unbestrittenen Experimentierfeld neuer erziehungswissenschaftlicher Modelle in Italien.[57] Unter den vielen an dieser Entwicklung beteiligten jüdischen Frauen ragt das Engagement von Adele Della Vida Levi hervor, die 1869 im venezianischen Viertel Santi Apostoli den ersten Fröbel-Kindergarten Italiens gründet. Eine Monografie zu der Pädagogin liegt trotz ihrer weitreichenden Bedeutung für die italienische Entwicklung im Erziehungsbereich bislang nicht vor.[58] Aus

---

[55] Zur Bedeutung der Erziehung im liberalen Italien vgl. Soldani/Turi (Hg.), Fare gli italiani; speziell zur Ausbildung von Mädchen und Frauen vgl. Soldani, L'educazione delle donne.
[56] Zur Verbindung zwischen jüdischer Tradition und pädagogischem Engagement italienischer Jüdinnen vgl. Hassan, Colte, chiare, patriote.
[57] Vgl. Filippini/Plebani (Hg.), La scoperta dell'infanzia.
[58] Die überlieferten biografischen Informationen basieren größtenteils auf zeitgenössischen Nachschlagewerken sowie einer Würdigung ihrer Nichte Gina Lombroso; vgl. Catanzaro, La donna nelle scienze, S. 94; Greco, Bibliografia femminile, S. 273; Villani, Stelle femminili, S. 366; Lombroso Ferrero, Adele Della Vida Levi. Zum Werk der Pädagogin vgl. Benetti Brunelli, Il primo giardino d'infanzia, S. 36–64, 198–365; Ceccon, Adele Levi Della Vida.

den weitgehend unbekannten Briefen Adele Della Vida Levis an ihren Schwiegersohn Luigi Luzzatti (1841–1927)[59] sprechen ein enormes weibliches Selbstbewusstsein, ein leidenschaftliches Engagement für Erziehung und Unterricht unter dem Vorzeichen des Laizismus sowie gleichzeitig die tief verwurzelte Identifizierung mit ihrer jüdischen Familie. Ähnlich wie bei Sara Levi Nathan reichten auch Adele Della Vida Levis Kontakte weit über den regionalen und nationalen Rahmen hinaus: Rom, Mailand, Triest, Freiburg und Paris sind nur einige der europäischen Städte, zu denen Della Vida Levi private und berufliche Verbindungen unterhielt, wie man ihren Zeilen an Luzzatti entnehmen kann.[60]

Patriotismus und Bildung. Adele Della Vida Levis familiärer Hintergrund

Adele Della Vida Levi wurde 1822 in Venedig geboren, das damals als Teil des Lombardo-Venezianischen Königreiches zu Österreich gehörte. Während der Name ihres Vaters Samuele Della Vida, der aus Ferrara stammte, sephardischen Ursprungs war, hatte ihre Mutter Regina Pincherle aschkenasische Vorfahren. Adeles Erziehung muss im Sinne der Ausbildung jüdischer Mädchen ähnlich verlaufen sein wie die ihrer Zeitgenossin Sara Levi Nathan, jedoch umfassender und privilegierter, da sie in wohlhabenderen und intellektuelleren Verhältnissen aufwuchs als die Kaufmannstochter aus dem Ghetto von Pesaro. Adeles Vater Samuele Della Vida leitete die örtlichen Assicurazioni Generali,[61] ihre gebildete Mutter Regina Pincherle (1800–1885) war jahrzehntelang Inspektorin der jüdischen Mädchenschule.[62] Adele wuchs so in einem pädagogisch interessierten Umfeld und umgeben von den Gelehrten des zeitgenössischen Venedig auf, die regelmäßig in ihrem Elternhaus verkehrten. Der eminente Orientalist Giorgio Levi Della Vida (1886–1967), ein Enkel Adeles, berichtete später, wie sein Vater Ettore die Großmutter Regina Pincherle in Erinnerung behalten hatte: „… eine Frau von einzigartiger Intelligenz, vielfältiger Kultur, brillantem Geist: ihr Salon (die Della Vida besaßen den ehemaligen Palazzo Grimani am Canal Grande

---

59 Der ebenfalls aus einer venezianisch-jüdischen Familie stammende Jurist und Ökonom Luigi Luzzatti, Gründer der Banca Popolare di Milano, war von 1910 bis 1911 italienischer Premierminister. Zu Luzzatti vgl. Pecorari, Luzzattiana; Piazza, Luigi Luzzatti.
60 Die betreffenden Briefe befinden sich im Fondo Luigi Luzzatti, Istituto Veneto di Scienze, Lettere ed Arti (im Folgenden IVSLA), Corrispondenza: Levi Della Vida Adele.
61 Vgl. Calimani, Storia del Ghetto, S. 312.
62 Zu Regina Pincherles Engagement für die Mädchenschule der jüdischen Gemeinde in Venedig vgl. die betreffenden Unterlagen im Archivio della Comunità Israelitica di Venezia (im Folgenden ACIV), b. 187: Scuola Fanciulle (1835–1867), b. 188: idem (1869–1920). Zum zeitgenössischen jüdischen Schulsystem in Venedig vgl. Luzzatto Voghera/Finzi/Szabados, L'Educazione, S. 141–149. Zur venezianisch-jüdischen Gemeinschaft seit der Jahrhundertwende vgl. Levis Sullam, Una comunità immaginata.

und Rio di Noale) war ein beliebter und angenehmer Treffpunkt für Gelehrte und Literaten ...".[63]

Im Revolutionsjahr 1848 engagierten sich der Patriot Samuele Della Vida mit seiner Frau Regina, ihrem Sohn Cesare (1817–1879) und der damals 26 Jahre alten Tochter Adele an führender Stelle für Daniele Manins Repubblica di San Marco, die den Juden die Emanzipation versprach.[64] Im Einsatz der Della Vidas wie zahlreicher weiterer jüdischer Familien der *Serenissima* verband sich das Streben nach nationaler Unabhängigkeit und der Befreiung von der österreichischen Fremdherrschaft mit dem Wunsch nach sozialer und politischer Gleichstellung. Adeles Bruder, ein persönlicher Freund Manins,[65] stiftete so viel Geld für die Revolution, dass er sein eigenes bescheidenes Vermögen damit ernsthaft in Gefahr brachte. Er wurde 1849 Abgeordneter des Parlaments von Venetien, sein Großvater Leone Pincherle (1814–1882)[66] bekleidete einen Ministerposten. Im Februar 1949 unterschrieb Adeles Mutter Regina zusammen mit weiteren 28 jüdischen wie nichtjüdischen Protagonistinnen Venedigs einen Aufruf zur monatlichen Unterstützung des „Vaterlands", in denen die Frauen mit Nachdruck ihre Bereitschaft zum kompromisslosen Widerstand gegen Österreich bekundeten.[67] Die Repubblica di San Marco konnte ihre Unabhängigkeit gegen die österreichischen Belagerer jedoch nur bis August 1849 behaupten. Zusammen mit Daniele Manin gingen viele der Republikaner anschließend ins französische Exil, darunter auch Cesare Della Vida und Leone Pincherle.[68] Noch beinahe 20 Jahre dauerte die österreichische Herrschaft in Venedig an. Erst als Venetien 1866 an Gesamtitalien fiel, erhielten Juden auch dort die volle Gleichberechtigung.

---

63 Levi Della Vida, Quattro Lettere, S. 321. Giorgio Levi Della Vida, seit 1920 Dozent für Hebräisch an der römischen Universität, lehnte 1931 den Treueeid auf das faschistische Regime ab und verlor im Anschluss daran seine Lehrerlaubnis. Aufgrund der faschistischen Rassengesetzgebung wanderte er 1939 in die USA aus, wo er an verschiedenen Universitäten tätig war. Nach dem Zweiten Weltkrieg kehrte Levi Della Vida nach Italien zurück und erhielt den Lehrstuhl für muslimische Geschichte an der Universität La Sapienza in Rom; zu seiner Biografie vgl. u. a. Boatti, Preferirei di no; Moscati, Ricordo.
64 Zu Manins Republik von San Marco vgl. Ginsborg, Daniele Manin.
65 Daniele Manin (1804–1857) war selbst jüdischer Herkunft; seine Großeltern Samuel Medina und Allegra Moravia hatten sich 1759 taufen lassen; vgl. Calimani, Storia del Ghetto, S. 303.
66 Leone Pincherle, wie Cesare Della Vida ein enger Freund von Daniele Manin, war ein Onkel von Amelia Rossellis Vater. In ihren Memoiren erinnerte sie sich an den persönlichen Stolz ihres Vaters Giacomo Pincherle auf den Vorfahren und sein politisches Engagement für die Repubblica di San Marco, die sich gegen die österreichische Fremdherrschaft auflehnte; vgl. Rosselli, Memorie, hg. von Calloni, S. 53.
67 Circolare di alcune pietose donne veneziane per promuovere una sottoscrizione, al fine di dare alla patria una offerta mensile, 1. Februar 1948; vgl. Filippini, Donne sulla scena politica, S. 123.
68 Vgl. Calimani, Storia del Ghetto, S. 302–312. Leone Pincherle starb 1882 in Paris, Cesare Della Vida kehrte später nach Venedig zurück.

Pädagogisches Engagement zwischen jüdischer Tradition und italienischem Nationalbewusstsein

Adele Della Vida Levi blieb zeitlebens von dem liberalen, patriotischen und anti-österreichischen Klima geprägt, in dem sie aufgewachsen war. Bei ihrer Heirat mit dem aus Piemont stammenden Textilwarenhändler Mosè Levi spielte vielleicht auch die frankophile Tendenz der Familie Della Vida eine Rolle. Adeles antikatholische Grundeinstellung erwuchs aus ihrem persönlichen Umfeld und basierte zu einem großen Teil auch auf ihrer Aversion gegen Österreich.[69] Als ihr 1852 geborener Sohn Ettore in jungen Jahren Deutsch lernen sollte, umging sie gezielt österreichische bzw. katholische Schulen und vertraute Ettore stattdessen dem in Venedig ansässigen Pädagogen ungarisch-jüdischer Herkunft Adolfo Pick (1829–1894) an.[70] Dieser hatte sich nach seiner Beteiligung an den Aufständen gegen Österreich 1848/1849 in Venedig niedergelassen, wo er Deutsch an dem angesehenen jüdischen Internat Collegio Ravà, später auch am Liceo Paolo Sarpi unterrichtete.[71] Adele Della Vida Levi verortete sich und ihre Familie insofern dezidiert in einem antiösterreichischen und vorwiegend auf jüdischen Beziehungsnetzwerken beruhenden Umfeld.

Gleichzeitig begann sie sich aufgrund der Freundschaft mit Adolfo Pick während der 1860er Jahre für die Methoden des deutschen Pädagogen Friedrich Fröbel (1782–1852) zu interessieren. Seine Erziehungslehre zielte darauf ab, Kinder durch Spiel und in Harmonie mit der Natur in ihrer persönlichen Entfaltung zu fördern.[72] Die besondere Beliebtheit seiner Theorien gerade bei jüdischen Frauen mag mit darauf zurückzuführen sein, dass Fröbel die Mutter als die erste und ideale Erzieherin des Kindes auffasste, was an die traditionelle Rolle der Mutter im Judentum erinnert.[73]

---

[69] Tief verwurzelte Ressentiments gegenüber der katholischen Kirche führten gemeinsam mit der Orientierung am laizistischen Verständnis des liberalen Einheitsstaats bei italienischen Juden und Jüdinnen zu einer weit verbreiteten antiklerikalen Tendenz. Die gezielte Abgrenzung von den kirchlichen Autoritäten lässt sich auch in einem Brief einer Freundin Regina Della Vidas an den Vorsitzenden der jüdischen Gemeinde Venedigs aus dem Jahr 1878 deutlich erkennen, in dem die Notwendigkeit eines von der Kirche unabhängigen Schulsystems unterstrichen wird: „… falls wir es zulassen, dass sich die kirchlichen Autoritäten einmischen, wird es unmöglich sein, die absolute Unabhängigkeit und den freien Handlungsspielraum zu haben, die der Unterricht erfordert"; Emma Levi Grassini an den Vorsitzenden der jüdischen Gemeinde, 21. Juli 1878, ACIV, b. 188: 1869–1920.

[70] Vgl. den Beitrag von Alfredo Gigliobianco im Dizionario Biografico degli Italiani 64 (2005), URL: http://www.treccani.it/enciclopedia/levi-della-vida-ettore_(Dizionario-Biografico)/ (8.7.2020).

[71] Pick war ein Anhänger der Theorien Fröbels und Pestalozzis. Zu dem ungarisch-jüdischen Pädagogen vgl. Gasparini, Adolfo Pick; zur Beziehung zwischen Pick und Adele Della Vida Levi vgl. Sega, Percorsi di emancipazione, S. 204.

[72] Zu Fröbel und seiner Erziehungslehre vgl. u. a. Hebenstreit, Friedrich Fröbel; Stübig, Friedrich Wilhelm August Fröbel.

[73] Zur großen Attraktivität der Fröbelschen Lehre auch in deutsch-jüdischen Kreisen vgl. Fassmann, Jüdinnen, S. 129–131.

Zudem sollten soziale und konfessionelle Unterschiede im Umgang der Kinder miteinander keine Rolle spielen. Adele Della Vida Levi sah daher in den Fröbel-Kindergärten eine konstruktive Antwort auf den Ausschluss jüdischer Kinder von den katholischen Institutionen und gleichzeitig die Möglichkeit, sie außerhalb der jüdischen Gemeindeorganisationen gemeinsam mit nichtjüdischen Kindern zu betreuen. Die laizistische Ausrichtung der Fröbel-Methode entsprach Adele Della Vida Levis antikatholischer Haltung und kam ebenso ihrem Wunsch nach zunehmender Integration der jüdischen Minderheit in die italienische Gesellschaft entgegen.

Charakteristisch für die Familie Della Vida wie für jüdische Familien der italienischen Emanzipationszeit überhaupt ist eine auffällige Beweglichkeit zwischen jüdischen und nichtjüdischen Bereichen, die sich im Falle der Frauen häufig in einem parallelen Engagement für die Gemeinde wie für weltliche Institutionen äußerte. In Adele Della Vida Levis Leben muss ihre Mutter diesbezüglich eine Vorbildfunktion eingenommen haben. Aus den überlieferten Briefen Regina Della Vida Levis spricht eine große Verantwortung gegenüber ihrer Aufgabe als Inspektorin der jüdischen Mädchenschule, gleichzeitig aber auch die Ablehnung einer wie auch immer gearteten Aufrechterhaltung getrennter Sphären für Juden und Nichtjuden nach der erlangten Emanzipation. In einem Schreiben von 1879 an den Vorsitzenden der jüdischen Gemeinde kritisierte sie offen den geplanten Neubau eines Kindergartens innerhalb des ehemaligen Ghetto-Bezirks:

> „... ich gestehe Ihnen, dass mir die Idee sehr merkwürdig erscheint, ein Lagerhaus ... zu nehmen, es mithilfe nicht geringer Kosten umzubauen und zu verkleinern, damit es als Kindergarten genutzt werden kann, 5.000 Lire für ... wahrscheinlich unhygienische Räumlichkeiten auszugeben, und das alles, um einen Ort des Unterrichts im Ghetto zu belassen! Es erscheint unmöglich, dass dieser ... Vorschlag von Dauer sein soll, dieser schändlichen Sklaverei nicht spontan zu entsagen, während das Gesetz des Staates, durch den [das Ghetto] abgeschafft wurde, alle „gleich" gemacht hat! Sie wissen, dass ich immer darauf aus war, auch armen Israeliten stets die beste Erziehung zu ermöglichen, beginnend von den ersten Lebensjahren an. Im Laufe meines langjährigen Amtes als Inspektorin [der jüdischen Mädchenschule] habe ich alles darangesetzt, ohne auf unüberwindbare Hürden zu treffen ... Ich sage Ihnen geradeheraus, dass ich nicht im Widerspruch zu meinen Prinzipien handeln will, wenn [ich dafür eintrete], dass ein anständiger Kindergarten für Jungen und Mädchen mit geeigneten Lehrerinnen in Räumlichkeiten außerhalb des Ghettos eingerichtet wird ..."[74]

In Regina Della Vidas Worten manifestierten sich in beeindruckender Weise die Spannungen zwischen Tradition und Modernisierung, zwischen Gemeindeautorität und staatlicher Befugnis, welche die nachemanzipatorische Phase des italienischen Judentums charakterisierten. Für Regina Della Vida, Vorkämpferin der Judenemanzipation in einem unabhängigen Italien, stellte das Ghetto ein Sinnbild der Segregation

---

[74] Regina Della Vida an den Gemeindevorsitzenden, 11. Juli 1879, ACIV, b. 188: Scuola Fanciulle (1869–1920).

und Unterdrückung dar, ein Relikt alter Zeiten und einen gänzlich unpassenden Ort für die Erziehung der jungen Generation. In fortschrittlicher Manier setzte sich die Akteurin nicht nur für einen Kindergarten außerhalb des Ghettos, sondern auch für das im vereinten Italien insgesamt noch selten praktizierte Prinzip der Koedukation ein.[75] Der selbstsichere, ja fordernde Ton ihrer Stellungnahme erklärte sich aus ihrer gesellschaftlichen Stellung und ihrem Ansehen innerhalb der venezianischen Gemeinde, war aber auch Ausdruck des generell wachsenden Selbstbewusstseins jüdischer Frauen im Gefolge der Judenemanzipation. Während sich die Bedeutung der Gemeinden als Referenzpunkt jüdischen Lebens verringerte, gewannen Frauen als Mittelpunkt der jüdischen Familie an Einfluss sowohl im privaten wie im öffentlichen Bereich.[76]

Die Beziehungen zur jüdischen Mädchenschule

Die pädagogischen Aktivitäten Adele Della Vida Levis fügen sich eng in den skizzierten biografischen wie gesellschaftlich-kulturellen Rahmen. Ihr Selbstverständnis war weitaus facettenreicher, als der Einsatz für die Methoden Fröbels suggeriert. Wie ihre Mutter Regina engagierte sie sich für eine Öffnung und Verweltlichung des Schulsystems, blieb aber gleichzeitig an der Entwicklung einschlägiger jüdischer Gemeindeeinrichtungen durchaus interessiert. Noch 1886 schrieb sie über die drohende Schließung der jüdischen Mädchenschule: „Es täte mir leid, wenn die Schule geschlossen würde, die sich ja gerade an unsere jungen Israelitinnen richtet, an jene, die auf ein Einkommen hoffen."[77]

Die Unterstützung von Frauen und Kindern aus wirtschaftlich angespannten Verhältnissen oder an der Armutsgrenze lebenden Familien stellte eine Konstante in Adele Della Vida Levis Schaffen dar. Aus ihrem Engagement für gesellschaftlich Benachteiligte spricht das religiös begründete Prinzip sozialer Gerechtigkeit, das für jüdische Protagonistinnen der zeitgenössischen Frauenbewegung insgesamt bleibende Relevanz hatte und, wie im Falle Amelia Rossellis, die jüdische Identität ihrer Familien nachhaltig prägte.[78] Obwohl Adele Della Vida Levi selbst aus wohlhabenden Verhältnissen stammte, identifizierte sie sich mit „ihren jungen Israelitinnen", deren schwierige Situation sie aus nächster Nähe beobachtete.

---

75 Zum Thema der Koedukation im zeitgenössischen Italien vgl. Buttafuoco, Per un diritto.
76 Zur vergleichbaren Entwicklung im deutsch-jüdischen Kontext vgl. Kaplan, Jüdisches Bürgertum, S. 94–96.
77 Adele Della Vida Levi an Padoa, 17. August 1886, ACIV, b. 188: Scuola Fanciulle (1869–1920).
78 Zur Bedeutung aktiver Wohltätigkeit, *Zedakah*, im Handeln jüdischer Frauen vgl. Funaro, Compagna e partecipe, S. 330; Miniati, Le „emancipate". Le ebree italiane, S. 251.

Im Archiv der Jüdischen Gemeinde Venedigs befinden sich zahlreiche Briefe aus den 1870er und 1880er Jahren an die Leitung der jüdischen Mädchenschule, in denen Eltern um Verständnis dafür baten, dass ihre Töchter einen bezahlten Beruf ausüben und daher die Schule verlassen mussten. Während beispielsweise ein Vater gestand, er müsse seine Tochter zu einer kinderlosen Tante schicken, da er keine Möglichkeiten mehr habe, sie zu ernähren,[79] eine Mutter angab, ihre Tochter solle nun ein Handwerk erlernen, um sie finanziell unterstützen zu können,[80] wandte sich die Schülerin Regina Silva selbst mit Bedauern an die Schulleitung: „Da ich jetzt schon älter bin, können sich meine Eltern nicht mehr um meinen Unterhalt kümmern, sodass ich mich damit abfinden muss, in einer Werkstatt meinen Lebensunterhalt zu verdienen."[81]

Die für Venedig insofern recht gut dokumentierte, im Allgemeinen keineswegs einfache wirtschaftliche Situation jüdischer Mädchen unterschied sich nicht wesentlich von den Bedingungen der zeitgenössischen italienischen Gemeinden insgesamt.[82] Zweifellos besaß Adele Della Vida Levi wie die meisten jüdischen Akteurinnen der frühen italienischen Frauenbewegung eine weitaus günstigere soziale und kulturelle Ausgangsposition als die Mehrheit jüdischer Mädchen im italienischen Einheitsstaat. Auch Sara Levi Nathan war insofern privilegiert, als sie durch die Heirat mit Moses Meyer Nathan zu Wohlstand kam und Zugang zu intellektuellen Kreisen erhielt. Vielen von Saras und Adeles jüdischen Zeitgenossinnen dagegen blieb eine höhere Bildung verwehrt, da sie wegen der finanziell schwierigen Situation der Familie schon in jungen Jahren einen bezahlten Beruf, etwa als Näherin, Dienstmädchen oder Kinderfrau, ergreifen mussten.[83]

Aufgrund der genauen Kenntnis dieser Umstände ging Adele Della Vida Levi bei der Planung ihres Kindergartens mit großer Sensibilität für die Bedürfnisse sozial schwächerer Familien und insbesondere arbeitender Mütter vor. Die von Fröbel ursprünglich vorgesehenen sechs Stunden Betreuung pro Tag hielt sie, gemessen am Arbeitspensum einer berufstätigen Frau, für unzureichend:

> „Froebel wollte sicher die Methode in ihrer ursprünglichen Form auf Kinder anwenden, die nicht aus armen Familien stammten ... Die Kinder dürfen nicht länger als sechs Stunden am Tag im Kindergarten bleiben; aber wie kann man denn einer Frau sagen, die von Brot lebt, das sie mit einem ganzen Tag Arbeit bezahlt hat, ‚kümmert Euch um Euer Kind; der Kindergarten kann es nicht länger als sechs Stunden am Tag übernehmen'?"[84]

---

79 Brief von 1883, s. d., ACIV, b. 188: Scuola Fanciulle (1869–1920).
80 Brief von Giustina Fano, 11. Mai 1883, ACIV, b. 188: Scuola Fanciulle (1869–1920).
81 Brief von Regina Silva, Januar 1880, ACIV, b. 188: Scuola Fanciulle (1869–1920).
82 Vgl. Miniati, Le „emancipate", S. 44–46.
83 Vgl. Novelli-Glaab, Zwischen Tradition und Moderne, S. 110.
84 Levi Della Vida, Relazione sul giardinetto infantile, S. 5 f. Ausgehend von ähnlichen Überlegungen gründete Elena Raffalovich Comparetti, Sozialistin russisch-jüdischer Herkunft, 1872 einen weite-

Adele Della Vida Levi passte die Fröbel-Methode nicht nur hinsichtlich der Betreuungszeiten den spezifischen Notwendigkeiten des zeitgenössischen Venedig an, was letztlich auch zum Bruch mit Adolfo Pick führte.[85]

Der Fröbel-Kindergarten in Santi Apostoli. Ein laizistisches Erziehungsprojekt im transnationalen Zusammenhang

Die Gründung des ersten Fröbel-Kindergartens in Italien war ein Unternehmen, das ohne die transnationalen Verbindungen Adele Della Vida Levis nicht denkbar gewesen wäre. Während es Pick war, der sie in Venedig erstmals mit den Theorien des deutschen Pädagogen vertraut machte, nutzte Adele ihre sprachlichen Fähigkeiten und weitreichenden Kontakte, um mit der prominenten Schülerin Fröbels, der deutschen Frauenrechtlerin Baronin Bertha von Marenholtz-Bülow (1810–1893), in Verbindung zu treten. Die Baronin unternahm Reisen in ganz Europa, unter anderem auch nach Florenz, Rom und Neapel, wo sie über die Ideen Friedrich Fröbels referierte. Mit Adele Della Vida Levi entspann sich eine dichte Korrespondenz hinsichtlich pädagogischer Inhalte, die das Interesse der Venezianerin für die Fröbelsche Lehre noch verstärkte.[86] Ähnlich wie bei Sara Levi Nathan, die sich im gemeinsamen Kampf gegen den Mädchenhandel mit nichtjüdischen Frauen hauptsächlich auf internationaler Ebene vernetzte, fanden auch die Kontakte Adele Della Vida Levis zu Nichtjüdinnen vorwiegend außerhalb des nationalen Rahmens statt. Wie die Abolitionist Federation bot die Fröbel-Bewegung ebenfalls einen willkommenen Anknüpfungspunkt in einem nichtkonfessionellen, transnationalen Kontext.

Im Jahr 1868 reiste Della Vida Levi in die Schweiz und nach Bayern, um einige der dort eröffneten Kindergärten aus nächster Nähe sehen zu können. Zurück in Italien fand sie Unterstützung für ihr Projekt eines Fröbel-Kindergartens zunächst vorwiegend bei jüdischen Intellektuellen: Dies bestätigt ein Blick auf die Unterzeichner des „Programms für die Gründung eines Kindergartens" vom April 1869, unter denen sich neben Adolfo Pick der angesehene venezianische Chirurg Angelo Minich (1817–1893) und Della Vida Levis Freundin, die Pädagogin Adele Trieste Sacerdoti, befanden. Die insgesamt fünf beteiligten Männer waren entweder Ärzte oder Erzieher, darunter auch der aus Split stammende Philosoph und Pädagoge Giorgio Politeo (1827–1913). Zwei von ihnen, Angelo Minich und Antonio Berti (1812–1879), wurden später zu Senatoren ernannt. Adele Della Vida Levi sicherte dem Kindergarten inso-

---

ren Fröbelkindergarten in Venedig, der kostenlos war und sich ausdrücklich an mittellose Familien wandte; vgl. Barbarulli, La „ricerca straordinaria"; Salah, From Odessa to Florence.
85 Vgl. Filippini, Come tenere pianticelle, S. 96 f.
86 Vgl. ebd., S. 96. Gina Lombroso berichtet, dass Adele Della Vida Levi auch von Luigi Luzzatti Literatur über die Fröbel-Kindergärten erhielt; vgl. Lombroso Ferrero, Adele Della Vida Levi, S. 4.

fern von Anfang an auch die Unterstützung von Männern zu. Die Einbeziehung von bekannten Ärzten, Erziehern sowie politisch tätigen Gelehrten sollten die Seriosität ihres Projekts in der Öffentlichkeit unterstreichen. Das Programm des Kindergartens wurde direkt im Anschluss an seine Unterzeichnung in der Frauenrechtszeitschrift „La Donna" veröffentlicht. Der Giardino d'Infanzia wandte sich explizit an Familien, „die das Wohl ihrer Kinder über alles stellen und keine Mühen scheuen, damit diese gesund und wohl erzogen aufwachsen."[87]

Dass Adele Della Vida Levis Projekt zunächst den Zuspruch vor allem jüdischer Gelehrter erregte, war zweifellos auf die auch nach 1866 noch immer praktizierte religiöse Diskriminierung jüdischer Kinder zurückzuführen: Die Commissione generale di pubblica beneficenza di Venezia nahm Jungen und Mädchen jüdischen Glaubens nicht in die städtischen Kindergärten auf.[88] Die nichtkonfessionellen Fröbel-Kindergärten boten insofern eine willkommene Möglichkeit, dieser Form der Diskriminierung entgegenzutreten und zur jüdischen Integration aktiv beizutragen. Die italienische Situation unterschied sich in diesem Punkt nicht wesentlich von den zeitgleichen Entwicklungen in Deutschland, der Schweiz und Belgien, wo die neu entstehenden Fröbel-Kindergärten insbesondere von Juden aus ganz ähnlichen Beweggründen gefördert wurden. Die wichtigste deutsch-jüdische Vertreterin der Pädagogik Fröbels war die mit Adele Della Vida Levi fast gleichaltrige Henriette Goldschmidt (1825–1920). Im Jahr 1871, zwei Jahre nach der Entstehung des italienischen Fröbel-Kindergartens, gründete Goldschmidt in Leipzig den Verein für Familien- und Volkserziehung, der zahlreiche Kindergärten und weitere einschlägige Bildungseinrichtungen schuf. Der Erfolg ihres Unternehmens beruhte wesentlich auf der Einbeziehung sowohl jüdischer als auch christlicher Vereinsmitglieder. Goldschmidt gelang es damit, die Zusammenarbeit des jüdischen und nichtjüdischen Bildungsbürgertums zu fördern und den integrativen Ansatz Fröbels im Sinne jüdischer Integration zu nutzen.[89] Aus antisemitischer Sichtweise dagegen galten Fröbel-Kindergärten um die Jahrhundertwende aufgrund des auffallenden Interesses, das ihnen allerorts von Juden entgegengebracht wurde, geradezu als „jüdisch-international präokkupiert".[90]

Auch in Italien traf die Fröbel-Methode auf teilweise heftige Kritik. Der Kindergarten, den Adele Della Vida Levi am 3. November 1869 in Santi Apostoli eröffnete, wurde – ähnlich wie später Sara Levi Nathans Scuola Mazzini in Rom – insbesondere von katholischen Kreisen angegriffen. Statt den laut Programm vom April 1869 erhofften 30 Anmeldungen[91] besuchten anfangs lediglich 13 Kinder die neue Institution.

---

87 Programma per la fondazione d'un giardino infantile, in: La Donna II,53 (April 1869), S. 231 f.
88 Vgl. Filippini, Come tenere pianticelle, S. 96.
89 Zu Henriette Goldschmidt und ihrem Engagement für die Fröbel-Bewegung vgl. Fassmann, Jüdinnen, S. 129–131, 217–219; vgl. zudem Richarz, Frauen in Familie und Öffentlichkeit, S. 98.
90 Schmid/Schmid (Hg.), Geschichte der Erziehung, S. 471.
91 Vgl. Programma per la fondazione d'un giardino infantile, in: La Donna II,53 (April 1869), S. 231.

Zielscheibe der Kritik von Katholiken und Konservativen war nicht nur die laizistische Ausrichtung, sondern auch die Orientierung der Fröbel-Methode am Spiel, welche die Kinder in ihren Augen zu einer schlechten Arbeitsmoral erzog. Noch Ende der 1890er Jahre haftete entsprechend den Thesen der katholischen Zeitschrift „Civiltà Cattolica" und den Verlautbarungen des XIV. Katholikenkongresses in Italien den Fröbelschen Theorien der Geruch von „Materialismus und Atheismus" an. Die Kinder würden ohne Disziplin aufwachsen und später nicht zur Arbeit taugen.[92]

Die laizistische Orientierung des italienischen Einheitsstaates gewann letztlich jedoch die Oberhand. Vor allem Eltern des liberalen Bürgertums fühlten sich zunehmend von der nichtkonfessionellen, innovativen Institution angesprochen, sodass bereits im Jahr 1872 die Zahl der Kindergartenkinder auf 51 angewachsen war. Die Baronin von Marenholtz-Bülow hatte persönlich an der Entwicklung des Projekts teilgenommen und die erfahrene Erzieherin Emilia Fröhlich aus Berlin für sechs Monate nach Venedig entsandt.[93] Der persönliche Einsatz Adele Della Vida Levis, die nach Fröhlichs Rückkehr nicht nur die Leitung des Kindergartens übernahm, sondern auch das Lehrmaterial vorbereitete und selbst unterrichtete, trug sicherlich mit zum wachsenden Erfolg und der öffentlichen Sichtbarkeit des Giardino D'Infanzia bei. Die von ihr verfassten „Geschichten und Lieder für den Kindergarten Venedigs", die sie 1873 veröffentlichte,[94] waren ein Novum der Zeit. In ihren Schriften feierte Adele Della Vida Levi in patriotischer und für Kinder verständliche Weise auch die Geschichte Venedigs. Dahinter stand ganz offensichtlich der Wunsch, zur Schaffung eines italienischen Nationalbewusstseins beizutragen. Der Zeitgenosse Oscar Greco lobte 1875 die Intention der Autorin in seiner „Bibliografia Femminile Italiana":

> „In den von ihr veröffentlichten Erzählungen lässt sich eine einfache und geradlinige Darstellung erkennen, die der Intelligenz von Kindern angepasst ist. Diesen werden nützliche und reflektierte Kenntnisse über die Geschichte Venedigs und seiner großen Vergangenheit beigebracht. Die Erzählungen sind durchweg von einer wahren Liebe für das Vaterland erfüllt und wecken das Interesse für die freien Institutionen, von denen wir regiert werden."[95]

Adeles Schriften wurden später zum Vorbild für die didaktische Kinderliteratur jüngerer jüdischer Schriftstellerinnen, darunter ihre Nichte Paola Lombroso und Laura Orvieto.

Auch von Regierungskreisen wurde Adele Della Vida Levis Kindergarten schon bald stärker wahrgenommen und als Teil des neuen laizistischen Staatsverständnisses verstanden: 1872 entsandte das Erziehungsministerium eigens den angesehenen Pädagogen Aristide Gabelli (1830–1891) als Inspektor an die Institution. Auf dessen

---

92 Vgl. Filippini, Come tenere pianticelle, S. 96, 101.
93 Vgl. Greco, Bibliografia femminile, S. 273.
94 Levi Della Vida, Educazione nuova.
95 Greco, Bibliografia femminile, S. 273.

positives Gutachten hin schrieb der damalige Erziehungsminister Antonio Scialoja (1817–1877) persönlich an Adele Della Vida Levi und ermutigte sie, „dieses Werk fortzusetzen, das durch die Unterstützung der Jahre und des natürlichen Fortschritts der öffentlichen Meinung einen zunehmend größeren Gewinn verspricht".[96] Das wachsende gesellschaftspolitische Ansehen des Projektes wurde zweifellos durch Adele Della Vida Levis ohnehin guten Kontakte zu politischen Führungskreisen noch verstärkt: 1864 hatte ihre Tochter Amelia den prominenten Juristen und Wirtschaftswissenschaftler Luigi Luzzatti geheiratet, der 1869 den Posten des Staatssekretärs für Landwirtschaft, Industrie und Handel übernahm und 1910 italienischer Premierminister wurde.[97] Adele Della Vida Levi bat ihren einflussreichen Schwiegersohn auch in späteren Jahren mehrfach um seine Unterstützung und Vermittlung für ihre Initiativen im Erziehungs- und Bildungsbereich. Aus ihren Briefen an Luzzatti sprechen ein enges Vertrauensverhältnis und das ausgeprägte Selbstbewusstsein einer zielstrebigen Frau, die sich nicht scheute, für die Verwirklichung ihrer sozialen Projekte um öffentliche Aufmerksamkeit zu bitten.[98]

Adele Della Vida Levis pädagogisches Engagement führte in den folgenden Jahren zu einem verstärkten Einsatz für die Belange von Frauen. Nachdem auf ihre Initiative hin während der 1870er und 1880er Jahre weitere Fröbel-Kindergärten in Padua, Verona und Florenz entstanden waren, arbeitete sie Anfang des 20. Jahrhunderts auf die Gründung einer Haus- und Landwirtschaftsschule für junge Frauen hin.[99] Die Institution wurde 1910 in Rom eröffnet, wo Adele zusammen mit der Familie Luzzatti mittlerweile ansässig war.

Adele Della Vida Levis lebenslanges Engagement für Erziehung und Ausbildung bildete einen bedeutenden Teil ihres Selbstverständnisses als aktives Mitglied im italienischen Nationalstaat. Der Laizismus der jungen Nation stellte eine wichtige Voraussetzung für ihre Initiativen im sozialen und kulturellen Bereich dar, die zur Erziehung freier und verantwortungsbewusster italienischer Staatsbürger beitragen sollten. Luigi Luzzatti bezeichnete seine antiklerikale Schwiegermutter aufgrund ih-

---

96 Vgl. Filippini, Come tenere pianticelle, S. 97.
97 Dass Adele Della Vida Levi die Eheschließung persönlich beeinflusst hatte, geht aus einem ihrer frühen Briefe an Luigi Luzzatti hervor. Eindringlich hatte sie ihm die Vorteile einer baldigen Heirat mit ihrer Tochter Amelia vor Augen geführt und nahezu gedrängt, den Hochzeitstermin rasch festzusetzen; vgl. Adele Della Vida Levi an Luigi Luzzatti, 25. Dezember 1863, IVSLA, Fondo Luigi Luzzatti, Corrispondenza: Levi Della Vida Adele.
98 Vgl. beispielsweise ihren Brief vom 9. Mai (ohne Jahresangabe, ca. 1900), in dem sie um Luzzattis Unterstützung für die von ihr initiierte Hauswirtschaftsschule für junge Frauen bittet; IVSLA, Fondo Luigi Luzzatti, Corrispondenza: Levi Della Vida Adele.
99 Vgl. Miniati, Le „emancipate", S. 130. Adele Della Vida Levi lebte seit Ende des 19. Jahrhunderts für einige Jahre bei einem ihrer Söhne in Florenz und wurde auch dort als Pädagogin aktiv; vgl. ihren Brief vom 27. Juli 1910 an Luigi Luzzatti, IVSLA, Fondo Luigi Luzzatti, Corrispondenza: Levi Della Vida Adele; vgl. zudem die Angaben bei Lombroso Ferrero, Adele Della Vida Levi, S. 5 f.

res bemerkenswerten gesellschaftlichen Einsatzes mit leicht ironischem Unterton als eine „santa laica".[100] Die Hinwendung zum Laizismus und einem weltlichen Lebensstil war jedoch wie im Falle Sara Levi Nathans auch bei Adele Della Vida Levis keineswegs so eindeutig, wie es auf den ersten Blick scheint. Sowohl in ihrer verbürgten Nähe zu den Bildungseinrichtungen der jüdischen Gemeinschaft als auch in ihrem familiären Kontext erkennt man deutlich die Kontinuität eines jüdischen Selbstverständnisses. Obwohl die Venezianerin vor allem auf transnationaler Ebene auch Kontakte zu nichtjüdischen Frauen unterhielt, blieb sie in Italien doch vorwiegend innerhalb jüdischer Familien- und Freundschaftsnetzwerke verortet. Weder ihr Sohn noch ihre beiden Töchter gingen Ehen mit Nichtjuden ein.[101] Wie bei der Familie Sara Levi Nathans bildete sich auch bei den Della Vida Levi eine vor allem auf Heiratsverbindungen basierende, säkulare jüdische Familienidentität heraus.

2.3 Schreiben als Handeln

Sowohl die abolitionistische Kampagne, die in Sara Levi Nathan eine ihrer leidenschaftlichsten Befürworterinnen hatte, als auch die Kindergarten-Bewegung Adele Della Vida Levis fanden ein bedeutendes Diskussionsforum in der lange Zeit wichtigsten italienischen Frauenrechtszeitschrift „La Donna".[102] Das von Gualberta Alaide Beccari 1868 in Padua gegründete Organ sorgte für die Verbreitung der neuen Initiativen und Konzepte und warb bei ihren Leserinnen erfolgreich um ihre Unterstützung. Auf selbstverständliche Weise beteiligte die Mazzinianerin Beccari von Beginn an auch jüdische Autorinnen an ihrem Unternehmen.[103] Sie eröffnete ihnen damit Publi-

---

100 Luigi Luzzatti an Adele Della Vida Levi, s. d., IVSLA, Fondo Luigi Luzzatti, Corrispondenza: Levi Della Vida Adele.
101 Während ihre älteste Tochter Amelia Luigi Luzzatti heiratete, ehelichte die zweite Tochter Emma den Schriftsteller Enrico Castelnuovo (1839–1915). Ihr Sohn Ettore wiederum nahm Amelia Scandiani zur Frau, eine Tochter des Generalsekretärs der Assicurazioni generali. Der bereits erwähnte Sohn von Ettore und Amelia, Giorgio Levi Della Vida, erlangte später als Islamist im In- und Ausland wissenschaftliches Ansehen; zu den Verwandtschaftsverhältnissen vgl. die Angaben von Alfredo Gigliobianco im Dizionario Biografico degli Italiani 64 (2005), URL: http://www.treccani.it/enciclopedia/levi-della-vida-ettore_(Dizionario-Biografico)/ (8.7.2020).
102 Adele Della Vida Levis Projekt erhielt von Beginn an einen privilegierten Platz in der Berichterstattung; vgl. u. a. La Donna II,58 (Mai 1869); II,74 (September 1869); III,149 (Februar 1871). Der Abolitionismus gehörte zu den zentralen Themen der Frauenrechtszeitschrift. Unter den zahlreichen Texten über die Aktivitäten Josephine Butlers und des ebenfalls involvierten Sohns Sara Levi Nathans, Giuseppe („Joe") Nathan, verdient der Bericht über ein italienisch-englisches Gemeinschaftsunternehmen besondere Beachtung: Es handelte sich um die von insgesamt 3 000 Italienerinnen unterzeichnete schriftliche Unterstützung eines Appells englischer Frauen gegen den „weißen Sklavinnenhandel"; vgl. „Fratellanza. Inglesi e Italiane", in: La Donna IX,281 (November 1876).
103 Bereits in den Jahren 1870 und 1871 arbeiteten an fast jeder Ausgabe mindestens zwei oder drei jüdische Autorinnen mit; die erste war Cesira Levi Finzi (La Donna II,93), die sich seit dem 23. Januar

kationsmöglichkeiten außerhalb der zeitgenössischen jüdischen Presse und bot ihren Projekten zudem öffentliche Sichtbarkeit im Kontext der sich etablierenden Frauenbewegung. In Beccaris Zeitschrift fanden jüdische wie nichtjüdische Akteurinnen noch vor der Konsolidierung nationaler Frauenorganisationen einen willkommenen Handlungsraum für die Einforderung weiblicher Rechte.

Aufgrund des Einflusses der Herausgeberin entstand in der Zeitschrift „La Donna" eine Atmosphäre weiblicher Solidarität, die innerhalb der damaligen italienischen Zeitungslandschaft einmalig war. In der Redaktion arbeiteten ausschließlich Frauen mit, und auch das Publikum wurde als rein weibliche Leserschaft definiert.[104] Innerhalb des Panoramas der jungen italienischen Frauenbewegungspresse war „La Donna" die einzige Zeitschrift, welche die Gleichheitsforderung explizit in ihr Programm aufnahm und ihren Zielen hinsichtlich der Emanzipation von Frauen während der mehr als 20 Jahre andauernden Existenz kontinuierlich treu blieb.[105]

Angesichts des charakteristischen Nord-Süd-Gefälles, der den italienischen Journalismus bestimmte, muss die Zeitschrift vor allem in Norditalien verbreitet gewesen sein. Jedoch zeigen die regelmäßigen Leserbriefe, dass sie auch in den Süden diffundierte. Die Leserinnenschaft wiederum rekrutierte sich aufgrund der in Italien noch um 1870 unter 20 % liegenden Alphabetisierung insbesondere aus dem mittleren und gehobenen Bürgertum; Lehrerinnen gehörten zu den wichtigsten Adressatinnen.[106]

Partizipation im Vorzeichen von nationaler Identifikation, laizistischer Verortung und internationaler Orientierung

Gualberta Alaide Beccaris bereits erwähnter programmatischer Rekurs auf Giuseppe Mazzini bildete einen bedeutenden Anknüpfungspunkt für ihre frühen Mitarbeiterinnen, Jüdinnen wie Nichtjüdinnen, darunter die prominente Frauenrechtlerin Anna Maria Mozzoni, Sara Levi Nathans Freundin Giorgina Craufurd Saffi, die Schriftstel-

---

1870 bis zu ihrer Heirat 1872 nahezu kontinuierlich als Beiträgerin engagierte; Carolina Luzzatto erschien erstmals am 30. Januar 1870 als Mitarbeiterin (La Donna II,94), Eugenia Pavia Gentilomo seit dem 2. April 1871 (La Donna III,155).
104 Vgl. Keilhauer, Frauenrechtsdiskurs, S. 179.
105 Vgl. Pieroni Bortolotti, Alle origini, S. 116; Buttafuoco, Cronache femminili, S. 26. Zur italienischen Frauenbewegungspresse vgl. zudem Carrarini/Giordano (Hg.), Bibliografia dei periodici femminili; Franchini/Pacini/Soldani (Hg.), Giornali di donne; zu verschiedenen Vertreterinnen und Organen der Frauenbewegungspresse speziell des 19. Jahrhunderts vgl. Catalan, Percorsi di emancipazione. Zur Geschichte des Journalismus in Italien aus frauen- und geschlechtergeschichtlicher Perspektive vgl. Franchini/Soldani (Hg.), Donne e giornalismo.
106 Vgl. Buttafuoco, Cronache femminili, S. 48; Keilhauer, Frauenrechtsdiskurs, S. 178.

lerin Malvina Frank (1830–1902)[107] sowie die Patriotin jüdischer Herkunft Erminia Fuà Fusinato (1834–1876), die sich 1856 hatte taufen lassen.[108]

Ausgehend von Mazzinis Konzept der Funktionsteilung zwischen den Geschlechtern sah Beccari die Aufgabe der Frau in der Erziehung der kommenden Generation. Sie sollte die Grundlage für eine umfassende gesellschaftliche Erneuerung schaffen. Diese Überzeugung deckte sich nicht nur mit den oben erläuterten Ideen Sara Levi Nathans, sondern blieb für den italienischen Frauenemanzipationsdiskurs des 19. Jahrhunderts insgesamt prägend.[109] Im Programmentwurf der neugegründeten Zeitschrift vom 12. April 1868 lassen sich deutlich zwei miteinander verbundene Referenzpunkte ausmachen: Die nationale Einigung sowie die erzieherische „Mission" der Frau im neuen Italien. Beccari erklärte in weihevollem Ton:

> „Italien wurde mit Waffen geschaffen, mit Studium und Arbeit muss es befestigt werden; daher ist es die Pflicht jedes Einzelnen, der das Glück hatte, unter italienischem Himmel geboren zu werden, sich eifrig daran zu beteiligen. Und die Frau darf in dieser heiligen Aufgabe dem Mann in nichts nachstehen; in ihrem Geiste entzündete Gott den Funken der Intelligenz, in ihr Herz pflanzte er den Samen jeglichen edlen Gefühls. Die Mission der Frau ist es, ein Engel des Trosts, Ratgeberin, Inspiration des Mannes zu sein; viele sind dieser Mission untreu, und der Mann erleidet einen Mangel: wenn die Frau [jedoch] ganzheitlich ist, wird auch der Mann das sein, was er sein soll."[110]

Die Rolle der Frau als intellektuelle und emotionale Ergänzung des Mannes sowie als Erzieherin und Mutter blieben zentrale Themen der Zeitschrift „La Donna". Jüdinnen konnten sich mit diesen Idealbildern besonders gut identifizieren, da sie in vielen Punkten der traditionellen Rolle der jüdischen Ehefrau und Mutter ähnelten, die es nun in die Realität des emanzipierten Judentums in einem italienischen Nationalstaat zu übertragen galt. Neben der Anlehnung an die nationale Identifikationsfigur Mazzini waren es der erzieherische Anspruch Beccaris, aber auch die betont laizistische Ausrichtung ihrer Zeitschrift, die eine wichtige Voraussetzung für die Mitarbeit jüdischer Autorinnen darstellten. Wie bei den Projekten Sara Levi Nathans und Adele Della Vida Levis ließ die Kritik katholischer Kreise an dem nichtkonfessionellen Organ nicht lange auf sich warten: Bereits in der dritten Ausgabe von „La Donna", am

---

107 Zu Malvina Frank vgl. u. a. Odorisio, Donna o cosa, S. 23; Murari, L'idea più avanzata, S. 65.
108 Zur Schriftstellerin und Pädagogin Fuà Fusinato vgl. Leuzzi, Erminia Fuà Fusinato.
109 Sara Levi Nathan hätte sich allerdings eine noch deutlichere ideologische Orientierung der Zeitschrift an den „Doveri dell'uomo" gewünscht. Ihr Sohn Giuseppe („Joe") Nathan, selbst Mazzinianer und Befürworter der abolitionistischen Kampagne, unterstützte Beccaris Zeitschrift zeitweise auch finanziell; vgl. Isastia, Storia di una famiglia, S. 94.
110 La Donna I,1 (April 1868). Beccari nahm auch hier direkten Bezug auf Mazzini. Er beschrieb in seinen „Doveri dell'uomo" die ideale Familie als liebevolle Einheit, in deren Mitte eine Frau stand: eine weibliche Engelsgestalt, die durch Liebe und Anmut die täglichen Pflichten und Schmerzen weniger mühsam und bitter erscheinen ließ; vgl. Ginsborg, Romanticismo, S. 25.

26. April 1868, reagierte Beccari auf einen unmittelbar zuvor erschienenen Artikel der Modeneser Zeitung „Il Diritto Cattolico".[111] Unter der Überschrift „Eine Gefahr für die katholischen Frauen" waren Beccari und ihre Mitarbeiterinnen dort als „Ungläubige" und „Materialistinnen" bezeichnet worden. Beccari schrieb in ironischer Weise, diese Kritik aus der Feder eines „Apostels der Finsternis und der Regression" könne in Wahrheit nur als Lob interpretiert werden.[112] „La Donna" setzte ihren laizistischen Anspruch fort und bildete so gerade für jüdische Akteurinnen antiklerikaler Tendenz einen willkommenen Handlungsraum in einer Nation, die auf der Trennung von Staat und Kirche basierte. Die von Sara Levi Nathan, Adele Della Vida Levi und vielen anderen Aktivistinnen angestrebte Verweltlichung des Schulsystems fand ihre Entsprechung in der Intention Beccaris, „Frauen und Kinder aus den Händen des Klerus zu befreien und die kirchlichen Schulen durch zivile zu ersetzen."[113]

Auch die für zeitgenössische Verhältnisse bemerkenswert internationale Orientierung der Zeitschrift förderte, ähnlich wie im Falle der Abolitionist Federation und der Fröbel-Bewegung, die Einbeziehung jüdischer Frauen. Die weitreichende Vernetzung von „La Donna" ging aus der Fülle regelmäßiger Nachrichten aus dem Ausland, unter anderem England, Frankreich, den USA und Russland hervor.[114] Durch Übersetzungen von Texten zur Frauenemanzipation ins Italienische, darunter Briefe der deutsch-jüdischen Schriftstellerin Fanny Lewald (1811–1889),[115] fügte sich die Zeitschrift dezidiert in den Rahmen der internationalen Frauenbewegung ein.

Die jüdischen Mitarbeiterinnen Beccaris profitierten zweifellos von ihren häufig über den nationalen Bereich hinausgehenden familiären und freundschaftlichen Verbindungen, konnten Diskurse aus dem Ausland aufgreifen oder fungierten sogar als auswärtige Korrespondentinnen: Nina Modona Olivetti (1830–1900) schrieb für „La Donna" seit 1874 regelmäßig aus ihrer Wahlheimat Paris über aktuelle politische und kulturelle Themen des zeitgenössischen Frankreich.[116] Die Schriftstellerin war vermutlich in den 1850er Jahren mit der großen Welle italienischer Emigration

---

111 „Il Diritto Cattolico" wurde zwischen 1867 und 1911 von Pietro Balan und Claudio Boschetti in Modena herausgegeben; vgl. De Rosa, Storia del movimento cattolico, S. 635.
112 Vgl. La Donna I,3 (April 1868).
113 Dickmann, Frauenbewegung, S. 196.
114 Zur internationalen Ausrichtung von „La Donna" vgl. auch Pieroni Bortolotti, Alle origini, S. 118.
115 Es handelt sich um Ausschnitte aus Lewalds „Für und wider die Frauen" von 1870, die Beccaris Mitarbeiterin Maddalena Gonzenbach vom Deutschen ins Italienische übersetzte; vgl. La Donna IX, 21–23 (1878–1879); XII, 2–3 (1880). Fanny Lewald hatte Beccari persönlich die Erlaubnis gegeben, die Briefe in der Zeitschrift abzudrucken.
116 Vgl. dazu ausführlich Keilhauer, Frauenrechtsdiskurs, S. 265–277. Als Geburtsort der Schriftstellerin und Malerin mit dem Pseudonym „Crysanthème" wird in den zeitgenössischen Nachschlagewerken Turin angegeben; vgl. Greco, Bibliografia femminile, S. 368, Villani, Stelle femminili, S. 487 f., Catanzaro, La donna nelle scienze, S. 140; Bandini Buti, Enciclopedia biografica, S. 91 f.

infolge der missglückten Kampagne Garibaldis nach Paris gekommen.[117] Modona Olivetti machte sich in der französischen Metropole einen Namen als Kunstkritikerin und Journalistin für zahlreiche französische Zeitschriften, darunter „Le Monde artistique". In ihrer Berichterstattung für „La Donna" lässt sich ein Wandel von zunächst vorwiegend kulturellen Themen hin zu frauenpolitischen Fragen beobachten: Oscar Greco bezeichnete sie im Jahr 1875 als eine „glühende und leidenschaftliche Befürworterin der Frauenemanzipation, die das Gleichheitsprinzip der beiden Geschlechter vertritt und edle und großzügige Anstrengungen unternimmt, um der Frau den ihr zustehenden Platz zu erobern".[118] Im August 1878 nahm die Schriftstellerin am ersten internationalen Frauenkongress in Paris als Mitglied der italienischen Delegation teil.[119]

Die Dichterin Erminia Fuà Fusinato (1834–1876). Konversion als Ausdruck weiblicher Emanzipation

Dass die jüdische Öffentlichkeit in Italien die Beteiligung von Jüdinnen am nationalen Frauenrechtsdiskurs nicht ohne einen gewissen Stolz zur Kenntnis nahm, geht aus der 1875 vom „Vessillo Israelitico" („Das jüdische Banner") veröffentlichten Liste zeitgenössischer italienisch-jüdischer Schriftstellerinnen und Journalistinnen hervor.[120] „Il Vessillo Israelitico", die wichtigste jüdische Zeitschrift des liberalen Italien, vertrat eine dezidiert assimilatorische Ideologie.[121] Das betreffende Register basierte auf Oscar Grecos im selben Jahr veröffentlichten „Bibliografia Femminile Italiana" und enthielt unter anderem die Namen von Carolina Luzzatto, Nina Modona Olivetti, Eugenia Pavia Gentilomo, Cesira Levi Finzi und Fanny Tedeschi, die alle auch für Beccaris „La Donna" schrieben. Die Zugehörigkeit zum jüdischen Glauben stellte für den anonymen Verfasser das zentrale Auswahlkriterium für eine Klassifizierung als „jüdische" Schriftstellerin dar. Bei allem assimilatorischen Anspruch lehnte der „Vessillo Israelitico" Konversionen strikt ab.[122] Über die bereits erwähnte Dichterin Erminia Fuà Fusinato, die ebenfalls mit „La Donna" zusammenarbeitete, schrieb der Autor

---

117 Vgl. Keilhauer, Frauenrechtsdiskurs, S. 266.
118 Greco, Bibliografia femminile, S. 368.
119 Vgl. dazu Pieroni Bortolotti, Alle origini, S. 148; Keilhauer, Frauenrechtsdiskurs, S. 277–279.
120 Vgl. Bibliografia femminile israelitica italiana, in: Vessillo Israelitico XXIII,8 (August 1875), S. 234–238.
121 Zum Selbstverständnis des „Vessillo Israelitico" vgl. Ferrara degli Uberti, Italiani ma ebrei.
122 In der Tat fand die Stimme der Juden, die eine Konversion oder den Austritt aus der Gemeinde befürworteten und realisierten, keinen Widerhall in der jüdischen Presse. Für Gesamtitalien fehlt bislang eine Untersuchung zur Entwicklung der Konversionen im 19. Jahrhundert; für die Situation in Rom vgl. Del Regno, Gli ebrei a Roma, S. 62–67. Für das faschistische Italien vgl. Mazzini, Konversionen und Konvertiten.

der „Bibliografie jüdisch-italienischer Schriftstellerinnen" entsprechend knapp: „Wir hätten uns gern über Fuà Fusinato geäußert, die als unsere geboren wurde: Aber die Liebe raubte sie uns, und ihren Schriften und ihrem Namen, die verdientermaßen gefeiert werden, applaudieren wir mit dem Herzen, aber mit bedrücktem Herzen."[123]

Fuà Fusinato, die für den Verfasser ihr Anrecht auf einen Platz unter den jüdischen Schriftstellerinnen verloren hatte, war aus Gründen der Liebe und nicht aus religiöser Überzeugung zum christlichen Glauben übergewechselt. Anders als beim Austritt aus den jüdischen Gemeinden, der zumeist politisch motiviert war, spielten bei den Konversionen des 19. Jahrhunderts Liebesheiraten eine entscheidende Rolle.[124] Die Geschichte der Dichterin Fuà Fusinato, die in einem gebildeten jüdischen, anti-österreichisch geprägten Elternhaus in Padua aufwuchs und 1856 unmittelbar vor der Hochzeit mit dem italienischen Patrioten Arnaldo Fusinato (1817–1888) zum Christentum konvertierte, stellte in dieser Hinsicht keinen Einzelfall dar.[125] Die Tochter des Arztes Marco Fuà war schon in jungen Jahren von einem Onkel an die Dichtung herangeführt worden und hatte über dieses Interesse im Jahr 1852 den damals bereits prominenten Poeten Fusinato kennengelernt. Angesichts des vehementen Widerstands der Eltern gegen eine Verbindung zu einem Nichtjuden floh Erminia mit 22 Jahren nach Venedig zu Verwandten, ließ sich dort taufen und heiratete Arnaldo. Fuà Fusinato machte sich nicht nur als Dichterin insbesondere vaterländischer Themen, sondern auch als Pädagogin einen Namen: Nach der Eroberung des Kirchenstaates 1870 gründete sie in Rom die erste höhere Mädchenschule Italiens, übernahm deren Leitung und war unter anderem auch als Gutachterin für das italienische Erziehungsministerium tätig.[126]

Ihre Zusammenarbeit mit Beccaris „La Donna" entsprach ihren pädagogischen Interessen und dem Wunsch nach Mitgestaltung des zeitgenössischen Frauenrechtsdiskurses. In einer Zeit, in der Ehen (wie auch vermutlich bei Sara Levi Nathan) von den Eltern bzw. der Familie arrangiert wurden und die Erhaltung der jüdischen Familienintegrität von zentraler Relevanz war, ließ Erminia Fuà Fusinatos Entscheidung für eine Liebesheirat, gegen den Willen der Eltern, ein Ausmaß weiblicher Emanzipation erkennen, die ihrer Zeit weit voraus war. Das Engagement der Dichterin für die Erziehung von Frauen außerhalb der jüdischen Sphäre basierte vermutlich auf den persönlichen Erfahrungen hart erkämpfter Unabhängigkeit. Unter den hier behandelten jüdischen Vertreterinnen der italienischen Frauenbewegung ist Erminia Fuà Fusinato die einzige, die während des 19. Jahrhunderts konvertierte. Ihre Taufe ist jedoch nicht als eine Form bewusster religiöser Assimilierung zu bewerten,

---

123 Bibliografia femminile israelitica italiana, S. 238.
124 Vgl. Catalan, Juden und Judentum, S. 80.
125 Eine ausführliche biografische Darstellung bietet Leuzzi, Erminia Fuà Fusinato; vgl. zudem Finotti, Erminia Fuà Fusinato.
126 Zu Fuà Fusinatos pädagogischem Engagement vgl. Sega, Percorsi di emancipazione, S. 203.

sondern als eine individuelle, emotionsgeleitete Loslösung von familiären Zwängen. Anders als die große Mehrheit jüdischer Feministinnen, bei denen die Familiensolidarität und das Familiengedächtnis entscheidend für die Kontinuität eines jüdischen Selbstverständnisses blieben, bewegte sich Fuà Fusinato bewusst aus ihren jüdischen Verwandtschafts- und Beziehungsnetzwerken heraus.

Patriotinnen und Irredentistinnen

Die für die Zeitschrift „La Donna" im ersten Jahrzehnt ihres Bestehens schreibenden Schriftstellerinnen und Journalistinnen, die der „Vessillo Israelitico" im Gegensatz zu Fuà Fusinato als „israelite" aufführte, stellten nicht nur aufgrund ihrer Religionszugehörigkeit eine relativ homogene Gruppe dar. Olivetti Modona, Levi Finzi und Pavia Gentilomo Fortis stammten (wie auch Fuà Fusinato) alle aus den nördlichen Regionen Italiens – Piemont, Lombardei und Venetien. Carolina Luzzatto und Fanny Tedeschi[127] gehörten zur italienischsprachigen Bevölkerung der Hafenstadt Triest, die damals Teil des habsburgischen Österreich war. Außer Levi Finzi waren alle in den 1820er und 1830er Jahren geboren, also noch in voremanzipatorischer Zeit.[128] Als junge Frauen hatten sie die Aufstände gegen die Habsburger Monarchie aus nächster Nähe miterlebt. Italienischer Patriotismus in Verbindung mit einer ausgeprägt antiösterreichischen Haltung, wie man sie auch bei der oben behandelten Venezianerin Adele Della Vida Levi antraf, stellten ein verbindendes Element in der ideologischen Verortung dieser Frauen dar. Die Paduanerin Beccari, die selbst als Mädchen ihrem Vater ins Turiner Exil gefolgt war, sprach also weltanschauliche Gesinnungsgenossinnen aus dem nahen italienischen Norden bzw. der Gegend von Triest an und sicherte ihrer Zeitschrift auf diese Weise neben der feministischen Ausrichtung auch eine dezidiert patriotische Orientierung.

Beccaris triestinische Mitarbeiterin Carolina Luzzatto (1837–1919), geborene Sabbadini,[129] fällt in diesem Zusammenhang durch ihre besonders extremen Positionen

---

127 Fanny Tedeschi war die Tochter des Verlegers Abramo Tedeschi; vgl. Curci/Ziani (Hg.), Bianco, Rosa e Verde, S. 71.
128 Die Journalistin Cesira Levi Finzi kam in Mantua zur Welt. In den zeitgenössischen Enzyklopädien findet sich keinerlei Information zum Geburtsjahr. Oscar Greco gibt 1872 als Jahr der Eheschließung der geborenen Levi mit einem Finzi an, und ihr erstes Werk erschien 1868, sodass ihre Geburt mit großer Wahrscheinlichkeit in die späten 1840er oder frühen 1850er Jahre zu datieren ist. Italienischer Patriotismus und die Aversion gegen Österreich gehen auch aus ihren Werken hervor. Levi Finzi arbeitete u. a. mit der liberalen, antiösterreichischen Zeitschrift „La Favilla" zusammen; zu Levi Finzi vgl. Greco, Bibliografia femminile, S. 274 f.; Pisano, Donne del giornalismo, S. 219.
129 Zu Carolina (Sara) Luzzatto (1887–1910) vgl. Bozzini La Stella, Carolina Coen Luzzatto. Die Akteurin stammte aus einem religiösen Elternhaus; als Mädchen war sie von dem langjährigen Oberrabbiner der jüdischen Gemeinde von Triest, Marco Tedeschi (1817–1870), unterrichtet worden. In Görz

auf: Die Journalistin und Schriftstellerin war eine Anhängerin der panitalienischen Bewegung, die im Zuge der nationalen italienischen Einigung an Stoßkraft gewonnen hatte. Nach der Heirat mit Girolamo Luzzatto Coen zog Carolina nach Görz, wo sie in den 1880er Jahren mehrere italienische Zeitungen gründete, die nach und nach alle aufgrund ihrer pro-italienischen Orientierung von den österreichischen Autoritäten aufgelöst wurden. Seit 1883 leitete sie den „Corriere di Gorizia", der später unter dem Namen „Corriere Friulano" weitergeführt wurde und bis zum Beginn des Ersten Weltkriegs Bestand hatte. Panitalianismus und Irredentismus nahmen innerhalb der italienischen Frauenbewegung bis weit ins 20. Jahrhundert hinein eine nicht zu unterschätzende, bisher noch wenig thematisierte Bedeutung ein. Jüdische Frauen zeigten sich für irredentistisches Gedankengut oft besonders empfänglich, da ihnen Italien aus einer idealistischen Perspektive heraus als Ort der Freiheit und Toleranz erschien, wo im Gegensatz zum Habsburgischen Österreich Antisemitismus nicht existierte. Carolina Luzzattos Mitwirkung in dem Organ „La Donna" kann als ein erstes Symptom dieser Strömung verstanden werden, die für die italienische Frauenbewegung während der folgenden Jahrzehnte verstärkt an Relevanz gewann.[130]

Die Tatsache, dass in den 1870er und 1880er Jahren von im Schnitt 20 bis 25 Mitarbeiterinnen pro Ausgabe etwa zwei bis fünf Beiträgerinnen jüdischer Herkunft waren (beim genannten jüdischen Anteil an der italienischen Gesamtbevölkerung von ca. 0,1 %), spiegelte vor allem den im gesellschaftlichen Vergleich hohen Bildungsgrad und die im Laufe ihrer Erziehung und Ausbildung erworbenen sprachlichen wie literarischen Fähigkeiten jüdischer Frauen wider. Nicht von ungefähr stammten alle der oben angeführten Autorinnen, inklusive Erminia Fuà Fusinato, aus wohlhabenden und gebildeten Verhältnissen, die ihre intellektuelle Entwicklung und Akkulturation begünstigt hatten. Die Beteiligung jüdischer Frauen am italienischen Frauenrechtsdiskurs war insofern qualitativ gesehen auffällig, beschränkte sich aber gleichzeitig auf eine gesellschaftlich privilegierte und im Norden Italiens konzentrierte Gruppe.

Die Privatgelehrte Eugenia Pavia Gentilomo (1822–1894). Eine „Jüdin in allem und für alles"?

Die Dichterin Eugenia Pavia Gentilomo war die bekannteste unter den regelmäßig für „La Donna" schreibenden jüdischen Autorinnen der 1870er Jahre. Ein archivierter

---

unterhielt Carolina Luzzatto einen Salon, in dem italienische Gelehrte und Schriftsteller verkehrten, u. a. der Patriot Angelo De Gubernatis und der anti-slawische Schriftsteller Giuseppe Marcotti. Zu Luzzattos ausgeprägtem Anti-Slawismus und ihrer Beziehung zu Marcotti vgl. Catalan, Linguaggi e stereotipi, S. 59–63.
130 Vgl. Nattermann, Zwischen Pazifismus, Irredentismus und nationaler Euphorie.

Nachlass existiert nicht, doch befinden sich in der 1890 veröffentlichten Korrespondenz des eminenten Hebraisten und Vertreters der „Wissenschaft des Judentums" in Italien, Samuel David Luzzatto (1800–1865), Teile seines regelmäßigen Briefwechsels mit der Privatgelehrten.[131]

Für eine Rekonstruktion ihrer Biografie ist man in erster Linie auf die Angaben der zeitgenössischen Nachschlagewerke angewiesen. Außer in den einschlägigen italienischen Enzyklopädien erschien Pavia Gentilomo auch im Verzeichnis der „jüdischen Frauen in der Geschichte, Literatur und Kunst", die der deutsche Rabbiner und Historiker Meyer Kayserling (1829–1905) im Jahr 1879 veröffentlichte.[132] Die Aufnahme in sein Werk ist ein Hinweis auf den auch über Italien hinausgehenden Ruf, den die Dichterin zu Lebzeiten erlangte. Er steht in deutlichem Kontrast zu der heute nur noch wenig bekannten italienisch-jüdischen Dichterin, die durch Faschismus und Nationalsozialismus in Vergessenheit geriet.

Bezüglich ihres Geburtsorts existieren in der Literatur verschiedene Angaben (Pavia, Mailand und Padua), wobei es sich bei der Stadt Pavia mit großer Wahrscheinlichkeit um die richtige Information handelt.[133] Die lombardische Stadt befand sich unter österreichischer Herrschaft, als Eugenia am 4. Januar 1822 auf die Welt kam. Ihr Vater, Salomone Pavia, war ein wohlhabender und angesehener Juwelier, ihre Mutter Regina Capriles wird als starke Persönlichkeit mit einem „wachen Geist" bezeichnet.[134] Das gebildete, anti-habsburgische Umfeld, in dem Pavia Gentilomo aufwuchs, muss dem familiären Hintergrund Adele Della Vida Levis sehr ähnlich gewesen sein. Ein weibliches Rollenmodell stellten für beide Frauen sicher die intellektuellen Mütter dar.

Laut ihrem Zeitgenossen Oscar Greco fiel Pavia Gentilomo schon als Mädchen durch große Intelligenz auf und wurde von den Eltern dank ihrer gesellschaftlichen Stellung entsprechend gefördert:[135] Als Privatlehrer engagierten sie den lombardischen Historiker und Literaten Egidio De Magri, der zur Geschichte Mailands forschte, sowie den Mailänder Pädagogen Giuseppe Sacchi, der mit innovativen psychologischen Methoden arbeitete und sich bereits in den 1830er Jahren für die Schaffung von Betreuungsanstalten für Vorschulkinder in Mailand einsetzte. Pavia Gentilomo

---

131 Vgl. Luzzatto, Epistolario.
132 Kayserling, Die jüdischen Frauen, S. 294.
133 Der Geburtsort Pavia findet sich bei den Zeitgenossen Greco, Bibliografia femminile, S. 373, und bei De Gubernatis, Dizionario biografico, S. 798. In Catanzaros Nachschlagewerk von 1890 steht die Angabe "poetessa padovana" (Catanzaro, La donna nelle scienze, S. 152), auf die sich vermutlich im Jahr 1915 Carlo Villani und noch 1941 Maria Bandini Buti beziehen; vgl. Villani, Stelle femminili, S. 515; Bandini Buti, Enciclopedia biografica, S. 119. Meyer Kayserling schreibt, Pavia Gentilomo sei in Mailand geboren; vgl. Kayserling, Die jüdischen Frauen, S. 294.
134 Greco, Bibliografia femminile, S. 373.
135 Vgl. ebd.; De Gubernatis, Dizionario biografico, S. 798; Bandini Buti, Enciclopedia biografica, S. 119; Catanzaro, La donna nelle scienze, S. 1890; Villani, Stelle femminili, S. 515.

begleitete ihren Vater zudem nach dessen Ernennung zum Hofjuwelier des sardischen Königshauses während der 1830er Jahre auf seinen Geschäftsreisen in Italien und die französische Schweiz.[136]

Die Entwicklung der begabten Akteurin entspricht in mancherlei Hinsicht jener der „Wundertöchter" der späten deutschen Aufklärung, die von ihren Vätern geradezu ausgestellt und als „Universitätsmamsellen" berühmt wurden. Auch in Pavia Gentilomos Fall sollte das umfangreiche Erziehungsprogramm, das die gesellschaftlich fortschrittlichen und wohlhabenden Eltern der Tochter boten, offenbar die Befähigung von Frauen zu höherer Bildung unter Beweis stellen. Ihr Weg als Gelehrte weist Parallelen zur Biografie Dorothea Schlözers (1770–1825) auf, die neben den traditionell wissenschaftlichen Fächern wie Geschichte und Mathematik bereits als Mädchen neun Sprachen erlernte und mit ihrem Vater, dem Historiker und Staatswissenschaftler August Ludwig Schlözer (1735–1809), zahlreiche Reisen, unter anderem nach Italien, unternahm.[137] Beide Akteurinnen verkehrten in zeitgenössischen Intellektuellenkreisen, jedoch blieb sowohl Pavia Gentilomo als auch Schlözer aufgrund der damals nahezu unüberwindbaren Schranken für Frauen an den europäischen Universitäten eine akademische Laufbahn versperrt. Mehr noch als Schlözer kam der Entwicklung Pavia Gentilomos zur angesehenen Privatgelehrten ihr familiäres Umfeld entgegen.

Waren es zunächst die akkulturierten Eltern, die Eugenias intellektuelle Entfaltung begünstigten, so erfuhr sie später auch von ihren beiden Ehemännern uneingeschränkte Unterstützung in der Karriere als Dichterin. Mit 17 Jahren heiratete sie 1839 den venezianisch-jüdischen Intellektuellen Giuseppe Gentilomo, den sie auf einer ihrer Reisen mit dem Vater in der *Serenissima* kennengelernt hatte. Seit der Hochzeit war die junge Frau in Venedig ansässig. Greco schreibt: „… von ihm [Gentilomo] ermutigt, nährte sie ihr poetisches Genie mit ausgezeichneten Studien".[138] In jene Zeit fiel auch die Begegnung mit dem venezianischen Schriftsteller und Journalisten Luigi Carrer (1801–1850), der Pavia Gentilomos dichterisches Talent erkannte und förderte. Als Ergebnis dieser intellektuellen Verbindung entstanden im Jahr 1842 zwei Oden, die auf patriotische Weise den kulturellen Reichtum der Städte Venedig und Florenz feierten. Der plötzliche Tod Gentilomos im Jahr 1844 bereitete der Schaffenskraft der 22-Jährigen jedoch zunächst ein Ende: Sie „verschloss sich in ihrem Schmerz".[139]

Erst drei Jahre später veröffentlichte sie „Nicaule". Das Gedicht, das die Begegnung zwischen der Königin von Saba und König Salomon zum Thema hatte und eines ihrer bekanntesten Werke werden sollte, widmete Pavia Gentilomo ihrem ver-

---

136 Vgl. u. a. Greco, Bibliografia femminile, S. 373; De Gubernatis, Dizionario biografico, S. 798; Kayserling, Die jüdischen Frauen, S. 294.
137 Vgl. Kern/Kern, Madame Doctorin Schlözer; Kleßmann, Universitätsmamsellen.
138 Greco, Bibliografia femminile, S. 374.
139 Ebd.

storbenen Mann. Es markierte den Beginn einer zunehmend intensiveren literarischen Beschäftigung mit Themen des Alten Testaments.[140] In der Hinwendung zur jüdischen Bibel manifestierte sich vermutlich Pavia Gentilomos bewusste Auseinandersetzung mit ihrer jüdischen Herkunft und Identität, die in dieser Weise unter den Pionierinnen der italienischen Frauenbewegung einzigartig war. Für die Übersetzungen hebräischer Gedichte ins Italienische nutzte sie ihre ausgezeichneten Sprachkenntnisse. Ihre bewusste Beschäftigung mit der hebräischen Sprache und Literatur mag nicht zuletzt von dem emanzipatorischen Anspruch geleitet worden sein, sich mit einer damals in erster Linie jüdischen Männern vorbehaltenen kulturellen Sphäre auseinanderzusetzen, der auch bei jüdischen feministischen Gelehrtinnen des 19. Jahrhunderts vor allem in Mittel- und Osteuropa zu beobachten ist.[141]

Pavia Gentilomo führte auf diese Weise die Texte aus einem intellektuellen Ghetto heraus und machte die vornehmlich von jüdischen Gelehrtenkreisen rezipierten Gedichte einem größeren, Italienisch lesenden Publikum zugänglich. Gleichzeitig arbeitete sie in den 1860er Jahren, der Zeit der nationalen „Wiedererstehung", an Werken mit vaterländischem Impetus.[142] Pavia Gentilomo bewegte sich somit in ihrer literarischen Arbeit bewusst zwischen jüdisch wie national konnotierten Orten.

Als Reaktion auf den Erfolg ihrer 1851 veröffentlichten „Nuove poesie" und ihres wachsenden öffentlichen Ansehens wurde die Dichterin 1856 von der Universität Venedig zum „korrespondierenden Mitglied" ernannt, was für die damalige Zeit ein enormes Zugeständnis an eine Frau, noch dazu eine Jüdin, bedeutete. Erst zwei Jahrzehnte später durften Frauen an italienischen Universitäten studieren.[143] Pavia Gentilomo dagegen gelang es offenbar, sich einen Platz in der Welt der Gelehrsamkeit zu schaffen, der unabhängig von ihrem Geschlecht und ihrem Glauben zumindest von einem Teil ihrer gebildeten, liberalen Zeitgenossen akzeptiert wurde.

Wie zuvor Giuseppe Gentilomo förderte auch ihr zweiter Ehemann, der Anwalt Leone Fortis, Eugenia in ihren kulturellen Aktivitäten. Sie war zum Zeitpunkt der zweiten Hochzeit 33 Jahre alt.[144] Die materielle wie ideelle Unterstützung des Ehemanns stellte nicht nur bei Pavia Gentilomo, sondern bei jüdischen Protagonistinnen insgesamt eine bedeutende Voraussetzung für ihr soziales und kulturelles Engage-

---

140 Zu nennen sind hier u. a. „Rebecca", „La benedizione di Giaccobbe ai figli", „Il canto di David" und „Sulla Distruzione di Gerusalemme", die alle in den 1840er und 1850er Jahren entstanden.
141 Vgl. Naimark-Goldberg, Jewish Women, S. 296 f.
142 Beispielsweise „Sei canti popolari" (1860), „I Colombi di San Marco" (1865), „Pel Centenario di Dante" (1865). Diese Gedichte können als Teil des sich entwickelnden „Kanon des Risorgimento" aufgefasst werden; vgl. Banti, La nazione del Risorgimento.
143 Vgl. Raicich, Liceo, università, professioni. Die oben erwähnte Dorothea Schlözer hatte 1787 ihre Promotionsurkunde an der Universität Göttingen nicht einmal eigenhändig in Empfang nehmen dürfen.
144 „Er bat sie um ihre Hand, und am 10. Dezember 1856 heiratete sie ihn. Und dies erweckte die Fähigkeiten ihres Genies zu neuem Leben"; Greco, Bibliografia femminile, S. 377.

ment dar. Nicht in Abgrenzung von den Ehemännern, sondern innerhalb weitgehend egalitärer Beziehungen entwickelte sich häufig das Interesse an der Frauenfrage.[145] Bei Pavia Gentilomo schlug sich die Identifizierung mit dem zeitgenössischen Frauenemanzipationsdiskurs in ihrer Zusammenarbeit mit Beccaris „La Donna" wie auch weiteren Organen der entstehenden italienischen Frauenbewegung nieder.[146]

Ob sie wirklich „Jüdin in allem und für alles"[147] war, wie der „Vessillo Israelitico" mit Genugtuung schrieb, ist fraglich. Zweifellos erkennt man in ihrer Hinwendung zu Themen der jüdischen Bibel und der hebräischen Dichtung ein deutliches Bewusstsein ihrer jüdischen Wurzeln. Auch ging die Akteurin keine Ehe mit einem Nichtjuden ein: Im Gegensatz zur Konvertitin Fuà Fusinato positionierte sie sich in einem dezidiert jüdischen familiären Umfeld. Nationales Zugehörigkeitsgefühl spielte jedoch im Leben der Dichterin eine vermutlich ebenso große Rolle wie ihre Bindung an das Judentum. In den 1860er Jahren widmete sie zahlreiche Werke den Mitgliedern des italienischen Königshauses. „Liebe und Vaterland waren die Saiten ihrer Lyra",[148] lobte Greco emphatisch ihren Patriotismus. Pavia Gentilomos Selbstverständnis beruhte auf einer Verbindung zwischen jüdischer Identität und italienischer Vaterlandsliebe, die ihre Existenz als Frau, Gelehrte und Pionierin der nationalen Frauenbewegung bestimmten.

Wie bei den Pionierinnen Sara Levi Nathan und Adele Della Vida Levi lässt sich auch bei den ersten jüdischen Beiträgerinnen der Zeitschrift „La Donna" eine enge Einbindung in den italienischen Frauenrechtsdiskurs beobachten. Laizismus und Transnationalismus stellten jedoch auch hier eine wichtige Voraussetzung für die Einbeziehung von Jüdinnen und den Beginn ihrer institutionellen Vernetzung mit nichtjüdischen Frauen dar. Die Tatsache, dass es sich bei Beccaris jüdischen Mitarbeiterinnen um eine wohlhabende und gebildete Gruppe handelte, die im nördlichen Italien und der Region um Triest ansässig war, weist zudem auf die sozialen Bedingungen für die Entstehung jüdisch-nichtjüdischer Frauennetzwerke im vereinten Italien hin. Schließlich wird außer bei der Konvertitin Fuà Fusinato in allen

---

145 Ein Gegenbeispiel bildet die Journalistin Cesira Levi Finzi, die seit 1868 für mehrere italienische Zeitungen und Zeitschriften v. a. über pädagogische Themen schrieb und noch Anfang der 1870er Jahre als Mitarbeiterin von „La Donna" aufgeführt wurde. Nach ihrer Heirat im April 1872 jedoch veröffentlichte sie nichts mehr: „... sie legte die Feder nieder und nahm sie nicht wieder auf, zerstörte damit die Hoffnungen, die viele gute Menschen in sie gesetzt hatten"; Greco, Bibliografia femminile, S. 275. Es ist denkbar, dass Levi Finzis Ehemann die Fortsetzung ihrer journalistischen Arbeit verhinderte. Auch Laura Pisano weist auf den Abbruch Levi Finzis schriftstellerischer Tätigkeit nach der Eheschließung hin; vgl. Pisano, Donne del giornalismo, S. 219.
146 Vgl. De Gubernatis, Dizionario biografico, S. 798. Eugenia Pavia Gentilomo schrieb beispielsweise auch für die seit 1862 in Genua herausgegebene Zeitschrift „Donna e famiglia", deren Positionen moderater waren als jene von Beccaris „La Donna".
147 R. L., Le donne poetesse, in: Vessillo Israelitico XXIX, 8 (August 1881), S. 247.
148 Greco, Bibliografia femminile, S. 374.

hier untersuchten Frauenbiografien die anhaltende Relevanz jüdischer Familienbeziehungen wie Heiratsverbindungen für die Selbstverortung der Pionierinnen deutlich. Die Spannungen des Emanzipationsprozesses jüdischer Feministinnen zwischen Partizipation und Abgrenzung gewannen mit der Konsolidierung der organisierten Frauenbewegung zunehmend an Brisanz.

3 Emanzipation, Integration und Abgrenzung

3.1 Nationale Bezugspunkte, transnationale Vernetzungen. Jüdische Akteurinnen in der organisierten Frauenbewegung

Paolina Schiff (1841–1926). Eine deutsch-italienisch-jüdische Feministin

Wohl keine unter den Vertreterinnen der frühen italienischen Frauenbewegung verkörpert auf ähnlich faszinierende Weise wie Paolina Schiff Transnationalität, gesellschaftspolitisches und wissenschaftliches Engagement. In Italien wie auf europäischer Ebene war die gebürtige Mannheimerin deutsch-jüdischer Herkunft mit Politikern, Frauenrechtlerinnen und Vertretern der internationalen Friedensbewegung eng vernetzt. Ihre Biografie ist ein bedeutendes Beispiel für jüdische Emigrationswege und Integrationsstrategien, aber auch Ausdruck einer komplizierten Beziehung zum Judentum und eines kontinuierlichen Kampfes gegen die doppelte Marginalisierung als Frau und Jüdin.

Trotz Schiffs historischer Relevanz als eine der ersten fünf Privatdozentinnen Italiens, Mitgründerin der ersten italienischen Frauenrechtsorganisation Lega promotrice degli interessi femminili und internationale Netzwerkerin, ihrer Bekanntheit in der zeitgenössischen europäischen Frauenbewegung wie in Literaten- und Politikerkreisen, wird sie in der einschlägigen Literatur bis heute eher als Randfigur behandelt.[1] Dabei verbirgt sich in der schwer zugänglichen und oft widersprüchlich erscheinenden Biografie Paolina Schiffs eine Frau, die aufgrund ihrer interkulturellen Kompetenzen und der für ihren Lebensweg charakteristischen intellektuellen wie faktischen Beweglichkeit die wahrscheinlich bedeutendste zeitgenössische Vermittlerin zwischen italienischem und internationalem Frauenrechtsdiskurs gewesen ist. Als Sozialistin, Feministin und Jüdin wurde Paolina Schiff jedoch zum ideologischen Feindbild des Faschismus, der sie langfristig und mit Erfolg aus dem öffentlichen Leben wie dem kollektiven Gedächtnis heraus drängte. Die Akteurin starb 1926 zurückgezogen in Mailand.[2]

---

[1] Unter den biografischen Skizzen vgl. den Beitrag von Stefania Bartoloni im Dizionario Biografico degli Italiani 91 (2018), S. 486–488 (URL: http://www.treccani.it/enciclopedia/paolina-schiff_ (Dizionario-Biografico)/; 8.7.2020), von Beatrice Pisa im Dizionario biografico delle donne lombarde, hg. von Farina, S. 994 f., sowie den Eintrag in: Gianni, Dal radicalismo borghese. Zu Schiffs gesellschaftspolitischem Engagement vgl. Buttafuoco, Cassa Nazionale di Maternità, S. 13–18; Ridolfi, La democrazia radicale, S. 330; Nattermann, Vom Pazifismus zum Interventionismus. Zu ihrer Bedeutung als Privatdozentin vgl. Polenghi, Missione naturale, S. 305–310.

[2] Schiffs umfangreicher Nachlass, der eine kostbare Bibliothek sowie Briefe u. a. von Sara Levi Nathan und deren Familie, Giosuè Carducci, Felice Cavallotti und Angelo Mazzoleni enthielt, übergab Ottavia Aliverti (eine Nichte der Frauenrechtlerin) unmittelbar nach Schiffs Tod der Biblioteca Civica im Mailänder Castello Sforzesco; vgl. den Nachruf auf Paolina Schiff in: Città di Milano. Bollettino

Deutsch-jüdisches Bürgertum und italienischer Irredentismus. Paolina Schiff zwischen Mannheim, Triest und Mailand

Paolinas Großvater, der 1771 als Samuel Schwalbach in Hanau zur Welt kam, hatte bei der Namensreform der badischen Juden seinen Nachnamen in Schiff umgewandelt. Aufgrund der Heirat mit der Mannheimer Jüdin Augusta Fuld ließ er sich um 1797 in Mannheim nieder. Paolinas Vater Samson Schiff (1807–1885) war der fünfte Sohn des Ehepaars. Die 1809 für das Großherzogtum Baden erlassenen Gesetze zur Judenemanzipation und der wohlhabende Hintergrund der Familie ermöglichten ihm eine sorgfältige Erziehung in nicht restriktiven Verhältnissen und die Ausbildung zum Silberschmied. Seine Familie war geprägt von liberalen politischen Ideen, die auch Paolina Schiffs weltanschauliche Entwicklung beeinflusst haben müssen.[3]

Nach dem frühen Tod seiner ersten Frau heiratete Samson Schiff 1838 Barbara (Babette) Maier. Aus der Ehe gingen acht Kinder hervor; Paolina, die als Pauline am 28. Juli 1841 in Mannheim geboren wurde, war die drittälteste. Dass die Schiffs ihren Kindern eine weitgefächerte Ausbildung ermöglichten, geht sowohl aus den erfolgreichen Karrieren der Söhne im wirtschaftlichen und künstlerischen Bereich wie aus Paolinas Bildung vor allem in Literatur, Geschichte und Sprachen hervor, die in ihren Briefen und Publikationen klar ersichtlich ist.[4] Als Vertreter des akkulturierten Mannheimer jüdischen Bürgertums boten Samson Schiff und Babette Maier ihren Söhnen und Töchtern vermutlich eine liberale und säkulare Erziehung.[5] Paolinas Vater, der 1885 in Mailand starb, ist in der jüdischen Sektion des dortigen Monumentalfriedhofs beigesetzt, jedoch weist sein Grabstein keinerlei jüdischen Attribute

---

municipale mensile di Cronaca amministrativa e di Statistica 8 (31. 8. 1926), S. 271. Während der Bombardierungen im August 1943 wurde die Bibliothek jedoch nahezu vollständig zerstört; auch Paolinas Nachlass, der nicht mehr auffindbar ist, fiel mit großer Wahrscheinlichkeit dem Brand der Festung zum Opfer. Die Verfasserin dankt an dieser Stelle Dr. Frank Gent, einem Nachkommen von Paolinas Bruder Friedrich Schiff, für zahlreiche Informationen zur Familie Schiff und die Bereitstellung verschiedener Dokumente aus dem Familienarchiv, sowie Dr. Susanne Schlösser vom Marchivum Mannheim für ausführliche Angaben zu den Vorfahren und Verwandten der Feministin deutsch-jüdischer Herkunft.

3 Nach Auskunft von Dr. Susanne Schlösser liegt dem Familienbogen im Stadtarchiv Mannheim ein Schriftstück der königlich-sächsischen Polizei-Direktion aus dem Jahr 1854 bei, das von den „laut bekundeten demokratischen Gesinnungen" eines Bruders von Paolina Schiffs Vater, dem Sprachenlehrer Adolph Schiff, berichtet. Zu den Debatten des zeitgenössischen liberalen Mannheimer Bürgertums aus politischer wie geschlechtergeschichtlicher Perspektive vgl. Schraut, Frau und Mann, S. 64–68.

4 Paolinas 1845 geborener Bruder Friedrich Schiff machte sich im Kunsthandwerk als Eisengießer, u. a. in Venedig, einen Namen. Der älteste Sohn Samson Schiffs aus erster Ehe, Wilhelm Schiff (der sich später Guglielmo nannte), studierte in Venedig und Wien; er wurde ein erfolgreicher Bildhauer.

5 Simone Lässig weist darauf hin, dass sich seit den 1860er Jahren der Anteil jüdischer Jungen an der Schülerschaft der Mannheimer Gymnasien deutlich und rasch vergrößerte und in den Jahren nach der Reichsgründung bis auf 28,3 % anstieg; vgl. Lässig, Jüdische Wege ins Bürgertum, S. 234.

auf.⁶ Auch die Urne Paolina Schiffs wurde im jüdischen Teil des Mailänder Cimitero Monumentale beigesetzt. Die Protagonistin selbst blieb unverheiratet und kinderlos; die laizistische, akkulturierte Tendenz der Schiffs indessen lässt sich an den seit Ende des 19. Jahrhunderts zunehmenden Eheschließungen von Familienmitgliedern mit Nichtjuden und Nichtjüdinnen nachweisen.⁷

Aus der überlieferten Korrespondenz der Akteurin geht hervor, dass sie sich spätestens im Erwachsenenalter von der jüdischen Religion distanzierte, wenn auch nicht zum Christentum konvertierte. Es ist zu vermuten, dass Paolina im Laufe ihres Lebens Atheistin wurde. Ihre explizite Kritik an dem biblischen Patriarchen Moses ist im Rahmen dieser Studie durchaus ungewöhnlich, lehnten Aktivistinnen wie Sara Levi Nathan, Adele Della Vida Levi oder die Schwestern Lombroso trotz ihrer häufig ausgeprägt säkularen Weltanschauungen das Judentum doch keineswegs grundsätzlich ab. Schiff dagegen wandte sich in einem Brief aus dem Jahr 1890 explizit gegen den jüdischen Patriarchen Moses. Gleichzeitig wurde deutlich, dass ihr auch die christliche Religion fernstand. Letztlich war der Text Ausdruck ihres areligiösen und antiklerikalen Weltbilds, das vermutlich auf ihre weltliche, liberale Erziehung in Mannheim zurückging und sich aufgrund der geistigen Einflüsse von Mazzini in Italien noch verstärkte. Zwischen den Zeilen erkennt man eine Anspielung auf das „jüdische Blut" der Verfasserin, die nicht zuletzt an Gina Lombrosos säkulares jüdisches Selbstverständnis erinnert:

> „Moses und Christus, beide Juden; einer jedoch steht am Anfang einer Geschichte, während der andere Sohn einer reichen Evolution ist. Warum muss man immer zu Moses, dem Ursprung, dem kraftvollen, heftigen Moses zurückkehren ... der erfüllt von göttlichem Zorn gegenüber der Sklaverei, „männlich aber nicht menschlich" ist ... Ich sage dabei nicht, dass Jesus das letzte Wort gesprochen hat, oder dass mir die Demut des Evangeliums ans Blut geht ..."⁸

Im Jahr 1850 wanderte Paolinas Vater Samson Schiff nach Triest aus. Die Gründe waren mit großer Wahrscheinlichkeit konkrete berufliche Möglichkeiten, die dem Silberschmied in der damals österreichischen Hafenstadt in Aussicht gestellt wurden. Sein ältester Bruder Leopold Schiff hatte sich als Kaufmann bereits seit beinahe zwei Jahrzehnten in Triest etabliert und war dort mit seiner Familie ansässig. Samsons Frau Babette Maier zog mit den acht Kindern im Jahr 1852 ebenfalls nach Triest. Paolina Schiff war zu jener Zeit elf Jahre alt. In den kommenden Jahren fertigte ihr

---

6 Dass Samson Schiff bis zu seinem Lebensende in der deutschen Sprache verwurzelt blieb, lässt sich an der Inschrift seines Grabsteins (Cimitero Monumentale Milano, Campo II, Nr. 95) ablesen, die auf Deutsch verfasst ist: „... im 78. Lebensjahre der Liebe der Seinigen entrissen; im Schutze des Ewigen ruht Deine milde rechtschaffene Seele.".
7 Vgl. Bartoloni, Schiff, S. 487. Zu Paolina Schiffs Ehemann vgl. die Angaben in ACS, Fondo Francesco Crispi Roma, fasc. 332: Comizio per la pace a Milano 1889.
8 Paolina Schiff an Felice Cavallotti, 16. Mai 1890, AFF Milano, Fondo Felice Cavallotti, Serie Attività politica, 36/2.

Vater sowohl für die Synagoge als auch die Kirchen Triests zahlreiche Kultobjekte an. Daneben arbeitete der Silberschmied im Auftrag verschiedener vermögender Familien und für den Bruder des österreichischen Kaisers, Erzherzog Ferdinand Maximilian, der sich damals nahe der Hafenstadt das Schloss Miramare erbauen ließ. Schiffs Familie kam in der Triestiner Zeit zu großem Wohlstand.[9]

In denselben Zeitraum fiel auch das wachsende Interesse Paolina Schiffs an der italienischen Einigungsbewegung. Sie selbst, ihre Eltern und Geschwister integrierten sich in die italienisch-sprachige Bevölkerung der Stadt, wofür Verbindungen zu den dort ansässigen jüdischen Familien offenbar eine entscheidende Rolle spielten.[10] Das Haus des wohlhabenden Onkels Leopold Schiff bildete einen beliebten Treffpunkt jüdischer Gelehrter, in dem auch die junge Paolina gesellschaftliche und kulturelle Kontakte knüpfen konnte. Wie aus ihrer Korrespondenz hervorgeht, las und schrieb sie zeitlebens sehr gut Deutsch, zog als Heranwachsende die italienische der deutschen Sprache aber bald vor.[11]

Gent bescheinigt seinen Vorfahren eine ausgeprägt italophile Haltung, die auch irredentistische Züge annahm.[12] Die Faszination, die der Irredentismus auf viele Juden ausübte, war vom Projekt des italienischen Risorgimento und seines impliziten Emanzipationsversprechens nicht zu trennen.[13] In Schiffs Schriften finden sich keine Hinweise auf einen extremen Irredentismus panitalienischer Ausrichtung wie bei ihrer Zeitgenossin Carolina Luzzatto, jedoch liegen in der Triestiner Erfahrung sicher die Wurzeln für die später offensichtlichen anti-österreichischen Positionen der Aktivistin. Die Tatsache, dass Paolina Schiff während des Ersten Weltkriegs im Widerspruch mit ihren pazifistischen Idealen zu einer Befürworterin des italienischen Kriegseintritts wurde, muss im Zusammenhang mit dem pro-italienischen, häufig irredentistischen Milieu in Triest interpretiert werden, in dem sie aufwuchs.[14] Die Identifizierung der Schiffs mit den Zielen der italienischen Einigungsbewegung stellte wohl auch den Beweggrund für den Umzug der Familie 1860 von Triest nach Mailand dar. Mit der Niederlage Österreichs war die Lombardei 1859 an das Haus Sardinien-Piemont ge-

---

9 Zum Schaffen des Mannheimer Silberschmieds in Triest vgl. Crusvar, Sansone Schiff.
10 In Tullia Catalans Studie zur Geschichte der jüdischen Gemeinde in Triest findet sich ein Hinweis auf den Besuch des eminenten Rabbiners Marco Tedeschi (1817–1869) im Hause „della Schiff", der sich der Autorin zufolge höchstwahrscheinlich auf die Frau von Paolinas Onkel Leopold bezieht; vgl. Catalan, La Comunità ebraica di Trieste, S. 116.
11 Den Protokollen des internationalen Frauenkongresses in Berlin 1896 kann man entnehmen, dass Schiff eine deutsche Kollegin, Rosalie Schönflies, darum bat, ihren auf Deutsch verfassten Vortrag für sie zu verlesen; vgl. Schönflies u. a. (Hg.), Der internationale Kongress, S. 45.
12 Vgl. das Schreiben von Frank Gent vom 23. Oktober 2013 an die Verfasserin. Zum zeitgenössischen Irredentismus vgl. u. a. Pagnini, Risorgimento e Irredentismo.
13 Vgl. dazu auch Wyrwa, Gesellschaftliche Konfliktfelder, S. 83.
14 Vgl. Nattermann, Vom Pazifismus zum Interventionismus.

fallen, das die Keimzelle des entstehenden italienischen Königreichs bildete. Juden erhielten nun auch dort die volle Gleichberechtigung.

In den Kreisen der lombardischen Radikaldemokratie. Die Begegnung mit Felice Cavallotti

Für die mittlerweile 19-jährige Paolina begann mit dem Umzug ein neuer Lebensabschnitt. Die lombardische Metropole galt damals als die europäischste Stadt Italiens. Nach der Kindheit in Mannheim und der Jugend in Triest muss Mailand mit seiner kulturellen Vielseitigkeit und seinem industriellen Fortschritt eine besondere Faszination auf die junge Frau ausgeübt haben. Auch das benachbarte Pavia, wo die Akteurin Literaturwissenschaften studierte, wurde zu einem Meilenstein in ihrem Leben.[15] Die Universität Pavia bildete den Ausgangspunkt für die vielfältigen Kontakte, die Schiff in den folgenden Jahren zu Persönlichkeiten des politischen wie kulturellen Lebens knüpfte. Entscheidenden Einfluss auf ihre intellektuelle Entwicklung hatte die Begegnung mit dem Radikaldemokraten, Anwalt und Dichter Felice Cavallotti (1842–1898), der in Pavia sein Juraexamen ablegte und später dort Literaturwissenschaften unterrichtete. Er wurde Ende der 1870er Jahre Schiffs wichtigster Mentor. Aus den universitären, republikanischen Netzwerken Pavias stammte auch Paolinas Verbindung zu dem Patrioten Agostino Bertani (1812–1886), der gemeinsam mit Cavallotti 1886 die Partei Estrema sinistra gründete, sowie zu Cavallottis ehemaligem Kommilitonen Angelo Mazzoleni (1838–1894), mit dem Schiff später an führender Stelle in der lombardischen Friedensbewegung aktiv war. Ähnlich wie Sara Levi Nathan erhielt Paolina Schiff auf diese Weise Zugang zum inneren Kreis zeitgenössischer italienischer Politiker mazzinianischer, republikanischer Prägung. Der hier vorherrschende Laizismus und die Identifizierung von Männern wie Mazzoleni mit dem zeitgenössischen Frauenemanzipationsdiskurs bildeten eine zentrale Voraussetzung dafür, dass die aus Deutschland stammende Frau jüdischer Herkunft bald als intellektuelle wie politische Mitstreiterin akzeptiert wurde. Paolina wiederum kamen ihre hervorragende Bildung, ihr politisches Interesse und ihre interkulturellen Fähigkeiten beim Eingang in die lombardischen Politiker- und Intellektuellenkreise zugute.[16]

Höchstwahrscheinlich wurde Schiff Ende der 1870er Jahre Mitarbeiterin Cavallottis, dessen Dramen sie im deutschsprachigen Raum bekannt machte. Gleichzeitig

---

15 Vgl. Dizionario biografico delle donne lombarde, hg. von Farina, S. 994.
16 Sie muss eine charmante, überzeugende Rednerin gewesen sein, die ihr Publikum faszinieren konnte. Noch 1908 schrieb die sozialistische Tageszeitung „Avanti" über den Vortrag der bereits 67-Jährigen auf dem ersten italienischen Frauenkongress in Rom: „Paolina Schiff, noch rötlicher als sonst, spricht mit ihrer üblichen sympathischen, schelmischen Autorität und trägt ein Kleid in einem undefinierbaren Lila"; Primo Congresso delle donne italiane, in: Avanti!, 27. April 1908, S. 1.

übersetzte sie Gedichte und Erzählungen vom Deutschen ins Italienische.[17] Die älteste erhaltene Nachricht der Akteurin an den Radikaldemokraten stammt vom 7. Juli 1876. Im selben Jahr wurde die von Sardinien-Piemont geprägte politische „Rechte" durch die „Linke" unter Agostino Depretis in Italien abgelöst. Vermutlich erkannte Paolina damals die Möglichkeit, mithilfe von Cavallotti, der wie sie selbst aus dem universitären demokratischen Milieu Pavias stammte, gesellschaftspolitisch aktiv zu werden. In betont höflichem, gleichzeitig leicht ironischem Ton bat sie den Radikaldemokraten um einen Gesprächstermin:

> „Sehr geehrter Herr Felice Cavallotti, ich erlaube mir, geehrter Herr, Sie darum zu bitten, mich morgen ungefähr um zwei Uhr in Ihrem Büro zu empfangen. Der Beweggrund für mein Kommen besteht darin, dass ich Ihnen eine literarische Arbeit vorlegen möchte, die mir von dritter Seite anvertraut worden ist. – Ich bin sicher, bei dem ... Verfasser des ‚Alcibiade'[18] freundlich empfangen zu werden und füge nichts weiter hinzu als die Bitte, mir nachzusehen, werter Herr, wenn ich Ihnen eine Viertelstunde von Ihren vielen edlen Beschäftigungen raube. Mit der größten Hochachtung ... Paolina Schiff"[19]

Die damals 35 Jahre alte Akteurin war demnach bereits journalistisch wie schriftstellerisch tätig, als sie aus eigenem Antrieb heraus eine Begegnung mit Cavallotti herzustellen suchte. Unter seinen Zeitgenossen galt er als der wahre politische Erbe Mazzinis und Garibaldis. Das Zusammentreffen zwischen der Gelehrten deutsch-jüdischer Herkunft und dem ein Jahr jüngeren italienischen Patrioten, der sich als Dichter und Politiker dem Ideal sozialer Gerechtigkeit verschrieben hatte, war offenbar von Erfolg gekrönt: Die politisch und literarisch interessierte Paolina wurde eine der engsten Vertrauten und womöglich eine dem mazzinianischen Ideal nahekommende gleichberechtigte „Gefährtin und Teilhaberin" in Cavallottis privatem wie politischem Leben. Ihre Briefe sind ein Zeugnis der engen Freundschaft, die im Laufe der Zeit zwischen den beiden Protagonisten entstand. In Schiffs Korrespondenz der Jahre 1880 bis 1896 spiegeln sich nicht nur ihre genaue Kenntnis und scharfsinnige Beobachtung der politischen Lage sowie ein leidenschaftliches Interesse für soziale Fragen wider, sondern auch das von großer intellektueller Offenheit getragene und keineswegs unkritische Vertrauensverhältnis zu ihrem Adressaten. Cavallotti wiederum, der seit 1873 Abgeordneter war und in seiner ersten Parlamentsrede „Ehrlichkeit, Gerechtigkeit und Gleichheit, Freiheit und Fortschritt sowie den Mut der eigenen Überzeugungen" als die neue Religion und Waffe des jungen Italien bezeich-

---

17 Vgl. Pieroni Bortolotti, Alle origini, S. 198.
18 Cavallotti hatte 1872 ein Theaterstück über den athenischen Staatsmann und Feldherrn Alkibiades veröffentlicht, in dessen Zentrum die Kritik an der politischen Korruption stand.
19 Schiff an Cavallotti, 7. Juli 1876, AFF Milano, Fondo Felice Cavallotti, Corrispondenza 1849–1916.1. Corrispondenza ricevuta 1860–1898, fasc. Paolina Schiff.

net hatte,[20] muss die aus dem liberalen deutsch-jüdischen Bürgertum stammende Paolina Schiff auf selbstverständliche Weise in den Kreis seiner politischen und intellektuellen Weggefährten integriert haben.

Transnationaler Feminismus. Aktivistin der Frauen- und Friedensbewegung

In Schiffs Mailänder Zeit fiel nicht nur ihre Annäherung an die italienische Radikaldemokratie. Es war gleichzeitig der Beginn einer zunehmend intensiveren Beschäftigung mit der Frauenfrage und eines außerordentlichen Engagements für die organisierte Frauenbewegung, in der die Gelehrte in den kommenden Jahrzehnten eine führende Rolle spielen sollte. Ähnlich wie sich Sara Levi Nathans Interesse am zeitgenössischen Frauenemanzipationsdiskurs im Kreise ihrer englischen Freundinnen in London herausgebildet hatte, traf auch Schiff in Mailand auf eine Gruppe junger Aktivistinnen, die sich für die Rechte von Frauen engagierten. Nachdem sie die ersten Kontakte zur Frauenbewegung, insbesondere zu Mitarbeiterinnen von Beccaris Zeitschrift „La Donna", vermutlich bereits in Triest geknüpft hatte, schloss sich die Akteurin in der lombardischen Metropole dem Kreis um Anna Maria Mozzoni (1837–1920) und Anna Kuliscioff (1855–1925) an.[21] Eine weitere Freundin fand die Protagonistin in der wenige Jahre jüngeren Aktivistin Alessandrina Ravizza (1846–1915), deren Mutter Deutsche war. Ähnlich wie Paolina war Ravizza, geborene Massini, in einem multikulturellen und mehrsprachigen Umfeld aufgewachsen; sie selbst beherrschte acht Sprachen. Ihr Vater stammte aus Mailand, war aber während der napoleonischen Kriege nach Russland geflüchtet, wo Alessandrina geboren wurde. In die Heimat des Vaters zurückgekehrt, machte sich die junge Frau vor allem im Wohlfahrtsbereich einen Namen. Zusammen mit Schiff initiierte Ravizza 1879 die Mailänder Armen-Küche, engagierte sich zudem für Bildungsprojekte und kosten-

---

20 Vgl. Discorsi parlamentari di Felice Cavallotti: Pubblicati per deliberazione della Camera dei Deputati, Rom 1914, zit. nach Iacchini, Felice Cavallotti.

21 Anna Maria Mozzoni, Mailänderin aus wohlhabender Familie, war bereits 1864 mit der zum Teil von Mazzini inspirierten Schrift „La donna ed i suoi rapporti sociali" („Die Frau und ihre sozialen Beziehungen") an die Öffentlichkeit getreten und avancierte zur zentralen Figur der italienischen Frauenbewegung des 19. Jahrhunderts. Zu Mozzoni vgl. u. a. Farina, Politica, amicizie e polemiche; Macrelli, L'indegna schiavitù; Murari, L'idea più avanzata. – Zu der aus einer russisch-jüdischen Familie stammenden Ärztin Anna Kuliscioff (eigentlich: Anja Rosenstein), die entscheidenden Anteil an der Gründung der sozialistischen Partei Italiens hatte, vgl. u. a. Addis Saba, Anna Kuliscioff; Casalini, La signora del socialismo; Pillitteri, Anna Kuliscioff. Ein Teil des Briefwechsels zwischen Kuliscioff und ihrem Lebensgefährten Filippo Turati findet sich in: Turati, Anna Kuliscioff, hg. von Dall'Osso. Zu Kuliscioffs Engagement für die Rechte von Frauen und Müttern am Arbeitsplatz vgl. Minesso, Cittadinanza e tutela della maternità.

lose medizinische Hilfe für mittellose Männer, Frauen und Kinder. Auch gehörte sie zu den Pionierinnen der in Mailand entstehenden ersten Frauenvereinigungen.[22]

Schiffs zunehmend bedeutende Rolle in der italienischen wie internationalen Frauenbewegung seit den 1870er Jahren muss als ein Resultat ihrer ideologischen Positionierung verstanden werden: Mit ihren Verbindungen zu Vertretern der Radikaldemokratie, die Paolina an die internationale Friedensbewegung heranführten, ihrer Nähe zu Feministinnen wie Mozzoni und Kuliscioff sowie der zeitgenössischen Arbeiterbewegung befand Paolina sich an einer Schnittstelle gesellschaftspolitischen Engagements. Der wohlhabende familiäre Hintergrund und die verwandtschaftlichen Beziehungen der Schiffs nach Deutschland und England förderten zusätzlich ihre Entwicklung zur internationalen Aktivistin.[23]

Die skizzierten Beziehungsnetzwerke waren richtungsweisend für Paolinas geistige und politische Entwicklung. Pieroni Bortolotti zufolge besaß die Protagonistin eine „lebendige, menschliche Sensibilität, die sich mit der Forderung nach weiblicher Unabhängigkeit verband". Auch hebt sie ihre Fähigkeit zu Vermittlung und Ausgleich zwischen unterschiedlichen politischen Lagern hervor.[24]

Dass Schiffs Einsatz für die Frauenemanzipation bis zum Ersten Weltkrieg mit einem bemerkenswerten Interesse für die Friedensbewegung einherging, erklärt sich auch aus der Entstehungsgeschichte der italienischen Frauenbewegung. Feminismus, Pazifismus und Europagedanke waren bestimmende Motive im Engagement Schiffs und ihrer Weggefährtinnen.[25] Die italienische Frauenbewegung war in ihrer Frühzeit Teil einer deutlich größeren und komplexeren Bewegung, die auf die Bewahrung des Friedens und der Einheit Europas hinarbeitete. Tatsächlich liegen im organisierten internationalen Pazifismus des 19. Jahrhunderts die Ursprünge der italienischen Frauenbewegung und ihrer ausgeprägt transnationalen Orientierung.

1867 war in Genf die Internationale Liga für Frieden und Freiheit gegründet worden, deren Ziel die Verhinderung eines französisch-preußischen Kriegs darstellte. In der Liga versammelten sich Pazifisten, Sozialisten und Emigranten der 1848er Revolution mehrerer Länder, unter anderem aus Deutschland, der Schweiz, Frankreich, Italien und Osteuropa. Auch Schiffs Mentor Felice Cavallotti trat der Vereinigung bei. Sitz der Liga war zunächst Genf, dann Bern. Die Symbolfigur des Risorgimento Giuseppe Garibaldi, langjähriger Weggefährte Giuseppe Mazzinis, wurde zum Ehren-

---

22 Zu Ravizzas bewegter Biografie und ihrem Engagement in der frühen italienischen Frauenbewegung vgl. Scaramuzza, La santa e la spudorata.
23 Schiffs Kontakte zu Sara Levi Nathan, der Abolitionist Federation Judith Butlers, dem italienischen Patrioten Alberto Mario und seiner Frau Jessie White Mario sind neben der Verortung in ähnlichen politisch-sozialen Milieus auch auf die Beziehungen der Familie nach London zurückzuführen, wo zwei Söhne von Paolinas Onkel Leopold Schiff an der Börse tätig waren.
24 Pieroni Bortolotti, Alle origini, S. 196 f.
25 Vgl. das wegweisende Werk von Pieroni Bortolotti, La Donna, La Pace.

präsidenten ernannt. Das Veröffentlichungsorgan der Liga trug bezeichnenderweise den Namen „Etats unis d'Europe" („Vereinigte Staaten von Europa"). Bereits kurz nach der Entstehung der Friedensvereinigung regte die Schweizer Feministin Marie Goegg (1826–1899),[26] Ehefrau des einstigen Badener Revolutionärs Amand Goegg (1820–1897), einem Mitgründer der Liga, die Zulassung von weiblichen Mitgliedern und die explizite Aufnahme der Forderung nach Frauenrechten in die Zielsetzung der neuen Organisation an. Goegg zufolge konnte die Intention des organisierten Pazifismus – ein langfristiger Frieden in Europa – nur mithilfe gleichberechtigter Frauen sichergestellt werden, die ihre Kinder nicht der Barbarei des Krieges ausliefern wollten.[27]

Der öffentliche Appell der Schweizerin zur Gründung einer internationalen Frauenassoziation als Teil der Friedens- und Freiheitsliga muss als unmittelbare Konsequenz dieser Überlegungen gesehen werden. Nicht von ungefähr waren es die europäisch gut vernetzten italienischen Feministinnen, von denen Goegg sich eine wirksame Verbreitung ihrer Ideen auf internationaler Ebene versprach. Bereits im Juni 1868 veröffentlichte Gualberta Alaide Beccari in ihrer Zeitschrift „La Donna" einen offenen Brief der Schweizerin, in dem diese die Frauen aller Länder dazu aufrief, sich der geplanten internationalen Vereinigung anzuschließen.[28] Goegg appellierte an die Frauen, nationale Komitees zur Unterstützung der Friedensliga zu gründen, sich durch Korrespondenz und Besuche miteinander zu vernetzen, eigene Clubs mit Bibliotheken, Vortrags- und Diskussionsveranstaltungen einzurichten. Die geplanten Assoziationen sollten dezidiert säkular ausgerichtet sein, um nicht nur soziale, sondern auch kulturelle und religiöse Gegensätze zwischen Frauen zu überbrücken.[29]

Die offizielle Gründung der Association Internationale des Femmes (AIF) fand wenige Wochen nach der Veröffentlichung von Goeggs Aufruf in „La Donna" beim zweiten Kongress der Friedensliga im Juli 1868 in Bern statt. Erreicht wurde dort auch die Aufnahme von Frauen als gleich- und stimmberechtigten Mitgliedern der Liga. Der AIF selbst traten zunächst wenige Frauen bei, da Goeggs feministische Forderungen vielen bürgerlichen Frauen ihrer Zeit zu radikal erschienen. Tatsächlich blieb die Zahl der offiziellen Mitglieder auch in den kommenden Jahren gering. Es waren feministische Pionierinnen, die in der AIF für die Gleichberechtigung und Selbstbestimmung von Frauen eintraten; einer ihrer vorrangigen Arbeitsschwerpunkte bildete das Enga-

---

26 Zur gebürtigen Genferin hugenottischen Ursprungs Marie Goegg, geb. Pouchoulin, vgl. u. a. Anteghini, Parità, pace, libertà; Rappaport, Encyclopedia of Women Social Reformers, S. 259–261.
27 Zur Entstehung der Internationalen Frauenorganisation in Verbindung mit der Internationalen Friedensliga vgl. Cooper, Patriotic Pacifism, S. 290; Offen, European Feminisms, S. 150 f.
28 Marie Goegg, Offener Brief an Gualberta Alaide Beccari, sowie Statut der Association Internationale des Femmes vom Juni 1868, in: La Donna I,25 (1868), S. 99 f.
29 Zur Geschichte, den Akteurinnen und Zielen der von Goegg gegründeten Internationalen Frauenorganisation vgl. Nattermann, Feministinnen. Zur 1867 gegründeten Internationalen Friedensliga vgl. Durand, Gustave Moynier and the Peace Societies.

gement in der internationalen abolitionistischen Bewegung. Sofortige Unterstützung für ihr Unternehmen fand Goegg bei der englischen Feministin Josephine Butler, der deutsch-jüdischen Frauenrechtlerin Rosalie Schönwasser (1828–1908), beim französischen Kreis um den Journalisten Léon Richer (1824–1911) und die Frauenrechtlerin Marie Deraismes (1828–1894), die die Zeitschrift „Droit des femmes" herausgaben,[30] sowie bei der Gruppe um Beccaris „La Donna". Auch aus Portugal und den USA stießen in der Folgezeit einige wenige Aktivistinnen hinzu. Die zentralen organisatorischen Aufgaben wurden von Schweizerinnen übernommen.[31]

De facto war die soziale und ideologische Reichweite der AIF sehr viel eingeschränkter, als dies der Massenappell in Goeggs offenem Brief von 1868 suggeriert hatte. In den folgenden Jahren wurde die Organisation von Akteurinnen aus mehrheitlich wohlhabenden Familien der gebildeten Mittelschichten vor allem in der Schweiz, Frankreich, Italien und England getragen, die auch die in der Satzung geforderte Finanzierung des Unternehmens sicherstellen konnten. Im Sinne der angestrebten Überbrückung religiöser Unterschiede konnten sich Frauen mit protestantischem (bzw. hugenottischem) Hintergrund wie die Gründerin Goegg Seite an Seite mit Akteurinnen jüdischer Herkunft in der Vereinigung engagieren. Die dezidert säkulare Orientierung der Organisation wie auch die laizistische Grundeinstellung ihrer Vertreterinnen spielten – wie im Falle der Frauenrechtszeitschrift „La Donna" – für die erfolgreiche Inklusion von Frauen mit unterschiedlichem religiösen Hintergrund eine Schlüsselrolle. Neben der laizistischen Grundhaltung war auch der politische Standort der AIF insofern recht homogen, als die Protagonistinnen hauptsächlich aus den Kreisen der europäischen Radikaldemokratie stammten. Die Tatsache, dass Goegg sich in ihrem Aufruf gezielt an die Mazzinianerin Beccari und deren Leserschaft gewandt hatte, deutet zudem auf die Grenzen des parteiübergreifenden Anspruchs der AIF hin. Vor dem Hintergrund der zeitgenössischen europäischen Kulturkämpfe positionierte sich die AIF im antiklerikalen Lager, wie auch aus der Beteiligung des französischen Freimaurers Richer hervorgeht. Die AIF ging bewusst auf Distanz zu katholischen Kreisen.[32]

Entsprechend dem erklärten Ziel einer „intellektuellen und sozialen Verbesserung der Frau" agierten die Vertreterinnen der internationalen Frauenvereinigung vor allem in der Schweiz, in Frankreich und Italien durch die 1869 gegründete Verbandszeitschrift „Journal des femmes", durch Lesezirkel, Vorträge und politische Schulungskurse. Wie in der Satzung der Organisation festgelegt, setzten sich die beteiligten Akteurinnen zudem für die Bildung nationaler und lokaler Friedenskomitees ein. In Italien engagierte sich insbesondere Anna Maria Mozzoni für die Gründung

---

30 Zum feministisch-republikanischen Kreis um Richer und Deraismes vgl. Rochefort, The French Feminist Movement, S. 81–83.
31 Vgl. Pieroni Bortolotti, La Donna, La Pace, S. 54, 96, 102.
32 Vgl. Nattermann, Feministinnen, S. 69.

örtlicher Friedenskomitees.[33] Auch Paolina Schiff war aufgrund ihrer Verortung in transnationalen Netzwerken von Beginn an in die Initiativen eingebunden. Eine entscheidende Rolle spielte dabei ihre Freundschaft sowohl zu Mozzoni als auch zu Cavallotti, der selbst der internationalen Friedensbewegung angehörte. Schiffs Engagement wurde von der Überzeugung getragen, dass Pazifismus nur in Verbindung mit Frauenemanzipation funktionierte.[34]

In den kommenden Jahren musste jedoch auch die deutsch-italienisch-jüdische Feministin miterleben, wie die Umsetzung eines konstruktiven, andauernden Internationalismus in den frühen Frauenbewegungen an der Übermacht zeitgenössischer Nationalismen scheiterte. Sobald die „eigene" Nation in ihrer Existenz als bedroht empfunden wurde, gaben Akteurinnen in der Regel dem Anliegen ihrer Nation die Priorität vor pazifistischen und feministischen Prinzipien, die mit dem Ziel einer internationalen Verständigung verbunden waren.[35] Den Konflikt zwischen nationalen Interessen und Grenzen einerseits, international gültigen menschlichen Werten und Rechten andererseits konnte auch die AIF nicht dauerhaft lösen. Bereits 1870, während des deutsch-französischen Krieges, wurde sie wieder aufgelöst, und auch die zwei Jahre später gegründete internationale Nachfolgeorganisation Association pour la Défense des Droits de la Femme und ihre Zeitschrift „Solidarité" hörten 1880 auf zu existieren. Die Kurzlebigkeit der AIF und ihrer Nachfolgeorganisationen, die sich im Kontext eines zunehmend aggressiven Nationalismus in Europa ereignete, weist daher bereits auf die Unbeständigkeit pazifistischer Einflüsse in den frühen nationalen wie internationalen Frauenbewegungen hin. Die europäischen Pazifistinnen sollten im Ersten Weltkrieg eine Minderheit bilden.[36] Gleichzeitig darf nicht übersehen werden, dass die transnationale, demokratische Tradition der ersten italienischen Frauenbewegung auf den organisierten europäischen Pazifismus des 19. Jahrhunderts und seine zentralen Akteurinnen und Akteure zurückgeht.

Der Durchbruch Paolina Schiffs als Aktivistin der Frauen- und Friedensbewegung ereignete sich um 1878, wenige Jahre nach Beginn ihrer Zusammenarbeit mit Felice Cavallotti. Bei einer von Marie Goegg geleiteten Sitzung der internationalen Frauenorganisation im November 1879 wurde eigens auf das Engagement der neuen Anhängerin Paolina Schiff in Italien hingewiesen, die viel Energie in die propagandistische Verbreitung der parlamentarischen Initiativen Salvatore Morellis (1824–1880) investiere.[37] Der prominente Jurist, Journalist und Schriftsteller hatte 1861 sein bahnbrechendes Werk über die Notwendigkeit der Frauenemanzipation veröffentlicht und sich seitdem für das Frauenwahlrecht, den Abolitionismus, die Gleichstellung von

---

33 Vgl. Dickmann, Über die Grenzen, S. 217.
34 Vgl. Schiff, L'influenza della donna sulla pace; dies., La Pace.
35 Vgl. Planert, Vater Staat und Mutter Germania, S. 50.
36 Vgl. dazu Wilmers, Pazifismus, S. 43–45.
37 Vgl. Pieroni Bortolotti, La Donna, La Pace, S. 179.

Ehepartnern, die Rechte unehelicher Kinder und die Scheidung stark gemacht.[38] Die Ideen und Gesetzesentwürfe des Mazzinianers fanden auch im Ausland große Beachtung; bei seinem Tod 1880 schrieben amerikanische Feministinnen, dass mit ihm der weltweit bedeutendste Verteidiger der Frauenrechte gestorben sei.[39]

Schiff hatte den Abgeordneten wahrscheinlich auf dem ersten internationalen Kongress zur Frauenfrage in Paris 1878 kennengelernt, zu dem sie als Repräsentantin der italienischen Pazifistinnen entsandt worden war.[40] Die Akteurin blieb auch nach Morellis Tod seinem Werk treu. Ihrer Initiative für die Errichtung eines Denkmals zu Ehren des „Abgeordneten der Frauen" lag die Intention zugrunde, dem 1880 in Armut gestorbenen Vorkämpfer weiblicher Emanzipation einen Platz im öffentlichen Bewusstsein zu sichern, an die fortdauernde Aktualität seiner Ideen und die ausstehende Lösung der Frauenfrage zu mahnen. Es gelang Schiff, bereits 1881 ein lombardisches Komitee ins Leben zu rufen, dessen Mitglieder sich mit den Intentionen Morellis identifizierten und Spenden für die Errichtung des Denkmals sammelten. Obwohl die erforderliche Summe zustande kam und auch die Skulptur fertiggestellt wurde, scheiterte ihr Projekt jedoch am Widerstand konservativer Kreise. Noch bis Anfang 1886 hatte die Feministin gehofft, in Morellis Wahlheimat Neapel sein Denkmal aufstellen zu können. An Cavallotti schrieb sie im März 1886, als sie ihre Bemühungen endgültig einstellen musste: „Auch Sie wissen, dass Herr Amore,[41] Bürgermeister von Neapel, wenn er auch viele gute Qualitäten besitzt, sehr rückständig ist, und die von den Befürworterinnen des Denkmals vertretenen Ideen sowie die Erinnerung [an Morelli] als solche können kein großes Entgegenkommen bei ihm finden."[42]

Trotz dieser Niederlage hatte Schiffs Initiative jedoch propagandistischen Erfolg. In dem von ihr gegründeten und angeführten Komitee hatte sich gezeigt, dass es in Mailand und der Lombardei eine ansehnliche Gruppe von Aktivisten und Aktivistinnen gab, die bereit waren, Emanzipationsforderungen von Frauen in die Öffentlichkeit zu tragen und entsprechende Projekte zu finanzieren. Das Comitato Lombardo wurde damit zu einer wichtigen Voraussetzung für die Gründung der ersten italienischen Frauenorganisation.

---

38 Morellis „La donna e la scienza o la soluzione del problema sociale" erschien erstmals 1861 und wurde ins Französische und Englische übersetzt. Zu Morelli vgl. u. a. Conti Odorisio, Salvatore Morelli; Sarogni, L'Italia e la donna.
39 Zu den Beziehungen Morellis zur US-amerikanischen Frauenbewegung vgl. Conti Odorisio, Salvatore Morelli, S. 192.
40 Zu dem Kongress in Paris ausführlich vgl. Dickmann, Frauenbewegung, S. 504–509.
41 Es handelt sich um den Aristokraten Nicola Amore (1828–1894), Bürgermeister Neapels von 1883 bis 1887.
42 Schiff an Cavallotti, 30. März 1886, AFF, Fondo Felice Cavallotti, Corrispondenza 1849–1916.1. Corrispondenza ricevuta 1860–1898, fasc. Paolina Schiff. Zum Denkmal-Projekt vgl. Pieroni Bortolotti, Alle origini, S. 173; Dizionario biografico delle donne lombarde, S. 994.

Die Gründung der Lega promotrice degli interessi femminili (1881)

Die Lega promotrice degli interessi femminili („Liga zur Förderung der Fraueninteressen") entstand nicht zufällig in Mailand und im selben Jahr wie das Denkmal-Komitee zu Ehren Morellis. Ins Leben gerufen wurde die Lega von Paolina Schiff und Anna Maria Mozzoni.[43] Die von Salvatore Morelli angestrebte Gleichberechtigung von Frauen im politischen Leben, in der Familie und bei der Arbeit sowie sein Einsatz im Kampf gegen den „weißen Sklavinnenhandel" fanden eine Fortsetzung im Programm der Frauenliga, das in voller Länge am 5. Februar 1881 in der Frauenrechtszeitschrift „La Donna" abgedruckt wurde:

> „In Erwägung des enormen Rückstands, in dem sich die soziale Situation der Frauen ... heute befindet, eingedenk ihrer Erniedrigung, Herabsetzung und Ausbeutung, haben sich einige Bürgerinnen eine Organisation, die ‚Lega promotrice degli interessi femminili', geschaffen ... In Erwägung, dass die Frauen vom Staat von allen Rechten ausgeschlossen sind – bis auf diejenigen, die sie für steuerpflichtig und für straffähig erklären –, eingedenk ihrer untergeordneten Stellung in der Familie und am Arbeitsplatz ... und eingedenk der Verordnungen der Sittenpolizei, die die Frau außerhalb des allgemeinen Rechts stellt und in Sklaverei gefangen hält ... Eingedenk schließlich der Tatsache, dass kein legaler Weg für die Frauen besteht, diesem Zustand ein Ende zu bereiten, da ihnen das Wahlrecht verweigert wird: erkennt die ‚Lega promotrice degli interessi femminili', dass die Komplexität dieser Bedingungen dem modernen Bewusstsein widerspricht und sich im fortschreitenden Wandel die Demokratie mehr oder weniger hart, aber konsequent durchsetzen wird."[44]

Anna Maria Mozzoni, die zusammen mit Paolina Schiff den Vorsitz der neugegründeten Organisation übernahm, hatte bereits im Januar 1881 die Aufgaben und Intentionen der Lega in einem offenen Brief an Gualberta Alaide Beccari dargelegt: Die Organisation sollte sich von Mailand aus über ganz Italien ausdehnen und im Parlament, den Handelskammern, Syndikaten, Gerichten und Kongressen die Interessen von Frauen vertreten. Ein vorrangiges Ziel bestand darin, sich in der bevorstehenden Nationalversammlung in Rom für das Frauenstimmrecht einzusetzen.[45]

Aus Mozzonis Brief geht hervor, dass sich auch der Jurist Angelo Mazzoleni an der Planungsphase der Lega beteiligt hatte. Vermutlich war es Schiffs Verdienst, den Gesinnungsgenossen für die gemeinsame Sache gewonnen zu haben, nicht zuletzt um damit der Lega auch in Politiker- und Juristenkreisen größere Beachtung und Prestige zu verleihen. In ihrem Nachruf auf den 1894 verstorbenen Friedensaktivisten bezeichnete Paolina ihn als „Freund, Gefährten und tatkräftigen Unterstützer

---

43 Zur Planungs- und Entstehungsphase der Lega vgl. Pieroni Bortolotti, Alle origini, S. 172–174; Dickmann, Frauenbewegung, S. 145–153; Buttafuoco, Vie per la cittadinanza, S. 21–29.
44 Programma della Lega promotrice degli interessi femminili, in: La Donna XII,16 (Februar 1881), S. 242 f.
45 Vgl. La Donna XII,15 (Januar 1881), S. 238.

unserer Sache".⁴⁶ Schiff ging es darum, die Frauenfrage auch zu einem Anliegen von Männern und als generelles gesellschaftliches Problem sichtbar zu machen. Stärker noch als Mozzoni nutzte die Feministin ihre Kontakte zum Kreis um Cavallotti für den Gewinn ideeller wie materieller Unterstützung der Lega durch zeitgenössische Politiker. Den Radikaldemokraten Giuseppe Marcora (1841–1927)⁴⁷ etwa bat sie im März 1882, an einer öffentlichen Vortragsreihe der Frauenorganisation mit einem Vortrag zum Thema „Die Frau und ihr politisches Stimmrecht" teilzunehmen.⁴⁸

Die Hoffnungen, welche die junge italienische Frauenorganisation in die großangekündigte Wahlreform gesetzt hatte, wurden jedoch zutiefst enttäuscht. In der Wahlrechtsreform von 1882 setzte sich weder das allgemeine Wahlrecht für Männer durch, noch erhielten die Frauen das Stimmrecht. Selbst im linken Parteienspektrum war die Gegnerschaft gegen das Frauenwahlrecht groß.⁴⁹ Die für die Frühzeit der Lega charakteristische Forderung nach politischer Partizipation durch die Beteiligung an freien Wahlen geriet im Zuge dieses Scheiterns daher zunächst wieder in den Hintergrund.

Internationale Netzwerkerin und geschmähte jüdische Feministin

Das Engagement für den Frieden blieb auch nach 1882 ein zentrales Thema innerhalb der jungen italienischen Frauenorganisation. Wiederum war es Schiff, die sich an führender Stelle dafür einsetzte. Seit Ende der 1880er Jahre erschien ihr Name zunehmend in Verbindung mit Veranstaltungen, die sich mit den historischen und sozialen Grundlagen des Pazifismus beschäftigten. Den Freund Mazzoleni unterstützte sie 1887 beim Aufbau der lombardischen Union der „Gesellschaft für Frieden und internationalen Ausgleich" und übernahm zusammen mit dem bedeutenden Mailänder Journalisten und späteren Friedensnobelpreisträger Teodoro Moneta (1833–1918) deren Vorsitz.⁵⁰ In den kommenden Jahren hielt die Aktivistin zahlreiche Vorträge zu einschlägigen Themen, um ein öffentliches Bewusstsein für die Notwendigkeit eines

---

46 Paolina Schiff, Discorso funebre, in: Mazzoleni, Ricordo agli amici.
47 Der Rechtsanwalt und Politiker Marcora stammte aus dem Kreis der Estrema Sinistra; auch er hatte in Pavia Jura studiert. Marcora blieb mit der Lega verbunden, wie man den Briefen Paolina Schiffs an ihn entnehmen kann. Der Mailänder war von 1904 bis 1919 Vorsitzender der italienischen Abgeordnetenkammer und wurde 1921 zum Senator ernannt. Zu Marcora vgl. u. a. Soresina, Lo studio dell'avvocato.
48 Vgl. Schiff an Marcora, 25. März 1882, Museo del Risorgimento Milano – Civiche Raccolte Storiche, Archivio Giuseppe Marcora.
49 Vgl. Boukrif, Der Schritt über den Rubikon, S. 170 f.; Romanelli, Alla ricerca di un corpo elettorale.
50 Der Journalist und Schriftsteller Moneta leitete von 1867 bis 1895 die bedeutende Mailänder Tageszeitung „Il Secolo" und war seit den 1880er Jahren an führender Stelle in der italienischen wie inter-

gewaltlosen Zusammenlebens zu schaffen. Dank ihres guten Rufes in den gebildeten, bürgerlichen Kreisen des zeitgenössischen Mailand durfte Schiff mehrfach im kleinen Vortragssaal der Mailänder Scala referieren. In ihren Vorträgen „Der Einfluss der Frau auf den Frieden" von 1888 und „Wird der Frieden der Frau dienen?" von 1890, die beide in Mailand veröffentlicht wurden, schlug sich die Vorstellung der Protagonistin von den Zusammenhängen zwischen Frauenemanzipation und Pazifismus eindrücklich nieder.[51]

Konservative katholische Kreise dagegen erklärten Schiff offen den Krieg. In der anti-judaistisch und antifeministisch ausgerichteten Zeitschrift „La Civiltà Cattolica" erschien 1890 als unmittelbare Reaktion auf Schiffs Abhandlungen über den Frieden ein diffamierender Artikel, der sich im Kern gegen die Person der Akteurin als solche richtete.[52] Paolina Schiff verkörperte als Jüdin, Feministin und Wissenschaftlerin, die in der Öffentlichkeit auftrat, statt sich auf den häuslichen Bereich reduzieren zu lassen, für reaktionäre katholische Kreise das Feindbild par excellence. Offenbar wurde die Feministin auch als eine Gefahr für die Beeinflussung katholischer Frauen durch emanzipatorisches Gedankengut angesehen, denn 1889 hatte sie bei einer Versammlung Mailänder Katholikinnen über die Frauenfrage gesprochen.[53] Schiff verwendete Ende der 1880er Jahre alle ihre Energien darauf, den Frauenemanzipationsdiskurs in die breite Öffentlichkeit zu bringen. Der „Civiltà Cattolica" zufolge befand sie sich „außerhalb des häuslichen Lebens, zwischen politischen und literarischen Wettbewerben, in den Akademien und den Treffpunkten der Gelehrten, zwischen dem Klatsch der Tagespresse und dem Geschwätz öffentlicher Kundgebungen."[54]

Mit großer Wahrscheinlichkeit bezog sich der letzte Punkt der herabwürdigenden Charakterisierung auf Schiffs Teilnahme an der internationalen Friedenskundgebung vom Januar 1889 in Mailand. Konservativen Katholiken war die Veranstaltung schon allein deshalb ein Dorn im Auge, weil sie eine Initiative des erklärten Antiklerikalen Mazzoleni darstellte.[55] Paolina Schiff war die einzige Frau, die sich zusammen

---

nationalen Friedensbewegung aktiv. Er erhielt 1907 den Friedensnobelpreis. Zu Moneta vgl. Ragaini, Giù le armi; Canale Cama, La pace dei liberi.
51 Schiff, L'influenza della donna sulla pace; dies., La Pace. Ausführlich zum Inhalt und historischen Kontext vgl. Nattermann, La paix des Dames.
52 Zur antisemitischen Tendenz der Zeitschrift vgl. Lebovitch Dahl, The Antisemitism of the Italian Catholics.
53 Vgl. Pieroni Bortolotti, Alle origini, S. 260. Zu den Verflechtungen zwischen Antisemitismus und Antifeminismus vgl. Volkov, Antisemitismus und Antifeminismus; Planert, Antifeminismus im Kaiserreich, insbesondere S. 71–78.
54 Cose che non hanno sugo; ossia Paolina Schiff, in: La Civiltà Cattolica (1890), S. 463.
55 Mazzoleni hatte bereits im Jahr 1873 in Mailand eine glühende Rede gegen das Papsttum gehalten, das er als „Negation des modernen Italien" bezeichnete; vgl. den Beitrag von Marina Tesoro zu Mazzoleni im Dizionario Biografico degli Italiani, URL: http://www.treccani.it/enciclopedia/angelo-mazzoleni _(Dizionario-Biografico)/ (8.7.2020).

mit Vertretern aus zahlreichen europäischen Ländern, darunter auch Wilhelm Liebknecht (1826–1900), an den öffentlichen Diskussionen beteiligte. Die Veranstaltung richtete sich vor allem gegen den Zusammenschluss Italiens mit Deutschland und Österreich im Dreibund sowie den Gegensatz zu Frankreich. Die seit 1887 von Italien vorbereitete Eroberung Äthiopiens und der allgemeine Vormarsch des Kolonialismus wurden von Pazifisten ebenfalls mit großer Besorgnis beobachtet.[56] Insofern war die Kundgebung auch als öffentliche Anklage gegen den Kurs der italienischen Regierung konzipiert. Wie aus den betreffenden Unterlagen im Archiv Francesco Crispis hervorgeht, beteiligten sich insbesondere Sozialdemokraten, Sozialisten und Anarchisten an der Friedensinitiative. Über die Referate der Teilnehmer wurde von den Behörden genauestens Protokoll geführt. Durch Einschränkung der Organisations- und Versammlungsfreiheit versuchte die Regierung Crispi damals, die entstehende sozialistische Arbeiterbewegung abzublocken.[57]

Zu Paolina Schiff, die als Frau und aufgrund ihres deutsch-jüdischen Namens den Beobachtern wohl besonders ins Auge fiel, wurden eigens Informationen über ihre Herkunft und ihren familiären Hintergrund angefordert.[58] Selbstbewusst nutzte die Akteurin trotz der Gefährdung die Friedenskundgebung, um erneut auch auf die benachteiligte Rolle von Frauen in Politik und Gesellschaft aufmerksam zu machen. Ein Telegramm, das von der Mailänder Präfektur nach Rom gesandt wurde, hielt fest, dass Schiff die Partizipation von Frauen im öffentlichen Leben explizit gefordert habe.[59] Ihr Appell war eine direkte Mahnung an Crispi, der sich bereits 1883 gegen das Frauenwahlrecht ausgesprochen hatte, da seiner Ansicht nach „die Frauen traditionellerweise zu stark an die private Sphäre gebunden seien".[60] Schiff selbst setzte in Bezug auf Frieden und Frauenemanzipation große Hoffnungen auf den Sozialdemokraten Liebknecht, den sie bei der Veranstaltung persönlich kennenlernte. Mit ihm blieb sie auch in den folgenden Jahren hinsichtlich der Frauenfrage in Verbindung.[61]

---

56 Zu den ideologischen und organisatorischen Grundlagen der zeitgenössischen italienischen wie internationalen Friedensbewegung vgl. Angelini, Nazione, democrazia e pace.
57 Vgl. Meriggi, Cooperazione e mutualismo, S. 115.
58 ACS, Fondo Francesco Crispi Roma, fasc. 332: Comizio per la pace a Milano 1889.
59 Telegramm vom 15. Januar 1889, ebd.
60 Vgl. Isastia, La battaglia per il voto, S. 31–35.
61 In einem Brief von 1890 versprach Liebknecht der „Freundin", wie er Schiff bezeichnete, sich auf der Mai-Kundgebung der Arbeiterbewegung 1890 in London persönlich für die Einführung gerechter Arbeitsbedingungen für Frauen einzusetzen; vgl. Paolina Schiffs Abschrift des Briefes von Liebknecht aus dem Jahr 1890 (ohne Monatsangabe), die sie an Cavallotti sandte; AFF Milano, Fondo Felice Cavallotti, Serie Attività politica, 36/2.

Praktischer Feminismus und soziale Gerechtigkeit. Paolina Schiffs Casse di maternità

Schiffs Einsatz für den Frieden lief parallel zu einem ausgeprägten Interesse an der sozialen Frage, die während der 1880er Jahren im industriell geprägten Mailand besonders akut wurde. Innerhalb der Lega gewannen die Bedingungen für Frauen und Kinder am Arbeitsplatz und das Thema der Frauenarbeit generell besondere Bedeutung. Schiff wurde zur zentralen Figur betreffender Aktionen. Bereits 1881 hatte die seit geraumer Zeit als Übersetzerin tätige Feministin in der Zeitschrift „La Donna" geschrieben: „Es ist eine unabdingbare Notwendigkeit, die Frau an dem Vorteil teilhaben zu lassen, sich aus eigener Arbeit heraus selbst eine ehrbare Existenz aufzubauen, entsprechend den eigenen Interessen und Fähigkeiten."[62]

Für die Autorin bedeutete Arbeit einen wichtigen Weg zu weiblicher Emanzipation, ein Konzept, das während des Ersten Weltkriegs im italienischen Frauenrechtsdiskurs neue Bedeutung erhalten sollte und insbesondere von jüdischen Feministinnen unterstützt wurde. Die Erfahrungen der Judenemanzipation, die mit einem bemerkenswerten Einsatz jüdischer Akteure und Akteurinnen für die italienische Einigung einhergegangen war, bewirkten offenbar bei Frauen jüdischer Herkunft häufig die Vorstellung, sich auch die Emanzipation als Frau „verdienen" zu müssen. Hinzu kam das von bürgerlichen Jüdinnen wie Nichtjüdinnen gleichsam verfolgte Ziel materieller wie intellektueller Unabhängigkeit, die ihnen ein bezahlter Beruf versprach. Schiff selbst muss sich ihrer eigenen privilegierten Situation als studierte, aus wohlhabenden und fortschrittlichen Verhältnissen stammende Frau durchaus bewusst gewesen sein. Ihre betreffenden Aktionen zielten demnach in zwei Richtungen: Zum einen setzte sie sich in den folgenden Jahren tatkräftig für die Rechte und den Schutz von Arbeiterinnen ein, zum anderen eroberte sie in den 1890er Jahren als eine der ersten Privatdozentinnen Italiens Akademikerinnen einen Zugang zum männlich dominierten, universitären Establishment des jungen Einheitsstaats.

Unter Schiffs Initiativen zugunsten von Arbeiterinnen ragen zwei Momente hervor: Erstens die Gründung der ersten Frauengewerkschaft im Jahr 1883, in der sich die Näherinnen der Mailänder Textilindustrie zusammenschlossen,[63] zweitens das Projekt einer Mutterschaftsversicherung für Fabrikarbeiterinnen von 1894.[64] Ihre Idee bestand darin, einen gemeinsamen Fonds zu schaffen, der aus einem kleinen Beitrag von Arbeitereltern für ihre Töchter, Geldern der Arbeiterorganisationen und vor allem der Industrie- und Handelskammern entwickelt werden sollte. Von staatlicher Seite sah Schiff in ihrem Entwurf einen Beitrag von 40 % für die Schaffung des not-

---

62 Paolina Schiff, I nostri interessi, in: La Donna XII,17 (März 1881).
63 In den Textilfabriken verdienten Frauen damals halb so viel wie Männer. Zu Schiffs Initiative vgl. die Berichte in: La Donna XIV,1 (Dezember 1883), S. 9–11; Pieroni Bortolotti, Alle origini, S. 194.
64 Zu Schiffs Mutterschafts-Fonds vgl. ausführlich Buttafuoco, Cassa Nazionale, S. 13–21.

wendigen Kapitals sowie die Übernahme der korrekten Abwicklung und Verwaltung der Mutterschaftsversicherung vor. Wohlhabende Akteurinnen, darunter sie selbst, sollten sich durch Geldspenden an den geplanten Fonds beteiligen. Auf diese Weise wollte sie den Grundstein für eine Versicherung legen, die es arbeitenden Frauen ermöglichen würde, sich in den Zeiten der Mutterschaft der Familie zu widmen, ohne dadurch ihre Einkünfte bzw. ihren Arbeitsplatz zu verlieren.[65] Trotz verschiedener Anlaufschwierigkeiten entstanden ausgehend von Schiffs Entwurf Ende des 19. und Anfang des 20. Jahrhunderts unter anderem in Mailand, Turin und Rom entsprechende Fonds.[66]

In Mailand war die Ausgangssituation für die Gründung einer Mutterschaftsversicherung am günstigsten; sie blieb auch in den kommenden Jahren die finanziell stärkste der diversen Mutterschaftskassen. Paolina Schiff hatte den jüdischen Bankier und Diplomaten Ugo Pisa (1845–1910) für das Projekt interessieren können. Pisa, ein Anhänger Garibaldis, der wie viele ihrer Freunde und Kommilitonen in Pavia Jura studiert hatte, war ein weitgereister und äußerst wohlhabender Geschäftsmann. Im Jahr 1898 wurde er zum Senator ernannt. Der bekannte Philanthrop machte sich insbesondere als Förderer der bedeutenden Mailänder Wohlfahrtsorganisation Società Umanitaria einen Namen, die Bedürftigen Arbeit, finanzielle Unterstützung und Bildung vermittelte.[67] Für die Gründung der Cassa di maternità in Mailand stiftete Pisa im Februar 1904 20.000 Lire. Er blieb bis zu seinem Lebensende wichtigster Geldgeber der Institution und Mitglied ihres Vorstands, in dem unter anderem auch der Mailänder Anwalt Luigi Majno (1852–1915), Ehemann der Frauenrechtlerin und langjährigen Vorsitzenden der UFN, Ersilia Bronzini Majno (1859–1933), vertreten war.[68] Nach Pisas Tod wurde dessen Schwägerin Antonietta Pisa Rizzi (1871–1955) in den Vorsitz gewählt. Sie stammte ebenfalls aus einer jüdischen Familie, engagierte sich für die Arbeiterbewegung und gehörte 1899 zu den Gründerinnen der UFN.[69] Die Netzwerke der Förderer und Vorstandsmitglieder von Società Umanitaria, UFN und

---

65 Schiff entwarf das Projekt 1894 im Auftrag der Lega per la tutela degli interessi femminili (der Nachfolge-Organisation der Lega promotrice degli interessi femminili); vgl. Schiff, Istituzione di una Cassa d'Assicurazione; Buttafuoco, Cassa Nazionale, S. 14 f.
66 Ebd., S. 17–21.
67 Zu Ugo Pisa vgl. u. a. Bistolfi, Figure lombarde; Maifreda, Gli ebrei e l'economia milanese, S. 139. Zur Società umanitaria vgl. u. a. Decleva, Etica del lavoro; Ghezzi/Canavero, 1893–1903. Alle origini dell'Umanitaria.
68 Luigi Majno war in den 1890er Jahren mehrmals Vorsitzender der Società Umanitaria sowie von 1900 bis 1904 Abgeordneter der sozialistischen Partei. Nach den Mailänder Mai-Unruhen von 1898 hatte der bekannte Jurist Filippo Turati und Anna Kuliscioff, die zusammen mit zahlreichen anderen Sozialisten im Zuge der Ausschreitungen verhaftet worden waren, vor Gericht verteidigt. Zwischen Turati und ihm entstand in den kommenden Jahren eine tiefe persönliche Freundschaft. Zu Luigi Majno vgl. Gaballo, Il Nostro Dovere, S. 22 f.
69 Zu Pisa Rizzi vgl. ebd., S. 47.

der Mailänder Mutterschaftsversicherung überschnitten sich vielfach. Sie rekrutierten sich zu großen Teilen aus den Kreisen des wohlhabenden jüdischen Bürgertums der lombardischen Metropole, zu der auch Paolina Schiffs Familie gehörte.

In den Mutterschaftskassen setzte die Akteurin ihr individuelles Konzept einer Verbindung von staatlicher Vorsorge, Eigenverantwortung der Arbeiterinnen und ihrer Organisationen sowie Hilfeleistung durch Spenden reicher Förderer um. Diese Form der aktiven Wohlfahrt entspricht der für jüdische Vertreterinnen der italienischen Frauenbewegung generell handlungsleitenden, auf die Pionierinnen Sara Levi Nathan und Adele Della Vida Levi zurückgehenden und auch im Selbstverständnis jüngerer Akteurinnen wie Amelia Rosselli anzutreffenden Orientierung an einer gerechten Gesellschaftsordnung. In Schiffs dezidierter Einbeziehung sozial benachteiligter wie auch wohlhabender Personen zugunsten einer gemeinsamen Finanzierung des Mütterfonds lässt sich insofern das Anknüpfen an ethische, aus dem Judentum hergeleitete Prinzipien erkennen: die Pflicht jedes Einzelnen, ob arm oder reich, für das Wohl der Gemeinschaft einzustehen. Das Verantwortungsbewusstsein der Sozialistin für gesellschaftlich benachteiligte Personen schlug sich neben ihrem Engagement für Arbeiterinnen bezeichnenderweise auch in einem jahrzehntelangen Einsatz für die Mailänder Asili Notturni, einem Heim für Obdachlose, nieder.[70] Ihr wohltätiges Handeln ging über reine Spendenleistungen weit hinaus; es beruhte auf einem ausgeprägten Sinn für Gerechtigkeit und aktiver sozialer Verantwortung. Die Subtilität, in der sich die jüdischen Ursprünge im Leben und Werk weltlicher Protagonistinnen wie ihr manifestierten, ist nicht zu unterschätzen. Gerade der säkulare Wohlfahrtsbereich und die Sozialarbeit boten auch nichtreligiösen Akteurinnen jüdischer Herkunft die Möglichkeit, ein kulturelles Erbe zu pflegen und gleichzeitig „moderne" Frauen zu sein.[71]

In ihren Casse di maternità rekurrierte die Feministin auf ein zentrales Thema der zeitgenössischen Frauenbewegung, die für ihre jüdischen wie nichtjüdischen Vertreterinnen gleichsam relevant blieb: Mutterschaft als ein wesentlicher Beitrag der Frauen zur Gesellschaft und zur jungen Nation zog sich spätestens seit der Gründung von Beccaris Zeitschrift „La Donna" wie ein roter Faden durch den italienischen Frauenrechtsdiskurs.[72] Tatsächlich müssen Adele Della Vida Levis Fröbel-Kindergär-

---

[70] Aus dem Archiv der Organisation geht hervor, dass Schiff sich nicht nur über Jahre hinweg als einzige Frau im Vorstand der Asili Notturni engagierte, sondern sogar einen Teil ihres Vermögens dem Obdachlosenheim testamentarisch vermachte; vgl. das offizielle und vom Mailänder Präfekten gegengezeichnete Protokoll vom 15. November 1926, „Archivio dei Luoghi Pii Elemosinieri (Azienda di Servizi alla Persona Golgi-Redaelli)", Milano: Asili Notturni Sonzogno.
[71] Vgl. Kaplan, Jüdisches Bürgertum, S. 285. Kaplans Beobachtung, nach der Bürgersinn und feministische Überzeugung bei vielen deutsch-jüdischen Frauenrechtlerinnen das Bewusstsein religiöser Gebotserfüllung ersetzten, mag insofern auch auf die Atheistin Paolina Schiff zutreffen.
[72] Vgl. Bock, Geschlechtergeschichten der Neuzeit, S. 267 f.; Buttafuoco, Motherhood as a Political Strategy, S. 187–191.

ten und Paolina Schiffs Mutterschaftsversicherungen als zwei unterschiedliche Resultate desselben emanzipatorischen Anliegens verstanden werden: Beide zielten auf die Unterstützung von arbeitenden Müttern ab. Mutterschaft und Berufstätigkeit sollten sich einander nicht ausschließen, arbeitende Frauen darin bestärkt werden, Kinder zu bekommen, ohne in existentielle Schwierigkeiten zu geraten oder ihrer Arbeit nicht mehr nachgehen zu können.

In ihrem programmatischen Plädoyer für einen „praktischen Feminismus" schrieb Ersilia Majno bezüglich Schiffs Projekt, dass alle Frauen – ungeachtet ihrer wirtschaftlichen Möglichkeiten und ihres gesellschaftlichen Standes – die soziale Verantwortung dafür trügen, aus der Situation „des bloßen Begehrens" herauszukommen. Es sei notwendig zu handeln, um das Recht auf eine freie Mutterschaft, fern von Misere und Armut, durchzusetzen.[73] Annarita Buttafuoco ist daher zuzustimmen, wenn sie die Casse di maternità als ein bedeutendes frühes Experimentierfeld italienischer Feministinnen bezeichnet, auf dem die eigenen Fähigkeiten zur Schaffung einer neuen Gesellschaft erstmals erprobt werden konnten.[74]

Auch in den Frauenrechtsdiskursen anderer Länder gewann die Aufwertung der Mutterschaft und mit ihr die Forderung nach einer Versicherung für arbeitende Mütter zeitgleich an Bedeutung. Schiffs Pionierprojekt wurde in Deutschland unter anderem von der Sozialistin Lily Braun (1865–1916) sowie den jüdischen Feministinnen Alice Salomon (1872–1948) und Henriette Fürth (1861–1938) in veränderter Form aufgegriffen, was einen weiteren Beweis für die transnationale Vernetzung der ersten Frauenbewegungen und die häufige Vermittlerfunktion jüdischer Akteurinnen darstellt.[75] Innovative Konzepte konnten sich insbesondere im Rahmen der internationalen Kongresse zur Frauenfrage weiterverbreiten, auf denen Paolina Schiff regelmäßig präsent war. Außer auf der ersten Konferenz in Paris 1878 sprach sie, mittlerweile als Vertreterin der Lega per la tutela degli interessi femminili („Liga zum Schutz der Graueninteressen") 1896 in Berlin und 1899 in London.[76] Entscheidend für die Bekanntmachung ihres Versicherungs-Projekts war der internationale Kongress zu

---

73 Majno, Vie pratiche del femminismo, unveröffentlichtes Manuskript, Archivio UFN, Fondo Ersilia Majno (Bronzini), cartella XVIII, b. 1, fasc. 14.
74 Vgl. Buttafuoco, Cassa Nazionale, S. 13.
75 Zur Bedeutung der Mutterschaftsversicherungen im transnationalen Kontext vgl. Bock, Geschlechtergeschichten, S. 268–270; zur transnationalen Vernetzung zeitgenössischer Feministinnen vgl. Schüler, Frauenbewegung und soziale Reform; zum biografischen Hintergrund und organisatorischen Engagement von Braun, Fürth und Salomon vgl. Schaser, Frauenbewegung in Deutschland, S. 129, 131 f., 138.
76 Die Lega promotrice war 1889 von den italienischen Behörden im Zuge des Verbots sozialistischer Vereine und Presseerzeugnisse aufgelöst worden, hatte sich aber 1894 unter verändertem Namen neu formiert; vgl. Dickmann, Frauenbewegung, S. 152. Zur Berliner Tagung vgl. die Sammlung der dort gehaltenen Vorträge und Ansprachen, darunter auch Schiffs Referat, in: Schönflies, Der Internationale Kongress, S. 45 f.

Arbeitsunfällen 1900 in Paris, bei dem Schiff die in einigen Städten Italiens bereits funktionierenden Casse di maternità den Anwesenden auf Französisch vorstellte.[77]

In den kommenden Jahren arbeitete die Akteurin ihr Projekt weiter aus. Zusammen mit zwei weiteren jüdischen Mitarbeiterinnen der UFN, Bianca Arbib und Nina Sierra, war Schiff an der Entwicklung eines Gesetzesentwurfs für staatliche Mutterschaftsversicherungen beteiligt, den die mittlerweile 67-Jährige auf dem nationalen Frauenkongress in Rom 1908 einem größeren Publikum erläuterte. An Luigi Luzzatti wandte sie sich im April 1909 persönlich mit der Bitte um Unterstützung.[78] Im Juli 1910 wurde der Gesetzesentwurf vom italienischen Parlament angenommen, was den langfristigen Erfolg von Schiffs Initiative verdeutlicht.

Die unmögliche Gleichheit der Akademikerin Paolina Schiff

Aufgrund des Ansehens, das Paolina Schiff in den Kreisen der politischen Führungsschicht und der nationalen wie internationalen Frauenbewegung entgegengebracht wurde, erscheint die Akteurin an der Wende vom 19. zum 20. Jahrhundert als eine in die zeitgenössische italienische Gesellschaft erfolgreich integrierte Frau deutschjüdischer Herkunft. Eine differenzierte Behandlung ihrer Lebensgeschichte bliebe jedoch unvollständig, würde man nicht auch ihre Situation als Akademikerin in die Betrachtung mit einbeziehen. Schiff war eine der ersten fünf Privatdozentinnen Italiens, fand jedoch erst nach vielen Jahren und unter großen Schwierigkeiten Zugang zur universitären Lehre.[79]

Paolinas Überzeugung, dass Berufstätigkeit einen wichtigen Schritt auf dem Weg zu weiblicher Emanzipation darstellte, hatte sie bereits im Zusammenhang mit der Gründung der Lega öffentlich dargelegt.[80] Sie selbst ging mit gutem Beispiel voran, arbeitete als Übersetzerin, Schriftstellerin, Journalistin und Assistentin Cavallottis, bevor sie Mitte der 1880er Jahre beschloss, sich als Dozentin für deutsche Sprache und Literatur an einer italienischen Universität zu bewerben. Bereits 1881 war

---

77 Vgl. Schiff/Scodnik, Les Caisses de prevoyance, S. 679 f.
78 Vgl. Schiff an Luzzatti, 9. April 1909, IVSLA, Fondo Luigi Luzzatti, fasc. 4, sez. B, Cassa Maternità. Der vertraute Ton, in dem die Akteurin Luzzatti (damals Schatzminister und Vorsitzender des „Komitees für soziale Gesetzgebung") zunächst für seine Grüße dankte, bevor sie ihn um Unterstützung für ihr Vorhaben bat, verdeutlicht Schiffs enge Einbindung in die Netzwerke italienisch-jüdischer Familien und ihre gute Kenntnis der politischen Führungsschicht des liberalen Italien. Vom damaligen Bildungsminister Luigi Rava hatte sie zu jenem Zeitpunkt bereits eine positive Rückmeldung erhalten, wie man ihrem Brief entnehmen kann.
79 Vgl. Polenghi, Missione naturale, S. 306–310.
80 Vgl. Schiff, I nostri interessi, in: La Donna XII,17 (März 1881). Bedeutsam in diesem Zusammenhang ist außerdem ihr Beitrag zu einem deutschsprachigen Sammelband über Geschlechterbeziehungen von 1908: Das Weib im Erwerbsleben, in: Koßmann/Weiß (Hg.), Mann und Weib, S. 168–240.

Schiffs Roman „Il Profugo" beim Verlag Bertolotti erschienen, 1885 veröffentlichte sie ein Werk zur „Geschichte der deutschen Literatur neben Metrik der deutschen Sprache für italienische und deutsche Schulen" in Mailand.[81] Für eine einschlägige Bewerbung war die studierte Literaturwissenschaftlerin durchaus qualifiziert. Das universitäre Establishment jedoch zeigte sich gegenüber Schiff, einer Frau jüdischer Herkunft mit bekanntermaßen emanzipatorischem Anspruch und demokratischer Weltanschauung, alles andere als aufgeschlossen.[82] Die langwierigen und teils polemisch geführten Antrags- und Prüfungsverfahren in Mailand, Pavia und Turin spiegeln den Gegensatz zwischen der italienischen Professorenschaft und der Außenseiterin Schiff deutlich wider.[83] Im Zeitraum zwischen 1885 und 1901 fand eine verwirrende Aufeinanderfolge von Anträgen, Ablehnungen, Prüfungen, kurzzeitigen Lehraufträgen und Weiterleitungen von Schiffs Bewerbungen an andere Universitäten statt. In den für die Akteurin erniedrigenden und mühseligen Verfahren offenbarte sich jedoch nicht nur die untergeordnete Stellung von Wissenschaftlerinnen im akademischen Bereich. Sie waren ein sichtbarer Beweis für die generellen Vorbehalte gegenüber der Aufnahme von Frauen in die Institutionen des italienischen Einheitsstaats und ein tief verwurzeltes Misstrauen gegenüber weiblicher Selbständigkeit. An Cavallotti schrieb Schiff im Jahr 1890, vermutlich unter dem unmittelbaren Eindruck ihrer negativen Erfahrungen:

> „Hier in Italien nehmen die Demokraten das Leben und die Person der Frau von einem ungerechten Blickwinkel her wahr. Vom bürgerlichen Standpunkt aus kann die Frau im Allgemeinen unter zwei Wegen wählen: Entweder sie verkauft sich als Prostituierte, wenn sie wirklich arm ist, oder aber sie kauft sich einen Ehemann, wenn sie reich ist. Ausnahmen von dieser Regel gibt es natürlich. Eine weitere Rettung für die Frau ist die Arbeit, jedoch übertrifft diese häufig die weiblichen Kräfte, weil sie den Frauen nicht angepasst ist."[84]

Auf ironische Weise hatte die Feministin damit ein durchaus realitätsnahes Bild weiblicher Existenz im zeitgenössischen Italien gezeichnet. Frauen aller gesellschaftlichen

---

[81] Weitere Werke folgten wenige Jahre später. 1888 veröffentlichte Schiff in Mailand eine literaturwissenschaftliche Studie „Die deutschen Schriften des Mittelalters", und im selben Jahr erschien ihre italienische Übersetzung des Romans „Die Krankheit des Jahrhunderts" von Max Nordau.
[82] Ein mit Antifeminismus verbundener latenter Antisemitismus könnte der generell ablehnenden Haltung der etablierten italienischen Professorenschaft gegenüber Schiff zugrunde gelegen haben. Dagegen durften sich jüdische Professoren von antisemitischen Benachteiligungen oder Angriffen im zeitgenössischen Bologna weitgehend unbehelligt fühlen; vgl. Wyrwa, Gesellschaftliche Konfliktfelder, S. 178–185.
[83] Die betreffenden Unterlagen befinden sich im Archivio storico dell'Università di Pavia (ASPV), Fascicoli personale docente: Paolina Schiff; ASPV, Lettere e Filosofia, Corrispondenza, b. 776, fasc. 4, Verbali Consiglio di Facoltà (1889); außerdem im ACS, Ministero Pubblica Istruzione (MPI), DGIS (1890–1895): b. 182, DGIS (1897–1910): b. 172.
[84] Paolina Schiff an Felice Cavallotti, 16. Mai 1890, AFF Milano, Fondo Felice Cavallotti, Serie Attività politica, 36/2.

Schichten waren aus dem politischen Leben ausgeschlossen, hatten trotz diverser Reformversprechen noch immer kein Wahlrecht und benötigten die schriftliche Erlaubnis des Ehemanns, um Organisationen beizutreten. In Schiffs beispielloser Konsequenz, mit der sie allen Widerständen zum Trotz für eine Privatdozentur kämpfte, erkennt man daher auch deutlich ihr prinzipielles Bestreben, Frauen eine gleichberechtigte Stellung in den von Männern dominierten Institutionen des neuen Italien zu erobern.

Nach langwierigen Bewerbungsverfahren wurde die Akteurin schließlich 1892 Privatdozentin an der Universität Pavia, wo sie jedoch nur deutsche Grammatik und nicht – wie beantragt – deutsche Literatur unterrichten durfte. Ein Jahr später erteilte ihr die Mailänder Accademia scientifico-letteraria einen Lehrauftrag sowohl für deutsche Sprache als auch Literaturwissenschaften. Der Germanistikprofessor jüdischer Herkunft Sigismondo Friedman hatte sich vermutlich persönlich für die Kollegin stark gemacht.[85] Schiff wurde seine Mitarbeiterin und unterrichtete noch bis ins hohe Alter an der Mailänder Akademie deutsche Grammatik und Literatur.[86]

Ein Brief vom Oktober 1901, in dem die Gelehrte mit scharfem Sarkasmus auf die Ablehnung eines Lehrauftrags für Literaturwissenschaften an der Universität Pavia reagierte, brachte den grundsätzlichen Konflikt zwischen dem eigenen Partizipationsanspruch und der ihr als Frau, vielleicht auch als Jüdin, entgegengebrachten Ablehnung durch die etablierte Professorenschaft deutlich auf den Punkt:

> „Unter den gegebenen Umständen war es vielleicht ein wenig Leichtgläubigkeit meinerseits, Ihnen meine höfliche Anfrage zukommen zu lassen – dennoch gebe ich die Hoffnung nicht auf, dass mir am Ende Gerechtigkeit widerfahren wird, und ich hoffe dies auch zugunsten der brillanten Talente, die in Ihrer Fakultät sicher nicht fehlen. Ohne die Beständigkeit und den Glauben in die mir anvertraute Aufgabe zu verlieren, werde ich fortfahren und mir dabei stets vor Augen halten, wie viel Würde in der Lehre liegt, die an einer Universität und noch dazu an jener von Pavia stattfindet."[87]

Schiffs hart erkämpfte Privatdozentur blieb ohne Zweifel ein unvollständiger Sieg. Auf ihrem steinigen Weg zur Universität manifestierten sich nicht nur die damals restriktiven Arbeitsbedingungen für Akademikerinnen. Auch die gesellschaftliche Integration Paolina Schiffs erwies sich weniger vollkommen, als dies auf den ersten Blick scheint.

---

85 Eine der ersten jüdischen Mitglieder der UFN, der auch Paolina Schiff zeitweise nahestand, war die Mailänderin Teresa Friedman Coduri. Vermutlich handelt es sich bei ihr um eine direkte Verwandte des Germanistikprofessors. Vgl. die Bestätigung der Aufnahme von Friedman Coduri in die UFN vom 6. Juni 1905, Archivio UFN, b. 2, fasc. 8: Domande di adesione – 1 (1905–1910).
86 Vgl. Polenghi, Missione naturale, S. 308–310. Schiff wurde 1909 zudem in den Berufsstand der Übersetzer und Dolmetscher für die deutsche Sprache am Mailänder Zivilgericht aufgenommen; vgl. Pisa, Paolina Schiff, S. 994.
87 ASPV, Fascicoli personale docente: Paolina Schiff, 3. Oktober 1901.

Die Bedeutung der gebürtigen Mannheimerin für die Etablierung der organisierten italienischen Frauenbewegung und ihre transnationale Ausrichtung kann indessen nicht hoch genug eingeschätzt werden. Zahlreiche soziale Projekte, darunter die erste italienische Frauen-Gewerkschaft und die sich von Italien auf Europa ausbreitenden Mutterschaftsversicherungen, gingen auf Schiffs Initiative zurück. Ihr selbstloser Einsatz für die Mailänder Obdachlosenheime war ein deutliches Zeichen ihres humanitären Wesens. Das vielfältige gesellschaftspolitische Engagement der Feministin deutsch-jüdischer Herkunft bildet den sichtbaren Beweis für ihre intellektuellen und organisatorischen Fähigkeiten, vor allem aber für ein Selbstverständnis auf der Grundlage des Ideals sozialer Gerechtigkeit.

Nina Rignano Sullam (1871–1945). Frauenemanzipation durch Sozialarbeit und Erziehung

„Ich war jung, unerfahren, und hatte das vage Bedürfnis, etwas Nützliches zu tun", so äußerte sich die Sozialarbeiterin Nina Rignano Sullam später mit großer Bescheidenheit über den Beginn ihres Engagements für die UFN, deren Gründung und Entwicklung sie über Jahrzehnte hinweg maßgeblich mit bestimmen sollte.[88] Bis heute wird die bedeutendste Frauenorganisation des italienischen Einheitsstaats in erster Linie mit ihrer langjährigen charismatischen Vorsitzenden Ersilia Majno assoziiert,[89]

---

[88] Archivio UFN, Serie 1.2: Organi amministrativi, Sottoserie 1.2.2.3: Necrologi e commemorazioni, b. 3, fasc. 14: commemorazione di Nina Rignano Sullam 1948. Die Akteurin war 1899 Mitgründerin und seit 1909 Vorsitzende der UFN; 1919 wurde sie zum Mitglied des Vorstands ernannt. Bis zu ihrem freiwilligen Austritt im Juli 1938 war Rignano Sullam kontinuierlich für die Organisation tätig.

[89] Die in der Provinz von Novara geborene Ersilia Majno, geborene Bronzini, war aufgrund des frühen Todes ihrer Mutter bei Verwandten mütterlicherseits, wahrscheinlich im Kreis der in Mailand ansässigen jüdischen Familie Cammeo-Bernstein, aufgewachsen. Insbesondere mit der späteren Gründerin der ADEI, Berta Cammeo Bernstein, und deren jüngerer Florentiner Cousine Bice Cammeo, verband Majno eine tiefe, lebenslange Freundschaft. Angesichts großer wirtschaftlicher Schwierigkeiten ihres Vaters, eines Kleinwarenhändlers, hatte Majno als junge Frau ihr universitäres Studium in Mailand abbrechen müssen. Einer ihrer älteren Brüder unterrichtete sie daraufhin in Englisch und Französisch, während sie ihre privaten Studien in Literatur, Geschichte und Philosophie fortsetzte. Im Jahr 1883 heiratete Ersilia den Juristen Luigi Majno, der zusammen mit ihrem Bruder Edgardo Bronzini in einer Mailänder Anwaltskanzlei arbeitete und von 1889 bis 1891 auch an der Universität von Pavia Jura unterrichtete. Ersilia Majnos Engagement für die Rechte von Frauen begann mit ihrer Arbeit für den kostenlosen Hebammen-Dienst (Guardia ostetrica), den Paolina Schiffs Freundin Alessandrina Ravizza 1888 für mittellose Frauen in Mailand gegründet hatte. Hier lernte Majno auch Anna Kuliscioff, die spätere Mitgründerin der UFN Edvige Vonwiller und weitere Vertreterinnen des zeitgenössischen, dem Sozialismus nahestehenden Mailänder Feminismus kennen. Aufgrund dieser Erfahrungen schloss Ersilia Majno sich 1894 der örtlichen Associazione Generale delle Operaie für den Schutz und die Ausbildung von Arbeiterinnen an, deren Vorsitz sie wenig später übernahm. Zu Ersilia Majno vgl. den ausführlichen Beitrag von Fiorenza Taricone im Dizionario biografico delle donne lombarde, hg. von

doch stand Rignano Sullam hinsichtlich sozialer Initiativen und Konzepte Majno in nichts nach. Die Akteurin bildete darüber hinaus den Ursprung und Mittelpunkt der sich seit 1899 rasch ausdehnenden Kreise jüdischer Anhängerinnen der UFN. Ohne Rignano Sullams ideelle wie auch materielle Unterstützung, die sie bewusst im Hintergrund ausübte, hätte die Organisation manch personelle wie finanzielle Krise womöglich nicht überstanden.[90]

Die Entstehung der Unione Femminile Nazionale. Laizismus, Sozialismus und jüdische Subkultur

Die Gründung der UFN ereignete sich zehn Jahre nach der 1889 im Zuge der Verbote sozialistischer Vereine aufgelösten Lega promotrice degli interessi femminili, ebenfalls in Mailand. Die Initiative für die Unione basierte hauptsächlich auf den Beziehungsnetzwerken zwischen Anhängern der Lega, der Società Umanitaria und weiteren sozialen Organisationen der lombardischen Metropole. Der entscheidende Anstoß ging von der Arbeiterinnenorganisation Associazione Generale delle Operaie aus, in deren Vorstand sowohl Majno als auch Rignano Sullam bereits aktiv waren. Auch Paolina Schiff befand sich unter den ersten Mitgliedern der UFN.[91]

Ersilia Majno hatte seit ihrer Tätigkeit für die Mailänder Arbeiterinnenorganisation den Gedanken verfolgt, die seit Ende der 1880er Jahre in Mailand entstandenen diversen Frauenvereinigungen und -gruppierungen in einer Organisation zusammenzuführen. Dahinter stand die Intention, der Demokratisierung der organisierten Frauenbewegung entgegenzuarbeiten und die verschiedenen Kräfte zu bündeln: Sie wollte Arbeiterinnen mit Frauen aus dem mittleren und gehobenen Bürgertum zu gemeinsamer Arbeit zusammenschließen. Im Zentrum des Projekts, das Majno zusammen mit einer Freundin, der wohlhabenden Schweizerin Edvige Vonwiller (1856–1898)[92] ent-

---

Farina, S. 223–227; Pieroni Bortolotti, Socialismo e questione femminile; Demi, Ersilia Bronzini Majno; Gaballo, Il nostro dovere, S. 22–39. Zu Ersilia Majnos Verwandtschaft mit den Cammeo-Bernstein vgl. den Artikel von Fiorenza Taricone über Frida Marx im Dizionario biografico delle donne lombarde, hg. von Farina, S. 710 f.

90 Zu Nina Rignano Sullam vgl. den Eintrag von Fiorenza Taricone im Dizionario biografico delle donne lombarde, hg. von Farina, S. 1048–1050; Buttafuoco, Nina Rignano Sullam; D'Amico, Nina Rignano Sullam.

91 Eine detaillierte Auflistung der frühen Vorstandsmitglieder der UFN, die sich in einem Comitato Promotore und einem Comitato Organizzatore zusammenschlossen, findet sich in einer der ersten öffentlichen Bekanntmachungen der Organisation im Archiv des in Mailand tätigen Sozialisten Osvaldo Gnocchi Viani (1837–1917). Dieser war seit 1893 Sekretär der Società Umanitaria und unterstützte die UFN seit ihrer Gründung; vgl. Unione Femminile, 2. Juni 1903, AFF Milano, Fondo Osvaldo Gnocchi Viani, fasc. Unione Femminile Milano: 148/1.

92 Aufgrund ihres frühen Todes erlebte Edvige Vonwiller, Tochter eines Schweizers und einer Venezianerin französischer Herkunft, die sich wie Majno für den kostenlosen Hebammen-Dienst und zahl-

wickelte, stand die Idee eines Hauses als gemeinsamem Sitz für den „Austausch von Gedanken und Projekten". Den Mitgliedern sollten eine Bibliothek, Versammlungsräume und Büros zur Verfügung gestellt werden. Majno hoffte, dass gerade auch aufgrund dieser räumlichen Nähe zwischen Aktivistinnen unterschiedlicher sozialer und politischer Provenienz ein Bewusstsein der Solidarität entstehen würde, das sie als unabdingbar für den Kampf um die Verbesserung der gesetzlichen wie sozialen Situation von Frauen erachtete. Das Programm von 1899 hatten die Gründerinnen bewusst allgemein formuliert, um einem erneuten Verbot wie im Falle der Lega zu entgehen. Als Ziel der Organisation wurde festgehalten: „... die materielle und moralische Vervollkommnung der Frau ... muss das feste und beständige Verlangen jeder verantwortungsbewussten Frau sein, vor allem jener, denen das Glück Wohlstand, Bildung und Gefühl beschieden hat, und die darin die Räson und die Pflicht finden müssen, mit intensiver Liebe und gemeinsamem Nutzen zu arbeiten."[93]

Es war Nina Rignano Sullam, die aus eigenen Mitteln das Anfangskapital für die Miete und die Eröffnung geeigneter Räumlichkeiten in Mailand zur Verfügung stellte und damit die offizielle Gründung der UFN ermöglichte.[94] Trotz des Versuchs einer Zusammenführung verschiedener Weltanschauungen identifizierte sich die Organisation von Beginn an vor allem mit der 1892 entstandenen sozialistischen Partei Italiens (PSI), aus deren Umkreis Ersilia Majno wie auch die Mehrheit der Gründerinnen stammte. In den kommenden Jahren dominierte die sozialistische Tendenz weitgehend die personelle Zusammensetzung und konzeptionelle Ausrichtung der Organisation. Unter ihren zahlreichen Initiativen im sozialen wie kulturellen Bereich erlangte das Asilo Mariuccia sowie das Ufficio Indicazione ed Assistenza für arbeits- und obdachlose Frauen besondere Bedeutung. Ein Charakteristikum dieser Institutionen wie der UFN überhaupt bildete eine dezidiert laizistische Ausrichtung.[95]

---

reiche weitere soziale Vereinigungen in Mailand engagiert hatte, nicht mehr die Verwirklichung des Projekts. Jedoch gehörte ihr Ehemann, der Bankier Alberto Vonwiller, zu den Gründungsmitgliedern der UFN; vgl. Gaballo, Il nostro dovere, S. 25.
93 Unione Femminile, Programma istitutivo (1899), Archivio UFN, b. 1, fasc. 1: costituzione in cooperativa (1899–1905).
94 Vgl. den Brief von Rignano Sullam an Majno, 1899 (s. d.), Archivio UFN, Fondo Ersilia Majno, cartella 10, fasc. 1.
95 Das 1902 von Mitgliedern der UFN in Mailand gegründete Asilo Mariuccia, das prostitutionsgefährdeten Mädchen und jungen Frauen eine Unterkunft, Bildung und Arbeitsmöglichkeiten bot, wurde auf expliziten Wunsch Nina Rignano Sullams hin nach Ersilia Majnos Tochter benannt, die wenige Monate zuvor mit nur 13 Jahren an Diphterie gestorben war. Zum erfolgreichsten und bekanntesten Projekt der UFN vgl. Buttafuoco, Le Mariuccine. Zur Entstehung und Entwicklung der UFN vgl. Bartoloni, Attraversando il tempo; Gaballo, Il nostro dovere; Imprenti, Alle origini dell'Unione Femminile; Buttafuoco, Solidarietà, Emancipazionismo; D'Amico, Per l'elevazione.

Der Anteil jüdischer Mitglieder in der UFN war seit ihrer Gründung 1899 bis zu ihrem gewaltsamen Ende im Januar 1939 überproportional hoch.[96] Nicht nur Rignano Sullam, sondern jüdische Feministinnen generell fanden den fruchtbarsten Boden für ein Engagement in der zeitgenössischen italienischen Frauenbewegung bei der UFN. Ihr programmatischer Laizismus stellte diesbezüglich eine der wichtigsten Voraussetzungen dar. Wie bei den Pionierinnen der italienischen Frauenbewegung, Sara Levi Nathan oder Adele Della Vida Levi, war auch unter jüngeren jüdischen Feministinnen häufig ein ausgeprägter Antiklerikalismus und Antikatholizismus anzutreffen. Neben Nina Rignano Sullam galt dies etwa auch für Ersilia Majnos Freundin, die Florentiner Sozialarbeiterin Bice Cammeo (1875–1961), die sowohl für das Asilo Mariuccia als auch das Ufficio Indicazione ed Assistenza tätig wurde.[97] Anhand der weitgehend vollständig überlieferten Mitgliederlisten und jährlichen Aufnahmeanträge lassen sich für den Zeitraum zwischen 1899 und 1938 die Beitritte jüdischer Frauen relativ genau beobachten: Im Schnitt befanden sich unter den neuen Mitgliedern jährlich etwa ein Drittel Frauen jüdischer Herkunft, in einzelnen Jahren, etwa 1907 und 1908, machten sie sogar die Hälfte der neu hinzugekommenen Mitarbeiterinnen aus.[98]

Die Unterlagen des deutlich konservativeren Consiglio Nazionale delle Donne Italiane (CNDI) dagegen ergeben ein anderes Bild.[99] Die 1903 in Rom gegründete und von Frauen des italienischen Adels wie Gabriella Spalletti Rasponi (1853–1931) geprägte Organisation zählte zwar ebenfalls jüdische Frauen zu ihren Mitgliedern, jedoch spielten sie vor allem in der römischen Zentrale des CNDI eine quantitativ wie qualitativ deutlich geringere Rolle als in der Mailänder UFN. Offenbar schuf die ideologische Orientierung der Unione einen Raum, in dem jüdisch-nichtjüdische Begegnungen und Verbindungen seit Ende des 19. Jahrhunderts zunahmen, obwohl auch hier Spuren einer säkularen jüdischen Subkultur nachweisbar sind. Der Vergleich von UFN und CNDI legt den Schluss nahe, dass das politisch-soziale Klima der lombardischen Metropole dem gesellschaftlichen Engagement jüdischer Frauen

---

96 Vgl. dazu auch Novelli-Glaab, Zwischen Tradition und Moderne, S. 114; Buttafuoco, Nina Rignano Sullam, S. 151.
97 Zu der gebildeten Florentinerin Bice Cammeo, einer Schwester des Juristen Federico Cammeo (1872–1939), die auch mit Laura Orvieto und Amelia Rosselli befreundet war, vgl. Guarnieri, Tra Milano e Firenze; dies., Italian Psychology, S. 110.
98 Vgl. Archivio UFN, b. 2, fasc. 8: Domande di adesione – 1 (1905–1910), fasc. 9: Domande di adesione – 2 (1911–1920), fasc. 10: Domande di adesione – 3 (1921–1956). Die genannten Zahlen fielen noch höher aus, wenn man auch unbekanntere Mitglieder mitrechnen würde, die einen nichtjüdischen bzw. „neutralen" Nachnamen hatten, deren Mütter aber jüdischer Herkunft waren. In den Antragsformularen werden jedoch lediglich die Vor- und Nachnamen der Väter angegeben.
99 Zur Geschichte des CNDI vgl. Taricone, L'Associazionismo femminile, S. 21–50.

stärker entgegenkam als die von der katholischen Kirche geprägte Kultur Roms, wo das Ghetto erst 1870 geöffnet worden war.[100]

Eines der zentralen Motive für den auffälligen, kontinuierlichen Zustrom jüdischer Akteurinnen zur UFN liegt sicher in ihrer Orientierung an dem von Nina Rignano Sullam maßgeblich mitgeprägten Konzept einer „politischen Philanthropie", welches sich bereits im Engagement Paolina Schiffs abgezeichnet hatte. Anstatt sich auf bloße Spendentätigkeit zu beschränken, wurde in der UFN der Versuch gestartet, Wohltätigkeit mit moderner, auf neuesten wissenschaftlichen Erkenntnissen basierender Sozialarbeit zu verbinden und bedürftigen Menschen Hilfe zur Selbsthilfe zu bieten. Ähnlich wie im deutschen Kontext lässt sich im jüdischen Prinzip sozialer Gerechtigkeit der Kernpunkt dieser Entwicklung ausmachen, die sich von der traditionellen Philanthropie des 19. Jahrhunderts aufgrund eines aktiven gesellschaftspolitischen Engagements deutlich abhob.[101] Buttafuocos These, nach der es jüdische Akteurinnen waren, welche die seit den 1890er Jahren zunehmend zentralere Idee der „politischen Philanthropie" in den allgemeinen italienischen Frauenemanzipationsdiskurs einführten, erscheint vor dem Hintergrund der hier behandelten Biografien durchaus überzeugend.[102]

Nina Rignano Sullam zwischen jüdischer Familienidentität und säkularem Engagement

Nina Costanza Sullam wurde am 14. Juli 1871 in Mailand geboren, gut zehn Jahre nach den auch auf die Lombardei ausgedehnten Gesetzen zur Judenemanzipation. Ihr Vater Giuseppe Sullam (1842–1927), der aus Venedig stammte, war ein angesehener Ingenieur und in den Jahren 1912 bis 1920 Vorsitzender der Mailänder jüdischen Gemeinde. Ihre Mutter Bice Pisa (1849–1905) war eine Schwester des prominenten Philanthropen Ugo Pisa, der auch Paolina Schiffs Mutterschaftsversicherungen förderte.[103]

---

100 Zu der vom Sozialismus geprägten Kultur des zeitgenössischen Mailand vgl. Cicalese, Orientamenti culturali. Speziell zu den zeitgenössischen Mailänder Frauenorganisationen sozialistischer Tendenz, darunter auch die UFN, vgl. Imprenti, Operaie e socialismo.
101 Vgl. Kaplan, Jüdisches Bürgertum, S. 262–274; zur Entwicklung jüdischer Philanthropie zwischen dem 19. und dem frühen 20. Jahrhundert in Italien, Frankreich und England vgl. Levi D'Ancona, „Notabili e Dame", S. 741–776.
102 Vgl. Buttafuoco, Nina Rignano Sullam, S. 151.
103 Zur weitverzweigten Familie Sullam vgl. die Unterlagen im CDEC Milano, Fondo Angelo Sullam, b. 1, fasc. 1: Carte di Famiglia Sullam 1866–1978. Zum Wirken Giuseppe Sullams als Gemeindevorsitzenden vgl. CDEC Milano, Fondo Comunità Ebraica di Milano, b. 3, fasc. 9: Corrispondenza 1912–1920. Die Verfasserin dankt zudem Simon Levis Sullam (Venedig) für Informationen über die Familie und Verwandtschaftsverhältnisse Nina Rignano Sullams. Einer ihrer Cousins war der Jurist Angelo Sullam

Die Kenntnis des familiären Kontextes ermöglicht ein tiefergehendes Verständnis für das lebenslange Anliegen Nina Rignano Sullams, dem Wohl der Gemeinschaft zu dienen: Das Elternhaus, in dem sie aufwuchs, war nicht nur vermögend und gebildet, sondern auch religiös und gemeindeorientiert. Obwohl die Protagonistin, ähnlich wie Paolina Schiff, sich im Erwachsenenalter allem Anschein nach zur Atheistin entwickelte,[104] muss sie eine religiöse Erziehung erhalten haben und mit den Mailänder Gemeindeinstitutionen, dem Kindergarten und den Schulen, gut vertraut gewesen sein. Interessanterweise fand Rignano Sullam im laizistischen Asilo Mariuccia der UFN später eines ihrer Haupttätigkeitsfelder, vermachte gleichzeitig aber einen großzügigen Teil ihres Erbes dem Asilo Israelitico in Mailand.[105] Auch heiratete die Akteurin, wie die große Mehrheit zeitgenössischer jüdischer Protagonistinnen der italienischen Frauenbewegung, einen Juden. Im Jahr 1897 ehelichte die damals 25-jährige Nina Sullam den aus Livorno stammenden gebildeten Ingenieur Eugenio Rignano (1870–1930), der sie mit dem demokratischen Sozialismus des zeitgenössischen Mailand vertraut machte.[106] Dass es sich offenbar um keine von den Eltern arrangierte Verbindung, sondern um eine Liebesheirat handelte, geht aus den Worten einer engen Freundin Ninas hervor: „Eugenio Rignano [war] der erwählte, liebe Gefährte ihres Lebens."[107] Die intellektuelle Inspiration, ideelle wie materielle Unterstützung, die Nina Rignano Sullam in Eugenio fand, bildeten eine zentrale Voraussetzung für ihr soziales Engagement.[108] Erhalten ist auch Rignanos *autorizzazione maritale* vom April 1905, mit welcher der Ingenieur seiner Frau Nina unter notarieller

---

(1881–1971), von 1919 bis 1929 Vorsitzender der Jüdischen Gemeinde in Venedig und bedeutender Vertreter des italienischen Zionismus.
104 So die Annahme von Buttafuoco, Nina Rignano Sullam, S. 144.
105 Die dezidiert laizistische Orientierung des Asilo Mariuccia war von Rignano Sullam selbst gewünscht worden, vor allem aufgrund ihrer Vorbehalte gegenüber katholischen Erziehungseinrichtungen. Buttafuoco weist auf die „starke Bindung" der Akteurin an die jüdische Gemeinschaft hin, in der sich ihr tief verwurzeltes jüdisches Selbstverständnis offenbart; Buttafuoco, Mariuccine, S. 36, 388.
106 Eugenio Rignano hatte in Turin studiert und sich nach seinem Examen in Mailand niedergelassen. Ein Anhänger des Positivismus, war Rignano auch in Biologie, Psychologie und theoretischer Philosophie gebildet. Der Ingenieur trat dem PSI bei, beschäftigte sich aber vor allem mit den theoretischen Grundlagen der sozialistischen Bewegung; er befürwortete einen demokratischen Sozialismus und gehörte in Mailand der Gruppe um Osvaldo Gnocchi Viani an. 1901 unterstützte Rignano die Gründung der Mailänder Volkshochschule, deren Präsident er lange Zeit war. Zudem engagierte er sich für die Società Umanitaria und gründete 1907 die Zeitschrift „Rivista di Scienza". Zu Rignano vgl. Mosetti/Tacchinardi, Società Umanitaria, S. 240–250.
107 Archivio UFN, Serie 1.2: Organi amministrativi, Sottoserie 1.2.2.3: Necrologi e commemorazioni, b. 3, fasc. 14: commemorazione di Nina Rignano Sullam 1948.
108 Im Nachruf auf Nina Rignano Sullam etwa ist zu lesen: „1931 starb Eugenio Rignano. In dem leeren Haus blieb sein Geist lebendig, es blieben seine wissenschaftlichen und philosophischen Werke ... Nina ... sammelte all dies; solange sie lebte, blieb sie [diesem Erbe] gegenüber liebevoll und achtsam, erwies ihm die nötige Pflege, auch auf Kosten eigenen Verzichts und persönlicher Opfer"; ebd.

Abb. 6: Nina Rignano Sullam, circa 1910.

Aufsicht die uneingeschränkte Genehmigung erteilte, jeder Art von Organisation offiziell beizutreten. Eine derartige Erlaubnis durch den Ehemann war damals gesetzlich vorgeschrieben und somit auch die formale Voraussetzung für ein Engagement in der organisierten Frauenbewegung, sofern diese über reine Spendentätigkeit oder eine ideelle Befürwortung hinausging.[109] (Abb. 6)

Die seit 1899 stetig wachsenden jüdischen Verwandtschafts- und Freundschaftsnetzwerke innerhalb der UFN gingen in erheblichem Maße von der Gruppe um Rignano Sullam aus. Die enge Verflechtung der Familien Pisa und Sullam basierte, wie bei zahlreichen anderen italienisch-jüdischen Familien auch, auf Verwandtenheiraten. Ihre Großmutter väterlicherseits war Costanza Pisa (von der Ninas zweiter Vorname stammte), eine Tochter des prominenten Bankiers Zaccaria Pisa, ihr Onkel mütterlicherseits war der Senator Ugo Pisa, wichtigster Förderer der Mailänder Società Umanitaria und der Cassa di maternità. Seine Schwägerin Antonietta Pisa Rizzi befand sich unter den Gründerinnen und einflussreichsten Mitgliedern der UFN. Eine der Töchter des Senatoren, Fanny Norsa Pisa (1884–1958), die während der faschistischen Diktatur den Vorsitz der Wohlfahrtsorganisation Opera Nazionale Maternità e Infanzia innehaben sollte, war schon frühzeitig in der UFN aktiv.[110] Auch ihre Schwester Vittoria Cantoni Pisa trat 1910 der UFN bei; Anfang der 1920er Jahre schloss sie sich der zionistischen Bewegung an und wurde in den 1930er Jahren Vorsitzende der ADEI. (Abb. 7)

Im Rahmen der Rekrutierung weiterer geeigneter Aktivistinnen für die Frauenorganisation spielten die persönlichen Verbindungen sowie die einflussreiche Stellung der Familien Sullam und Pisa im Mailänder Wohlfahrtsbereich eine bedeutende Rolle. Auch die Beziehungen von Eugenio Rignano, damals Präsident der neu gegründeten Volkshochschule, kamen der Etablierung der UFN in den lombardischen Kreisen jüdischer Intellektueller zweifellos zugute. Eugenio selbst wurde 1908 offiziell Mitglied der UFN, wie man den Verzeichnissen entnehmen kann.[111] Die seit Beginn der UFN kontinuierlich ansteigende Zahl jüdischer Mitglieder und Förderer, darunter auch

---

109 Autorizzazione maritale generale concessa da Eugenio Rignano alla moglie Nina Rignano Sullam, 5. April 1905, Archivio UFN, Serie 1.5.1. Diritti delle donne, b. 8, fasc. 55: Condizione giuridica della donna: attività pro legge Sacchi per l'abolizione dell'autorizzazione maritale. Die Erlaubnis des Ehemanns als Voraussetzung für eine organisatorische Betätigung wurde erst 1919 aufgrund der *legge Sacchi* in Italien abgeschafft. Für das betreffende Gesetz machten sich auch die UFN und die Mailänder Volkshochschule, vermutlich auf Anregung Eugenio Rignanos, stark; vgl. die gemeinsame Veranstaltung über den Gesetzesentwurf Sacchi im Archivio UFN, b. 8, fasc. 55.
110 Zu den Verwandtschaftsverhältnissen Pisa-Sullam vgl. Maifreda, Gli ebrei e l'economia milanese, S. 139; zu Ugo und Fanny Norsa Pisas Einsatz für die Opera Maternità e Infanzia vgl. Associazione donne ebree d'Italia (Hg.), Dalla nascita ai giorni nostri, S. 13. Zu Fanny Norsa Pisa vgl. den Eintrag von Beatrice Pisa im Dizionario biografico delle donne lombarde, hg. von Farina, S. 881 f.
111 Vgl. das Beitrittsformular vom 8. April 1908, Archivio UFN, b. 2, fasc. 8: Domande di adesione – 1 (1905–1910).

Abb. 7: Bice Cammeo, Ersilia Majno und Antonietta Pisa Rizzi auf der Terrasse der Unione Femminile Nazionale, circa 1900.

Angehörige der eng verzweigten, eminenten Familien Treves, Finzi und Cantoni,[112] stellte nicht zuletzt eine Konsequenz der ausgeprägten Familienidentität italienischer Juden dar, die auch in der UFN zur Herausbildung einer säkularen Subkultur beitrug.

Genaue Angaben zu Nina Rignano Sullams Lehrern und Studienorten sind nicht überliefert. Jedoch müssen ihre Eltern dem begabten Mädchen neben der Vermittlung jüdischer Kenntnisse eine breite und moderne Ausbildung unter besonderer Beachtung interkultureller Kompetenzen ermöglicht haben: Aus Nina Rignano Sullams Korrespondenz mit Majno gehen neben einer umfassenden Allgemeinbildung und einem besonderen Interesse an pädagogischen wie juristischen Fragen vor allem hervorragende Fremdsprachenkenntnisse hervor. Rignano Sullam beherrschte abgesehen von ihrer italienischen Muttersprache mindestens drei weitere Sprachen fließend, das Deutsche, Englische und Französische.[113] Es ist höchstwahrscheinlich, dass die Akteurin vor ihrer Heirat verschiedene Bildungsreisen in Europa unternahm. Einer ihrer Cousins studierte in Berlin und schickte ihr von dort aus deutsche Zeitungen, wie sie in einem Brief erwähnt.[114]

Ähnlich wie bei Sara Levi Nathan und Paolina Schiff stellten auch Nina Rignano Sullams Bildung und sprachliche Fähigkeiten eine bedeutende Voraussetzung für ihre zunehmend führende Rolle innerhalb der organisierten Frauenbewegung, als internationale Netzwerkerin und Vermittlerin von Ideen dar. Dabei bediente sie sich vor allem des geschriebenen Wortes. Das ausgeprägte Selbstbewusstsein, die Faszination und öffentliche Wirkung, die von Mazzinis Gefährtin Levi Nathan und Cavallottis Vertrauten Schiff ausgegangen sein müssen, besaß Rignano Sullam vermutlich nicht. Sie selbst beschrieb ihren Charakter als „lebhaft, zuweilen rebellisch und aufbrausend", gestand aber gleichzeitig, wenig Vertrauen in ihre eigenen Fähigkeiten zu haben und oft von Selbstzweifeln gequält zu werden.[115] An anderer Stelle sprach sie von ihrem „denkenden Organismus",[116] wahrscheinlich in Anspielung auf ihr zuweilen introvertiertes, kontemplatives Wesen. Gleichzeitig gehen aus ihren Briefen ein beeindruckender Optimismus sowie Stetigkeit und Schaffenskraft hervor, die in ihren Projekten spürbar waren und ihre Mitstreiterinnen inspirierten.

---

112 Zwischen 1905 und 1908 traten Virginia Treves Tedeschi, Ada Treves Segre und Bianca Arbib Finzi in die UFN ein, 1909 Elisa Treves Treves und 1910 Vittoria Cantoni Pisa. Alle blieben in den folgenden Jahren zentrale Aktivistinnen der Frauenorganisation; sie engagierten sich u. a. für das Frauenwahlrecht, Frauenbildung und die nationalen Mutterschaftskassen; vgl. die entsprechenden Beitrittserklärungen im Archivio UFN, b. 2, fasc. 8: Domande di adesione – 1 (1905–1910).
113 Vgl. Buttafuoco, Nina Rignano Sullam, S. 144; D'Amico, Nina Rignano Sullam, S. 8.
114 Vgl. den Brief von Nina Rignano Sullam an Ersilia Majno vom 12. September, ca. 1906 (s. d.), Archivio UFN, Fondo Ersilia Majno, cartella 10, fasc. 1.
115 Vgl. den Brief an Ersilia Majno, ca. 1904 (s. d.), Archivio UFN, Fondo Ersilia Majno, cartella 10, fasc. 1.
116 Rignano Sullam an Majno, ca. 1905 (s. d.), Archivio UFN, Fondo Ersilia Majno, cartella 10, fasc. 1.

Transnationale Perspektiven. Englische *settlements*, deutsche Erziehungspolitik und der internationale Kampf gegen den Mädchenhandel

Ähnlich wie Paolina Schiff sah auch Rignano Sullam in der Erlernung eines Berufs, der Frauen ohne finanzielle Sicherheiten zu einem Einkommen verhelfen konnte, eine der wichtigsten Voraussetzungen für weibliche Emanzipation. Im Asilo Mariuccia versuchte Rignano Sullam, diese Ideen in die Praxis umzusetzen. Was ihre eigene Situation anging, so erkannte die verheiratete, kinderlose Akteurin, die in wohlhabenden Verhältnissen lebte und keinen Beruf ausübte (in ihrem offiziellen Beitrittsformular zur UFN machte sie unter *professione* keinen Eintrag),[117] offenbar im weltlichen Wohlfahrtsbereich den lang ersehnten Handlungsraum für die Verwirklichung ihrer individuellen Fähigkeiten und ihrer Unabhängigkeit als Frau. Großen Wert legte Rignano Sullam dementsprechend auf die Schulung italienischer Feministinnen, die wie sie selbst zwar mehrheitlich über eine umfassende, zumeist geisteswissenschaftlich ausgerichtete Bildung verfügten, ihr jedoch im europäischen Vergleich für die Durchführung einer effektiven Sozialarbeit ungenügend vorbereitet erschienen. Eine professionelle Unterweisung in grundlegenden juristischen Kenntnissen, insbesondere der unterschiedlichen Arbeits- und Sozialgesetzgebungen in Europa, war in den Augen der Mailänder Jüdin dringend notwendig. An Majno schrieb sie:

> „Wenn die italienischen Frauen mit derselben Effizienz und derselben Anerkennung arbeiten wollen wie ihre ausländischen Freundinnen, so müssen sie wirklich besser in den betreffenden Bereichen vorbereitet werden. Erfahrung und Praxis genügen nicht, wir brauchen ein wenig Kultur, und zwar in diesem Bereich, nicht die klassische und literarische Kultur, die auf den Schulbänken fabriziert wird. – Ein Kurs, der mit einer Einführung in allgemeine Fragen beginnt, dann allmählich die Arbeitsgesetzgebung in den verschiedenen Staaten [erläutert], die Formen der [sozialen] Sicherheit, der Sozialhilfe, der Philanthropie ... die Organisation der Wohltätigkeitsvereine und die Gesetze, welche diese regeln; den Fortschritt der anderen Länder im Vergleich zu unserem, etc.; und all dies in Form ... einer wahren und wirklichen Lehre, und nicht im kurzen Ablauf eines Vortrags konzentriert."[118]

Nina Rignano Sullam wurde so zur Initiatorin von Lehrveranstaltungen, die spätestens seit 1908 befreundete italienische Juristen in den Räumlichkeiten der Unione abhielten.[119] Vermutlich war in Rignano Sullams Forderung nach einer kontinuierli-

---

117 Vgl. Rignano Sullams Beitrittsformular im Archivio UFN, b. 2, fasc. 8: Domande di adesione – 1 (1905–1910).
118 Rignano Sullam an Majno, 17. November, ca. 1900 (s. d.), Archivio UFN, Fondo Ersilia Majno, cartella 10, fasc. 1.
119 Archivio UFN, Serie 1.4. Attività culturali e formative, b. 7, fasc. 49: Corso giuridico sulle Condizioni della donna nel Codice, sulla legislazione scolastica e delle opere pie e sulla legislazione del lavoro; 27/3/1908: programma a stampa e invito alla prolusione del professor E. Porro.

chen Lehre in Seminarform auch ihre Identifizierung mit den Methoden der damals von Eugenio Rignano geleiteten, noch jungen Mailänder Volkshochschule spürbar.

Die Akteurin verfolgte den Frauenrechtsdiskurs und die Entwicklung der Sozialgesetzgebung nicht nur in Italien, sondern war aufgrund der Lektüre ausländischer Zeitungen und Publikationen auch über die Situation in anderen europäischen Ländern gut informiert. Ihr lebendiges Interesse für juristische Fragen wurde vermutlich durch ihren Mann Eugenio gefördert, der sich damals eingehend mit der zeitgenössischen Rechtsprechung, insbesondere der Reform des Erbrechts, beschäftigte.[120] In der UFN entwickelte sich Nina zu einer Katalysatorin kulturellen Transfers: Bewusst griff sie Initiativen und Konzepte aus dem internationalen Diskurs auf und machte diese unter ihren Mitstreiterinnen bekannt, um mit ihnen das Potential neuer Gesetze und Methoden zur Bekämpfung sozialer Probleme sowie einer Verbesserung des Bildungssystems innerhalb des eigenen nationalen Kontextes zu diskutieren. Es war Rignano Sullam, welche die bereits 1884 in London entstandene Settlement-Bewegung auch unter italienischen Akteurinnen bekannt machte: In einem fundierten Artikel, der 1901 in der Zeitschrift „Unione Femminile" erschien, erläuterte sie ihren Leserinnen die Konzeption der englischen *settlements* und regte an, in Italien ähnliche Siedlungsheime zugunsten der öffentlichen Wohlfahrt und Bildung sozial benachteiligter Menschen zu gründen.[121] Der Grundgedanke hinter der Settlement-Bewegung, die sich von England aus seit den 1880er Jahren rasch über zahlreiche Länder ausgebreitet hatte und v. a. in den USA auf Interesse gestoßen war, bestand in einer besonderen Form gemeinschaftlichen Handelns: Menschen aus privilegierten gesellschaftlichen Schichten sollten sich in Wohnvierteln der Armen ansiedeln, um mit ihnen als Nachbarn zusammenzuleben und ihnen Wissen, Bildung und Unterstützung bei der Arbeitssuche sowie im Gesundheitsbereich anzubieten. In England und den USA wurde die Settlement-Bewegung seit den 1880er Jahren insbesondere auch von Frauenrechtlerinnen dynamisiert.[122]

Rignano Sullam muss aufgrund ihrer intensiven Lektüre ausländischer Zeitungen, womöglich aber auch durch verwandtschaftliche Beziehungen nach England, von den *settlements* erfahren haben. Eine ähnliche Konzeption ist nicht zuletzt in der Idee eines Hauses als Mittelpunkt der UFN zu erkennen. Besonders deutlich manifestierten sich die Intentionen der Settlement-Bewegung in dem 1900 von der UFN ins Leben gerufenen Ufficio Indicazione ed Assistenza. Das Ziel der Einrichtung bestand darin, sozial schwachen Menschen eine Orientierung innerhalb der komplizierten italienischen Bürokratie zu bieten, um sie bei der Beantragung staatlicher Subsidien

---

120 Vgl. D'Amico, Nina Rignano Sullam, S. 8.
121 Rignano Sullam, Che Cosa sono i Settlements inglesi?, in: Unione Femminile I,3–4 (1901).
122 Zu den Ursprüngen der Settlement-Bewegung in England und ihren Anhängerinnen vgl. Bentley Beauman, Women and the Settlement Movement; für den amerikanischen Kontext vgl. u. a. Hutchinson Crocker, Social Work and Social Order.

zu unterstützen. Außerdem erstattete das Ufficio Indicazione ed Assistenza Anzeige bei der Polizei über Fälle von Kriminalität, Prostitution, Alkoholismus etc., die ihnen von hilfesuchenden Personen gemeldet wurden. Innerhalb kurzer Zeit wurde das Büro eine Anlaufstelle für arbeitslose, kranke, alte und misshandelte Menschen, vor allem Frauen.[123] Unter den Mitarbeiterinnen des Ufficio befanden sich Pionierinnen der UFN wie Elisa Boschetti, Carla Gadola Lancini und Larissa Boschetti Pini; die Seele der Einrichtung war jedoch Nina Rignano Sullam, die das humanitäre Konzept der Settlement-Bewegung auf die Mailänder Institution übertrug und für die bedürftigen Menschen immer ein offenes Ohr hatte.[124]

Generell orientierte sich die Akteurin in Fragen der Sozialarbeit, Erziehung und Ausbildung an den aktuellen internationalen Entwicklungen. In einem Brief an Majno etwa berichtete sie von einem Zeitungsartikel über die Pestalozzi-Schulen in Deutschland, den sie im Verbandsorgan der UFN abdrucken wollte. Die reformpädagogischen Ideen des Schweizers Pestalozzi sollten auf diese Weise auch italienischen Frauen nahegebracht werden.[125] Noch ausführlicher schilderte sie an anderer Stelle das 1900 verabschiedete preußische Fürsorgeerziehungsgesetz, das sie auch für Italien erstrebenswert hielt:

„Ich habe in den deutschen Zeitungen von einem Gesetz gelesen, welches dieses Jahr in Deutschland verabschiedet worden ist und sich Fürsorgeerziehungsgesetz nennt. Es handelt sich um ein Gesetz für den Schutz von Kindern und Jugendlichen von der Geburt bis zum 18. Lebensjahr, das dem Staat die Pflicht auferlegt, alle Waisen, verwahrlosten oder in korrupten Zuständen aufwachsenden Kinder und Jugendliche unter seine Aufsicht zu stellen und für ihre Ausbildung zu sorgen: Anscheinend gibt es allein in Preußen 40 bis 50 000 Kinder, die unter den Schutz des Staates gestellt werden."[126]

In Rignano Sullams Ideal einer gerechten Erziehung und Ausbildung, insbesondere für gesellschaftlich benachteiligte Gruppen, war das kulturelle Erbe der Pionierin

---

123 Zu den Zielen und Inhalten der Einrichtung vgl. Relazione degli Uffici Indicazioni e Assistenza (1907–1908–1909), Archivio UFN, b. 9, fasc. 62.
124 Vgl. D'Amico, Nina Rignano Sullam, S. 16–18.
125 Den Artikel hatte ihr der in Berlin studierende Cousin zugänglich gemacht; vgl. Rignano Sullam an Majno, 17. November, ca. 1900 (s. d.), Archivio UFN, Fondo Ersilia Majno, cartella 10, fasc. 1.
126 Nina Rignano Sullam an Ersilia Majno, ca. 1900 (s. d.), Archivio UFN, Fondo Ersilia Majno, cartella 10, fasc. 1 (Hervorhebung im Original). Zum preußischen Fürsorgeerziehungsgesetz vgl. u. a. Nitsch, Private Wohltätigkeitsvereine, S. 191. Nina Rignano Sullam war angesichts ihrer vorbehaltlos positiven Einschätzung des Gesetzes nicht bewusst, dass seine praktische Anwendung auch mit ernsthaften Problemen verbunden war. Tatsächlich genügte für eine Einweisung in staatliche Fürsorgeerziehungsanstalten oft lediglich die „Gefahr" einer Verwahrlosung. Diese wurde nicht nur dann als gegeben angesehen, wenn Eltern ihre Kinder vernachlässigten oder misshandelten, sondern auch dann, wenn diese oder die Kinder kein gesellschaftskonformes, „bürgerliches" Verhalten zeigten. Auch in diesem Fall, der auf der subjektiven Einschätzung der Behörden beruhte, lieferten sie einen Grund für das Einschreiten öffentlicher Erziehung; vgl. Kuhlmann, So erzieht man keinen Menschen, S. 12.

Sara Levi Nathan deutlich präsent. Auch das akute Problem des Frauen- und Mädchenhandels, das sich durch die Mazzinianerin zu einem zentralen Thema des italienischen Frauenemanzipationsdiskurses entwickelt hatte, wurde eines der wichtigsten Anliegen Nina Rignano Sullams. Ihr Engagement in diesem Bereich entsprach dem generell ausgeprägten internationalen Einsatz vor allem jüdischer Frauenrechtlerinnen zugunsten des Abolitionismus. Eine der bedeutendsten zeitgenössischen Aktivistinnen in diesem Bereich war Bertha Pappenheim (1859–1936), die 1904 in Berlin den Jüdischen Frauenbund gründete und sich zeitlebens für Institutionen einsetzte, die – ähnlich wie das Asilo Mariuccia – dem Mädchenhandel durch Sozialarbeit für die durch Armut gefährdeten jungen Frauen vorbeugen sollten. Eines der wichtigsten konkreten Resultate stellte 1907 die Gründung des Heims für ledige Mütter im hessischen Neu-Isenburg dar.[127] Höchstwahrscheinlich war Rignano Sullam aufgrund ihrer generell guten Kenntnis der internationalen Situation über die Initiativen deutsch-jüdischer Frauenrechtlerinnen zugunsten prostitutionsgefährdeter Mädchen informiert und schöpfte hieraus Inspiration für ihre eigenen Projekte.

So ging auch die Gründung des Comitato contro la tratta delle bianche („Komitee gegen den weißen Sklavinnenhandel"), das 1901 im Rahmen der UFN entstand, maßgeblich von Nina Rignano Sullam und Ersilia Majno aus. Die überlieferten Dokumente zeugen von einer jahrzehntelangen, ungebrochenen Aktivität des Mailänder Komitees auf nationaler wie internationaler Ebene, die Teilnahme an Kongressen unter anderem in London, Madrid und Paris, die Erörterung juristischer Fragen hinsichtlich Prostitution und Frauenhandel sowie die Diskussion konkreter Möglichkeiten zum Schutz elternloser, obdachloser oder ausgesetzter Mädchen, welche 1902 in die Gründung des Asilo Mariuccia mündeten.[128]

Es war dieser Bereich, in dem Rignano Sullam am stärksten ihre Identifizierung mit dem zeitgenössischen laizistischen Frauenrechtsdiskurs und gleichzeitig ihre Solidarität mit dem Vorgehen der italienischen jüdischen Gemeinden *contro la tratta delle bianche* zum Ausdruck bringen konnte. Der Kampf gegen den „weißen Sklavinnenhandel" bildete ein zentrales Anliegen jüdischer Institutionen in Italien, über dessen Häfen die Geschäfte vielfach abgewickelt wurden.[129] Dass zwischen dem Engagement jüdischer Gemeindevertreter und dem Einsatz von Mitarbeiterinnen der

---

[127] Zur Gründerin des jüdischen Frauenbunds vgl. v. a. Konz, Bertha Pappenheim. Zum Mädchenwohnheim vgl. Heubach, Das Heim des jüdischen Frauenbundes; Schröder, Grenzgängerinnen, S. 359.

[128] Archivio UFN, Sottoserie 1.5.3: Assistenza sociale (1891, 1901–1951), b. 10, fasc. 63: Comitato contro la tratta delle bianche. Zum „Komitee gegen den weißen Sklavinnenhandel" vgl. zudem Schettini, Il comitato italiano.

[129] Aus den einschlägigen Unterlagen im Archiv der Unione delle Comunità Ebraiche Italiane (im Folgenden UCEI) geht vor allem das persönliche Engagement des Oberrabbiners der jüdischen Gemeinde von Genua, Giuseppe Sonnino, hervor. Die italienische Hafenstadt hatte mit dem Problem des Mädchen- und Frauenhandels besonders zu kämpfen; vgl. Sonnino an Sereni (Presidente del Comitato

UFN durchaus Überschneidungen existierten, geht aus den betreffenden Akten im Archiv der Unione delle Comunità Ebraiche Italiane klar hervor: Ihre Führung stand sowohl mit der Londoner Zentrale der Jewish Association for the Protection of Girls and Women als auch mit dem Comitato italiano contro la tratta delle bianche der laizistischen UFN in Verbindung.[130] Höchstwahrscheinlich wurden diese Beziehungen aufgrund der jüdischen Herkunft Rignano Sullams und der generell starken Präsenz jüdischer Frauen in der UFN gefördert, zumal sich in den Gemeindeakten keinerlei sonstigen Kontakte zu italienischen Frauenorganisationen, etwa dem CNDI, nachweisen lassen. Die „politischen Philanthropinnen" der UFN wurden so zum Bindeglied zwischen der innerjüdischen und der allgemeinen abolitionistischen Bewegung.

In Nina Rignano Sullams Schaffen wurde das von Sara Levi Nathan begonnene Engagement für Erziehung und Abolitionismus erfolgreich weitergeführt. Wie bei der Gefährtin Mazzinis fand auch der Einsatz Rignano Sullams für Frauen in einem laizistischen Raum statt. Die ideologische Ausrichtung der UFN bildete eine bedeutende Voraussetzung für die Beteiligung Rignano Sullams wie jüdischer Akteurinnen generell in der organisierten Frauenbewegung. Gleichzeitig jedoch muss die dezidierte Orientierung der Mailänder Organisation an Laizismus, Erziehung und Abolitionismus in Verbindung mit moderner Sozialarbeit auch als ein Resultat der überdurchschnittlichen Beteiligung von Jüdinnen interpretiert werden, deren kulturelles Erbe in die Vereinigung einfließen konnte. Nina Rignano Sullams Biografie spiegelt insofern nicht nur den fortschreitenden Emanzipationsprozess italienischer Jüdinnen wider, sondern auch das Weiterbestehen einer jüdischen Identität, die sich von der Religion zunehmend löste, innerhalb zwischenmenschlicher Beziehungen und sozialer Konzepte aber lebendig war. Die Akteurin integrierte sich in die überkonfessionelle Frauenbewegung des italienischen Einheitsstaats, blieb aber gleichzeitig in jüdischen Familiennetzwerken und in der Nähe der organisierten jüdischen Gemeinschaft verortet.

---

delle Comunità Israelitiche italiane Roma), 29. Dezember 1912; UCEI, Fondo „Attività del Consorzio delle Comunità Israelitiche Italiane fino al 1924", b. IV, fasc. 18: „Tratta delle bianche".

130 Ein Beweis für die guten Beziehungen ist die Tatsache, dass 1913, im Vorfeld eines internationalen Kongresses zur „Suppression of the White Slave Traffic" in London, sich die in Rom ansässige Führung der Union jüdischer Gemeinden mit Ersilia Majno, damals Vorsitzende des Mailänder „Komitees gegen den weißen Sklavinnenhandel", sogar über den nach London zu entsendenden Vertreter für Italien austauschte; vgl. die Briefe von Samuel Cohen, Sekretär der Jewish Association for the Protection of Girls and Women, an Emilio Sereni (11. Mai 1913), Ersilia Majno an Anselmo Colombo (18. Juni 1913) und von Emilio Sereni an Claude G. Montefiore (Rom, 24. Juni 1913); UCEI, Fondo „Attività del Consorzio delle Comunità Israelitiche Italiane fino al 1924", b. IV, fasc. 18: „Tratta delle bianche". Zur Bedeutung der Jewish Association for the Protection of Girls and Women für die jüdische Frauenbewegung in Großbritannien vgl. Tananbaum, Jewish feminist organizations, S. 375, 381–383.

3.2 Jüdinnen, Katholikinnen, Antisemitismus
Katholische Anfeindungen zwischen Anti-Judaismus und Anti-Laizismus

Im Vorwort zu seinen „Pagine ebraiche" schrieb Arnaldo Momigliano, dessen Eltern beide in der Shoah umgebracht wurden, dass „dieses gigantische Verbrechen niemals geschehen wäre, wenn ... nicht eine über Jahrhunderte gereifte Gleichgültigkeit gegenüber den jüdischen Landsleuten geherrscht hätte. Die Gleichgültigkeit war das Endprodukt der Feindseligkeiten der Kirche, für die ‚Konversion' die einzige Lösung des jüdischen Problems darstellt".[131]

Welche Rolle italienische Frauen bei der Schaffung, Aufrechterhaltung und Radikalisierung eines katholischen Antisemitismus einnahmen, auf den Momigliano hier anspielt, ist bis heute weitgehend unbekannt. Die überdurchschnittlich hohe Beteiligung von Jüdinnen im *movimento femminile nazionale* hat die Frage nach der Existenz und den Erscheinungsformen antisemitischer Vorurteile unter italienischen Katholikinnen in den Hintergrund treten lassen.[132] Die einschlägige Geschichtsschreibung erweist sich damit dem überkommenen Narrativ verhaftet, nach dem Antisemitismus vor 1938 in Italien nicht existiert habe.[133] Italienische Frauen scheinen von antijüdischem Denken und Handeln unberührt. Der erhebliche Einfluss, den jüdische Akteurinnen wie die zuvor behandelte Nina Rignano Sullam auf die wichtigste Organisation der frühen italienischen Frauenbewegung UFN ausübten, stützt auf den ersten Blick die Vorstellung eines ungetrübten Verhältnisses zwischen jüdischen und nichtjüdischen Akteurinnen im liberalen Italien. Jedoch wird diese oberflächliche Sichtweise der ausgeprägten Laizität und sozialistischen Prägung der UFN nicht gerecht.[134]

Eine differenzierte Beurteilung jüdisch-nichtjüdischer Beziehungen innerhalb und im Umkreis der frühen italienischen Frauenbewegung, die Erkenntnisse über die Existenz antisemitischer Tendenzen zulassen, erfordert vielmehr die dezidierte Einbeziehung zeitgenössischer katholischer Institutionen und ihrer Protagonistinnen in die Untersuchung. Zudem ist es notwendig, sich der für den italienischen Kontext zentralen Verknüpfung zwischen Anti-Judaismus und Anti-Laizismus bewusst

---

131 Momigliano, Pagine ebraiche, S. XXXI.
132 Eine Ausnahme innerhalb der einschlägigen Frauen- und Geschlechtergeschichte bildet der Beitrag von Gazzetta, Tra antiebraismo e antifemminismo. Zudem hat Maria Teresa Sega in ihrer Studie über die „doppelte Emanzipation" jüdischer Frauen im Veneto auch auf antisemitische Vorfälle hingewiesen; vgl. Sega, Percorsi di emancipazione, S. 203 f.
133 In der Nachkriegszeit trugen selbst einige jüdische Akteure aufgrund subjektiver, transformierter Erinnerungsprozesse zum Narrativ einer bis 1938 von Antisemitismus unberührten italienischen Gesellschaft bei; vgl. dazu Wyrwa, Antisemitismus, S. 87; Baumeister, Ebrei fortunati?, S. 44 f.
134 Bettin etwa hebt die engen Beziehungen der 1927 gegründeten Mailänder ADEI zu „mitfühlenden Katholikinnen wie Ersilia Majno" hervor, ohne die sozialistische Orientierung der langjährigen Vorsitzenden der UFN und die betont laizistische Ausrichtung der Frauenvereinigung zu bedenken; vgl. Bettin, Italian Jews, S. 109.

zu sein, ohne die ein umfassendes Verständnis der Positionierung katholischer Aktivistinnen und ihrer Einstellungen gegenüber Jüdinnen nicht möglich ist. Auf diese Weise können auch Abgrenzungsstrategien von Katholikinnen überprüft und neues Licht auf die tieferen Gründe für die auffallend starke Hinwendung jüdischer Frauen zu den laizistischen Organisationen geworfen werden.

Bisher liegen nur vereinzelte Studien zum Antisemitismus im italienischen Einheitsstaat zwischen 1861 und 1922 vor. Die Frage nach eventuellen Kontinuitäten antisemitischer Haltungen und Diskurse vom 19. bis 20. Jahrhundert hin zum Faschismus ist für den italienischen Kontext bislang wenig erforscht.[135] Wissenschaftlicher Konsens besteht jedoch darüber, dass antijüdische Vorurteile in der politisch-kulturellen Tradition Italiens im Wesentlichen katholischen Ursprungs sind. Die Bedeutung der katholischen Kirche für die Entstehung und Entwicklung des modernen Antisemitismus in Italien wie in Europa generell hat auch Ulrich Wyrwa in seinem Werk zum Antisemitismus im liberalen Italien unterstrichen.[136] Antijüdische Vorurteile im italienischen Einheitsstaat traten hauptsächlich in Form eines katholischen Anti-Judaismus in Erscheinung, d. h. in der Ablehnung des Judentums aus überwiegend religiösen Motiven inklusive der traditionellen Verleumdungen bezüglich Ritualmord, Wucher und Verschwörung.[137] Die Grenzen zu einem rassischen Antisemitismus indessen waren nicht selten fließend.[138] Insbesondere die Zeitschrift „La Civiltà Cattolica", die als offizielles Sprachrohr des Vatikans, der Jesuiten und der konservativen katholischen Kreise im liberalen Italien fungierte, machte in ihren Angriffen auf Juden und das Judentum vielfach Gebrauch vom Begriff der jüdischen „Rasse". Ein besonders eklatantes Beispiel findet sich in einem Artikel aus dem Jahr 1893, in dem der Jesuit Raffaele Ballerini verkündete, dass „diese Rasse der Juden nicht zu Italien gehört".[139]

Ein relevantes Merkmal anti-judaistischer Diskurse im italienischen Einheitsstaat sind aber nicht nur die zum Teil auch biologistischen Einflüsse, sondern vor allem

---

135 Vgl. insbesondere Wyrwa, Gesellschaftliche Konfliktfelder; ders., Antisemitismus. Vgl. zudem Canepa, Cattolici ed ebrei; ders., Reflections on Antisemitism; Toscano, L'uguaglianza; Pavan, L'impossibile rigenerazione; Levis Sullam, I critici e i nemici. Mit den Kontinuitäten antisemitischer Diskurse in Europa insgesamt beschäftigt sich Levis Sullam, L'archivio antiebraico.
136 Vgl. Wyrwa, Gesellschaftliche Konfliktfelder, S. 266–275, 366–369; ders., Antisemitismus, S. 97–100, 104.
137 Vgl. Miccoli, Santa Sede, S. 39–264.
138 Zur engen Verflechtung zwischen einem religiösen Anti-Judaismus und einem säkularen, biologistischen Antisemitismus im italienischen Kontext vgl. Caffiero, Storia degli ebrei, v. a. S. 216 f.
139 Der Artikel wird zitiert bei Lebovitch Dahl, The Antisemitism of the Italian Catholics, S. 11. Das mehr als vier Jahrzehnte später verfasste faschistische „Manifesto della Razza" vom Juli 1938 enthält direkte Parallelen zu Ballerinis biologistischer Rhetorik. Dort wird explizit festgehalten, dass „die Juden nicht der italienischen Rasse angehören"; vgl. „Il Fascismo e i problemi della razza", veröffentlicht in: Il giornale d'Italia, 15. Juli 1938, abgedruckt in: Sarfatti, La Shoah, S. 133.

ihre häufige Verschränkung mit einem ausgeprägten Anti-Laizismus. Wie anhand der zeitgenössischen katholischen Presse nachweisbar ist, verband sich die Kritik am liberalen, laizistischen Staat in vielen Fällen mit Anfeindungen gegen die nunmehr gleichberechtigten und sozial aufgestiegenen Juden. Der emanzipierte „Jude" wurde zum neuen Feindbild, dem Inbegriff einer Modernität, gegen die der intransigente Katholizismus zu Felde zog. Nicht zufällig finden sich in den Texten antijüdischer Polemik oft Angriffe gegen eine weitere, nunmehr gleichberechtigte religiöse Minderheit, die Protestanten: Letztlich richteten sich antijüdische wie anti-protestantische Attacken auch gegen das laizistische Staatsverständnis des liberalen Italien als solches, die Religions- und Gewissens-Freiheit sowie die Trennung zwischen Kirche und Staat.[140]

Festzuhalten ist, dass judenfeindliche Propaganda, oft gepaart mit einem ausgeprägten Anti-Laizismus, im italienischen Einheitsstaat entgegen dem traditionellen Bild einer von Antisemitismus unberührten Gesellschaft durchaus anzutreffen war. Ein entscheidender Punkt besteht jedoch darin, dass im Gegensatz zu anderen europäischen Ländern antijüdische Äußerungen keinen Einfluss auf die politische Kultur des liberalen Italien gewannen. Aufgrund ihrer Abwendung vom politischen Leben und der Selbstausschließung von der Nation schied die katholische Kirche als Faktor der politischen Kultur in Italien aus.[141] Gerade dieser Umstand macht die Einbeziehung sozialer und kultureller Bereiche, in der vorwiegend weibliche Akteurinnen aktiv werden konnten, umso notwendiger für eine Beurteilung der Präsenz antisemitischer Tendenzen im italienischen Einheitsstaat.

Für die Beziehungen zwischen katholischen und jüdischen Protagonistinnen entwickelte sich die Verbindung von Anti-Laizismus und Anti-Judaismus zu einem wesentlichen Konfliktpunkt. Wie anhand der oben vorgenommenen biografischen Untersuchungen deutlich wurde, beteiligten sich Frauen jüdischer Herkunft hauptsächlich in den laizistischen Organisationen der italienischen Frauenbewegung. Sie spielten eine zentrale Rolle bei der Gründung weltlicher Bildungseinrichtungen und der Etablierung reformpädagogischer Methoden im Erziehungs- und Unterrichtsbereich, einer traditionellen Domäne katholischer Frauen und der Kirche. Der Katholizismus behielt trotz des laizistischen Staatsverständnisses großen Einfluss vor allem auf das italienische Schulwesen.[142] Weibliche Akteurinnen bildeten wichtige Verbündete der Kirche bei der Unterstützung dieses Prozesses. Im Zuge der Feminisierung der Religion, die sich im liberalen Italien abzeichnete, blieben Frauen, vor allem Vertreterinnen der oberen Schichten, der Kirche meist verbunden, engagierten sich nicht selten für katholische Frauenorden und kirchliche Vereine. Die laizistische Kultur li-

---

140 Vgl. Miccoli, Antiebraismo, antisemitismo, S. 4 f.
141 Vgl. Collotti, Il fascismo e gli ebrei, S. 9; Wyrwa, Antisemitismus, S. 100.
142 Vgl. dazu Janz, Konflikt, S. 242; Chiosso, Die Schulfrage, S. 267 f.; Wyrwa, Antisemitismus, S. 100.

beraler bürgerlicher Männer gewährte der katholischen Religion und der Kirche auch in den Jahren nach 1861 einen weitreichenden Einfluss auf Sphären, die vermehrt als weiblich kodiert wurden, darunter Erziehung, Familie und Wohltätigkeit.[143]

Wenn jüdische Protagonistinnen wie die eingangs behandelten Sara Levi Nathan und Adele Della Vida Levi sich gezielt für die Gründung laizistischer Erziehungseinrichtungen im liberalen Italien einsetzten, stand dies mit der fortbestehenden Dominanz der katholischen Kirche im Erziehungsbereich in direktem Zusammenhang: Adele Della Vida Levi, die 1869 in Venedig den ersten Fröbel-Kindergarten Italiens gründete, sah in den überkonfessionellen Kindergärten eine konstruktive Antwort auf den damals noch praktizierten Ausschluss jüdischer Kinder von den katholischen Institutionen. Sara Levi Nathan wiederum rief 1873 im römischen Trastevere die areligiöse Scuola Mazzini ins Leben, in der sie den Schülerinnen statt des Katechismus moralische Prinzipien auf der Grundlage der Lehren Giuseppe Mazzinis vermittelte. Wie im zweiten Kapitel gezeigt wurde, blieben beide Institutionen starken Anfeindungen katholischer Kreise ausgesetzt. Die Kritik an der Fröbel-Methode schlug sich nicht zuletzt in Beiträgen der „Civiltà Cattolica" nieder.[144] Dass bei der katholischen Polemik nicht nur anti-laizistische, sondern auch anti-judaistische Motive eine Rolle spielten, lässt sich zumindest vermuten: So wurden im zeitgenössischen deutschen antisemitischen Diskurs die Fröbel-Kindergärten als gefährliche Brutstätte eines „jüdischen Internationalismus" dargestellt.[145]

Bemerkenswert ist weiterhin, dass nicht nur jüdische Initiatorinnen laizistischer Institutionen wie Sara Levi Nathan und Adele Della Vida Levi auf teilweise heftige Kritik in katholischen Kreisen stießen, sondern auch jüdische Lehrerinnen an öffentlichen italienischen Schulen, vor allem in ländlichen Regionen, von der einheimischen Bevölkerung wegen ihrer jüdischen Herkunft zuweilen diskriminiert wurden.[146] Doch scheint die Situation jüdischer Lehrerinnen selbst in Großstädten nicht immer einfach gewesen zu sein. Emilia Errera (1866–1901)[147], um die Jahrhundertwende Italienischlehrerin an der Mailänder Mittelschule Confalonieri, schilderte in mehreren Briefen an den Florentiner Cousin Angiolo Orvieto ihre Verzweiflung über die Intrigen und

---

143 Zu den religiösen Einstellungen und der Feminisierung der Religion im liberalen Italien vgl. Janz, Konflikt, S. 242 f.; Meriggi, Soziale Klassen, S. 213.
144 Zur Polemik katholischer Kreise gegenüber der Fröbel-Methode vgl. Gazzetta, Tra antiebraismo e antifemminismo, S. 222; Valentini, La banchiera, S. 155; Filippini, Come tenere pianticelle, S. 96, 101.
145 Vgl. Schmid/Schmid (Hg.), Geschichte der Erziehung, S. 471.
146 Vgl. Sega, Percorsi di emancipazione, S. 203.
147 Emilia Errera wurde in Triest geboren. Ihr Vater Cesare Errera stammte aus Venedig, wo sie sich zur Lehrerin ausbilden ließ. Am Istituto di magistero in Florenz studierte sie anschließend Literatur und Geschichte, u. a. bei dem bekannten Historiker Pasquale Villari. Zu Emilia Errera vgl. Norsa, Tre donne, S. 42–55.

Schikanen, der sie vor allem seitens der Schuldirektorin ausgesetzt war.[148] Im Unterschied zu ihren Kolleginnen, die anscheinend maßgeblich durch gute Beziehungen an ihre Posten gekommen waren, hatte die in Literatur und Geschichte ausgebildete Errera nach einem ordnungsgemäßen öffentlichen Bewerbungsverfahren die Stelle erhalten. Im nichtjüdischen Establishment der Schule stellte sie eine Außenseiterin dar. Offensichtlich war es auch zu direkten Auseinandersetzungen gekommen: „Und ich habe wahrhaftig rebelliert, vielleicht zum ersten Mal in meinem Leben; aber ausschließlich gegen Ungerechtigkeit und Lüge, das versichere ich."[149] Sie bat Angiolo inständig, sich für sie in ihrem Bemühen um eine Versetzung in eine andere Mailänder Schule einzusetzen. Unterstützung versprach Emilia sich insbesondere von dem aus Padua stammenden jüdischen Senator Leone Romanin Jacur (1847–1928), den sie und Angiolo nicht zuletzt aufgrund ihrer familiären Beziehungen nach Venedig sehr gut kannten. Die Anfeindungen von außen bewirkten somit bei Emilia Errera und vermutlich auch bei anderen jüdischen Lehrerinnen, die Diskriminierungen am Arbeitsplatz ausgesetzt waren, eine starke Rückbindung an jüdische Verwandtschafts- und Freundschaftskreise. Die vermeintliche Leichtigkeit, mit der jüdische Männer im Berufsleben des liberalen Italien Fuß fassen konnten, traf auf jüdische Frauen keineswegs in demselben Maße zu.

Was nun katholische Schulen und Erziehungseinrichtungen im italienischen Einheitsstaat angeht, so verstanden sich diese zweifellos auch als Bollwerk der Kirche gegen laizistische Institutionen und Projekte, die nicht selten auf die Initiative jüdischer Frauen zurückgingen. Auf eine mögliche Vermittlung anti-judaistischen Gedankenguts jedoch ist das italienische Schulwesen des liberalen Italien bisher nicht untersucht worden. Dabei liegt angesichts der dominanten Stellung des Katholizismus im Erziehungsbereich die Frage nach der eventuellen Präsenz eines katholischen Anti-Judaismus an italienischen Schulen und sonstigen Erziehungsstätten nahe.[150]

Selbst in Fachkreisen wenig bekannt ist ein Fall aus Verona, aus dem eine bewusste Indoktrination italienischer Schulkinder mit antisemitischem Gedankengut hervorgeht. An einem der letzten Karnevalstage des Jahres 1904 wurde dort an der katholischen Mädchenschule Seghetti von Lehrerinnen (Nonnen) und Schülerinnen die Komödie „La falsa mendicante" („Die falsche Bettlerin") aufgeführt, die mit antisemitischen Stereotypen von Ritualmord bis hin zur jüdischen Weltverschwörung reich gespickt war.[151] Der Name einer der jüdischen Hauptfiguren lautete Sara Levi,

---

148 Vgl. Emilia Erreras ausführliche Briefe an Angiolo Orvieto vom 12. Juli und vom 31. August 1900, ACGV, Carte Orvieto, Or. 2.8., Nr. 23–24.
149 Emilia Errera an Angiolo Orvieto, 12. Juli 1900, ACGV, Or. 2.8, Nr. 23.
150 Vgl. dazu auch Wyrwa, Antisemitismus, S. 100.
151 Die Episode wird ausführlich beschrieben in Gazzetta, Tra antiebraismo e antifemminismo, S. 223–225; Erwähnungen des Vorfalls finden sich bei Sega, Percorsi di emancipazione, S. 203; Schächter, The Jews of Italy, S. 108.

womöglich als bewusste Anspielung auf die bekannte antiklerikale Frauenrechtlerin Sara Levi Nathan. Im Vorwort hatte der Verfasser, ein katholischer Priester, festgehalten: „Dieses Theaterstück wurde geschrieben, damit die christlichen Familien Klarheit darüber erhalten, dass das Judentum das eigentliche gesellschaftliche Geschwür Europas ist."[152] Das katholische Theater hatte sich damals zu einem eigenen Genre in Italien entwickelt, das gezielt für pädagogische Zwecke eingesetzt, in einigen Fällen aber auch für die Verbreitung antisemitischer Propaganda instrumentalisiert wurde. Bezeichnenderweise fanden ebenfalls im Jahr 1904 an zwei weiteren Nonnenschulen in Rom Aufführungen von Theaterstücken mit antisemitischem Inhalt statt.[153]

Die jüdische Zeitung „Il Corriere Israelitico" protestierte heftig gegen den judenfeindlichen Zwischenfall in Verona, der sich erschwerenderweise in einem schulischen Kontext ereignet hatte, und sprach von der „klerikal-antisemitischen Propaganda" des Istituto Seghetti. Doch auch von der liberalen Veroneser Zeitung „L'Adige" wurde das Ereignis kritisiert. Der italienische Kultusminister Vittorio Emanuele Orlando, dem die Episode zu Ohren gekommen war, erließ eine öffentliche Verwarnung an die Schulämter mit der Anordnung, künftig derartige Vorfälle zu vermeiden.[154] Das Ereignis bildet insofern nicht nur einen relevanten Fall für die vorsätzliche Verbreitung antisemitischen Gedankenguts an einer katholischen Mädchenschule des vereinten Italien, sondern auch für den damals noch vorhandenen Gegensatz zwischen Staat und Kirche. Jedoch ließen die Spannungen zwischen der liberalen Führungsklasse und dem Katholizismus seit der Jahrhundertwende immer mehr nach.

Jüdisch-katholische Beziehungen

Die Beziehungen zwischen jüdischen und nichtjüdischen Aktivistinnen innerhalb und im Umkreis der frühen italienischen Frauenbewegung waren von Beginn an keineswegs unproblematisch. Aus den Unterlagen der einschlägigen Organisationsarchive und Nachlässe geht hervor, dass sich jüdische Akteurinnen wie Amelia Rosselli, Laura Orvieto, Gina Lombroso und Nina Rignano Sullam auch als Mitglieder der überkonfessionellen Organisationen hauptsächlich innerhalb ihrer ausgedehnten jüdischen Familien- und Freundschaftsnetzwerke verorteten. Wie oben verdeut-

---

152 Garagnani, La falsa mendicante, S. 7.
153 Vgl. Schächter, The Jews of Italy, S. 144. Zum katholischen Theater sowie zur zeitgenössischen literarischen Darstellung von Juden vgl. u. a. Pivato, Clericalismo e laicismo; Canepa, L'immagine dell'ebreo; Gunzberg, Strangers at Home.
154 Vgl. Schächter, The Jews of Italy, S. 108; Gazzetta, Tra antiebraismo e antifemminismo, S. 225; Sega, Percorsi di emancipazione, S. 203. Der „Vessillo Israelitico" bezeichnete den Vorfall in Verona als einen Skandal, vgl. Lo scandalo nell'Istituto Seghetti di Verona, in: Vessillo Israelitico LII,3 (marzo 1904).

licht wurde, beteiligten sich besonders viele, häufig untereinander verwandte Frauen jüdischer Herkunft in der UFN, die der sozialistischen Partei nahestand. Im konservativeren CNDI engagierten sich ebenfalls jüdische Frauen, insgesamt aber deutlich weniger als in der UFN. Ausschlaggebend waren bei dieser Vereinigung regionale Unterschiede: Während jüdische Frauen in der römischen Zentrale des CNDI kaum vertreten waren, ergibt sich für die bedeutende Florentiner Sektion ein höherer Anteil.[155] Der CNDI zielte auf eine allmähliche kulturelle Bildung von Frauen, die UFN dagegen trat insbesondere für ihre politischen und sozialen Rechte ein. Gemeinsam war beiden Organisationen jedoch die dezidiert laizistische Ausrichtung, die im Falle der UFN von jüdischen Akteurinnen maßgeblich mitgeformt wurde und gleichzeitig bei beiden Vereinigungen eine bedeutende Voraussetzung für die aktive Beteiligung von Jüdinnen darstellte.

Die Pionierinnen Sara Levi Nathan und Adele Della Vida Levi hatten bereits in den 1860er und 1870er Jahren entscheidenden Einfluss auf die laizistische Orientierung der italienischen Frauenbewegung ausgeübt. Ihr bemerkenswerter Antiklerikalismus und Antikatholizismus setzten sich auch im Engagement jüngerer jüdischer Feministinnen in den kommenden Jahrzehnten weiter fort. Während weite Teile des Bürgertums und der Eliten des liberalen Italien vermutlich stärker katholisch geprägt blieben, als lange Zeit angenommen wurde,[156] konnten sich jüdische Frauenrechtlerinnen mit dem offiziellen antiklerikalen Diskurs des italienischen Einheitsstaats unmittelbar und dauerhaft identifizieren. Aus Paolina Schiffs Briefen an Felice Cavallotti geht diese Tendenz deutlich hervor. Im Januar 1885 etwa kritisierte sie die in ihren Augen oft irrationale, da vom katholischen Klerus jahrhundertelang beeinflusste italienische Mentalität, gegen die man nur mittels der Macht der Vernunft angehen könne:

> „In Italien existiert ein eingepflanztes, zutiefst ererbtes Priestertum, das eine anhaltende Macht formt; es ist im Blut von Frauen und Männern und bildet einen Atavismus, der die Kraft eines Naturelements hat. Daher benötigen wir eine entschiedene Abwehr des Geistes, eine luzide und wachsame Stärke des Bewusstseins, um nicht dieser tief verwurzelten Mystifizierung der Vernunft tatenlos zu erliegen."[157]

Die bereits angesprochene Feminisierung der Religion, die sich vor allem in den oberen gesellschaftlichen Schichten des liberalen Italien ereignete, traf auf jüdische Pro-

---

155 In der Florentiner Sektion des CNDI waren jüdische Frauen, darunter Amelia Rosselli, Laura Orvieto, Mary Nathan Puritz und Ernestine Paper, zahlenmäßig stark vertreten. Zu Beginn des 20. Jahrhunderts waren etwa 10 % unter den ca. 200 Mitgliedern der gesamten toskanischen Sektion jüdischer Herkunft; vgl. ACS, Archivio CNDI, b. 4, fasc. 13, sfasc. 4: Rubriche con elenchi delle socie, domande di adesione e circolari di convocazioni, Elenco delle iscritte alla federazione femminile toscana.
156 Vgl. Meriggi, Soziale Klassen, S. 210–213.
157 Paolina Schiff an Felice Cavallotti, 4. Januar 1885, AFF Milano, Fondo Felice Cavallotti, Corrispondenza 1849–1916. 1. Corrispondenza ricevuta 1860–1898, fasc. Paolina Schiff.

tagonistinnen der italienischen Frauenbewegung nicht zu. Sie blieben dem Laizismus eng verbunden, der zumindest in den ersten Jahrzehnten nach der Staatsgründung vorwiegend von liberalen bürgerlichen Männern vertreten wurde.[158]

Doch entsprach die laizistische und antiklerikale Haltung jüdischer Frauenrechtlerinnen nicht nur dem offiziellen Staatsverständnis des liberalen Italien. Viele der überlieferten Selbstzeugnisse enthalten tief empfundene, persönliche Ressentiments gegenüber der Kirche und den häufig rückständigen Methoden katholischer Institutionen. Im ersten Jahrzehnt des 20. Jahrhunderts wurde der Chor der Kritikerinnen besonders laut. Die aus dem Friaul stammende Aktivistin Fanny Luzzatto, die sich um die Jahrhundertwende zur Krankenschwester ausbilden ließ, schrieb im September 1901, die in Krankenhäusern tätigen Ordensschwestern seien „stärker mit der Befolgung der Ordensregel als mit jener der Vernunft beschäftigt".[159] Die Florentiner Mitarbeiterin der UFN, Bice Cammeo, äußerte sich in ihren Briefen an Ersilia Majno mehrfach negativ über die Dominanz der klerikalen Kreise und Kongregationen ihrer toskanischen Heimatstadt.[160] Für Ida Cammeo, die ebenfalls in der Sozialarbeit tätig war, stellte der weitreichende ideologische Einfluss der katholischen Kirche ein Hindernis in der Entwicklung vernunftmäßiger, zeitgerechter Methoden für die Hilfe sozial bedürftiger Frauen dar.[161] Amelia Rosselli wiederum hegte tiefes Misstrauen gegenüber Erziehungsheimen, die sich in den Händen von Ordensschwestern befanden. Wahrscheinlich hatten die antisemitischen Vorfälle in den Nonnenschulen von Verona und Rom im Jahr 1904 ihre Bedenken noch zusätzlich vergrößert. Rosellis Ansicht nach ging es den Ordensfrauen darum, die ihnen anvertrauten Mädchen für ihre eigenen Zwecke arbeiten zu lassen und letztlich ins Kloster zu treiben, statt sie auf einen bezahlten Beruf und eine selbständige Existenz vorzubereiten. Im Sitzungsprotokoll der Florentiner Sektion des CNDI vom Januar 1910, das die Diskussionen über eine notwendige Reformierung italienischer Erziehungsanstalten festhielt, ist zu lesen: „Rosselli sagt, dass sich die Erziehungsanstalten für Mädchen unter der Aufsicht von Nonnen befinden, die häufig die Mädchen für ihre Arbeit ausnutzen, indem

---

158 Zum bipolaren Geschlechtermodell im liberalen Italien vgl. Borutta, La „natura" del nemico, S. 135.
159 Fanny Luzzatto an Ersilia Majno, 15. September 1901, Archivio UFN, Fondo Ersilia Majno, cartella 12, fasc. 1. Fanny Luzzatto war die Schwester des Juristen Fabio und des Mediziners Oscar Luzzatto. Der Jurist Fabio Luzzatto (1870–1954) gehörte 1931 zu den zwölf italienischen Hochschullehrern, die es ablehnten, den Treueschwur auf den Faschismus zu leisten.
160 Vgl. beispielsweise Cammeos Brief vom 9. August 1907, das gegen die Glaubenskongregationen gerichtet ist, sowie ein undatiertes Schreiben, in dem sie harsche Kritik an den „Klerikalen" übt und sich und Majno als „wir Liberale" bezeichnet; Archivio UFN, Fondo Ersilia Majno, cartella 9, fasc. 1.
161 Vgl. den Brief von Ida Cammeo an Ersilia Majno, 8. Mai 1906, Archivio UFN, Fondo Ersilia Majno, cartella 9, fasc. 1.

sie sie beispielsweise nur Knopflöcher machen lassen, sodass sie keine vollständige Arbeit erlernt haben, wenn sie die Anstalten verlassen."[162]

Auffällig ist, dass die Zahl antiklerikaler Stellungnahmen jüdischer Frauenrechtlerinnen und die Betonung der laizistischen Ausrichtung ihrer Institutionen zeitgleich mit einem allgemeinen Aufschwung der katholischen Kultur in Italien zunahmen.[163] In Kirche und Staat begann seit Beginn des 20. Jahrhunderts eine Generation den Ton anzugeben, die nicht mehr durch die gegensätzliche Gründungskonstellation des Nationalstaats geprägt war.[164] Vor diesem Hintergrund wuchsen die Spannungen zwischen katholischen und jüdischen Frauen spürbar an, zumal auch die jüngeren jüdischen Feministinnen am laizistischen Ideal des Risorgimento festhielten. Jedoch hatte sich der soziokulturelle Kontext im Vergleich zu den Jahren nach der Staatsgründung erheblich verändert. Mittlerweile hatten die Katholiken eine breite, auf zahlreiche Organisationen und Vereine gestützte Subkultur aufgebaut, die der Entwicklung eines spezifisch katholischen Nationalbewusstseins in Italien Vorschub leistete. Feministinnen gerieten zusehends ins gesellschaftliche Abseits, vor allem, wenn sie jüdischer Herkunft waren. So wurde im Jahr 1906 vom Turiner Stadtrat aufgrund des „mangelnden Vertrauens in die Moral, die vom Namen der Sektionsvorsitzenden [der UFN] in Piemont ausgeht", ein von ihr bereits angekündigter Kurs an der Turiner Volkshochschule verboten, der sich explizit an Frauen gerichtet hatte.[165] Bei der Sektionsvorsitzenden handelte es sich um die gebildete Jüdin Ada Treves Segre, Ehefrau des prominenten Mediziners Zaccaria Treves, der sich aufgrund neuer psychiatrischer Methoden und Erkenntnisse vor allem für die Behandlung geisteskranker Kinder einsetzte.[166] Die konservativen katholischen Kreise der piemontesischen Hauptstadt, die auch auf lokaler politischer Ebene an Einfluss gewonnen hatten, müssen in Ada und Zaccaria Treves' Betonung auf Wissenschaft, Weltlichkeit und Feminismus eine ideologische Gefährdung für gläubige Katholiken und insbesondere Katholikinnen gesehen haben.

---

162 CNDI, Federazione femminile toscana, Seduta XXXI, 20. Januar 1910, Archivio Centrale dello Stato (im Folgenden: ACS), Archivio CNDI, b. 4, fasc. 13, sfasc. 3: Verbali delle sedute del Consiglio 1907 – Dicembre 1914.
163 Bereits im 19. Jahrhundert hatte der Antiklerikalismus zwar die meisten Bürger und einen beträchtlichen Teil der Arbeiterschaft, jedoch nie die Mehrheit der italienischen Bevölkerung erreicht; vgl. Borutta, Antikatholizismus, S. 157 f.
164 Vgl. Formigoni, L'Italia dei cattolici, S. 57–76. Marco Meriggi spricht von „mehreren Italien", die sich im Gegensatz zum liberalen Italien nach der Einigung herausbildeten, darunter auch das katholische und das reaktionäre Italien. Dieses „katholische Italien" gewann seit Beginn des 20. Jahrhunderts verstärkt an Bedeutung und Einfluss; vgl. Meriggi, Die Konstruktion von Staat und Nation, S. 20.
165 Vgl. Ada Treves Segre an Ersilia Majno, 7. November 1906, Archivio UFN, Fondo Ersilia Majno, cartella 11, fasc. 6.
166 Vgl. Canadelli/Zocchi (Hg.), Milano scientifica, S. 283–288. Zaccaria Treves starb 1911 mit nur 44 Jahren an Tuberkulose; seine Frau Ada und die beiden Söhne Marcello und Ugo emigrierten in Folge der Rassengesetzgebung nach Palästina.

Generell verloren Laizismus und Antiklerikalismus mit dem 20. Jahrhundert im italienischen Bürgertum ihren Rückhalt. Sie wurden in erster Linie eine Sache der republikanisch-radikalen und der sozialistischen Arbeiterbewegung, in deren Umkreis sich auch die UFN bewegte. Doch auch der politisch gemäßigte CNDI hielt in seiner ideologischen Ausrichtung weiterhin an der Trennung von Staat und Kirche fest.

Vereint gegen Jüdinnen und Laizistinnen. Der „Congresso Nazionale delle Donne Italiane" von 1908 und die Abspaltung der Katholikinnen

Zum Eklat zwischen Katholikinnen und Laizistinnen, darunter eine beachtliche Zahl jüdischer Protagonistinnen, kam es schließlich 1908. Im April jenes Jahres veranstaltete der Consiglio Nazionale delle Donne Italiane den ersten nationalen Frauenkongress in Rom.[167] Eröffnet wurde die Veranstaltung vom damaligen römischen Bürgermeister Ernesto Nathan, Sohn der Pionierin Sara Levi Nathan und überzeugter Antiklerikaler, bekennender Freimaurer und Fürsprecher der Frauenemanzipation.[168] Zur auffallend großen Gruppe von Teilnehmerinnen jüdischer Herkunft zählten unter anderem Ernesto Nathans Ehefrau Virginia Mieli und seine Tochter Mary Nathan Puritz, die der Florentiner Sektion des CNDI angehörte, Paolina Schiff, Amelia Rosselli, Laura Orvieto, die Schriftstellerin Anna Errera sowie die Dichterin Virginia Treves Tedeschi („Cordelia"), bedeutende Vorkämpferin des Frauenwahlrechts.[169]

Im Laufe der Konferenz entbrannte eine heftige Debatte über die Stellung des Unterrichts in katholischer Religion an den italienischen Grundschulen. Der Religionsunterricht war seit 1877 in Italien fakultativ geworden, in der Praxis jedoch weiterhin die Regel geblieben.[170] Bereits vor dem Kongress hatten sowohl im Parlament als auch in der zeitgenössischen Presse lebhafte Diskussionen über das strittige Thema stattgefunden. Als es zur Abstimmung kam, stellten sich die anwesenden Jüdinnen geschlossen hinter die Mailänder Sozialistin Linda Malnati (1855–1921), die für die Abschaffung des Religionsunterrichts eintrat. Lediglich eine einzige jüdische Aktivistin, Alice Hallgarten Franchetti (1874–1911), schlug sich auf die Seite des katholischen Lagers, das von der Lehrerin Adelaide Coari (1881–1966) angeführt wurde.[171] Dage-

---

167 Zum Kongress vgl. Willson, Women, S. 36 f.; Boukrif, Der Schritt über den Rubikon, S. 201–203.
168 Zu Nathan vgl. Levi, Ricordi della vita, hg. von Bocchi; Isastia, Storia di una famiglia.
169 Weitere jüdische Teilnehmerinnen waren u. a. Alice Hallgarten Franchetti, Alina Wollemberg, Maria Levi Della Vida, Luisa Rava, Letizia Maurogonato Pesaro, Pia Sartori Treves, Giulia (?) Ascoli Nathan, Eugenia Lebrecht Vitali, Eugenia Ravà und Virginia Treves de Leva; vgl. Atti del I Congresso Nazionale.
170 Vgl. Chiosso, Die Schulfrage, S. 266 f., 296–298.
171 Die in New York geborene deutsch-jüdische Protagonistin Hallgarten Franchetti zählte zu den wenigen Zeitgenossinnen jüdischer Herkunft, die sich gemeinsam mit Katholikinnen und auch eini-

gen unterstützte die aus Verona stammende Jüdin Eugenia Lebrecht Vitali (1858–1931) besonders aktiv Malnatis Position, indem sie auf die Notwendigkeit einer wissenschaftlichen, weltlichen und vernunftmäßigen Erziehung von Kindern hinwies. Es ist allzu wahrscheinlich, dass der nur vier Jahre zurückliegende antisemitische Vorfall in der katholischen Mädchenschule ihrer Heimatstadt die juristisch wie literarisch gebildete Lebrecht Vitali in ihrer rationalistischen Haltung noch zusätzlich bestärkt hatte.[172] Selbst die im Grunde katholische Präsidentin des laizistischen CNDI, Gabriella Spalletti Rasponi, stimmte für Malnatis Vorschlag, da sie der Ansicht war, dass der katholische Religionsunterricht an italienischen Schulen „schlecht erteilt" würde.[173]

Die Entscheidung fiel schließlich zugunsten Malnatis Antrag. Sie entfachte heftige Reaktionen in katholischen Kreisen, die auch in der zeitgenössischen Presse nachweisbar sind. Die „Civiltà Cattolica" veröffentlichte im Juni 1908 eine seitenlange Abhandlung über den Kongress, de facto eine Schmähschrift, in der sich antilaizistische mit antijüdischen und anti-freimaurerischen Vorurteilen in absurder und unqualifizierter Weise durchmischten.[174] Mit deutlichem Sarkasmus verhöhnte der Autor darin auch die anerkennenden Worte des aus Turin angereisten prominenten jüdischen Medizinprofessors und Senatoren Pio Foà (1848–1923) für die erste öffentliche Versammlung italienischer Frauenrechtlerinnen und verspottete im selben Zusammenhang Maria Montessori, die als Feministin und Wissenschaftlerin sein Feindbild par excellence darstellte: „Es war ein wahres 1848 der ‚Renaissance' ita-

---

gen Protestantinnen in den sogenannten lokalen *Unioni per il bene* oder *Unioni morali* für wohltätige Zwecke engagiert hatte. Die erste Vereinigung dieser Art wurde 1894 in Rom gegründet, in den folgenden Jahren entstanden weitere *Unioni* v. a. auch im Veneto. Zu den *Unioni* vgl. Gazzetta, Spiritualità, riforma educativa. Hallgarten Franchetti machte sich 1901 und 1902 zudem als Gründerin zweier Schulen für Kinder aus Bauernfamilien einen Namen, die auch bei Maria Montessori auf großes Interesse stießen; vgl. Fossati, Alice Hallgarten Franchetti.
172 Vgl. Vitali Lebrecht, Sulla coltura e sull'educazione. Eugenia Vitali wurde 1858 in Ferrara geboren. 1880 zog sie mit ihrer Familie nach Verona und heiratete Guglielmo Lebrecht, der polnisch-jüdischer Herkunft war. Die gebildete und vermögende Aktivistin engagierte sich sowohl in der Veroneser Frauenvereinigung Associazione per la donna, die sich u. a. durch eine entschieden antikolonialistische Haltung auszeichnete, als auch in der Società Umanitaria der Stadt Verona; vgl. Sega, Percorsi di emancipazione, S. 213 f.
173 Die Haltung, die Gabriella Spalletti Rasponi auf dem Kongress von 1908 eingenommen hatte, wurde auf einer Sitzung der Florentiner Sektion des CNDI Anfang Januar 1911 nochmals hervorgehoben. Hier betonte auch eine weitere Vertreterin des CNDI, Signora Tordi, dass sie zwar katholisch, aber dennoch „gegen den Religionsunterricht an den Schulen sei, da er schlecht vermittelt würde". ACS, Archivio CNDI, b. 4, fasc. 13, sfasc. 4: Federazione femminile toscana: Verbali delle Assemblee 1907–1913, 13. Januar 1911.
174 Antonio Pavissich S. I., Il Primo Congresso delle Donne Italiane. Estratto dalla Civiltà Cattolica, quad. 1391, 6 giugno 1908.

lienischer Frauen, so der Professor Foà aus Turin, dessen glorreichste Lorbeeren ihm lobenswerterweise von Frau Doktor Montessori geerntet wurden."[175]

Papst Pius X. (1903–1914) wiederum setzte sich unmittelbar nach Ablauf des Kongresses persönlich für eine straffere Organisation italienischer Katholikinnen und ihre dezidierte Abgrenzung von nicht-katholischen Gruppierungen ein: So war die Gründung der katholischen Frauenvereinigung Italiens Unione fra le Donne Cattoliche d'Italia (UDCI) im April 1909 eine unmittelbare Reaktion auf die akute Bedrohung, die die katholische Führung in den laizistischen Frauenorganisationen sah.[176] In der Verbandszeitschrift der UDCI wurde 1910 festgehalten: „Die Unione fra le donne cattoliche d'Italia entstand als Antwort auf den italienischen Frauenkongress [von 1908]. Dieser Kongress machte deutlich, dass innerhalb des Consiglio nazionale delle donne italiane, einem Abkömmling der internationalen Frauenvereinigung, eine starke Strömung von Ideen und Prinzipien existiert, die alles andere als katholisch sind ...".[177]

In der sozialistischen Presse wiederum erschienen zeitgleich Berichte über die Verhöhnung jüdischer Schulkinder durch ihre Klassenkameraden, die den Bedarf an nichtkonfessionellen Schulen für eine Erziehung ohne religiöse Unterschiede und Diskriminierung unterstreichen sollten.[178]

Angriffe des intransigenten katholischen Lagers gegen zeitgenössische jüdische wie nichtjüdische Frauenrechtlerinnen der laizistischen Organisationen nahmen in der Folgezeit einen verstärkt antijüdischen Charakter an, der mit antifeministischen und anti-laizistischen Vorurteilen eine zusehends aggressive Verbindung einging. Für die prominente adelige Katholikin Elena da Persico (1869–1948),[179] Herausgeberin der in Mailand publizierten katholischen Frauenzeitschrift Azione Muliebre („Frauen-Aktion"), waren die jüdisch-laizistischen Protagonistinnen des Kongresses gefährliche

---

175 Ebd., S. 18.
176 Vgl. Dau Novelli, L'associazionismo, S. 113. Zur Gründungsgeschichte der UDCI vgl. Gazzetta, Fede e fortezza, S. 240–243; dies., Cattoliche, S. 46–51; Gaiotti de Biase, Le origini.
177 Per la sincerità e per la chiarezza, in: Unione fra le Donne Cattoliche d'Italia, Supplemento al Bollettino trimestrale: Azione cattolica femminile, Marzo 1910, Nr. 1.
178 Vgl. etwa Linda Malnati, Ecco l'ebrea ..., in: Il Secolo Nuovo, 11 dicembre 1909. Die Bedenken waren nicht ungerechtfertigt. Ähnlich wie jüdische Lehrerinnen an öffentlichen Schulen zuweilen auf antisemitische Vorurteile stießen, wurden jüdische Kinder und Heranwachsende von ihren Mitschülern mitunter verspottet und ausgegrenzt. Davon zeugen etwa die Erinnerungen von Levi, Memorie, S. 12, und Jemolo, Anni di prova, S. 95.
179 Die gebürtige Veroneserin da Persico, die zunächst eine Ausbildung zur Grundschul- und Französisch-Lehrerin gemacht hatte, leitete viele Jahre lang die Zeitschrift „Azione Muliebre", schrieb Romane und war journalistisch tätig. Sie gehörte zu den führenden Vertreterinnen der katholischen Frauenorganisation Unione Donne. Von der katholischen Kirche wird sie als Venerabile („Ehrwürdige") verehrt. Da Persicos Nähe zum Faschismus hat Liviana Gazzetta in einer monografischen Untersuchung der Aktivistin nachweisen können; vgl. Gazzetta, Elena da Persico.

„Intellektuelle und Modernistinnen".[180] Hinter dieser Aussage verbargen sich zeitgenössische antisemitische Stereotype. Das emanzipierte, sozial aufgestiegene und erfolgreiche Judentum wurde dabei zum Sinnbild einer Moderne, die danach trachtete, die christliche Gesellschaftsordnung zu demontieren. Jüdische Akademikerinnen, Literatinnen und Wissenschaftlerinnen, die sich an dem nationalen Frauenkongress an führender Stelle beteiligt hatten, waren für da Persico der Inbegriff gottloser feministischer Intellektueller und, wie sie 1909 betonte, Befürworter einer „Häresie, die Pius X. als Modernismus bezeichnet hat".[181]

Die programmatisch-strukturellen Ähnlichkeiten von Antifeminismus und Antisemitismus, die für den zeitgenössischen deutschsprachigen Kontext nachgewiesen worden sind, kamen in den Polemiken der katholischen Akteurin gegenüber jüdischen Feministinnen seit dem Frauenkongress in Rom auch in Italien vermehrt zum Vorschein.[182] Darüber hinaus bestätigt die soziale und kulturelle Verortung der Gräfin da Persico einmal mehr die These Shulamit Volkovs, nach der Antisemitismus als ein kultureller Code für die Zugehörigkeit zu einem konservativen Milieu fungiert.[183] Tendenzen eines antifeministischen Antisemitismus konnten sich in intransigenten katholischen (Frauen-)kreisen der höheren italienischen Gesellschaftsschichten seit Beginn des 20. Jahrhunderts zunehmend etablieren.

Der inhärente Konflikt zwischen papsttreuen Katholikinnen und jüdischen wie nichtjüdischen Anhängerinnen der laizistischen Frauenorganisationen, der auf dem Kongress von 1908 vollends zum Vorschein gekommen war, konnte auch in der Folgezeit nicht mehr entschärft werden. Der ausgeprägte Anti-Laizismus der katholischen UDCI erstickte jeglichen Versuch einer Annäherung im Keim. Als der CNDI sich drei Jahre später mit einer offiziellen Einladung zu einem erneuten Frauenkongress in Turin an die katholische Frauenvereinigung wandte, lehnte diese ihre Teilnahme in einer öffentlichen Stellungnahme demonstrativ ab.[184] Als zentralen Grund für den Ausschluss nannte die Vorsitzende der UDCI Cristina Giustiniani-Bandini den un-

---

180 Vgl. Cronaca di Treviso. La questione femminile e la donna cattolica, in: La Difesa, 25 maggio 1909.
181 Da Persico, La questione femminile, S. 5.
182 Zum deutschen Kontext vgl. Planert, Antifeminismus im Kaiserreich, insbesondere S. 71–78; zur Verschränkung zwischen Antisemitismus und Antifeminismus in den Schriften da Persicos vgl. Nattermann, Die Konstruktion des „gefährlichen Anderen".
183 Vgl. Volkov, Antisemitismus und Antifeminismus.
184 Vgl. Unione fra le Donne Cattoliche d'Italia, supplemento mensile al Bollettino trimestrale: Azione cattolica femminile, Gennaio–Febbraio 1911, Nr. VIII–IX, sowie die entsprechenden Unterlagen im ACS, Archivio CNDI, b. 1, fasc. 1: Congressi nazionali e assemblee. Der Kongress sollte im Rahmen der Esposizione internazionale dell'Industria e del Lavoro stattfinden, die aus Anlass des 50. Jahrestags der italienischen Einheit von April bis Oktober 1911 in Turin gezeigt wurde.

überbrückbaren Gegensatz im Bereich der Erziehung und des Unterrichts.[185] Die Absage wurde in zahlreichen Artikeln der katholischen Frauenpresse des Jahres 1911 zelebriert und kommentiert. Die laizistischen Organisationen der Frauenbewegung erschienen in den betreffenden Texten zumeist als „freimaurerische" Vereinigungen, ihre Mitglieder in deutlich negativer Konnotation als „antiklerikale Doktorinnen und Professorinnen".[186]

Tatsächlich kam es zu keiner weiteren gemeinsamen Veranstaltung mehr. Die Entschiedenheit und Geschlossenheit, mit der jüdische Frauen auf dem römischen Kongress von 1908 für die Einführung eines nichtkonfessionellen Unterrichts an italienischen Schulen gestimmt hatten, machten sie zu einer besonders geeigneten Zielscheibe von Attacken, in denen sich Anti-Laizismus mit anti-judaistischen Tendenzen verbanden. Der demonstrative Boykott des Turiner Frauenkongresses durch die organisierten Katholikinnen ereignete sich nicht zuletzt innerhalb eines zunehmend antisemitischen Klimas in Italien, das der Krieg gegen Libyen 1911 und der generelle Vormarsch eines aggressiven Nationalismus ausgelöst hatten.[187] Die für den italienischen Kontext relevante Verbindung zwischen katholischem Anti-Judaismus und Anti-Laizismus erwies sich im Falle der Frauenbewegung als besonders explosiv, da Frauen jüdischer Herkunft eine zentrale Rolle in den überkonfessionellen Vereinigungen wie insbesondere der UFN, aber auch bei den Florentiner und Turiner Sektionen des CNDI spielten. Ihr hervorragendes Engagement in den Bereichen von Erziehung und Unterricht, auf deren Erneuerung sie in Anlehnung an die Methoden von Fröbel und Montessori erheblichen Einfluss ausübten, müssen katholische Aktivistinnen als Bedrohung ihrer eigenen Handlungsspielräume empfunden haben.

Im Zuge der Auseinandersetzungen über den Turiner Kongress war innerhalb der UDCI eine starke Tendenz zu beobachten, die Glaubens- und Gewissensfreiheit des liberalen Staates zu diskreditieren. Immer wieder wurde in Vorträgen und Schriften betont, dass der Katholizismus die einzige Religion Italiens repräsentiere. Die Stellungnahmen richteten sich gezielt gegen die 1889 im Strafgesetzbuch des vereinten Italien festgehaltene Gleichstellung aller Konfessionen, zu denen auch das Judentum gezählt wurde, als staatlich anerkannte und rechtlich geschützte Religionsgemeinschaften.[188] In der Verbandszeitschrift der UDCI wurde Anfang 1911 behauptet, dass „es in Italien keine Religion außer der einzigen, wahren, nämlich der katholischen

---

185 Cristina Giustiniani-Bandini, Astensione delle Donne Cattoliche dal II Congresso femminile (Torino, Settembre 1911), in: Unione fra le Donne Cattoliche d'Italia, Gennaio–Febbraio 1911, Nr. VIII–IX, S. 1.
186 Vgl. etwa Cristina Giustiniani-Bandini, Commenti, in: Unione fra le Donne Cattoliche d'Italia, Gennaio–Febbraio 1911, Nr. VIII–IX, S. 7 f.; Movimento femminista in Italia, in: Unione fra le Donne Cattoliche d'Italia, Maggio–Giugno 1911, Nr. XII–XIII, S. 2.
187 Vgl. dazu Catalan, Le reazioni dell'ebraismo, S. 41–47; Schächter, The Jews of Italy, S. 133–136.
188 Vgl. Collotti, Il fascismo e gli ebrei, S. 13 f.

Religion gibt: Man hat kein Recht auf Freiheit und gegenseitigen Respekt, wenn man nicht Gott respektiert und als wertvollstes Gut die Freiheit der Kirche schützt".[189]

In Einklang mit dem von der „Civiltà Cattolica" vertretenen Konzept des „katholischen Vaterlands", das nicht zuletzt mithilfe antisemitischer Feindbilder als Gegenentwurf zum liberalen Einheitsstaat entwickelt wurde,[190] zielte die katholische Frauenvereinigung darauf ab, ein einheitliches und exklusives italienisches Nationalbewusstsein auf der Grundlage des Katholizismus zu propagieren. Die bewusste Homogenisierung nach innen ging mit einer aggressiven Haltung gegenüber dem Laizismus sowie allen Ideologien und Glaubensrichtungen einher, die nicht katholisch waren. Dies galt auch für die Definition der Frauenbewegung: Da die UDCI „italienisch" mit „christlich" und „katholisch" gleichsetzte, gehörten aus ihrer Sichtweise Laizistinnen wie Jüdinnen nicht zur Gemeinschaft italienischer Frauen. Vor dem Hintergrund der anhaltenden Polemik über den Frauenkongress in Turin schrieb die Prinzessin Giustiniani-Bandini in der liberal-monarchistischen Zeitung „Il Giornale d'Italia" im März 1911: „Unsere Zivilisation ist christlich, und die italienischen Frauen sind in ihrer immensen Mehrheit zutiefst katholisch ... Wir erbitten nur das Eine: dass die Frauenbewegung in Italien katholisch sei, eben weil die italienischen Frauen katholisch sind."[191]

Dasselbe chauvinistische Konzept findet sich in einem Text, der wenige Wochen später in der Verbandszeitschrift der UDCI erschien. Dort wurde betont, dass die einzige Vereinigung, die die „Seele der italienischen Frau" wirklich repräsentiere, die katholische Frauenvereinigung Italiens sei.[192] Aufgrund solcher Hervorhebungen einer angeblichen ideologischen Überlegenheit und Exklusivität vertieften die Autorinnen bewusst die Konfliktlinien zwischen der katholischen Organisation und den laizistischen Vereinigungen.

Auch in den kommenden Jahren ging die Abgrenzung maßgeblich von den organisierten Katholikinnen aus. Auf europäischer Ebene stellte der italienische Kontext in dieser Hinsicht keinen Einzelfall dar. Im zeitgenössischen Frankreich waren die soziokulturellen Rahmenbedingungen für die organisierte Frauenbewegung aufgrund der Laizität des Staates und der mehrheitlich katholisch geprägten Gesellschaft sehr ähnlich. Frauen jüdischer Herkunft waren auch hier in den weltlichen Vereinigungen auffallend stark vertreten.[193] Analog zur entschiedenen Distanzierung der Katholi-

---

189 Perché ci asteniamo, in: Unione fra le Donne Cattoliche d'Italia, Gennaio–Febbraio 1911, Nr. VIII–IX, S. 2.
190 Vgl. Lebovitch Dahl, The Antisemitism of the Italian Catholics, S. 11 f. Nicht zufälligerweise hatte die „Civiltà Cattolica" im Jahr 1908 von dem „anti-nationalen Werk" des Frauenkongresses in Rom gesprochen; vgl. Passivich, Il Primo Congresso delle Donne Italiane, S. 22.
191 Cristina Giustiniani-Bandini, La polemica femminile. Risposta delle donne cattoliche al Comitato Nazionale, in: Giornale d'Italia, 3. März 1911.
192 Unione fra le Donne Cattoliche d'Italia, Maggio–Giugno 1911, Nr. XII–XIII, S. 2.
193 Vgl. Bard, Les filles de Marianne.

kinnen von den laizistischen Frauenvereinigungen des italienischen Einheitsstaats, lehnten die organisierten französischen Katholikinnen eine Mitwirkung innerhalb des laizistischen Conseil National des Femmes kategorisch ab, obwohl dessen Vertreterinnen für eine Zusammenarbeit durchaus bereit waren. Auch in Frankreich war das Misstrauen katholischer Akteurinnen gegenüber dem Laizismus stark ausgeprägt; vor dem Hintergrund der Dreyfus-Affäre und angesichts des hohen Anteils jüdischer Protagonistinnen in den überkonfessionellen Organisationen verbanden sich in katholischen Frauenkreisen, ähnlich wie im italienischen Fall, vermehrt antilaizistische mit antisemitischen Vorurteilen.[194] Die ideologische Kluft zwischen der katholischen und der laizistischen Frauenbewegung war spätestens seit Beginn des 20. Jahrhunderts in Frankreich unüberbrückbar geworden, während Vertreterinnen der weltlichen Organisationen in Italien sich noch einige Jahre lang verhandlungsbereit zeigten. Zu Beginn des Ersten Weltkriegs versuchte der CNDI erneut, einen Kontakt zur UDCI herzustellen, musste aber konstatieren, dass „die katholischen Frauen in einem streng konfessionellen Bereich arbeiten und ausschließlich den katholischen Familien helfen."[195] Angesichts der unüberwindbaren Kompromisslosigkeit der katholischen Frauenorganisation blieb den laizistischen Vereinigungen schließlich nichts anderes übrig, als ihre Verständigungsversuche einzustellen, die auch von jüdischen Feministinnen durchaus unterstützt worden waren.

„Jüdisch-freimaurerische Verschwörungen" und „Pariser Mode-Juden"

In den Jahren nach 1911 verbanden sich innerhalb der UDCI anti-laizistische und antijüdische Positionen mehr und mehr zu einer irrationalen Mischung. Eingang fand darin auch das traditionelle antisemitische Vorurteil eines jüdisch-freimaurerischen Komplotts. Katholische Akteurinnen erwiesen sich in diesem Punkt weitaus aggressiver als die männlichen Vertreter der italienischen Nationalisten, die in ihrer zeitgleichen, groß angelegten Pressekampagne gegen Freimaurer die Verknüpfung von Judentum und Freimaurerei weitgehend vermieden.[196]

Im November 1912 veröffentlichte Cristina Giustiniani-Bandini einen Aufruf an alle regionalen Komitees der UDCI, in dem sie vor einem soeben neu aufgelegten, an italienischen Grundschulen seit Jahrzehnten gelesenen Kinderbuch über das italieni-

---

194 Vgl. Rochefort, The French Feminist Movement, S. 90.
195 Archivio CNDI, b. 4, fasc. 13, sfasc. 3, Processi Verbali del Consiglio: Gen. 1915 – Feb. 1921, 27. April 1915.
196 Die einzige Ausnahme im Organ der italienischen Nationalisten „L'idea nazionale" stammte von dem Journalisten und Schriftsteller Paolo Orano, der auch Jahre später, 1938, im Vorfeld der Rassengesetzgebung mit der Schrift „Gli Ebrei in Italia" eine antisemitische Kampagne eröffnen sollte; vgl. Wyrwa, Gesellschaftliche Konfliktfelder, S. 118–121.

sche Risorgimento warnte. Das Werk „Giovane Italia" der Schulbuchautorin Onorata Grossi-Mercanti (1853–1922)[197] war 1911 geringfügig überarbeitet in dritter Auflage bei dem bekannten jüdischen Verleger Enrico Bemporad (1868–1944) in Florenz erschienen.[198] Die Tatsache, dass Grossi-Mercanti dem laizistischen CNDI angehörte,[199] hatte das Misstrauen der UDCI gegenüber der Autorin zweifellos verstärkt. Auch die Thematik des Werks entsprach mitnichten der gegen den liberalen Einheitsstaat gerichteten Ideologie katholischer Aktivistinnen. Bereits 1892 war in der „Civiltà Cattolica" ein seitenlanger Verriss der ersten Auflage des Buchs und Grossi-Mercantis vermeintlicher Verherrlichung der „Helden" des Risorgimento erschienen.[200] Die Herausgabe durch Bemporad, der deutlich negativ konnotiert als „editore giudeo" bezeichnet wurde, hatte der anonyme Verfasser der Rezension mit dem angeblich impliziten Angriff des Kinderbuchs auf das „wahre" Italien, das „katholische Vaterland", in Verbindung gesetzt.[201] Giustiniani-Bandini knüpfte in ihrem Artikel von 1912 vielleicht bewusst an die viele Jahre zurückliegende Polemik der „Civiltà Cattolica" an. Nachdem sie sich über die Entfernung jeglicher Bezüge des neuaufgelegten Buches auf die „Religion, die Kirche, Jesus Christus, Gott" empört und die „unschuldigen Kinder" als „Opfer dieser bösartigen Aktion" bezeichnet hatte, betonte die Gräfin: „Wir wollen nicht herausfinden ... wer dafür die größere Verantwortung trägt, das Verlagshaus oder die Frau Verfasserin. Wir wollen nur hervorheben, dass das kleine verweltlichte Buch ein eloquentes Symptom einer umfassenden freimaurerischen Verschwörung gegen die christliche Erziehung ... [und] eine Bedrohung für die Seele des katholischen Italien [darstellt]."[202]

Giustiniani-Bandinis Angriff auf die Neuauflage von Grossi-Mercantis „Giovane Italia" muss sicherlich im Zusammenhang mit den nationalistischen und auch antisemitischen Tendenzen gesehen werden, die im Zuge des Libyen-Krieges in Italien an Stoßkraft gewonnen hatten.[203] Nicht zufällig verknüpfte die Vorsitzende der UDCI die Rhetorik des „katholischen Vaterlands" mit dem Topos der jüdisch-freimaure-

---

197 Zu Grossi-Mercanti, die auch im italienischen Schuldienst als Lehrerin tätig war, vgl. Weber, Schulbuchautoren, S. 434.
198 Grossi-Mercanti, Giovane Italia. Libro di Lettura.
199 Vgl. ACS Roma, Archivio CNDI, b. 4, fasc. 13, sfasc. 4: Rubriche con elenchi delle socie, domande di adesione e circolari di convocazioni, Elenco delle iscritte alla federazione femminile toscana.
200 Grossi-Mercanti, Come si è fatta l'Italia.
201 Rivista della Stampa, II. Onorata Grossi-Mercanti, Come si è fatta l'Italia: storia del Risorgimento italiano, narrata ai fanciulli, Firenze 1891, in: La Civiltà Cattolica 3 (1892), S. 449–454, hier S. 450 f.
202 Attenti ai libri di testo nelle scuole dello stato. Circolare per i libri di testo inviata a tutte le Presidenti dei Comitati, in: Unione fra le Donne Cattoliche d'Italia, Nr. XXIII (Novembre 1912), S. 1.
203 Bei den nationalen Wahlen von 1913 hatte sich aufgrund der Erweiterung des vorher geltenden italienischen Zensuswahlrechts (*suffragio universale*) die Zahl der Wähler von drei auf neun Millionen Männer erhöht. Die 1910 entstandene Partei der Nationalisten wurde dabei auch von Teilen des katholischen Lagers unterstützt und gewann die ersten Parlamentssitze. Im Zuge dieser Entwicklungen konnte mit antisemitischen Vorurteilen verbundene nationalistische Propaganda vor allem auf lokaler

rischen Verschwörung, die in ihren Augen der Verleger Bemporad und die Autorin Grossi-Mercanti auf lebendige Weise zu verkörpern schienen. Doch verbarg Giustiniani-Bandini die gegen den Florentiner Editoren gerichtete antisemitische Tendenz ihres Artikels zum Teil noch unter dem Mantel des Anti-Laizismus.[204]

Dagegen machte die einflussreiche Akteurin Elena da Persico nur vier Jahre später in einem öffentlichen Vortrag in Genua kein Hehl aus ihrem Hass auf das Judentum. Auch thematisch löste sich die Journalistin und Schriftstellerin vom bis dahin vorherrschenden, mit Anti-Laizismus gepaarten anti-judaistischen Diskurs katholischer Frauen, der hauptsächlich auf die Bereiche von Schule und Unterricht abgezielt hatte: da Persico widmete sich dem Bereich der Mode. Ihr Text vom Februar 1916, der unter dem Titel „Moda e carattere femminile" („Mode und weiblicher Charakter") veröffentlicht wurde und auf großen Beifall in katholischen Kreisen stieß, enthielt unverhüllt antisemitische Äußerungen.[205] Vor dem Hintergrund der Kriegssituation ermahnte die Gräfin ihr Publikum zu Sparsamkeit und Anspruchslosigkeit und betonte die absolute Notwendigkeit eines gemeinsamen Eintretens gegen den angeblich drohenden Verfall der Sitten.[206] Bereits seit einigen Jahren hatten Vertreter und Vertreterinnen der katholischen Kirche die Veränderungen im Bereich der weiblichen Mode mit Besorgnis beobachtet. Seit Beginn des Ersten Weltkriegs war der Wandel besonders augenfällig geworden.[207]

Da Persico sah eine immense Gefahr in der Versuchung katholischer Frauen durch modische und in ihren Augen unmoralische Kleidung, die in der Hauptsache

---

Ebene und in ländlichen Gebieten erfolgreich eingesetzt werden; vgl. Schächter, The Jews of Italy, S. 136 f.

[204] Giustiniani-Bandinis Artikel blieb nicht der einzige Text katholischer Frauen, der sich gegen eine „Laizisierung" von Büchern und Zeitschriften für Kinder wandte. Im Juni 1918 etwa kritisierte die Autorin Nonna Paola im Veröffentlichungsorgan der Unione Donne, dass in einer Weihnachtsgeschichte, die in einer „wunderhübschen Zeitung für Kinder" (wahrscheinlich ist der von Paola Lombroso im Jahr 1908 gegründete „Corriere dei Piccoli" gemeint) veröffentlicht wurde, keinerlei Bezug auf „den Namen Gottes" und die religiöse Bedeutung des Festes enthalten gewesen sei. Die Autorin zitierte auch weitere Beispiele aus der zeitgenössischen Kinderpresse, die sie als „giftig antireligiös" und als Affront auf „die zärtliche Liebe des Vaterlands" bezeichnete; vgl. Nonna Paola, Che cosa leggono i nostri bimbi?, in: Bollettino dell'Unione fra le donne cattoliche d'Italia, Nr. LVII, Febbraio 1917.

[205] Da Persico, Moda e carattere femminile. Zur Intention und den Inhalten des berüchtigten Vortrags vgl. auch Gazzetta, Elena da Persico, S. 115 f.; dies., Tra antiebraismo e antifemminismo, S. 226–228.

[206] Die Ermahnungen zu Sparsamkeit und „anständiger", anspruchsloser Bekleidung wurden im Laufe des Kriegs Teil eines allgemeinen Sittendiskurses. Die Nationalistin Teresa Labriola etwa veröffentlichte im September 1918 einen Artikel mit dem Titel „Per la serietà dell'abbigliamento femminile", in dem sie festhielt: „Im Überflüssigen herrscht das Schlechte"; Attività femminile sociale VI,9 (Settembre 1918), S. 223–224, hier S. 224.

[207] Als unanständig und unweiblich in den Augen katholischer Kreise galten insbesondere die aufkommenden Kurzhaarschnitte, kürzeren Röcke sowie der Verzicht auf einengende Korsette; vgl. Marchetti, Regina della casa, S. 537–553; Ermacora, Women behind the Lines, S. 28.

von Juden hergestellt würde. Jüdisch-freimaurerische Sekten hätten bereits die Literatur und das Theater in ihrer Hand und würden nun auch den gesamten Sektor der Mode monopolisieren. Die jüdisch-freimaurerische Verschwörung könnte mithilfe dieser Kontrolle letztlich die „Verheidnisierung" (*paganizzazione*) des gesamten gesellschaftlichen Lebens erreichen.[208] Unter Bezugnahme auf den französischen Kontext, der für die Rezeption antisemitischen Denkens in Italien generell große Bedeutung hatte, konstatierte die Journalistin:

> „Seit 1885 hat Edouard Drumont in seinem Buch ‚La France juive' auf diese Gefahr hingewiesen: die Schneider und Schneiderinnen – schrieb er – sind beinahe alle jüdischen Ursprungs ... und er wetterte gegen die Inkohärenz christlicher Frauen, welche diese Mode begünstigten, die zu einer Ent-Christianisierung der Sitten und dem Untergang der Moral führt ... Wir haben gesehen, dass sich die Vorhersagen Drumonts bewahrheitet haben ... wir erleben, wie ausgerechnet in einem Jahrhundert des ‚Feminismus' Millionen von Frauen dem Befehl eines Mannes gehorchen: dem jüdischen freimaurerischen Schneider der französischen Hauptstadt ..."[209]

Der explizite Rekurs da Persicos auf Edouard Drumont bezeugt die nachhaltige Bedeutung seiner Schriften für den antisemitischen Diskurs in Italien. Bereits Ende der 1880er und Anfang der 1890er Jahre hatte die in Venedig erscheinende katholische Zeitung „La Difesa" ausführlich über den französischen Autor und seine antisemitischen Veröffentlichungen berichtet, zuweilen auch zentrale Passagen seines Werks abgedruckt.[210] Es ist allzu wahrscheinlich, dass die aus dem Veneto stammende da Persico als 20-Jährige die betreffenden Texte gelesen hatte. Ihr Vortrag von 1916 bildet den wohl am stärksten antisemitisch geprägten Text einer italienischen Autorin für die Zeit vor dem Faschismus. Da Persicos Bezug auf Drumont weist auf einen säkularen Antisemitismus hin, der sich vom mehrheitlich anti-judaistisch-anti-laizistischen Charakter des bisherigen Diskurses katholischer Frauen abhob. Bei da Persico ging es im Kern um antisemitische Topoi wie parasitäres „Finanzjudentum", jüdische Weltverschwörung und wirtschaftliche Ausbeutung. Der „jüdische freimaurerische Schneider" von Paris wurde zum Inbegriff des korrupten, machtbesessenen

---

[208] Die Verbindung zwischen antijüdischen und anti-freimaurerischen Haltungen, mit denen sich die Autorin identifizierte, geht aus dem Text deutlich hervor: „.... Launoy, Mitglied der freimaurerischen Vereinigung in Frankreich, erläuterte in einer Konferenz in Paris die Aktion jüdisch-freimaurerischer Sekten im Theater, in der Literatur, in der Mode. Er zeigte, wie Sachverhalte, die miteinander nicht in Verbindung zu stehen scheinen, in Wahrheit sehr bewusst einem gemeinsamen Ziel zugeordnet sind: der Verheidnisierung des Universums, der Zerstörung des Christentums, und unter den Bewegungen dieser Weltverschwörung schrieb er jenen, die von der Mode hervorgerufen werden, eine besondere Relevanz zu"; da Persico, Moda, S. 7.
[209] Ebd., S. 6 f.
[210] Vgl. Wyrwa, Gesellschaftliche Konfliktfelder, S. 308–310.

und lüsternen Juden, der die tugendhaften katholischen Italienerinnen ins moralische Verderben führen wollte.²¹¹

Die Thematik der Mode und Bekleidung stand zudem in direktem Zusammenhang mit der kulturellen Konstruktion von Körpern. Würden katholische Frauen der Versuchung erliegen und ihren Körper mit den „lasterhaften", aus jüdischer Hand stammenden Stoffen bekleiden, käme dies einem Verrat an ihrem Glauben und ihrer Moral gleich, so die zugrunde liegende Botschaft.²¹² Das vermeintlich Jüdische, in diesem Fall die „jüdische Mode", wurde von da Persico zum Fremden, Anderen, Gefährlichen stilisiert, die Frauen, die diese Kleidung anzogen, zu „heidnisierten" und erotisierten Fremdkörpern im „katholischen Vaterland" Italien.²¹³ Die Stereotype, denen die Autorin sich bediente, um italienische Frauen anzusprechen, stammten indessen aus dem europäischen Diskurs: Das antisemitische Bild des „Pariser Mode-Juden" und seines zersetzenden Einflusses auf tugendhafte Frauen findet sich nicht nur bei Drumont, sondern tauchte seit Ende des 19. Jahrhunderts auch in deutschen antisemitischen Darstellungen auf.²¹⁴

Da Persicos Abhandlung stieß bei den organisierten italienischen Katholikinnen auf großen Widerhall. Im Rahmen der heute weitgehend in Vergessenheit geratenen, landesweiten „Campagna contro la moda anticristiana" („Kampagne gegen die antichristliche Mode"), die auch auf päpstliche Anweisung hin seit 1920 von den katholischen Frauenorganisationen gestartet wurde und große Bedeutung innerhalb der zeitgenössischen katholischen Kultur gewann, bildete da Persicos Text von 1916 einen zentralen Bezugspunkt.²¹⁵ Die Kampagne wurde zur Propagierung christlicher „Reinheit" und Tugend eingesetzt, diente aber gleichzeitig zur Verbreitung des Konzepts einer ausschließlich über den Katholizismus zu definierenden *italianità*. Diese

---

211 Vgl. da Persico, Moda, S. 7.
212 „... hinter diesem männlichen Diktat steht der jüdische freimaurerische Schneider der französischen Hauptstadt, und die Frauen gehorchen ihm, indem sie derart eng anliegende Kleider anziehen, dass sie keinen Schritt mehr gehen können, und selbst im kältesten Winter die tiefsten Ausschnitte tragen ... Wir sehen, wie die Kleidung nicht mehr die Seele der Frau ... widerspiegelt, sondern ... sie in freche Abenteurerinnen und girondistische Revolutionärinnen verwandelt"; da Persico, Moda, S. 7 f.
213 Da Persicos Vorstellung einer angeblich gefährlichen Veränderung weiblicher Körper durch „jüdische Mode" ist in Verbindung mit dem häufig antisemitisch instrumentalisierten, exotischen Bild der „jüdischen Frau" zu sehen, von der die „christliche, katholische Frau" sich der Akteurin zufolge notwendigerweise auch äußerlich unterscheiden musste. Zum Stereotyp der „schönen Jüdin", die insbesondere in antisemitischen Darstellungen als Verführerin mit verderblicher Macht und als Ausdruck exotischer Fremdheit erscheint, vgl. Grözinger, Die schöne Jüdin, S. 7–28; Frübis, Die schöne Jüdin.
214 In den antisemitischen deutsch-sozialen Blättern erschien 1897 ein Artikel, der die Tendenz von da Persicos Text antizipierte: „Man lese einmal in Drumonts ‚verjudetem Frankreich' über das Treiben der Pariser Mode-Juden, und dann denke man darüber nach, wie die aus Paris kommende Mode von deutschen Frauen und Jungfrauen nachgeäfft wird"; Deutsch-Soziale Blätter 12 (1897), S. 216; vgl. dazu Lichtblau, Antisemitismus, S. 142.
215 Vgl. Gazzetta, Elena da Persico, S. 114–117.

bildete den Gegenentwurf zu allem „Fremden" und „Heidnischen", die im diffusen Begriff der „antichristlichen Mode" untergebracht wurden.[216]

Mitte der 1920er Jahre, während der Frühzeit der faschistischen Herrschaft, erschien da Persicos „Moda e carattere femminile" in einer zweiten Auflage. Die zugrunde liegende Idee eines Angehens gegen eine vermeintlich „antichristliche", nämlich „unmoralische", „jüdische" Mode erhielt insbesondere seit dem Konkordat von 1929 zusätzlichen Rückhalt. Der Katholizismus wurde zur einzigen geltenden Religion des italienischen Staates erklärt.[217] Nach der offiziellen Version der katholischen Kirche konnte „das Italien der *Conciliazione* kein Italien sein, das sich einer korrupten Mode unterwirft. Die Kirche und das Vaterland wollen eine christliche und italienische Mode".[218] In den 1930er Jahren initiierte die faschistische „weibliche Jugend" die *crociata della purezza*, einen „Kreuzzug der Reinheit" gegen angeblich unanständige, modische Frauenkleidung. Sie bildete eine Fortsetzung der von katholischen Akteurinnen bereits Jahre zuvor initiierten, antisemitisch konnotierten „Kampagne gegen die antichristliche Mode".[219]

Das Verhältnis zwischen katholischen und jüdischen Akteurinnen war bereits vor Beginn der faschistischen Diktatur weitaus konfliktreicher als gemeinhin angenommen. In der entschiedenen Abgrenzung der katholischen UDCI von den nichtkonfessionellen Frauenvereinigungen zeigte sich eine Konvergenz anti-laizistischer Motive mit antijüdischen Haltungen, die auf die starke Präsenz und häufig führende Rolle von Jüdinnen in den laizistischen Organisationen zurückzuführen war. Aus diesem Grund erwies sich die für den italienischen Kontext zentrale Verbindung zwischen katholischem Anti-Judaismus und Anti-Laizismus innerhalb der Frauenbewegung als besonders explosiv. Im Gegensatz zur politischen Kultur des liberalen Italien boten die von der katholischen Kirche und insbesondere katholischen Frauen dominierten Bereiche wie Erziehung, Unterricht und Mode durchaus einen Raum für die Verbreitung antijüdischen Gedankenguts. In ihnen offenbarten sich die Ursprünge antisemitischer Diskurse, die im Faschismus fortgesetzt und radikalisiert werden konnten.

---

[216] Vgl. die Berichte und Briefe im Archiv der UDCI: „Campagna contro la moda anticristiana, in seguito all'appello del papa", Isacem, Roma, Fondo UDCI, b. 45, fasc. 4.
[217] Vgl. Collotti, Il fascismo e gli ebrei, S. 14, 19 f.; Sarfatti, The Jews, S. 45.
[218] Zit. nach Gazzetta, Tra antiebraismo e antifemminismo, S. 228.
[219] Vgl. De Giorgio, Sante purezze, S. 86–89.

4 *La Grande Guerra*. Italienische Jüdinnen im Spannungsfeld von Pazifismus, Interventionismus und nationaler Euphorie

4.1 Kriegstreiberinnen und Pazifistinnen

Der Große Krieg als „Vollendung des Risorgimento"

Neun Monate nach Elena da Persicos antisemitischer Rede in Genua, die italienische Frauen vor der angeblich akuten Bedrohung durch eine „jüdisch-freimaurerische Verschwörung" gewarnt hatte, veröffentlichte die jüdische Schriftstellerin Anna Errera (1870–1940)[1] in der lombardischen Zeitschrift „Per il nostro soldato" („Für unseren Soldaten") den ersten Teil eines Essays über das italienische Risorgimento, den Inbegriff anti-kirchlicher Kräfte, aber auch der grundsätzlichen Auflehnung gegen Fremdherrschaft. Italien befand sich seit eineinhalb Jahren auf Seiten der Entente im Krieg gegen die Mittelmächte. Anfang November 1916, wenige Tage vor dem Erscheinen der Zeitschrift, hatte die italienische Armee erneut erfolglos versucht, in das habsburgische Triest durchzubrechen.[2] In ihrem Text „L'Antica Fiamma" („Die antike Flamme") evozierte die gebürtige Triesterin Errera mit großer Emphase den Geist der italienischen „Wiedererstehung": „Und wieder ist es

---

[1] Die Cousine von Angiolo Orvieto und jüngere Schwester der bereits erwähnten Gelehrten Emilia Errera sowie der Pädagogin Rosa Errera war nach dem frühen Tod der Mutter von Triest nach Venedig gezogen, wo ihre Familie ursprünglich herstammte. Ende des 19. Jahrhunderts ging sie zusammen mit ihren beiden Schwestern nach Mailand. Neben ihrer Arbeit als Pädagogin und Schriftstellerin, insbesondere von Kinderliteratur, engagierte sie sich in der lombardischen Metropole seit Beginn des 20. Jahrhunderts für die UFN. Auf dem nationalen Frauenkongress 1908 in Rom, der zum Bruch zwischen katholischen und laizistischen Aktivistinnen geführt hatte, war Anna Errera mit einem Vortrag zu theoretischen Fragen der zeitgenössischen Pädagogik hervorgetreten. Das in der Familie Errera kultivierte Interesse für Giuseppe Mazzini inspirierte die Schriftstellerin zu einer Biografie über die nationale Symbolfigur: Vita di Mazzini, Mailand 1932. Zu Anna Errera vgl. Norsa, Tre donne, S. 42–55; Fava, Percorsi critici, S. 253–257.

[2] In ihrem Vorwort zu Erreras Text betonte die Herausgeberin der Zeitschrift, Marquise Maria Spinelli Monticelli, auf propagandistische Weise den historischen Gegensatz zum österreichischen Erzfeind, den sie unter dem Begriff des „Deutschen" subsumierte. Die kriegerische Auseinandersetzung erschien bei ihr als ein „Befreiungskrieg" von der habsburgischen Herrschaft: „Die Seiten von Anna Errera lassen uns die glanzvollsten und furchtbarsten Momente unserer Unterdrückung und unserer glorreichen Wiedererstehung wiedererleben. Und Erinnern ist gut! An das erinnern, was vor allem der Deutsche, in jeder Zeit, für unser Vaterland war ... An die „klassische" Barbarei unseres ewigen Feindes erinnern; Barbarei, die heute das höchste Ausmaß an Perversität und Gräuel erreicht. – Erinnern, um unsere Kräfte im materiellen und moralischen Widerstand gegen unseren Feind zu verhundertfachen; damit unser Vaterland schließlich frei sei, von großer Schmach und Schmutz!"; Maria Spinelli Monticelli, Prefazione zu L'Antica Fiamma, Per il nostro soldato II,24 (19 novembre 1916).

die Stimme Mazzinis, der verlangt, aus dem Herzen alles zu tilgen, was nicht ideal ist; der verlangt, Italien unabhängig, frei und einig zu machen ... Und wieder ist es die kühne Weisheit Cavours, wieder die Faszination Garibaldis, die unsere Jugend zum Krieg aufruft."[3]

In diesem flammenden Appell Anna Erreras, die aus einer Familie „glühender Patrioten"[4] stammte (ihr venezianischer Urgroßvater Abramo Errera hatte sich 1848/ 1849 in der Übergangsregierung der Repubblica di San Marco gegen die österreichische Herrschaft aufgelehnt), spiegelte sich die für italienisch-jüdische Feministinnen generell charakteristische Interpretation der *Grande Guerra* als Vervollkommnung des Risorgimento und „gerechtem Befreiungskrieg" für die endgültige Unabhängigkeit, Freiheit und Einheit Italiens deutlich wider. Diese Sichtweise ging nicht zuletzt auf die Ideen Mazzinis, der zentralen Identifikationsfigur der italienischen Frauenbewegung, zurück. Sie entsprach dem vorherrschenden Diskurs der zeitgenössischen Frauenbewegungspresse.[5] Auch die mittlerweile fast 80-jährige Pionierin Anna Maria Mozzoni sah im Kampf Italiens an der Seite der Demokratien die Vollendung des Risorgimento. In ihrer Vorstellung von einer angeblich notwendigen Komplettierung der nationalen Einigung, ebenso wie in der Forderung nach einer Neuordnung Europas beriefen sich italienische Interventionistinnen wie Interventionisten bevorzugt auf das Konzept Mazzinis von Nationalismus als Emanzipations- und Partizipationsversprechen, dessen exklusive und aggressive Elemente weitgehend ignoriert wurden.[6] Während viele Italienerinnen aus niedrigen Gesellschaftsschichten gegen den Krieg

---

3 Anna Errera, L'Antica Fiamma, ebd. Die Fortsetzungen des Textes erschienen in Per il nostro soldato II,26 (17 dicembre 1916) und III,1 (14 gennaio 1917).
4 So Laura Orvieto in ihrer Autobiografie, in der sie auf die venezianischen Vorfahren ihres Mannes eingeht; vgl. Orvieto, Storia di Angiolo e Laura, hg. von Del Vivo, S. 7.
5 In einer der führenden Zeitschriften der frühen italienischen Frauenbewegungspresse, „Cordelia", erschien im Mai 1916 ein Artikel mit der Überschrift „In den Flammen des Krieges", aus dem die Identifizierung mit den italienischen Kriegszielen und eine Idealisierung des Konflikts als solchem klar hervorgehen: „Und doch ist unser Krieg so schön, dass er sich in Reinheit aus dem Schmerz dieser Jahre erhebt: Es ist ein heiliger Krieg der Freiheit, und beinahe ein Akt der Gerechtigkeit, der unerschütterlich im Kreis der nationalen Ansprüche bestehen bleibt"; Tra le fiamme della guerra, in: Cordelia 35,20 (14 Maggio 1916), S. 633 f. Die Vorstellung vom „Krieg der Erlösung und Befreiung" entwickelte sich zu einem Topos des zeitgenössischen Diskurses, dessen sich Autorinnen wie Autoren immer wieder bedienten, so auch Giovanni Morelli in seinen „Reflexionen über den Krieg", Natale di Guerra: Numero unico a favore dei feriti (19 dicembre 1915).
6 Vgl. Levis Sullam, L'Apostolo a Brandelli, S. 56–58; Belardelli, Mazzini, S. 242. In der Entwicklung der prominenten Kunstkritikerin Margherita Sarfatti (1880–1961), die sich zeitweise auch in der Mailänder UFN engagierte, zur Muse Mussolinis und „Erfinderin" des italienischen Faschismus im Zuge des Kriegsgeschehens findet sich ein Extrembeispiel für das gefährliche Umschlagen eines liberal ausgerichteten Patriotismus zu einem militanten, imperialistisch aufgeladenen Nationalismus. Unter den zahlreichen Arbeiten zu Margherita Sarfatti vgl. insbesondere Bartoloni, Margherita Sarfatti; Urso, Margherita Sarfatti; Wieland, Die Geliebte des Duce.

protestierten, da er für sie eine deutliche Erschwerung ihrer ohnehin angespannten Lebensbedingungen bedeutete, befanden sich unter den Interventionistinnen vor allem Frauen des mittleren und gehobenen Bürgertums.[7]

Für Jüdinnen wie Anna Errera erhielt der Rekurs auf das Risorgimento zusätzliche Bedeutung: Er wurde zum Ausdruck der vaterländischen Begeisterung, die der Erste Weltkrieg bei der jüdischen Minderheit in Italien insgesamt ausgelöst hatte. Für sie stellte der Konflikt eine herausragende Gelegenheit dar, den konkreten Beweis für ihre nationale Solidarität gegenüber der *patria e gran madre Italia* und ihre Dankbarkeit gegenüber dem Königshaus Savoyen für die einst gewährte Juden-Emanzipation anzutreten.[8] Der Weltkrieg bedeutete die „Stunde der Bewährung" für die italienischen Juden, so die „Settimana israelitica" im Mai 1915.[9] Jüdische Akteurinnen, deren Gleichberechtigung aufgrund ihres Geschlechts nach wie vor ausstand, knüpften an den Krieg große Hoffnungen bezüglich einer erfolgreichen Weiterführung des gesellschaftlichen Integrationsprozesses im Sinne sowohl der Juden- als auch der Frauen-Emanzipation. Im Folgenden sollen die Brüche zwischen diesen großen Erwartungen, den von Grauen und Leid, aber auch vom Gefühl nationaler Zugehörigkeit bestimmten Kriegserfahrungen sowie den Erinnerungen an den Konflikt im Kontext einer veränderten persönlichen und politischen Wirklichkeit nachverfolgt werden.[10]

Die Vorstellung, dass Italien sich im Ersten Weltkrieg auch zugunsten von Juden einsetzen würde, die andernorts in Unterdrückung lebten, trug anfangs maßgeblich zur positiven Bewertung der *Grande Guerra* bei.[11] Jüdische Frauen der italienischen Minderheiten in Städten wie Triest und Trient versprachen sich vom Krieg die Befreiung vom „österreichischen Joch" und die Zusammenführung von nationaler mit territorialer Einheit. Im Gegensatz zum Habsburger Reich erschien aus dieser Sichtweise Italien als idealer Ort der Freiheit und Toleranz, an dem Antisemitismus keinen Platz hatte.[12]

Wie wenig diese Version der historischen Realität entsprach, zeigen nicht zuletzt die gerade während des Großen Krieges in die italienische Öffentlichkeit getragenen antisemitischen Angriffe Elena da Persicos. Dennoch behielt das traditionelle Narrativ von Italien als „sicherem Hafen" für Juden eine nachhaltige Anziehungs- und

---

7 Vgl. Willson, Women, S. 48.
8 Vgl. Toscano, Gli ebrei italiani, S. 285, 289 f., 292.
9 L'Ora della prova, in: La Settimana israelitica (28 maggio 1915).
10 Zur konzeptionellen Trias „Erwartung, Erfahrung, Erinnerung" im Kontext des Ersten Weltkriegs vgl. Ernst, Der Erste Weltkrieg in deutschsprachig-jüdischer Literatur, insbesondere S. 59–61; zur historischen Entwicklung der Erinnerung an den Ersten Weltkrieg in Italien vgl. Labanca, La prima guerra mondiale, S. 303–323. Zu den Erfahrungen und Erinnerungen jüdischer Akteure im deutschen und habsburgischen Kontext vgl. Ernst/Grossman/Wyrwa (Hg.), The Great War.
11 Vgl. Miniati, Le „emancipate", S. 198.
12 Die Ursprünge der Vorstellung von Italien als „sicherem Hafen" für die Juden, „Land des göttlichen Taus" (hebräisch „I-tal-Jah"), reichen jahrtausendeweit zurück; vgl. Pugliese, Israel in Italy, S. 1.

Überzeugungskraft. Ein bemerkenswertes Beispiel für die häufig ausgeprägten irredentistischen Positionen italienisch-jüdischer Protagonistinnen stellt die aus einer gebildeten und wohlhabenden Triestiner Familie stammende Schriftstellerin Enrica Barzilai (1859–1936) dar. Gemeinsam mit ihrem Ehemann, dem Journalisten Alberto Gentilli, regte die Protagonistin die Diskussionen um die angeblich „unerlösten" Gebiete in Vorträgen und literarischen Salons an.[13] Noch extremere Positionen vertrat die im zweiten Kapitel behandelte Triestiner Journalistin Carolina Luzzatto, die zu den ersten jüdischen Mitarbeiterinnen der mazzinianisch geprägten Frauenrechtszeitschrift „La Donna" gehört hatte und seit den 1880er Jahren als Gründerin mehrerer italienischer Zeitungen in Görz hervorgetreten war. Als langjährige Anhängerin der panitalienischen Bewegung wurde die fast 80-Jährige zu Beginn des Ersten Weltkrieges ohne Rücksicht auf ihr hohes Alter von den österreichischen Behörden interniert, erlebte aber noch kurz vor ihrem Tod 1919 die „Wiedergeburt" des nunmehr zu Italien gehörenden Gorizia.[14]

Italienischer Patriotismus in Verbindung mit einer ausgeprägt anti-österreichischen Haltung, die für die ideologische Verortung zahlreicher jüdischer Pionierinnen der italienischen Frauenbewegung, darunter auch Adele Della Vida Levi, Ende des 19. Jahrhunderts eine zentrale Rolle gespielt hatten, gewannen unter den politischen Gegebenheiten des Ersten Weltkriegs für die jüngere Generation jüdischer Feministinnen neue Brisanz. Nicht zufällig kamen sie häufig aus Familien, die an den italienischen Unabhängigkeitskriegen unmittelbar beteiligt gewesen waren. Die *Grande Guerra* bedeutete in vielen Fällen eine nachhaltige Intensivierung italienisch-jüdischer Familienidentitäten aufgrund des Wiederauflebens und der Weitergabe von Erinnerungen an das Engagement der Väter und Verwandten für die italienische Einheit und die damit verbundene Judenemanzipation. In der bereits erwähnten, Ende 1914 erstmals erschienenen Biografie von Cesare Lombroso widmete seine Tochter Gina ein langes Kapitel dem „Lombroso soldato", der sich 1859 freiwillig für die piemontesische Armee gemeldet hatte, um „Österreich zu schlagen".[15] Laura Orvieto stellte in ihrer Autobiografie den Vater Achille Cantoni als idealistischen „volontario garibaldino" vor,[16] und Amelia Rosselli schrieb in ihren Memoiren von „jenem Pincherle, Onkel meines Vaters, enger Freund von Daniele

---

13 Vgl. Curci/Ziani (Hg.), Bianco, Rosa e Verde, S. 87–95. Enricas Bruder war der Jurist und Politiker Salvatore Barzilai (1860–1939), ein Mitbegründer des Partito Repubblicano. In den Jahren 1915 und 1916 war der Freimaurer als Minister ohne Geschäftsbereich in der Regierung von Antonio Salandra beteiligt.
14 Vgl. Catalan, Linguaggi, S. 59–63.
15 Vgl. Lombroso Ferrero, Cesare Lombroso, S. 89.
16 Orvieto, Storia di Angiolo e Laura, hg. von Del Vivo, S. 52.

Manin, der im Triumvirat der provisorischen Regierung [der Repubblica di San Marco] beteiligt gewesen war".[17]

Die tieferen Ursachen für die gefährliche Faszination, die Interventionismus und Irredentismus im Ersten Weltkrieg auf die große Mehrheit italienisch-jüdischer Aktivistinnen ausübten, liegen zweifellos in der Vergangenheit ihrer Familien und der fortwährenden Identifizierung mit den Idealen des Risorgimento. Dennoch werden sowohl diese recht offensichtliche Kontinuität als auch die Erfahrungen jüdischer Frauen im Italien der *Grande Guerra* und ihre Erinnerungen an den Krieg bis heute von der Forschung weitgehend ignoriert. Seit Jahrzehnten konzentriert sich die einschlägige Geschichtsschreibung auf die politische und militärische Teilhabe jüdischer Männer am Kriegsgeschehen.[18] Wird die Rolle jüdischer Frauen während des Krieges überhaupt thematisiert, so in erster Linie ihr Engagement für den Wohltätigkeitsbereich innerhalb der jüdischen Gemeindeorganisationen.[19] Der häufig parallele Einsatz für jüdische und weltliche Institutionen im Krieg, die Zusammenhänge zwischen säkularem sozialen Engagement und jüdischer Tradition, die für das Selbstverständnis der hier behandelten Akteurinnen charakteristisch sind, bleiben in dieser Perspektive unterbelichtet.[20]

Dass eine solche Herangehensweise jedoch für den italienischen Kontext unverzichtbar ist, wird nicht zuletzt anhand der ausgebliebenen Gründung eines Jüdischen Frauenbunds in Italien nach deutschem oder englischem Beispiel im Vorfeld des Ersten Weltkriegs deutlich. Im Mai 1914 fand in Rom ein internationaler Frauenkongress statt, an dem auch einige der zeitgenössischen jüdischen Frauenvereinigungen wie der deutsche Jüdische Frauenbund, die englische Union of Jewish Women und Vertreterinnen des amerikanischen Council of Jewish Women teilnahmen. Die von den deutschen, englischen und amerikanischen Akteurinnen angeregte Gründung eines jüdischen Frauenbunds in Italien, der auch das religiöse jüdische Selbstverständnis seiner Mitglieder fördern sollte, kam nicht zustande. Auf dem Kongress erschienen lediglich zehn Italienerinnen.[21] Tatsächlich blieben italienisch-jüdische Feministinnen auch während des Ersten Weltkriegs mehrheitlich in den laizistischen Organisationen tätig.

---

17 Rosselli, Memorie, hg. von Calloni, S. 53.
18 Die Konzentration auf männliche Protagonisten findet sich sowohl bei Tedeschi, Gli israeliti italiani, als auch in den neueren einschlägigen Studien von Toscano, Gli ebrei italiani; ders., Ebrei ed ebraismo; ders., Religione, patriottismo, sionismo.
19 Vgl. Miniati, Le „emancipate", S. 219–221.
20 Marion Kaplan hat diese Verbindung für den deutsch-jüdischen Kontext überzeugend herausgearbeitet; vgl. Kaplan, The Making of the Jewish Middle Class, S. 193–195, 219–223.
21 Vgl. Miniati, Le „emancipate", S. 184–188.

Frauen und Interventionismus

Die Krise, von der die italienische Frauenbewegung beim Ausbruch des Krieges erfasst wurde, ging an ihren jüdischen Protagonistinnen nicht spurlos vorüber. Die Frage nach Neutralität oder Intervention, die ganz Italien 1914 in Atem hielt, spaltete die Frauenbewegung: Während sich eine kleine Gruppe standhafter Pazifistinnen gegen den Krieg aussprach, unterzeichneten zahlreiche Verbände einen Appell gegen den so genannten *Disfattismo*, die nationale „Selbstaufgabe".[22] Auf dem Frauenfriedenskongress in Den Haag Ende April 1915, knapp einen Monat vor dem italienischen Kriegseintritt, nahmen Italienerinnen trotz der weitreichenden transnationalen Vernetzungen der italienischen Frauenbewegung eine untergeordnete Rolle ein. Während jüdische Feministinnen wie Rosika Schwimmer aus Ungarn und Bala Birnbaum aus Belgien zu den Wortführerinnen der Friedenskonferenz gehörten, befanden sich unter den italienischen Teilnehmerinnen keine Jüdinnen.[23] Ihre generelle Neigung zu Interventionismus und Irredentismus erwies sich in jener Zeit stärker als ihr Bedürfnis nach Frieden.[24] Die einstige Relevanz des internationalen Pazifismus für die Entwicklung der italienischen Frauenbewegung war von der Übermacht nationaler Eigeninteressen und dem Trugbild eines demokratischen Interventionismus eingeholt worden.

Die oben behandelte prominente Pazifistin Paolina Schiff, die Ende des 19. Jahrhunderts insbesondere durch ihr Engagement für die internationale Friedensbewegung zur Frauenbewegung gelangt und seit 1892 Mitglied der sozialistischen Partei Italiens war, unterstützte zu Kriegsbeginn zwar noch einen italienischen Neutralismus,[25] doch positionierte auch sie sich seit 1917 im Lager der Interventionisten. Vermutlich übte der irredentistische Hintergrund ihrer Familie, die Ende des 19. Jahrhunderts zunächst im habsburgischen Triest gelebt hatte, bevor sie nach Mailand

---

22 Vgl. Brigadeci, Forme di resistenza, S. 3; Guidi, Un nazionalismo declinato al femminile, S. 94. Zu den wenigen verbleibenden Pazifisten und Pazifistinnen in Italien vgl. Bianchi, Towards a New Internationalism, S. 179; zur internationalen Vernetzung zeitgenössischer pazifistischer Feministinnen vgl. Garroni, Lo sfilacciarsi della rete.
23 Die Italienerinnen wurden auf der Konferenz von der Sozialistin Rosa Genoni (1867–1954) vertreten, die als Lehrerin, Journalistin und Stilistin in Mailand tätig war. Zum Kongress vgl. ausführlich Wilmers, Pazifismus, S. 35–55. Zu der international bekannten Pazifistin Schwimmer vgl. Wenger, Radical Politics, S. 66–99.
24 Vgl. Russo, Viva l'Italia tutta redenta, S. 128 f.
25 An die Teilnehmerinnen der Frauenfriedenskonferenz in Den Haag hatte Schiff noch im Jahr 1915 einen Brief gerichtet, in dem sie an das Prinzip der Vernunft als Gegenentwurf zum Prinzip der Stärke bzw. der Gewalt appellierte: „Der Ausschluss der Frauen von den großen Problemen der Menschheit ist ein ganz und gar kriegerisches und gewaltsames Prinzip. Die Frauen sind dazu prädestiniert, in ihren männlichen Brüdern das Prinzip der Stärke in das Prinzip der Vernunft zu verwandeln. Man kann diesen Zweck mit der Arbeit der Intelligenz, getragen von Liebe, erreichen"; zit. nach Antonella Valoroso, Dove nascono le nostre libertà, Corriere della Sera, La Ventisettesima Ora, 8. Januar 2016.

übergesiedelt war, auf ihre Haltung in der Kriegsfrage einen nicht zu unterschätzenden Einfluss aus.[26] Die Privatdozentin deutsch-jüdischer Herkunft schloss sich ihren ideologischen Gesinnungsgenossen Anna Kuliscioff und Filippo Turati an, die der „Verteidigung des Vaterlands" Priorität einräumten. Kuliscioff hatte bei Kriegsbeginn zunächst eine neutralistische Position eingenommen, wandte sich bereits 1915 jedoch mehr und mehr dem Interventionismus zu. Die gebürtige Russin sah im Kampf Italiens an der Seite der Entente einen „demokratischen Krieg" gegen die reaktionären Mittelmächte.[27]

Obwohl in ihren politischen Überzeugungen gemäßigter als Schiff und Kuliscioff, favorisierte die gebürtige Venezianerin Amelia Rosselli bereits seit 1914 einen italienischen Kriegseintritt an der Seite Frankreichs und Großbritanniens. Die Schriftstellerin war damals Vorsitzende der Literatur-Sektion des Florentiner Lyceum, einer internationalen, nach englischem Vorbild 1908 entstandenen kulturellen Organisation für Frauen.[28] In ihren Memoiren schilderte Rosselli die mehrheitlich interventionistische Stimmung ihrer Familie und Freunde, die eng mit der Antipathie gegenüber dem Habsburger Reich verbunden war.[29] Noch aus der Rückschau verwendete die Autorin den Begriff des „Befreiungskrieges":

> „In jenem schicksalhaften Jahr 1914 waren wir und unsere Freunde alle Interventionisten. Aldo, Medizinstudent im ersten Jahr, nahm lebhaften Anteil an den studentischen Aufmärschen gegen Österreich. Die Hoffnung auf einen Befreiungskrieg für Trient und Triest übte eine schreckliche Faszination auf Groß und Klein aus ... Es war schwer, unter dieser bleiernen Haube der Neutralität auszuharren, die damals über Italien hing: Die Atmosphäre war zu stark mit Leidenschaften aufgeladen ..."[30]

Irredentistische Töne wurden 1914 offensichtlich auch in der Familie Rosselli laut. Und das, obwohl Amelia die Gräuel des Großen Krieges vorausahnte. Den unveröffentlichten Briefen an ihren Sohn Carlo und ihre Freundin Laura Orvieto lässt sich deutlich die innere Zerrissenheit der Aktivistin zwischen politischer Überzeugung

---

[26] Vgl. Nattermann, Vom Pazifismus zum Interventionismus, S. 83 f.; dies., Feministinnen, S. 76 f.
[27] Zu den „interventionistischen Sozialistinnen", denen Kuliscioff angehörte, vgl. Willson, Women, S. 47. Addis Saba berichtet, dass Kuliscioff gestand, den Krieg nicht zu wollen, jedoch ein lebendiges Bewusstsein für die Realität verspüre, der Italien sich stellen müsse. Es könne sich vor der „allgemeinen Feuersbrunst" nicht zurückziehen; Addis Saba, Anna Kuliscioff, S. 288.
[28] Zur Geschichte des Lyceum und der bedeutenden Rolle Amelia Rossellis innerhalb der Organisation vgl. Bulletti, Amelia nel Lyceum, S. 29–38; Simona Maionchi, Lyceum Club Internazionale di Firenze – circolo culturale femminile (unveröffentlichtes Manuskript; Archivio del Lyceum, Florenz); Mirka Sandiford, La presenza di Amelia Rosselli al Lyceum: risultanze d'archivio (unveröffentlichtes Manuskript; Archivio del Lyceum, Florenz).
[29] Zur weit verbreiteten Kriegsbegeisterung vor allem unter jungen Akteuren und Akteurinnen des italienischen Bürgertums vgl. Papa, L'Italia giovane, S. 186–198.
[30] Rosselli, Memorie, hg. von Calloni, S. 139.

und menschlicher Bestürzung ablesen, mit der auch viele ihrer Zeitgenossinnen zu kämpfen hatten.[31] Am 3. August 1914, dem Tag der deutschen Kriegserklärung an Frankreich, schrieb Rosselli an ihren zweitältesten, damals 14-jährigen Sohn Carlo:

> „Ich, mein lieber Carlo, bin wirklich entsetzt über diese grauenhaften Nachrichten, und bin unfähig zu glauben, dass es tatsächlich wahr ist, dass wir einem der grausamsten und mörderischsten Kriege, die es je gab, beiwohnen sollen. Mit diesen neuen Vernichtungswaffen wird es ein wahres Gemetzel werden. Mir tut Frankreich sehr leid, das einfach überrumpelt wurde, und ich habe Angst, dass es böse für das Land ausgehen wird."[32]

Keine drei Wochen später gestand sie Laura Orvieto ihre Sorge über die ungewisse Rolle Italiens, das noch mit Deutschland und Österreich-Ungarn offiziell verbündet war: „Diese katastrophalen Ereignisse haben mich betäubt und mir jegliche Lust genommen ... Hier sind zwei Millionen Männer dabei, sich gegeneinander zu werfen, und die Unsicherheit für unser Italien lastet auf mir wie ein monströser Albtraum."[33] Die Nervosität, das Bangen um das Schicksal ihres Landes und Entsetzen über die Grauen des Krieges bildeten das Hauptthema ihres Briefes an die Freundin. Zum Schluss aber machte Rosselli noch ihrem Groll auf den Kriegstreiber Deutschland Luft: „Ich hoffe inbrünstig, dass die Deutschen es von allen Seiten tüchtig abbekommen. Sie haben es sich so sehr verdient!"[34]

Amelias Aversion gegenüber Deutschland und Österreich stärkten seitdem zusammen mit ihrem intensiven Zugehörigkeitsgefühl zur italienischen Nation, dem Ideal ihrer jüdischen Vorfahren, zusehends ihre Hoffnung auf eine Intervention Italiens an der Seite der Demokratien Frankreich und Großbritannien. Sie ignorierte dabei den Umstand, dass dieses Bündnis auch das zaristische Russland mit einschloss, dessen aggressive antijüdische Politik in ganz Europa seit langem bekannt war. Auch die Tatsache, dass italienische Soldaten für das Leiden und Sterben unschuldiger Frauen und Kinder aus Deutschland und dem Habsburger Reich verantwortlich zeichnen würden, ging in den tief verwurzelten nationalen Ressentiments zumindest vorübergehend unter. Die in der jüdischen Gemeinschaft Italiens wie ganz Europas damals lebhaft diskutierte Frage, wie Juden mit einem eventuellen Kampf gegen die „jüdischen Brüder" (*fratelli-nemici*) umgehen sollten,[35] tauchte in Rossellis Überlegungen nicht auf. Ihre italienisch-nationale Loyalität und damals noch de-

---

31 Vgl. Russo, Viva l'Italia tutta redenta, S. 128.
32 Amelia an Carlo Rosselli, 3. August 1914, Isrt Firenze, Fondo Maria Rosselli: Lettere di Amelia Rosselli.
33 Amelia Rosselli an Laura Orvieto, 21. August 1914, ACGV, Fondo Orvieto, Or.1.2059.
34 Ebd.
35 Vgl. Toscano, Gli ebrei italiani, S. 288; Penslar, Jews and the Military, S. 152–159.

zidiert anti-zionistische Haltung überboten in jenem Moment das Bewusstsein der Solidarität mit Juden und Jüdinnen des gegnerischen Lagers.[36]

Nicht nur im familiären Bereich, auch in der Presse der italienischen Frauenbewegung gewann der Interventionismus zunehmend die Oberhand und nahm binnen kurzer Zeit aggressive Formen an. Bereits zwei Monate nach dem italienischen Kriegseintritt, im Juli 1915, initiierte die in Rom entstandene Zeitschrift „L'Unità d'Italia", Organ des Comitato nazionale femminile per l'intervento italiano („Nationales Frauen-Komitee für die italienische Intervention"), eine Kampagne zugunsten des Ausschlusses von Frauen deutscher und österreichischer Herkunft aus den italienischen Frauenorganisationen.[37] Nach der desaströsen Niederlage von Caporetto im Herbst 1917 wiederum wurde von mehreren Frauenorganisationen in Mailand eine Wahlversammlung für den Krieg organisiert, an der auch zahlreiche Mitglieder der Unione Femminile teilnahmen.[38] Im Gegensatz zum römischen CNDI hatte sich die sozialistisch geprägte Mailänder Frauenorganisation in den ersten Kriegsjahren bewusst mit öffentlichen Stellungnahmen zum Krieg zurückgehalten, obwohl führende Mitglieder wie Nina Rignano Sullam und Bice Cammeo durchaus einen italienischen Interventionismus favorisiert hatten. Nach Caporetto jedoch änderte sich die Haltung der UFN drastisch. Als konkretes schriftliches Ergebnis entstand die Sonderausgabe „La Riscossa" („Angriff" oder „Wiedereroberung"), die unter der italienischen Bevölkerung und in Schützengräben verteilt wurde.[39] Darin forderten die Autorinnen, die sozialistische Tageszeitung „Avanti" sowie die Sprachrohre des *Disfattismo* zu suspendieren und die Deutschen aus Italien zu vertreiben.[40]

Als eine der wenigen verbleibenden Pazifistinnen hielt sich die langjährige Vorsitzende der UFN, Ersilia Majno, von solchen Positionen fern. Der persönlichen Überzeugung der Sozialistin nach bildeten Klassenkampf, Frauen-Emanzipation und weibliche Solidarität eine untrennbare Einheit.[41] Im Gegensatz zu Paolina Schiff hielt Majno an ihren pazifistischen Überzeugungen fest.[42] Ihre prinzipielle Ablehnung der Barbarei des Krieges hinderte die Aktivistin jedoch nicht daran, sich innerhalb der

---

36 Rosselli äußerte sich später folgendermaßen über den Wandel in ihrer Einstellung gegenüber dem Zionismus: „Zu Beginn des Jahrhunderts entstand auch in Italien eine zionistische Bewegung. Ich war heftig dagegen, weil ich glaubte, darin eine extreme Gefahr für die *italianità* der Juden zu sehen ... Heute, aus der Distanz von 30 Jahren verurteile ich meine wütende Intransigenz von damals. Ich bin aufgrund eines langen und schmerzhaften mentalen Prozesses dazu gezwungen worden, die Existenz des jüdischen Problems zuzugeben."; Rosselli, Memorie, hg. von Calloni, S. 128 f.
37 Vgl. Guidi, Un nazionalismo, S. 100 f.
38 Vgl. dazu Schiavon, Interventiste, S. 272.
39 La Riscossa – Unione Femminile nazionale, numero unico, gennaio 1918, Milano.
40 Vgl. Schiavon, Interventiste, S. 273.
41 Brigadeci, Forme di resistenza, S. 3 f.
42 Majno verließ 1921 sogar zeitweise die UFN, als diese nach 1919 begann, nationalistische Frauengruppierungen zu unterstützen und einem Mailänder Komitat zur Garantie der Funktion öffentlicher Dienstleistungen beitrat. Ersilia Majno bezeichnete das Komitat in ihrem Austrittsbrief als eine „Orga-

UFN zugunsten der Soldaten und ihrer Familien an der Heimatfront solidarisch zu betätigen. Bereits im Juni 1915 hatte die damals noch mehrheitlich pazifistisch ausgerichtete Mailänder Frauenvereinigung in einer öffentlichen Bekanntmachung betont: „Obwohl die Unione Femminile Nazionale ihren Prinzipien und dem pazifistischen Ideal treu bleibt ... hielt sie es nicht für angebracht, ihre Unterstützung zugunsten der Familien abzulehnen, die am meisten unter den unheilvollen Konsequenzen des Kriegs leiden."[43]

Die Tatsache, dass sich die Mailänder Frauenvereinigung bereits vor 1914 auf den Wohlfahrtsbereich konzentriert und dank Vorreiterinnen wie Nina Rignano Sullam ihre Aktivitäten im Bereich der Sozialarbeit professionalisiert hatte, kamen den Hilfsaktionen während des Ersten Weltkriegs zweifellos entgegen. Die *Grande Guerra* bot den betreffenden Feministinnen eine zentrale Gelegenheit, die erworbenen Kenntnisse und Fähigkeiten in vielfältiger Weise anzuwenden und damit auch ihren Wert als potentielle Staatsbürgerinnen zu demonstrieren.[44]

Das Engagement der UFN reichte von der Gründung von Hilfseinrichtungen für Kriegswaisen über die Versorgung von Witwen Gefallener, der Ausbildung von Krankenschwestern bis hin zur Herstellung und Sammlung von Kleidungsstücken für Soldaten, die sich in zahllosen Schreiben für die von der Frauenvereinigung geleistete Unterstützung bedankten.[45] Nach Caporetto wurde innerhalb der UFN ein Komitee für die Hilfe von Flüchtlingen gegründet, dem ausschließlich Jüdinnen, darunter Nina Rignano Sullam und Rosa Errera (eine Schwester der eingangs zitierten Schriftstellerin Anna) angehörten.[46] Entsprechend dem Einsatz jüdischer Soldaten an der Front sahen jüdische Akteurinnen in ihrem Engagement an der Heimatfront die Möglichkeit, den lebendigen Beweis für ihre nationale Solidarität und Dankbarkeit gegenüber dem italienischen „Vaterland" anzutreten.[47] Verbunden damit war nicht

---

nisation der weiblichen Streikbrecher unter dem Vorwand der Arbeitsdisziplin und für das Wohl des Landes"; vgl. Brigadeci, Forme di resistenza, S. 4.
43 „Comitato Pro Esercito", Giugno 1915, Archivio UFN, Milano, b. 11, fasc. 68: Prima Guerra mondiale – 1 (1913–1918).
44 Vgl. Willson, Women, S. 48.
45 Archivio UFN, b. 11, fasc. 69: Prima Guerra mondiale – 2 (1917–1919).
46 Die Mitglieder der Commissione Pro-Profughi waren Rosa Errera, Nina Rignano Sullam, Larissa Boschetti Pini und Nyves Yarach; vgl. L'Opera dell'Unione Femminile Pro-Profughi, anonimo, s. d. (es handelt sich offensichtlich um das Jahr 1917), Archivio UFN, b. 11, fasc. 68: Prima Guerra mondiale – 1 (1913–1918). Auch die italienisch-jüdische Agrarwissenschaftlerin Aurelia Josz nahm an den Hilfsaktionen für Flüchtlinge in Mailand teil; vgl. Schiavon, Interventiste, S. 271.
47 Dass italienische Militärs die Unterstützung durch jüdische Akteurinnen durchaus als Zeichen von Patriotismus und nationaler Identität bewerteten, spricht aus einem Brief des Obersts Giovanni Faracovi an die UFN: „Ein spezieller Dank geht an die liebenswürdige Signora Nina Rignano Sullam, die mit großer patriotischer Großzügigkeit zum Gelingen des [Weihnachts-]Festes beitrug, dem über seine große menschliche Bedeutung hinaus der Stempel der Italianità aufgedrückt wurde"; Colonnello Co-

zuletzt die Hoffnung auf öffentliche Anerkennung als Frauen wie als Jüdinnen und die Gewährung politischer Rechte.

4.2 Veränderte Beziehungen
Jüdisch-christliche Annäherungen und Distanzen im Kriegsalltag

Die aktive Mitarbeit in Krankenhäusern und Hilfsorganisationen führte während des Krieges zu einer intensivierten Begegnung jüdischer Frauen mit der nichtjüdischen italienischen Mehrheitsgesellschaft. Dies galt vor allem für Krankenschwestern. Der enge Kontakt zu kranken und verwundeten Soldaten wie auch zu Ärzten und Kolleginnen, darunter viele Ordensfrauen, bewirkte häufig erstmals eine langfristige, alltägliche Interaktion zwischen jüdischen und nichtjüdischen bzw. christlichen Personen und Bereichen. Anfang des 20. Jahrhunderts waren noch etwa 40 % der italienischen Krankenschwestern Nonnen.[48] Bis Mai 1915 hatten sich circa 4 000 Italienerinnen zu Rotkreuzschwestern ausbilden lassen, darunter auch Frauen jüdischer Herkunft. Die meisten der *Crocerossine* waren unverheiratete, kinderlose Frauen der gehobenen Mittelschicht. Viele stammten aus den Kreisen des CNDI. Rotkreuzschwestern wurden in Italien, wie in anderen Ländern auch, zu Ikonen des Weltkriegs.[49] Im Engagement jüdischer Krankenschwestern verband sich die Tradition jüdischer Wohltätigkeit mit einem ausgeprägten italienischen Patriotismus, wie er auch in den Schriften zeitgenössischer jüdischer Autorinnen anzutreffen war. Offenbar entging diese charakteristische Verbindung den Zeitgenossen nicht. Der bereits oben erwähnten Rotkreuzschwester Fanny Luzzatto, die unter Aufbringung großen persönlichen Muts schwer verwundete Soldaten in unmittelbarer Frontnähe pflegte, dankte der Leiter des Militärkrankenhauses in Ferrara mit folgenden Worten:

> „Seit Beginn dieses glorreichen Krieges haben Sie ... Schätze des Erbarmens und der Menschenliebe bei der Versorgung unserer tapferen Verwundeten und Kranken verschenkt. Ihre Arbeit, die Sie auf ehrenhaft italienische Weise in den Militärkrankenhäusern von Udine, Cormons, Ferrara ausgeübt haben ... hat stets die Bewunderung aller hervorgerufen, und unter den [Krankenschwestern] wurden Sie als besonders seltenes Beispiel angeführt ... Zusammen mit dem Dank der Offiziere und der Sanitätstruppe wiederhole ich das, was Ihnen mehr als jede Ehre

---

mandante del Gruppo Giovanni Faracovi an die Unione Femminile, Bressanone 4. Januar 1919, Archivio UFN, b. 11, fasc. 69: Prima Guerra Mondiale – 2 (1917–1919).
48 Vgl. Willson, Women, S. 49.
49 Zu italienischen Rotkreuzschwestern im Ersten Weltkrieg vgl. Bartoloni, Italiane alla guerra; dies., Al capezzale del malato; Scardino Belzer, Women and the Great War. Zu den unterschiedlichen Darstellungen und Bildern von Krankenschwestern im Großen Krieg vgl. Hämmerle, Mentally broken, S. 91 f.; Schönberger, Motherly Heroines, S. 91–93.

und jedes Lob Genugtuung bringen wird ... Das erfreuliche Echo ... des Segens [benedizione], den Ihnen Zahlreiche der Gesundeten und ihre Familien durch mich übermitteln lassen."[50]

Bezeichnend war die Charakterisierung Fanny Luzzattos durch den Militärarzt als „ehrenhafte" Italienerin und die Betonung ihrer Einbeziehung in den Segen und die Gebete italienischer, aller Wahrscheinlichkeit nach katholischer Familien. In den Augen des Arztes und vermutlich auch der Protagonistin selbst hatte sie im Krieg ihre *italianità* erwiesen.

Ein weiteres eklatantes Beispiel für die Verbindung säkularer jüdischer Identitäten mit italienisch-nationalem Bewusstsein und patriotischer Begeisterung bilden die Kriegstagebücher von Silvia Treves (1891–1987), die aus einer gebildeten und wohlhabenden Florentiner Familie stammte. Wie Luzzatto war sie seit 1916 als freiwillige Krankenschwester in direkter Frontnähe, unter anderem in Carnia, tätig. Aus ihren Aufzeichnungen spricht deutlich ein subjektives Empfinden intensiver Zusammengehörigkeit mit nichtjüdischen Italienern und Italienerinnen durch die gemeinsame Erfahrung des Krieges.[51] Die 25-Jährige reflektierte mehrfach über die tiefe Beziehung und das Gefühl untrennbarer Gemeinschaft, das sich zwischen ihr und den Kranken und Verletzten herauszubilden schien. Im September 1916 schrieb sie:

> „Wenn ich an manche Abende zwischen den schwer Verwundeten in der Dunkelheit der Waggons zurückdenke, an ihre Leiden und meinen Wunsch, ihnen zu helfen, ihre Schmerzen zu lindern, und an meinen instinktiven Impuls, in ihnen die Stärke zu erwecken, die von meiner Zuneigung kam ... meiner anerkennenden Bewunderung für das, was sie **für uns** [Italiener und Italienerinnen] erlitten ... so wird mir bewusst, dass ich niemals ähnliche Momente einer derartigen gefühlvollen Gemeinschaft und bebenden Sympathie, die ich in mir spürte, erlebt habe."[52]

Bei aller Subjektivität dieser Aussage, der man die emotionale Natur der jungen, erstmals von den familiären Gewohnheiten befreiten Tagebuchschreiberin anmerkt, trug die Nähe jüdischer Frauen zu nichtjüdischen Männern in der Extremsituation des Krieges zweifellos zu einer gegenseitigen Kenntnis bei und förderte, zumindest vorübergehend, ein Gefühl menschlicher wie nationaler Solidarität. Jedoch war dies

---

50 Maggiore Medico Direttore Antonio De Napoli, Brief des „Lobs und Danks", Ferrara, 10. Februar 1919, Archivio Fondazione Guido Ludovico Luzzatto, Mailand.
51 Ausführliche Ausschnitte des Tagebuchs aus dem Zeitraum März bis Dezember 1917 wurden Anfang der 1970er Jahre veröffentlicht; vgl. Treves, Diario, S. 233. Monica Miniati hat einzelne Zitate aus den nicht edierten Tagebüchern in ihrer Studie veröffentlicht; vgl. Miniati, Le „emancipate", S. 217. Auch Stefania Bartolonis einschlägige Studie nimmt mehrmals auf Treves' Tagebücher Bezug; vgl. Bartoloni, Italiane alla guerra, v. a. S. 191, 217. Zu den Intentionen und Themen der Aufzeichnungen von Kriegskrankenschwestern vgl. Hallett, Containing Trauma, S. 9–15.
52 Silvia Treves, Diari inediti, September 1916, zit. nach Miniati, Le „emancipate", S. 217 (Hervorhebung im Original).

nur ein Teil der Realität. Im April 1917 etwa schrieb Treves von dem „abscheulichen Oberst", der ihren Florentiner Cousin Aldo Neppi mehrmals daran hinderte, sie zu besuchen, und wieder an anderer Stelle von ihren nichtjüdischen Kolleginnen im Militärkrankenhaus des venetischen Portogruaro, die sie verspotteten und „zum Schweigen verdammten".[53] Dagegen erscheint das Verhältnis zu Nonnen, die aufgrund der oben geschilderten antisemitischen Vorfälle von jüdischen Akteurinnen in der Regel misstrauisch gemieden wurden, in Treves' Tagebüchern spannungsfrei.[54] Auch berichtete die junge Krankenschwester, wie sie im Dezember 1917 eine katholische Kirche betrat, in der ein „schöner Gesang" zu hören war.[55]

Derartige Aussagen unterscheiden sich deutlich von der ganz überwiegend antiklerikalen Haltung jüdischer Frauen im Vorfeld des Krieges. Die vor allem emotionale Annäherung jüdischer Protagonistinnen an die katholische Kultur der italienischen Mehrheitsgesellschaft, die auch aus Treves' Tagebüchern hervorgeht, hatte während der *Grande Guerra* hauptsächlich patriotischen Charakter. Dies bestätigt auch ein Blick auf zeitgleiche soziale Initiativen und Veröffentlichungen in jüdischen Zeitschriften. Im August 1916 war in der wichtigsten Zeitschrift assimilatorischer Prägung, „Il Vessillo Israelitico", zu lesen, dass in einem von jüdischen Frauen in Ferrara gegründeten Kinderhort mit dem vielsagenden Namen Cavour ausschließlich katholische Kinder von Frontsoldaten betreut wurden. Der Autor des Artikels vermerkte diesen Umstand als durchaus positiv.[56] Die Schriftstellerin Ada Cagli della Pergola (1859–1941)[57] wiederum, die 1899 und 1900 im „Vessillo Israelitico" die Bedeutung des jüdischen Pessach und der religiösen Mündigkeit jüdischer Mädchen gefeiert hatte, ging aus ihrem nationalen Gemeinschaftsgefühl heraus soweit, sich mithilfe christlich-religiöser Rhetorik in der Zeitschrift des CNDI mit der Melancholie und dem Heimweh italienischer Soldaten angesichts ihrer zweiten „Kriegs-Weihnachten" 1916 zu identifizieren. Stellte dies womöglich auch eine Reaktion auf die mittlerweile offenen antisemitischen Äußerungen katholischer Aktivistinnen über eine angeblich

---

53 Vgl. Treves, Diario, S. 237 f. Die Gründe für die Schikanen von Seiten des Obersts und Treves' Kolleginnen bleiben im Dunkeln, jedoch ist nicht auszuschließen, dass antijüdische Vorurteile gegenüber der jungen Frau dabei eine Rolle spielten.
54 „Gestern Abend sind wir zu den Nonnen gegangen, um sie zu begrüßen" (Portogruaro, 25. März 1917), Treves, Diario, S. 233; „Nach dem Mittagessen besuchen wir die Nonnen. Ein mehr als herzlicher Empfang" (Portogruaro, 1. Juli 1917), Treves, Diario, S. 242. Wie bei allen im Nachhinein veröffentlichten Egodokumenten kann jedoch nicht ausgeschlossen werden, dass Treves in den 1970er Jahren derartige Aussagen gezielt für die Publikation der Tagebücher auswählte oder auch den ursprünglichen Wortlaut aktuellen Bedürfnissen und Intentionen anpasste.
55 Vgl. Treves, Diario, S. 270.
56 Vgl. La guerra. Corrispondenza da Ferrara, in: Vessillo Israelitico LXIV,16 (agosto 1916), S. 423.
57 Die aus Ancona stammende Ada Cagli Della Pergola hatte am Magistero Superiore in Florenz bei der Schriftstellerin Eugenia Levi studiert. Sie schrieb sowohl für die Frauenbewegungspresse als auch Literatur für Kinder, meist unter dem Pseudonym „Fiducia".

„jüdisch-freimaurerische Verschwörung" innerhalb der laizistischen Frauenorganisationen dar? Die Anspielung der Autorin an den christlichen Bereich ist offensichtlich:

> „Einst war dieser Tag auch für sie [die Soldaten] voller intimer, stiller Freude, süßen Geschmacks, kindlich und unschuldig, der die in Vergessenheit geratenen Gebete auf die Lippen zurückrief, in die Erinnerung die Episoden der Kindheit. Das Fest der Geburt, so menschlich und bewegend, ist für sie der Inbegriff ihres vergangenen Lebens. Die Mutter, die Gattin, die weit entfernten Kinder."[58]

Auch schienen sich, wie schon Treves' Aufzeichnungen nahelegen, Beziehungen zwischen Jüdinnen und katholischen Ordensfrauen zu entwickeln, deren Verhältnis vor dem Konflikt überwiegend distanziert oder sogar feindselig gewesen war. Fanny Luzzatto hatte noch 1901 die mit ihr im Krankenhaus tätigen Nonnen wegen ihres irrationalen Handelns kritisiert. Laura Orvieto, die während des Ersten Weltkriegs mittellosen Frauen in Florenz eine Ausbildung zur Krankenschwester ermöglichte und sich selbst bei den „Samaritanerinnen" engagierte, äußerte sich in ihren Memoiren dagegen anerkennend über die Beziehung zu Klosterfrauen:

> „... wie viel Hingabe und, ich würde sagen, manchmal sogar Heiligkeit hat Laura in den ihr anvertrauten Krankenschwestern und ihren mitarbeitenden Nonnen gesehen; strenges Pflichtgefühl und weibliche Launen, kleine Angebereien und Sinn für absolute Disziplin, jene, die alles tun und niemals um etwas bitten, jene, die aufmerksam und bereit sind, bewundert von den Soldaten ..."[59]

Für die Florentiner Schriftstellerin bedeutete die Zusammenarbeit mit Ordensfrauen im Ersten Weltkrieg den Beginn einer kontinuierlichen Annäherung an die katholische Kirche und die katholische Kultur der italienischen Mehrheitsgesellschaft. Der in Lauras Autobiografie beschriebene freundschaftliche Kontakt ihres Mannes zu Pater Ermenegildo Pistelli, mit dem Angiolo Orvieto das Ufficio Notizie für Familien von Frontsoldaten gründete und im Laufe des Krieges verschiedene Hilfsaktionen für die italienischen Truppen startete, trug zweifellos zu dieser Annäherung bei.[60] Orvieto zitierte in ihren Erinnerungen den Pater, der angesichts des Engagements von Angiolo und seinen jüdischen Mitarbeitern bemerkt haben soll: „Danken wir Gott, dass es die Juden gibt."[61]

Obwohl die Schriftstellerin sich zeitlebens nicht taufen ließ, heiratete ihr Sohn Leonfrancesco in den 1920er Jahren eine Katholikin, die italienische Adlige Adriana Guasconi. Den Zeitraum 1943/1944 überlebten Angiolo und Laura schließlich ver-

---

58 Ada Cagli Della Pergola („Fiducia"), Natale di guerra, in: Attività femminile sociale IV,12 (dicembre 1916). Vgl. dazu auch Miniati, Le „emancipate", S. 224 f.
59 Orvieto, Storia di Angiolo e Laura, hg. von Del Vivo, S. 117.
60 Vgl. ebd., S. 116 f.
61 Ebd., S. 117.

steckt in einem Kloster, dem Hospiz von Pater Massimo da Porretta nahe Florenz.[62] Dass Angiolo Orvieto im Jahr 1950 zusammen mit dem damaligen Florentiner Bürgermeister, dem Christdemokraten Giorgio La Pira (1904–1977), den Verein für jüdisch-christliche Freundschaft (Amicizia ebraico-cristiana) gründete, war ein deutliches Zeichen dieser religiös-kulturellen Verbindung, in der Laura und Angiolo vermutlich auch einen Ausdruck ihrer *italianità* sahen.[63] Die Wurzeln dieser Entwicklung reichen zweifellos in die Zeit des Ersten Weltkriegs zurück.

Laura Orvietos nachhaltige Annäherung an das katholische Milieu durch die Erfahrungen des Ersten Weltkriegs stellte jedoch einen Einzelfall unter den jüdischen Akteurinnen der frühen italienischen Frauenbewegung dar. Affirmationen jüdisch-christlicher Solidarität wie in Cagli Della Pergolas Artikel waren während des Ersten Weltkriegs Ausdruck patriotischer Gesinnung und italienischen Nationalgefühls. Die große Mehrheit jüdischer Feministinnen definierte sich weiterhin über einen ausgeprägten Laizismus, zumal die oben angesprochenen Verständigungsversuche mit der katholischen Frauenorganisation aufgrund deren kompromissloser Abgrenzung zu Beginn des Krieges erneut fehlgeschlagen waren.

Selbst Laura Orvieto blieb in ihrem sozialen und kulturellen Engagement trotz der intensivierten Beziehungen zu katholischen Akteuren und Akteurinnen zwei laizistischen Institutionen, dem CNDI und dem Lyceum, treu. Im sozialen Einsatz der Schriftstellerin wird zudem eine ungebrochene Verbindung zur jüdischen Gemeinde ihrer Wahlheimat Florenz deutlich: Das Waisenhaus Pro Infanzia Israelitica, das Orvieto 1907 für verarmte jüdische Halb- und Vollwaisen in Florenz gegründet hatte, gewann während des Ersten Weltkriegs und in der unmittelbaren Nachkriegszeit aufgrund der gestiegenen Zahl elternloser und notleidender Kinder erhebliche Bedeutung.[64] Im Gegensatz zum zweiten jüdischen Waisenhaus der toskanischen Hauptstadt, dem Orfanotrofio Attias, nahm die Pro Infanzia auch Halbwaisen auf und kümmerte sich zudem um Kinder, die zwar noch Mutter und Vater hatten, aufgrund von existentiellen Problemen und/oder chronischen Krankheiten der Familien jedoch Betreuung außerhalb ihrer Elternhäuser benötigten.[65] Die Institution bildete einen sprechenden Beweis für Orvietos jüdisches Selbstverständnis, ihre Orientierung am Prinzip der sozialen Gerechtigkeit und der Verantwortung des Einzelnen für das Wohl der Gemeinschaft. Im Jahr 1917 wurde die Pro Infanzia zum Rettungsanker zweier jüdi-

---

62 Vgl. Nota al Testo, in: Orvieto, Storia di Angiolo e Laura, hg. von Del Vivo, S. XIII.
63 Zur Gründung der Amicizia ebraico-cristiana vgl. u. a. Cucchiara u. a. (Hg.), Giorgio La Pira, S. 66–68.
64 Vgl. den ausführlichen Bericht von 1915 im Archiv der Jüdischen Gemeinde von Florenz: Società Pro Infanzia Israelitica Firenze, Relazione, Archivio della Comunità Ebraica di Firenze (im Folgenden Archivio CEF), Sezione Opere Pie: Pro Infanzia Israelitica, b. 15.1. Zu Lauras Engagement für die Pro Infanzia vgl. Viterbo, Impegno sociale, S. 65–84.
65 Vgl. Società Pro Infanzia Israelitica Firenze, Relazione, S. 5 f., Archivio CEF, Sezione Opere Pie: Pro Infanzia Israelitica, b. 15.1.

scher Mädchen aus Genua, den Schwestern Passigli, deren Vater im Krieg und deren Mutter gestorben war. Da die jüdische Gemeinde von Genua über keine Kapazitäten für die Betreuung der Mädchen verfügte und die Gemeinden von Turin und Rom in ihren Waisenhäusern nur Jungen akzeptierten, wandte sich der Vorsitzende der Jüdischen Gemeinde von Genua schließlich in einem dringenden Telegramm an die Pro Infanzia: Um jeden Preis sollte verhindert werden, dass die Mädchen von einem katholischen Waisenhaus oder einer katholischen Familie aufgenommen und getauft würden.[66] Die Florentiner Institution setzte sich sofort für die Kinder ein.[67]

Aus der Episode spricht zum einen die zeitgenössische Bedeutung der Initiative Orvietos, die angesichts der damals geringen Zahl an jüdischen Waisenhäusern in Italien und der generell mangelnden Aufnahmemöglichkeiten für weibliche Voll- und Halbwaisen gerade im Weltkrieg besondere Relevanz erhielt.[68] Zum anderen offenbart das Ereignis eine von den jüdischen Gemeinden verfolgte Politik der Distanznahme von den zeitgenössischen katholischen Institutionen, die mit der begründeten Angst vor Zwangstaufen jüdischer Kinder in direktem Zusammenhang stand.[69] Die jüdischchristliche Annäherung blieb während des Weltkriegs unvollständig, wenn auch die bei Treves und insbesondere bei Orvieto positiv beschriebenen Beziehungen sicher einen Teil des Kriegsalltags ausmachten.

Verwandelte Geschlechterverhältnisse, neue und vorenthaltene Frauenrechte

In der Heimat wie an der Front bewirkte die Kriegssituation nicht nur eine generell größere Nähe jüdischer Akteurinnen zu den nichtjüdischen Mitbürgern und Mitbürgerinnen, sondern veränderte die Geschlechterbeziehungen insofern, als Frauen oft

---

66 Vgl. das Telegramm des Rabbiners Sonnino, Vorsitzender der Jüdischen Gemeinde von Genua, an den Vorsitzenden der Jüdischen Gemeinde von Florenz, Samuel Hirsch Margulies, November 1917 (s. d.); Archivio CEF, Sezione Opere Pie: Pro Infanzia Israelitica, b. 15.1. Die Suche nach jüdischen Waisenhäusern, die die Mädchen aufnehmen konnten, schlug sich in einem ausführlichen Schriftwechsel der Jüdischen Gemeindevorsitzenden von Genua, Rom, Turin, Padua und Florenz nieder; vgl. UCEI, b. 8, fasc. 47: „Bambine Passigli e Coen" (ricovero presso l'orfanotrofio di Roma), 16. 1. 1917–5. 3. 1917.
67 Vgl. das Dankesschreiben von Sonnino an Margulies vom 9. November 1917, Archivio CEF, Sezione Opere Pie: Pro Infanzia Israelitica, b. 15.1.
68 Der Gemeindevorsitzende von Rom schrieb am 7. Februar 1917 nach Florenz, dass die „Frage der israelitischen Waisenhäuser immer ernst war und jetzt aufgrund dieses entsetzlichen Krieges noch ernster wird"; Sereni an Margulies, 7. Februar 1917, UCEI, b. 8, fasc. 47: „Bambine Passigli e Coen".
69 Der berüchtigte Fall der Entführung und Taufe des jüdischen Jungen Edgardo Mortara aus Bologna im Jahr 1858 hatte bei der jüdischen Gemeinschaft Italiens eine nachhaltige Furcht vor Zwangstaufen hinterlassen; vgl. dazu Kertzer, The Kidnapping of Edgardo Mortara; Scalise, Il caso Mortara; Mortara, Writing for Justice. Die Größenordnung von Zwangstaufen jüdischer Kinder in Italien liegt noch weitgehend im Dunkeln, jedoch handelte es sich bei Mortara um keinen Einzelfall; vgl. Caffiero, Battesimi forzati.

zum ersten Mal ihre Selbständigkeit unter Beweis stellen konnten. Während des Krieges wurde der Gegensatz zwischen traditionell „männlichen" und „weiblichen" Bereichen zumindest vorübergehend schwächer.[70] Die Erfahrung, auf sich allein gestellt zu sein, während Ehemänner und Söhne in den Krieg zogen, insbesondere aber auch die Erkenntnis, aufgrund bezahlter Arbeit ihre Existenz allein bestreiten zu können, bewirkte insbesondere unter Frauen des italienischen Bürgertums ein neues weibliches Selbstbewusstsein. Den politischen Hintergrund bildeten die bereits seit Beginn des Jahrhunderts in Italien geführten Diskussionen um eine Reform der gesetzlichen Stellung von Frauen, die neben der Abschaffung der bereits erwähnten *autorizzazione maritale* auf den Zugang von Frauen zu allen Berufen und ihr Recht auf öffentliche Anstellung abzielte. Aufgrund des steigenden Bedarfs an Frauenarbeit gewann das Thema im Krieg besondere Aktualität.[71] Vor allem die Mailänder UFN beteiligte sich mit Nina Rignano Sullam und Ersilia Majno aktiv an den betreffenden Diskussionen.[72]

Zusätzliche Verstärkung erhielt die emanzipatorische Debatte durch die jüdische Schriftstellerin Virginia Treves Tedeschi (1855–1916),[73] Ehefrau des Verlegers Giuseppe Treves (1838–1904), die sich bereits seit 1909 im Comitato Lombardo Pro-Suffragio Femminile für das Frauenwahlrecht stark machte. Im Jahr 1916 veröffentlichte die Wahl-Mailänderin eine Schrift mit dem Titel „Le donne che lavorano", in der sie ihre Leserinnen auf Arbeit als das bevorzugte Instrument weiblicher Emanzipation hinwies.[74] Indem die Frauen „das Wunder" vollbracht hätten, inmitten all der Schrecken des Krieges sich selbst und der Welt ihre Stärke und ihren Wert zu offenbaren, habe der Konflikt einen Prozess in Gang gesetzt, der nicht mehr rückgängig gemacht werden könne: „Es lässt sich festhalten, dass der Krieg die Frauenfrage mit Riesenschritten vorangebracht hat."[75] Die Lösung der Frauenfrage verknüpfte Treves Tedeschi bezeichnenderweise mit der Idee des Friedens, der für sie jedoch auch territoriale Expansion bedeutete. Die keineswegs pazifistische Vorstellung von Italien

---

[70] Zur Entwicklung von Geschlechterverhältnissen in Italien vgl. Willson, Gender, Family and Sexuality; für den Zeitraum der *Grande Guerra* vgl. Ermacora, Women behind the Lines, S. 16–35.
[71] Vgl. Willson, Women, S. 57. Zum Thema Frauenarbeit im zeitgenössischen Italien vgl. u. a. Ballestrero, La legge Carcano; Curli, Italiane al lavoro; Ortaggi Cammarosano, Donne, lavoro, grande guerra; Soldani, Lo Stato e il lavoro.
[72] Vgl. dazu auch die vermutlich auf Anregung Nina Rignano Sullams organisierte gemeinsame Veranstaltung von UFN und der Università popolare di Milano zum Gesetzesentwurf Sacchi; Archivio UFN, Serie 1.5.1. Diritti delle donne, b. 8, fasc. 55: Condizione giuridica della donna: attività pro legge Sacchi per l'abolizione dell'autorizzazione maritale.
[73] Zu der gebürtigen Veroneserin Treves Tedeschi, die unter dem Pseudonym „Cordelia" schrieb und mehrere Zeitschriften für Kinder in Mailand herausgab, vgl. u. a. Arslan, Scrittrici e giornaliste, S. 249–264; Dizionario biografico delle donne lombarde, hg. von Farina, S. 1062.
[74] Treves Tedeschi, Le donne che lavorano.
[75] Ebd., S. 194, 202.

als vermeintlichem „Befreier" von Gebieten des Habsburger Reichs, die sich auch in den oben erwähnten Schriften italienisch-jüdischer Frauen wiederfindet, war bei der Witwe des gebürtigen Triestiners Giuseppe Treves eindeutig vorhanden: Der Krieg sei unvermeidbar für einen künftigen (vollkommenen) Frieden; es sei notwendig, jegliches Opfer zu ertragen, um den Kindern ein größeres und angeseheneres Vaterland zu schaffen, so Virginia Treves Tedeschi.[76] Was die Emanzipation der Frau anging, würde das im Krieg entstandene neue weibliche Selbstbewusstsein Frauen dazu befähigen, auch in einer Zukunft des Friedens die mühsam eroberten Räume zu bewahren:

> „Nach dem Krieg wird das Leben schwieriger sein ... viele Dinge werden wieder geordnet werden müssen ... es wird für alle Arbeit geben, und nach der Prüfung, welche die Frau brillant gemeistert hat, werden ihr alle Karrieren offenstehen. Ich wünsche mir, dass die neue Frau den Aufruf beantworten kann und überzeugt sein wird, dass Arbeit die größten Freuden liefern kann ... Gehen wir daher mit Mut voran, und arbeiten wir alle, für uns, für unsere Familie und für die Menschheit."[77]

Das Konzept der Arbeit als Weg zur Emanzipation zog sich seit 1916 wie ein roter Faden durch den Diskurs des bürgerlichen Lagers der italienischen Frauenbewegung. Der Lebensalltag von Akteurinnen aus niedrigeren Gesellschaftsschichten war bereits vor dem Krieg maßgeblich durch Arbeit bestimmt worden. Dagegen begannen nun Frauen der gehobenen Mittelschicht, die nicht zwingend auf Berufstätigkeit angewiesen waren, Arbeit als Ausdruck weiblichen Selbstbewusstseins und der Befreiung aus einer rollenbedingten Unmündigkeit zu interpretieren.[78] Jüdinnen des akkulturierten Bürgertums wie Treves Tedeschi unterschieden sich in diesem Punkt nicht von nichtjüdischen bürgerlichen Akteurinnen, mit denen sie in den laizistischen Organisationen zusammenarbeiteten. Im Veröffentlichungsorgan des CNDI etwa erschien in demselben Jahr, in dem Treves Tedeschis Essay veröffentlicht wurde, ein Artikel über „Frauen und Erwerbstätigkeit". Darin wies die Autorin auf die vielen, vorher von Männern bekleideten Arbeitsplätze in Büros und Banken hin, in denen Frauen nun ihre intellektuellen Fähigkeiten beweisen konnten.[79] Bei bürgerlichen Akteurin-

---

76 Ebd., S. 199.
77 Ebd., S. 202 f.
78 Bereits im Jahr 1911 hatte Laura Orvieto im „Marzocco" einen Aufsatz über die Berufstätigkeit von Frauen veröffentlicht, in dem sie schrieb: „Die Arbeit um des Guten für die anderen willen. Kann nicht vom Zuhause aus, wo bereits der Mann einen ausreichenden Beitrag für das Leben der Familie liefert, durch die Frau ein Strom von Arbeitsamkeit ausgehen, die den weiblichen Geist und Stolz hoch hält und der menschlichen Persönlichkeit einen weiteren Horizont aufzeigt?"; Mrs. El (Laura Orvieto), Il lavoro e la donna, in: Il Marzocco (24 settembre 1911).
79 „Mittlerweile ist die Zahl der Frauen groß, die in Banken und öffentlichen Einrichtungen den Platz der Angestellten einnehmen, die einberufen worden sind. Das weibliche Element, dem vor dem Krieg alle sich bemühten, intellektuelle Unfähigkeit nachzuweisen, hat ... vor den Augen der entgeisterten

nen setzte sich zunehmend das Bewusstsein durch, dass sie durch Arbeit sowohl die eigene Unabhängigkeit fördern als auch – etwa als Krankenschwester, Erzieherin oder Schneiderin – der Sache Italiens im Krieg dienen konnten.[80] Zahlreiche Frauen der wohlhabenden Mittel- und Oberschichten, zu deren standesgemäßer Erziehung seit jeher das Nähen gehört hatte, engagierten sich in der Textilarbeit und stellten Uniformen her.[81]

Die während des Krieges lauter werdenden Forderungen nach einer Reform der gesetzlichen Stellung von Frauen bezogen sich jedoch nicht nur auf den Arbeitsplatz, sondern auch auf die Familie. Durch die längst überfällige Abschaffung der *autorizazzione maritale*, welche unter anderem die Beteiligung von Frauen in Organisationen und ihre Ausübung öffentlicher Ämter von einer schriftlichen Genehmigung ihrer Ehegatten abhängig machte, sollte den Frauen größere Unabhängigkeit und Gleichberechtigung auch innerhalb der Beziehung zum Ehemann und der Familie generell garantiert werden. Es ist daher kein Zufall, wenn Akteurinnen wie Treves Tedeschi, Laura Orvieto und Enrica Barzilai Gentilli, die alle das Recht von Frauen auf Arbeit betonten, in ihren Schriften gleichzeitig auf die Konsequenzen der Kriegssituation für die Geschlechterdynamiken innerhalb von Familien hinwiesen. Treves Tedeschis betonte in ihrem Essay über Frauenarbeit, dass die neue Unabhängigkeit der Frau sich konstruktiv auf die Beziehungen zwischen Eheleuten und ihren Kindern auswirken würde: „... die Familie wird laufen wie die Räder einer Maschine, die perfekt funktioniert, und das Haus wird wie ein Hafen sein, wo die Kinder, die von der Schule nach Hause kommen, und die Eltern, die von der Arbeit zurückkehren, sich wiedertreffen und ihre Ideen miteinander austauschen ...".[82]

Im Einklang mit Treves Tedeschis Vorstellungen von einer „Demokratisierung" familiärer Strukturen trat die pädagogisch interessierte Laura Orvieto für eine Anpassung der Kindererziehung an die Veränderungen innerhalb der Familie ein, die nicht mehr eine „absolute Monarchie", sondern eine „Republik" darstellen sollte, in der „zwei Wesen sich vereinten, um den besten Weg in vollkommener Gleichheit zu suchen".[83] Auch die Irredentistin Enrica Barzilai Gentilli sah in der Gleichberechti-

---

Menschheit tatsächlich das Gegenteil dessen bewiesen, was auf naive und bösartige Weise behauptet wurde."; Luisa Costa, Le donne e gli impieghi, in: Attività femminile sociale IV,9 (settembre 1916), S. 228–230. Zu den weiblichen Büroangestellten im Krieg vgl. Curli, Kapitel 5 und 6; Willson, Women, S. 54.

80 Laura Orvieto hatte 1915 im „Marzocco" einen Appell an die Frauen gerichtet, in dem sie dazu aufrief, „dass unsere Arbeit, sei sie frei oder vergütet, zugunsten unserer Kämpfer geschehe und begleitet werde von unseren Gedanken der Liebe für alle Soldaten der guten Sache, im großen Namen Italiens", Lavoro femminile gratuito e retribuito, in: Il Marzocco (luglio 1915).

81 Vgl. Willson, Women, S. 52 f.

82 Treves Tedeschi, Le donne che lavorano, S. 19.

83 Laura Orvieto, Come educherò le mie figlie, in: Almanacco della donna italiana (1920), S. 116–125.

gung der Ehefrau eine unmittelbar positive Konsequenz für das Verhältnis zwischen Müttern und Kindern. Aus ihrem Artikel über das „Scheitern der Mitgift" vom November 1916 spricht die nachhaltige Bedeutung des auf Mazzini zurückgehenden Diktums von der Frau als ebenbürtiger intellektueller „Gefährtin" des Mannes, das bereits seit der Frühzeit der Frauenbewegung für den italienischen Frauenemanzipations-Diskurs wegweisend gewesen war:

> „Die Frau, die in der tragischen Zeit des Krieges gelernt hat, sich selbst zu genügen, kann sich nicht mehr damit abfinden, Dank und Lächeln zu spenden, sondern will die weise Gefährtin, beharrliche Mitarbeiterin des Ehemanns sein. Die Liebe zur Arbeit, die Kenntnis und Erfahrung der Tugend des Opfers machen das neue weibliche Kapital aus, sicherer und solider als jenes, das in der Vergangenheit über die Zweckmäßigkeit und den Vorteil einer Ehe entschied, ein Kapital, das in den kommenden Jahren nicht nur die Vereinigung von zwei sich liebenden Wesen wahrscheinlicher macht, sondern der Frau auch erlaubt, sich aktiver am Werdegang der eigenen Kinder zu beteiligen."[84]

Feministinnen wie Barzilai Gentilli, Orvieto und Treves Tedeschi muss die mit der *legge Sacchi* vom Juli 1919 abgeschaffte *autorizzazione maritale* wie ein persönlicher Triumph ihrer Bemühungen um die Gleichberechtigung von Frauen in der Familie erschienen sein. Auch in Sachen Arbeit wurde ein großer, wenn auch nicht vollständiger Erfolg erzielt: Das neue Gesetz ermöglichte italienischen Frauen erstmals die Ausübung aller Berufe (mit verschiedenen Einschränkungen) und die Aufnahme in Angestelltenverhältnisse. Von den meisten Akteurinnen wurde diese Entwicklung als direkte „Belohnung" für ihr Engagement im Krieg interpretiert.[85]

Umso bitterer musste es ihnen erscheinen, dass das lang ersehnte Frauen-Wahlrecht, auf dessen Realisierung sie angesichts der geleisteten Arbeit und durchlebten Mühen große Hoffnungen gesetzt hatten, 1919 nicht zustande kam.[86] Auch in den jüdischen Gemeinden Italiens blieb die Situation für Frauen trotz ihres herausragenden Engagements während des Krieges im Wohlfahrtsbereich, in Krankenhäusern, Kinderheimen und Waisenhäusern nach 1918 weitgehend unverändert. Erst 1922, und nur in Triest, sollten Frauen als gewählte Vertreterinnen der jüdischen Gemeinde zugelassen werden.[87] Trotz der unleugbaren politischen und gesellschaftlichen Re-

---

[84] Enrica Barzilai Gentilli, Il fallimento della dote, in: Attività femminile sociale IV,11 (novembre 1916), S. 277.
[85] Vgl. Soldani, Lo Stato e il lavoro, S. 69. Das Gesetz ging auf einen Entwurf des Vorsitzenden des Partito Radicale, Ettore Sacchi, zurück. Staatsanwältin, Richterin oder Diplomatin konnten Frauen jedoch nach wie vor nicht werden; auch eine große Zahl an Beamtenberufen durften sie nicht ausüben.
[86] Noch im Februar 1918 hatte die prominente nationalistische Aktivistin Teresa Labriola in der „Attività Femminile Sociale" geschrieben: „... als die Frau in den größten Anstrengungen des Krieges arbeitete, hat sie sich als das erwiesen, was sie ist, die Arbeiterin des Stammes, erster und elementarer Mittelpunkt der Nation"; Attività Femminile Sociale VI,2 (febbraio 1918), S. 32.
[87] In der jüdischen Gemeinde von Florenz, die für die zeitgenössische Bewegung einer jüdischen *rinascita* besonders repräsentativ war, hatte in den Jahren 1915 und 1916 eine partielle Reform des

levanz der *legge Sacchi* für die rechtliche Stellung von Frauen im zeitgenössischen Italien ist zudem zweifelhaft, inwieweit die von Treves Tedeschi und Orvieto mit großem Optimismus beschriebene Vision der „neuen" italienischen Familie nach Kriegsende tatsächlich umgesetzt wurde oder ob nicht längerfristig eine Rückkehr zu den traditionellen Geschlechterrollen stattfand.[88]

4.3 Trügerische Erinnerungen

Amelia Rosselli lebte bereits in jungen Jahren von ihrem Mann Giuseppe („Joe") Rosselli getrennt und zog die drei gemeinsamen Söhne Aldo, Carlo und Nello größtenteils allein auf.[89] Ihre Freundin Laura Orvieto versuchte, zusammen mit ihrem Ehemann Angiolo und den Kindern Leonfrancesco (1900–1977) und Annalia (1903–1954) ihre Theorie der Familie als „Res Publica" in die Praxis umzusetzen. Die Euphorie, mit der Amelia und Laura noch 1915 den Kriegseintritt Italiens begrüßt hatten, wich bald der konkreten Sorge um das Schicksal ihrer Söhne, als diese sich aufmachten, um in eben diesem Krieg zu kämpfen. Auch Carlo und Nello Rosselli wurden noch Anfang 1918 einberufen; Lauras Sohn Leonfrancesco wurde mit dem gleichaltrigen Nello in einer Kaserne in Vigevano nahe Pavia ausgebildet. Als Orvieto ihren Sohn Ende Mai 1918 dort besuchte, war sie besorgt zu erfahren, dass „Leutnant Velardi, ein Freund Aldos, der die beiden Jungen unter seinen Schutz genommen hatte, nun Vigevano verlässt."[90]

Amelia und Laura widmeten dem Ersten Weltkrieg zentrale Teile ihrer Erinnerungen, aus denen die einschneidende Bedeutung des Konflikts im Leben der beiden italienisch-jüdischen Schriftstellerinnen spricht.[91] Ihre Schriften legen Zeugnis von der generell komplexen Beziehung zwischen (Kriegs-)Erfahrung und Erinnerung ab, insbesondere bezüglich der Transformation und Fragmentierung von Erinnerungen vor dem Hintergrund aktueller politischer Ereignisse und menschlicher Sinnbedürf-

---

Wahlrechts stattgefunden. Sie ließ Frauen als wählbare Mitglieder einzelner Kommissionen – Kult, Unterricht und Wohlfahrt – zu, die den einzelnen Sektionen des Gemeinderats zugeordnet wurden. Im Consiglio selbst jedoch durften Frauen sich nicht beteiligen; vgl. Miniati, Le „emancipate", S. 192.
88 Vgl. Ermacora, Women behind the Lines, S. 31; Willson, Women, S. 60.
89 Zur Familie Rosselli vgl. u. a. Fiori, Casa Rosselli; I Rosselli. Epistolario familiare, hg. von Ciuffoletti; Ciuffoletti/Corradi (Hg.), Lessico famigliare; Taglietti, Le Donne di Casa Rosselli.
90 Orvieto an Amelia Rosselli, 27. Mai 1918, FRT, Archivio di Amelia Rosselli, M 2152.
91 Die Erinnerungen von Frauen an den Großen Krieg sind für den italienischen wie den europäischen Kontext insgesamt bisher wenig erforscht. Mit den Kriegserzählungen von Krankenschwestern des Habsburger Reiches beschäftigt sich Hämmerle, Mentally broken; Alison S. Fell behandelt Autobiografien französischer und britischer „Kriegsheldinnen", Fell, Remembering French and British First World War Heroines; zu den Erinnerungen italienisch-jüdischer Frauen vgl. Nattermann, The Female Side of War. Zu den Erinnerungen männlicher Akteure vgl. insbesondere Winter, Remembering War, S. 62–76, zur familiären und historischen Erinnerung an den Krieg vgl. ebd., S. 8–13.

nisse. Sie bilden einen charakteristischen Bestandteil der jüdischen Erinnerung an den Großen Krieg in Italien, die von den verheerenden Erfahrungen des Zweiten Weltkriegs und der Shoah weitgehend überlagert oder zerstört wurde.[92] Die Tatsache, dass Amelias Memoiren und Orvietos Autobiografie während der Zeit der faschistischen Diktatur geschrieben wurden, macht eine Betrachtung ihrer Vergangenheitsentwürfe im Kontext der Entstehungssituation daher umso notwendiger.

Beide Akteurinnen verfassten ihre Erinnerungen mit großem zeitlichen Abstand und dem Wissen um den Tod des ältesten Sohns von Amelia Rosselli, Aldo, und vielen seiner jungen Freunde. Amelias Erinnerungen entstanden zwischen 1932 und dem Ende der 1940er Jahre; den Hauptteil verfasste sie im schweizerischen und amerikanischen Exil (1938–1944) nach der Ermordung ihrer Söhne Carlo und Nello durch faschistische Schergen.[93] Orvieto wiederum schrieb ihre Autobiografie hauptsächlich in den Jahren 1938/1939, zuletzt abseits ihrer Wahlheimat Florenz, in Cortina d'Ampezzo, wohin sie sich zusammen mit Angiolo 1939 nach der Verabschiedung der italienischen Rassengesetze im November 1938 zurückgezogen hatte.[94] Die Bitterkeit und das Gefühl der Isolation angesichts der wenige Monate zuvor verabschiedeten Gesetze sind in ihren Aufzeichnungen deutlich spürbar.

Der tragische Unterton beider Autorinnen offenbart die nachträgliche Erkenntnis des anfangs nahezu gänzlich unterschätzten Grauens der *Grande Guerra*, die ihnen Jahre zuvor als die Vollendung des Risorgimento erschienen war. Amelia Rosselli widmete ihrem Sohn Aldo, gefallen mit nur 20 Jahren im März 1916 in Carnia, beinahe ein ganzes Kapitel ihrer Autobiografie.[95] (Abb. 8) Der Tag des italienischen Kriegseintritts, den Rosselli darin mit großer Emotionalität schilderte, erhielt aus dem Rückblick zentrale symbolische Bedeutung:

„Wie und mit welchem Gefühl ich den Abend des 15. Mai 1915[96] erinnere! Aldo war hastig mit der großen Neuigkeit nach Hause gekommen. Carlo und Nello, die bereits im Bett waren, standen auf: Aldo wollte die Fahne nach draußen hängen, deren Ring sich an der Mauer unter dem Fenster von Nellos Zimmer befand. Ich sehe sie heute noch vor mir, alle drei, während sie

---

92 Zum nachhaltigen Vergessen der jüdischen Erfahrung und Erinnerung des Ersten Weltkriegs auch in Österreich vgl. Ernst, Der Erste Weltkrieg, S. 62–68.
93 Zur Entstehungsgeschichte der Memoiren vgl. die Einleitung von Marina Calloni, in: Rosselli, Memorie, hg. von Calloni, S. 16 f.
94 Vgl. Del Vivo, Introduzione, S. VII.
95 Es handelt sich um den zweiten Teil der Memoiren „A Firenze", der in weiten Teilen von Aldo und seinem Tod handelt; Rosselli, Memorie, hg. von Calloni, S. 107–174. Rossellis ältester Sohn wurde auf eigenen Wunsch hin Anfang 1916 ins Frontgebiet beim Pal Grande geschickt. Der junge Leutnant fiel im Kampf während eines österreichischen Angriffs auf die italienischen Stellungen in der Nacht vom 26. auf den 27. März. Ein halbes Jahr später wurde er posthum mit der silbernen Tapferkeitsmedaille ausgezeichnet. Sein Oberst hatte ihn ursprünglich für die goldene Tapferkeitsmedaille vorgeschlagen; vgl. Valiani, Introduzione, in: I Rosselli. Epistolario familiare. hg. von Ciuffoletti, S. X.
96 Das Datum ist nicht korrekt; Italien erklärte Österreich-Ungarn am 23. Mai 1915 den Krieg.

Amelia Rosselli con il figlio Aldo, ufficiale di fanteria, caduto in guerra nel 1916

Abb. 8: Amelia Rosselli mit ihrem ältesten Sohn Aldo (Udine 1916), wenige Wochen vor seinem Tod.

das Fenster öffnen – die beiden Kleinen in ihren langen Nachthemden, die bis zu den Füßen reichten – und mit enormer Anstrengung den Stab der Fahne in den Ring stecken, während vom Palazzo Vecchio aus die Glocken Sturm läuten. Ein Schluchzen presst mir die Kehle zusammen ... Unter dieser Fahne, um diese Fahne zu verteidigen, sollte einer der drei wenige Monate später sterben! ... Und während ich ihnen zusah, kam mir plötzlich eine andere Vision in den Sinn: Der Balkon des Hauses meiner Kindheit am Canal Grande in Venedig: mein Vater, der die Fahne vor jenem Balkon anbrachte, anlässlich der großen nationalen Feierlichkeiten. Und jene war nicht nagelneu wie diese, sondern alt und ausgeblichen: viel zu lange war sie 1849 der Sonne ausgesetzt gewesen. Ich liebte sie. Man hatte mich gelehrt, sie zu lieben."[97]

Rossellis Sohn Aldo und auch seine jüngeren Brüder Carlo und Nello waren zum Zeitpunkt der Niederschrift dieses Teils der Memoiren bereits tot. Nicht von ungefähr waren es in Amelias Erinnerung ihre drei Söhne, die gemeinsam die italienische Fahne am Hause Rosselli anbrachten und damit auf symbolische Weise die patriotischen, freiheitlichen Ideale des venezianischen Großvaters wieder aufleben ließen: Dieser war 1848/1849 an den anti-habsburgischen Aufständen direkt beteiligt gewesen und hatte sich für die Repubblica di San Marco engagiert. Amelia stellte so bewusst eine Verbindung zwischen der Atmosphäre des Risorgimento und der *Grande Guerra* her, in der das nunmehr vergangene, liberale Italien zum Idealbild von Vaterland und Freiheit wurde. Womöglich versuchte die Autorin auf diese Weise auch, die interventionistische Haltung ihrer Familie zu erklären und in gewissem Sinne zu rechtfertigen.

Mit dem Tod des Sohnes verschwanden nationalistische Untertöne aus Amelias privaten und öffentlichen Schriften. Ihr Patriotismus jedoch erschien ungebrochen, womöglich sogar gestärkt von dieser persönlichen Erfahrung.[98] Als Laura Orvieto um 1919 begann, sich für die zionistische Bewegung zu interessieren, reagierte Amelia ablehnend. In einem Brief an die Freundin betonte sie ihr nationales Selbstverständnis und bezog sich dabei explizit auf den Tod Aldos für sein italienisches „Vaterland": „Ich habe denselben Schmerz ausschließlich als Italienerin ... erlitten, im Besonderen als eine italienische Mutter eines italienischen Soldaten, der für Italien gefallen ist."[99] Zurückblickend auf ihre Ideale der Gerechtigkeit und Freiheit, die der Krieg nicht hatte erfüllen können, resümierte sie in ihren Memoiren: „Die Heimgekehrten sahen, dass ihr Opfer, statt geehrt zu werden, als unnütze Sache verspottet wurde. Und so erwuchs aus dem Herzen jeder trauernden Mutter die schreckliche und beinahe monströse Frage: Warum? Warum so viel Blut, so viel Schmerz, und eine ganze Generation geopfert?"[100]

---

97 Rosselli, Memorie, hg. von Calloni, S. 140 f.
98 Vgl. dazu auch Amato, Una donna nella storia, S. 112.
99 Amelia Rosselli an Laura Orvieto, s. d. (1919?), ACGV, Fondo Orvieto, Or. 1.2059.
100 Rosselli, Memorie, hg. von Calloni, S. 163.

Noch deutlicher als Amelia Rosselli spielte Laura Orvieto auf den Faschismus und die diskriminierende Rassengesetzgebung gegen die Juden an, die ihr Leben so zahlreich für die Sache Italiens im Ersten Weltkrieg hingegeben hatten. Im Gegensatz zu ihrer Freundin Rosselli lebte Orvieto während der Niederschrift ihrer Erinnerungen ausschließlich in Italien: Sie erlebte aus unmittelbarer Nähe und am eigenen Leib den zunehmend gewaltsamen antisemitischen Kurs des faschistischen Regimes. Zwischen 1936 und 1938 waren nahezu alle Juden aus öffentlichen Ämtern verdrängt worden, während die faschistische Presse ihre antijüdische Kampagne intensiviert hatte.[101] Als Konsequenz der Rassengesetzgebung vom November 1938 musste Laura Orvieto das Florentiner Lyceum verlassen, dem sie seit seiner Gründung im Jahr 1908 verbunden gewesen war. Tief empfundene Ressentiments angesichts dieser persönlichen Erniedrigung gehen deutlich aus ihrer Autobiografie hervor. Über Amelias Sohn Aldo schrieb sie: „Aldo hat über den Alpen Italiens sein strahlendes Leben gelassen. Glücklicher Aldo, denn wäre er heute noch am Leben, würde er aus der Armee vertrieben, trotz der Tapferkeitsmedaille, die seiner Mutter damals überreicht wurde."[102]

Die Erinnerungen von Amelia Rosselli und Laura Orvieto an den Ersten Weltkrieg enthüllen demnach nicht nur die Euphorie nationaler Begeisterung und irredentistischer Leidenschaft, die im Großteil der zu Beginn des Krieges verfassten Selbstzeugnisse und Schriften jüdischer Frauen anzutreffen sind. Aus der zeitlichen und räumlichen Distanz heraus dominierte bei Rosselli wie Orvieto Trauer um die gefallenen Söhne und Freunde die mit dem Krieg verbundenen Bilder, Gedanken und Emotionen. Gleichzeitig intensivierten die während der faschistischen Ära erlittenen Erfahrungen von Exklusion, Verfolgung und Exil die Erinnerungen an den Großen Krieg als letzten zentralen Moment, in dem die Protagonistinnen sich als Teil der nationalen Gemeinschaft empfunden hatten.[103]

Eine ähnliche Motivation steht hinter dem Erinnerungsbuch für die jüdische Rotkreuzschwester Emilia Contini Ancona (1859–1937), das der Börsenmakler Clemente Ancona im April 1938 zum Andenken an seine verstorbene Frau in ihrer Heimatstadt Ferrara veröffentlichte.[104] Der antisemitische Kurs des faschistischen Regimes steuerte bereits auf die Rassengesetze vom November desselben Jahres hin. Wie Fanny Luzzatto und Silvia Treves hatte Emilia Contini Ancona sich im Ersten Weltkrieg als Krankenschwester und aufgrund eines vielfältigen sozialen Engagements ausgezeichnet. Unter anderem war sie in Ferrara an der Gründung des oben erwähnten

---

101 Vgl. Sarfatti, The Jews, S. 100–129.
102 Orvieto, Storia di Angiolo e Laura, hg. von Del Vivo, S. 115.
103 Vgl. Nattermann, The Female Side of War, S. 252–254.
104 Ancona, In memoria di Emilia Ancona Contini. Die Verfasserin dankt der Urenkelin von Clemente und Emilia, Sara Ancona (Padua), für die Bereitstellung des Erinnerungsbuches und zahlreiche weiterführende Informationen zu Emilia Contini und ihrer Familie.

Kinderhorts Cavour für die Kinder von Frontsoldaten beteiligt gewesen.[105] Das Erinnerungsbuch bildete eine Zusammenstellung von Berichten über Emilias Einsatz im Krieg, Dankesschreiben an sie und die Familie sowie Nekrologen von Ministerien, der Armee und jüdischen Gemeindeinstitutionen.[106] Clemente Ancona schrieb in der Einleitung über seine verstorbene Frau: „Ihr Engagement zeichnete sich während des langen Krieges stets durch Beständigkeit und Liebe aus. Diese italienische Bürgerin, die von einem glühenden Patriotismus erfüllt war, wollte nützlich sein und erhielt [große] Anerkennung für die [von ihr] erbrachten Verdienste."[107]

Clemente Anconas Betonung auf Emilias Einsatz im Krieg, ihren patriotischen Eifer und ihre italienische Staatsbürgerschaft (die in Wahrheit unvollkommen war), zeigte das starke Bedürfnis, seine Frau als einen integralen Bestandteil der italienischen Nation darzustellen.[108] Die Veröffentlichung war in erster Linie für Clementes Kinder und Enkelkinder gedacht, doch vor dem Hintergrund der mittlerweile aggressiven antisemitischen Politik sollte sie sich höchstwahrscheinlich auch an ein größeres italienisches Leserpublikum wenden. Auf verzweifelte Weise versuchte Clemente Ancona offenbar, die Zugehörigkeit seiner Frau und Familie zur italienischen Nation mit ihrem Engagement und ihrer nationalen Solidarität im Ersten Weltkrieg zu beweisen. Die Dringlichkeit seiner Darstellung erklärt sich aus den zeitgleichen Diskussionen um die Stellung der Juden in Italien, die in die Erklärung des berüchtigten „Manifesto della Razza" vom Juli 1938 mündeten, nach der die Juden nicht zur „italienischen Rasse" gehörten.[109]

Auch bei Laura Orvieto hatte die Konfrontation mit dem Antisemitismus des faschistischen Italien eine Rückbesinnung auf den Großen Krieg zur Folge. Die zu Beginn des Krieges verstärkt sichtbar gewordenen antisemitischen Tendenzen unter katholischen Protagonistinnen und deren dezidierte Abgrenzung von Jüdinnen wie Laizistinnen, die Orvieto selbst miterlebt hatte, fanden keinen Eingang in ihre Erinnerungen an den Weltkrieg. Stattdessen idealisierte die Schriftstellerin die Beziehung zwischen jüdischen und nicht-jüdischen Italienern und Italienerinnen in der Kriegszeit. Bei all seiner Tragik erschien der Konflikt in ihrer Autobiografie nochmals

---

105 Vgl. Miniati, Le „emancipate", S. 216.
106 Die Gedenkschrift für die jüdische Kriegskrankenschwester weist strukturelle Ähnlichkeiten zu den Erinnerungsbüchern und -schriften auf, die während des Ersten Weltkriegs für gefallene Familienmitglieder bürgerlicher italienischer Familien verfasst wurden; vgl. dazu Janz, Das symbolische Kapital, S. 355–365.
107 Ancona, In memoria di Emilia Ancona Contini, S. 8.
108 Die Veröffentlichung entsprach in dieser Hinsicht der Intention des im ersten Kapitel erwähnten jüdischen Ingenieurs Arturo Luzzatto: Auch er gab das Tagebuch seiner Mutter, der Patriotin Fanny Luzzatto, in einer Zeit massiver antisemitischer Verfolgung in Italien heraus, um die Zugehörigkeit seiner Familie zur italienischen Nation zu unterstreichen; vgl. Luzzatto, La Famiglia, hg. von Luzzatto.
109 Vgl. den Paragrafen 9: „Gli ebrei non appartengono alla razza italiana", Il Fascismo e i problemi della razza, in: Giornale d'Italia, 15. Juli 1938, abgedruckt in: Sarfatti, La Shoah, S. 133.

als Periode einer starken, solidarischen nationalen Gemeinschaft, in der Juden wie Nichtjuden in Eintracht für die Sache Italiens eingetreten waren:

> „… wir glaubten damals an den bedingungslosen Kampf für die Unabhängigkeit Italiens, damit der Feind für immer aus italienischem Gebiet verjagt würde, hinaus aus den Alpen, damit er nicht mehr ein endlich freies Volk befehligen würde, frei für seinen eigenen Willen, seine eigene Stärke, sein eigenes Opfer. Dies glaubten wir damals, dies wollten wir damals, alle vereint, wir Italiener, ohne rassische Benachteiligung und Unterschied, in einer gemeinsamen Liebe und einem gemeinsamen Glauben."[110]

Antisemitische Anfeindung und zunehmende existentielle Not führten während des Faschismus bei italienisch-jüdischen Akteuren und Akteurinnen wie Laura Orvieto, Amelia Rosselli und Clemente Ancona zur trügerischen Erinnerung des Ersten Weltkriegs als Periode einer vollkommenen nationalen Gemeinschaft. Angesichts ihrer Exklusion aus der italienischen Gesellschaft wandten sie sich der Vergangenheit zu und verfuhren dabei notwendigerweise selektiv. Die Rekonstruktion des Geschehenen basierte auf den Sinnbedürfnissen der Gegenwart. In den Erinnerungen jüdischer Autoren und Autorinnen nahm der Erste Weltkrieg so den Nimbus einer weit zurückliegenden Ära an, in der Antisemitismus unter Italienern angeblich nicht existiert hatte. Die in katholischen (Frauen-)Kreisen nachweisbar vorhandenen antisemitischen Einstellungen, aber auch der Erfolg, mit dem die Rassengesetzgebung nur zwei Jahrzehnte nach dem Ende des Großen Kriegs in Italien umgesetzt werden konnte, stehen in krassem Gegensatz zu diesem Idealbild.

4.4 Zwischen Krieg und Gewaltherrschaft

Als Amelia Rosselli im Sommer 1919 die Stadt Bozen besuchte, die nach der österreichischen Kapitulation von Italien annektiert worden war, schrieb sie an Laura Orvieto:

> „Ich kann nicht sagen, dass ich mich zu Hause fühle; zu Hause im Sinne von Italien. Wir sind im Hause von Anderen: und auch der aggressivste Nationalismus wird niemanden vom Gegenteil überzeugen können. In das Hause anderer einzudringen, diesen Eindruck habe ich sofort gehabt, als ich in Bozen angekommen bin. Man muss diese Besitzergreifung wollen und akzeptieren wie eine unvermeidbare Notwendigkeit: aber da ist keine Freude. Wie Du siehst, bin ich ehrlich unparteiisch, trotz meiner wahrhaft nationalistischen Vergangenheit … Der Anblick dieser armen verwüsteten Dörfer, die noch sichtbaren Spuren des Krieges inmitten der zwischen so vielen Ruinen wieder erblühten Landschaft! Unvergessliche Eindrücke, unvergessliche Präsenz derer, die nicht mehr sind … Ein reinigendes Bad, ein Trost nach dem traurigen

---

110 Orvieto, Storia di Angiolo e Laura, hg. von Del Vivo, S. 119.

Ausgang dieses sehr traurigen Jahres, der Trunkenheit der ‚italianità', die den Atem und das Wort raubte."[111]

Die grausame Realität des Krieges mit seinen enormen menschlichen, materiellen wie moralischen Verlusten und Verwüstungen hatte einen grundlegenden Wandel in Rossellis Selbstverständnis bewirkt. Die anhaltende Trauer um den gefallenen Sohn und die unmittelbare Konfrontation mit den noch lange nach Kriegsende sichtbaren Zerstörungen, welche die Wahl-Florentinerin auf ihrer Reise in den Norden des Landes womöglich zum ersten Mal mit eigenen Augen sah, verstärkten in ihr die Erkenntnis, dass sie einem ideologischen Trugbild zum Opfer gefallen war.[112] Über eine Million italienische Soldaten und Zivilisten hatten im Krieg ihr Leben gelassen. Die noch 1915 in Rossellis Briefen omnipräsente Überzeugung von einem „gerechten" Krieg Italiens und der angeblich notwendigen „Befreiung" der „unerlösten" Gebiete von der österreichischen Herrschaft, die sich in den Schriften vieler italienisch-jüdischer Akteurinnen wiederfindet, war der Vorstellung gewichen, in das „Haus eines anderen" gewaltsam eingedrungen zu sein. Im Friedensvertrag von Saint-Germain-en-Laye im September 1919 musste Österreich Südtirol bis zum Brenner, Julisch-Venetien, Triest und Istrien an Italien abtreten. Das von Rossellis Familie seit der Frühzeit des Risorgimento kultivierte, mit Werten wie Gerechtigkeit und Freiheit verknüpfte Ideal der *italianità* hatte jedoch seinen Sinn für die Aktivistin verloren. Es war zum Inbegriff nationalistischer, „trunkener" Aggression geworden. Ähnlich wie die Schriftstellerin selbst in diesem Brief an Laura sprach auch Angiolo Orvieto in dem Nachruf auf die Freundin von der „langjährigen Nationalistin" Rosselli, die sich aufgrund der Erfahrungen im Ersten Weltkrieg zur *ex-nazionalista* gewandelt hatte.[113] Die Überzeugung zahlreicher jüdischer Soldaten und ihrer Familien, im Kampf für das Vaterland das Bündnis mit der italienischen Nation und dem Königshaus Savoy endgültig zu besiegeln, das den Juden einst Gleichheit und Freiheit gewährt hatte, war für Rosselli wie für viele andere durch die brutale Realität des Krieges ad absurdum geführt worden. In einem Brief, den Laura Orvieto 1919, mehr als drei Jahre nach Aldos Tod,

---

111 Amelia Rosselli an Laura Orvieto, 31. Juli [1919], ACGV, Fondo Orvieto, Or.1.2059 (Hervorhebung im Original).
112 In einem undatierten Brief an Laura Orvieto, der aller Wahrscheinlichkeit nach Ende 1919 geschrieben wurde, schilderte Amelia Rosselli die zutiefst emotionale, transzendentale Nähe zu ihrem gefallenen Sohn: „Seit einiger Zeit, seit diesem Herbst ... höre ich die Stimme Aldos, der von sehr weit oben mit mir spricht. Es ist, als ob er sich von dieser Erde losgelöst hätte, wo ihn mein mütterlicher Schmerz verzweifelt festhielt, aus einer vergeblichen, verzweifelten Illusion heraus: endlich fand von mir aus eine Überwindung statt, eine Erkenntnis der Sublimität des Lichts, in dem er sich befand ... die Erinnerung, die er von sich hinterlassen hat, das Licht, das ihn umgibt ..."; Amelia Rosselli an Laura Orvieto, s. d., ACGV, Fondo Orvieto, Or.1.2059.
113 Angiolo Orvieto, Commemorazione di Amelia Rosselli, ACGV, Fondo Orvieto, Or.1.2059: Rosselli Amelia. Commemorazioni e stampa relativa, S. 6.

an Amelia Rosselli schrieb, fand sich keinerlei patriotische Rhetorik mehr an. Zurückgeblieben war ausschließlich die Trauer um die Söhne ihrer Freundinnen, die im Krieg gefallen waren: „Ich denke an Aldo mit noch größerer Zärtlichkeit als in den vergangenen Zeiten, als er noch in unserer Welt, in unserem Alltag lebte, und ich führe diese [vergangenen Tage] in einem Gedanken der Liebe für diese Jungen zusammen, die so unterschiedlich und doch so gleich in ihrem Elan und ihrer Würde am Ende waren."[114]

Als im Frühling 1919 der Sohn der jüdischen Ärztin und Aktivistin Ernestina Paper – vermutlich an den Folgen einer Kriegsverletzung – starb, hielt das Protokoll der Florentiner Sektion des CNDI lediglich fest, dass man Paper kondolieren sollte. Nationalistische Untertöne und Anspielungen der Anwesenden auf den Tod des jungen Mannes für das „Vaterland" wurden an dieser Stelle geflissentlich ausgespart.[115] Dagegen hatte noch im Juli 1918 die damalige Vorsitzende der Federazione Toscana, die Baronin Elena French Cini, im Veröffentlichungsorgan des CNDI „Attività Femminile Sociale" geschrieben, dass dem „teuren Vaterland" zuliebe jegliche Form des *Disfattismo* mit patriotischer Propaganda zu bekämpfen sei.[116] Im November 1919 gab Paper bekannt, den Vorsitz der Sektion für Hygiene innerhalb der Federazione Toscana aus Altersgründen niederzulegen.[117] Es ist nicht ausgeschlossen, dass der Tod des Sohnes den eigentlichen Grund für die Entscheidung darstellte, die während des Krieges mehrheitlich interventionistische Organisation zu verlassen, in der die Medizinerin selbst sich jahrelang engagiert hatte.

Auch die frühere Pazifistin und Pionierin der italienischen Frauenbewegung Paolina Schiff, die im Verlauf des Kriegsgeschehens zur Interventionistin avanciert war, zog sich nach Ende des Krieges zunehmend aus dem öffentlichen Leben zurück:

---

114 Laura Orvieto an Amelia Rosselli, 21. Juli 1919, FRT, Archivio di Amelia Rosselli, S 418.
115 Vgl. CNDI, Federazione Femminile Toscana, Adunanza CXXXVII, 2. April 1919, ACS, Archivio CNDI, b. 4, fasc. 13, sfasc. 3: Federazione Toscana. Processi verbali del consiglio: Gennaio 1915 – Febbraio 1921. Die Ärztin Ernestina Paper, geb. Puritz-Manasse, wurde 1846 in einer jüdischen Familie in Odessa geboren. Sie studierte zunächst Medizin an der Universität Zürich, da Frauen in Russland damals nicht zum Studium zugelassen waren. Im Jahr 1872 zog sie nach Pisa, um dort ihr Medizinstudium weiterzuführen, das sie im Jahr 1877 am Istituto di Studi Superiori in Florenz abschloss. Sie war die erste Frau im italienischen Einheitsstaat, die ein Universitätsstudium mit dem Titel der Laurea abschloss. 1878 eröffnete sie in Florenz eine Arztpraxis für Frauen und Kinder; unter ihren Patienten befanden sich später auch die drei Söhne Amelia Rossellis. Innerhalb der Florentiner Sektion des CNDI engagierte Paper sich insbesondere für Fragen der öffentlichen Hygiene und Gesundheit. Sie gehörte zudem einem Komitee an, das sich für den Aufbau eines Mädchen-Gymnasiums in Florenz einsetzte. Zu Ernestina Paper vgl. u. a. Polenghi, Missione naturale, S. 297 f.; Raicich, Liceo, università, professioni, S. 147, 150 f.
116 Elena French Cini, La Federazione Toscana. Resoconto dal maggio 1917 al maggio 1918, in: Attività Femminile Sociale IV,7 (luglio 1918).
117 Vgl. den Brief von Ernestina Paper an Elena French Cini vom 26. November 1919; ACS, Archivio CNDI, b. 3, fasc. 13: Documentazione della Federazione Femminile Toscana.

Die Enttäuschung über das Scheitern ihrer politischen Ideale und die nachträgliche Erkenntnis der Unmenschlichkeit des Krieges, in dem zahlreiche ihrer nächsten Verwandten gefallen waren, bewirkten eine Stagnation des ausgeprägten gesellschaftspolitischen Engagements, welches das Leben der Literaturwissenschaftlerin stets bestimmt hatte.[118] Anders der Weg der noch jungen Kriegskrankenschwester Silvia Treves, die nach dem Ende des Konflikts und der Rückkehr in ihre Heimatstadt Florenz begann, sich für die laizistischen Frauenorganisationen einzusetzen.[119] Die einschneidenden menschlichen Erfahrungen und die im Krieg erlangte Selbständigkeit hatten das weibliche Selbstbewusstsein der jungen Frau zweifellos geprägt und sie für die Rechte von Frauen sensibilisiert. Ihre vorübergehende, vor allem emotionale Annäherung an die katholische Kultur der italienischen Mehrheitsgesellschaft aber hatte den Krieg nicht überdauert, wie sich an ihrer Tätigkeit im säkularen Bereich ablesen lässt.

Der Blick auf diese Frauen deutet an, dass italienisch-jüdische Akteurinnen nach Kriegsende durchaus unterschiedliche ideologische Wege einschlugen, die von einem ausgeprägten Anti-Nationalismus wie bei Rosselli, gesellschaftspolitischer Resignation wie bei Schiff und Paper bis hin zu einem neu erwachenden Bewusstsein für frauenemanzipatorische Themen wie im Falle von Silvia Treves reichten. Prinzipiell blieben jüdische Feministinnen auch in der Nachkriegszeit mehrheitlich liberal oder sozialistisch geprägt, während die organisierte italienische Frauenbewegung generell einen starken Rechtsruck hin zu faschistischen Positionen vollzog.[120] Auch einzelne jüdische Protagonistinnen sollte die erstarkende faschistische Bewegung jedoch bald in ihren Bann ziehen.

Politische Scheidewege

Die großen Hoffnungen, die jüdische wie nichtjüdische Feministinnen sowohl im Hinblick auf Italiens machtpolitische Ziele als auch hinsichtlich der Veränderung von Geschlechterhierarchien, innerfamiliärer Machtstrukturen sowie der Gewährung neuer Frauenrechte an den Ausgang des Krieges geknüpft hatten, wurden nur sehr bedingt erfüllt. Die Kriegserfahrung hatte zwar vorübergehend zu einer Annäherung

---

118 Vgl. Nattermann, Vom Pazifismus zum Interventionismus, S. 85. Frank Gent berichtet, dass alle männlichen Verwandten Paolinas mit dem Nachnamen Schiff, die im Ersten Weltkrieg kämpften (einige darunter auch auf Seiten Großbritanniens), im Krieg fielen.
119 Silvia Treves' Name erscheint in der Nachkriegszeit in den Mitgliederlisten bzw. Teilnehmerinnen der Versammlungen der Federazione Femminile Toscana des CNDI, vgl. ACS, Archivio CNDI, b. 4, sfasc. 4, Rubriche con elenche delle socie (1920–1935).
120 Zur ideologischen Entwicklung speziell des CNDI seit dem Ersten Weltkrieg und seiner Orientierung hin zum Faschismus vgl. Rossini, Il Consiglio nazionale.

von männlichen und weiblichen Sphären geführt, jedoch fand keine grundsätzliche Revision der untergeordneten gesellschaftlichen Stellung von Frauen nach dem Ende des Konfliktes statt. Selbst innerhalb von Familien setzten sich patriarchalische Strukturen erneut weitgehend durch.[121] Eine Marginalisierung von Frauen zeichnete sich auch in den 1919 aufbrechenden sozialen Unruhen als Folge der wirtschaftlichen Nöte und der politischen Krise des Landes ab. Das liberale politische System war am Ende seiner Kräfte angelangt. An den landesweiten Streiks, den Fabrik- und Landbesetzungen der Jahre 1919 und 1920 – des *biennio rosso* – beteiligten sich auch Frauen, jedoch war ihre Rolle innerhalb dieser Entwicklungen im Vergleich zur Kriegszeit deutlich reduziert. Selbst im Gefolge der Wiederherstellung der organisierten Arbeit wurden Akteurinnen zunehmend an den Rand gedrängt.[122]

Die bereits erwähnte *legge Sacchi* vom Juli 1919 brachte wichtige soziale Reformen, die wichtigste aber – das Wahlrecht – enthielt der Staat Frauen weiterhin vor. Noch Anfang 1919 hatte die Feministin Margherita Ancona (1881–1966),[123] Nachfolgerin der 1916 verstorbenen Vorsitzenden des Comitato Lombardo Pro-Suffragio Femminile Virginia Treves Tedeschi, in der Zeitschrift „Attività Femminile Sociale" ihre Leserinnen nachdrücklich dazu aufgerufen, in den kommenden Monaten mit vereinten Kräften auf das Wahlrecht hinzuarbeiten.[124] Der Umstand, dass im Gefolge der Februarrevolution 1917 Frauen in Russland das Stimmrecht erreicht hatten und nach Kriegsende unter anderem im nunmehr unabhängigen Polen, in Deutschland und Österreich das Frauenstimmrecht eingeführt worden war, schürte auch unter italienischen Frauenrechtlerinnen die Hoffnung auf die lang ersehnte Gleichberechtigung als Staatsbürgerinnen.[125] Im April 1919 organisierte Ancona in Mailand einen Kon-

---

121 Vgl. Ermacora, Women behind the Lines, S. 30 f.; Willson, Women, S. 60.
122 Zur Beteiligung von Frauen an den sozialen Protesten und den politischen Auseinandersetzungen der Nachkriegszeit vgl. Temma Kaplan, Women and Communal Strikes; Pieroni Bortolotti, Femminismo e partiti politici, insbesondere S. 84–90.
123 Margherita Ancona wurde in Palermo geboren, zog jedoch bereits in jungen Jahren mit ihrer Familie nach Mailand. Ihre Zwillingsschwester war die Ärztin Luisa Ancona (1881–1951). Margherita studierte Literaturwissenschaften und unterrichtete lange Zeit am Mailänder Gymnasium Beccaria. Wie ihre Schwester Luisa engagierte sich auch Margherita Ancona zeitlebens für die Frauenbewegung, insbesondere für das Frauenstimmrecht. Nach der Gründung des Verbands italienischer Akademikerinnen (FILDIS) 1922 wurde Ancona zur Vorsitzenden dessen Mailänder Sektion gewählt. Sie war zudem Mitglied der feministischen Frauenvereinigung Associazione per la donna, in der sich auch die bereits erwähnte Aktivistin Eugenia Lebrecht Vitali engagierte, die beim nationalen Frauenkongress 1908 in Rom für eine Abschaffung des Religionsunterrichts an italienischen Schulen eingetreten war. Zu Ancona vgl. Taricone, La FILDIS, S. 139; zu Margherita und Luisa Ancona vgl. Dizionario biografico delle donne lombarde, hg. von Farina, S. 51 f.
124 Margherita Ancona, Per una pregiudiziale, in: Attività Femminile Sociale VII,1 (gennaio 1919), S. 4–7.
125 Zur Entwicklung der Frauenwahlrechtsbewegung in Italien und der Initiativen während des Ersten Weltkriegs vgl. Schiavon, Il movimento suffragista, insbesondere S. 139–147.

gress der Vereinigung Pro Suffragio femminile, an dem sich auch die UFN maßgeblich beteiligte. Die Tatsache, dass die im Januar 1919 entstandene katholische Volkspartei, der Partito Popolare Italiano, ebenfalls das Frauenwahlrecht in ihr Gründungsprogramm mit aufgenommen hatte, intensivierte das Beharren der laizistischen UFN auf dem eigenen politischen Programm. Die neue katholische Partei hoffte, dass gerade Frauen mehrheitlich für die Kirche wählen und dem Sozialismus Einhalt gebieten würden, während es der UFN um eine Unterstützung der linken politischen Parteien durch potentielle Wählerinnen ging. Nina Rignano Sullam trat bei der Veranstaltung der Pro Suffragio femminile durch eine Rede hervor, in der sie die Forderung nach dem Frauen-Wahlrecht mit der von ihr und ihren Gesinnungsgenossinnen angestrebten demokratischen Erneuerung der italienischen Nation verknüpfte:

> „[Nina Rignano Sullam] ist der Ansicht, dass ... eine umfangreiche Beteiligung von Frauen an den kommenden Wahlen das Mittel und die beste Gelegenheit für eine intensive Propaganda zugunsten der Anerkennung ihrer politischen Rechte wäre; sie schlägt vor, dass die italienischen Suffragetten ... vorab ein gemeinsames Programm für Propaganda und den [politischen] Kampf festlegen, das über die eigenen Forderungen hinausgeht und einige konkrete essentielle Aspekte hinsichtlich einer Erneuerung der Nation enthält."[126]

Rignano Sullams Vision einer nationalen Gemeinschaft, in der Männer wie Frauen sich an freien, demokratischen Wahlen beteiligen konnten, wurden aufgrund der *legge Sacchi* nicht realisiert. Dass gerade jüdische Frauenrechtlerinnen, die sich im Kampf für das Frauenwahlrecht in Italien stets an vorderster Stelle engagiert hatten, trotz dieses Ergebnisses an ihrem ultimativen Ziel festhielten, beweist eine Stellungnahme Amelia Rossellis. In einer Zeit, als ihre Söhne Nello und Carlo verstärkt politisch aktiv wurden, ging es der Ex-Nationalistin vor allem auch um die Stärkung des politischen Einflusses von Frauen in Italien, um diese an dem erhofften demokratischen Wiederaufbau Italiens zu beteiligen. Im November 1919 wies sie auf einer Sitzung der Florentiner Sektion des CNDI mit Nachdruck darauf hin, dass Frauen – „sobald sie das Wahlrecht hätten" – sich am politischen Leben des Landes aktiv beteiligen müssten.[127] Ähnlich wie Nina Rignano Sullam sah Amelia Rosselli im Frauenwahlrecht eine unbedingte Voraussetzung für einen demokratischen Neubeginn nach der desaströsen Erfahrung des Weltkriegs.

Im auffälligen und anhaltenden Engagement insbesondere jüdischer Akteurinnen für die Durchsetzung des Frauenstimmrechts spiegelte sich zweifellos das Bedürfnis nach einer Weiterführung des Integrationsprozesses als Frauen und Jüdinnen wi-

---

[126] Federazione nazionale Pro Suffragio Femminile – Comitato lombardo, Congresso nazionale pro suffragio femminile, Milano 27–28 aprile 1919, Archivio UFN, b. 53, fasc. 2.
[127] Vgl. CNDI, Federazione Femminile Toscana, Adunanza CXLIV, 19. November 1919, ACS, Archivio CNDI, b. 4, fasc. 13, sfasc. 3: Federazione Toscana. Processi verbali del consiglio: Gennaio 1915 –Febbraio 1921.

der, das bereits seit der zweiten Hälfte des 19. Jahrhunderts den sozialen und kulturellen Aktivitäten jüdischer Frauenrechtlerinnen zugrunde gelegen hatte. Ihr Ziel stellte das Aufbrechen der doppelten gesellschaftlichen Marginalisierung dar, der jüdische Frauen im Unterschied zu jüdischen Männern weiterhin ausgesetzt waren. Die mit Beginn des Weltkriegs offen zu Tage getretenen antisemitischen Tendenzen innerhalb der erstarkenden katholischen Frauenbewegung verliehen den alten Emanzipationsforderungen neue, dringliche Relevanz. Die Gründung der katholischen Volkspartei hatte den Einfluss des Katholizismus auf politischer, sozialer und kultureller Ebene intensiviert, wovon auch die organisierten Katholikinnen profitierten. Wohl nicht von ungefähr war es die Frauenrechtlerin jüdischer Herkunft, Margherita Ancona, die im selben Jahr einen kämpferischen Appell an die Leserinnen der „Attività Femminile Sociale" richtete. Die der UFN nahestehende Literaturwissenschaftlerin wandte sich hier gegen die andauernde rechtliche Benachteiligung von Frauen in Italien, kritisierte gleichzeitig aber auch das in ihren Augen bislang uneffektive Vorgehen der Frauenbewegung: „In fünfzig Jahren haben wir nichts erreicht ... lohnt es sich wirklich, auf diese Weise weiterzumachen? Wenn wir den falschen Weg eingeschlagen haben sollten, lasst ihn uns ändern, aber lasst uns nicht ewig warten und Zeit, Atem, Papier verschwenden, um uns eine lange Nase von unseren ausgezeichneten, äußerst höflichen, gnädigen, intelligenten Gesetzgebern drehen zu lassen."[128]

Anconas bitterer Sarkasmus richtete sich vor allem gegen die Schwäche des liberalen Systems, die nach Kriegsende und angesichts des unvollständigen Erfolgs der *legge Sacchi* immer offensichtlicher wurde. Die Befürchtungen der Aktivistin sollten sich bewahrheiten. Im Juni 1920 fiel die vom Liberalen Francesco Saverio Nitti angeführte Regierung, noch bevor sie die Diskussion um das Frauenwahlrecht vor den Senat bringen konnte. Die bereits erzielte Mehrheitsentscheidung in der *Camera* wurde infolgedessen aufgehoben und die Frage auf die kommende Legislaturperiode verschoben.[129] Dem von Ancona geleiteten Comitato Lombardo Pro Suffragio Femminile indessen warf die nationalistische, anti-demokratische Aktivistin des CNDI, Teresa Labriola, vor, bei den kommenden Wahlen ausschließlich sozialistische Kandidaten unterstützen zu wollen.[130]

---

[128] Margherita Ancona, in: Attività femminile sociale VIII,1 (1919), S. 6 f.
[129] Zum Kampf für das Frauenwahlrecht in Italien nach dem Ersten Weltkrieg vgl. Contigiani, La forzatura delle pareti domestiche, S. 112–117.
[130] Vgl. Dizionario biografico delle donne lombarde, hg. von Farina, S. 51. Die gebürtige Neapolitanerin Teresa Labriola (1874–1941), deren Mutter deutscher Herkunft war, agierte bereits seit 1914 als eine glühende Befürworterin des Interventionismus. Als ihre propagandistischen pro-italienischen Ambitionen zu Beginn des Krieges Überhand nahmen, trat sie aus dem CNDI aus; zu Labriola vgl. Follacchio, L'ingegno aveva acuto.

Jüdische Feministinnen zwischen Irredentismus und Faschismus

Wie Margherita Ancona und Nina Rignano Sullam führten insbesondere jüdische Feministinnen aus dem Kreise der UFN in der Zeit zwischen Kriegsende und faschistischer Gewaltherrschaft ihr Engagement für die Durchsetzung von Frauenrechten innerhalb des linken politischen Spektrums fort. Generell jedoch nahmen rechte politische Positionen in der italienischen Frauenbewegung deutlich zu. Die Vision von einem neuen „starken" Italien des Abweichlers Benito Mussolini, der als Befürworter eines italienischen Kriegseintritts 1914 aus der sozialistischen Partei ausgetreten war und in Mailand die pro-interventionistische Zeitschrift „Il popolo d'Italia" (die 1922 das offizielle Organ der faschistischen Partei werden sollte) gegründet hatte, stieß bei italienischen Frauenrechtlerinnen durchaus auf Zustimmung. Unter Mussolinis frühen Anhängerinnen befanden sich vor allem Aktivistinnen des CNDI. Angesichts des ideologischen Umschwungs von patriotischem Eifer hin zu einem weitgehend aggressiven Nationalismus, der sich während des Krieges in der großen nationalen Frauenorganisation ereignet hatte, war die Schwelle zu faschistischen Positionen innerhalb des CNDI insgesamt weitaus niedriger als in der sozialistisch beeinflussten UFN.[131]

Nicht nur Mussolinis jüdische Geliebte Sarfatti versprach sich vom Faschismus sowohl die Verwirklichung ihrer politischen Ambitionen im Sinne des Irredentismus als auch neue gesellschaftliche Entfaltungsmöglichkeiten für Frauen. Der Faschismus erschien nicht wenigen Akteurinnen als neue und befreiende Kraft. Als Mussolini am 23. März 1919 in einem Salon an der Piazza Santo Sepolcro in Mailand die Fasci di combattimento (faschistische Kampfbünde) gründete und somit die faschistische Bewegung offiziell ins Leben rief, waren zwar nur neun Frauen zugegen, doch begannen kurze Zeit später die ersten Faschistinnen, sich eigenständig zu organisieren. In den faschistischen Zirkeln und Ortsgruppen, die sich bald über Italien ausbreiteten, zunächst jedoch noch größtenteils eine städtische Erscheinung blieben, waren auch Frauen damals noch willkommen. Zu einem Zeitpunkt, als das Frauenwahlrecht im Parlament lebhaft diskutiert wurde und die Verabschiedung der *legge Sacchi* kurz bevorstand, forderte auch das offizielle Programm der Fasci di combattimento vom Juni 1919 das Wahlrecht für alle Frauen, die das 21. Lebensjahr vollendet hatten, sowie den gleichberechtigten Zugang zu Berufen.[132] Die neue faschistische Bewegung versuchte dadurch, ihre politische Attraktivität für potentielle Anhängerinnen zu erhöhen. Im März 1920 gründete Elisa Majer Rizzioli (1880–1930), eine ehemalige Kriegskrankenschwester jüdischer Herkunft, in Monza die erste faschistische Frauenorganisation, die Fasci Femminili, die bald auch in anderen Städten vor allem

---

131 Vgl. Willson, Women, S. 83.
132 Vgl. Dittrich-Johansen, Le „militi dell'idea", S. 31 f.; de Grazia, Le donne nel regime fascista, S. 55.

Nord- und Mittelitaliens entstanden. Wie bei den männlichen Faschisten „der ersten Stunde" befanden sich auch in den frühen faschistischen Frauengruppen sowohl Akteurinnen, die sich vom Faschismus eine radikale Veränderung Italiens erhofften, als auch Vertreterinnen der traditionellen konservativen Eliten. Sie sahen im Faschismus vor allem ein willkommenes Mittel im Kampf gegen den Sozialismus und den Kommunismus. Viele der ersten Faschistinnen brachten Erfahrungen aus dem Vereinsleben, v. a. Wohlfahrtsorganisationen, mit; wie Sarfatti und Majer Rizzioli stammten die meisten aus der wohlhabenden, gebildeten Mittelschicht oder waren aristokratischer Herkunft. Einige von ihnen hatten aufgrund der Ereignisse in Fiume begonnen, sich für die faschistische Bewegung zu interessieren, und empfanden sich vor allem als Irredentistinnen.[133]

Die gerade für viele jüdische Feministinnen so charakteristische irredentistische Begeisterung der Kriegszeit gewann in diesem Zusammenhang neue Aktualität. Der gefeierte Dichter und Kriegsveteran Gabriele D'Annunzio hatte im September 1919 die Macht in Fiume übernommen, nachdem militärische Abteilungen in Julisch-Venetien gemeutert und mit der nahezu stillschweigenden Übereinkunft der für sie verantwortlichen höheren Offiziere die dalmatische Stadt besetzt hatten. In Fiume hatte sich bereits unmittelbar nach Kriegsende eine starke pro-italienische Bewegung gebildet, welche die Vereinigung mit Italien gefordert hatte. Die nationalimperialistischen Bewegungen in Italien wiederum wurden von den neugegründeten Fasci di combattimento in ihrer Forderung nach einer Annexion Gesamtdalmatiens einschließlich Fiumes tatkräftig unterstützt.[134] Die gebürtige Venezianerin Majer Rizzioli, seit jeher eine leidenschaftliche Irredentistin, hatte sich D'Annunzios „Marsch auf Fiume" im September 1919 angeschlossen.[135] Selbst die liberal eingestellte Laura Orvieto befand sich 1919 unter den Mitgliedern eines Florentiner Frauen-Komitees, das indirekt die Sache D'Annunzios förderte, indem es die Kinder der Stadt Fiume mit Nahrungsmitteln, Kleidung und Arzneimitteln versorgte. Die Tradition jüdischer Wohltätigkeit verband sich so einmal mehr mit einem teilweise wieder auflebenden Glauben in den Irredentismus, der von der Illusion einer „gerechten" italienischen Herrschaft genährt wurde.[136] Auch die zutiefst patriotische ehemalige Kriegskrankenschwester Emilia Contini Ancona nahm sich Kindern aus Fiume an, die im Rahmen propagan-

---

[133] Zur Entstehung der Fasci Femminili vgl. Dittrich-Johansen, Le „militi dell'idea", S. 37 f.; Willson, Italy, S. 11–32; de Grazia, Le donne nel regime facista, S. 55–62.
[134] Zur Krise in Fiume vgl. Mantelli, Kurze Geschichte, S. 37–41; Schieder, Der italienische Faschismus, S. 21 f.
[135] Vgl. de Grazia, Le donne nel regime fascista, S. 59.
[136] Vgl. Pro-Bambini di Fiume, Firenze, Febbraio 1920, ACS, Archivio CNDI, b. 1, fasc. 2: Attività delle Sezioni (1910–1930). D'Annunzio war Orvieto aufgrund der gemeinsamen Arbeit für den „Marzocco" sehr gut bekannt. Bereits Anfang 1919 war die Wahlflorentinerin Orvieto einem Komitee beigetreten, das sich für die Verbindungen der Stadt Florenz mit der Stadt Zara einsetzte: Im Februar 1919 reiste eine Gruppe Florentiner Bürger und Bürgerinnen nach Zara redenta, um der italienischsprachigen

distischer pro-italienischer Aktionen in ihre Heimatstadt Ferrara geschickt wurden: „Während der Fiume-Kampagne des großen Dichter-Soldaten kümmerte sie [Emilia Contini Ancona] sich um die Kinder aus Fiume, die zu Besuch in Ferrara weilten, empfing sie manchmal in ihrem Hause und begeisterte sich mit einem Gefühl bebender Rührung für ihre patriotischen Lieder." Von Gabriele D'Annunzio erhielt die Akteurin im März 1922 eine persönliche Widmung als Dank für ihren vaterländischen Einsatz „per la causa bella".[137]

Die große Anziehungskraft, die der Irredentismus auf zahlreiche jüdische Akteurinnen ausübte, erklärt sich nicht zuletzt aus der Tatsache, dass die irredentistische Bewegung in Italien anti-österreichisch und antisozialistisch, nicht aber antisemitisch war. Die jüdische Minderheit in den „unerlösten" Gebieten wurde als Teil der italienischen Nation angesehen.[138] Dass die dort lebenden Juden sogar zu den maßgeblichen Initiatoren und entscheidenden Trägern des Irredentismus gehörten, zeigt sich nicht zuletzt in Familienbiografien von Akteurinnen wie Paolina Schiff.

Während Frauen wie Orvieto und Contini Ancona einen weitgehend ideellen Irredentismus verkörperten, dem die Idee der Gewalt fernblieb, führten irredentistische Grundhaltungen bei Elisa Majer Rizzioli zu einem militanten Faschismus.[139] Die Aktivistin war drei Jahre älter als Margherita Sarfatti und stammte wie diese aus Venedig. Ihr Vater Angelo Majer gehörte dem wohlhabenden jüdischen Bürgertum der *Serenissima* an, ihre Mutter Maria kam aus der prominenten Patrizierfamilie Marin. Der Tochter Elisa wurde eine sorgfältige Erziehung geboten; rückblickend beschrieb Majer Rizzioli sich als ein „mit Studium und Träumen genährtes Mädchen".[140] Im Jahr 1904 heiratete sie Nicola Rizzioli, einen Notar aus einer angesehenen venezianischen Familie. Der Krieg in Libyen bildete eine einschneidende Erfahrung im Leben Majer Rizziolis, wie sie selbst später in ihren Erinnerungen berichtete. Erfüllt von patriotischem Eifer verließ die kinderlose, nunmehr 31-jährige Akteurin im Oktober 1911 bewusst ihre häuslichen Sicherheiten und setzte nach Libyen über, um dort als freiwillige Rotkreuzschwester verwundete italienische Soldaten zu pflegen: „Ich hatte nie

---

Stadtgemeinde feierlich die italienische Flagge zu überreichen und den Kindern Zaras ein Geschenk zu machen; vgl. die entsprechende offizielle Verlautbarung vom Februar 1919, ACS, Archivio CNDI, b. 6.
137 Ancona, In memoria di Emilia Ancona Contini, S. 8. Eine Kopie der handschriftlichen Widmung von Gabriele D'Annunzio vom 11. März 1922 findet sich auf S. 11 f.
138 Zur häufigen Affinität von Juden und Irredentismus vgl. Wyrwa, Gesellschaftliche Konfliktfelder, S. 83.
139 Zu Majer Rizzioli liegt bisher keine ausführliche Biografie vor. Zu ihrer zentralen Rolle innerhalb der Frühgeschichte der Fasci Femminili vgl. Dittrich-Johansen, Le „militi dell'idea", S. 35–38, 51–54, 63–68; vgl. zudem die von Giulia Galeotti verfasste Kurzbiografie im Dizionario Biografico degli Italiani, URL: http://www.treccani.it/enciclopedia/elisa-mayer_(Dizionario-Biografico)/ (8.7.2020) und den Eintrag von Rachele Farina im Dizionario biografico delle donne lombarde, hg. von Farina, S. 668 f.
140 Bisi Albini, Le nostre fanciulle, hg. von Majer-Rizzioli, S. VI.

meinen Mann verlassen, war nie irgendwohin allein gereist. Nun handelte es sich um eine Pflichterfüllung, und Nicola verstand dies und unterstützte mich darin."[141]

Vor diesem Hintergrund überrascht es nicht, dass sich die Akteurin gleich zu Beginn des Ersten Weltkriegs auf die Seite der Interventionisten stellte und seit dem italienischen Kriegseintritt wieder als Rotkreuzschwester tätig wurde. „Leben, kämpfen und sterben für die Verteidigung des Vaterlands" wurden die Ideale der leidenschaftlichen Irredentistin Majer Rizziolis, die trotz der unmittelbaren Nähe zu brutaler, kriegerischer Gewalt an ihrer Überzeugung von einem gerechten italienischen Krieg festhielt.[142] Neben ihrem Dienst als freiwillige Krankenschwester setzte auch Majer Rizzioli auf ihre Weise die Tradition jüdischer Wohltätigkeit fort, indem sie ein Hilfskomitee für bedürftige Familien von Soldaten organisierte und als Sekretärin des Comitato di assistenza civile in Venedig tätig wurde. Die Kriegserinnerungen der Akteurin erschienen 1920 unter dem Titel „Fratelli e sorelle. Libro di guerra 1915–1918" in Mailand. Majer Rizziolis hier artikulierte Überzeugung, dass die politische (liberale) Klasse Italien angeblich in die totale Demütigung führen wollte, ist eine deutliche Anspielung auf das Bild des „verstümmelten Siegs", das sich nach dem Friedensschluss und dem ausgebliebenen Gewinn Dalmatiens in breiten bürgerlich-nationalistischen Kreisen des Landes verfestigte.[143] Es stellte schließlich den Auslöser für die selbstherrliche Besetzung Fiumes durch die Freischaren D'Annunzios dar. Im Einklang mit ihren aggressiven nationalistischen Grundsätzen folgte Majer Rizzioli dem „Dichterfürsten" nach Fiume und unterstützte seine Kampagne auch auf organisatorische Weise: Mit der Gründung der Associazione pro Fiume (später: Comitato nazionale pro Dalmazia) im Jahr 1919, deren Leitung sie übernahm, schuf sie D'Annunzio eine wichtige politische und finanzielle Lobby.[144]

Im Jahr darauf begegnete Majer Rizzioli zum ersten Mal Mussolini in Mailand. Das persönliche Gespräch bestärkte die Aktivistin in ihrer ideologischen Entwicklung: Sie zog in die lombardische Metropole, trat den Fasci di combattimento bei und begann, für Mussolinis „Il Popolo d'Italia" zu schreiben. Die Gründung der Fasci Femminili im März 1920 fügt sich insofern nahtlos in Majer Rizziolis ausgeprägten politischen Aktivismus dieser Jahre ein. Im Oktober 1922 nahm die „Faschistin der ersten Stunde" als Krankenschwester am Marsch auf Rom teil, wofür sie später von Mussolini ausgezeichnet wurde. In den folgenden Jahren prägte die Akteurin maß-

---

141 Majer Rizzioli, Acconto agli eroi, S. 18.
142 In dem für Kinder verfassten Werk „Nazario Sauro" erzählte Majer Rizzioli mit großer rhetorischer Emphase von dem bekannten italienischen Offizier und Irredentisten, der im August 1916 von den Österreichern im istrianischen Pola erhängt worden war; vgl. Majer Rizzioli, Nazario Sauro.
143 Vgl. Majer Rizzioli, Fratelli e sorelle. Zu den propagandistisch aufbereiteten Kriegserinnerungen der ehemaligen Krankenschwester und der Entwicklung der Akteurin zur überzeugten Faschistin vgl. Isnenghi, Scenari dell'io, S. 280, 285.
144 Vgl. de Grazia, Le donne nel regime fascista, S. 58–60.

geblich das Image der „perfekten faschistischen Frau", das sich an ihren eigenen Fähigkeiten orientierte und ganz offensichtlich im Besonderen für den Kriegszustand zugeschnitten war: Die „faschistische Frau" sollte über gute Kenntnisse in der Krankenpflege und in Sprachen verfügen, schwimmen und Autofahren können und schließlich „spezielle Gaben" wie Mut, Stetigkeit und Opferbereitschaft haben. Majer Rizzioli blieb gleichzeitig eine moderate Feministin, die auch einen größeren Einfluss von Frauen in der faschistischen Partei anstrebte. Im Unterschied zu der schillernden Figur Margherita Sarfattis jedoch geriet Majer Rizzioli bereits während der Frühzeit des Faschismus zunehmend ins politische Abseits. Von Mussolini wurde sie nach ihrem erfolgreichen Einsatz für den Partito Nazionale Fascista (PNF), v. a. als Inspektorin der faschistischen Frauengruppen, bald ignoriert. Die von ihr Ende 1924 gegründete Zeitschrift „Rassegna femminile italiana" löste der Parteisekretär Roberto Farinacci im Januar 1926 kurzerhand auf.

Majer Rizzioli war nicht das einzige Opfer der antifeministischen Politik des Faschismus.[145] Insbesondere seit Mitte der 1920er Jahre wurden mehrere Ortsgruppen-Funktionärinnen, die sich gegen die Marginalisierung von Frauen im PNF wandten und für einen „faschistischen Feminismus" eintraten, unter anderem die Bologneserin Pia Bartoloni, von der Parteiführung gezielt ausgegrenzt. Sobald die Partei Frauen wie die Gründerin der Fasci Femminili zur Herstellung eines breiten gesellschaftlichen Konsenses nicht mehr benötigte, wurden sie wieder zu Randfiguren reduziert.[146] Der Ausgrenzung der zunächst erfolgreichen und von Mussolini selbst zeitweise geförderten jüdischen Aktivistin Majer Rizzioli durch die faschistische Führung lagen Mitte der 1920er Jahre daher in erster Linie antifeministische Motive zugrunde. Es ist jedoch nicht ausgeschlossen, dass sich bereits damals antifeministische Tendenzen mit einem latenten Antisemitismus innerhalb der Partei verbanden, der sich in den kommenden Jahren intensivieren sollte.[147]

---

145 Zum Antifeminismus Mussolinis und der faschistischen Führung vgl. Dogliani, Il fascismo degli italiani, S. 120.
146 Vgl. Novelli-Glaab, Zwischen Tradition und Moderne, S. 125. Zu antifeministischen Haltungen innerhalb des PNF und der Ausgrenzung von Majer Rizzioli vgl. Willson, Women, S. 84; de Grazia, Le donne nel regime fascista, S. 60–62, 66 f.
147 Der Soziologe Robert Michels bemerkte bereits 1924, dass innerhalb des Faschismus eine starke antisemitische Strömung existiere; vgl. Fabre, Mussolini razzista, S. 444. Unter den antisemitischen „Faschisten der ersten Stunde" sind v. a. der Journalist Giovanni Preziosi und der Presbyter Umberto Benigni zu erwähnen, die bereits 1921 die ersten zwei italienischen Übersetzungen der antisemitischen Schrift „Die Protokolle der Weisen von Zion" herausgaben.

Ideologische Spannungen im Consiglio Nazionale delle Donne Italiane

Mit ihrer Entwicklung vom Irredentismus zum Faschismus, vom Dienst als freiwillige Rotkreuzschwester in Libyen und der Teilnahme am Marsch auf Fiume bis hin zur Gründung der Fasci Femminili stellt Majer Rizzioli – neben der weitaus bekannteren Margherita Sarfatti – ein Extrembeispiel für die frühe und nahezu bedingungslose Annäherung einer jüdischen Aktivistin an den Faschismus dar. Die auffällige ideologische Radikalisierung Majer Rizziolis und Sarfattis unterscheidet sich deutlich von der entgegengesetzten Entwicklung vieler anderer jüdischer Zeitgenossinnen, beispielsweise Margherita Ancona, Nina Rignano Sullam oder Amelia Rosselli. Dies soll nicht bedeuten, dass sich jüdische Frauenrechtlerinnen vom Faschismus in der Regel unmittelbar abgrenzten. Selbst die UFN arbeitete in den 1920er und noch zu Beginn der 1930er Jahre im Rahmen des Wohlfahrtsbereichs mit faschistischen Institutionen zusammen, unter anderem mit der 1925 gegründeten Opera Nazionale Maternità e Infanzia, für die sich insbesondere die bereits erwähnte Aktivistin Fanny Norsa Pisa, eine Cousine Nina Rignano Sullams, engagierte. Im Gegensatz zum CNDI jedoch blieb die UFN dem Regime gegenüber kritisch eingestellt, was insbesondere seit Mitte der 1920er Jahre zu diversen Konflikten mit der faschistischen Regierung führen sollte.[148]

Der CNDI dagegen empfing den Faschismus mit offenen Armen und passte sich nach Mussolinis Machtübernahme bereitwillig dem Regime an. Die Besetzung Fiumes und die Gründung der Fasci Femminili hatten die Sympathien der seit dem Ersten Weltkrieg zunehmend nationalistisch und anti-sozialistisch orientierten Frauenvereinigung für die erstarkende faschistische Bewegung gefördert. Zahlreiche Vertreterinnen des CNDI versprachen sich vom Faschismus die Eindämmung des Sozialismus, nationale Erneuerung durch das Erreichen machtpolitischer Ziele und die Einführung des Frauenwahlrechts.[149]

Der offensichtliche pro-faschistische Kurs des CNDI stieß jedoch nicht bei allen seinen Mitgliedern auf Zustimmung. Eine kleine Gruppe innerhalb der nationalen Frauenorganisation wählte einen anderen Weg. Die in Florenz ansässige Federazione Toscana des CNDI, zu deren Mitarbeiterinnen auffallend viele jüdische Frauen gehörten, darunter Amelia Rosselli, Laura Orvieto, Bice Cammeo, Ernestina Paper, Ernesto Nathans Tochter Mary Nathan Puritz und Giorgina Zabban,[150] widersetzte sich bereits seit 1920 dem zunehmenden politischen Rechtsruck, der sich vor allem in der mitglie-

---

148 Vgl. Brigadeci, Forme di resistenza, S. 4–6.
149 Vgl. Taricone, L'Associazionismo femminile, S. 82–87.
150 Die Schriftstellerin und Übersetzerin Giorgina Zabban (1869–1958), geb. Pardo-Roques, war eine der engsten Freundinnen Amelia Rossellis. Sie schrieb unter dem Pseudonym Giorgia Pisani. Von Carlo und Nello Rosselli wurden Giorgina und ihr Mann Giulio Zabban zärtlich Tante „Gì" und Onkel „Giù" genannt. Giorgina Zabbans Bruder Giuseppe Pardo-Roques war lange Zeit Vorsitzender der Jüdischen Gemeinde in Pisa; er wurde 1944 von deutschen Soldaten umgebracht. Zur freundschaftlichen Beziehung zwischen den Rosselli und dem Ehepaar Zabban-Pardo-Roques vgl. Calabrò, Liberalismo,

derstarken, von italienischen Aristokratinnen dominierten römischen Zentrale des CNDI ereignete und auf die gesamte Organisation auszuweiten begann. Die Florentiner Sektion der nationalen Frauenvereinigung dagegen blieb, nicht zuletzt aufgrund der ideologischen Orientierung ihrer einflussreichen jüdischen Mitglieder und der im Vergleich zum katholischen Rom liberaleren, weitgehend bürgerlichen städtischen Kultur der toskanischen Metropole, eher links-liberal und laizistisch geprägt. Seit Beginn des Jahres 1920, in dem sich die politische Krise des Landes merklich zuspitzte und gewaltsame Auseinandersetzungen zwischen Sozialisten und Faschisten unter anderem in Mailand und Turin stattfanden, nahmen auch die Spannungen innerhalb des CNDI spürbar zu.

Im März 1920 wurde Kritik unter den Vertreterinnen der Federazione Toscana am Consiglio Nazionale di Roma laut, da er sich im Zusammenhang mit einem aktuellen Gesetzesentwurf aus dem sozialistischen Lager öffentlich gegen die Ehescheidung ausgesprochen hatte.[151] Im Unterschied zur römischen Gruppe unterstützte die Florentiner Sektion mehrheitlich den betreffenden Gesetzesentwurf. Amelia Rosselli bestand darauf, von Rom eine Erklärung zu fordern, nicht zuletzt hinsichtlich der Frage, ob der betreffende Text lediglich die Meinung der Federazione Romana ausdrücken sollte oder aber den Anspruch erhebe, für den CNDI in seiner Gesamtheit zu sprechen.[152]

Der inhärente Konflikt zwischen der römischen und der toskanischen Sektion verschärfte sich aufgrund dieses Ereignisses. Nur zwei Monate später, im Mai 1920, wandten sich die toskanischen Vertreterinnen dagegen, ein von der römischen Zentrale (vielleicht in Reaktion auf den aktuellen Streitpunkt der Ehescheidung) entworfenes neues Statut des CNDI zu unterzeichnen, da sie sich offenbar nicht der Federazione Romana unterordnen wollten.[153] Zur selben Zeit spaltete sich auch die Mailänder Sektion, deren Vertreterinnen häufig parallel in der UFN und weiteren

---

democrazia, socialismo, S. 3; zum Verbrechen an Giorginas Bruder Giuseppe Pardo-Roques vgl. u. a. Forti, Dopoguerra in provincia, S. 38; Zuccotti, The Italians and the Holocaust, S. 198.
151 Seit den ersten Gesetzesentwürfen von 1876 des Abgeordneten Morelli, einer der politischen Vorbilder Paolina Schiffs, hatte es verschiedene andere Versuche im italienischen Einheitsstaat gegeben, ein Gesetz zur Ehescheidung einzuführen, jedoch ohne Erfolg. Der letzte betreffende Gesetzesentwurf vor dem Faschismus wurde 1920 von den sozialistischen Abgeordneten Guido Marangoni und Costantino Lazzari vorgelegt. Während der faschistischen Diktatur wurde die Frage der Ehescheidung geflissentlich umgangen, insbesondere um Konflikte mit der katholischen Kirche zu vermeiden; vgl. Coletti, Il divorzio in Italia; Passaniti, Dalla tutela del lavoro femminile, S. 133–142.
152 Vgl. CNDI, Federazione Femminile Toscana, Adunanza CXLVIII, 30. März 1920, ACS, Archivio CNDI, b. 4, fasc. 13, sfasc. 3: Federazione Toscana. Processi verbali del consiglio: Gennaio 1915 –Febbraio 1921.
153 Vgl. CNDI, Federazione Femminile Toscana, Adunanza CLII, 19. Mai 1920, ACS, Archivio CNDI, b. 4, fasc. 13, sfasc. 3: Federazione Toscana. Processi verbali del consiglio: Gennaio 1915 – Febbraio 1921. Das neue Statut wurde in der Generalversammlung des CNDI vom 15. April 1921 offiziell verabschiedet. Im Artikel 2 war zu lesen: „Der C. N. ... soll keinerlei politische und konfessionelle

lombardischen Frauenorganisationen mitarbeiteten, aufgrund politischer Differenzen zusehends von Rom ab. Auch in diesem Fall stellte vermutlich die Debatte um die Ehescheidung den auslösenden Faktor dar. Die Mailänder Frauenvereinigungen standen bekanntermaßen seit ihrer Gründung Ende des 19. Jahrhunderts durch den Kreis um die Pionierinnen Paolina Schiff, Ersilia Majno und Nina Rignano Sullam dem Sozialismus nahe. Im Dezember 1920 hielt ein Sitzungsprotokoll der toskanischen Sektion fest:

> „[Signora Viganò] berichtet von einem Brief der Vorsitzenden von Mailand, Donna Carla Levelli, die erklärt, dass die Sektion in Auflösung begriffen ist. Beinahe alle mailändischen ‚Socie' sind Mitglieder anderer Assoziationen, die politischen Charakter tragen, und sind dabei, sich vom C.N. [Consiglio Nazionale] zu entfernen. Auf diese Weise stellt sich erneut die Frage nach dem unpolitischen Charakter des C.N., d. h. ob es gut sei oder nicht, dass er diesen unpolitischen Charakter aufrecht hält. Signora Rosselli findet, dass der C.N. auf seine Agonie hinsteuert."[154]

In der Tat konnten die immer offensichtlicheren Gegensätze zwischen der toskanischen (wie der lombardischen) Gruppe und der römischen Zentrale auf Dauer nicht gelöst werden. Zu tief war 1920 bereits die Kluft zwischen den verbliebenen liberalen und sozialistischen Anhängerinnen des CNDI, die sich vor allem in Florenz und Mailand sammelten, und den in Rom organisierten, mehrheitlich konservativen, häufig aus dem Adel stammenden Mitarbeiterinnen, die durchaus empfänglich für den Faschismus waren. Die Frauenvereinigung hatte zwar seit ihrer Gründung 1903 in Rom die Überbrückung sozialer, politischer und religiöser Unterschiede angestrebt, jedoch hatte sie spätestens seit dem Ersten Weltkrieg ihren „unpolitischen Charakter" verloren, sofern dieser jemals Realität gewesen war. Während der faschistischen Diktatur sollte die seit jeher dominierende Federazione Romana den CNDI ideologisch nach außen repräsentieren, während auch die übrigen regionalen Sektionen sich nach und nach dem Kurs der römischen Zentrale anpassten oder aber an Bedeutung verloren. Amelia Rossellis Prophezeiung aus dem Jahr 1920, dass der CNDI sich auf seine Agonie hinbewegte, wurde insofern bestätigt, als die regionale Vielfalt der Organisation mit ihren unterschiedlichen politischen Nuancen zugunsten ihrer ideologischen Gleichschaltung zugrunde ging.

Bezeichnenderweise traten in den Jahren zwischen 1920 und 1922 mehrere jüdische Protagonistinnen der Florentiner Gruppe demonstrativ aus dem CNDI aus. Mary Nathan Puritz, Tochter Ernesto Nathans, Enkelin der mazzinianischen Pionierin der italienischen Frauenbewegung Sara Levi Nathan und Verwandte von Amelia Ros-

---

Ausrichtung haben"; vgl. Statuto approvato nell'Assemblea Generale del 15 Aprile 1921, ACS, Archivio CNDI, b. 1, fasc. 1.
154 CNDI, Federazione Femminile Toscana, Adunanza CLV, 8. Dezember 1920, ACS, Archivio CNDI, b. 4, fasc. 13, sfasc. 3: Federazione Toscana. Processi verbali del consiglio: Gennaio 1915 – Febbraio 1921.

selli, kündigte bereits im Juli 1920 an, die Organisation aufgrund „moralischer und familiärer Motive" verlassen zu wollen.[155] Diese Art der Umschreibung ihrer Austrittsgründe bildete vermutlich einen subtilen Hinweis darauf, dass sie sich weder mit der ideologischen Ausrichtung noch mit der Gruppe des CNDI in seiner Gesamtheit weiterhin identifizieren konnte. Als direkte Nachfahrin Sara Levi Nathans fühlte Mary Nathan Puritz sich den radikaldemokratischen Idealen der frühen italienischen Frauenbewegung und dem Kreis der laizistisch-jüdischen Pionierinnen verbunden. Ihre familiäre Identität fand keine Entsprechung mehr innerhalb des CNDI, deren Verbindungen mit der faschistischen Bewegung immer enger wurden. So erhielt im August 1920 sogar die Federazione Toscana eine offizielle Einladung des Florentiner Fascio di Combattimento zur Teilnahme an einer öffentlichen Feier anlässlich des Jahrestages des Marsches auf Fiume.[156] Selbst die betont patriotische Laura Orvieto, die denselben Netzwerken angehörte wie Nathan Puritz, trat Anfang der 1920er Jahre aus dem CNDI aus. In ihrem Schreiben an die Vorsitzende (unklar ist, ob es sich um Spalletti Rasponi oder aber die Adlige Ida Uzielli De Mari,[157] damals Vorsitzende der Florentiner Sektion, handelte) spielte die Schriftstellerin mit unterschwelliger Ironie auf die aktuellen Diskussionen um den angeblich erwünschten „unpolitischen" Charakter des CNDI an:

> „Verehrte Vorsitzende, als der ‚Consiglio' mich im vergangenen Jahr dazu aufforderte, innerhalb der Kommission ‚Vita Civile e Politica' mitzuarbeiten, habe ich gern zugesagt, überzeugt davon, dass bei unseren Frauen Bedarf besteht, ihre Ideen bezüglich Politik zu klären. Und dies glaube ich noch immer, aber jetzt sehe ich in meiner Partei eine dringendere Arbeit, die zu tun ist. Daher verlasse ich die Kommission. Und ich bitte Sie, geehrte Vorsitzende, meinen Austritt zu akzeptieren."[158]

---

[155] Mary Nathan Puritz an „Gentilissima Signora" (vermutlich Vorsitzende der Federazione Toscana, French Cini), 1. Juli 1920, ACS, Archivio CNDI, b. 5: Corrispondenza della Federazione femminile toscana con la Presidenza del Consiglio nazionale e con altri e documentazione relativa a congressi, manifestazioni, lettere di nomina e di dimissioni, distintivi a spilla del Congresso di Firenze del 1926 (1908–1934), fasc. Corrispondenza CNDI, Sezione Firenze 1922.
[156] Vgl. das Schreiben des Sekretärs der Commissione Esecutiva, Dante Romoli, an die Federazione Femminile Toscana vom 23. August 1920; ACS, Archivio CNDI, b. 5: Corrispondenza della Federazione femminile toscana con la Presidenza del Consiglio nazionale e con altri e documentazione relativa a congressi, manifestazioni, lettere di nomina e di dimissioni, distintivi a spilla del Congresso di Firenze del 1926 (1908–1934), fasc. Corrispondenza CNDI, Sezione Firenze 1922.
[157] Ida Uzielli De Mari (1871–1952) stammte aus der traditionsreichen Genueser Adelsfamilie De Mari. Ihr Ehemann, Oberst Paolo Uzielli, war jüdischer Herkunft, hatte sich aber 1901 (vor seiner Heirat) taufen lassen. Die Kinder des Ehepaars wurden streng katholisch erzogen. Paolo Uzielli stellte 1938, im Jahr der italienischen Rassengesetzgebung, einen offiziellen Antrag auf *discriminazione*, mit der Begründung, „Oberhaupt einer arischen und katholischen Familie" zu sein; vgl. Maryks, Pouring Jewish Water, S. 247–249.
[158] Laura Orvieto an „gentile Presidente", s. d., ACS, Archivio CNDI, b. 5, fasc. Corrispondenza CNDI, Sezione Firenze 1922.

Bei der Partei, die Laura Orvieto hier erwähnte, muss es sich um die Unione Politica Nazionale handeln, die Angiolo Orvieto unmittelbar nach dem Ende des Ersten Weltkriegs in Florenz mitgegründet hatte. Die politische Ausrichtung der neuen Partei war liberal-patriotisch. Eines ihrer erklärten Ziele bestand darin, gegen den im Gefolge der Oktoberrevolution auch in Italien erstarkenden „Bolschewismus" anzugehen – ein nicht zu unterschätzendes Detail im Kontext des antisemitisch gefärbten Vorurteils einer inhärenten Verbindung zwischen Juden und bolschewistischer Revolution, das zu jener Zeit sowohl in faschistischen wie in konservativen katholischen Kreisen kursierte.[159] Es ist daher nicht ausgeschlossen, dass Angiolos politischem Engagement gegen die „bolschewistische Gefahr" auch eine gewisse Apologetik zugrunde lag.

Durch ihren Austritt aus dem CNDI setzte Laura Orvieto ein deutliches Zeichen für ihre Missbilligung des ideologischen Kurses und des geforderten „unpolitischen Charakters" der Frauenorganisation, der letztlich eine Farce war. Gleichzeitig bildete ihre Betonung der Notwendigkeit klarer politischer Ziele und ihre Intention, sich für die Partei ihres Mannes engagieren zu wollen, zum Teil vielleicht ebenfalls eine Reaktion auf die Gerüchte einer bolschewistisch-jüdischen Verschwörung, die auch innerhalb der anti-sozialistischen, pro-faschistischen Federazione Romana in Umlauf waren.[160] Womöglich wurden derartige Vorurteile aufgrund des hohen Anteils jüdischer Aktivistinnen in der bekanntermaßen sozialistisch orientierten UFN noch verstärkt.

Nach Mary Nathan Puritz und Laura Orvieto erklärte auch die Florentiner Aktivistin Ida Modigliani Barletti im März 1922 ihren Austritt aus dem CNDI, ohne jedoch ihre Gründe schriftlich darzulegen. Die Akteurin hatte sich während des Krieges als Inspektorin der freiwilligen Krankenschwestern des Comitato di Firenze ausgezeichnet. Auch sie konnte sich mit den faschistischen Neigungen innerhalb der Organisation und der zunehmenden Distanzierung vom ursprünglich laizistischen Charakter der Vereinigung, die in der Scheidungsdebatte offen zutage getreten war, nicht identifizieren. Selbstbewusst unterschrieb sie ihre lakonische Austrittsmitteilung mit ihrem vollen Nachnamen „Ida Modigliani Barletti".[161] Während die Aktivistin im Krieg ihre offiziellen Briefe mit „Barletti", dem Nachnamen ihres Mannes, unterzeichnet hatte, enthielt ihr Austrittsschreiben auch ihren jüdischen Mädchennamen. Vermutlich un-

---

159 Vgl. Maryks, Pouring Jewish Water, S. 179. Bei den Kommunalwahlen von 1920 wurde Angiolo Orvieto als Vertreter der Unione Politica Nazionale in den Florentiner Stadtrat gewählt. In den darauffolgenden Wahlen 1924, bereits während der faschistischen Herrschaft, kam es bezeichnenderweise zu keiner Wiederwahl des jüdischen Dichters.
160 Vgl. dazu auch Gori, Laura Orvieto, S. 199.
161 Ida Modigliani Barletti an „Gentile Segretaria", 7. März 1922, ACS, Archivio CNDI, b. 5: Corrispondenza della Federazione femminile toscana con la Presidenza del Consiglio nazionale e con altri e documentazione relativa a congressi, manifestazioni, lettere di nomina e di dimissioni, distintivi a spilla del Congresso di Firenze del 1926 (1908–1934), fasc. Corrispondenza CNDI, Sezione Firenze 1922.

terzeichnete sie mit „Modigliani Barletti", um ihre jüdische Herkunft und Solidarität mit den Feministinnen Mary Nathan Puritz und Laura Orvieto sowie ihre Abgrenzung von der Gruppe um Spalletti Rasponi auszudrücken.[162]

Im selben Jahr legte Amelia Rosselli ihr Amt als Vize-Präsidentin der Sezione Toscana nieder.[163] An ihre Stelle trat die Katholikin Beatrice Rosselli Del Turco, die dem alten Florentiner Adel angehörte. Die florentinische Sektion verlor so Anfang der 1920er Jahre, parallel zum Aufstieg des Faschismus, ihren von jüdischen Akteurinnen maßgeblich geprägten liberalen Charakter und wurde analog zur Federazione Romana immer stärker von philo-faschistischen Aristokratinnen – v. a. Ida Uzielli De Mari, Beatrice Rosselli Del Turco, Gabriella Incontri und Olga D'Urbino (die Anfang 1922 zur Kassenwärtin ernannt wurde) – dominiert.[164] Diese Entwicklung deckt sich mit Perry Willsons Beobachtung, nach der auch innerhalb der Führung der Fasci Femminili der Anteil an adeligen Frauen, welche die „rote Gefahr" abwenden wollten, seit ihrer Gründung auffällig hoch war.[165] Auch die Anpassung der nationalen Frauenorganisation an den Faschismus wurde in erheblichem Maße von ihrer aristokratischen Führungsschicht beeinflusst und gelenkt.

---

162 Die Eltern von Ida Modigliani (geb. 1889 in Florenz) waren der Kurzwarenhändler Samuele Modigliani, Mitglied der Florentiner jüdischen Gemeinde, und die Katholikin Emma Chelli. Ida Modigliani war 1890 getauft worden, wie ihrer Akte im Bestand der DEMORAZZA zu entnehmen ist. Nach Auffassung der faschistischen Rassengesetzgebung vom November 1938 stammte Ida Modigliani aus einer „Mischehe". Da ihre Mutter Nichtjüdin und Ida bereits Ende des 19. Jahrhunderts getauft worden war, wurde sie im Rahmen der „Überprüfung der Rasse" (*accertamento della razza*) durch die berüchtigte Direzione generale demografia e razza des italienischen Innenministeriums Ende 1940 als „nicht der jüdischen Rasse zugehörig" eingestuft; vgl. ACS, Fondo Ministero dell'Interno, Direzione Generale Demografia e Razza (im Folgenden: DEMORAZZA), b. 380, fasc. 29278.
163 Vgl. ACS, Archivio CNDI, b. 5, fasc. Corrispondenza CNDI, Sezione Firenze 1922.
164 Vgl. u. a. die Mitteilung vom 31. Januar 1922 über die Wahl von Olga D'Urbino zur Kassenwärtin und das Schreiben vom 22. Dezember 1922, zwei Monate nach dem Marsch auf Rom, über die Ernennung von Beatrice Rosselli Del Turco zur Vize-Präsidentin der Federazione Toscana. Bereits am 11. Januar 1922 hatte Gabriella Incontri der Vorsitzenden Vorschläge zur Aufnahme neuer Mitglieder in die Florentiner Sektion unterbreitet; ACS, Archivio CNDI, b. 5, fasc. Corrispondenza CNDI, Sezione Firenze 1922.
165 Vgl. Willson, Women, S. 83, 85.

5 Marginalisierung, Entrechtung und Verfolgung. Unter faschistischer Herrschaft

5.1 Einstellungen zum Faschismus

Die nationale Frauenvereinigung auf faschistischem Kurs

Nur wenige Tage nach dem Marsch auf Rom sandte die Vorsitzende des CNDI, Gräfin Spalletti Rasponi, ein Telegramm an Mussolini. Mit Emphase bekundete sie, dass „in dieser heiligen Stunde italienischer Erneuerung der Consiglio Nazionale delle Donne Italiane vertrauensvoll der großen Zukunft unseres Italien applaudiert".[1]

Der ideologische Kurs der nationalen Frauenorganisation, dessen philo-faschistische Tendenzen bereits seit Ende des Ersten Weltkriegs deutlich zugenommen hatten, und die dominierende Rolle der römischen Sektion während der faschistischen Ära wurden damit bestätigt. Von der Ernennung Mussolinis zum Ministerpräsidenten durch König Vittorio Emanuele III. am 30. Oktober 1922 versprachen sich die führenden Kreise des CNDI in erster Linie die nach Ende des Krieges ausgebliebene Gewährung des Frauenwahlrechts. Mussolini, der stark auf die Unterstützung von Frauen bei der Etablierung des faschistischen Regimes zählte, nährte aus opportunistischen Gründen diese Hoffnungen. Im Mai 1923 übernahm er den Vorsitz bei der Eröffnung des Kongresses der „internationalen Allianz für das Frauenwahlrecht" und betonte, dass die faschistische Regierung sich für dessen Realisierung stark machen würde. Die Gewährung des Frauenwahlrechts habe „mit aller Wahrscheinlichkeit vorteilhafte Konsequenzen, weil die Frau in der Ausübung dieser neuen Rechte ihre fundamentalen Qualitäten im Sinne von Maß, Ausgewogenheit und Weisheit" einbringen würde.[2] In Wahrheit waren Mussolinis Vorstellungen von der Teilhabe von Frauen an der nationalen „Erneuerung" mehr als unklar. Obwohl er ihnen in einem ersten Moment das Wahlrecht ankündigte, ließ er in den kommenden Jahren von seinen Versprechen sukzessive ab, reduzierte deutlich den Anteil der in Frage kommenden Wählerinnen in seinen Plänen, unterstützte 1925 ein Gesetz für ein begrenztes Frauenwahlrecht in den Kommunalwahlen und schaffte 1926 schließlich die

---

[1] Die emphatische Botschaft Spalletti Rasponis an Mussolini vom 31. Oktober 1922 wurde in einer Sitzung des Zentralkomitees des CNDI vom 11. November 1922 zitiert; vgl. ACS, Archivio CNDI, b. 5: Corrispondenza della Federazione femminile toscana con la Presidenza del Consiglio nazionale e con altri e documentazione relativa a congressi, manifestazioni, lettere di nomina e di dimissioni, distintivi a spilla del Congresso di Firenze del 1926 (1908–1934), fasc. Corrispondenza CNDI, Sezione Firenze 1922. Zu Mussolinis „Marsch auf Rom" und der faschistischen Machtübernahme vgl. Schieder, Benito Mussolini, S. 39–46.
[2] Benito Mussolini, Opera Omnia, hg. von Susmel, Bd. 19, S. 215.

Wahlen ganz ab: eine „Stufenentwicklung in umgekehrter Richtung", wie sie Franca Pieroni Bortolotti bezeichnet hat.[3]

Als doppeldeutig erwies sich die faschistische Politik auch hinsichtlich unabhängiger Frauenvereinigungen wie der UFN, des italienischen Verbands der Universitätsabsolventinnen (Federazione Italiana Laureate e Diplomate di Istituti Superiori, FILDIS) oder der Frauenwahlrechts-Vereinigung Federazione Italiana per il Suffragio e i Diritti civili e politici delle Donne (FISEDD), die nicht unmittelbar nach der Konsolidierung der faschistischen Diktatur und der Etablierung faschistischer Frauenverbände aufgelöst wurden, sondern teilweise noch bis weit in die 1930er Jahre hinein weiterexistierten.[4] Gleichzeitig bestand bereits seit Beginn der faschistischen Herrschaft ein starker Druck hin zur ideologischen Anpassung unabhängiger Frauenorganisationen und der Ausschaltung regimekritischer Aktivistinnen in ihren Reihen.[5] Aus den Unterlagen des CNDI geht hervor, wie die philo-faschistische Vereinigung schon seit den 1920er Jahren politisch unerwünschte Mitglieder marginalisierte und mithilfe der Unterstützung der faschistischen Regierung das Aufgehen kleinerer Frauenverbände in die eigene Organisation vorantrieb. Es ist offensichtlich, dass auf diese Weise eine einheitliche regimetreue Ausrichtung der organisierten italienischen Frauenbewegung erzielt werden sollte.[6]

Eine Reihe von Protagonistinnen, die der UFN nahestanden, darunter die Mailänder Sozialistinnen Linda Malnati und Carlotta Clerici, starteten bereits 1923, knapp ein Jahr nach Mussolinis Machtübernahme, den Versuch, sich der drohenden Faschisierung und Gleichschaltung der italienischen Frauenorganisationen entgegenzustellen. Auf einer kleinen Versammlung für ein „Übereinkommen zwischen den Frauenvereinigungen" wiesen sie – ähnlich wie Akteurinnen in den vorausgegangenen Auseinandersetzungen zwischen der römischen Zentrale des CNDI und seinen lokalen Sektionen in Florenz und Mailand – darauf hin, dass „auch nach der Erlangung des Wahlrechts die apolitischen Frauenvereinigungen, die sozialen Zwecken dienen, ihren apolitischen Charakter in jedem Falle aufrechterhalten sollten", um Frauen aus verschiedenen politischen Gruppen einen gemeinsamen Raum zu schaffen. Auf diese Weise könnten außerhalb der engen Kreise politischer Parteien Probleme hinsichtlich Fraueninteressen diskutiert werden, die anschließend von den

---

3 Vgl. de Grazia, Le donne nel regime fascista, S. 63. Zum widersprüchlichen Frauenbild des Faschismus und der ambivalenten Politik des Regimes gegenüber Frauen vgl. auch Dogliani, Il fascismo degli italiani, S. 120–124.
4 Vgl. Willson, Women, S. 79 f.; speziell zur Geschichte der FILDIS von 1922 bis zu ihrer Auflösung 1935 vgl. Taricone, Una tessera, S. 23–29.
5 Die im politischen Spektrum linksstehende Associazione per la donna, die sich vor allem für die politische Gleichberechtigung von Frauen engagiert hatte, gab Ende 1925 ihre Auflösung bekannt. Angesichts der aktuellen politischen Umstände sah sie keine Möglichkeit mehr, „sich konstruktiv für die Verteidigung von Fraueninteressen einzusetzen"; vgl. Taricone, La FILDIS, S. 149.
6 Vgl. ACS, Archivio CNDI, b. 5, Lettere da Roma e Documenti vari 1924/1925.

betreffenden Gruppen an die entsprechenden politischen Parteien herangetragen werden könnten.[7] Die faschistische Diktaturherrschaft jedoch war nach der Verabschiedung des Ermächtigungsgesetzes vom Dezember 1922, das Mussolini eine vom Parlament unabhängige Regierung ermöglichte, sowie durch die Schaffung des Großrats des Faschismus und der faschistischen Milizorganisation schon Anfang 1923 so weit gefestigt, dass derartige Ideen zur Aufrechterhaltung und Förderung eines politischen Pluralismus im Sinne gemeinsamer feministischer Interessen von vorneherein zum Scheitern verurteilt waren. Dies galt im Besonderen, wenn sie von sozialistischen oder dem Sozialismus nahestehenden Akteurinnen geäußert wurden.[8]

Bereits im kommenden Jahr erfolgte innerhalb des CNDI der Versuch, gezielt Mitglieder aus der Organisation herauszudrängen, die nicht mehr der angestrebten ideologischen Ausrichtung entsprachen. Einen besonders eklatanten Fall stellt der Ausschluss der langjährigen jüdischen Aktivistin Nina Sierra im Sommer 1924 dar. Das Ereignis fügt sich in die seit 1920 stetig voranschreitende pro-faschistische Entwicklung der Organisation, die mit dem Kurs der römischen Zentrale ihren Anfang genommen und bereits 1922 zu einer Reihe von Austritten linksliberal orientierter Akteurinnen aus der toskanischen Sektion geführt hatte. Auch die in Florenz ansässige Schriftstellerin Nina Sierra gehörte der Federazione Toscana an und war gleichzeitig seit vielen Jahren Mitglied der UFN. Die gebildete, dem Sozialismus nahestehende Akteurin schrieb seit Beginn des Jahrhunderts für die Frauenbewegungspresse; im Jahr 1903 war ihr umfassender Vortrag über die politischen und sozialen Forderungen des zeitgenössischen Feminismus im Organ der UFN erschienen.[9] Zu Beginn des Jahrhunderts hatte Nina Sierra zusammen mit den prominenten Feministinnen jüdischer Herkunft Paolina Schiff und Bianca Arbib an der Vorbereitung des bereits angesprochenen Gesetzesentwurfs zur Einrichtung nationaler Mutterschaftskassen zusammengearbeitet, der im Juli 1910 vom italienischen Parlament angenommen worden war. Zudem gehörte sie gemeinsam mit Bice Cammeo dem Vorstand eines Heims für junge ledige Mütter an, das die Florentiner Sektion des CNDI im November 1910 ins Leben gerufen hatte. Sierra war eng in die Beziehungsnetzwerke jüdisch-laizistischer Frauenrechtlerinnen eingebunden.[10]

---

[7] ACS, Archivio CNDI, b. 5, fasc. 13, sfasc. 5, 1923: Ordine del giorno, Convegno per un'Intesa fra le Associazioni femminili. Beim Ort der Versammlung, der nicht angegeben wird, muss es sich um Mailand gehandelt haben.

[8] Fiorenza Taricone spricht von der Herausbildung und Dominanz der „weiblich-faschistischen" Bewegung innerhalb der italienischen Frauenbewegung seit 1923; vgl. Taricone, L'Associazionismo femminile, S. 87.

[9] Nina Sierra, „Femminismo", Conferenza tenuta il 14 aprile 1903 alla Università Popolare di Alessandria d'Egitto, pubblicata a cura del Periodico „Unione Femminile", Milano 1903, Archivio UFN, cartella 65, fasc. 3, Pubblicazioni 1901–1905.

[10] Vgl. Miniati, Le „emancipate", S. 147, 180.

Die Aktion gegen die politisch unerwünschte Protagonistin begann im Juni 1924, bezeichnenderweise zu einer Zeit, in der Mussolinis Herrschaft bereits deutlich gefestigt war, und unmittelbar vor dem Hintergrund des berüchtigten Delikts Matteotti. Nach den manipulierten Wahlen vom April 1924 besaß die faschistische Regierung im Parlament eine überragende Mehrheit, die Monarchie stand hinter Mussolini, die katholische Kirche war auf dem Weg, sich mit dem Faschismus zu arrangieren. Am 10. Juni 1924 ermordeten faschistische Schergen den Einheitsführer der Sozialisten, Giacomo Matteotti, der Ende Mai in einer harten Parlamentsrede die faschistische Regierung offen der Gewalt und Illegalität bezichtigt und die Annullierung der Wahlen gefordert hatte.[11] In diesem Kontext spitzten sich auch innerhalb des CNDI die antisozialistischen Tendenzen zu. Als langjährige Aktivistin der UFN bildete Nina Sierra offenbar eine besonders geeignete Zielscheibe für entsprechende Attacken. In einem knappen, anonymen Schreiben vom Juni 1924 wurde Sierra vorgeworfen, sich nicht für den Sektionsvorstand, dem sie angehörte, zu engagieren und mit den Zielen der Organisation zu identifizieren. Aus diesem Grund solle sie ihr Amt niederlegen und durch eine andere Aktivistin ersetzt werden. Unterzeichnet war der maschinengeschriebene Brief lediglich von „un numeroso gruppo di socie".[12] Höchstwahrscheinlich handelte es sich in der Hauptsache um Vertreterinnen der mittlerweile die gesamte nationale Frauenvereinigung stark dominierenden Gruppe philo-faschistischer Aristokratinnen. Der katholischen Florentiner Adeligen Beatrice Rosselli Del Turco, die unmittelbar nach dem Marsch auf Rom Vize-Präsidentin der Federazione Toscana geworden war, kam bei diesem Ereignis vermutlich eine Schlüsselrolle zu.[13] Dagegen distanzierte sich die liberal gesonnene, langjährige Vorsitzende der toskanischen Föderation, Elena French Cini,[14] unverzüglich von dem Vorfall und drückte in einem Brief an Nina Sierra ihr Bedauern darüber aus. Diese antwortete mit unüberhörbarer Verbitterung:

---

11 Vgl. Schieder, Der italienische Faschismus, S. 38–40; Mantelli, Kurze Geschichte, S. 67–69.
12 Consiglio Nazionale Donne Italiane, Giugno 1924, a Nina Sierra (s. d.). ACS, Archivio CNDI, b. 5, Lettere da Roma e Documenti vari 1924: „Documenti relativi all'incidente Circolare anonima". Aus den überlieferten Quellen gehen die Initiatorinnen der Aktion im Einzelnen nicht hervor. Deutlich wird jedoch, dass das besagte anonyme Schreiben im Juni 1924 auch an eine Handvoll weiterer, politisch unerwünschter Mitglieder der Florentiner Sektion geschickt wurde, die wie Sierra aus dem Vorstand herausgedrängt und offenbar durch pro-faschistische Aktivistinnen ersetzt werden sollten.
13 Nerina Traxler, Vorstandsmitglied und in den 1930er Jahren Vorsitzende der florentinischen Sektion, sprach Ende Juni 1924 in direktem Zusammenhang mit der anonymen Briefaffäre von der „Fehleinschätzung" der Marquise Rosselli Del Turco, die sie zutiefst bedaure. Vgl. Traxler an Buonaventura, 24. Juni 1924, ACS, Archivio CNDI, b. 5, Lettere da Roma e Documenti vari 1924: „Documenti relativi all'incidente Circolare anonima".
14 Elena French Cini wurde u. a. auch von Laura Orvieto und Amelia Rosselli sehr geschätzt. Im Jahr 1908 beschrieb Orvieto sie als „zarte und beinahe verschwindend kleine Dame, von willigem und starkem Geist"; Mrs El (Laura Orvieto), Donne d'ogni paese. Una seduta del Convegno femminile di Ginevra, in: Il Marzocco (13 settembre 1908).

„Jeder denkt mit dem Gehirn, das er besitzt, und jene Damen erachten lediglich diejenige Arbeit als nützlich, die sie selbst tun. Sie sind nicht fähig dazu, die Relevanz der Propaganda des geschriebenen und gesprochenen Wortes zu begreifen. Ich erinnere mich daran, wie vor vielen Jahren Signora Majno auf Kosten der Unione femminile mehrere tausend [Exemplare] meines Vortrags über den Feminismus[15] in Mailand drucken ließ, ihn überall verteilte und sagte, sie hielte ihn für eine wertvolle Propaganda. Ebenso nützlich könnte mein letzter Vortrag über den Frauen- und Mädchenhandel[16] sein, wenn da nicht die heutigen Umstände wären, die seine Verbreitung verhindern. Da Sie es bedauern würden, wenn ich meinen Austritt erklärte, werde ich dies nicht tun, sondern einfach mein Mandat verfallen lassen und mich auch von der Federazione zurückziehen, ohne Skandale, um nicht das Spiel jener Damen mitzuspielen."[17]

Sierras Anspielung auf „die heutigen Umstände", die die Neuauflage ihrer Abhandlung über den Frauen- und Mädchenhandel verhinderten, war ganz offensichtlich als Kritik am ideologischen Kurs des CNDI und gleichzeitig an der von Mussolini betriebenen Einschränkung der Meinungsfreiheit zu verstehen, die durch die Abschaffung der Pressefreiheit im Juli 1924 weiter reduziert wurde. Sierras Entscheidung, sich aufgrund des Affronts aus dem CNDI zurückzuziehen, stieß bei den verbliebenen liberalen Mitgliedern der Florentiner Sektion der Federazione Toscana auf Bedauern. Anfang Juli erhielt Sierra ein Schreiben des Sektionsvorstands, der den Vorfall als einen „Akt anonymer Niedertracht, der nicht zu gestehende Zwecke verfolge", bezeichnete und Sierra ausdrücklich zum Bleiben bat.[18] Ihr Rücktritt, auf den die anonyme Kampagne abgezielt hatte, war jedoch nicht mehr aufzuhalten. Am 3. Juli 1924 erklärte die Aktivistin, aus gesundheitlichen Gründen nicht mehr zur Wahl zu stehen; im Oktober 1925 gab sie offiziell ihr Ausscheiden bekannt.[19]

Das Ereignis stellt einen deutlichen Hinweis auf die bereits fortgeschrittene faschistische Durchdringung des CNDI dar, gegen welche die verbliebenen demokratischen Kräfte machtlos geworden waren. Insbesondere linksliberale und sozialistische Tendenzen wurden konsequent ausgeschaltet. Der Aktion gegen die jüdische Feministin Nina Sierra lagen in erster Linie politische Motive zugrunde, die im Zusammenhang mit der Verfolgung von Regimegegnern durch die faschistische Regierung und der Ermordung Giacomo Matteottis besondere Brisanz erhielten. Den Ausschlag

---

15 Nina Sierra, „Femminismo", Conferenza tenuta il 14 aprile 1903 alla Università Popolare di Alessandria d'Egitto.
16 Nina Sierra, La tratta delle bianche, in: La Rassegna Nazionale 161 (1908), S. 30–43.
17 Nina Sierra an Elena French Cini, Roma, 22. Juni 1924, ACS, Archivio CNDI, b. 5, Lettere da Roma e Documenti vari 1924: „Documenti relativi all'incidente Circolare anonima".
18 Vgl. CNDI, Sezione di Firenze, an Nina Sierra (s. d.), und den Brief Sierras vom 3. Juli 1924 an French Cini, in der sie den Erhalt des Schreibens der Florentiner Sektion bestätigt; ACS, Archivio CNDI, b. 5, Lettere da Roma e Documenti vari 1924: „Documenti relativi all'incidente Circolare anonima".
19 Vgl. Sierra an French Cini, 3. Juli 1924, ACS, Archivio CNDI, b. 5, Lettere da Roma e Documenti vari 1924: „Documenti relativi all'incidente Circolare anonima"; Sierra an French Cini, 29. Oktober 1925, ACS, Archivio CNDI, b. 5, Lettere da Roma e Documenti vari 1925.

für das verleumderische Vorgehen müssen Sierras langjähriges Engagement in der UFN und ihre Nähe zu sozialistischen Frauenrechtlerinnen wie Ersilia Majno und Paolina Schiff gegeben haben. Gleichzeitig ist nicht ausgeschlossen, dass innerhalb der „anonymen Gruppe" auch antijüdische Einstellungen vorhanden waren, die in der weltlichen Jüdin Nina Sierra eine Bedrohung für die ideologische Orientierung der Organisation sahen. Die einst ausgeprägte Laizität des CNDI hatte aufgrund des Wandels in der personellen Struktur, den die Rekrutierung philo-faschistischer, katholischer Aristokratinnen und das Ausscheiden linksliberaler und sozialistischer Mitglieder, darunter nicht wenige Feministinnen jüdischer Herkunft, bewirkt hatte, seit Beginn der 1920er Jahre stark an Bedeutung verloren. Diese Entwicklung verlief parallel zur 1922 begonnenen Annäherung zwischen Faschismus und katholischer Kirche. Der ideologische Gegensatz zu den organisierten Katholikinnen wurde in diesem Zusammenhang schwächer. Eine Angleichung hatte sich bereits 1920 abgezeichnet, als die römische Zentrale des CNDI sich öffentlich gegen die Ehescheidung ausgesprochen hatte.[20]

In der faschistischen Ära waren die Beziehungen zwischen dem CNDI und der 1919 aus der UDCI hervorgegangenen Unione Femminile Cattolica Italiana (UFCI) konfliktfrei. Aristokratinnen und Vertreterinnen der gehobenen Mittelklasse, die mittlerweile alle Sektionen des CNDI dominierten, führten auch die katholische Frauenvereinigung an. Die Schulreform des Erziehungsministers Giovanni Gentile hatte der CNDI im Jahr 1923 offiziell begrüßt;[21] einen zentralen Punkt der Reform bildete die Betonung des katholischen Religionsunterrichts als wichtigste Grundlage nationaler Erziehung und zur „Wiederherstellung des italienischen Geistes".[22] Es liegt auf der Hand, dass jüdische Schulkinder, Lehrerinnen und Lehrer von dieser Maßnahme in besonderer Weise betroffen waren, stellte sie doch einen erheblichen Anreiz für Vorurteile, Feindseligkeiten und Marginalisierung im Bildungsbereich dar. Der „Mythos der katholischen Nation", in dessen Dienst sich die katholische Frauenvereinigung

---

20 Vgl. CNDI, Federazione Femminile Toscana, Adunanza CXLVIII, 30. März 1920, ACS, Archivio CNDI, b. 4, fasc. 13, sfasc. 3: Federazione Toscana. Processi verbali del consiglio: Gennaio 1915 – Febbraio 1921.
21 Das Zentralkomitee des CNDI stimmte der Schulreform auf einer Sitzung vom Juni 1923 offiziell zu. Bezeichnenderweise war es die traditionell linksliberal geprägte Florentiner Sektion, die wenig später ihre Kritik an Gentiles Reform in einem Schreiben an die römische Zentrale ausdrückte. Auch die Turiner Sektion drückte ihre Bedenken insbesondere hinsichtlich des Ausschlusses von Frauen aus leitenden Funktionen an italienischen Schulen („capi-istituto") aus. Vgl. dazu Taricone, L'Associazionismo femminile, S. 89.
22 Vgl. Gentile, Il fascismo al governo della scuola, S. 35. Zu Gentiles Zielen vgl. Ambrosoli, Libertà e religione, S. 66–80. Zur angestrebten Identifizierung der italienischen Gesellschaft mit der „faschistischen Nation" und der kulturellen Förderung eines gemeinsamen Bewusstseins des „Volkes" durch das faschistische Regime vgl. auch Tarquini, Storia della cultura fascista, S. 7. Zur zentralen Stellung des Katholizismus innerhalb des Konstrukts nationaler kultureller Identität im faschistischen Italien vgl. Duggan, Fascist Voices, S. 312.

bereits Anfang des Jahrhunderts gestellt hatte, wurde insofern von staatlicher Seite bestätigt.[23] Beim Kongress von 1908 war es genau dieses Thema gewesen, das zu der heftigen Auseinandersetzung zwischen papsttreuen Katholikinnen und (jüdisch-)laizistischen Protagonistinnen geführt hatte. Das Konfliktpotential hatte sich aufgrund des ideologischen Wandels des CNDI deutlich entschärft. Von der Diffamierungskampagne 1924 war neben Sierra bezeichnenderweise auch die Gelehrte Laura Puccinelli Calò betroffen, Ehefrau des bekannten liberalen Politikers und Pädagogen Giovanni Calò, der sich im selben Jahr von der faschistischen Schulreform Gentiles explizit distanzierte.[24] Die Akteurin trat unmittelbar nach Erhalt des anonymen Schreibens am 14. Juni 1924 aus dem Sektionsvorstand der Federazione Toscana aus.[25]

Die Tatsache, dass auch die Nichtjüdin Puccinelli Calò in die Auseinandersetzung verwickelt war, ist ein weiterer Hinweis auf den zutiefst politischen Charakter der anonymen Briefaktion. Bei der Diffamierung Nina Sierras spielten latent vorhandene antijüdische Vorurteile vermutlich eine zusätzliche Rolle, jedoch muss der Hauptgrund für die Ausgrenzungskampagne in ihrer politischen Einstellung gelegen haben. Die Anpassung der großen nationalen Frauenvereinigung an das faschistische Regime und das Schwinden ihres laizistischen Ideals wirkten sich auf die Handlungsspielräume von Feministinnen jüdischer Herkunft generell negativ aus, da sie sich seit Ende des 19. Jahrhunderts besonders zahlreich in den weltlichen Organisationen der italienischen Frauenbewegung beteiligt hatten. Die Marginalisierung von Protagonistinnen wie Nina Sierra, Amelia Rosselli, den Schwestern Lombroso und vielen anderen war damit vorgezeichnet. Antifaschistinnen und ihre Familien gerieten seit den 1920er Jahren in existentielle Gefahr. Bestehende jüdische Familien- und Freundschaftsnetzwerke schlossen sich aufgrund der akuten Anfeindung von außen noch enger zusammen.

Jüdische Feministinnen in antifaschistischen Netzwerken

Wenige Monate nach der Ermordung Matteottis, am 16. November 1924, schrieb Gina Lombroso an ihren damals 21-jährigen Sohn Leo Ferrero: „Die Welt hat sich sehr verändert. Aber wie viele Enttäuschungen Dich auch erwarten sollten, denk daran, dass

---

23 Vgl. Sarfatti, The Jews, S. 44 f.; zum „Mythos der katholischen Nation", der von den organisierten Katholikinnen gefördert wurde, vgl. Gazzetta, Cattoliche, S. 141–156.
24 Giovanni Calò (1882–1970) lehrte an der Universität von Florenz und war während der Regierung Facta von Februar bis August 1922 Untersekretär des Bildungsministeriums gewesen. Zu Giovanni Calòs pädagogischem Engagement vgl. u. a. Carrannante, Giovanni Calò.
25 Vgl. Laura Puccinelli Calò an „Illustre Presidente del Consiglio Direttivo CNDI" (vermutlich ist die Vorsitzende der Federazione Toscana, Elena French Cini, gemeint), 14. Juni 1924, ACS, Archivio CNDI, b. 5, Lettere da Roma e Documenti vari 1924: „Documenti relativi all'incidente Circolare anonima".

Du unsere Zukunft bist, dass Du Dich nicht schlagen lassen kannst und darfst ... Es wünscht Dir Stärke und Beständigkeit [resistenza] Deine Mamma."²⁶

Gina Lombrosos seit jeher ausgeprägte, auf eine Kontinuität zwischen den Generationen bedachte jüdische Identität verband sich mehr und mehr mit einem antifaschistischen familiären Bewusstsein. Ihre seit 1916 in Florenz ansässige Familie, die den Faschismus von Beginn an entschieden abgelehnt hatte, nahm die zunehmend negativen politischen Veränderungen und das repressive Klima im Gefolge der Ermordung Matteottis sehr deutlich wahr. Anstatt sich resigniert ins Private zurückzuziehen, ging sie auf offene Konfrontation mit dem Regime. Bereits im Dezember 1923 hatte sich der angesehene Historiker Guglielmo Ferrero dem Zentralkomitee der neugegründeten, von Filippo Turati initiierten Associazione nazionale per il controllo democratico angeschlossen. Am 8. November 1924, unmittelbar vor Gina Lombrosos kämpferischem Brief an den Sohn Leo, war von dem prominenten liberaldemokratischen Politiker Giovanni Amendola die Unione nazionale ins Leben gerufen worden, in der sich Liberaldemokraten, Sozialisten und Kommunisten gegen den Faschismus vereinten. Auch Ferrero trat der oppositionellen Unione nazionale bei, sprach 1925 auf dem ersten Kongress der Vereinigung in Rom und war im selben Jahr unter den Initiatoren des „Manifesto degli intellettuali antifascisti".²⁷ Zusammen mit seiner Frau Gina gehörte er zu den zentralen Persönlichkeiten der antifaschistischen Intellektuellen-Netzwerke in Florenz, darunter Gaetano Salvemini – ein guter Freund der Familie –, Piero Calamandrei, Ernesto Rossi und die Brüder Rosselli, die sich bereits Ende 1920 im Circolo di Cultura ein politisches und kulturelles Forum geschaffen hatten.²⁸

Besonders eng in privater wie politischer Hinsicht waren die Beziehungen zwischen den Lombroso Ferrero und den Rosselli. Gina hatte Amelia im Jahr 1916 nach ihrem Umzug von Turin nach Florenz kennengelernt und sich mit ihr angefreundet, und auch zwischen den Söhnen, insbesondere Nello Rosselli und Leo Ferrero, entwickelte sich eine brüderliche Freundschaft.²⁹ Gina Lombroso und Amelia Rosselli waren beide aktive Mitglieder des Florentiner Lyceum. Im Jahr 1917 hatten sie gemeinsam die interdisziplinäre Frauenvereinigung Associazione divulgatrice donne italiane (ADDI) zur Förderung, Verbreitung und Rezeption wissenschaftlicher Schriften insbesondere von Frauen in Florenz gegründet. Auch Autoren wie Salvemini und Ferrero verfassten in den kommenden Jahren zahlreiche Abhandlungen für die ADDI.³⁰ Seit 1923, als vor dem Hintergrund des erstarkenden Faschismus die ideologischen Span-

---

26 Gina Lombroso an Leo Ferrero, 14. November 1924, FPC, Fondo Leo Ferrero, LF.C. 773.
27 Vgl. Colarizi, I democratici all'opposizione, S. 67.
28 Zum Circolo di Cultura vgl. Spini, Firenze e la tradizione rosselliana, S. 34.
29 Vgl. Dolza, Essere figlie di Lombroso, S. 158. Im Jahr 1924 trat Nello zusammen mit Leos Vater Guglielmo Ferrero in Amendolas Unione nazionale ein.
30 Vgl. ebd.

nungen innerhalb der organisierten italienischen Frauenbewegung generell zunahmen, wurde Lombrosos antifaschistisch geprägte Associazione jedoch zusehends an den Rand gedrängt. In der Zeitschrift „Almanacco della Donna Italiana" aus dem Jahr 1923 hieß es, dass sich der ADDI inzwischen aus einem „begrenzten Kreis von Spezialisten" – gemeint waren höchstwahrscheinlich Mitglieder der Familien Lombroso Ferrero und Rosselli sowie weitere dem Circolo di Cultura nahestehende Intellektuelle – zusammensetze und mit keinem anderen Frauenverband vernetzt sei.[31] Seit 1925 fand die Frauenvereinigung in der Zeitschrift keine Erwähnung mehr. Tatsächlich war Gina Lombroso zu jenem Zeitpunkt bereits vom kulturellen Leben der toskanischen Hauptstadt weitgehend ausgeschlossen. Aufgrund ihrer dezidiert antifaschistischen Haltung stand die Familie Lombroso Ferrero seit 1924 unter polizeilicher Beobachtung. Die faschistische Regierung zielte darauf ab, Guglielmo Ferrero zu isolieren und zum Schweigen zu bringen. Bedrängt durch die kontinuierliche Beschattung zog sich die Familie auf ihr Landhaus Ulivello in dem kleinen Ort Strada in Chianti bei Florenz zurück. Leo Ferrero veröffentlichte in jener Zeit seine ersten journalistischen Beiträge und Komödien, jedoch wurde die Herausgabe seiner Schriften spätestens seit 1925 vom faschistischen Regime vollständig unterbunden. Im Jahr 1928 wanderten er und seine Schwester Nina nach Paris aus.[32]

Die allmähliche Verdrängung aus dem öffentlichen Leben bewirkte zusammen mit dem starken Rechtsruck innerhalb der nationalen Frauenbewegung eine intensivierte Solidarität zwischen antifaschistischen Feministinnen jüdischer Herkunft, die aufgrund ihrer eng verflochtenen Netzwerke seit jeher eine individuelle Gruppe innerhalb der einschlägigen Institutionen gebildet hatten. Gina Lombrosos Freundin Amelia Rosselli rückte zunehmend ins Zentrum des Kreuzfeuers. Wie die Lombroso Ferrero standen auch sie und ihre Söhne spätestens seit 1924 unter scharfer Beobachtung. Nach Mussolinis Staatsstreich vom 3. Januar 1925, mit dem er die politische Verantwortung für den Mord an Matteotti übernahm und die „Diktatur mit offenem Visier" verkündete, wurden sämtliche noch bestehende Gruppierungen und Organisationen der Opposition aufgelöst.[33] Darunter befand sich auch der Florentiner Circolo di Cultura, welcher der dortigen Präfektur nach „das Zentrum einer hartnäckigen antinationalen, der aktuellen Regierung gegenüber feindlich gesonnenen Propaganda" darstellte.[34] Bereits am 31. Dezember 1924 hatten Schwarzhemden den Sitz des Circolo di Cultura im Borgo Santi Apostoli verwüstet und eine Jagd auf Antifaschisten begonnen, woraufhin sich die Führung der antifaschistischen Bewegung Italia libera, darunter Ernesto Rossi, Carlo und Nello Rosselli, bewaffnet in der Villa ihrer Mutter in der Via Giusti verschanzt hatten. Amelia Rosselli, die in der Nacht

---

31 Almanacco della Donna Italiana (1923), S. 333.
32 Vgl. Dolza, Essere figlie di Lombroso, S. 159 f.
33 Vgl. Schieder, Benito Mussolini, S. 47–58.
34 Zit. nach: I Rosselli. Epistolario familiare, hg. von Ciuffoletti, S. 233.

nach Hause kam, erkannte sofort die Gefahr der Situation, zog sich aber wortlos in ihr Zimmer zurück.³⁵

Nicht von ungefähr war es erneut das Haus Amelia Rossellis, in dem sich unmittelbar nach der Schließung des Circolo di Cultura zentrale Vertreter der Opposition – Carlo und Nello Rosselli, Ernesto Rossi, Dino Vannucci und Nello Traquandi – zusammenschlossen und die antifaschistische Untergrundzeitung mit dem vielsagenden Namen „Non mollare" gründeten. Die einleitenden Worte der ersten Ausgabe, die im Januar 1925 erschien und über die Netzwerke der nunmehr im Untergrund agierenden antifaschistischen Bewegung Italia libera auf nationaler Ebene verbreitet wurde, erinnern an Gina Lombrosos Appell an ihren Sohn Leo: „Man muss Widerstand leisten gegen diejenigen, die uns jeden Tag mit neuen Drohungen einzuschüchtern versuchen ... Man muss Widerstand leisten trotz der Waffen der Miliz, trotz der den Verbrechern garantierten Straf-Freiheit, trotz aller vom König unterzeichneten Dekrete."³⁶

In den kommenden Monaten wurde die Casa Rosselli in der Florentiner Altstadt zu einem Dreh- und Angelpunkt des antifaschistischen Untergrunds. Amelia Rosselli war nicht nur über die Aktivitäten ihrer Söhne im Bilde, sondern öffnete ihnen und ihren Gesinnungsgenossen trotz großer persönlicher Gefahr das eigene Haus, ihre private familiäre Sphäre, als Ort des Widerstands gegen die Diktatur. Die seit Beginn 1925 von Mussolini systematisch vorangetriebene Verfolgung antifaschistischer Akteure betraf in der Tat vor allem die um Carlo und Nello Rosselli versammelte Florentiner Gruppe des „Non mollare".³⁷ Wieder war es das Haus der Rosselli, in dem der Freund und politische Weggefährte Gaetano Salvemini in der Nacht vor seiner illegalen Auswanderung nach Frankreich Zuflucht suchte. Er war im Juni 1925 in Rom verhaftet, Ende Juli jedoch aufgrund eines Amnestieerlasses auf freien Fuß gesetzt worden. Carlo und Nello arbeiteten zu jenem Zeitpunkt in der abgeschiedenen Villa eines Freundes bei Cortona, während Amelia sich auf das Landhaus Il Frassine in Rignano sull'Arno nahe Florenz zurückgezogen hatte. Antifaschistische Intellektuelle mieden mittlerweile die Stadt. Mit ironischem Unterton schrieb Gina Lombroso in jenen Tagen von ihrem Landhaus Ulivello an den Freund Salvemini, dass sich „ein Haus in Florenz ohne Probleme untervermieten lässt, während man auf die Zukunft wartet ... Auch wir raten nicht dazu, wieder dorthin zurückzukehren. Sicherlich

---

35 Vgl. ebd., S. 131. Der Circolo di Cultura war mit Möbeln aus dem Haus der Rosselli eingerichtet gewesen, die von den Schwarzhemden zusammen mit Büchern und Zeitungen auf der Piazza Santa Trinità in derselben Nacht verbrannt wurden. Mit unerschütterlichem Sinn für das Praktische, inmitten der Tragik der Situation, erkundigte Amelia sich später bei ihren Söhnen, ob dabei auch „unser Tisch" verbrannt worden sei; vgl. Intervento di Mariella Zoppi, in: Vieri, Amelia Pincherle Rosselli, S. 23.
36 Non Mollare. Bollettino d'informazione durante il regime fascista 1 (gennaio 1925), S. 1.
37 Vgl. dazu Moorehead, Una famiglia pericolosa, S. 121–126.

wäre es dringend [notwendig], etwas hinsichtlich der Situation der Intellektuellen zu unternehmen, die nicht mehr in ihr Haus können."[38]

Bei seiner Ankunft in der Casa Rosselli traf Salvemini lediglich die Köchin, das Dienstmädchen und den Gärtner an, den Amelia in ihren Memoiren mit unverhohlenem Spott als „authentischen Spion, verkleidet als Kaninchen" bezeichnete.[39] In den frühen Morgenstunden des folgenden Tages verließ Salvemini unversehrt die Via Giusti, jedoch hatte der Gärtner die örtlichen Faschisten in der Zwischenzeit über seinen nächtlichen Besuch unterrichtet. Noch am selben Abend drangen Schwarzhemden in die Casa Rosselli ein und verwüsteten sie, zerschlugen Möbel, warfen Bücherregale um, zerbrachen Wertsachen. Es war Angiolo Orvieto, Ehemann ihrer engsten Freundin Laura, der am Morgen danach Amelia Rosselli in Rignano sull'Arno persönlich die Nachricht von dem faschistischen Anschlag überbrachte und sie nach Florenz zurückbegleitete.[40] „Sie hatten alles zerschlagen, und die Realität übertraf all meine Befürchtungen. Um in mein Arbeitszimmer zu gelangen, musste ich buchstäblich über eine Schicht Scherben gehen", so erinnerte sich die Schriftstellerin später.[41] Ein Kommissar der Pubblica Sicurezza erwartete sie bereits und unterzog sie einem langen Verhör, in dem es vor allem um die sozialistische Orientierung Carlo Rossellis und seiner politischen Netzwerke ging. Darüber hinaus beschlagnahmte der Kommissar einige persönliche Briefe von Amelia Rossellis Bruder, dem langjährigen liberalen Senator Gabriele Pincherle (1851–1928).[42] In ihren Erinnerungen schilderte Amelia Rosselli die Verwüstung ihres Hauses, der familiären Bastion des Widerstands gegen die Diktatur, als Wendepunkt und Schlüsselerlebnis in ihrem Leben, das sie die künftigen, ihrer Familie noch bevorstehenden Schrecken erahnen ließ: „Mittlerweile war ich dabei, und mehr noch als ich es war, fühlte ich, dass ich in eine stürmische Phase meines Lebens einzutreten begann, ich und meine Söhne."[43]

Geistigen und emotionalen Halt boten Amelia in dieser desolaten und gefährlichen Situation ihre politisch gleichgesinnten, langjährigen jüdischen Freundinnen und Freunde. Insbesondere die Florentiner Netzwerke schlossen sich angesichts der

---

38 Gina Lombroso an Gaetano Salvemini, 24. Juli 1925, Isrt Firenze, Archivio Salvemini, scatola 88.
39 Rosselli, Memorie, hg. von Calloni, S. 176.
40 Vgl. die Schilderung des Vorfalls ebd., S. 178 f.; I Rosselli. Epistolario familiare, hg. von Ciuffoletti, S. 234.
41 Rosselli, Memorie, hg. von Calloni, S. 179.
42 Pincherle, ein studierter Jurist, war bereits 1913 zum Senator ernannt worden. Er gehörte der Alta Corte di Giustizia an, einer aufgrund des Statuto Albertino eingerichteten Institution des italienischen Königreichs, die für die Ahndung schwerer Verbrechen gegen den Staat zuständig war. Pincherle trat nur wenige Monate nach dem Vorfall im Hause seiner Schwester, im November 1925, von seinem Amt zurück; vgl. Gabriele Pincherle, Senatori dell'Italia liberale, URL: https://notes9.senato.it/web/senregno.nsf/9a29a2e73f195df7c125785d0059b96c/20587811efc39ff54125646f005e826a?OpenDocument (8.7.2020).
43 Rosselli, Memorie, hg. von Calloni, S. 183.

offen zutage getretenen faschistischen Brachialgewalt gegenüber einer der ihren noch enger zusammen. Dies betraf gerade auch Akteurinnen, die sich zusammen mit Amelia seit Jahrzehnten in der Frauenbewegung engagierten und den faschistischen Kurs der nationalen Frauenvereinigung nicht mitzutragen bereit waren. Der forcierte Austritt Nina Sierras vor dem Hintergrund der Ermordung Matteottis hatte offenbar als Fanal gewirkt. Faschistische Diskriminierung und Gewalt schienen 1925 in Florenz eine verstärkt antisemitische Wende zu nehmen.[44] Wie die zeitgleiche Verfolgung auch nichtjüdischer Antifaschisten nahelegt, stellte Antisemitismus jedoch nicht das Hauptmotiv, sondern damals vermutlich einen zusätzlichen Grund für Angriffe auf jüdische Regimegegner wie die Rosselli dar. Diese Tendenz nahmen jüdische Protagonistinnen durchaus wahr. Die gewöhnlich eher scheue, zurückhaltende Feministin Bice Cammeo,[45] seit langem Mitarbeiterin der Mailänder UFN wie des Florentiner Lyceum, schrieb unmittelbar nach dem faschistischen Wüten in der Casa Rosselli voller Empathie und Solidarität an Amelia:

> „... bei der Rückkehr von einer meiner üblichen Reisen höre ich von der Verwüstung Deines Hauses, was mich sehr schmerzlich entsetzt hat, gleichzeitig bin ich erleichtert, dass niemand aus der Familie zugegen war. Jeder Kommentar erscheint mir überflüssig: Ich möchte nur, dass Du weißt, welch lebhaften Anteil ich an Eurem Unglück nehme. In aufrichtiger Freundschaft, stets Deine Bice Cammeo."[46]

Die langjährige Freundin stellte sich damit explizit auf die Seite der Familie Amelia Rosellis, um die sich in Florenz ein gesellschaftliches Vakuum gebildet hatte.[47] Bice

---

44 Im November 1929 zitierte die amerikanisch-jüdische Zeitschrift „The American Hebrew" den exilierten italienischen Politiker und Diplomaten Carlo Sforza, der in den faschistischen Übergriffen in Florenz 1925 einen „antisemitischen Wendepunkt" sah; vgl. dazu Sarfatti, The Jews, S. 49.
45 Amelia Rosselli beschrieb Cammeo, die dem heranwachsenden Carlo Privatunterricht in Mathematik erteilte, in ihren Memoiren als „überaus intelligente, mathematisch hochtalentierte Frau. Eine gute Freundin von uns, Schwester des angesehenen Anwalts [Federico] Cammeo"; Rosselli, Memorie, hg. von Calloni, S. 126. Anders als ihr berühmter Bruder, der seit 1905 an der Universität Padua, seit 1911 an der Universität Bologna und seit 1925 an der Universität von Florenz Jura unterrichtete, hatte die unverheiratete Bice Cammeo aufgrund des Vetos ihrer Eltern nicht an einer Universität studieren dürfen. Trotz ihres ausgeprägten sozialen und kulturellen Engagements für die UFN, die Federazione Toscana des CNDI und das Florentiner Lyceum litt die Akteurin aufgrund ihrer Kinderlosigkeit und des Verzichts auf eine universitäre Bildung unter depressiven Zuständen, die die langwierige Krankheit und Pflege ihrer Mutter noch verstärkten. Im Mai 1912 schrieb Amelia Rosselli an Laura Orvieto über die gemeinsame Freundin: „Sie tut mir so leid. Ihr großer Schmerz hatte von ihrem Gesicht die übliche, für mich so undurchschaubare Maske entfernt; und als ich ihre Seele so entblößt sah, hatte ich sie maßlos lieb ..."; Amelia Rosselli an Laura Orvieto, 30. Mai 1912, ACGV, Fondo Orvieto, Or.1.2059, Nr. 99.
46 Bice Cammeo an Amelia Rosselli, 19. Juli 1925, FRT, Archivio di Amelia Rosselli, C 386.
47 Ciuffoletti spricht von der Isolierung der Familie Rosselli nach dem Anschlag auf ihr Haus; I Rosselli. Epistolario familiare, hg. von Ciuffoletti, S. 234.

Cammeos Identifizierung mit den Werten von Frauensolidarität, für die ihre Mentorin Ersilia Majno und die von Cammeo selbst entscheidend mitgeprägte UFN seit ihrer Gründung eingestanden waren, überwogen in jenem Moment ganz offensichtlich die Tatsache, dass der Karrierejurist Federico Cammeo (1872–1939), Bices älterer Bruder, sich mit dem Faschismus bereitwillig arrangiert hatte. Er blieb bis weit in die 1930er Jahre eine der bedeutendsten Figuren des öffentlichen Rechts im faschistischen Italien.[48] Bice Cammeo, die ihren Bruder verehrte, den Faschismus aber ablehnte, blieb auch in den kommenden Jahren ihrer Freundin Amelia Rosselli treu.

Die Verfolgung des antifaschistischen Widerstands erreichte im Oktober 1925 mit der Ermordung der Sozialisten Gustavo Console und Gaetano Pilati in Florenz einen Höhepunkt. Gleichzeitig wurde der Aufbau der Diktatur zügig vorangetrieben. Das berüchtigte Gesetz vom 24. Dezember 1925 festigte die absolute Führungsstellung Mussolinis, der von nun an als „Regierungschef" alleiniger Inhaber der exekutiven Gewalt war. In den kommenden drei Jahren wurden Berufsgruppen wie Anwälte und Journalisten, in denen man oppositionelle Umtriebe vermutete, gleichgeschaltet. Seit April 1926 erhielten die Präfekten die Möglichkeit, Regimegegner ohne vorheriges Gerichtsverfahren in die polizeiliche Verbannung zu schicken. Nach einigen fehlgeschlagenen Attentaten gegen Mussolini verfügte die Regierung mit dem „Gesetz zur Verteidigung des Staates" vom 25. November 1926 schließlich die Auflösung aller oppositionellen Vereinigungen und Parteien. Zudem wurde eine politische Geheimpolizei zur Bekämpfung des Antifaschismus geschaffen.[49] Antifaschistische Gruppierungen konnten sich auch im Untergrund auf Dauer nicht mehr halten. Carlo Rosselli, nunmehr Mitglied des Vorstands der sozialistischen Partei, wurde im Dezember 1926 festgenommen und nach fünf Monaten Haft in polizeiliche Verbannung zunächst auf die Insel Ustica, ab September 1927 auf die Insel Lipari geschickt. Nello verhaftete man im Juni 1927 in Florenz aufgrund „antifaschistischer Umtriebe und Schriftverkehrs mit Oppositionellen" und verbannte ihn ebenfalls auf die Insel Ustica. Auf gewaltsame Weise wurden die Brüder, beide jung verheiratet, ihren Familien, ihren Studien und ihrer Arbeit entrissen.[50]

Wieder ergriff Bice Cammeo in dieser ausweglosen Situation Partei für die geächteten Rosselli. In einem Brief an Carlos Ehefrau Marion Cave[51] versicherte Cammeo letzterer ihrer unbedingten Solidarität und familiären Verbundenheit mit Amelia,

---

48 Federico Cammeo lehrte seit 1925 an der Universität Florenz und war noch in den letzten Jahren vor Verabschiedung der Rassengesetzgebung, von 1935 bis 1938, Vorsitzender der dortigen juristischen Fakultät. Ende 1938, ein Jahr vor seinem Tod, wurde er als Jude aus dem universitären Dienst entlassen. Zu Cammeo vgl. Cipriani, Scritti in onore dei patres, S. 193–220.
49 Vgl. Mantelli, Kurze Geschichte, S. 73 f.
50 Vgl. I Rosselli. Epistolario familiare, hg. von Ciuffoletti, S. 236.
51 Obwohl die Engländerin Marion Cave Quäkerin war, hatte sie aufgrund ihrer Heirat mit Carlo Rosselli unmittelbaren Anteil am familiären jüdischen Bewusstsein der Rosselli und ihrer Netzwerke. Auch sie war aktives Mitglied des Circolo di Cultura gewesen.

Nello und vor allem Carlo, die sich auf teils weit zurückliegende gemeinsame Erfahrungen und Erinnerungen gründeten:

> „Ich möchte Ihnen mein Gefühl tiefster Bewunderung ausdrücken, das ich für sie alle habe, und die langjährige aufrichtige Freundschaft, die mich mit Carlo und seiner Mama verbindet. Ich erinnere mich an Carlo als Kind und Jugendlichen mit mütterlicher Zärtlichkeit, und schon seit damals mit mütterlichem Stolz: ich selbst habe das Aufblühen der zivilen und sozialen Tugenden gesehen, die ihn heute bedeutend machen. Ich erinnere mich an den aufregenden und schmerzlichen Sommer 1914. Ich war in Viareggio in derselben Pension wie er ... Damals war er Kind und Mann: Wir führten endlos lange Diskussionen über die politischen Ereignisse ... Heute ist er ein anderer. Niemand kann ihn mehr aufhalten ... und ich bin stolz darauf, dass ich damals seinen Geist verstanden habe, dass ich ... ihn angeleitet, ihm geholfen, ihn ermutigt habe, den Kampf zwischen Kind und Mann zu gewinnen."[52]

Familiäre Erinnerungen fanden so in die aktuellen politischen Geschehnisse Eingang. Sie bestätigten und stärkten das seit langem bestehende charakteristische Gruppenbewusstsein jüdischer Feministinnen wie Cammeo, Rosselli und Lombroso Ferrero, das sich parallel zum Aufstieg Mussolinis mit antifaschistischen Positionen verbunden hatte. Gleichzeitig wurden die öffentlichen Handlungsspielräume für die betreffenden Akteurinnen enger, ihre Gruppe zunehmend auf sich selbst gestellt. Dies lässt sich auch an ihrer organisatorischen Einbindung bzw. Abgrenzung ablesen. Amelia Rosselli etwa, die bereits 1922 ihr Amt als Vizepräsidentin der Federazione Toscana niedergelegt hatte, blieb zwar noch bis zu ihrer Auswanderung 1937 offiziell Mitglied des Florentiner Lyceum, war jedoch im März 1924 aufgrund einer Polemik innerhalb des Vorstands als Vizepräsidentin der Organisation zurückgetreten. Zum selben Zeitpunkt legten Rossellis Freundinnen Laura Orvieto und Giorgina Zabban ihre Ämter nieder.[53] Obwohl sich das Lyceum eine gewisse Autonomie bewahrte und bis in die 1930er Jahre selbst jüdischen Akteurinnen, die sich in antifaschistischen Netzwerken bewegten, noch einen begrenzten Raum für sozialen und kulturellen Austausch bot (Nello Rossellis Frau Maria Todesco trat 1931 dem Lyceum bei), war die faschistische Infiltration auch hier auf Dauer nicht zu verhindern. Mitte der 1920er Jahre begann die Federazione Toscana des gleichgeschalteten CNDI, ihre Versammlungen

---

[52] Bice Cammeo an Marion Cave, 11. August 1927, FRT, Archivio di Amelia Rosselli, M 2721. An Amelia Rosselli schrieb Cammeo wenige Wochen später: „Liebe Amelia, Dein Leben ist ein [mühsamer] Weg bergauf gewesen, aber heute wage ich zu sagen, dass es sich gelohnt hat, ihn zu gehen, um dort oben zwei Söhne wie Carlo und Nello anzutreffen. Wenige Mütter haben gelitten wie Du, aber wenige Mütter können sich rühmen, zwei Helden hervorgebracht zu haben!!"; FRT, Archivio di Amelia Rosselli, M 1242.
[53] Vgl. Bulletti, Amelia nel Lyceum, S. 35 f. Laura Orvieto berichtete in ihrer Autobiografie, dass sie bereits in den Jahren vor dem Ausschluss jüdischer Mitglieder aus dem Lyceum, der im Januar 1939 offiziell beschlossen wurde, kaum noch an den Sitzungen teilgenommen hatte; vgl. Orvieto, Storia di Angiolo e Laura, hg. von Del Vivo, S. 126 f.

demonstrativ in den Räumlichkeiten des Lyceum abzuhalten, und bald mischten sich faschistische Funktionäre unter die Besucher der Veranstaltungen.[54] Das repressive Klima machte sich unmissverständlich bemerkbar.

Wie sehr sich gerade auch junge antifaschistische Akteurinnen von der Diktatur eingekreist und in ihrem Alltag bedroht fühlten, spricht aus dem Brief einer Nichte Amelia Rossellis, die im April 1926 das Grab ihres Cousins Aldo in der Nähe von Udine besuchte. Seine letzte Ruhestätte hatte sich in der Familie zum Symbol eines „anderen", demokratischen Italien entwickelt.[55] Inmitten der Brutalität faschistischer Verfolgung, die unmittelbar die eigene Familie betraf, wurde Aldos Grab für Amelias Nichte zu einem Ort, an dem „wir alle Feindseligkeiten vergessen, die uns umringen ... all das Böse, das mich so sehr leiden lässt".[56]

Antifaschistischen Familien blieb bald kein anderer Ausweg mehr als das Exil. Gina Lombroso und Guglielmo Ferrero wanderten 1930 nach Genf aus, Amelia Rosselli emigrierte nach der Ermordung ihrer Söhne im Jahr 1937 zunächst in die Schweiz, ging von da aus nach England und schließlich in die USA.[57] Angesichts der faschistischen Einkreisung gewann die innerjüdische Sphäre verstärkt an Bedeutung. Für nicht wenige Aktivistinnen wurden der Zionismus und ein neu erwachtes jüdisches Bewusstsein zu einem Fluchtraum innerhalb einer feindlich gesinnten Umwelt.

5.2 Zionismus als Neubeginn und Fluchtraum

Die Entstehung eines neuen jüdischen Selbstbewusstseins italienisch-jüdischer Protagonistinnen schlug sich 1927 in der Gründung der Associazione Donne Ebree d'Italia (ADEI) nieder.[58] Die weitgehend unerforschten Anfänge dieses ersten jüdischen Frauenbunds in Italien, dessen Realisierung noch während des Ersten Weltkriegs unmöglich gewesen war, stehen mit den Bedingungen der faschistischen Diktatur in direkter Beziehung. Seine Gründung muss als Folge zweier parallel ablaufender Entwicklungen verstanden werden. Zum einen führte die Verfolgung antifaschistischer Gruppierungen und die fortschreitende faschistische Unterwanderung der noch bestehenden Frauenvereinigungen zur Marginalisierung von jüdischen (wie nicht-jüdi-

---

54 Vgl. Bulletti, Amelia nel Lyceum, S. 24.
55 Vgl. den Brief Nello Rossellis an seine Mutter vom 12. September 1928, in: I Rosselli. Epistolario familiare, hg. von Ciuffoletti, S. 389–391.
56 Nichte Rossellis an Amelia Rosselli („Zia mia"), 14. August 1926, FRT, Archivio di Amelia Rosselli, M 1334.
57 Vgl. Moorehead, Una famiglia pericolosa, S. 325–332.
58 Zur Gründungs- und Frühgeschichte der ADEI liegt bislang keine monografische Untersuchung vor. Zu den Anfängen der Organisation vgl. Associazione donne ebree d'Italia (Hg.), Dalla nascita ai giorni nostri, S. 7–35; Follacchio, Associazionismo femminile; Miniati, Non dimenticare, S. 167–169.

schen) Akteurinnen, die sich seit jeher im linken politischen Spektrum positioniert hatten. Ihre Handlungsspielräume im weltlichen Bereich wurden zunehmend kleiner, der Kampf für politische Gleichberechtigung aussichtslos. Auch die Annäherung des einst dezidiert laizistischen CNDI an die dominierende katholische Kultur des faschistischen Italien erschwerte nun die lange Zeit eher unproblematische Integration jüdischer Mitglieder in die große nationale Frauenorganisation.

Gleichzeitig entfalteten jüdische Kulturzirkel und zionistische Gruppierungen insbesondere zwischen 1923 und 1928 – während der vierten Immigrationswelle nach Palästina – eine intensive Aktivität in Italien, die auch unter einigen jüdisch-weltlichen Akteurinnen ein verstärktes Interesse am Judentum und an zionistischen Ideen entfachten.[59] Die Bewegung Pro Cultura wurde in mehreren italienischen Städten aktiv, insbesondere in Florenz, Mailand und Padua. Florenz entwickelte sich aufgrund des aus Galizien stammenden Rabbiners Samuel Hirsch Margulies (1858–1922), dem Leiter des dortigen Rabbinerkollegs, zu einem florierenden Zentrum des zeitgenössischen italienischen Zionismus.[60] Auch Laura Orvieto nahm in den 1920er Jahren regen Anteil an den Vorträgen und Seminaren der Florentiner Zionisten, die von dem Triestiner Gelehrten Ciro Glass (1901–1928) geleitet wurden.[61]

Noch zu Beginn des 20. Jahrhunderts hatte sich der italienische Zionismus, wie die zeitgenössischen Zionismen westeuropäischer Prägung generell, in erster Linie als philanthropisch-humanitäre Bewegung verstanden, die darauf abzielte, den „armen jüdischen Brüdern" Osteuropas bei der Auswanderung nach Palästina und dem Aufbau eines neuen, besseren Lebens politisch wie ökonomisch zu helfen. Die Un-

---

59 Die betreffenden Veranstaltungen wurden in erster Linie von der Federazione Associazioni Culturali Ebraiche (FACE) organisiert, v. a. Hebräischkurse, Seminare zu jüdischer Geschichte und Initiativen in Verbindung mit den jüdischen Feiertagen; vgl. Sarfatti, The Jews, S. 64. Ein Zionistenverband, die Federazione Sionistica Italiana (FSI), existierte in Italien bereits seit 1901, jedoch wurde die Organisation auch während der 1920er Jahre weitgehend von männlichen Mitgliedern dominiert; vgl. Marzano, Figure Femminili, S. 450 f.
60 Vgl. Marzano, Una terra, S. 17 f.
61 Ciro Glass war in Fiume geboren worden, hatte jedoch seine Kindheit und Jugend in Triest verbracht. Im Jahr 1919 zog er nach Florenz und kam in Kontakt mit dem Rabbiner Margulies; er wurde Direktor des Verlagshauses Israel und Vorsitzender des zentralen Kommissariats des israelischen Nationalfonds Keren Hayesod in Italien; vgl. Marzano, Una terra, S. 23. Zu Orvietos Interesse an der zionistischen Bewegung vgl. Nattermann, The Italian-Jewish Writer Laura Orvieto. Auch Angiolo Orvieto frequentierte die Zionistenkreise in Florenz. Bereits seit der Nachkriegszeit hatte sich in einigen seiner literarischen Werke die Spannung zwischen italienischem Patriotismus und der Sehnsucht nach Palästina, dem Land der „Vorväter", widergespiegelt. Sein Gedichtzyklus „Il Vento di Sion. Canzoniere di un ebreo fiorentino del Cinquecento", der 1928 in Florenz erschien, wurde von den Zionistentreffen in der Florentiner Via dei della Robbia inspiriert. Wie bei der großen Mehrheit der zeitgenössischen italienischen Juden mündete das zionistische Interesse der Orvieto jedoch nicht in politisches Handeln, sondern blieb auf einen kulturellen Zionismus beschränkt; vgl. Orvieto, Storia di Angiolo e Laura, hg. von Del Vivo, S. 129 f.

terstützung der zionistischen Bewegung war auf diese Weise kompatibel mit der Treue zum italienischen Vaterland.[62] Anfang der 1920er Jahre veränderte sich die Situation. Der jüdische Jugendkongress (Convegno giovanile ebraico) von Livorno im November 1924 bewirkte einen beachtenswerten Aufschwung des italienischen Zionismus, der sich von seiner vorwiegend philanthropischen Tendenz zu lösen begann und verstärkt auch unter jungen italienischen Juden wahrgenommen und diskutiert wurde, die nicht der organisierten zionistischen Bewegung angehörten. Verantwortlich für diese veränderte Form der jüdischen Selbstreflexion war nicht zuletzt die Dominanz des Katholizismus über alle Bereiche des gesellschaftlichen Lebens und die fortschreitende Annäherung zwischen Faschismus und katholischer Kirche. Das von Alfonso Pacifici (1889–1981)[63] in Livorno propagierte, elitäre Konzept eines „integrativen Judentums", das sich nicht auf die Religion allein beziehen, sondern das gesamte Leben jedes einzelnen Juden durchdringen, in ihm ein Bewusstsein der integrativen Zugehörigkeit zum jüdischen Volk – als Glied in einer Kette weit zurückreichender Generationen – schaffen sollte, wurde zwar nur von einer kleinen Minderheit italienischer Zionisten akzeptiert. Doch stieß die Idee einer jüdischen Nation und die damit verbundene Option einer neuen jüdischen Heimat in Palästina im Kontext des Jugendkongresses von 1924 auch bei akkulturierten italienisch-jüdischen Akteuren und Akteurinnen auf lebhaftes Interesse. Innerhalb des italienischen Zionismus bildeten sich drei prinzipielle Strömungen heraus: Erstens der sozialistische Zionismus, den der bedeutende Aktivist und spätere Partisan Enzo Sereni (1905–1944) verkörperte und auf der Konferenz von Livorno an führender Stelle vertrat,[64] zweitens der liberale Zionismus (die „generellen" Zionisten), und drittens der religiöse, sogenannte „revisionistische" Zionismus, dessen aggressive nationalistische Tendenzen eine ideologische Affinität zum Faschismus aufwiesen.[65]

---

62 Die philanthropisch-humanitäre Ausrichtung des italienischen Zionismus wurde im Oktober 1901 beim zweiten italienischen Zionistenkongress in Modena im Statut der Federazione Sionistica Italiana, zu deren Vorsitzenden Felice Ravenna gewählt wurde, offiziell festgehalten; vgl. Marzano, Una terra, S. 16. Zur westeuropäisch ausgerichteten philanthropisch-humanitären Tendenz des italienischen Zionismus und seines Bilds des „Ostjuden" vgl. Hahn, Europäizität, S. 124–138.
63 Der Florentiner Rabbiner, Rechtsanwalt und Journalist Alfonso Pacifici, einer der bedeutendsten zeitgenössischen italienischen Zionisten, hatte bei Samuel Hirsch Margulies in Florenz studiert. Er war Gründer und Direktor der Zeitschrift „Israel". Im Jahr 1934 wanderte er nach Palästina aus und ließ sich in Jerusalem nieder. Zu Pacifici und seinem Konzept des „integrativen Judentums" vgl. Salvadori, Gli ebrei di Firenze, S. 88 f.; Molinari, Ebrei in Italia, S. 46–48.
64 Enzo Sereni wanderte 1927 nach Palästina aus und wurde Mitgründer des Kibbutz Givat Brenner. Während des Zweiten Weltkriegs kämpfte er in der britischen Armee. Er wurde im Mai 1944 in Italien festgenommen und im November 1944 im Konzentrationslager Dachau hingerichtet. Zu Sereni und seiner Familie vgl. das Werk seiner Schwester Clara: Sereni, Il gioco dei regni.
65 Vgl. Sarfatti, The Jews, S. 63. Ausführlich zur Entwicklung und den ideologischen Strömungen des zeitgenössischen italienischen Zionismus vgl. Bidussa, Il sionismo italiano, in: Bailamme 5–6 (1989), S. 168–244; Bailamme 7 (1990), S. 95–172.

Interessanterweise spiegelten die Diskussionen des jüdischen Jugendkongresses von 1924 jedoch nicht nur die sich entwickelnden unterschiedlichen Tendenzen des zeitgenössischen Zionismus wider, sondern wurden aufgrund der Präsenz Nello Rossellis auch zum zentralen Anhaltspunkt eines gegenwartsbezogenen „jüdischen Antifaschismus". In seiner berühmt gewordenen Rede von Livorno, die im ersten Kapitel dieser Studie thematisiert wurde, distanzierte sich Rosselli entschieden von den Zionisten und der Idee einer jüdischen Heimstätte in Palästina. Anknüpfend an die laizistische und dennoch jüdisch-bewusste Erziehung durch seine Mutter Amelia betonte Rosselli die für ihn mit dem Judentum unauflösbar verbundenen ethischen Werte von Gerechtigkeit, Freiheit und sozialer Verantwortung, die zu einem gesellschaftspolitischen Engagement im Hier und Jetzt – konkret dem Widerstand gegen die faschistische Diktatur in Italien – verpflichteten.[66]

Berta Cammeo Bernstein und die Entstehung der Associazione delle Donne Ebree d'Italia

Bezeichnenderweise stand die Sozialarbeiterin Berta Cammeo Bernstein (1866–1928), Gründerin der ADEI, an der Schnittstelle beider Entwicklungen: der zunehmenden Marginalisierung und Verfolgung linker bzw. antifaschistischer Aktivistinnen und Aktivisten sowie der zeitgleichen Revitalisierung jüdisch-religiöser wie jüdisch-zionistischer Identitäten. Seit Jahrzehnten in der laizistischen, sozialistisch geprägten Mailänder UFN tätig, deren Engagement sich während des Faschismus auf den Wohlfahrtsbereich beschränken musste,[67] hatte sie verhältnismäßig spät einen Zugang zum Judentum und zum Zionismus gefunden. Das jüdische Prinzip sozialer Gerechtigkeit indessen, auf das sich auch Nello Rosselli in Livorno bezogen hatte, war für ihr gesellschaftspolitisches Engagement stets wegweisend gewesen. Gabriella Falco Ravenna (1897–1983), die 1928 Cammeo Bernsteins Nachfolge als Vorsitzende der Mailänder ADEI antrat, schrieb in ihrer Würdigung der prominenten Aktivistin:

> „... Berta Bernstein Cammeo träumte seit ihrer Jugend von der sozialen Gerechtigkeit, hatte Ungerechtigkeit, Armut und moralische Verderbnis erlebt ... Sie war eine Vorkämpferin der Sozialarbeit gewesen, ein äußerst aktives Beiratsmitglied des ‚Asilo Mariuccia', aber erst mit fortschreitendem Alter hatte sie, die aus einer Familie assimilierter Juden kam, den Ruf ihrer Väter gehört und die Jüdische Idee in ihrer Ganzheit verinnerlicht. Sie verpasste nicht eine Konferenz, nicht ein Seminar des Rabbiners Prato,[68] nicht eine zionistische Versammlung;

---

66 Zur Rede Nello Rossellis in Livorno vgl. Di Porto, Il problema ebraico, S. 491–499; Belardelli, Nello Rosselli, S. 44–48.
67 Vgl. Willson, Women, S. 79.
68 Gemeint ist der prominente Rabbiner David Prato (1882–1951), Oberrabbiner von Rom in den Jahren 1937/1938 und 1945–1951. Der in Livorno geborene Prato war in jungen Jahren nach Florenz ge-

aber vielleicht kam der entscheidende Impuls tatsächlich aus den Gesprächen mit der Signora Nanny Margulies[69] ... [Diese] ließ sich später in Erez Israel nieder und war viele Jahre lang Mitglied des Direktoriums der Wizo ..."[70]

Anders als im Falle Gabriella Falco Ravennas, deren Vater Felice Ravenna (1869– 1937) Mitgründer und bis 1920 Vorsitzender der zionistischen Vereinigung in Italien gewesen war,[71] hatten zionistische Ideen in Berta Cammeo Bernsteins akkulturierter Familie keine Rolle gespielt. (Abb. 9) Dennoch legten die Cammeo großen Wert auf die Fortführung einer jüdischen Familienidentität, wie sich an ihrem Heiratsverhalten und den engen verwandtschaftlichen Beziehungen untereinander ablesen lässt. Berta Cammeo Bernstein, eine Cousine der neun Jahre jüngeren, antiklerikalen Aktivistin Bice Cammeo, stammte wie letztere aus Florenz.[72] Beide gehörten zu den Pionierinnen der Mailänder UFN. Berta Cammeos Kindheit und Jugend liegen weitgehend im Dunkeln, jedoch deuten die Worte Gabriella Falco Ravennas auf wirtschaftliche Probleme der Familie hin. Womöglich liegt hierin ein weiterer Grund für das Bedürfnis der Akteurin, sich für gesellschaftlich benachteiligte Mädchen und Frauen zu engagieren, das sie später in ihrer Arbeit für die UFN und das Asilo Mariuccia umsetzen konnte. Die Heirat Ende der 1880er Jahre mit dem aus Berlin stammenden Schneider und Textilunternehmer Arturo Bernstein (1855–1912), der als Kind nach Italien geflohen war,[73] gaben der jungen Frau existentielle Sicherheit. Das Ehepaar

---

kommen, um bei Samuel Hirsch Margulies am Collegio Rabbinico Italiano zu studieren. Berta Cammeo, die selbst aus Florenz stammte, besuchte die Vorträge und Seminare David Pratos. Im Jahr 1938 wanderte der Rabbiner, der von den faschistischen Behörden des Antifaschismus und Zionismus bezichtigt wurde, nach Israel aus; vgl. Prato, Una Vita per l'Ebraismo.
69 Es handelt sich um die 1899 in Polen geborene Zionistin Nanny geb. Auerbach, Tochter des Rabbiners Baruch Menachim Auerbach, die 1915 in Berlin den ebenfalls aus Polen stammenden zionistischen Publizisten und Ökonom Heinrich Margulies heiratete. Im Jahr 1925 emigrierte das Ehepaar nach Palästina, wo Margulies Direktor der Anglo-Palestine Bank wurde. Nanny Margulies gründete in Tel Aviv einen Kinderhort und engagierte sich im Vorstand der internationalen zionistischen Frauenvereinigung, Women's International Zionist Organization (Wizo). Der Beitritt der ADEI zur Wizo im Jahr 1931 ging auf ihre Anregung zurück; vgl. Lopez, Gli Antefatti, S. 14; Polacco, La Fondazione, S. 23 f.
70 Falco Ravenna, Berta Bernstein Cammeo, S. 16 f.
71 Der aus Ferrara stammende Jurist Felice Ravenna war zudem von 1930 bis 1937 Präsident der Unione delle Comunità israelitiche italiane; vgl. u. a. Della Seta, Dalla tradizione a un mondo più moderno.
72 Berta Cammeos Vater Giacomo (geb. 1828) und Bice Cammeos Vater Cesare (geb. 1832), beide gebürtig aus Livorno, waren Brüder.
73 Zu Arturo Bernsteins Auswanderung nach Italien liegen widersprüchliche, aufgrund der spärlich vorhandenen Quellen nicht verifizierbare Informationen vor. Als Geburtsort wird generell Berlin angegeben, doch schreibt Bernsteins Enkel Aldo Ascarelli, dass Arturo Bernstein mit elf Jahren aufgrund eines „russischen Judenpogroms" seine Eltern verlor und als Waise allein von Deutschland aus nach Italien floh. Fiorenza Taricone spricht ebenfalls von einem Pogrom, durch das Arturo Bernstein Vollwaise wurde; vgl. ihren Eintrag zu Marta Bernstein in Navarra im Dizionario biografico delle donne

Abb. 9: Die Familien Ravenna und Bassani, Ferrara 1911. Gabriella Ravenna, stehend, 3. von rechts; ihre Schwester Germana Ravenna (1943 deportiert), sitzend, 2. von links.

zog nach Mailand, dem Zentrum der italienischen Textilindustrie, wo Bernstein eine erfolgreiche Modefirma aufbaute.[74] In der lombardischen Metropole kam die Familie

---

lombarde, hg. von Farina, S. 145, sowie die Erinnerungen von Ascarelli, Il più vivo, S. 32. Fest steht, dass im Jahr 1866 die Juden des vereinten Italien, einschließlich Venetien, emanzipiert waren, was der Eingliederung des jüdischen Waisenjungen zweifellos entgegenkam. Vermutlich fand Bernstein Unterkunft bei bereits in Italien ansässigen Verwandten und erlernte als Heranwachsender das Schneiderhandwerk.

74 Der Mediziner Aldo Ascarelli (1916–2006), ein Sohn von Berta Cammeos Tochter Wanda Bernstein, der seit 1945 in Israel lebte, schrieb dazu: „Meine Mutter war Mailänderin, aus einer wohlhabenden Familie; der Großvater hieß Arturo Bernstein, er war verheiratet mit einer Cammeo aus Florenz. Im Alter von elf Jahren war er einem russischen Pogrom entkommen und allein nach Italien gegangen, niemand weiß wie ... Mein Großvater war der erste, der in Italien Kleider in Serie herstellte, das Prêt-à-Porter. Die Fabrik trug seinen Namen, und es arbeiteten dort Hunderte von Schneiderinnen, die französische Modelle herstellten, kopiert von einem ausgezeichneten Designer ... der in Paris, vor den Schaufenstern, die ausgestellten Kleidungsstücke nachzeichnete ..."; Ascarelli, Il più vivo, S. 32. Es ist nicht ausgeschlossen, dass die in Mailand ansässige katholische Aktivistin Elena da Persico bei ihrem an-

zu großem Wohlstand und konnte ihren acht Kindern, darunter die Sprach- und Literaturwissenschaftlerin Marta Bernstein Navarra (1895–1965), eine vorzügliche Ausbildung inklusive Studienaufenthalten unter anderem in England und in der Schweiz bieten.[75] Bildung, finanzieller Wohlstand sowie die transnationalen Beziehungen der Familie Bernstein und ihres Unternehmens bildeten eine zentrale Voraussetzung für Berta Cammeo Bernsteins ideelle und materielle Förderung der UFN wie der ADEI. Selbst der frühzeitige Tod ihres Mannes Arturo, der noch vor Ausbruch des Ersten Weltkriegs mit nur 47 Jahren starb, konnte ihre Schaffenskraft nicht zum Erliegen bringen.

Die Entstehung der ersten jüdischen Frauenorganisation Italiens ist mit der Biografie ihrer Gründerin untrennbar verbunden. Der Zusammenschluss einer Gruppe jüdischer Akteurinnen in Mailand während der faschistischen Diktatur hing unmittelbar mit Cammeo Bernsteins Beziehungen zum zeitgenössischen Sozialismus, ihrem Engagement im Kampf gegen den Frauen- und Mädchenhandel sowie ihrer persönlichen Annäherung an den auflebenden italienischen Zionismus zusammen. Zusammen mit ihren Töchtern Marta und Elda (1893–1944), die 1915 Ersilia Majnos Sohn Edoardo geheiratet hatte, gehörte Berta Cammeo Bernstein zum inneren Kreis der Familie Majno. Ihren Salon frequentierten bis in die 1920er Jahre hinein bedeutende Persönlichkeiten des italienischen Sozialismus wie Filippo Turati und Anna Kuliscioff.[76] Sowohl die dem Faschismus diametral entgegenstehende politische Orientierung als auch die Nähe zum praktischen Feminismus der UFN im Sinne von Sozialarbeit, Bildungsprojekten und Hilfe zur Selbsthilfe gesellschaftlich benachteiligter Frauen waren wegweisend für Cammeo Bernstein und ihre Töchter, die ebenfalls an führender Stelle in der Vereinigung jüdischer Frauen tätig wurden. Tatsache ist, dass die allmählich entstehenden regionalen Gruppen der ADEI sich in den 1920er und 1930er Jahren von den ideologischen Wurzeln der Mailänder Pionierinnen nicht selten entfernten, mit dem Faschismus arrangierten und die ideale Frau auf die Rolle als gute Gemahlin, Mutter und eifrige Zionistin reduzierten. Darüber darf jedoch nicht vergessen werden, dass die Ursprünge der Organisation in dem charakteristischen Konnex zwischen Sozialismus, Antifaschismus, Feminismus und Zionismus liegen, der sich Mitte der 1920er Jahre um Berta Cammeo Bernstein in Mailand herausgebildet hatte.[77]

---

tisemitischen Angriff auf die „jüdische Mode", die angeblich von einem „jüdischen freimaurerischen Schneider aus Paris" inspiriert wurde, auch die Firma Bernsteins im Auge hatte.

75 Marta Bernstein Navarra studierte Sprachen und Literatur, zeitweise auch in London. Sie schloss ihr Studium 1916 in Französisch und 1917 in Englisch an der Universität Mailand ab; vgl. den Eintrag von Fiorenza Taricone im Dizionario biografico delle donne lombarde, hg. von Farina, S. 145. Ascarelli wiederum berichtet, dass seine Mutter Wanda Bernstein Ascarelli in einem Schweizer Internat ausgebildet wurde; vgl. Ascarelli, Il più vivo, S. 32 f.

76 Vgl. Lopez, Ricordo di Marta Navarra, S. 418; Taricone, La FILDIS, S. 142.

77 Arturo Marzano etwa ignoriert die feministischen Wurzeln der ADEI, vgl. Marzano, Figure Femminili, S. 447 f.

In organisatorischer Hinsicht steht die Vorgeschichte der ADEI in direkter Beziehung zu Cammeo Bernsteins Hilfsprojekten für Flüchtlinge, die bis in die Zeit des Ersten Weltkriegs zurückreichten und deren Intention auch von den persönlichen Erfahrungen ihres Mannes Arturo Bernstein, dem einst nach Italien geflohenen Waisen, beeinflusst gewesen sein müssen.[78] Mit der Anfang der 1920er Jahre einsetzenden Auswanderungswelle jüdischer Männer, Frauen und Kinder aus Osteuropa, die sich in den italienischen Häfen von Venedig, Triest, Neapel und Genua vor allem nach Südamerika, aber auch nach Palästina einschifften, wurden Hilfsmaßnahmen für Flüchtlinge und die Bekämpfung des Frauen- und Mädchenhandels wieder besonders akut. Vor diesem Hintergrund entstand 1921 das Comitato italiano di assistenza agli emigranti ebrei (italienisches Hilfskomitee für jüdische Emigranten), dessen Leitung Nina Rignano Sullams Cousin Angelo Sullam, Mitgründer der italienischen Zionistenvereinigung und damals Vorsitzender der Jüdischen Gemeinde in Venedig, übernahm.[79]

Dank der traditionell guten Kontakte zwischen den Mitgliedern der UFN und den zeitgenössischen jüdischen Institutionen entwickelte sich eine enge Zusammenarbeit zwischen Majnos Comitato contro la tratta delle bianche und Sullams Hilfskomitee für jüdische Auswanderer.[80] Berta Cammeo Bernstein förderte persönlich die Verbindungen zu Angelo Sullam und gründete 1925 in Mailand einen kleinen Verband zur Unterstützung und zum Schutz jüdischer Frauen und Mädchen bei der Emigration, der generell als Vorstufe der ADEI gilt.[81] Hinzu kamen, wie Gabriella Falco Ravenna

---

78 Zu Cammeo Bernsteins Einsatz für Flüchtlinge im Ersten Weltkrieg vgl. Lopez, Ricordo di Marta Navarra, S. 418. Wie oben erwähnt, hatte sich auch innerhalb der UFN nach Caporetto eine Commissione Pro-Profughi gebildet, der ausschließlich jüdische Mitglieder angehörten, darunter Nina Rignano Sullam; vgl. Archivio UFN, b. 11, fasc. 68: Prima Guerra mondiale – 1 (1913–1918).
79 Zu Angelo Sullam und seinem Einfluss auf den zeitgenössischen Zionismus vgl. Brazzo, Angelo Sullam.
80 Die Kooperation und der Austausch vor allem über juristische Fragen hinsichtlich der Auswanderung und des Schutzes von Frauen und Kindern spiegelt sich in der Korrespondenz zwischen Ersilia Majno und Angelo Sullams Mitarbeiter, dem Triestiner Juristen Giacomo Levi Minzi, deutlich wider; vgl. die betreffenden Briefe im Archivio UFN, Fondo Ersilia Majno, cartella 28, fasc. 4: Anna e Frida Marx, e Giacomo Levi Minzi (1922–1924). Ende November 1923 mündete die Zusammenarbeit in die Gründung des Comitato Intersociale di Trieste, Istria e Zara contro la tratta delle Donne e dei Fanciulli, das dem nationalen Hilfskomitee für jüdische Emigranten eingegliedert wurde. Auch auf persönlicher Ebene waren die Beziehungen äußerst eng. Levi Minzi, der Ersilia Majno in seinen Briefen vertrauensvoll mit „Mamma Majno" ansprach, bat die Aktivistin im Januar 1924 um die Hand von Anna Marx, die Majno nach dem Tod ihrer Eltern in ihre Obhut genommen hatte und die, so Levi Minzi, ihre „spirituelle Tochter" wurde; vgl. Giacomo Levi Minzi an Ersilia Majno, Trieste, 7. Januar 1924, Archivio UFN, Fondo Ersilia Majno, cartella 28, fasc. 4. Anna Marx, die Schwester der Vorsitzenden der FILDIS Frida Marx Ceccon, engagierte sich für die UFN, deren Komitee gegen den Frauen- und Mädchenhandel sowie seit 1927 auch für die Mailänder ADEI.
81 Vgl. Cammeo Bernsteins Brief an Angelo Sullam vom 27. Februar 1924, CDEC Milano, Fondo Angelo Sullam, Corrispondenza del presidente 3 gennaio 1924 – 5 gennaio 1925, b. 18, fasc. 185. Zu Cammeo

andeutet, Berta Cammeo Bernsteins Gespräche mit der Zionistin Nanny Auerbach Margulies, die im Juni 1925 nach Tel Aviv zog und sich dort in der Sozialarbeit für Frauen und Mädchen engagierte.[82] Auerbach Margulies hatte noch im selben Jahr versucht, in Mailand einen Verein jüdischer Frauen ins Leben zu rufen, der die Aufbauarbeit in Palästina unterstützen sollte.[83]

Seit Herbst 1925 begann Cammeo Bernstein, potentielle Mitglieder zu kontaktieren und erste Treffen in ihrem Hause zu organisieren. Mithilfe der Unterstützung durch ihre Töchter Marta und Elda Bernstein, die damals 28-jährige, gebildete Gabriella Falco Ravenna (deren Vater Felice zu jener Zeit Vize-Präsident des Consorzio der jüdischen Gemeinden Italiens war), die bereits erwähnte wohlhabende Zionistin Vittoria Cantoni Pisa (eine Cousine Nina Rignano Sullams, Tochter des verstorbenen Senatoren Ugo Pisa, die bereits 1910 der UFN beigetreten war), die Fremdsprachenlehrerin Susanna Gugenheim sowie die Philologin Augusta Jarach baute Cammeo Bernstein allmählich den inneren Kreis der ADEI auf.[84]

Gabriella Falco Ravenna erinnerte sich im September 1928, unmittelbar nach dem Tod der Gründerin, an die ersten kleinen Versammlungen, bei denen Cammeo Bernstein Briefe aus Palästina vorgelesen und damit das Selbstverständnis der Gruppe geformt, den Blick in eine neue Welt eröffnet hatte.[85] Die Ausarbeitung der Satzung übernahm Gabriella Falco Ravennas Ehemann, der prominente Jurist Mario Falco (1884–1943). Konkret setzte sich die Vereinigung drei Ziele: Erstens die „För-

---

Bernsteins Gründung der Associazione di soccorso per le donne ebree, „die sich 1927 in unsere Adei verwandeln sollte", vgl. Lopez, Ricordo di Marta Navarra, S. 418.

82 Die Tatsache, dass Nanny Auerbach Margulies sich zumindest vorübergehend in Italien (von wo aus sie nach Palästina reiste) aufhielt und mit italienisch-jüdischen Akteurinnen in Kontakt trat, ist eventuell auch auf verwandtschaftliche Beziehungen ihres Mannes Heinrich Margulies mit dem Florentiner Rabbiner Samuel Hirsch Margulies zurückzuführen. Die Verfasserin dankt Dr. Lionella Neppi Modona Viterbo (Florenz) für diesen Hinweis.

83 Vgl. Gabriella Falco Ravenna, Discorso inaugurale tenuto da Gabriella Falco il 16 marzo 1927 nella sala del Lyceum di Milano, S. 1, CDEC Milano, Fondo ADEI (in riordinamento), cartella V.77.AS/V.82.AS 1927–1936, Assemblee generali; Lopez, Gli antefatti, S. 14. Auerbach Margulies veröffentlichte zudem im Juni 1925 einen Artikel in der Zeitschrift „Israel", in der sie die Jüdinnen Italiens zum Zusammenschluss aufrief und an ihr jüdisches Bewusstsein appellierte: Il dovere della donna ebrea. Appello alle donne ebree d'Italia, in: Israel X,23 (5 giugno 1925). In der wohlhabenden jüdischen Gemeinde Mailands mit ihren engen Verbindungen zur UFN sah die Zionistin vermutlich die besten Voraussetzungen für die Entstehung eines jüdischen Frauenbunds in Italien, den sie ursprünglich mit dem „Verein jüdischer Frauen für die Sozialarbeit in Palästina" in Berlin verbinden wollte. Dieser Plan scheiterte an den Bedenken der italienischen Pionierinnen, die eine unabhängige italienische Organisation vorzogen; vgl. Falco Ravenna, Discorso inaugurale, S. 1, CDEC Milano, Fondo ADEI (in riordinamento), cartella V.77.AS/V.82.AS 1927–1936, Assemblee generali.

84 Vgl. Falco Ravenna, Berta Bernstein Cammeo, S. 17. Augusta Jarach, die auch im ersten Vorstand der ADEI tätig war, wurde während der Shoah umgebracht.

85 Gabriella Falco Ravenna, Berta Cammeo, 28. September 1928, CDEC Milano, Fondo ADEI, fasc. 1928–1950.

derung von Institutionen zur Unterstützung und Hilfe jüdischer Mütter und Kinder in Palästina wie in Italien", zweitens die „Vorbereitung jüdischer Frauen auf die Auswanderung nach Palästina", drittens die „Verbreitung des jüdischen Geistes und der jüdischen Kultur unter den jüdischen Frauen und Kindern Italiens."[86]

Materielle Unterstützung, Sozialarbeit sowie Bildungs- und Erziehungsprojekte in Italien wie in Palästina bildeten somit die Grundpfeiler der künftigen Aktivitäten. Was den Namen der Organisation anging, hatten die Gründerinnen sich nach längeren Diskussionen bewusst für Verband der „jüdischen Frauen Italiens" (*donne ebree d'Italia*) und nicht „der italienischen jüdischen Frauen" (*donne ebree italiane*) entschieden, um in ihr Projekt auch in Italien wohnhafte Jüdinnen einzubeziehen, die keine italienische Staatsangehörigkeit hatten.[87] Diese auf den ersten Blick von praktischen Gesichtspunkten geleitete Entscheidung deutete im Kern bereits auf die Herausbildung eines neuen Selbstverständnisses der Pionierinnen im Sinne der Identifizierung mit einer jüdisch-nationalen Gemeinschaft hin.

Dank der jahrzehntelangen, engen Vernetzung der Mailänder Frauenvereinigungen und der starken Präsenz ihrer jüdischen Mitglieder konnte die Gründungsversammlung der ADEI am 16. März 1927 im Saal des Mailänder Lyceum stattfinden; im Publikum befanden sich jüdische wie nichtjüdische Akteure und Akteurinnen. Für die seit Mai 1927 regelmäßig stattfindenden Sitzungen stellte Ersilia Majno die Räumlichkeiten der UFN im Corso di Porta Nuova zur Verfügung.[88] Aufgrund ihrer dezidierten Positionierung innerhalb der etablierten Mailänder Frauenbewegung wollte die junge ADEI auch antisemitischen Angriffen vorbeugen, die eine Vereinigung mit explizit jüdischem Charakter und zionistischer Ausrichtung womöglich auf sich gezogen hätte.[89] Zwar verfolgte die faschistische Regierung in den 1920er Jahren noch keine antisemitische Politik im offiziellen Sinne, doch hatten sich bereits 1923 heftige antijüdische Ausschreitungen durch faschistische Organisationen in Libyen ereignet. Ein weiterer antisemitischer Vorfall in Italien lag erst wenige Monate zurück: Im Laufe der Gewaltwelle, die das missglückte Attentat auf Mussolini im Oktober 1926 ausgelöst hatte, war Anfang November 1926 die Paduaner Synagoge von einer faschistischen Schlägergruppe verwüstet und dort aufbewahrte jüdische Bücher wie Sakralgegenstände zerstört worden.[90] Die Vorsicht der Pionierinnen vor antise-

---

86 Associazione delle donne ebree d'Italia, L'Assemblea costitutiva dell'Adei, 23. Mai 1927, CDEC Milano, Fondo ADEI, cartella V.77.AS/ V.82.AS 1927–1936, Assemblee generali.
87 Vgl. Falco Ravenna, Berta Bernstein Cammeo, S. 18.
88 Zur Gründungsversammlung in den Räumlichkeiten der UFN und der engen Verbindung zwischen UFN und Mailänder ADEI vgl. auch Gaballo, Il nostro dovere, S. 362.
89 Vgl. Lopez, Gli antefatti, S. 14.
90 Vgl. Sarfatti, The Jews, S. 48 f. Die Vorfälle in Libyen waren im Kontext der Gründung insofern brisant, als die ADEI sich in ihrer Frühzeit nicht nur für jüdische Frauen und Kindern in Palästina, sondern auch für notleidende Juden in der italienischen Kolonie Libyens engagierte. Die Tochter Berta Cammeo Bernsteins, Marta Navarra, wurde 1930 Vorsitzende des Hilfskomitees *pro Tripoli* der ADEI,

mitischen Schmähungen und Angriffen hatte also durchaus ihre Begründung, doch verliefen die Versammlungen der ADEI bis in die 1930er Jahre hinein störungslos.

Politischer Fluchtraum und Ort jüdischen Bewusstseins

In einer Zeit, in der die Publikation des Essays der jüdisch-laizistischen Akteurin Nina Sierra über den Frauen- und Mädchenhandel verhindert, regimekritische Aktivistinnen aus dem CNDI herausgedrängt wurden und Mussolini jede Art von Verband per Gesetz unter polizeiliche Kontrolle gestellt hatte,[91] war die Neugründung einer von der faschistischen Partei und den Fasci Femminili unabhängigen Frauenorganisation durchaus bemerkenswert. Das Unterfangen gelang deshalb, weil Berta Cammeo Bernstein bewusst den philanthropischen Charakter der neuen Vereinigung unterstrich, ohne politische Ansprüche zu formulieren.[92] Auf diese Weise schufen sich die Pionierinnen der ADEI einen von den repressiven Maßnahmen der faschistischen Diktatur zumindest im ersten Jahrzehnt ihres Bestehens weitgehend unberührten Ort, an dem sie sozial tätig werden und gleichzeitig ein gemeinsames jüdisches Bewusstsein vertiefen konnten.

Anders als die zunehmend marginalisierte UFN, deren Mitgliedern der Verdacht des Sozialismus und Laizismus anhaftete, stellte die ADEI in ihrer Frühzeit zumindest nach außen hin einen unpolitischen Raum dar. Bezeichnenderweise traten zahlreiche Anhängerinnen der UFN im Laufe der Zeit der jüdischen Frauenvereinigung bei, da sie ihnen bis in die 1930er Jahre hinein eine relativ geschützte Sphäre für die Umsetzung sozialer Projekte und intellektuellen Austausch bot, ohne einen offenen Konflikt mit den faschistischen Behörden und der politischen Polizei heraufzubeschwören. Unter den Mitgliedern der Mailänder ADEI befanden sich bereits seit 1928 einige bedeutende Anhängerinnen der UFN: Nennenswert sind neben den Gründerinnen Cammeo Bernstein und Vittoria Cantoni Pisa selbst beispielsweise die piemontesische Sektionsvorsitzende Ada Treves Segre. Sie war von konservativen katholischen Kreisen der Stadt Turin bereits im Jahr 1906 aufgrund ihrer feministischen Aktivitäten und vermutlich auch wegen ihres jüdisch-sozialistischen Hintergrunds angegriffen

---

das sich insbesondere jüdischen Kindern der Stadt Tripolis annahm; vgl. Lopez, Ricordo di Marta Navarra, S. 419.

91 Vgl. zu dem entsprechenden Gesetz Aquarone, L'organizzazione, S. 68–70, 393–394.

92 Zur anfangs unproblematischen Beziehung zum Faschismus trug auch bei, dass eines der zentralen Ziele der ADEI, die Unterstützung von sozial schwachen Müttern und Kindern, den Intentionen der 1925 gegründeten faschistischen Organisation Opera Nazionale per la Maternità e Infanzia (ONMI) ähnelte, die sich um bedürftige junge Mütter, Schwangere und Kinder kümmerte. Sie entstand zwei Jahre vor der von Mussolini propagierten Geburtenkampagne, welche die „demografische Stärke" der Nation fördern sollte; zur ONMI vgl. de Grazia, Le donne nel regime fascista, S. 94–104; Willson, Opera nazionale, S. 273–277.

worden.⁹³ Weiter zählte hierzu die von Mazzini geprägte Journalistin und Pädagogin Anna Errera sowie die „spirituelle Tochter" Ersilia Majnos, Anna Levi Minzi geb. Marx (1895–1952).⁹⁴ Eine explizit jüdische, philanthropische Institution wie die ADEI entzog sich weitgehend dem Vorwurf einer „jüdisch-freimaurerischen Verschwörung", die seit Beginn des 20. Jahrhunderts eine der zentralen antisemitischen Vorurteile intransigenter katholischer Kreise gegenüber der starken Präsenz von Akteurinnen jüdischer Herkunft in den laizistischen Vereinigungen der italienischen Frauenbewegung dargestellt hatte. Derartigen Vorurteilen vorzubeugen schien umso dringlicher, als das Gesetz vom November 1925 zur polizeilichen Kontrolle von Verbänden und dem Verbot für öffentliche Angestellte, geheimen Gesellschaften anzugehören, sich in besonderer Weise gegen Freimaurer richtete, welche die antisemitische Propaganda des faschistischen Italien generell mit Juden gleichsetzte.⁹⁵

Während in den nationalen Frauenorganisationen für sozialistisch und (links-)liberal orientierte jüdische Feministinnen Mitte der 1920er Jahre praktisch keine politischen Handlungsmöglichkeiten mehr existierten, wurde die ADEI zu einem Fluchtraum, in der anfangs auch die Netzwerke der UFN unter anderen Vorzeichen und mit Duldung des faschistischen Regimes zum Teil aufrechterhalten werden konnten. Nicht wenige jüdische Akteurinnen, darunter Ada Treves Segre oder Anna Errera, die sich lange Zeit ausschließlich in den laizistischen Vereinigungen der italienischen Frauenbewegung engagiert hatten, wichen auf diese Weise bereits 1927 – und nicht erst als Resultat der mehr als ein Jahrzehnt später verabschiedeten Rassengesetzgebung – auf die innerjüdische Sphäre aus. Jedoch bildete die ADEI für sie nicht nur einen vorübergehenden Rückzugsort, sondern auch einen neuen Raum für die Entwicklung und Reflexion eines veränderten jüdischen Selbstbewusstseins, das über die traditionell tief verwurzelten, säkularen jüdischen Familienidentitäten und -netzwerke innerhalb der vorfaschistischen italienischen Frauenbewegung hinauszureichen begann.

---

93 Ada Treves Segres Sohn, der wie sein 1911 verstorbener Vater Arzt geworden war, behandelte bereits seit 1928 gratis mittellose Juden in Mailand, die ihm von Vertreterinnen der Mailänder Commissione Israelitica di Beneficenza empfohlen wurden. Diese arbeiteten unmittelbar mit der ADEI zusammen; vgl. Assemblea Generale Ordinaria, 20. März 1928, CDEC Milano, Fondo ADEI, cartella V.77.AS / V.82.AS 1927–1936, Assemblee generali.
94 Vgl. die Mitgliederlisten der ADEI seit 1928/1929; CDEC Milano, Fondo ADEI, fasc. 1928–1950. Anna Levi Minzi, geborene Marx, verfügte aufgrund ihrer Heirat mit Angelo Sullams Mitarbeiter Giacomo Levi Minzi über gute Kontakte zur organisierten zionistischen Bewegung. Sie vertrat 1929 die ADEI beim zionistischen Weltkongress in Zürich.
95 Vgl. Sarfatti, The Jews, S. 54. Der faschistische Politiker und Diplomat Giuseppe Bastianini etwa behauptete im September 1926 gegenüber dem Vertreter der faschistischen Partei in den USA, Italien befinde sich im Kampf mit „der schrecklichen Koalition der dämonisch-freimaurerisch-jüdischen Welt"; vgl. Guerrini/Pluviano, La propaganda antisemita, S. 349 f.

Berta Cammeo Bernsteins Identifizierung sowohl mit der jüdischen Religion als auch mit dem zeitgenössischen Zionismus gaben die weltanschauliche Ausrichtung des ersten jüdischen Frauenbunds in der Geschichte Italiens vor. Gezielt wählte sie in einer Zeit, als sie bereits krank und geschwächt war, Gabriella Falco Ravenna, die aus einem religiösen und zionistischen Elternhaus stammte, sowie die leidenschaftliche Zionistin Vittoria Cantoni Pisa als ihre Nachfolgerinnen aus und sicherte damit die ideologische wie organisatorische Fortführung ihres Projekts. Dagegen konnten sich Akteurinnen, die zwar jüdischer Herkunft waren, von einer religiösen Tradition und einer bürgerlich-jüdischen Lebensweise (verbunden etwa mit dem Besuch der Synagoge und des Einhaltens jüdischer Feiertage) jedoch entfernt hatten, mit dem Kreis der Donne ebree d'Italia zumindest in deren Frühzeit nicht identifizieren. Die Ferrareserin Wanda Bonfiglioli, eine Freundin Gabriella Falco Ravennas und spätere Vorsitzende der örtlichen ADEI, berichtete im Mai 1927, dass es „nur wenige elegante jüdische Damen in Ferrara gibt, die sich nicht schämen, jüdisch zu sein, daher wird unsere Aufgabe [der Mitgliederrekrutierung] immer schwieriger".[96] Die Aussage ist ein Beweis dafür, dass bereits Ende der 1920er Jahre das offene Bekenntnis zu einem jüdischen Familienhintergrund in Italien keineswegs selbstverständlich war. Konkret dürften die antisemitischen Gewaltakte von 1926 in Padua und die beginnende Pressekampagne gegen Juden für die wachsende Furcht vor antisemitischen Anfeindungen ausschlaggebend gewesen sein. Die Mitgliedschaft in einer jüdischen Frauenorganisation konnte durchaus öffentliche Aufmerksamkeit und Vorurteile erregen. Gleichzeitig spricht aus der Distanzierung der betreffenden Akteurinnen von ihrer jüdischen Herkunft eine unbedingte Identifizierung mit der italienischen Nation, die keine Mehrfachidentitäten im Sinne eines italienischen und jüdischen Selbstverständnisses wie etwa im Falle der Mitarbeiterinnen der UFN zuließen. Nicht wenige Frauen der gehobenen Mittelklasse wollten sich aufgrund der Betonung ihrer *italianità* und Ablehnung ihrer jüdischen Herkunft womöglich auch von den proletarischen Wurzeln der jüdischen Gemeinden in Rom, Venedig und Livorno abheben.

Falco Ravenna indessen wehrte sich prinzipiell gegen jede opportunistisch motivierte Aufnahme wohlhabender Damen in die Organisation. Sie fürchtete, dass auf diese Weise deren eigentliche Ziele – die Pflege und Verbreitung jüdischer Kultur sowie die Umsetzung sozialer Hilfe für jüdische Institutionen in Italien wie Palästina – in den Hintergrund treten würden. An Bonfiglioli gerichtet antwortete sie: „... wir nehmen mit großem Dank Euer Angebot der Hilfe entgegen, verbergen Euch

---

[96] Wanda Bonfiglioli an Gabriella Falco Ravenna, 17. Mai 1927 (?), CDEC Milano, Fondo ADEI, cartella V.76.AS, Corrispondenza di Gabriella Falco Ravenna; Wanda Bonfiglioli. Dass auch viele Jugendliche sich von der jüdischen Religion und der Gemeinde entfernten, bedauerte Bonfiglioli in einem Brief vom Dezember 1928: „... die Jugendlichen zwischen 12 und 16 oder 17 Jahren zerstreuen sich in Lerngruppen und entfernen sich von der Religion, und auch von dem Zusammenhalt untereinander"; Wanda Bonfiglioli an Gabriella Falco Ravenna, 28. Dezember 1928, ebd.

aber nicht, dass der Geist der Associazione ein wenig anders ist."[97] Falco Ravennas entschiedene Betonung eines jüdischen Gruppenbewusstseins, das sich über Kenntnisse der jüdischen Geschichte und Religion, der hebräischen Sprache sowie den Zionismus definierte, spricht auch aus einem Brief, den sie wenige Monate später an Giuseppina Formeggini in Modena schrieb: „... wir brauchen die moralische und materielle Unterstützung aller Frauen, die jüdisch fühlen. Für sie, die bereits den guten Samen ausgestreut haben, wird es nicht schwierig sein, den Geist, der unsere Vereinigung belebt, zu verstehen und zu verbreiten."[98]

Bereits unmittelbar nach der ersten Versammlung 1927 in Mailand waren auf Anregung der Gründerinnen auch in Turin, Genua und Ferrara örtliche Sektionen der ADEI entstanden, doch war es vor allem die Mailänder Gruppe, die neben der praktischen Arbeit wie der Herstellung von Kleidern und dem Sammeln von Spenden für Palästina seit Beginn ihres Bestehens großen Wert auf die Lehre und das Erlernen jüdischer Geschichte und Kultur legte. Alle zwei Wochen fanden nach dem Vorbild der Pro Cultura abendliche Seminare und Vorträge statt. Gabriella Falco Ravenna etwa referierte über die Legenden des Talmud, Augusta Jarach über das jüdische Gebet, Betty Baer Stein, die seit langem Mitglied der UFN war, über den polnischen Mystiker und legendären Begründer der chassidischen Bewegung Baal Shem Tov.[99] Auf diese Weise konnten auch jüdische Vertreterinnen der laizistischen Vereinigungen, darunter Cammeo Bernstein und ihre Töchter, Vittoria Cantoni Pisa, Ada Treves Segre und Anna Errera, außerhalb der jüdischen Gemeinde ein religiöses jüdisches Selbstverständnis (wieder)finden und ausleben, für das im öffentlichen Leben des faschistischen Italien kaum noch Räume existierten.

Gegen die faschistische Schulpolitik

Das erklärte Ziel der ADEI hinsichtlich einer „Förderung des jüdischen Geistes und der jüdischen Kultur" in Italien blieb nicht auf die eigene Gruppe beschränkt. Als Antwort auf die faschistische Schulpolitik, die den katholischen Religionsunterricht

---

97 Gabriella Falco Ravenna an Wanda Bonfiglioli, 4. November 1927, ebd. Ihrem Vater Felice Ravenna gegenüber betonte Gabriella noch im Oktober 1934, dass das Ziel der ADEI darin bestehe, die jüdische Kultur und den jüdischen Geist unter den Frauen und Kindern Italiens zu verbreiten, um auf diese Weise an der angestrebten spirituellen jüdischen Wiedergeburt teilzunehmen; vgl. Gabriella Falco Ravenna an Felice Ravenna, 12. Oktober 1934, CDEC Milano, Fondo Leone e Felice Ravenna, b. 8, fasc. 73: corrispondenza agosto–settembre–ottobre 1934.
98 Gabriella Falco Ravenna an Giuseppina Formeggini, 29. März 1928, CDEC Milano, Fondo ADEI, cartella V. 85.AS, Corrispondenza di Gabriella Falco Ravenna (Giuseppina Formeggini, Rosa Pavia, Delia Foà). Giuseppina Formeggini wurde Vorsitzende der 1928 entstehenden ADEI in Modena.
99 Vgl. den Bericht der Assemblea Generale Ordinaria, 20. März 1928, CDEC Milano, Fondo ADEI, cartella V.77.AS/ V.82.AS 1927–1936, Assemblee generali.

in den italienischen Grundschulen seit Ende 1923 obligatorisch und zur zentralen Grundlage allen Lernens gemacht hatte, initiierten die Pionierinnen im Jahr 1928 an einer Mailänder Mädchen-Grundschule demonstrativ einen Kurs in jüdischer Religion.[100] Insgesamt 35 Mädchen nahmen an dem Kurs teil, den die Mailänder Stadtverwaltung wie in ähnlichen Fällen nur unter der Bedingung genehmigt hatte, dass er außerhalb der regulären Unterrichtszeit stattfand. Trotz dieser Regelung kam es häufig zu Spannungen mit den Schuldirektoren, da sie ungenügend mit dem jüdischen Lehrpersonal zusammenarbeiteten und den Unterricht teilweise sogar zu verhindern suchten. Die langjährige Mitarbeiterin der Mailänder ADEI Evelina Polacco berichtete, dass die Initiative an der Mädchenschule der Via Ruffini einen schweren Stand hatte, der Kurs häufig kompromittiert wurde oder vorübergehend sogar unterbrochen werden musste.[101]

Die bereits 1908 auf dem Frauenkongress in Rom diskutierten starken Bedenken laizistischer wie jüdisch-laizistischer Protagonistinnen gegenüber einer obligatorischen Einführung des katholischen Religionsunterrichts, welche der gesetzlich festgeschriebenen Gleichheit der Konfessionen im italienischen Staat widersprach und der Diskriminierung von jüdischen Lehrern und Schülern entgegenarbeitete, hatten sich aufgrund der Schulreform Giovannis Gentiles bewahrheitet. Während der einst laizistische CNDI, aus dessen eigenen Reihen beim Frauenkongress von 1908 heftige Kritik an einem verpflichtenden katholischen Religionsunterricht geübt worden war, sich dem Faschismus angepasst und 1923 der Schulreform Gentiles offiziell zugestimmt hatte, waren es nicht zufälligerweise die Aktivistinnen der ADEI, darunter sogar einige der Teilnehmerinnen des Kongresses von 1908 wie etwa die Pädagogin Anna Errera, die sich nun entschieden für die zumindest partielle Aufrechterhaltung des jüdischen Religionsunterrichts an öffentlichen Schulen einsetzten. Dahinter stand der Versuch, dem faschistischen Angriff auf die gesetzliche Gleichheit der Konfessionen und die angestrebte Abschaffung des staatlichen Laizismus mit den ihnen zur Verfügung stehenden Mitteln entgegenzutreten.

Die ADEI stellte sich damit dezidiert auf die Seite des Consorzio der jüdischen Gemeinden, dessen führende Vertreter von Beginn an gegen Gentiles Schulpolitik protestiert hatten. In ihren Augen war sie dazu prädestiniert, antisemitische Vorurteile zu schüren, sie gefährdete die Arbeitsplätze jüdischer Lehrer an öffentlichen Schulen und schloss die Zwangsmissionierung jüdischer Kinder durch das katholische Lehrpersonal keineswegs aus.[102] Das 1927 in der Satzung der ADEI formulierte

---

100 „Wir haben es auch erreicht, einen Kurs in jüdischer Religion an der Mädchenschule in der Via Ruffini zu initiieren. Er wird von gut 35 Mädchen besucht, die von der Signora [Ermilina] Misan Levi unterrichtet werden"; vgl. ebd.
101 Vgl. Polacco, La Fondazione, S. 30 f.
102 Vgl. Sarfatti, The Jews, S. 45 f. Anfang 1924 berichtete Angelo Sereni (1862–1936), Vorsitzender der jüdischen Gemeinde von Rom und des Consorzio der jüdischen Gemeinden Italiens, dass Giovanni

Ziel einer Förderung jüdischen Geistes und jüdischer Kultur in Italien fügt sich insofern in den Kontext der zeitgenössischen jüdischen Erneuerungsbewegung und bildet gleichzeitig, wie auch der Jugendkongress von Livorno, eine Reaktion auf die fortschreitende Marginalisierung jüdischer Kultur und Religion im faschistischen Staat.

Zur selben Zeit, in der die ADEI ihre Unterrichtsinitiative an der Mailänder Mädchenschule startete, schloss sie sich der überregionalen Vereinigung kultureller jüdischer Verbände (Federazione associazioni culturali ebraiche, FACE) an und sandte als ihre Vertreterinnen Vittoria Cantoni Pisa sowie Augusta Jarach im Juli 1928 zum Kulturkongress der FACE nach Venedig. Mit der faschistischen Schulpolitik unmittelbar zusammenhängende Probleme standen auch hier im Mittelpunkt der Diskussionen. Nicht zufällig hielt Jarach einen Vortrag über geeignete Schulbücher für den Unterricht an jüdischen Schulen, die 1928 kaum noch im Umlauf waren.[103] Die Tatsache, dass die gesamte Unterrichtslektüre an italienischen Schulen mittlerweile explizit christlich-katholischen Charakter haben musste, wirkte sich auf das religiöse (Selbst-)Bewusstsein jüdischer Kinder zwangsläufig negativ aus. Der bereits vor dem Ersten Weltkrieg gestartete, antisemitisch gefärbte Angriff von Vertreterinnen der katholischen Frauenorganisation auf angeblich „laizisierte", von „jüdischen Verlegern" herausgegebene Schulbücher, die durch die Lektüre ausdrücklich christlich-katholischen Charakters ersetzt werden sollten, hatte sich innerhalb der faschistischen Schulreform fortgesetzt. Die zeitlich weit zurückreichenden Ziele des reaktionären katholischen Lagers wurden damit während des Faschismus im pädagogischen Bereich verwirklicht.[104]

Gentile ihm gegenüber geäußert habe, dass es innerhalb des neuen Schulsystems durchaus zu Versuchen katholischer Lehrer zur Missionierung jüdischer Kinder kommen könne; vgl. Israel 9,22 (5 Giugno 1924) und 9,46 (20 Novembre 1924).
103 Vgl. Polacco, La Fondazione, S. 30.
104 Selbst die prominente Schriftstellerin Laura Orvieto, deren „Geschichten der Griechen und Barbaren" aufgrund der zeitgenössischen Popularität klassischer Kultur und Mythen noch bis in die 1930er Jahre hinein an italienischen Schulen gelesen wurden, hatte die Konsequenzen der Entfernung jüdischer Kultur und Identität aus der zeitgenössischen (Schul-)Literatur zu tragen. Am 12. Februar 1929, einen Tag nach Abschluss des Konkordats zwischen der katholischen Kirche und dem faschistischen Staat, wurde Orvieto von ihrem Verleger Bemporad darum gebeten, ein ganzes Kapitel („Ist der König ein Jude?") aus ihrem bekannten Werk „Leo e Lia" zu entfernen, das die jüdische Identität der Schriftstellerin und ihrer Kinder – der Protagonisten des Buches – in den Mittelpunkt der Handlung stellte. Orvieto widersetzte sich dieser Bitte und beschränkte sich auf die Änderung des Titels in „Der König und Leo"; vgl. dazu ausführlich Nattermann, The Italian-Jewish Writer Laura Orvieto. Der betreffende Brief von Enrico Bemporad an Laura Orvieto vom 22. Februar 1929 befindet sich im Familienarchiv der Orvieto, ACGV, Fondo Orvieto, Or. 5.1.9.

Verborgener Zionismus

Während insbesondere die Mailänder Akteurinnen der jungen ADEI im Rahmen ihrer begrenzten Möglichkeiten versuchten, der fortschreitenden Entfernung jüdischer Kultur und Identität aus dem Bildungsbereich und der faschistischen Verletzung des gesetzlichen Gleichheitsprinzips der Konfessionen entgegenzuwirken, wobei sie auch vor Auseinandersetzungen mit faschisierten Schuldirektionen nicht zurückscheuten, wurde die zionistische Orientierung der Frauenvereinigung von Beginn an so weit wie möglich vor der Öffentlichkeit abgeschirmt. Obwohl die Gründerinnen bereits 1927 die Vorbereitung jüdischer Frauen auf die Auswanderung nach Palästina zu einem der zentralen Ziele ihrer Vereinigung erklärt hatten und die ADEI im März 1928 der Women's International Zionist Organization (Wizo) beitrat,[105] wurde der zionistische Charakter der Organisation aus Furcht vor repressiven Maßnahmen der faschistischen Behörden viele Jahre lang bewusst von ihren Mitgliedern heruntergespielt.[106]

Generell war die Haltung der faschistischen Regierung dem Zionismus gegenüber widersprüchlich: Auf der einen Seite erschien die Ansiedlung italienischer Juden in Nordafrika und im Nahen Osten einschließlich Palästinas als brauchbares, gegen Großbritannien gerichtetes Instrument im Rahmen der faschistischen Expansionspolitik im Mittelmeerraum, andererseits wurde der Zionismus als anti-nationale Bewegung eingestuft, deren Anhängern der Verdacht auf Separatismus, Untreue zur faschistischen Nation und subversiven internationalistischen Umtrieben anhaftete.[107] Diese Form anti-zionistischer Polemik erreichte Ende 1928 einen Höhepunkt. Erbost über die öffentliche Aufmerksamkeit, die der Zionistische Kongress Anfang November 1928 in Mailand auf sich gezogen hatte, veröffentlichte Mussolini am 29. November seinen berüchtigten Artikel über den Zionismus im „Popolo di Roma", der am folgenden Tag auch in anderen italienischen Zeitungen erschien. Mussolinis provokative Frage „Seid Ihr eine Religion, oder seid Ihr ein Volk?", richtete sich direkt an ein jüdisches Leserpublikum. Die Antworten, ein Spiegel der zeitgenössischen ideologischen Positionierungen italienischer Juden, ließen nicht auf sich warten. In der Presse veröffentlicht wurden aus propagandistischen Gründen hauptsächlich die entschieden anti-zionistischen Bekundungen von jüdischen Anhängern des Faschismus.[108] Die

---

[105] Die Wizo wurde 1920 unter anderem von Chaim Weizmanns Ehefrau Vera Weizmann in England gegründet. Bis zur Staatsgründung Israels hatte sie ihren zentralen Sitz in London sowie Zweigstellen in Europa und Lateinamerika.
[106] Vgl. Polacco, La Fondazione, S. 22 f.
[107] Vgl. Collotti, Il fascismo e gli ebrei, S. 20 f.; Sarfatti, The Jews, S. 59 f.
[108] Vom Faschisierungsprozess der italienischen Gesellschaft waren italienische Juden noch in den 1920er Jahren generell ebenso betroffen wie Nichtjuden. Bei den Wahlen für eine Erneuerung des Gemeinderats der jüdischen Gemeinde von Florenz im November 1926 etwa präsentierte sich eine Gruppe, die sich explizit als „faschistisch" ausgab, ohne dabei auf Widerstand zu stoßen; vgl. Sarfatti, The Jews, S. 54. Zu „faschistischen Juden" vgl. Sarfatti (Hg.), Italy's Fascist Jews.

jüdische Gemeinde Venedigs wiederum betonte ihre assimilatorische Haltung und erklärte, sich dezidiert von den Ideen und Aktionen von Personen zu distanzieren, die ihr Vaterland nicht über alles setzten. Der Consorzio der jüdischen Gemeinden Italiens erklärte beschwichtigend, dass italienische Juden, ob Zionisten oder nicht, in gleicher Weise patriotisch seien. Mit der offiziellen Position des italienischen Zionistenverbandes konnten sich auch die Mitglieder der ADEI identifizieren: Die Betonung der organisierten Zionisten lag auf ihrer doppelten Loyalität, jener zu „der gesamten jüdischen Tradition, in der die Zions-Idee zentral ist", und der ungebrochenen Liebe zu Italien. Mussolini jedoch wies in einem abschließenden Zeitungsartikel vom Dezember 1928 die Erklärung der Zionisten scharf zurück. In seinen Augen existierte für italienische Juden lediglich eine Option: die unbedingte Loyalität zum faschistischen Italien, die mit dem Streben nach einem jüdischen Staat unvereinbar sei.[109] Der Duce hatte damit der jüdischen Minderheit seine prinzipielle Ablehnung der zionistischen Ideologie unmissverständlich zu verstehen gegeben. Speziell für die ADEI, deren örtliche Sektionen sich zur selben Zeit vor allem in Nord- und Mittelitalien zu etablieren begannen, war besondere Vorsicht geboten, da eine offizielle Identifizierung mit dem Zionismus die Existenz der Organisation in jenem Moment erheblich gefährdet hätte. Jeglicher Verdacht anti-nationaler Aktivitäten musste vermieden werden. Auch befürchteten einige Mitglieder, „sich selbst und ihre Familien durch die Beteiligung an einem Verband zu gefährden, der sich unverhohlen als zionistisch proklamierte."[110] Innerhalb der Gruppe selbst jedoch wurde an ihrem substantiell zionistischen Charakter nicht gerührt.

Dass insbesondere Gabriella Falco Ravenna von Beginn an auf der zionistischen Orientierung der ADEI bestand, geht unter anderem aus den Briefen hervor, die sie in der Frühzeit der Organisation an Aktivistinnen außerhalb Mailands schrieb. Giuseppina Formeggini etwa, die kurze Zeit später die Sektion in Modena ins Leben rufen sollte, erklärte sie im März 1928: „... es darf nicht vergessen werden, dass unsere Vereinigung – obwohl sie alle Tendenzen aufnimmt – philo-zionistischen Charakter hat."[111]

Einen Widerspruch zu derartigen Aussagen, die die private, damals noch unzensierte Korrespondenz der Frauen enthielt, findet sich interessanterweise im selben Monat in einer offiziellen Verlautbarung der ADEI, dem Versammlungsprotokoll der Mailänder Zentrale vom 20. März 1928. Im Zusammenhang mit dem bevorstehenden

---

[109] Aus Mussolinis Sicht stand der Zionismus nicht nur als anti-nationale Bewegung dem italienischen Faschismus feindlich gegenüber, sondern förderte zudem einen britischen Imperialismus. Zu der anti-zionistischen Pressekampagne von 1928 und den damit verbundenen Kontroversen vgl. ausführlich: Nahon, La polemica antisionista.
[110] Vgl. Polacco, La Fondazione, S. 22 f.
[111] Gabriella Falco Ravenna an Giuseppina Formeggini, 16. März 1928, CDEC Milano, Fondo ADEI, cartella V. 85.AS, Corrispondenza di Gabriella Falco Ravenna.

Beitritt zur Wizo unterstrich Vittoria Cantoni Pisa, dass die ADEI ein Stimmrecht hinsichtlich aller Fragen zur Sozialarbeit in Palästina haben würde, nicht aber bezüglich der zionistischen Propaganda, „da die ADEI keine zionistische Institution" sei.[112] Derartige Verlautbarungen im Rahmen öffentlicher, unter Beobachtung der faschistischen Behörden stehender Veranstaltungen zielten zweifellos darauf ab, den Verdacht auf anti-nationale Umtriebe des jüdischen Frauenbunds unmittelbar abzuwenden. Dagegen bestand im privaten Raum eine kontinuierliche Verbindung sowohl zu Neueinwanderern in Palästina als auch zu Akteurinnen, die das Land besuchten, um sich auf eine künftige Emigration vorzubereiten.[113] Damit die Existenz der Vereinigung nicht in Gefahr geriet, wurde die philanthropische Ausrichtung des Unternehmens nach außen stark betont: die Herstellung von Kleidung in den Nähgruppen, Arznei- und Lebensmittelsammlungen sowie Geldspenden für Palästina, vor allem aber auch die Sozialarbeit innerhalb Italiens.

Der subtile Vorwurf, die ADEI habe sich „wie eine Art philanthropische Vereinigung im Dienste der kulturellen, religiösen und nationalen jüdischen Erneuerung verhalten, ohne die Sache des zionistischen Aktivismus zu teilen, der bereits Tausende von europäischen Juden zum Aufbau von *Erez Israel* [nach Palästina] brachte",[114] erweist sich bei näherer Betrachtung als bewusst angewandte Strategie der Organisation, die auf diese Weise ihr Fortbestehen im faschistischen Italien sicherstellen wollte. Wenn sich auch unter den zentralen Figuren der frühen ADEI keine Akteurinnen befanden, die bereits vor 1938 dauerhaft nach Palästina auswanderten, so bildete *Erez Israel* für viele von ihnen und ihre Familien dennoch ein konkretes Ziel und die Möglichkeit eines bleibenden Neubeginns. Vittoria Cantoni Pisa etwa, langjährige Präsidentin der ADEI, die seit 1932 die Frauenorganisation auch im italienischen Zionistenverband vertreten hatte, wanderte wenige Monate nach der Verabschiedung der faschistischen Rassengesetzgebung, im April 1939, mit ihrem Ehemann Arrigo Cantoni nach Tel Aviv aus und kehrte auch nach Kriegsende nicht mehr nach Italien zurück. Ihre Tochter Marcella war bereits im März 1939 mit ihrer Familie nach Jerusalem gezogen. Die Feministin Ada Treves Segre, die lange Zeit die piemontesische Sektion der UFN geleitet und sich parallel seit den 1920er Jahren in der ADEI engagiert hatte, emigrierte im März 1940 nach Rehovot; ihr Sohn Marcello Treves war im

---

112 Vgl. Assemblea Generale Ordinaria, 20. März 1928, CDEC Milano, Fondo ADEI, cartella V.77.AS/V.82.AS 1927–1936, Assemblee generali.
113 Gabriella Falco Ravenna etwa berichtete Anfang 1928 der Vorsitzenden der in Turin entstandenen ADEI, Valeria Fubini, „dass eine gewisse Signora Pugliese ... aus Palästina zurückgekehrt ist ... [Sie] ist voller Enthusiasmus über das, was sie gesehen hat, Frucht der Mühen und Intelligenz der Weltjudenheit, Kinderhorte, Mädchenschulen für die Vorbereitung auf Mutterschaft und Hauswirtschaft, Frauenorganisationen für die Unterstützung mitteloser und ungenügend ausgebildeter Frauen ..."; Falco Ravenna an Fubini, 17. Februar 1928, CDEC Milano, Fondo ADEI, cartella 1927–1928, Corrispondenza di Gabriella Falco Ravenna, Valeria Fubini (Torino).
114 Marzano, Figure femminili, S. 456.

Januar 1939 nach Tel Aviv gezogen. Anna Marx wiederum, Ersilia Majnos „spirituelle Tochter" und Ehefrau des zionistischen Aktivisten Giacomo Levi Minzi, ließ sich im Dezember 1938 in Palästina nieder und kehrte erst nach dem Ende des Zweiten Weltkriegs nach Italien zurück.[115]

Wenn auch die zionistische Ausrichtung der Organisation vor dem Hintergrund faschistischer Polemik und Repression so weit wie möglich verschleiert wurde, war unter den Gründerinnen der ADEI, insbesondere innerhalb der bedeutenden Mailänder Gruppe, ein zionistisches Selbstverständnis zweifellos vorhanden. Die Tatsache, dass die Vereinigung zwischen 1927 und 1937 in ganz Italien einen rasanten Mitgliederanstieg (von 117 auf 1 334 Frauen) zu verzeichnen hatte und die Zahl der lokalen Sektionen auf 23 anwuchs,[116] hatte jedoch in erster Linie mit der zunehmenden gesellschaftlichen Marginalisierung jüdischer Frauen durch die Bedingungen der faschistischen Herrschaft zu tun. Da die ADEI alle ideologischen Tendenzen aufnahm, wie Gabriella Falco Ravenna 1928 geschrieben hatte, entwickelte sich die Vereinigung auch für Nicht-Zionistinnen zu einem Ort jüdischer Solidarität, in dessen Rahmen kulturelle wie soziale Aktivitäten noch möglich waren. Die Folge war aber auch, dass sich die lokalen Gruppen häufig weit von den Idealen der Mailänder Pionierinnen wegbewegten. Die ungewöhnliche Verbindung zwischen Feminismus, Antifaschismus und Zionismus, welche die 1927 im Umkreis der sozialistisch geprägten UFN entstandene Gruppe ausgezeichnet hatte, konnte sich innerhalb der Großorganisation auf Dauer nicht halten. 1935 wurde die ADEI der Union der jüdischen Gemeinden Italiens eingegliedert. In den 1930er Jahren waren die Zentrale wie die örtlichen Sektionen darauf bedacht, gute Beziehungen mit dem faschistischen Regime zu pflegen. Faschistische Sympathisantinnen befanden sich durchaus auch in den Reihen der ADEI.[117] Erst 1938 schlug die Situation um. Der jüdische Frauenbund konnte seinen Mitgliedern, ob faschistischer oder antifaschistischer Tendenz, keinen Fluchtraum mehr bieten.

---

115 Zum Zeitpunkt und den Orten der Auswanderung der betreffenden Personen vgl. die Angaben bei Marzano, Una terra, S. 368 f., 371. Anna Marx Levi Minzi, deren Mann 1931 gestorben war, hatte sich bereits 1934 zusammen mit ihrem Sohn Guido vorübergehend in Palästina niedergelassen. Ihr Sohn ging später in den Kibbutz Givat Brenner und änderte seinen Vornamen in „Gad"; vgl. ebd., S. 368.
116 Vgl. die Angaben bei Nidam-Orvieto, ADEI. Nach der Gründung der ersten Sektionen in Mailand, Turin, Genua und Ferrara waren bis 1929 auch in Venedig, Livorno, Florenz, Padua, Modena sowie in der italienischen Kolonie Tripolis Sektionen der ADEI entstanden. Im Jahr 1930 folgten die Gründungen in Rom und Alessandria, 1931 in Triest, Pisa und Bologna; vgl. Marzano, Figure femminili, S. 456; Polacco, La Fondazione, S. 24–26.
117 Während des Äthiopienkriegs, der insgesamt einen hohen Konsens in der italienischen Gesellschaft erzielte, wurde auf einer Vorstandssitzung der ADEI im März 1936 beispielsweise emphatisch von der „leidenschaftlichen Anteilnahme der jüdischen italienischen Frauen [sic] an den erhabenen Ereignissen der historischen Stunde, die das Vaterland durchlebt", gesprochen. Energisch forderte die Zentrale alle Sektionen der ADEI zum Spenden von Gold fürs Vaterland und Kleidungsstücken für die Versorgung von Frontkämpfern auf; vgl. L'Assemblea Generale dell'ADEI, 31. März 1936, CDEC Milano, Fondo ADEI, cartella V.77.AS / V.82.AS 1927–1936, Assemblee generali.

Die konkrete zionistische Option – die Auswanderung nach Palästina – wurde für viele Akteurinnen zum Überlebensmittel in der Zeit der Verfolgung, die auch das politische Selbstverständnis der Organisation grundlegend verändern sollte.

5.3 Die Verfolgung der Rechte und des Lebens

Rücktritte und Ausgrenzungen (1931–1935). Das Präludium der Entrechtung

Mit den Lateranverträgen von 1929 wurde der Katholizismus zur einzigen geltenden Religion des italienischen Staates erklärt. Die 1889 im Strafgesetzbuch des vereinten Italien festgehaltene Gleichstellung aller Konfessionen als staatlich anerkannte und rechtlich geschützte Religionsgemeinschaften war damit aufgehoben. Das Prinzip der Laizität, das eine der zentralen Voraussetzungen für die Judenemanzipation des 19. Jahrhunderts dargestellt hatte und für das ausgeprägte Engagement jüdischer Feministinnen in den weltlichen Organisationen der italienischen Frauenbewegung seit der Jahrhundertwende wegweisend gewesen war, existierte nicht mehr. Das Judentum fiel unter die sogenannten „geduldeten Kulte".[118] Katholische Verbände, inklusive der katholischen Frauenorganisation, gewannen einen beträchtlichen Machtzuwachs. In den kommenden Jahren erhielten auch Aktionen gegen eine vermeintlich „antichristliche", angeblich „unmoralische" und „jüdische" Mode neuen Rückhalt. Intransigenter Katholizismus und Faschismus gingen im sogenannten „Kreuzzug der Reinheit", der von der faschistischen „weiblichen Jugend" in den 1930er Jahren organisiert wurde, eine gefährliche Verbindung ein. Er bildete eine Fortsetzung der bereits seit 1920 von katholischen Aktivistinnen initiierten, mit antisemitischen Stereotypen verbundenen „Kampagne gegen die antichristliche Mode".[119]

Während in diesem Kontext die Beitritte jüdischer Akteurinnen zur ADEI stetig anstiegen und die Organisation sich über ganz Italien auszubreiten begann,[120] ver-

---

118 Vgl. Collotti, Il fascismo e gli ebrei, S. 13 f.
119 Im Jahr 1925 war da Persicos antisemitische Schrift von 1916 neu aufgelegt worden, zwei Jahre später hielt sie einen Vortrag in Verona, der erneut heftige antisemitische Vorurteile enthielt. Generell transportierte die zeitgenössische katholische Frauenpresse der 1920er und 1930er Jahre diskriminierende Haltungen und Ideen gegenüber Juden; vgl. Gazzetta, Cattoliche, S. 160 f. Knapp ein Jahr nach der Verabschiedung der italienischen Rassengesetzgebung veröffentlichte da Persico einen an ihren Vortrag von 1916 direkt anknüpfenden Artikel über angeblich existierende „jüdische Sekten", die den Modesektor vollständig in „ihre Hand gebracht hätten"; da Persico, Tristezze estive, in: Azione Muliebre (agosto–settembre 1939), S. 343.
120 In die Triestiner Sektion der ADEI etwa trat gleich nach deren Gründung im Jahr 1931 auch die Dichterin Ida Finzi („Haydée") ein, die jahrzehntelang vorwiegend für die weltliche Frauenbewegungspresse geschrieben und sich in den laizistischen Organisationen wie dem Lyceum engagiert hatte; vgl. Elenco delle Socie (Trieste) dell'anno 1933–1934, CDEC Milano, Fondo Comunità Ebraica di Milano, b. 2, fasc. 4: ADEI.

ließen Anfang der 1930er Jahre erneut mehrere jüdische Frauen den CNDI, der sich im Einklang mit der faschistischen Schul- und Religionspolitik von seinem einst laizistischen Selbstverständnis vollständig entfernt hatte. Nach dem Tod von Gabriella Spalletti Rasponi, die beinahe 30 Jahre lang die nationale Frauenorganisation geleitet und ihren pro-faschistischen Kurs mitvollzogen hatte, ernannte die faschistische Regierung die Gräfin Daisy di Robilant, eine leidenschaftliche Anhängerin Mussolinis, im Jahr 1931 zur neuen Vorsitzenden des CNDI.[121] An der fortschreitenden Gleichschaltung der zeitgenössischen Frauenorganisationen war sie maßgeblich beteiligt. Im Dezember 1931 wurde in einer Sitzung der Federazione Toscana bekannt gegeben, dass Daisy di Robilant von Justizminister Alfredo Rocco gebeten worden sei, den CNDI „neu zu ordnen": Die Regierung wolle auch diejenigen Frauen zusammenschließen, die nicht den Fasci angehörten, und zu diesem Zweck aus dem CNDI eine „Großföderation aller Frauenvereinigungen" machen. Den Hintergrund bildete das Inkrafttreten des von Rocco maßgeblich beeinflussten neuen Strafgesetzes und Strafverfahrens am 1. Juli 1931, in deren Mittelpunkt nicht mehr die Rechte des Bürgers, sondern die Rechte der Organisationen standen.[122]

Einige langjährige Mitglieder des CNDI jedoch wollten diesen Kurs nicht mittragen. Unter den (wenigen) Austrittsschreiben, die für den Beginn der 1930er Jahre überliefert sind, befinden sich bezeichnenderweise auch Briefe der bereits 1920 aus „moralischen und familiären Gründen" ausgeschiedenen Tochter Ernesto Nathans, Mary Nathan Puritz, und der 1924 im Kontext der anonymen Briefaktion aus dem Vorstand der Florentiner Sektion ausgetretenen Laura Puccinelli Calò. Nathan Puritz schrieb 1931 an die Vorsitzende der Federazione Toscana Nerina Traxler, sich definitiv aus dem CNDI zurückziehen zu wollen. Sie bat, „diese Tatsache zur Kenntnis zu nehmen" und ihren Namen „endgültig aus den Mitgliederlisten zu streichen". Die liberale Gelehrte Puccinelli Calò wiederum wies mit knappen Worten nochmals auf ihr unwiderrufliches Ausscheiden aus der Vereinigung hin, so wie die ebenfalls in Florenz ansässigen jüdischen Protagonistinnen Eloisa Levi Sarfatti und Laura Franchetti Morpurgo, Ehefrau des langjährigen Direktors der Florentiner Nationalbiblio-

---

121 Zu Robilant und ihrer pro-faschistischen Haltung vgl. de Grazia, Le donne nel regime fascista, S. 132; Taricone, L'Associazionismo femminile, S. 98 f.
122 Vgl. CNDI, Federazione Femminile Toscana, Adunanza di Consiglio 15. Dezember 1931, ACS, Archivio CNDI, b. 4, fasc. 13, sfasc. 3: Federazione Toscana. Processi verbali del consiglio. Nur einen Monat später wurde von der Vorsitzenden der toskanischen Sektion Nerina Traxler nochmals festgehalten, dass „der CNDI eine Föderation aller zentralen Frauenvereinigungen Italiens – der Berufstätigen, Intellektuellen, Künstlerinnen, Diplomierten, Kunsthandwerkerinnen und Landhausfrauen – werden sollte"; vgl. CNDI, Federazione Femminile Toscana, Adunanza di Consiglio, 19. Januar 1932, ACS, Archivio CNDI, b. 4, fasc. 13, sfasc. 3: Federazione Toscana. Processi verbali del consiglio. Zum Inkrafttreten des neuen Strafgesetzes und des Strafverfahrens am 1. Juli 1931 vgl. Mantelli, Kurze Geschichte, S. 99 f.

thek Salomone Morpurgo, der aufgrund seiner regimekritischen Haltung bereits 1924 vorzeitig in den Ruhestand versetzt worden war.[123]

Die organisatorische „Neuordnung" der nationalen Frauenvereinigung hatte weitreichende Konsequenzen insbesondere für die Mitglieder der FILDIS, des Verbands italienischer Akademikerinnen: Eine der neuen Vizepräsidentinnen des CNDI wurde Maria Castellani, Vorsitzende der 1926 gegründeten faschistischen Associazione Donne Professioniste e Artiste, welche die Aktivitäten der FILDIS im Keim erstickte. Als italienische Sektion der International Federation of University Women hatte die FILDIS einen ausgeprägt internationalen Charakter und nahm sowohl italienische als auch nicht-italienische Akademikerinnen aller politischen Richtungen und Konfessionen in ihre Reihen auf. Der Verband förderte die Zusammenarbeit zwischen Universitätsabsolventinnen weltweit. Vor allem in der Mailänder Gruppe, dem Nukleus der Vereinigung, befanden sich viele Akteurinnen jüdischer Herkunft, die mehrheitlich aus dem Kreis der UFN stammten und sich auch in der ADEI an führender Stelle beteiligten. Bedeutende Beispiele sind Berta Cammeo Bernsteins Tochter, die Anglistin und Romanistin Marta Bernstein Navarra, die Rechtsanwältin Frida Marx Ceccon (bis 1931 Generalsekretärin und anschließend Vorsitzende des Akademikerinnenverbands) und die Philologin Susanna Gugenheim, die gemeinsam mit Berta Cammeo Bernstein und Gabriella Falco Ravenna die ADEI aufgebaut hatte.[124] Die Vorsitzende der römischen Sektion der FILDIS war eine der Schwestern von Mary Nathan Puritz, Sarina Nathan Levi Della Vida (1885–1937), die aufgrund ihres Namens und ihrer Herkunft das bis in die Zeit des Ersten Weltkriegs zurückreichende antisemitische Vorurteil einer „jüdisch-freimaurerischen Verschwörung" innerhalb der weltlichen Frauenvereinigungen par excellence zu verkörpern schien.[125]

Die Tatsache, dass der Vorstand des CNDI im Jahr 1935 die FILDIS in euphemistischer Weise dazu „einlud", sich selbst aufzulösen, ging in erster Linie auf die Anordnung Alfredo Roccos und die angestrebte Umwandlung der nationalen Frauenvereinigung in eine Großorganisation zurück: Die FILDIS wurde nun endgültig von der faschistischen Associazione Donne Professioniste e Artiste ersetzt, die dem CNDI

---

123 Vgl. Mary Nathan Puritz an Nerina Traxler, 1931 (s. d.), CNDI, Federazione Femminile Toscana, b. 6, fasc. 13, sfasc. 5.; Laura Puccinelli Calò, 8. November 1932, Eloisa Levi Sarfatti, 16. April 1931, sowie Laura Franchetti Morpurgo an „Presidenza del Consiglio Nazionale delle Donne Italiane", 1934 (s. d.). Eloisa Levi Sarfatti (geb. 1883) war die Ehefrau des bekannten Psychologen Gualtiero Sarfatti, einem der Begründer der Sozialpsychologie in Italien. Das Ehepaar floh 1944 in die Schweiz; vgl. Sarfatti, Gino Bartali.
124 Eine vollständige Mitgliederliste der Mailänder Gruppe findet sich bei Taricone, Una tessera, S. 19–22.
125 Sarina Nathan Levi Della Vida, Enkelin von Sara Levi Nathan und Tochter von Ernesto Nathan, war mit Mario Levi Della Vida (1880–1956), einem Enkel der antiklerikalen Pionierin der italienischen Frauenbewegung, Adele Della Vida Levi, verheiratet.

eingegliedert wurde.[126] Ob die generell starke Präsenz jüdischer Frauen innerhalb des Akademikerinnenverbands einen weiteren Grund für dessen in Wahrheit erzwungene Auflösung darstellte, geht aus den vorhandenen Quellen nicht explizit hervor, lässt sich angesichts des bereits weit fortgeschrittenen Angriffs auf die jüdische Gleichheit, insbesondere infolge der rechtlichen Herabstufung des Judentums seit den Lateranverträgen und der sich stetig intensivierenden antijüdischen Pressekampagne, jedoch vermuten.[127] Bereits 1929 waren aus den beiden wichtigsten zeitgenössischen Wissenschaftsvereinigungen, die von der Regierung kontrolliert wurden – der Accademia d'Italia und dem Consiglio Nazionale delle Ricerche – jüdische Akademiker ausgeschlossen worden.[128] Im März 1934 wiederum hatte die Festnahme einer Gruppe piemontesischer Antifaschisten, darunter die bedeutenden jüdischen Intellektuellen Sion Segre, Carlo Levi und Leone Ginzburg, alle Mitglieder der von Carlo Rosselli angeführten Bewegung Giustizia e Libertà, dem Verdacht einer generellen Verbindung zwischen Judentum und Antifaschismus erheblichen Vorschub geleistet.[129] Die Ereignisse waren dazu prädestiniert, antisemitische Vorurteile gegenüber jüdischen Aktivisten und Aktivistinnen in weltlichen Verbänden zu verstärken, insbesondere wenn sie wie die FILDIS internationalen und intellektuellen Charakter hatten.[130]

Im selben Jahr, in dem der Akademikerinnenverband zu existieren aufhörte, wurde auch die Vorsitzende der Frauenwahlrechts-Organisation FISEDD, die Mantuanerin Ada Sacchi Simonetta (1874–1944), aus ihrem Amt entfernt.[131] Die studierte Bibliothekarin, die aus einer bedeutenden Familie mazzinianischer Patrioten stammte, hatte die Sektion der FILDIS in Mantua mitbegründet und war in der politisch links-

---

126 Vgl. Taricone, L'Associazionismo femminile, S. 98.
127 Vgl. Collotti, Il fascismo e gli ebrei, S. 19–21; Sarfatti, The Jews, S. 45 f., 49, 60.
128 Vgl. Capristo, L'esclusione degli ebrei.
129 Vgl. Segre Amar, Sui ‚fatti' di Torino, S. 125–127; Stille, Benevolence and Betrayal, S. 100–104; Sarfatti, The Jews, S. 69 f.; Collotti, Il fascismo e gli ebrei, S. 21.
130 Fiorenza Taricone sieht eine Verbindung zwischen den Ereignissen in Piemont und antisemitischen Haltungen gegenüber der FILDIS, der auch außerhalb der Mailänder Gruppe zahlreiche jüdische Mitglieder angehörten; vgl. Taricone, La FILDIS, S. 159.
131 Vgl. dazu auch Gabrielli, Tempio di virilità, S. 106. Ada Sacchi Simonettas Vater, der Arzt Achille Sacchi, hatte als Anhänger Garibaldis an führender Stelle an den italienischen Einigungskriegen teilgenommen. Ihre Mutter Elena Casati, die ebenfalls aus einer patriotischen Familie stammte, hatte enge Kontakte zu Mazzini unterhalten. Nach dem frühen Tod der Eltern war Ada Sacchi bei Verwandten in Genua aufgewachsen, hatte dort studiert und 1898 ihr Examen in Literaturwissenschaften abgelegt. Ein Jahr später heiratete Ada den Mantuaner Patrioten Quintavalle Carlo („Vallino") Simonetta. Nach mehreren Jahren Lehrtätigkeit an Schulen wurde sie Leiterin der Vereinigung der Bibliotheken und Museen von Mantua. Zusammen mit ihrer Schwester Beatrice Sacchi (1878–1931) gründete sie verschiedene feministische Vereinigungen, u. a. die Mantuaner Associazione della Donna und die dortige Sektion der FILDIS. Zu Ada Sacchi Simonetta, deren umfangreicher Nachlass sich in der UFN in Mailand befindet, liegt bisher keine Biografie vor. Zur Familie Sacchi vgl. Bertolotti/Sogliani (Hg.), La nazione dipinta.

stehenden feministischen Associazione per la Donna bis zu deren resignierter Selbstauflösung 1925 tätig gewesen. Sacchi selbst war Nichtjüdin, hatte jedoch enge Beziehungen zu den Netzwerken italienisch-jüdischer Feministinnen: Ihre Schwiegertochter, die Jüdin Maria Sacerdotti, war Vorsitzende der ebenfalls 1935 aufgelösten Florentiner Gruppe der FILDIS gewesen.[132] Am 4. April 1935 erhielt die FISEDD vom Mantuaner Präfekten Raffaele Montuori ohne Angabe von genauen Gründen die lapidare Mitteilung: „In Anbetracht der Tatsache, dass Dr. Ada Sacchi in Simonetta … Aktivitäten betreibt, die im Kontrast zu den politischen und gesetzlichen Anordnungen des Staates stehen … wird Dr. Ada Sacchi in Simonetta aus ihrem Amt als Vorsitzende der genannten Föderation entfernt."[133]

Der mutige Versuch Ada Sacchis, gegen diese Maßnahme Einspruch zu erheben, blieb unbeantwortet. Kurzerhand wurde die regimekritische Feministin durch die Lehrerin Irma Arzelà in Morucci, eine Vertreterin der Mantuaner Fasci Femminili, ersetzt und die FISEDD den Fasci Femminili Mantovani angeschlossen.[134] In polemischer Weise wandte sich die neue Vorsitzende nur wenige Monate später ausgerechnet an Maria Montesano (1882–1968), Enkelin der jüdisch-laizistischen Pionierin Adele Della Vida Levi, die sich sowohl in der FILDIS als auch in der FISEDD engagiert hatte: Weder habe Ada Sacchi nach der Entfernung aus dem Amt ihren Rücktritt selbst offiziell bekannt gegeben, noch hätten alle Mitglieder ihren finanziellen Beitrag ordnungsgemäß auch für das Jahr 1935 entrichtet. Die Absicht bestand offensichtlich darin, die ehemaligen Mitarbeiterinnen der FISEDD mit derartigen Mahnungen zu schikanieren.[135]

---

132 Die Lehrerin Maria Sacerdotti war die Ehefrau von Ada Sacchi Simonettas Sohn, dem Mediziner Bono Simonetta; ihr Nachlass bildet Teil des Fondo Ada Sacchi Simonetta im Archiv der UFN.
133 Schreiben von Raffaele Montuori, Präfekt der Provinz von Mantua, vom 4. April 1935; Archivio UFN, Fondo Ada Sacchi Simonetta – Maria Sacerdotti Simonetta, FISEDD, b. 12, fasc. 6: Corrispondenza. Rimozione di Ada Sacchi dalla Presidenza 1935.
134 Vgl. Lettera di difesa di Ada Sacchi al prefetto Montuori, 2. Februar 1935, ebd.; vgl. auch ihr offizielles Schreiben an Arzelà Morucci vom 8. Mai 1935, in dem sie über die finanzielle Situation der FISEDD Rechenschaft ablegt, ACS, Archivio CNDI, b. 2, fasc. 9, sfasc. 8: Attività sociale, Associazioni femminili, Federazione italiana per il suffragio (1923–1935). – Am 13. April 1935 schrieb Ada Sacchi Simonetta einen ausführlichen Brief an die „cara Presidente" (wahrscheinlich ist Arzelà Morucci gemeint), in dem sie auf das Entlassungsschreiben Montuoris direkten Bezug nahm: „Was die ‚Betreibung von Aktivitäten' angeht, so ist doch bekannt, dass die Föderation sich seit vielen Jahren darauf beschränkte, von Zeit zu Zeit einige wenige Anfragen an Seine Exzellenz den Regierungschef zu richten"; Ada Sacchi an Presidente, Mantua, 13. April 1935, Archivio UFN, Fondo Ada Sacchi Simonetta – Maria Sacerdotti Simonetta, FISEDD, b. 12, fasc. 6.
135 Vgl. Irma Arzelà an Maria Montesano, 3. Dezember 1935, ACS, Archivio CNDI, b. 2, fasc. 9, sfasc. 8. Die in Rom ansässige Pädagogin Maria Montesano arbeitete mit Maria Montessori und dem Psychiater und (Kinder-)Neuropsychologen Giuseppe Ferruccio Montesano (1868–1961), einem der Brüder ihres Mannes, zusammen. Sie war bereits seit Beginn des 20. Jahrhunderts im Bereich der Wohlfahrt und Erziehung tätig gewesen. In den Jahren zwischen 1904 und 1907 hatte sie an der von

Bis 1935 war die Faschisierung der organisierten italienischen Frauenbewegung nahezu gänzlich abgeschlossen. Jüdische Akteurinnen waren aufgrund von freiwilligen oder erzwungenen Rücktritten und Ausgrenzungen in den einschlägigen Verbänden, vor allem im CNDI, kaum noch vertreten.[136] Sie wichen zunehmend auf die ADEI aus. Die UFN wiederum, die sich zumindest nach außen hin ganz auf den Wohltätigkeitsbereich konzentrierte, bot auch jüdischen Feministinnen noch bis 1938 einen Ort für soziales Engagement. Doch auch dieser Raum wurde ihnen im Kontext der Rassengesetzgebung endgültig verschlossen.

Das gewaltsame Ende der Unione Femminile Nazionale (1938–1939)

Die fortschreitende Ausgrenzung jüdischer Akteurinnen aus der nationalen Frauenbewegung lief parallel zum langsamen, aber stetigen Ausschluss von Juden aus staatlichen Führungspositionen und nationalen kulturellen Vereinigungen. Der Accademia d'Italia wurde Anfang der 1930er Jahre verboten, jüdische Gelehrte in ihre Reihen aufzunehmen, die Präfekten wiederum hielt die Regierung dazu an, tendenziell alle jüdischen Podestà durch Nichtjuden zu ersetzen. Zwischen Ende 1936 und Anfang 1938 wurden nahezu alle Juden aus öffentlichen Ämtern entfernt, während die Presse ihre antijüdische Diffamierungskampagne verschärfte.[137] Einige Protagonistinnen versuchten, sich diesen diskriminierenden Maßnahmen durch die Konversion zum Christentum zu entziehen: Die Juristin Frida Marx Ceccon (1900–1970) etwa, Vorsitzende der 1935 aufgelösten FILDIS und langjährige Mitarbeiterin der UFN, die seit den 1920er Jahren in der Mailänder Rechtsanwaltskammer eingetragen war, ließ sich im Juli 1937 taufen.[138] Der Erziehungsminister Giuseppe Bottai wiederum anti-

---

Sara Levi Nathan gegründeten Mädchenschule „Giuseppe Mazzini" in Trastevere gearbeitet, war Vizepräsidentin der 1925 aufgelösten Associazione per la donna gewesen und gehörte dem Beirat von Giuseppe Montesanos Schule für lernbehinderte Kinder in Rom an. Einen ausführlichen Bericht ihres langjährigen sozialen und pädagogischen Engagements verfasste Montesano im Februar 1939, vielleicht im Rahmen eines Antrags auf *discriminazione*: Relazione sull'attività svolta dal 1902 ad oggi, 21. Februar 1939, ACS, Archivio CNDI, b. 2, fasc. 9, sfasc. 8. Zu Montesano vgl. außerdem Taricone, La FILDIS, S. 147.
136 Dies lässt sich anhand der überlieferten Mitglieder- und Anwesenheitslisten, v. a. im Rahmen von Sitzungen des CNDI, bereits seit 1933 nachweisen; vgl. ACS, Archivio CNDI, b. 4, fasc. 13, sfasc. 4.
137 Vgl. ausführlich zur antisemitischen Propaganda und Pressekampagne seit Beginn der 1930er Jahre Collotti, Il fascismo e gli ebrei, S. 40–57; zur Ausgrenzung von Juden aus der Accademia d'Italia, staatlichen Führungspositionen und öffentlichen Ämtern vgl. Sarfatti, La Shoah, S. 74–76.
138 Frida Marx Ceccon, deren Familie mit Karl Marx verwandt war, stammte ursprünglich aus Solingen. Sie war aufgrund der Heirat mit dem italienischen Anwalt Ernesto Ceccon nach Mailand gekommen, wo sie zu den Pionierinnen der UFN und der FILDIS gehört hatte. Wie man den offiziellen Unterlagen von 1941 auf „Feststellung der Rassenzugehörigkeit" von Vera Ceccon, der Tochter Frida Marx' und Ernesto Ceccons, entnehmen kann, wurde Frida am 3. Juli 1937 in der Kirche von San Na-

zipierte die gesellschaftliche Trennung von Juden und Nichtjuden, indem er bereits im Februar 1938 die Universitäten dazu aufforderte, eine Liste aller italienischen und ausländischen Juden im Lehrkörper sowie unter ihren Studentinnen und Studenten zu erstellen. Die Weichen für die Verabschiedung der Rassengesetzgebung waren bereits lange im Voraus gestellt.[139]

Auch die UFN, deren hoher Anteil jüdischer Mitglieder allgemein bekannt war, geriet schon vor November 1938 verstärkt ins Visier der faschistischen Führung. Im April 1938 wandte sich Adelchi Serena, damals Vizesekretär des Partito Nazionale Fascista, mit einem warnenden Hinweis auf die Vorsitzende der Turiner Sektion der UFN, Elisa Treves, an die Abteilung für öffentliche Sicherheit des Innenministeriums.[140] Anlass des Schreibens war bezeichnenderweise die jüdische Herkunft der Akteurin in Verbindung mit der sozialistischen Prägung der Frauenvereinigung. Die vier Jahre zurückliegende Festnahme mehrheitlich jüdischer Antifaschisten in Piemont schürte in Parteikreisen offenbar im Besonderen den Verdacht gegenüber der Turiner Niederlassung der UFN. Serena schrieb:

> „Die Institution der Unione geht auf das Jahr 1905 zurück. In der Vergangenheit hat sie sozialistische Tendenzen gehabt, heute wird sie von einer israelitischen [sic] Vorsitzenden geleitet, die kein Mitglied der faschistischen Partei ist. Ebenso sind die Mitglieder des Vorstands, mit einer Ausnahme, nicht in die Partei eingeschrieben. Man sollte die Gelegenheit wahrnehmen und die Aktivitäten der betreffenden Organisation suspendieren."[141]

Das Ergebnis ließ nicht lange auf sich warten: Ähnlich wie drei Jahre zuvor die FILDIS, wurde nun auch die UFN dazu „eingeladen", ihre Tätigkeit einzustellen. Am 5. Juli 1938 teilte der Präfekt von Turin dem Innenministerium per Telegramm mit, dass Elisa Treves Ende Juni die Vereinigung aufgelöst habe.[142]

---

zaro in Mailand getauft. Vera Ceccon fiel als Tochter eines „arischen" Vaters und einer bereits vor 1938 getauften Mutter nicht mehr in die Kategorie der „Mischlinge"; vgl. ACS, Fondo Ministero dell'Interno, DEMORAZZA, b. 321, fasc. 23562.

139 Vgl. Collotti, Il fascismo e gli ebrei, S. 60.

140 Elisa Treves, geboren 1874 in Turin, war die Witwe von Samuel Treves. Über ihre Biografie finden sich weder in den Unterlagen der UFN noch im ACS ausführliche Hinweise. Vermutlich war Elisa Treves mit der langjährigen Vorsitzenden der Turiner UFN, Ada Treves Segre, verschwägert, die Ende der 1930er Jahre bereits ihre Auswanderung nach Palästina plante. Zu Treves vgl. die knappen Hinweise im Brief des Präfekten von Turin an das Innenministerium, 20. Mai 1938, ACS, Ministero dell'Interno, Direzione Generale Pubblica Sicurezza (im Folgenden DGPS), Divisione Affari generali e riservati, Fondo Associazioni (1912–1947), b. 30, fasc. 345: UFN.

141 Adelchi Serena, Partito Nazionale Fascista, an Ministero dell'Interno, 23. April 1938, ACS, Ministero dell'Interno, DGPS, Divisione Affari generali e riservati, Fondo Associazioni (1912–1947), b. 30, fasc. 345: UFN.

142 Vgl. das Telegramm vom Turiner Präfekten Baratono an das Innenministerium, 5. Juli 1938, ebd. Noch im Mai 1938 hatte die Präfektur von Turin, vermutlich aufgrund von Angaben der Vorsitzenden Treves und des Vorstands, dem Innenministerium berichtet, dass die lokale Sektion der UFN stets im

Dass die Schließung der piemontesischen Sektion in unmittelbarem Bezug zur jüdischen Herkunft ihrer Vorsitzenden stand, ist ein weiterer Beleg für den unaufhaltsamen antisemitischen Kurs der faschistischen Regierung, der sich in den Monaten vor November 1938 zusehends intensivierte. Für die faschistische Partei und das Innenministerium wurde die Auflösung der Turiner Sektion zum ‚Vorbild' für das Ende der Mailänder UFN.[143] Nina Rignano Sullam, die mit der piemontesischen Niederlassung seit ihrer Entstehung in engem Kontakt stand, ahnte diese Entwicklung voraus und machte sich angesichts der Anfeindungen gegenüber Elisa Treves vermutlich keinerlei Illusionen über ihr eigenes Schicksal als jüdische Mitarbeiterin der bekannten Frauenvereinigung. Ihr Ziel bestand offenbar darin, einem erzwungenen Ausschluss durch einen freiwilligen Rücktritt zuvorzukommen. Unmittelbar nach der Schließung der Turiner Sektion, am 3. Juli 1938, schrieb sie aus ihrem Ferienort Tremezzo einen langen Brief an den Vorstand der lombardischen Zentrale, in dem sie ihre Freundinnen und langjährigen politischen Weggefährtinnen um Verständnis für ihr freiwilliges Ausscheiden bat. Die gesundheitlichen Gründe, von denen sie sprach, dürften auch ihre Adressatinnen nicht überzeugt haben, hatte die Arbeit für die UFN doch das gesamte Leben Nina Rignano Sullams bestimmt. Ein verborgener Hinweis auf den befürchteten Ausschluss und die Sorge, das Schicksal von Elisa Treves zu teilen, findet sich in ihrer Bemerkung, mittlerweile nichts mehr für die Vereinigung bewirken zu können:

> „Liebe Vorstandsmitglieder und Freundinnen, die Einsamkeit ist eine gute Ratgeberin, und von weitem sieht man die Dinge klarer. Und ich habe mich davon überzeugen müssen, dass ich nicht mehr meinen Platz im Vorstand der Unione Femminile behalten kann. Die beinahe 40 Jahre, die ich für sie arbeite, sind kein guter Grund dafür zu bleiben, wenn ich nichts oder beinahe nichts mehr tun kann. Ich hoffte, dass meine Gesundheit mir erlauben würde, ein gewisses Gleichgewicht zu halten und erneut ein beinahe normales Leben zu führen, aber leider muss ich mich davon überzeugen, dass dies nicht sein kann. Euch von weitem geistig

---

Bereich der Wohlfahrt für Kinder und Mütter sowie hinsichtlich Arbeit und Bildung, v. a. in Form von Weiterbildungskursen für Arbeiterinnen, tätig gewesen sei, aber keinen politischen Charakter gehabt habe. Diese Hinweise entsprachen der vorsätzlichen Strategie der UFN, sich während der faschistischen Ära auf den Wohlfahrtsbereich zu konzentrieren, um ihre Existenz so lange wie möglich sicherzustellen. Weiterhin hielt das Schreiben fest, dass die Vorsitzende der Sektion, Elisa Treves, zwar nicht Mitglied der Partei sei, aber „gutes moralisches und politisches Verhalten" an den Tag lege. Auch die übrigen Mitglieder des Vorstands verhielten sich „regulär". Offenbar waren diese Argumente von der Partei und dem Innenministerium nicht akzeptiert worden. Vgl. das Schreiben der Turiner Präfektur an das Innenministerium vom 20. Mai 1938, ACS, Ministero dell'Interno, DGPS, Divisione Affari generali e riservati, Fondo Associazioni (1912–1947), b. 30, fasc. 345: UFN.
143 „Nachdem die Auflösung der Unione Femminile Nazionale von Turin angeordnet worden ist, sind nun analog dazu Vorkehrungen im Gange, die sich auf die Unione femminile nazionale in Mailand beziehen"; Schreiben des Parteivorstands vom 7. Dezember 1938 an das Innenministerium; ACS, Ministero dell'Interno, DGPS, Divisione Affari generali e riservati, Fondo Associazioni (1912–1947), b. 30, fasc. 345: UFN.

zu folgen, mit Interesse und Zuneigung, die ich für diese Institution habe, die mir am Herzen lag und liegt, dies ja! ... Mit Dankbarkeit für die Güte, die Ihr immer für mich hattet, umarme ich Euch."[144]

Nur einen Tag später gab auch Graziella Sonnino Carpi, die bereits seit 1918 in der UFN mitgearbeitet hatte, ihren Austritt bekannt. Noch wenige Tage zuvor hatte der Vorstand der UFN sie in ihrem Amt bestätigt, in bewusstem Gegenzug zur antisemitischen Politik des Regimes und der Vorfälle in Turin. Die Akteurin erklärte, zu ihrem Sohn nach Rom ziehen zu wollen und sich deshalb „mit Schmerz" von der UFN verabschieden müsse.[145]

In der Zwischenzeit überstürzten sich die innenpolitischen Ereignisse. Das Regime bereitete sich auf den massiven Angriff auf die Rechte der Juden in Italien vor. Ab dem 14. Juli 1938 wurde das „Manifesto della Razza" verbreitet, das von einer Gruppe faschistischer Wissenschaftler unterzeichnet und vermutlich von Mussolini selbst mitverfasst worden war. Kernpunkt des Dokuments war die Behauptung, dass „die italienische Rasse arischen Ursprungs" sei und die Juden nicht zur „italienischen Rasse" gehörten. Die Degradierung der jüdischen Bevölkerung Italiens war damit pseudowissenschaftliche Realität geworden, die Verabschiedung der Rassengesetzgebung nicht mehr aufzuhalten.[146]

Am selben Tag fand eine Vorstandssitzung der UFN statt, bei der die Mitglieder den Austritt von Nina Rignano Sullam und Graziella Sonnino Carpi ausführlich diskutierten. Trotz einer drohenden Auflösung der Organisation durch das Regime und der anhaltenden Diskriminierung jüdischer Akteure und Akteurinnen hatten Mitglieder des Vorstands bis zum letzten Moment versucht, die Entscheidung ihrer beiden Weggefährtinnen abzuwenden. Die Politik der UFN unterschied sich insofern gänzlich von der opportunistischen Strategie des CNDI, bereits vor 1938 jüdische Frauen so weit als möglich auszugrenzen. Das Ausscheiden der bedeutenden Pionierin Nina Rignano Sullam, der Seele der UFN, welche die politische, soziale und kulturelle Ausrichtung der Vereinigung seit Beginn ihres Bestehens maßgeblich geprägt hatte, wurde von ihren Weggefährtinnen zutiefst bedauert:

---

144 Nina Rignano Sullam an den Vorstand der UFN, 4. Juli 1938, Archivio UFN, b. 1, fasc. 3: Atti originali e documentazione fondamentale (1905–1946). Zum Vorstand gehörten damals Maria Giovanardi, Teresa Lancini, Clara Roghi, Clara Ferri, Larissa Boschetti Pini, alle Nichtjüdinnen, sowie die 1937 konvertierte Frida Marx Ceccon, Sekretärin des Vorstands; vgl. die Angaben in Archivio UFN, Libro Verbali Vol. 12 (1937 – 25/06/1947).
145 Graziella Sonnino Carpi an den Vorstand der UFN, 4. Juli 1938, Archivio UFN, b. 1, fasc. 3, Atti originali e documentazione fondamentale (1905–1946).
146 Der Artikel „Il Fascismo e i problemi della razza" findet sich abgedruckt in Sarfatti, La Shoah, S. 131–133; Vgl. ausführlich zum pseudowissenschaftlichen, zutiefst biologistischen Charakter des "Manifesto della Razza", Collotti, Il fascismo e gli ebrei, S. 60–62. Zur seit Sommer 1938 sich stetig verschärfenden antijüdischen Kampagne in Italien vgl. Duggan, Fascist Voices, S. 305–310.

„Giovanardi sagt, dass sie Signora Rignano gegenüber heftig insistiert habe, angetrieben von Zuneigung, Achtung und Bewunderung ihrerseits und des gesamten Vorstands. Sie habe ihr den Wunsch der Vorstandsmitglieder übermittelt, eine Übereinkunft zu finden, die es Signora Rignano ... erlauben würde, in ihrem Amt zu verbleiben, auch ohne spezifische Aktivitäten zu übernehmen, sodass die Unione nicht auf ihre wertvollen Vorschläge und ihren Rat verzichten müsse. Trotz allem hat Signora Rignano auf ihrer Entscheidung bestanden und versichert, dass ihre Gedanken immer bei der Unione sein würden."[147]

So endete im Juli 1938 die beinahe 40-jährige Mitgliedschaft Nina Rignano Sullams in der UFN, die für sie stets weitaus mehr als eine Organisation dargestellt hatte. Sie war Teil ihres gesamten Lebens und Sinnbild ihrer humanitären Ideale gewesen. Dass ihr freiwilliger Rücktritt der gewaltsamen Auflösung der Organisation nur wenige Monate zuvorkam, mag die Akteurin geahnt haben.

Bereits im August fanden Verhandlungen faschistischer Führungskreise mit dem Vatikan statt, der einer diskriminierenden Gesetzgebung gegen die Juden zustimmte, obwohl er sich von dem Rassismus der antisemitischen Kampagne distanzierte. Anfang September wurden die ersten Maßnahmen verkündet, die unter anderem den Ausschluss der Juden – Lehrern wie Schülern – aus allen staatlichen Schulen vorsah.[148] Die bereits Anfang der 1920er Jahre gestartete faschistische Schulpolitik, die sich von Beginn an gegen die jüdische Religion und Kultur gerichtet hatte, war damit an ihrem Höhepunkt angelangt. Auch Ada Sacchi Simonettas Schwiegertochter Maria Sacerdotti, Lehrerin und bis 1935 Vorsitzende der Florentiner Sektion der FILDIS, wurde von einem Tag auf den anderen aus dem Schuldienst entfernt.[149] Ihre tiefe Verzweiflung über den diskriminierenden Akt, den Verlust ihrer beruflichen Identität wie existentiellen Sicherheit geht aus den überlieferten Briefen von Ada Sacchi Simonetta hervor, die sich in dieser ausweglosen Situation bedingungslos solidarisch mit der Frau ihres Sohnes und Mutter ihrer Enkelkinder erwies. Die Erfahrung der Exklusion hatte sie am eigenen Leib erfahren, als sie 1935 aufgrund ihrer antifaschistischen Orientierung aus dem Vorsitz der FISEDD entfernt worden war. Gleich am 5. September 1938, an dem die „Anordnung für die Verteidigung der Rasse in der faschistischen Schule" in Kraft trat, schrieb die Mantuaner Gelehrte an ihre Schwiegertochter: „... die enormen Ereignisse dieser Tage lassen mich zur Feder greifen, um Dich all meiner Zuneigung und meines Verständnisses zu versichern. Ich bitte Dich,

---

[147] Verbale della seduta del Consiglio del 13 luglio 1938, Archivio UFN, Libro Verbali Vol. 12 (1937 – 25/06/1947).
[148] Vgl. Collotti, Il fascismo e gli ebrei, S. 69–71.
[149] Auch Marias Vater Cesare Sacerdotti, ein prominenter Professor für allgemeine Pathologie, verlor 1938 seine Lehrbefugnis an der Universität Pisa; vgl. den Briefwechsel zwischen Cesare Sacerdotti und Vallino Simonetta, der dem Vater seiner Schwiegertochter in dieser desolaten Lage durch Rat und Trost beizustehen versuchte, im Archivio UFN, Fondo Ada Sacchi Simonetta – Maria Sacerdotti Simonetta, b. 15, fasc. 3, Corrispondenza di Maria Sacerdotti, di Cesare Sacerdotti e altri 1920–1938.

ruhig und besonnen zu sein ... Möge Dir Deine Familie, der Du Dich nun ausschließlich widmen kannst, größtmögliche Genugtuung, Trost und Heiterkeit geben."[150]

Dass die judenfeindlichen Maßnahmen des faschistischen Regimes einen beträchtlichen Einfluss auf die Einstellungen der nicht-jüdischen italienischen Bevölkerung ausübten, geht aus einem nur zwei Tage später verfassten Brief Ada Sacchi Simonettas an Maria Sacerdotti hervor:

> „Hüte Dich davor, [mir] auf Postkarten zu schreiben, weil wir hier bereits als Juden angesehen werden, da wir nicht in die Kirche gehen, sodass ich bereits Beileidsbesuche hatte; und eine Dame mir gestern Morgen sagte: ‚Nun wird Ihr Mann seinen Posten verlieren'. In Mantua ist es nicht ratsam, weiterzusagen, dass Du [Jüdin] bist. Deine schriftlichen Bemerkungen hierzu sind sehr durchsichtig."[151]

Ada Sacchi Simonettas Vorsichtsmaßnahmen waren keineswegs unbegründet. Für Maria Sacerdotti wie für alle Personen, die laut der Definition des faschistischen Regimes als Juden galten, setzte sich der Prozess der Entrechtung in den nächsten Wochen und Monaten unaufhaltsam fort. Nach der Exklusion jüdischer Lehrer und Schüler aus italienischen Schulen folgte Anfang Oktober 1938 die berüchtigte „Erklärung über die Rasse" des faschistischen Großrats, in der die genauen Kriterien dafür festgelegt wurden, wer als Jude zu behandeln sei.[152] Die Verordnung vom 17. November 1938 mit dem vielsagenden Titel „Maßnahmen für die Verteidigung der italienischen Rasse" – gemeinhin als „Rassengesetzgebung" bezeichnet – verband in einem ersten normativen Korpus die vom faschistischen Großrat verkündeten Prinzipien. Verboten waren von nun an „Mischehen", Juden wurde die Ausübung von Aktivitäten im Handel, in Unternehmen und der öffentlichen Verwaltung untersagt, aus der

---

150 Ada Sacchi Simonetta an Maria Sacerdotti Simonetta, 5. September 1938, ebd.
151 Ada Sacchi Simonetta an Maria Sacerdotti Simonetta, 7. September 1938, ebd. Allem Anschein nach wurden die Atheisten Ada Sacchi Simonetta und Vallino Simonetta als Juden „verdächtigt", da sie keine praktizierenden Katholiken waren. Hinzu kam, dass ihr Sohn Bono eine Jüdin geheiratet hatte. Da der Philologe Vallino Simonetta in einem Mantuaner Gymnasium unterrichtete und von vielen für einen Juden gehalten wurde, kam es offenbar zu Gerüchten, nach denen er nun ebenfalls seine Stelle verlieren würde. Die Warnung Ada Sacchis an ihre Schwiegertochter, keine brisanten Bemerkungen auf Postkarten ohne Umschlag preiszugeben, erklärt sich aus den aktuellen Anfeindungen, denen die gesamte Familie bereits seit dem Sommer 1938 ausgesetzt war, die sich aber vor allem gegen Maria Sacerdotti selbst richteten. Ada Sacchi Simonetta wollte aufgrund dieser Vorsichtsmaßnahmen in erster Linie den Ruf und die Integrität ihrer Schwiegertochter schützen.
152 Nach den Kriterien des faschistischen Großrats wurden Personen als Juden angesehen, wenn a) die Eltern beide Juden waren, b) der Vater Jude und die Mutter anderer Nationalität [sic] war, c) sie zwar aus einer Mischehe stammten, aber selbst die jüdische Religion praktizierten. d) Nicht als Jude angesehen wurden Personen, die aus einer Mischehe stammten, aber bereits vor dem 1. Oktober 1938 die Taufe empfangen hatten. Vgl. Gran consiglio del fascismo, Dichiarazione sulla razza, 6. Oktober 1938, abgedruckt in: Sarfatti, La Shoah, S. 134–136. Zur juristischen Definition von Juden im faschistischen Italien vgl. ausführlich Sarfatti, The Jews, S. 131–138.

faschistischen Partei wurden sie ausgeschlossen.¹⁵³ Die Verordnungen bedeuteten die endgültige Aufhebung der italienischen Judenemanzipation des 19. Jahrhunderts, deren Erinnerung in den Elternhäusern jüdischer Akteurinnen überaus präsent gewesen war. Während die tief verwurzelte Dankbarkeit für die Gewährung der Gleichberechtigung das Engagement jüdischer Akteurinnen in der italienischen Frauenbewegung einst entscheidend motiviert hatte, waren sie nun den antisemitischen Maßnahmen des faschistischen Regimes unmittelbar ausgesetzt. Die Phase zunehmender gesellschaftlicher Marginalisierung seit den 1920er Jahren erreichte im November 1938 ihren Höhepunkt, als sie per Gesetz nicht mehr zur italienischen Nation gehörten, deren Aufbau ihren Vorfahren Freiheit und Gleichheit bedeutet hatte.

Der im Klima von Emanzipation und Laizismus von jüdischen Frauen mitgegründeten und maßgeblich geprägten Mailänder UFN stand nach der Verabschiedung der Rassengesetzgebung das definitive Ende bevor. Bereits am 3. Dezember 1938 wandte sich die Repräsentantin der Mailänder Fasci Femminili an die UFN mit der Aufforderung, ihr eine Liste mit den Namen aller Mitglieder „jüdischer Rasse" zu unterbreiten und diese aus der Organisation auszuschließen.¹⁵⁴ Drei Tage später sandte die Vorsitzende Teresa Lancini eine Liste an die Fasci Femminili, in der sie aus taktischen Gründen nur die Vorstandsmitglieder der UFN aufführte, da sich unter ihnen keine Jüdinnen mehr befanden. Sie betonte: „Der Vorstand setzt sich aus sieben Damen zusammen, die alle arisch sind ... die zwei jüdischen Vorstandsmitglieder, Signora Nina Rignano Sullam und Graziella Sonnino, die im Juli zurückgetreten sind, wurden ersetzt."¹⁵⁵

Die Auflösung der Mailänder Frauenvereinigung war jedoch bereits beschlossene Sache. Zu lange hatte aus faschistischer Sicht die sozialistisch orientierte und von jüdischen Feministinnen seit jeher stark geprägte Vereinigung unter dem Deckmantel der Wohlfahrtsorganisation ihre Existenz im faschistischen Staat retten können. Erschwerend hinzu kam, dass sich im Vorstand kein einziges Parteimitglied befand.¹⁵⁶ Wie im Falle der Turiner UFN ging bezeichnenderweise der entscheidende Schritt zur Auflösung der Organisation von der Parteiführung aus. Nur einen Tag nach Lancinis

---

153 Vgl. Regio decreto-legge vom 17. November 1938, Provvedimenti per la difesa della razza italiana, die am 5. Januar 1939 in Gesetz umgewandelt wurden, abgedruckt in: Sarfatti, La Shoah, S. 137–142.
154 Vgl. das Schreiben von Lola Carioli Condulmari, Vertreterin der Fasci Femminili di Milano, an den Vorstand der UFN, 3. Dezember 1938, Archivio UFN, b. 1, fasc. 3: documenti e atti sciolti.
155 Teresa Lancini an Lola Carioli Condulmari, Fasci Femminili di Milano, 6. Dezember 1938, ebd. Zum Vorstand gehörten laut Liste der Vorsitzenden Teresa Gadola Lancini: Maria Giovanardi Metz, Clara Roghi Taidelli, Larissa Boschetti Pini, Clara Ferri Benetti, Gemma Mantella Zambler und Ada Gianni Lambertenghi.
156 Diesen Umstand hatte bereits am 7. August 1938 die Mailänder Präfektur angemerkt; vgl. ACS, Ministero dell'Interno, DGPS, Divisione Affari generali e riservati, Fondo Associazioni (1912–1947), b. 30, fasc. 345: UFN. Über den Rechtsberater der UFN, den Juden Arturo Milla, stand in dem betreffenden Dokument zu lesen, dass er in der Vergangenheit „subversive Ideen" vertreten habe.

Schreiben an die Fasci Femminili, das offenbar an die Partei weitergeleitet worden war, wandte sich der Vize-Sekretär Adelchi Serena an das Innenministerium mit dem Hinweis, dass die „UFN Milano weiterhin Aktivitäten durchführt, die eine Einmischung und einen Anachronismus vor allem auf dem Gebiet der von den Fasci Femminili koordinierten Wohlfahrt für junge Arbeiterinnen darstellen". Man solle daher die notwendigen Maßnahmen ergreifen, um die Frauenvereinigung aufzulösen.[157]

So wurde innerhalb weniger Wochen der bedeutendsten Organisation der frühen italienischen Frauenbewegung ein jähes, gewaltsames Ende bereitet: Am 14. Dezember 1938 ordnete das Innenministerium an, die UFN zu schließen,[158] und am 31. Januar 1939 erließ die Mailänder Präfektur ein Dekret, nach der die Zentrale der UFN aufgelöst und ihr Vermögen zu konfiszieren sei.[159] Die Liquidierung der Organisation wurde vom zuständigen Notar Edoardo Messere in einem mehr als 70 Seiten umfassenden Bericht an die Mailänder Präfektur penibel dokumentiert. Am 4. Februar 1939 forderte Messere, der sich in Begleitung eines Wachtmeisters zur UFN begeben hatte, die stellvertretende Vorsitzende Clara Roghi auf, ihm die Schlüssel zu den Büros der Kasse und der Buchhaltung zu übergeben. Unter Aufbringung großen persönlichen Muts lehnte sie dies zunächst heftig ab.[160] Erst angesichts der Drohung des Notars, die Türen aufbrechen zu lassen, konnte die Räumung der UFN schließlich beginnen. Messere erklärte in seinem Bericht, am selben Tag die Siegel am Haus angebracht und mit der Inventarisierung des Vermögens begonnen zu haben. Bei der Räumung des Hauses, welches seit Jahrzehnten das Symbol der Vereinigung, den Ort gemeinsamer Diskussionen, Studien und Arbeit im Geiste eines praktischen Feminismus dargestellt hatte, wurden etliche Objekte, Register und Aufzeichnungen zerstört. Nach Abschluss der Liquidierung bemächtigte sich der örtliche Fascio des Gebäudes im Corso di Porta Nuova, um es als Nachtasyl und Arbeitsamt zu nutzen. Alle noch

---

157 Adelchi Serena, PNF Direttorio Nazionale, an Ministero dell'Interno, 7. Dezember 1938, ACS, Ministero dell'Interno, DGPS, Divisione Affari Generali e Riservati, Fondo Associazioni (1912–1947), b. 30, fasc. 345: UFN.
158 So der Bericht der Mailänder Präfektur vom 26. Februar 1942, ebd. Die kleine Sektion der UFN in Catania, geleitet von Irene Pace Fassari, wurde aufgrund einer analogen Anordnung des Innenministeriums bereits am 29. Dezember 1938 aufgelöst, ihr Vermögen konfisziert und im Januar 1939 der örtlichen Federazione Provinciale dei Fasci di Combattimento übergeben; vgl. ebd.
159 Vgl. Decreto del prefetto di Milano riguardo allo scioglimento dell'UFN, 31. Januar 1939, Archivio UFN, b. 1, fasc. 5.
160 Messere selbst äußerte sich zu dem Vorfall folgendermaßen: „Das Personal kann die Schlüssel der Büros zu Kasse und Buchhaltung nicht übergeben. Als Signora Roghi, die stellvertretende Vorsitzende, um diese gebeten wird, da die Vorsitzende aufgrund von Indisposition abwesend ist, erklärt sie am Telefon, in äußerst aggressiver und keineswegs respektvoller Manier, dass sie sie nicht übergeben könne, da sie nicht wüsste, wer sie habe"; Relazione del liquidatore della Unione Femminile Nazionale, Dott. Edoardo Messere, Milano, per S. E. il Prefetto di Milano, S. 1; ACS, DGPS, Divisione Affari Generali e Riservati, Fondo Associazioni (1912–1947), b. 30, fasc. 345: UFN.

verbliebenen Aktivitäten der UFN, insbesondere im Bereich der Unterstützung von Arbeiterinnen, wurden gestoppt.[161]

Nina Rignano Sullam, die sich zu jenem Zeitpunkt allein im kleinen ligurischen Ort Finalmarina aufhielt, hatte durch eine Mailänder Bekannte von dem desaströsen Vorfall erfahren. Zunächst bemühte sie sich wie gewohnt, Klarsicht und Fassung zu bewahren, konnte jedoch ihren Schmerz über das geschehene Unrecht nicht verbergen. Am 7. Februar 1939, vermutlich unmittelbar nach dem Erhalt der Nachrichten aus Mailand, schrieb sie an ihre langjährige Freundin und Kollegin Maria Giovanardi:

> „Ich war natürlich nicht überrascht: Seit langer Zeit waren wir auf diese Lösung gefasst. Aber die Realität ist immer anders als die Vorausschau, und die Trauer und Bitterkeit angesichts der Tatsache sind nicht weniger ... ich versuche mir vorzustellen, was geschehen ist, und welches letzte Schicksal vielen, lieben Dingen bevorsteht! ... Leb wohl, liebe Maria, es tut mir sehr leid, dass gerade Du das Gebäude begraben musst, das [wir] alle mit viel Mühen, Liebe und Anstrengung aufgebaut haben und das viele Jahre überdauert hat."[162]

Noch eindringlicher spiegelte sich Rignano Sullams tief empfundene Trauer über das Ende der UFN, dem Inbegriff ihres Ideals von Frauenemanzipation und sozialer Gerechtigkeit, in einem weiteren Brief wider, den sie zwei Wochen später an Giovanardi sandte. Zwischen den Zeilen findet sich die Kritik der Akteurin am Vorgehen der faschistischen Behörden und deren schmählicher Missachtung der humanitären Werte und Aktivitäten der Frauenvereinigung, welcher sich Rignano Sullam in einem letzten kämpferischen Ausruf zu vergewissern suchte:

> „Während ich nochmals Deinen Brief lese, kommen auch mir die Tränen, ich spüre das Bedauern darüber, das mich in diesen Tagen häufig überkommt, dass ich in dieser Zeit des Leids weit weg von Euch war, dass ich nicht an der gemeinsamen Tortur teilhatte ... Da ist der große Schmerz über ... die Gleichgültigkeit, vielleicht das Unverständnis gegenüber vielen Anstrengungen, großem Enthusiasmus ... Glauben an Ideale, die wohl missverstanden worden sind ... In jedem Fall, liebe [Maria], wie schön und gut ist es gewesen, mutig bis zum letzten Moment die Arbeit fortzusetzen und in vorderster Linie zu sterben!"[163]

---

161 Vgl. die schriftliche Zeugenaussage von Ersilia Majnos Sohn Edoardo Majno, Ehemann von Berta Cammeo Bernsteins Tochter Elda, in: Gaballo, Il nostro dovere, S. 369. Am 23. November 1938 hatte die letzte Vorstandssitzung der UFN stattgefunden. Erst ab dem 15. März 1943 finden sich in den Protokollbüchern der UFN wieder Einträge, die vom zuständigen Regierungskommissar Augusto Amatori, später vom Liquidationskommissar Alberto Anceschi stammen und die Einrichtung der UFN als *Società Cooperativa* festhalten; vgl. Archivio UFN, Libro Verbali Vol. 12 (1937 – 25/06/1947). Während der Bombardierungen des Sommers 1943 wurde das Gebäude der UFN im Corso di Porta Nuova schwer beschädigt.
162 Nina Rignano Sullam an Maria Giovanardi, 7. Februar 1939, Archivio UFN, b. 1, fasc. 5 (Hervorhebungen im Original).
163 Nina Rignano Sullam an Maria Giovanardi, 23. Februar 1939, ebd.

Die Mitgründerin und zentrale Protagonistin der UFN kehrte bis zu ihrem Tod 1945 nicht mehr dauerhaft nach Mailand zurück. Die Rassengesetzgebung hatte nicht nur sie selbst aus der italienischen Gesellschaft endgültig herausgedrängt, sondern auch die Institution und Netzwerke zerstört, die ihr Leben maßgeblich bestimmt hatten. Die starke Ausprägung der jüdischen Familienidentität Nina Rignano Sullams zeigt sich erneut daran, dass sie sich – etwa im Gegensatz zu Frida Marx Ceccon – trotz ihrer pessimistischen Vorahnungen weder hatte taufen lassen noch nach dem November 1938 einen Antrag auf *discriminazione* stellte, um den Verfolgungsmaßnahmen des Regimes zu entgehen.

In dem dezidierten Festhalten an ihrem jüdischen Selbstbewusstsein unterschied sich Rignano Sullam nicht nur von der Kollegin Frida Marx Ceccon. Der seit Jahren für die UFN tätige Rechtsberater Arturo Milla stellte im November 1938 bei der Abteilung für Demografie und Rasse des italienischen Innenministeriums (DEMORAZZA) einen Antrag auf *discriminazione*, dem 1939 stattgegeben wurde. Im Zusammenhang mit der Verfolgung jüdischer Mitglieder und der drohenden Schließung der UFN erklärte er am 17. Januar 1939 schriftlich seinen Austritt aus der Organisation: „Obwohl ich zuversichtlich bin, was meinen Antrag auf *discriminazione* angeht, halte ich es doch unter Beachtung der Bestimmungen, die das ‚Rassenproblem' reflektieren, für geboten, mein Amt als Syndikus der [UFN] niederzulegen ... ich verlasse mit aufrichtigem Schmerz die Institution, der ich seit vielen Jahren angehört habe ...".[164] Milla war mit einer Nichtjüdin verheiratet und seit 1926 Mitglied der faschistischen Partei. In seinen Unterlagen für die DEMORAZZA hatte er angegeben, dass er im Zuge der Neuordnung der jüdischen Gemeinden Italiens 1929 in die Mitgliederliste der Mailänder Jüdischen Gemeinde eingetragen worden war, ohne dass dies ihm „abgesehen vom Gehorsam und der Regelung im Einklang mit einem Gesetz meines Landes" etwas bedeutet hätte.[165]

Auch die Mailänder Aktivistin Fanny Norsa Pisa (1884–1958), eine Cousine Nina Rignano Sullams und Schwester der Mitgründerin der ADEI, Vittoria Cantoni Pisa, erreichte durch einen Antrag bei der DEMORAZZA im Juli 1939 aufgrund besonderer Auszeichnungen ihrer Familie und ihres eigenen nationalen Engagements die

---

164 Arturo Milla an UFN, 17. Januar 1939, Archivio UFN, b. 1, fasc. 3: atti originali e documentazione fondamentale (1905–1946).
165 Antrag auf *discriminazione* von Arturo Milla, 26. November 1938, ACS, Fondo Ministero dell'Interno, DEMORAZZA, b. 91, fasc. 6655. Laut den betreffenden Unterlagen war Millas Ehefrau die Nichtjüdin Rosetta Cova; seine Töchter Eloisa, Laura sowie Maria Giovanna waren katholisch. Bei Millas Bezugnahme auf die Neuordnung der jüdischen Gemeinden handelt es sich um die Vorbereitungen auf das Gesetz „Falco" von 1930/1931 (benannt nach Gabriella Falco Ravennas Ehemann, dem Juristen Mario Falco), das erstmals in der Geschichte Italiens allgemein verbindliche Normen für alle jüdischen Gemeinden in Italien aufstellte; vgl. Dazzetti, Gli ebrei italiani.

*discriminazione.*¹⁶⁶ Die ungleichen Wege, die die Töchter des prominenten Mailänder Senatoren und Philanthropen Ugo Pisa nach 1938 einschlugen, bilden ein relevantes Beispiel für die Entwicklung unterschiedlicher ideologischer Positionen innerhalb ein und derselben jüdischen Familie:¹⁶⁷ Während Vittoria Cantoni Pisa die zionistische Option wählte und im April 1939 dauerhaft nach Tel Aviv auswanderte, bezog Fanny Norsa Pisa sich in ihrem ausführlichen schriftlichen Plädoyer an die DEMORAZZA auf ihr langjähriges nationales Engagement und den traditionellen Patriotismus ihrer Familie. Interessanterweise wurden die Beteiligung des Vaters an den italienischen Unabhängigkeitskriegen des 19. Jahrhunderts, die Auszeichnungen des Bruders Luigi im Ersten Weltkrieg sowie Fanny Norsas eigenes ausgeprägtes Verdienst für Mütter und Kinder im Ersten Weltkrieg in ihrem Antrag besonders hervorgehoben. Sie selbst stellte sich als überzeugte Faschistin dar.¹⁶⁸ Als langjährige Vorsitzende der Mailänder Mutterschaftskasse, die Ugo Pisa im Jahr 1904 mitgegründet und maßgeblich finanziert hatte, arbeitete Fanny Norsa Pisa in enger Verbindung mit der faschistischen ONMI und war Mitglied der Fasci Femminili. Im Jahr 1937 war sie dem PNF beigetreten.¹⁶⁹ Sowohl von einer religiösen jüdischen Identität als auch vom zionistischen Selbstverständnis ihrer Schwester Vittoria setzte Fanny Norsa Pisa sich in ihrem Antrag entschieden ab: „Die Verfasserin hat sich niemals religiösen Praktiken, zionistischen oder politischen Aktivitäten gewidmet."¹⁷⁰

Für Nina Rignano Sullam dagegen kam eine schriftliche Distanzierung von ihrer jüdischen Herkunft und ihrem kulturellen Erbe nicht in Frage. Anders als Arturo Milla und Fanny Norsa Pisa unternahm sie keinen Versuch, eine Ausnahmeregelung von den Rassegesetzen zu erwirken. Auch die Emigration ins Ausland stellte für die mittlerweile 64-jährige, kinderlose Witwe Anfang 1939 offenbar keine realistische Option mehr dar. Im Rückzug aus der lombardischen Metropole in die Einsamkeit der ligurischen Dörfer sah Rignano Sullam vermutlich die einzige Möglichkeit, ihre persönliche Integrität zu bewahren und gleichzeitig den diskriminierenden Maßnahmen

---

166 Vgl. das Schreiben der Mailänder Präfektur vom 2. Juli 1938 mit der entsprechenden Empfehlung an die DEMORAZZA; ACS, Fondo Ministero dell'Interno, DEMORAZZA, b. 47, fasc. 3869.
167 Dieses Phänomen stellte keineswegs einen Einzelfall dar. In der prominenten Turiner Familie Foa beispielsweise beteiligte sich der Sohn Vittorio Foa bekanntermaßen aktiv im antifaschistischen Untergrund; sein älterer Bruder Giuseppe dagegen war Mitglied des PNF, obwohl er gleichzeitig mit antifaschistischen Positionen sympathisierte; vgl. dazu Stille, Benevolence and Betrayal, S. 13, 118–127.
168 Norsa Pisa betonte ihr mehr als 30-jähriges Engagement für die Mailänder Mutterschaftskasse und anderer Wohlfahrtseinrichtungen, die sie „während des Großen Kriegs intensiviert habe und heutzutage mit faschistischer Disziplin in die Reihen derjenigen einordne, die sich für die demografische Kampagne einsetzen, die das väterliche Herz des Duce gewollt habe"; Fanny Norsa Pisa an Innenministerium, 29. November 1938, ACS, Fondo Ministero dell'Interno, DEMORAZZA, b. 47, fasc. 3869.
169 Vgl. das Schreiben der Mailänder Präfektur vom 2. Juli 1938 an die DEMORAZZA sowie die entsprechenden Unterlagen, u. a. ihren Mitgliedsausweis der Fasci Femminili, die Fanny Norsa Pisa ihrem Antrag beilegte; ACS, Fondo Ministero dell'Interno, DEMORAZZA, b. 47, fasc. 3869.
170 Fanny Norsa Pisa an Innenministerium, 29. November 1938, ebd.

des Regimes so weit als möglich auszuweichen. „Ich lebe hier in einer Art Lethargie", schrieb sie im Februar 1939 an Maria Giovanardi, „schaue auf das Meer, den Himmel, versuche zu vergessen."[171] Dass der Beginn des Zweiten Weltkriegs und die bevorstehende Verfolgung des Lebens der italienischen Juden ihre Rückkehr nach Mailand bald endgültig vereiteln würden, wusste Nina Rignano Sullam damals noch nicht. Die letzten Jahre ihres Lebens sollte sie versteckt unter falschem Namen zubringen; den Wiederaufbau der UFN nach Ende des Zweiten Weltkriegs konnte sie nicht mehr miterleben.[172]

Letzte Rückzugsorte

Nina Rignano Sullam war nicht die einzige Protagonistin der frühen italienischen Frauenbewegung, die angesichts der Rassengesetzgebung den Weg in die Einsamkeit wählte. Auch Laura Orvieto zog sich zusammen mit ihrem Ehemann Angiolo im Frühjahr 1939 von Florenz nach Cortina d'Ampezzo zurück, wo die letzten Teile ihrer Autobiografie entstanden.[173] Per Gesetz aus der italienischen Nation ausgeschlossen und aufgrund der Auswanderung von Freunden und Familienmitgliedern zusehends isoliert, versuchte Orvieto, in der Abgeschiedenheit der Berge ihre Gedanken und Gefühle über die schwerwiegenden aktuellen Ereignisse in Worte zu fassen:

> „Als [Angiolo und Laura] die sehr schmerzhafte Krise überwunden haben, warten sie in Einsamkeit. Einsamkeit, weil viele Freunde Italien verlassen haben, um weit weg zu gehen: nach Brasilien, Kuba, Indien, Argentinien, Australien, Palästina ... Angiolo und Laura bleiben. ‚Auch wenn die Mutter ihre Kinder schlecht behandelt, ist sie doch immer die Mutter, und es darf nicht sein, dass man sie nicht liebt', sagt Angiolo."[174]

Die „schmerzhafte Krise", von der die Schriftstellerin sprach, betraf sowohl die wachsende Einsamkeit als auch die bittere Erfahrung der Exklusion. Nach ihrem freiwilligen Rücktritt aus dem CNDI war das Lyceum die einzige weltliche Frauenvereinigung, in der Orvieto in den 1930er Jahren noch tätig war. Wenige Wochen nach Verabschiedung der Rassengesetzgebung veröffentlichte jedoch der Vorstand des Lyceum ein offizielles Schreiben, nach dem alle jüdischen Mitglieder die Vereinigung sofort zu verlassen hatten.[175] Bereits vorher waren antisemitische Tendenzen innerhalb der

---

171 Nina Rignano Sullam an Maria Giovanardi, 7. Februar 1939, Archivio UFN, b. 1, fasc. 5.
172 Vgl. Gaballo, Il nostro dovere, S. 371.
173 Vgl. Del Vivo, Introduzione, S. VII.
174 Orvieto, Storia di Angiolo e Laura, hg. von Del Vivo, S. 136 f.
175 Vgl. Sandiford, Il Lyceum di Firenze, S. 46 f. Die Verfasserin dankt Mirka Sandiford für wertvolle Hinweise auf die antijüdische Politik des Lyceum im Jahr 1938; vgl. auch den unveröffentlichten Beitrag von Simona Maionchi über die Geschichte der Organisation, „Lyceum Club Internazionale di Firenze", insbesondere S. 4 f.

Organisation sichtbar geworden, die sich dem faschistischen Regime bereitwillig angepasst hatte. Aufgrund der offiziellen Verlautbarung wurde Laura Orvieto Ende 1938 aus der Vereinigung vertrieben, die sie zu Beginn des Jahrhunderts mit aufgebaut und zusammen mit ihren bereits exilierten Freundinnen Gina Lombroso und Amelia Rosselli jahrzehntelang geprägt hatte.[176]

Die Politik des Lyceum, das nach dem Ausschluss aller sogenannten „Nicht-Arierinnen" seine Aktivitäten bis in die 1940er Jahre hinein ungestört fortsetzen konnte, stand dem Verhalten der UFN diametral entgegen. Indem die Mailänder Frauenvereinigung bis zum letzten Moment ihre jüdischen Aktivistinnen integrierte und unterstützte, Nina Rignano Sullam sogar ausdrücklich von ihrem Rücktritt abzuhalten versuchte, ging sie wissentlich das Risiko einer Auflösung durch das Regime ein, die schließlich bittere Gewissheit wurde. Das Lyceum dagegen, wie zuvor schon der CNDI, wählte den Weg der ideologischen Anpassung, der nach den Rassengesetzen konsequenterweise die Ausgrenzung aller jüdischen Mitglieder zur Folge hatte.

Nach der Vertreibung jüdischer Feministinnen aus allen noch verbliebenen Organisationen der italienischen Frauenbewegung und dem gewaltsamen Ende der UFN im Januar 1939 war die ADEI die einzige Institution in Italien, die jüdischen Frauen noch einen letzten begrenzten Raum für soziales und kulturelles Engagement bot. Als jüdische Vereinigung, welcher der Verdacht anti-nationaler Umtriebe anhaftete, stand sie jedoch seit Ende 1938 unter besonders intensiver Beobachtung durch die faschistischen Behörden. Dies betraf durchaus auch einzelne Mitglieder und ihre Familien, auf die der Verdacht einer innerjüdischen bzw. zionistischen Verschwörung fiel.[177] Im März 1939 etwa holte die politische Polizei genaue Informationen über den familiären und politischen Hintergrund der damaligen Vorsitzenden der Gesamtorganisation, Vittoria Cantoni Pisa, sowie der Schatzmeisterin der Bologneser ADEI, Elisa Fiano Neppi, ein und leitete diese an das Innenministerium weiter. Über „die Jüdin Elisa Fiano"

---

176 „... allmählich verließen die jüdischen Mitglieder das Lyceum, wenn sie auch ihren Mitgliedsbeitrag weiter entrichteten: jetzt zahlen sie nicht einmal mehr diesen, weil sie als Nicht-Arierinnen aus der Vereinigung ausgeschlossen sind"; Orvieto, Storia di Angiolo e Laura, hg. von Del Vivo, S. 127.
177 Als Arrigo Bernstein, einer der Söhne der ADEI-Gründerin Berta Cammeo Bernstein und Bruder der Aktivistin Marta Bernstein Navarra, 1939 einen Antrag auf *discriminazione* stellte, wurde dieser trotz seines Nachweises diverser relevanter Auszeichnungen im Ersten Weltkrieg abgelehnt. In der Begründung stand, es gebe sowohl vom Innenministerium als auch vom italienischen Konsulat in Paris Hinweise auf Arrigo Bernstein, „denen zufolge er sich illegalem Geldhandel und antinationalen Aktivitäten verschrieben habe". Offenbar war mit letzteren die zionistische Orientierung Arrigo Bernsteins und seiner Familie gemeint. Zudem habe er niemals Solidarität mit dem Regime gezeigt. Aufgrund des politischen Verdachts gegen ihn, so der Präfekt, könne der Antrag auf *discriminazione* nicht bewilligt werden. Festgehalten wurde auch, dass Bernstein kein Mitglied der faschistischen Partei sei; vgl. Prefettura di Milano, 7. August 1939, ACS, Fondo Ministero dell'Interno, DEMORAZZA, b. 252, fasc. 17655. Arrigo Bernstein erscheint noch Anfang der 1940er Jahre unter den Mitgliedern und finanziellen Beiträgern der ADEI; vgl. die Aufstellung der Mitglieder und Spender für den Zeitraum 1940/1941, vgl. CDEC Milano, Fondo ADEI, fasc. 1928–1950, anno 1940–1941.

(so der Wortlaut des Schreibens) war dort unter anderem zu lesen: „Die Empfängerin ist verheiratet mit dem Juden, Anwalt Neppi Vittorio, Sohn von Graziadio, geboren in Ferrara am 13. November 1885, Universitätsprofessor, der infolge der Bestimmungen des Gesetzes zum Schutz der Rasse aus der Lehrtätigkeit entlassen ist."[178]

Hintergrund war die Beschlagnahmung eines Briefes von Cantoni Pisa an Fiano Neppi vom Dezember 1938, in dem die Vorsitzende auf der Aufrechterhaltung der Bologneser Sektion bestand, da diese in den Wochen nach dem November 1938 zahlreiche Mitglieder verloren hatte. Viele Akteurinnen betrachteten sie damals irrtümlicherweise bereits als aufgelöst. Kurze Zeit später wurde in einem Schreiben der Mailänder Präfektur an das Innenministerium, das ebenfalls den Briefwechsel zwischen Cantoni Pisa und Fiano Neppi zum Thema hatte, explizit darauf hingewiesen, dass Vittoria Cantoni Pisa kein Mitglied der faschistischen Partei sei. „Die gesamte Familie Cantoni ist jüdischer Rasse und Religion und lebt in blühenden wirtschaftlichen Umständen."[179] Weiteren Nachstellungen entkam das Ehepaar Cantoni Pisa nur durch die Auswanderung nach Palästina im April 1939.

Nicht nur der Bologneser Gruppe drohte im Anschluss an die Rassengesetzgebung das Ende ihrer Existenz.[180] Während die Mitgliederzahlen der ADEI bis 1938 insbesondere im Zuge der Verdrängung jüdischer Akteurinnen aus den weltlichen Organisationen der Frauenbewegung stetig angestiegen waren, ereignete sich nach November 1938 eine rasante quantitative Abnahme der Mitgliedschaft: Die Zahlen sanken von insgesamt 1 258 Mitgliedern im Jahr 1938 auf lediglich 689 im Jahr 1939. In einem Bericht für den Zeitraum 1938/1939 wurde konstatiert:

> „Der Rechenschaftsbericht über die Aktivitäten der Zentrale der ADEI während des Geschäftsjahrs 1938/1939 spiegelt leider in den Zahlen jene schwerwiegende, von den aktuellen Ereignissen bestimmte Situation wider, die den Geist der Standhaftigkeit und Opferbereitschaft der ‚Donne Ebree d'Italia' auf eine harte Probe gestellt hat … der große Unterschied in der Anzahl der Mitglieder und der enorme Rückgang der Einnahmen macht uns ratlos hinsichtlich der zukünftigen Optionen unserer ADEI."[181]

---

178 Divisione Polizia Politica, Appunto per l'On. Divisione Affari Generali e Riservate, 8. März 1939, ACS, Ministero dell'Interno, DGPS, Divisione Affari Generali e Riservati, Fondo Associazioni (1912–1947), b. 4, fasc. 37: ADEI.
179 Dokument vom 26. März 1939, ACS, Ministero dell'Interno, DGPS, Divisione Affari Generali e Riservati, Fondo Associazioni (1912–1947), b. 4, fasc. 37: ADEI.
180 Wie sehr Cantoni Pisa daran lag, die Kontinuität der Bologneser Sektion sicherzustellen, wird aus einem weiteren beschlagnahmten Brief deutlich, in dem sie die Bologneser Aktivistin Emma Sonino ausdrücklich darauf hinwies, dass die Sektion „weiterhin existiere", und die Mitglieder dazu aufrief, „ihre Mitgliedschaft aufrechtzuerhalten und auch ihren Beitrag zu zahlen"; Vittoria Cantoni Pisa an Emma Sonino, 26. Februar 1939, ACS, Ministero dell'Interno, DGPS, Divisione Affari Generali e Riservati, Fondo Associazioni (1912–1947), b. 4, fasc. 37: ADEI.
181 Relazione della Presidenza e delle Sezioni e Relazioni sul resoconto finanziario della Centrale dell'ADEI per l'anno sociale 1938–1939, ACS, Ministero dell'Interno, DGPS, Divisione Affari Generali e

Der beträchtliche Rückgang der Mitgliederzahlen erklärte sich zum einen aus der Auswanderung zahlreicher Akteurinnen, zum anderen aus der begründeten Furcht nicht weniger Frauen, aufgrund der Zugehörigkeit zur ADEI ihre jüdische Herkunft offen preiszugeben und sich Denunzierungen sowie den Verfolgungsmaßnahmen des Regimes unmittelbar auszusetzen.[182] Die Anzahl der Mitglieder der Triestiner ADEI beispielsweise war laut der überlieferten Listen zwischen 1938 und 1939 von 78 auf lediglich 17 gesunken. Es ist jedoch fraglich, ob diese Zahl die eigentliche Menge der verbliebenen Triestiner Mitarbeiterinnen wiedergibt, wenn auch tatsächlich ein beträchtlicher Teil der Gruppe bereits emigriert war.[183] Bezeichnenderweise tauchten zwei Mitglieder als „X.Y.", ohne Angabe des Namens, in der Mitgliederliste auf: „Es handelt sich um zwei langjährige Mitglieder, die nicht mit ihrem Namen in der Liste aufgeführt werden möchten."[184]

Die realen Mitgliederzahlen der ADEI dürften insofern in Triest wie in anderen italienischen Städten auch nach 1938 zumindest geringfügig höher gewesen sein, als in den entsprechenden Dokumenten angegeben wird. Auch dieser letzte Rückzugsort jedoch bot keinerlei Schutz mehr. Seit Beginn der 1940er Jahre wurde nicht nur die Organisation als solche in ihrer Existenz gefährdet: Der Angriff auf das Leben ihrer Mitglieder war nur noch eine Frage der Zeit.

Riservati, Fondo Associazioni (1912–1947), b. 4, fasc. 37: ADEI. Turin, Triest, Florenz und Padua wiesen die größten Verluste auf, während die Sektionen in Alessandria, Ancona, Pisa und Neapel bereits geschlossen oder in Auflösung begriffen waren. Die traditionell mitgliederstarken Sektionen in Mailand, Venedig, Ferrara und Rom, zusammen mit den Gruppen in Verona, Vercelli und Rovigo, leisteten damals noch den größten Beitrag zur ADEI.
182 Im Zusammenhang mit dem Versuch der Rettung der Bologneser Sektion etwa hatte Cantoni Pisa der Schatzmeisterin Elisa („Lisetta") Fiano Neppi (die Vorsitzende der ADEI in Bologna, Wanda Ascarelli, fiel aufgrund gesundheitlicher Probleme aus) vorgeschlagen, alle Mitglieder der ADEI in Bologna nochmals ausdrücklich zu einer klaren Stellungnahme bezüglich ihrer Mitgliedschaft aufzufordern: „Jede einzelne Mitarbeiterin sollte gebeten werden, explizit zu erklären, ob sie bleiben will oder nicht. Auf diese Weise würden die Furchtsamen und die Gleichgültigen gehen, aber die guten Mitarbeiterinnen [die irrtümlicherweise ihren Austritt erklärten, da sie annahmen, die Sektion sei bereits aufgelöst], würden sich wieder anschließen, und so würde sich die Sektion retten und könnte ihre Existenz weiter fortführen, ein wenig zusammengeschrumpft natürlich, aber geformt von einer bewussten und treuen Gruppe"; Vittoria Cantoni Pisa an Lisetta Fiano Neppi, 26. Dezember 1938. Der Brief befindet sich als Anlage in einem Schreiben der Divisione Polizia Politica, Appunto per l'On. Divisione Affari Generali e Riservate, 8. März 1939, ACS, Ministero dell'Interno, DGPS, Divisione Affari Generali e Riservati, Fondo Associazioni (1912–1947), b. 4, fasc. 37: ADEI.
183 Im Anschluss an die Rassengesetze vom November 1938 emigrierten nach Schätzungen ca. 6 000 Juden aus Italien ins Ausland, v. a. nach Frankreich, Großbritannien, Nord- und Südamerika sowie Palästina. Die USA nahm etwa ein Drittel der jüdischen Emigranten aus Italien auf; vgl. Collotti, Il fascismo e gli ebrei, S. 92.
184 ADEI Sezione di Trieste, Elenco delle Socie anno 1938/39; CDEC Milano, Fondo Comunità Ebraica di Milano, b. 2, fasc. 4: ADEI. Vgl. zudem die Mitgliederliste bzw. -anzahl (78 Mitglieder) für den Zeitraum 1937/1938 im Elenco delle Socie (Sezione di Trieste) anno 1937/38, ebd.

„Antifaschistische Internationalistinnen". Die Beschattung der ADEI (1940–1943)

Nach den ursprünglichen Plänen Mussolinis hätte die antisemitische Politik des faschistischen Regimes mit der Vertreibung aller Juden aus Italien abgeschlossen werden sollen. Bereits im September 1938 hatte der Duce die Ausweisung der großen Mehrheit ausländischer Juden angeordnet, im Februar 1940 wurde beschlossen, innerhalb der nächsten zehn Jahre auch alle italienischen Juden aus dem Land zu vertreiben.[185] Als Italien im Juni 1940 an der Seite des nationalsozialistischen Deutschland in den Krieg eintrat, kam dieses Projekt jedoch zum Stillstand: Jüdische Männer, Frauen und Kinder waren nun blockiert in einem Land, das sie ablehnte und diskriminierte. Die „Schuld am Krieg" hatte der Antisemit Giovanni Preziosi in seiner Zeitschrift „La vita italiana" bereits kurz nach dem deutschen Überfall auf Polen „den Juden" zugeschrieben: „Der Krieg wurde von der Judenheit Amerikas vorbereitet, die in der Regierung Großbritanniens ihr wichtigstes europäisches Instrument hat: Männer, welche die vom höchsten Finanzjudentum dominierte Presse als ‚beste' Engländer durchgehen lässt und ihre Politik als authentische englische Politik präsentiert."[186]

Nicht zuletzt um die angebliche Verantwortung der Juden in ihrer Gesamtheit für den Krieg hervorzuheben, verschärfte die faschistische Regierung in der Folgezeit ihre judenfeindlichen Maßnahmen. Seit Juni 1940 wurden italienische Juden, die als Gefahr für das Regime galten, sowie ausländische Juden, deren Heimatländer eine antijüdische Politik verfolgten, interniert.[187] Auch beutete das faschistische Italien die Arbeitskraft von Juden zunehmend systematisch aus. Im Mai 1942, wenige Monate nach der berüchtigten Wannsee-Konferenz, wurden bestimmte Gruppen italienischer Juden zum Arbeitseinsatz für die Kriegswirtschaft gezwungen. Nur ein Jahr später entstanden regelrechte Internierungs- und Arbeitslager für italienische Juden.[188]

Trotz der starken Mitgliederverluste, die die ADEI seit Ende 1938 hatte hinnehmen müssen, intensivierten sich im Kontext dieser Entwicklungen die Aufgaben und

---

185 Vgl. dazu Sarfatti, The Jews, S. 144–146.
186 Giovanni Preziosi, E la guerra ebrea è venuta, in: La vita italiana, 15. September 1939.
187 Während noch Ende 1937 nur in Deutschland eine antijüdische Gesetzgebung existiert hatte, breitete diese sich zwischen 1938 und dem Sommer 1939 in diversen Formen und mit unterschiedlicher Radikalität außer auf Italien auch auf Rumänien und Ungarn sowie die vom nationalsozialistischen Deutschland annektierten Gebiete und Länder aus. Zur Internierungspolitik des faschistischen Italien seit 1940 vgl. ausführlich: Spartaco Capogreco, I campi del duce; Voigt, Il rifugio precario, S. 1–22. Das größte Internierungslager für ausländische Juden war jenes in Ferramonti in Tarsia, nahe Cosenza, das im Juni 1940 in Funktion trat. Über das „Lager-Ghetto" (Begriff nach Voigt) vgl. ebd., S. 193–239.
188 Vgl. Collotti, Il fascismo e gli ebrei, S. 112–117. Außerhalb Italiens nahm zu jener Zeit die Phase der systematischen Ermordung der europäischen Juden ihren Anfang. Nach dem Angriff Deutschlands auf die Sowjetunion im Juni 1941, an dem das faschistische Italien maßgeblich beteiligt war, fanden die ersten regelmäßigen Massenerschießungen von Juden statt, bei der mitunter bis zu mehreren Tausend jüdischer Männer, Frauen und Kinder ermordet wurden; Sarfatti, La Shoah, S. 51.

Aktivitäten der einzigen Vereinigung in Italien, die jüdischen Frauen damals noch einen Handlungsraum bot. Nach der Auswanderung von Vittoria Cantoni Pisa nach Palästina im April 1939 wurde Gabriella Falco Ravenna, Vertraute und ‚Schülerin' der ADEI-Gründerin Berta Cammeo Bernstein, Vorsitzende der Gesamtorganisation. Die Tochter des ehemaligen Präsidenten der Unione delle comunità ebraiche italiane förderte die Kooperation der Frauenvereinigung mit jüdischen Hilfsorganisationen und setzte sich nicht zuletzt dafür ein, dass die ADEI Cammeo Bernsteins Ideal eines praktischen Feminismus in Verbindung mit sozialem Engagement treu blieb. Ab November 1939 arbeitete die ADEI mit der neugegründeten jüdischen Hilfsorganisation Delegazione per l'assistenza agli emigranti (DELASEM)[189] zusammen und unterstützte im Einklang mit ihren eigenen, 1927 formulierten Zielen jüdische Emigranten und Bedürftige, deren Zahlen im Zuge der Rassengesetzgebung drastisch angestiegen waren. Seit 1940 kamen die Akteurinnen insbesondere auch Familien von Internierten durch Kleider-, Geld-, Lebens- und Arzneimittel-Spenden zu Hilfe.[190]

Abgesehen von der im Umfeld der UFN entstandenen, durch Feminismus, Sozialismus und Antifaschismus geprägten Mailänder Zentrale hatte sich die ADEI während der 1920er und 1930er Jahren prinzipiell als eher unpolitischer Verband verstanden, der Konflikte mit der faschistischen Regierung bewusst vermied und seine zionistische Orientierung nach außen abschirmte. Im Zeitraum zwischen 1940 und 1943 jedoch entwickelte die jüdische Frauenvereinigung zunehmend antifaschistische Tendenzen. Aufgrund der engen, familiären Atmosphäre, die innerhalb der zahlenmäßig stark verkleinerten Sektionen herrschte, konnten heimliche Treffen organisiert werden, bei denen auch „gefährliche" politische Themen wie die Entwicklung des Krieges und die Situation der Juden zur Sprache kamen. Höchstwahrscheinlich verbreiteten sich gegen Ende 1942 Nachrichten über die Judenvernichtung in Osteuropa auch innerhalb der ADEI, insbesondere aufgrund des engen Kontakts ihrer Mitglieder zu ausländischen jüdischen Internierten. Es ist verbürgt, dass unter den Lagerinsassen von Ferramonti die Existenz von Vernichtungslagern im Osten spätestens seit

---

189 Die DELASEM war im November 1939 im Anschluss an die von Mussolini angeordnete Auflösung des jüdischen Hilfskomitees Comitato di assistenza agli ebrei in Italia (Comasebit) gegründet worden und unterstützte unter dem Vorwand der hauptsächlichen Fürsorge für Auswanderer auch mittellose Juden in Italien. Zur Entstehung und Geschichte der DELASEM vgl. ausführlich Voigt, Il rifugio precario, S. 335–351; Antonini, Delasem. Speziell zu den Frauengruppen der DELASEM, die mit der ADEI zusammenarbeiteten, vgl. Relazione fatta alle Sezioni Femminili nell'Ottobre 1941, in: Due anni DELASEM, Genua 1942, S. 13–23, abgedruckt in: Sarfatti, The Jews, S. 261–269.

190 „Die Hilfe [der ADEI] ist auf bedürftige Familien von Juden ausgedehnt worden, die in Konzentrationslager oder in die politische Verbannung geschickt wurden"; Questura di Roma an Ministero degli Affari Esteri, 23. Juli 1941; ACS, Ministero dell'Interno, DGPS, Divisione Affari Generali e Riservati, Fondo Associazioni (1912–1947), b. 4, fasc. 37: ADEI. Zur Zusammenarbeit zwischen ADEI und DELASEM vgl. Nidam-Orvieto, ADEI, S. 4; Voigt, Il rifugio precario, S. 341.

Ende 1942 bekannt war, da fast alle von ihnen Familienangehörige hatten, die in den Monaten zuvor nach Polen deportiert worden waren.[191]

Um der Zensur zu entgehen, wurden Einladungen zu Veranstaltungen der ADEI immer häufiger persönlich verteilt anstatt mit der Post verschickt. Viele Treffen fanden in den Häusern von Aktivistinnen ab, damit sich keine Parteimitglieder unter die Zuhörer mischen konnten.[192] Auf diese Weise gelang es noch Anfang der 1940er Jahre zumindest der Mailänder Zentrale, die dortige Präfektur über die zionistischen Tendenzen der Organisation hinwegzutäuschen und sich nach außen als reine Kultur- und Wohlfahrtsorganisation darzustellen. Im September 1941 berichtete der Mailänder Präfekt auf Anfrage dem Innenministerium, dass die örtliche ADEI ausschließlich kulturelle und wohltätige Ziele in Italien (und nicht in Palästina) verfolge. „Ein kleiner Teil" der etwa 100 Mitglieder finde sich jede Woche in der Synagoge ein, um Kleider für wohltätige Zwecke herzustellen oder die Vorlesungen des Oberrabbiners Gustavo Castelbolognesi über jüdische Kultur zu hören.[193]

Die römische Sektion der ADEI hingegen war bereits im Mai 1941 unter den Verdacht subversiver, antifaschistischer Aktivität geraten. Sowohl das Engagement der Gruppe für internierte Juden als auch die zionistische Ausrichtung der Akteurinnen, unter denen sich keine Mitglieder der faschistischen Partei befanden, hatte sich trotz aller Vorsichtsmaßnahmen vermutlich aufgrund einer Denunzierung herumgesprochen. Am 23. Mai 1941 teilte die politische Polizei unter Bezugnahme auf eine „vertrauliche Quelle" dem Innenministerium mit, dass die Frauenvereinigung

> „heimlich Propaganda für den Zionismus mache, die bekannte Bewegung antinationalistischer, antifaschistischer und ausgesprochen internationalistischer Politik zum Wiederaufbau Palästinas und eines jüdischen Staates unter englischer Souveränität. Die Komponenten des Vorstands dieser Vereinigung sind alle Antifaschistinnen, inklusive der Vorsitzenden Emma Fano, Ehefrau eines Commendatore Fano, der nie Mitglied der faschistischen Partei war und eifriger Zionist ist … [Die Vereinigung] hält Vorträge über die zionistische Politik, die in offenem Widerspruch zu den Richtlinien des Regimes stehen. Hinzugefügt sei, dass die Vereinigung ein Hilfskomitee für ausländische Juden betreibt, die die Regierung in politische Verbannung und in Konzentrationslager gebracht hat."[194]

---

191 Vgl. das Telegramm, das einige ausländische jüdische Gefangene des Lagers Ferramonti im Dezember 1942 an Präsident Roosevelt senden konnten, in: Sarfatti, The Jews, S. 167.
192 Vgl. Nidam-Orvieto, ADEI, S. 4. Mit der Post verschickte Briefe der ADEI wurden regelmäßig von der politischen Polizei abgefangen, so auch ein Schreiben von Dina Bassani, der Sekretärin der Mailänder ADEI, an die Ehefrau des Oberrabbiners von Rom, Alice Toaff. Darin ging es u. a. um die finanzielle Situation der Mailänder Zentrale als auch um das Subkomitee für Tripolis; vgl. die Anlage zum Schreiben der Divisione Polizia Politica, „Appunto per la Divisione Affari Generali e Riservati" des Innenministeriums und an Prefettura di Milano, 15. Februar 1941, ACS, Ministero dell'Interno, DGPS, Divisione Affari Generali e Riservati, Fondo Associazioni (1912–1947), b. 4, fasc. 37: ADEI.
193 Vgl. Prefettura di Milano an Ministero dell'Interno, 26. September 1941, ACS, Ministero dell'Interno, DGPS, Divisione Affari Generali e Riservati, Fondo Associazioni (1912–1947), b. 4, fasc. 37: ADEI.
194 Capo Divisione Polizia Politica an Ministero dell'Interno, 23. Mai 1941, ebd.

Die seit langem in faschistischen Kreisen kursierenden, von Mussolini selbst geförderten Vorurteile gegenüber dem Zionismus hatten aufgrund der Kriegssituation und des Gegensatzes zum Gegner Großbritannien sowie der gleichzeitigen Radikalisierung der faschistischen „Judenpolitik" zusätzlichen Rückhalt bekommen. Als zionistisch ‚entlarvte' und daher aus Sicht des Faschismus gefährliche anti-nationale, regimefeindliche Bewegung geriet so auch die ADEI einmal mehr ins Blickfeld der römischen Behörden. Hinzu kam ihre Unterstützung von jüdischen Internierten, die als Regimegegner galten, was die politische Polizei als Beweis für eine antifaschistische Verschwörung der Gruppe ansah. In den folgenden Wochen wurden detaillierte Informationen über die ADEI, die Zusammenkünfte der römischen Sektion und deren Vorsitzende Emma Fano eingeholt.[195] Am 23. Juli 1941 berichtete das Polizeipräsidium in Rom dem Außenministerium:

> „Die Treffen, die ‚Wohltätigkeits-Tees' genannt werden, finden jede Woche montags und mittwochs von Oktober bis Juni statt ... Auch die Zentrale in Mailand soll sich für wohltätige Zwecke für mittellose Juden in Italien und den Kolonien einsetzen, aber es ist unbekannt, ob sie Spenden nach Palästina schickt, um die Bewegung für einen jüdischen Staat unter englischer Souveränität zu fördern. **Es kann nicht ausgeschlossen werden, dass die Mitglieder, wenn sie sich versammeln, über die Rassengesetze klagen. Emma Fano ist mit Davide Fano, Sohn von Emanuele und Elvira Forti, geboren in Venedig am 22.7.1876, verheiratet, und erhält von ihm Anweisungen und Ratschläge bezüglich des Vorgehens der betreffenden Sektion.**"[196]

Obwohl die ADEI noch bis September 1943 unter erschwerten Bedingungen weiterexistieren konnte, wurde es zumindest für die Mitglieder der römischen Sektion seit Sommer 1941 nahezu unmöglich, unbeobachtete Zusammenkünfte zu organisieren. In den Akten des Innenministeriums sind bis zum Jahr 1943 mehrere detaillierte Hinweise des römischen Polizeipräsidiums auf Veranstaltungen der jüdischen Frauenvereinigung mit Angaben zum Versammlungsort, der Referenten und Referentinnen sowie der betreffenden Vortragsthemen überliefert.[197] Dass Emma Fano von ihrem Ehemann in der Leitung der römischen Sektion beeinflusst und gelenkt wurde, ist äußerst unwahrscheinlich, hatte die „unermüdliche Initiatorin" (so ihre Zeitgenossin Evelina Polacco) doch die römische Niederlassung 1929 mitgegründet und durch ihre

---

195 Zu Emma Fano vgl. Polacco, La Fondazione, S. 25.
196 Questura di Roma an Ministero degli Affari Esteri, 23. Juli 1941, ACS, Ministero dell'Interno, DGPS, Divisione Affari Generali e Riservati, Fondo Associazioni (1912–1947), b. 4, fasc. 37: ADEI (Hervorhebungen im Original).
197 Vgl. etwa Questura di Roma an Ministero dell'Interno, 9. Februar 1943: „Heute fand von 18:30 bis 19 Uhr eine Veranstaltung der ADEI im Sitz der jüdischen Gemeinde, Lungotevere Sanzio Nr. 9, statt; der Lehrer Cesare Elise hat über das Thema ‚Eine interessante liturgische Geste' gesprochen"; ACS, Ministero dell'Interno, DGPS, Divisione Affari Generali e Riservati, Fondo Associazioni (1912–1947), b. 4, fasc. 37/2 (1939–1943): ADEI.

eigene Arbeit maßgeblich geprägt. Bereits seit zwölf Jahren hatte sie ihren Vorsitz inne.[198] Aus der Bemerkung des Polizeipräsidiums spricht vielmehr das antisemische Vorurteil gegenüber einem zionistischen, gegen den Faschismus gerichteten „Internationalismus", den der überzeugte Zionist und einst erfolgreiche Geschäftsmann Davide Fano besonders eindrücklich zu verkörpern schien, zumal er nie Mitglied der faschistischen Partei gewesen war.[199]

Flucht, Versteck und Deportation. Schicksale italienisch-jüdischer Feministinnen (1943–1945)

Trotz antisemitischer Anfeindung und intensiver polizeilicher Beobachtung hielt die ADEI noch über zwei Jahre lang ihre Arbeit aufrecht, unterstützte im Rahmen der verbliebenen Möglichkeiten mittellose jüdische Familien und organisierte Weiterbildungskurse für Frauen, die sich kurz vor der Auswanderung befanden.[200] Die deutsche Besetzung Italiens im September 1943 und die Entstehung der Republik von Salò (RSI) jedoch bereiteten der beinahe 20-jährigen Existenz der jüdischen Frauenvereinigung in Italien ein gewaltsames, jähes Ende. Die Verfolgung des Lebens der Juden in Italien nahm mit dem 8. September 1943 ihren Anfang.[201] Wie alle Juden, die sich nicht in den von den Alliierten befreiten Gebieten Süditaliens befanden, begannen auch die Mitglieder der vorwiegend in Rom sowie den größeren Städten Zentral- und Norditaliens ansässigen ADEI, zusammen mit ihren Familien um das Überleben zu kämpfen. Viele flüchteten oder versuchten, sich zu verstecken, um den drohenden Deportationen zu entgehen.[202] Berta Cammeo Bernsteins Tochter Marta Bernstein Navarra, eine der zentralen Figuren der jüdischen Frauenvereinigung, gelang noch im letzten Moment die Flucht aus Mailand in die nahe gelegene Schweiz, wo ihr Sohn Dario Navarra sie bereits

---

198 Vgl. Polacco, La Fondazione, S. 25.
199 Der gebürtige Venezianer Davide Fano war bis 1938 geschäftsführendes Verwaltungsratsmitglied der Aktiengesellschaft Casermaggi in Rom gewesen; vgl. Questura di Roma an Ministero degli Affari Esteri, 23. Juli 1941, ACS, Ministero dell'Interno, DGPS, Divisione Affari Generali e Riservati, Fondo Associazioni (1912–1947), b. 4, fasc. 37/2 (1939–1943): ADEI.
200 Vgl. Nidam Orvieto, ADEI, S. 4.
201 Zur Phase der Verfolgung des Lebens der Juden in Italien im Zeitraum 1943 bis 1945 vgl. Sarfatti, The Jews, S. 178–211; ders., La Shoah, S. 98–123; Collotti, Il fascismo e gli ebrei, S. 126–150. Zur deutschen Besetzung Italiens und der Republik von Salò vgl. Klinkhammer, Das nationalsozialistische Deutschland und die Republik von Salò.
202 Zu den Deportationen und der Vernichtung der italienischen Juden, vgl. insbesondere Picciotto, Il libro della memoria, S. 877–903; Levis Sullam, I carnefici italiani; Flores u. a., Storia della Shoah in Italia; Matard-Bonucci, L'Italie fasciste, S. 402–430.

erwartete. Sie kehrte nach Ende des Krieges nach Italien zurück und übernahm den Vorsitz der ADEI; im Jahr 1963 wanderte sie nach Israel aus.[203]

Die mittlerweile 68-jährige Mailänder Philologin Augusta Jarach dagegen, die zusammen mit der Pionierin Berta Cammeo Bernstein Ende der 1920er Jahre am Aufbau der ADEI maßgeblich beteiligt gewesen war, wurde im Februar 1944 in der piemontesischen Kleinstadt Casale Monferrato nahe Alessandria von Italienern festgenommen. Vermutlich hatte die Akteurin in ihrem abgeschiedenen Geburtsort eine letzte Zuflucht gesucht, war aber einer Denunzierung zum Opfer gefallen. Jarach wurde zunächst in das Konzentrationslager Fossoli in der Provinz von Modena und später nach Auschwitz deportiert, wo sie unmittelbar nach ihrer Ankunft am 26. Februar 1944 umgebracht wurde.[204]

Die jüngere Akteurin Gabriella Falco Ravenna wiederum, deren ausgeprägtes jüdisches Selbstverständnis die Arbeit der ADEI seit ihrer Frühzeit inspiriert und auch in den Jahren der Verfolgung kontinuierlich motiviert hatte, überlebte gemeinsam mit ihren Töchtern Anna Marcella und Graziella dank der selbstlosen Hilfe des römischen Juristen Arturo Carlo Jemolo (1891–1981).[205] Nach dem plötzlichen und tragischen Tod des erst 59 Jahre alten Mario Falco in einem Landhaus der Schwester Gabriellas nahe Ferrara, wohin sich die Familie im September 1943 aus dem bombardierten Mailand zurückgezogen hatte, sah die Aktivistin für sich und ihre Töchter zunächst keinen Ausweg mehr. Da bot der katholisch-liberale Antifaschist Jemolo, langjähriger Freund und Kollege Mario Falcos, Gabriella und ihren Töchtern an, sie in seinem Haus in Rom unterzubringen. Sie trafen wenige Tage nach der berüchtigten Razzia im römischen Ghetto vom 16. Oktober 1943 bei ihm ein und konnten unter falschem Namen zunächst in Rom, ab November 1943 gemeinsam mit Jemolos Familie in der nahe gelegenen Kleinstadt Ariccia ihr Überleben sichern.[206] Das dor-

---

203 Vgl. Perugia, Marta Navarra, S. 6; vgl. zudem den Eintrag von Fiorenza Taricone im Dizionario biografico delle donne lombarde, hg. von Farina, S. 145; Lopez, Ricordo di Marta Navarra, S. 419 f., 428. Dario Navarra war in der Schweiz für mehrere jüdische Hilfsorganisationen tätig, unterstützte Flüchtlinge und Partisanengruppen an der italienisch-schweizerischen Grenze. Nach Kriegsende war er Mitgründer der ersten Hehaluz-Gruppe in Italien; vgl. das Interview mit Dario Navarra für die Sammlung der Zeitzeugengespräche des CDEC Milano, URL: http://digital-library.cdec.it/cdec-web/audiovideo/detail/IT-CDEC-AV0001-000171/dario-navarra.html (8.7.2020).
204 Vgl. Picciotto, Il libro della memoria, S. 356 f. Seit dem 1. Dezember 1943 hatten die italienischen Behörden begonnen, Juden festzunehmen und sie in Durchgangslagern in der italienischen Provinz zu internieren. Seit Ende Dezember wurden die Gefangenen in das Konzentrationslager von Fossoli gebracht, von wo aus sie in den folgenden Monaten nach Auschwitz deportiert wurden. Im März 1944 kam das Lager von Fossoli unter deutsche Befehlsgewalt; vgl. Picciotto, L'alba ci colse; Ori, Il Campo di Fossoli.
205 Zum Leben und Werk des Juristen Jemolo vgl. Spadolini (Hg.), Jemolo. Testimone di un secolo.
206 Zur Razzia im römischen Ghetto und der Deportation der römischen Juden vgl. Baumeister/Osti Guerrazzi/Procaccia (Hg.), 16 ottobre 1943. – Gabriella Falco Ravennas Mutter Marcella Padoa und ihre Schwester Germana Ravenna brachen im November 1943 von Ferrara nach Rom auf, um

tige Haus Jemolos war zur Hälfte von den Deutschen konfisziert worden. Unerkannt lebte die frühere Vorsitzende der jüdischen Frauenvereinigung in engstem Kontakt zu deutschen Soldaten und wurde aufgrund ihrer guten Deutschkenntnisse von ihnen sogar häufig als Dolmetscherin eingesetzt. Im Januar 1944 zogen die Familien Jemolo und Falco Ravenna aus Furcht vor Gefechten wieder in die italienische Hauptstadt zurück, wo Gabriellas Tochter Anna Marcella Falco (1923–2014) im Widerstand aktiv wurde. Das antifaschistische Engagement der jungen, jüdisch bewussten Aktivistin bildete in gewissem Sinne eine Kontinuität der von ihrer Mutter mitgeprägten, auf der Vorstellung einer Verbindung zwischen Judentum, Antifaschismus und Feminismus basierenden Gründungsideale der Mailänder ADEI. Die Befreiung erlebten Gabriella Falco Ravenna und ihre Töchter im Hause Jemolos in Rom. Nach Kriegsende wanderte die Familie nach Palästina aus.[207]

Die Schicksale der letzten überlebenden Jüdinnen der UFN ähneln jenen der ADEI in vielerlei Hinsicht. Sie stehen exemplarisch für den Überlebenskampf zahlreicher italienisch-jüdischer Akteurinnen im Zeitraum zwischen 1943 und 1945. Nina Rignano Sullam, nach der gewaltsamen Auflösung der UFN eine gebrochene Frau, weigerte sich trotz aller Vorwarnungen, ihre italienische Heimat zu verlassen. Nach der deutschen Besetzung Italiens fand sie zunächst bei Mailänder Freunden, vermutlich aus den Kreisen der UFN, Zuflucht. Um diese jedoch auf Dauer nicht selbst in Gefahr zu bringen, tauchte die über 70-Jährige seit Ende 1943, Anfang 1944 in verschiedenen kleinen Ortschaften in Ligurien sowie in der Provinz von Como und Varese unter falschem Namen unter. Verfolgung, Krieg und Versteck bestimmten die letzten Jahre ihres Lebens. Der bereits angegriffene gesundheitliche Zustand Rignano Sullams verschlechterte sich zusehends aufgrund der Entbehrungen und zuweilen desolaten Lebensbedingungen. Die Mitgründerin der UFN starb in Einsamkeit wenige Wochen nach der Befreiung, am 26. Mai 1945, in Varese.[208]

---

dort Gabriella und ihre Töchter zu treffen. Während der Reise machten sie in Florenz Halt (vermutlich um sich falsche Papiere zu verschaffen), wo sie bei den Nonnen des Convento del Carmine Unterkunft fanden. Die insgesamt etwa 70 jüdischen Männer, Frauen und Kinder, die sich dort aufhielten, wurden jedoch verraten und Ende November 1943 von Italienern und Deutschen festgenommen. Marcella Padoa und Germana Ravenna kamen zunächst nach Verona und wurden am 6. Dezember 1943 nach Auschwitz deportiert. Marcella Padoa wurde direkt nach ihrer Ankunft umgebracht. Wann und wo die 47-jährige Germana umkam, ist nicht bekannt; vgl. Picciotto, Il libro della memoria, S. 486, 524; vgl. zudem den Bericht von Gabriella Falco Ravenna über die Festnahme und Deportation ihrer Mutter und ihrer Schwester, URL: http://digital-library.cdec.it/cdec-web/viewer/cdecxDamsHist018/IT-CDEC-ST0018-000093#page/1/mode/1up (8.7.2020).
207 Vgl. den ausführlichen Bericht von Gabriella Falco Ravenna für Yad Vashem, URL: https://www.yadvashem.org/education/other-languages/italian/educational-materials/testimonies.html (8.7.2020); Ravenna, La famiglia Ravenna. Für weiterführende Hinweise und Informationen zur Überlebensgeschichte Gabriella Falco Ravennas während der Jahre 1943 bis 1945 dankt die Verfasserin Dr. Laura Brazzo, CDEC Milano.
208 Vgl. Buttafuoco, Nina Rignano Sullam, S. 156; D'Amico, Nina Rignano Sullam, S. 48.

Auch für Bice Cammeo, enge Vertraute Ersilia Majnos und Pionierin der UFN, die in ihrer Heimatstadt Florenz zu Beginn des 20. Jahrhunderts eine Sektion der Mailänder Frauenvereinigung gegründet hatte und sich seit Jugendzeiten in der Sozialarbeit für Frauen und Kinder engagierte, kam eine Flucht nicht mehr in Frage. Im Jahr 1943 war Cammeo 68 Jahre alt und vom Schicksal gebeugt: Ihr Bruder Federico, den man 1938 aus der Florentiner Universität vertrieben hatte, war 1939 gestorben; sein Sohn Cesare, der ebenfalls aus der juristischen Fakultät ausgestoßen worden war, hatte 1941 aus Verzweiflung Selbstmord begangen. Bice Cammeo versteckte sich seit Ende 1943 in Florenz, vermutlich bei Personen, die sie einst selbst im Rahmen des Ufficio Indicazione ed Assistenza oder ihres Heims für ausgesetzte Kinder unterstützt hatte.[209] Als einziges Mitglied ihrer Familie überlebte sie den Krieg: Ihre Nichte Maria Cammeo, die Bice zärtlich geliebt, mit aufgezogen und unterrichtet hatte, ihre Schwägerin Clotilde Levi sowie deren Schwester Lina Levi wurden in Florenz festgenommen und 1944 nach Auschwitz deportiert.[210] Bice Cammeo rettete ihr Leben, wurde in der Nachkriegszeit jedoch nicht mehr in der Sozialarbeit tätig. Sie starb 1961 zurückgezogen in Florenz.

Die Pädagogin Aurelia Josz, die 1902 die erste italienische Frauenschule für Agrarwissenschaften in Mailand gegründet und viele Jahre mit der UFN zusammengearbeitet hatte, konnte der Deportation hingegen nicht entkommen. Während ihre jüngere Schwester Valeria Vita Josz mit der übrigen Familie 1943 in die Schweiz floh,[211] blieb die unverheiratete, mittlerweile 74-jährige Aurelia allein in Italien zurück, da sie sich einen Arm gebrochen hatte und für die gefahrvolle Reise zu schwach fühlte. Ihr Bruder Italo, ein angesehener Maler, mit dem sie in Mailand zusammengewohnt hatte, war wenige Monate zuvor verstorben. Wie Jarach, Rignano Sullam und Falco Ravenna verließ auch die nunmehr alleinstehende Josz im Sommer 1943 das kriegsgefährdete Mailand und suchte Zuflucht in einem Haus der Familie in der ligurischen Kleinstadt Alassio. Kurz vor ihrem Aufbruch in die Schweiz brachten ihre Verwandten sie in einem dortigen Nonnenkloster unter, wo sie Aurelia sicher glaubten. Wann die

---

209 So die Annahme von Dr. Lionella Neppi Modona Viterbo in ihrem Gespräch mit der Verfasserin in Florenz, 15. Februar 2017.
210 Vgl. Picciotto, Il libro della memoria, S. 177, 395; Guarnieri, Italian Psychology, S. 110.
211 Die gebürtige Florentinerin Aurelia Josz, deren Eltern Lodovico Josz und Emilia Finzi in der zweiten Hälfte des 19. Jahrhunderts von Ungarn aus über Triest nach Italien einwanderten, war die Älteste von insgesamt vier Geschwistern. Ihre Brüder Italo und Livio, der vermutlich Ende der 1930er Jahre nach Marseille emigrierte, waren beide Maler. In den Unterlagen der DEMORAZZA ist Italo Joszs Antrag auf *discriminazione* überliefert, der im September 1939 abgelehnt wurde. In der Begründung war zu lesen, dass Italo Josz nie Mitglied der faschistischen Partei gewesen sei, niemals Solidarität mit dem Regime bekundet und keine militärischen Auszeichnungen vorzuweisen habe. Aurelia Josz hatte an dem Antrag ihres Bruders zum Teil mitgearbeitet, um ihn zu unterstützen, wie aus den betreffenden Dokumenten hervorgeht. Sie selbst hingegen stellte keinen Antrag auf *discriminazione*; vgl. ACS, Fondo Ministero dell'Interno, DEMORAZZA, b. 67, fasc. 4809.

innovative Pädagogin und Pionierin der italienischen Frauenbewegung genau festgenommen wurde, ist nicht bekannt, doch wird vermutet, dass sie zwischen Ende 1943 und Anfang 1944 einer Denunzierung der Nonnen zum Opfer fiel. Die bereits gebrechliche Josz kam zunächst in das Gefängnis von Genua, anschließend in das Lager von Fossoli. Sie wurde am 26. Juni 1944 nach Auschwitz deportiert und dort sofort nach ihrer Ankunft ermordet.[212]

Die Befreiung Italiens im April 1945 konnten nur noch wenige der jüdischen Feministinnen erleben, die vor ihrer Vertreibung bzw. bis zum gewaltsamen Ende ihrer Institutionen in der italienischen Frauenbewegung aktiv gewesen waren. Gina Lombroso starb 1944 im Genfer Exil, ohne ihre Heimat jemals wiedergesehen zu haben. Paola Lombroso war 1943 in die Schweiz geflohen, wo sie mit Gina das letzte Jahr ihres Lebens verbrachte.[213] Bereits seit den 1930er Jahren hatten die faschistischen Behörden die Korrespondenz der Schwestern zensiert, sodass ein persönlicher Austausch über die Zuspitzung der Judenverfolgung in Europa, die Auswirkungen der Rassengesetzgebung und des Krieges auf Paola Lombrosos Alltag in Italien unmöglich geworden war.[214] Auch nach Paolas Ankunft in Genf blieben den einst unzertrennlichen Schwestern nur wenige gemeinsame Monate in einer von Krieg, Verfolgung und Vernichtung geprägten Zeit. Weder die Kapitulation der deutschen Streitkräfte in Ita-

---

212 Vgl. die Aufzeichnungen des Interviews, das Liliana Picciotto 1993 mit einer Großnichte von Aurelia Josz, Simonetta Falcone, geb. Heger, in Mailand führte. Simonetta Hegers Mutter war Eleonora Vita Josz, eine Tochter von Aurelias Schwester Valeria Josz; CDEC Milano, cartella „Vicissitudini dei singoli", Nr. 434, Class. 1.2: Josz, Aurelia (Anno 1993, settembre 7 – 1995); vgl. zudem Emanuele Tortoreto, Un ricordo di Aurelia Josz, fondatrice della Scuola, in: Notiziario della Scuola Agraria del Parco di Monza 2 (giugno–agosto 1995). Zu den Daten der Gefangennahme und Deportation Aurelia Joszs vgl. Picciotto, Libro della Memoria, S. 362.
213 Im Jahr 1942 waren sowohl Ginas Ehemann Guglielmo Ferrero als auch Paolas erst 40-jährige Tochter Maria Gina gestorben, sodass die beiden Schwestern seit 1943 allein in Genf lebten. Paola blieb nach Ginas Tod in Genf und kehrte im August 1945 nach Turin zurück; vgl. Dolza, Essere figlie di Lombroso, S. 109.
214 Die überlieferte Korrespondenz zwischen Gina und Paola Lombroso enthält seit spätestens Ende der 1930er Jahre in erster Linie „ungefährliche" Nachrichten über den Alltag der Familie, v. a. das Heranwachsen der Enkelkinder. Die Thematisierung politischer Ereignisse wurde geflissentlich vermieden. Die wachsende Sorge Gina Lombrosos um das Schicksal ihrer Schwester Paola im zunehmend gefährdeten Italien lässt sich Anfang der 1940er Jahre nur zwischen den Zeilen erkennen. Am 16. März 1941 etwa schrieb Gina an Paola: „Wir warten ständig auf Eure so unregelmäßigen Nachrichten! Aber wenigstens haben wir hier viele Dinge, sehen wir viele Leute ... und ich denke immer an Dich, die Du so allein bist ... während Ihr doch so sehr an Gesellschaft gewöhnt wart"; Gina Lombroso an Paola Lombroso, ACGV, Fondo Lombroso, II.3.3.501 (16. 3. 1941–5. 4. 1941). In einem undatierten Brief, der vermutlich aus dem Jahr 1943 stammt, ist Ginas Sorge um die Schwester noch deutlicher spürbar. Die Frage nach dem Schicksal der Juden in Italien wurde von Gina vermutlich verschlüsselt: „Ich bin sehr besorgt über das, was mit den „h" [sic] geschieht, und ich wäre Dir dankbar, wenn Du mich auf dem Laufenden halten würdest"; Gina Lombroso an Paola Lombroso, s. d. (1943?), ACGV, Fondo Lombroso, II.3.3.1182.

lien noch den Tod Mussolinis, der auf der Flucht in die Schweiz am 28. April 1945 von Partisanen erschossen wurde, konnte die Antifaschistin Gina Lombroso miterleben.

Ihre ideologische Weggefährtin und Freundin, die seit 1937 exilierte Amelia Rosselli, deren Söhne den Kampf gegen den Faschismus mit ihrem Leben bezahlt hatten, nahm an den einschneidenden weltpolitischen Ereignissen der Frühlingstage des Jahres 1945 aus der Ferne leidenschaftlichen Anteil. Am 10. Mai 1945 schrieb sie mit spürbarer Emotion aus dem nahe New York gelegenen Larchmont an einen alten Freund der Familie: „Die Ereignisse dieser letzten Wochen wirken betäubend. Das gleichzeitige Ende der beiden Tyrannen, und was für ein Ende, für Mussolini! – Es scheint wirklich, dass die göttliche Gerechtigkeit, früher oder später, immer zutrifft."[215]

Rosselli kehrte erst im Juni 1946 nach Italien zurück, setzte sich jedoch bereits unmittelbar nach Kriegsende mit den überlebenden Florentiner Freunden in Verbindung. Aufgrund der Briefzensur, des Krieges und der Shoah seit langer Zeit über das Schicksal ihrer engsten Freundin Laura Orvieto im Ungewissen, hatte die Akteurin im Herbst 1944, nach der Befreiung von Florenz, vom Überleben des Ehepaars Orvieto im Hospiz von Pater Massimo da Porretta in Barberino del Mugello erfahren.[216] Laura und Angiolo hatten sich unter den alten und gebrechlichen Bewohnern des Hospizes, das in einem Kloster in der Nähe von Florenz untergebracht war, seit 1943 verstecken können.[217]

Laura Orvieto gehörte zu den wenigen überlebenden jüdischen Protagonistinnen, die trotz des Bruchs durch die faschistische Diktatur und die Shoah ihr soziales und kulturelles Engagement nach 1945 weiter fortsetzten.[218] Sofort nach der Befreiung gründete sie die Literaturzeitschrift für Kinder „La Settimana dei ragazzi", die sie bis 1947 herausgab. Die Freundin Amelia Rosselli ließ Laura in ihrer ab Mai 1945 wieder einsetzenden, regen Korrespondenz an ihrer Initiative teilhaben.[219] Orvietos erneuer-

---

215 Amelia Rosselli an Piero (Calamandrei?), Larchmont, 10. Mai 1945, Isrt Firenze, Fondo Francesco Papafava.
216 Vgl. Rossellis Brief an ihre Schwiegertochter Maria Todesco, in dem sie über die Nachrichten von den Orvieto schreibt; Rosselli an Todesco, Larchmont, 3. November 1944, ebd.
217 Vgl. Nota al Testo, in: Orvieto, Storia di Angiolo e Laura, hg. von Del Vivo, S. XIII.
218 Auch Paola Lombroso gelang es, nach der Rückkehr aus der Schweiz ihre Casa del Sole, ein Heim für tuberkulosekranke Kinder, in Turin wiederaufzubauen. Die Institution war in den 1930er Jahren faschisiert und während des Kriegs bombardiert, dann geschlossen worden. Auch setzte sie ihr Projekt der „Landbüchereien" fort, das ebenfalls aufgrund ihrer antifaschistischen Einstellung während der 1930er Jahre von den faschistischen Behörden suspendiert worden war. Wie Orvieto widmete auch Paola Lombroso sich in der Nachkriegszeit wieder der Kinderliteratur. Für ihre sozialen und kulturellen Verdienste um Kinder und Jugendliche erhielt sie 1950, vier Jahre vor ihrem Tod, die höchste Auszeichnung des italienischen Bildungsministeriums; vgl. Dolza, Essere figlie di Lombroso, S. 109 f.
219 Im Juni 1945 schrieb Amelia Rosselli an Laura Orvieto, die ihr die ersten drei Hefte der „Settimana dei ragazzi" nach Larchmont geschickt hatte: „Mit Freude finde ich in diesen Seiten jenen gesunden Optimismus gegenüber allen lästigen und widrigen Dingen des Lebens an, der immer eine Deiner schönsten Eigenschaften gewesen ist ... Auch in den Beiträgen, die nicht direkt von Dir geschrieben

tes kulturelles Engagement für Kinder sollte zeigen, dass die faschistische Diktatur die früheren, freiheitlichen Ideale jüdischer Feministinnen gerade im Bereich der Erziehung und des Unterrichts nicht dauerhaft hatte zunichte machen können.[220] Die einst eng verflochtenen, auf familiären Beziehungen, Freundschaften und dem gemeinsamen Engagement für die Emanzipation von Frauen beruhenden Netzwerke italienisch-jüdischer Feministinnen jedoch waren nach der Shoah unwiderruflich zerstört. Unter stark veränderten Vorzeichen wurden sowohl die UFN als auch die ADEI nach Kriegsende wiederaufgebaut.[221]

Der tief verwurzelte Patriotismus, der das Engagement der Vorfahren für die Schaffung einer italienischen Nation motiviert, das ausgeprägte Interesse jüdischer Akteurinnen an der italienischen Frauenbewegung seit Ende des 19. Jahrhunderts geleitet und sich in ihrem zuweilen übersteigerten Nationalismus während des Ersten Weltkriegs Bahn gebrochen hatte, war vom Faschismus schändlich betrogen worden. Die wechselvolle, von emanzipatorischen Erfolgen und scheinbar vollkommener gesellschaftlicher Integration über antisemitische Anfeindung und Verfolgung reichende italienisch-jüdische Geschichte zwischen Risorgimento und Faschismus spiegelt sich in den Biografien und Schicksalen jüdischer Protagonistinnen der frühen italienischen Frauenbewegung eindrücklich wider. Im Mai 1944 blickte Amelia Rosselli aus der zeitlichen und räumlichen Distanz des Exils auf ihren verschlungenen, folgenschweren Lebensweg zurück, der in einer Familie glühender Patrioten in Venedig seinen Anfang genommen hatte. Sie schrieb: „Ich habe immer an das Aufeinanderfolgen des menschlichen Lebens in verschiedenen Stadien geglaubt. Aber wenn ich an mein früheres Dasein denke, scheint es mir, als habe ich in Wahrheit – in einem einzigen Leben – eine lange Abfolge vieler verschiedener Leben gelebt."[222]

---

sind, spürt man den Einfluss Deines Denkens, Deiner moralischen Haltung. Brava, Laura!"; Rosselli an Orvieto, 4. Juni 1945, ACGV, Fondo Orvieto, Or.1.2059, Nr. 129.
220 Ihre kleinen Leser sprach Orvieto in der ersten Ausgabe der Zeitschrift folgendermaßen an: „Seit Ihr geboren wurdet, herrschte immer die Regel, nach der man nie das sagen durfte, was man wollte, sondern nur das, was einem befohlen wurde … In dieser Zeitschrift dürfen wir alles sagen, was wir wollen, und so werden wir über alles reden … wir werden auch über chinesische und russische, und über amerikanische und englische Kinder reden, die ihre Väter und großen Brüder geschickt haben, um uns von einer Sklaverei zu befreien, die uns zu ersticken drohte"; Laura Orvieto, Cari ragazzi, in: La settimana dei ragazzi, 1. April 1945.
221 Zum Wiederaufbau der UFN nach 1945 vgl. Gaballo, S. 378–382; zur Entwicklung der ADEI in der Nachkriegszeit vgl. Follacchio, Associazionismo femminile; Miniati, Non dimenticare, S. 171–174.
222 Amelia Rosselli an „cari amici", Larchmont, 10. Mai 1944, Isrt Firenze, Fondo Francesco Papafava.

„Le emancipate"? Italienische Jüdinnen zwischen Risorgimento und Faschismus

Die wechselvolle Entwicklung italienisch-jüdischer Protagonistinnen zwischen Risorgimento und Faschismus stellt sich als die Geschichte einer unvollkommenen Emanzipation dar. Ihr gesellschaftlicher Integrationsprozess verlief weder geradlinig noch unproblematisch und blieb weit entfernt von dem vielzitierten „Erfolgsnarrativ" der Juden in Italien. Gleichzeitig war der Einfluss jüdischer Akteurinnen auf die konzeptionelle wie institutionelle Entwicklung und transnationale Vernetzung der frühen italienischen Frauenbewegung wegweisend und nachhaltig.

Aus der geschlechtergeschichtlichen Perspektive und durch die Fokussierung auf Vertreterinnen der ersten Frauenbewegung in Italien wurden beispielhaft die Ambitionen, Errungenschaften und Rückschläge jüdischer Frauen im Engagement für die junge italienische Nation sichtbar: Momente gelungener Partizipation, innovativer gesellschaftspolitischer Initiativen und weitreichender emanzipatorischer Erfolge, aber auch sozialer wie kultureller Marginalisierung und antisemitischer Anfeindung, die sich während des Ersten Weltkriegs verstärkt zu erkennen gab und seit Beginn der faschistischen Herrschaft kontinuierlich radikalisierte. Auch im häufig idealisierten italienischen Fall haftete jüdischen Akteurinnen die für jüdische Frauen in Europa insgesamt charakteristische doppelte Außenseiterposition an. Angesichts ihrer begrenzten öffentlichen Handlungsspielräume erlangten sie zu keiner Zeit denselben Grad gesellschaftlicher Integration wie italienisch-jüdische Männer, deren Errungenschaften in Politik, Kultur und Militär des nachemanzipatorischen Italien maßgeblich zur Konstruktion der italienisch-jüdischen „Erfolgsgeschichte" beigetragen haben. Dass die faschistische Rassengesetzgebung des Jahres 1938 nicht das jähe, unvorhergesehene Ende einer idyllischen und auf allen Ebenen gelungenen Integration, sondern den Kulminationspunkt einer langfristigen gesellschaftlichen und politischen Entwicklung bildete, lässt sich anhand der Betrachtung italienisch-jüdischer Protagonistinnen in ihren Beziehungen zur nicht-jüdischen, katholischen Mehrheitsgesellschaft eindrücklich demonstrieren.

Säkulare jüdische Familienidentitäten im Spiegel von Frauenbiografien

Aus den anfangs untersuchten Biografien von Pionierinnen der italienischen Frauenbewegung geht die Herausbildung säkularer jüdischer Familienidentitäten, die für die Selbstverortung akkulturierter Frauen und Männer des nachemanzipatorischen Italien zentrale Bedeutung erhielten, klar hervor. Innerhalb des gesamteuropäischen Kontextes stellt diese Entwicklung ein wichtiges Merkmal der italienisch-jüdischen Geschichte des 19. und 20. Jahrhunderts dar. Anders als etwa in Deutschland fand in Italien nie eine Auseinandersetzung zwischen reformjüdischen und neoorthodoxen Strömungen statt. Stattdessen kam es aufgrund des Fehlens eines organisierten Reformjudentums bei bürgerlichen italienischen Juden und Jüdinnen häufig zu einer Distanzierung von der religiösen Praxis schlechthin. Diese Option gewann unter jüdischen Protagonistinnen der italienischen Frauenbewegung besondere Relevanz. Der Akkulturations- und Säkularisierungsprozess bedeutete jedoch bei ihnen wie bei jüdischen Akteuren und Akteurinnen generell in den wenigsten Fällen die Aufgabe einer partikulären jüdischen Identität. Die überholte These vom vollständig assimilierten italienischen Judentum verkennt das ausgeprägte jüdische Selbstbewusstsein italienischer Juden und Jüdinnen, die sich als das älteste Diaspora-Judentum in Europa verstanden und mit Stolz auf ihre Herkunft blickten.[1]

Italienisch-jüdische Identitäten nahmen in der postemanzipatorischen Ära stattdessen vielfältige Formen an, zeichneten sich wie in den zeitgenössischen europäischen Gesellschaften insgesamt durch eine zunehmende Beweglichkeit und Prozesshaftigkeit aus. Aktuelle Studien weisen auf die im liberalen Italien relevante Verbindung zwischen nationalpatriotischen und ethnisch-rassischen Diskursen als Ausdruck jüdischer Differenz hin. Über eine Definition des Judentums als reiner Glaubensgemeinschaft, die mit der Abschaffung der jüdischen Gemeindeautonomie insbesondere von staatlicher Seite gefordert wurde, reichten sie deutlich hinaus. Jüdische Ethnizitätsentwürfe waren Teil einer gesamteuropäischen Entwicklung, die mit dem grundlegenden Wandel eines jüdischen Kollektivbewusstseins im Zuge der Emanzipation in unmittelbarer Verbindung stand.[2] Dazu gehörten selbst biologistische Vorstellungen eines „gemeinsamen Blutes", wie im Falle der Familie Lombroso. Sie beruhen auf einem zeitlich weit zurückreichenden europäischen Diskurs, in dem Blut als Metapher für Familien- und Verwandtschaftsbeziehungen fungierte. Das Konzept des Blutes, die daraus geschaffenen genealogischen Verbindungen und die Auffassung einer über die kulturellen und religiösen Dimensionen hinausgehenden gemeinsamen biologischen Zugehörigkeit von Juden unterschiedlicher Nationen stellten verstärkt seit Ende des 19. Jahrhunderts wichtige Themen innerjüdischer Diskussionen in Italien wie im übrigen Europa dar.

In den hier thematisierten Frauenbiografien spiegelt sich die entstehende Pluralität italienisch-jüdischer Identitäten beispielhaft wider. Die säkular konnotierte *identità famigliare* trat bei den untersuchten Protagonistinnen – gebildeten, akkulturierten Frauen aus dem mittleren und gehobenen jüdischen Bürgertum – an die Stelle eines religiös definierten Selbstverständnisses. Ihre weltlich-jüdischen Familienidentitäten beruhten hauptsächlich auf Vorstellungen einer Herkunftsgemeinschaft, der Weitergabe ethischer Traditionen und Familiengedächtnissen.

---

1 Vgl. Baumeister, Ebrei fortunati?, S. 57; Wyrwa, Der Antisemitismus und die Gesellschaft des liberalen Italien, S. 101 f.; Luzzatto Voghera, Il prezzo dell'eguaglianza, S. 167–185.
2 Vgl. Ferrara degli Uberti, Fare gli ebrei italiani, S. 142; Lenhard, Volk oder Religion?, S. 28 f.

Die kontinuierliche Verhandlung von Verwandtschaftsbeziehungen und Familienidentitäten erfolgte wie im zeitgenössischen europäischen Bürgertum generell in erheblichem Maße über Heiraten. Sie trugen zur engen Verflechtung wie zur überregionalen und transnationalen Ausweitung italienisch-jüdischer Familienverbände bei und garantierten gleichzeitig die Bewahrung von Besitz, Bildung und Traditionen innerhalb miteinander verbündeter Familien. Dies galt auch für das soziale und kulturelle Umfeld der Pionierin Sara Levi Nathan. Die intellektuelle Entwicklung der Erzieherin und Abolitionistin, aufgewachsen in einem traditionell jüdischen Umfeld und später Inbegriff der *ebrea laica*, verdeutlicht die zeitgenössische Transformation jüdischen Selbstverständnisses im Zuge des abnehmenden Einflusses der jüdischen Gemeinden und der Erosion des religiösen Normensystems. Mit ihrer charakteristischen Selbstverortung zwischen jüdischem Familienbewusstsein, Laizismus und Antiklerikalismus prägte die Gefährtin Giuseppe Mazzinis die ideologische Orientierung auch jüngerer jüdischer Vertreterinnen der italienischen Frauenbewegung. Anders als Frauen der gehobenen gesellschaftlichen Klassen und des Adels, die stärker katholisch geprägt blieben, als lange Zeit angenommen wurde, konnten sich jüdische Akteurinnen mit dem offiziellen antiklerikalen Diskurs des italienischen Einheitsstaats unmittelbar und dauerhaft identifizieren. Die von Mazzinis Ideen inspirierten Initiativen Sara Levi Nathans für eine säkulare, gleichberechtigte Erziehung ohne konfessionelle Schranken, Geschlechter- und Klassenunterschiede sowie ihr transnationales Engagement im Kampf gegen den Frauen- und Mädchenhandel blieben bis weit ins 20. Jahrhundert hinein selbst unter stark veränderten gesellschaftlichen und politischen Bedingungen wegweisend für das Engagement jüdischer Feministinnen in der italienischen Frauenbewegung. Aufgrund ihres traditionell hohen Bildungsniveaus sowie ihrer engen Einbindung in transnationale jüdische Familien- und Freundschaftsnetzwerke spielten jüdische Akteurinnen häufig eine Schlüsselrolle für die transnationale Vernetzung der jungen italienischen Frauenbewegung, wie beispielsweise in Judith Butlers Abolitionist Federation oder den Transfer innovativer erziehungswissenschaftlicher Konzepte wie der Fröbel-Methode. Während private und organisatorische Verbindungen zwischen jüdischen und nichtjüdischen Protagonistinnen in den Jahren nach 1861 innerhalb des nationalen italienischen Rahmens noch kaum anzutreffen waren, boten Transnationalismus und Laizimus seit Ende des 19. Jahrhunderts eine bedeutende Voraussetzung für die Entwicklung jüdisch-nichtjüdischer Netzwerke in der internationalen Frauenbewegung.

Im Gegensatz zu jüdischen Männern, die nach der gewährten Judenemanzipation zur Entwicklung des jungen italienischen Nationalstaats im politischen und militärischen Bereich aktiv beitragen konnten, blieben die Partizipationsräume für Jüdinnen wie für Frauen insgesamt auf soziale und kulturelle Aufgabenkreise beschränkt. Der im Judentum zentrale Bereich der Erziehung, dessen wesentliche gesellschaftliche Relevanz auch Sara Levi Nathan in ihren laizistischen Institutionen für die Ausbildung sozial benachteiligter Mädchen und Frauen hervorhob, eröffnete gerade jüdischen Akteurinnen die Möglichkeit, sich an der Entwicklung eines nationalen

Bewusstseins aktiv zu beteiligen. Bezeichnenderweise war es die gebildete, aus einer venezianischen Familie überzeugter Republikaner stammende Adele Della Vida Levi, die 1869 in Venedig den ersten Fröbel-Kindergarten Italiens gründete. Die charakteristische, auch das Leben und Werk Sara Levi Nathans kennzeichnende Beweglichkeit zwischen jüdischen und nicht-jüdischen Bereichen und Institutionen geht aus dem parallelen Engagement Della Vida Levis für die Mädchenschule der örtlichen jüdischen Gemeinde wie für das weltliche Fröbel-Projekt deutlich hervor. Da jüdische Jungen und Mädchen aufgrund ihrer Religionszugehörigkeit keinen Zugang zu den zeitgenössischen städtischen Kindergärten in Venedig erhielten, boten die nichtkonfessionellen Fröbel-Kindergärten eine Möglichkeit, dieser Form der Diskriminierung entgegenzutreten und aktiv zur jüdischen Integration beizutragen. Die italienische Situation entsprach in diesem Punkt den zeitgleichen Entwicklungen in Deutschland, der Schweiz und Belgien, wo die neu entstehenden Fröbel-Kindergärten v. a. von Juden aus ähnlichen Beweggründen gefördert wurden. In Italien stieß Della Vida Levis pädagogische Initiative auf heftige Kritik konservativer katholischer Kreise, die den ausgeprägten Anti-Laizismus des zeitgenössischen katholischen Diskurses widerspiegelte, vermutlich aber auch subtile anti-judaistische Vorurteile enthielt. Die betreffenden Auseinandersetzungen markierten den Beginn eines langwierigen, sich in den folgenden Jahrzehnten radikalisierenden und im Vorfeld des Ersten Weltkriegs verstärkt antisemitische Tendenz annehmenden Konflikts im Erziehungs- und Unterrichtsbereich, da dieser trotz des laizistischen Staatsverständnisses des liberalen Italien weiterhin eine Domäne der katholischen Kirche darstellte.

Nicht zufällig war es die betont weltliche, von der Mazzinianerin Gualberta Alaide Beccari 1868 in Padua gegründete Frauenrechtszeitschrift „La Donna", in der die abolitionistische Kampagne Sara Levi Nathans und die Kindergarten-Bewegung Adele Della Vida Levis ein bedeutendes Diskussions-Forum fanden. Wie gezeigt wurde, beteiligte Beccari von Beginn an auf selbstverständliche Weise auch jüdische Autorinnen an ihrem Unternehmen. Neben dem programmatischen Rekurs Beccaris auf Mazzini waren die explizit transnationale und laizistische Ausrichtung der bedeutendsten Frauenrechtszeitschrift des vereinten Italien für die Einbindung jüdischer Protagonistinnen zentral. Bezeichnenderweise wurde auch „La Donna" zur Zielscheibe katholischer Polemiken, die sich gegen den Laizismus und die angebliche „Ungläubigkeit" ihrer Autorinnen wandte. Die Tatsache, dass es sich bei den ersten jüdischen Beiträgerinnen der führenden Frauenbewegungszeitschrift um eine wohlhabende und gebildete Gruppe handelte, die im nördlichen Italien und der Region um Triest ansässig war, weist zudem auf die sozialen Grenzen jüdischer Integration im liberalen Italien hin.

Alle im ersten Teil der Studie untersuchten Frauenbiografien verdeutlichen die zentrale Relevanz jüdischer Familien- und Freundschaftsnetzwerke für das Selbstverständnis italienisch-jüdischer Feministinnen in den ersten beiden Jahrzehnten nach der italienischen Einigung und der zeitgleichen Öffnung der Ghettos. Trotz ihrer starken Identifizierung mit dem laizistischen Staatsverständnis des liberalen Italien, ihrer

Gründung und Förderung weltlicher Institutionen und auffällig regen Beteiligung in den laizistischen Organen der entstehenden italienischen Frauenbewegung blieben sie sowohl im privaten wie im öffentlichen Raum vorwiegend innerhalb der eigenen Gruppe verortet. Kontakte zu nichtjüdischen Frauen fanden hauptsächlich innerhalb transnationaler Netzwerke statt. Die einsetzende Integration jüdischer Pionierinnen in die Gesellschaft des jungen italienischen Nationalstaats bewegte sich zwischen den Polen Partizipation und teils freiwilliger, teils erzwungener Abgrenzung, die aus den Biografien der jüdischen Pionierinnen auf individuell unterschiedliche Weise hervorgehen.

Jüdische Transnationalität und katholischer Antisemitismus in der organisierten Frauenbewegung

Mit der Konsolidierung der organisierten italienischen Frauenbewegung seit den 1880er Jahren gewannen die Spannungen innerhalb des Emanzipationsprozesses jüdischer Feministinnen an Intensität. Anhand der Betrachtung der Protagonistinnen der bedeutendsten zeitgenössischen Frauenorganisationen, insbesondere der Mailänder Akademikerin und Feministin deutsch-jüdischer Herkunft Paolina Schiff, Initiatorin der Lega promotrice degli interessi femminili, sowie der Sozialarbeiterin, Mitgründerin und langjährigen Vorsitzenden der UFN Nina Rignano Sullam ließen sich die Rolle jüdischer Akteurinnen als internationale Netzwerkerinnen und die Entstehungsgeschichte der organisierten italienischen Frauenbewegung im Kontext der zeitgenössischen europäischen Friedensbewegung rekonstruieren. Ausschlaggebend für die seit den 1870er Jahren zunehmend bedeutendere Position Paolina Schiffs in der italienischen wie der internationalen Frauenbewegung war der gebildete und transnationale familiäre Hintergrund der gebürtigen Mannheimerin, die in einem italienisch-jüdischen irredentistischen Umfeld in Triest aufgewachsen war. Aufgrund ihrer Einbindung in feministische, politische und intellektuelle Netzwerke v. a. in Deutschland, Italien, der Schweiz und Großbritannien versinnbildlichte die Frauenrechtlerin und Pazifistin die transnationale Tradition der ersten italienischen Frauenbewegung, deren ursprünglich starke Orientierung an der internationalen Friedensbewegung während des Ersten Weltkriegs in sich zusammenbrechen sollte.

Die aufgrund des inhärenten Emanzipationsversprechens generell starke Identifizierung von Juden und Jüdinnen mit der italienischen Einigungsbewegung geht aus der Familiengeschichte Paolina Schiffs klar hervor. Mit ihren Verbindungen zur zeitgenössischen lombardischen Radikaldemokratie, die sie an die europäische Friedensbewegung heranführte, ihrer Nähe zu jüdischen und nichtjüdischen Frauenrechtlerinnen in und außerhalb von Italien sowie ihren Kontakten zur internationalen Arbeiterbewegung befand sich die Universitätsassistentin Felice Cavallottis Ende des 19. Jahrhunderts an einer Schnittstelle transnationalen gesellschaftspolitischen Engagements. Schiff wurde zu einer Vorkämpferin der beiden zentralen Ziele der frühen organisierten Frauenbewegung, die bis zur faschistischen Ära innerhalb der einschlägigen Institutionen Geltung behielten: Die Erlangung des Frauenwahlrechts und die Etablierung staatlicher Mutterschaftskassen zur Unterstützung arbeitender Mütter. Die Tatsache, dass Schiffs Pionierprojekt der Casse di maternità in Deutschland von der Sozialistin Lily Braun und den jüdischen Feministinnen Alice Salomon und Henriette Fürth in veränderter Form aufgegriffen wurde, ist ein weiterer Beweis für die transnationale Vernetzung der zeitgenössischen Frauenbewegung und die häufige Vermittlerfunktion jüdischer Akteurinnen. Die Mutterschaftskassen bildeten ein bedeutendes Experimentierfeld des „praktischen Feminismus", der den italienischen Kontext charakterisierte und ins Zentrum politisch linksstehender Frauenvereinigungen wie der UFN rückte. Anknüpfend an Sara Levi Nathans frühere Konzepte zielte der praktische Feminismus auf Veränderungen im Gesetzesbereich und eine grundsätzliche Verbesserung sozialer Bedingungen für arbeitende Frauen und Mütter ab.

Während Schiff an der Wende vom 19. zum 20. Jahrhundert vor allem in republikanisch-antiklerikalen und sozialistischen Kreisen des italienischen Einheitsstaats als erfolgreich integrierte Akteurin deutsch-jüdischer Herkunft erscheint, haftete ihr als Akademikerin weiterhin die charakteristische doppelte Außenseiterposition als Frau und Jüdin an. Wie Jahre zuvor Sara Levi Nathan und Adele Della Vida Levi wurde auch Paolina Schiff Ende des 19. Jahrhunderts zur Zielscheibe von antifeministisch und anti-judaistisch gefärbten Polemiken reaktionärer katholischer Kreise. In Schiffs langwierigen Bemühungen um die Erlangung einer Privatdozentur spiegelten sich deutlich die untergeordnete Stellung von Wissenschaftlerinnen im akademischen Bereich und die Vorbehalte der etablierten Professorenschaft des vereinten Italien gegenüber weiblichen Partizipationsansprüchen wider, die vermutlich auch subtile antijüdische Vorurteile gegenüber der bekannten sozialistischen Feministin jüdischer Herkunft enthielten.

Wie Schiffs Lega promotrice degli interessi femminili stand auch die bedeutendste Organisation der frühen italienischen Frauenbewegung, die 1899 gegründete UFN, der sozialistischen Kultur der lombardischen Hauptstadt nahe. Bis heute wird die Gründungs- und Frühgeschichte der UFN in erster Linie mit der charismatischen Aktivistin Ersilia Majno assoziiert, jedoch kann die Relevanz Nina Rignano Sullams, Tochter des langjährigen Vorsitzenden der Mailänder jüdischen Gemeinde Giuseppe Sullam, sowohl für den organisatorischen Aufbau als auch die konzeptionelle Entwicklung der Institution nicht hoch genug eingeschätzt werden. Anders als Schiff stand Nina Rignano Sullam aufgrund ihres familiären Hintergrunds mit der organisierten jüdischen Gemeinschaft der lombardischen Metropole zeitlebens in Verbindung, obwohl sie sich in jungen Jahren offenbar zur Atheistin entwickelte. Ihre jüdische Selbstverortung beruhte in erheblichem Maße auf ausgedehnten Verwandtschafts- und Freundschaftsnetzwerken, die auch den Ausgangspunkt der sich kontinuierlich erweiternden Gruppe jüdischer Mitarbeiterinnen der UFN bildeten.

Bis zu ihrem erzwungenen Ende im Gefolge der Rassengesetzgebung hatte die Vereinigung unter allen weltlichen Frauenorganisationen in Italien den höchsten Anteil (durchgängig etwa 10 %) jüdischer Mitglieder zu verzeichnen. Obwohl auch in der UFN Spuren einer säkularen jüdischen Subkultur nachweisbar sind, schuf die sozialistische und laizistische Orientierung der UFN einen Raum, in dem jüdisch-nichtjüdische Beziehungen seit Ende des 19. Jahrhunderts stetig zunahmen. In dem 1903 in Rom gegründeten und von Frauen des italienischen Adels geprägten CNDI dagegen spielten Akteurinnen jüdischer Herkunft von Beginn an eine weitaus geringere Rolle. Das politisch-soziale Klima der lombardischen Metropole kam der Integration und dem gesellschaftspolitischen Engagement jüdischer Frauen stärker entgegen als die von der katholischen Kirche geprägte Kultur Roms, wo das Ghetto erst 1870 geöffnet worden war.

Ein weiteres zentrales Motiv für den auffälligen Zustrom jüdischer Feministinnen zur UFN bildete das von Nina Rignano Sullam maßgeblich entwickelte Konzept der „politischen Philanthropie", das sich bereits im Engagement Paolina Schiffs abgezeichnet hatte. Anstelle sich auf bloße Spendentätigkeit zu beschränken, unternahmen sie den Versuch, Wohltätigkeit mit modernen Methoden der Sozialarbeit zu verbinden und aufgrund aktiven gesellschaftspolitischen Engagements bedürftigen Menschen Hilfe zur Selbsthilfe zu bieten. Zudem griff Rignano Sullam soziale und pädagogische Initiativen aus dem internationalen Diskurs auf und machte sie in der UFN bekannt, um aus ihnen Inspiration für eigene Projekte zu schöpfen. Ihr Engagement im Kampf gegen den Frauen- und Mädchenhandel entsprach dem generell ausgeprägten transnationalen Einsatz zeitgenössischer jüdischer Frauenrechtlerinnen zugunsten des Abolitionismus. Das 1901 gegründete „Komitee gegen den weißen Sklavinnenhandel" bot Nina Rignano Sullam die Möglichkeit, sowohl ihre Identifizierung mit dem zeitgenössischen laizistischen Frauenrechtsdiskurs als auch ihre Solidarität mit den italienisch-jüdischen Gemeinden bei deren Vorgehen gegen den Frauen- und Mädchenhandel zum Ausdruck zu bringen.

Die erfolgreiche Fortführung der von Sara Levi Nathan in den 1860er Jahren gestarteten Initiativen geht aus den zentralen Tätigkeitsbereichen der UFN klar hervor. Die dezidierte Orientierung der Frauenvereinigung an Laizismus, Erziehung und Abolitionismus in Verbindung mit moderner Sozialarbeit war nicht zuletzt ein Resultat der überdurchschnittlich hohen Beteiligung von Jüdinnen, deren kulturelles Erbe in die Organisation einfließen konnte. Nina Rignano Sullams Biografie reflektiert insofern nicht nur beispielhaft den fortschreitenden Emanzipationsprozess italienisch-jüdischer Frauen, sondern auch das Weiterbestehen einer jüdischen Identität, die sich von der Religion zusehends löste, innerhalb zwischenmenschlicher Beziehungen und sozialer Konzepte aber lebendig blieb. Dass die ADEI 1927 vor dem Hintergrund stark veränderter politischer und gesellschaftlicher Bedingungen in unmittelbarer personeller und örtlicher Verbindung mit der UFN in Mailand gegründet wurde, ist ein relevanter Hinweis auf diese Kontinuität.

Mit der seit Beginn des 20. Jahrhunderts fortschreitenden Etablierung der wichtigsten weltlichen Frauenorganisationen des liberalen Italien, der UFN in Mailand und dem CNDI in Rom, intensivierten sich zusehends die Spannungen zwischen jüdisch-laizistischen und katholischen Akteurinnen. Die im italienischen Kontext zentrale Verbindung zwischen katholischem Anti-Judaismus und Anti-Laizismus erwies sich innerhalb der zeitgenössischen Frauenbewegung als besonders explosiv, da Jüdinnen in den laizistischen Institutionen zahlreich und oft in Führungspositionen vertreten waren. Zudem übernahmen sie zentrale Rollen bei der Gründung weltlicher Bildungseinrichtungen und der Etablierung reformpädagogischer Methoden im Erziehungs- und Unterrichtsbereich, der trotz des laizistischen Staatsverständnisses weiterhin von der katholischen Kirche, insbesondere von katholischen Akteurinnen der oberen gesellschaftlichen Schichten, dominiert wurde. Im Zuge der Feminisierung der Religion engagierten viele von ihnen sich für katholische Frauenorden und kirchliche Vereine. Jüdische Feministinnen dagegen wurden in der großen Mehrheit unter dem Vorzeichen des Laizismus tätig, der zumindest in den ersten Jahrzehnten nach der Staatsgründung vorwiegend von liberalen bürgerlichen Männern vertreten wurde. Sie bewegten sich somit außerhalb des bipolaren Geschlechtermodells des liberalen Italien.

Mit dem 20. Jahrhundert verloren Laizismus und Antiklerikalismus aufgrund des generationellen Wandels im italienischen Bürgertum allmählich ihren Rückhalt. Der Eklat zwischen Katholikinnen und Laizistinnen, darunter zahlreiche jüdische Akteurinnen, der sich 1908 im Rahmen des nationalen Frauenkongresses in Rom über die Stellung des katholischen Religionsunterrichts in italienischen Grundschulen entzündete, war Ausdruck der erstarkenden katholischen Mehrheitskultur und der sich infolgedessen zuspitzenden ideologischen Gegensätze innerhalb der Frauenbewegung. Wie anhand der untersuchten Diskurse nachgewiesen werden konnte, zeigte sich in der entschiedenen Abgrenzung der organisierten Katholikinnen von den nichtkonfessionellen Frauenvereinigungen seit 1908 eine Konvergenz anti-laizistischer Motive mit antijüdischen Haltungen. In den Polemiken katholischer Aktivistinnen wurden die programmatisch-strukturellen Ähnlichkeiten von Antifeminismus und Antisemitismus zunehmend sichtbar.

Eine Radikalisierung ließ sich seit dem libyschen Krieg 1911/1912 beobachten, der in Italien zu einer Intensivierung antisemitischer Tendenzen führte. Im Einklang mit der von der „Civiltà Cattolica" vertretenen Konzept des „katholischen Vaterlands" bemühte sich die katholische Frauenvereinigung zwischen 1911 und dem Beginn des Ersten Weltkriegs, ein einheitliches und exklusives Nationalbewusstsein auf der Grundlage des Katholizismus zu propagieren. Dieses war gegen Laizistinnen wie Jüdinnen gleichsam gerichtet. Einen Höhepunkt erreichte die Entwicklung 1916, als die prominente katholische Aktivistin Elena da Persico unter Bezugnahme auf antisemitische Stereotype aus dem gesamteuropäischen Diskurs katholische Frauen vor der Gefahr einer „jüdisch-freimaurerischen Verschwörung" warnte. Da Persicos Idee eines Angehens gegen eine vermeintlich „antichristliche", „jüdische" Mode gewann während der faschistischen Diktatur, v. a. seit dem Konkordat von 1929, zusätzlichen Rückhalt. Im Gegensatz zur politischen Kultur des liberalen Italien boten die von der katholischen Kirche und insbesondere katholischen Frauen dominierten Räume wie Erziehung, Schulwesen und Mode durchaus Anhaltspunkte für die Verbreitung antijüdischen Gedankenguts, das sich während der faschistischen Diktatur radikalisieren konnte.

Der Erste Weltkrieg als Wendepunkt

Die einschneidende und langfristige Relevanz des Ersten Weltkriegs für ideologische Entwicklungen, jüdisch-nichtjüdische Beziehungen und Veränderungen von Geschlechterverhältnissen verdeutlichte die Untersuchung der Erwartungen, Erfahrungen und Erinnerungen italienisch-jüdischer Feministinnen im Kontext der *Grande Guerra*. Wie aus ihren Schriften hervorging, wurde der Krieg von ihnen anfangs in erster Linie als Vervollkommnung des Risorgimento und gerechter „Befreiungskrieg" für die Unabhängigkeit und Einheit Italiens interpretiert. Jüdische wie nicht-jüdische Interventionistinnen, zumeist Frauen des mittleren und gehobenen Bürgertums, beriefen sich bevorzugt auf Mazzinis Konzept von Nationalismus als Emanzipations- und Partizipationsversprechen, ignorierten jedoch geflissentlich dessen exklusive und aggressive Elemente.

Für jüdische Akteurinnen wurde der Rekurs auf das Risorgimento darüber hinaus zum Ausdruck patriotischer Begeisterung, die der Erste Weltkrieg bei der jüdischen Minderheit in Italien insgesamt auslöste. Die Kriegssituation bildete eine herausragende Gelegenheit, den Beweis für ihre nationale Solidarität und Dankbarkeit gegenüber dem Königshaus Savoyen für die einst gewährte Juden-Emanzipation anzutreten. Jüdische Feministinnen knüpften an den Krieg große Hoffnungen auf eine erfolgreiche Weiterführung des gesellschaftlichen Integrationsprozesses im Sinne sowohl der Juden- als auch der Frauen-Emanzipation.

Die Vorstellung, dass Italien sich im Ersten Weltkrieg für Juden einsetzen würde, die andernorts in Unterdrückung lebten, trug in der Anfangszeit des Kriegs maßgeblich zu dessen positiver Bewertung bei. Jüdische Protagonistinnen der italienischen Minderheiten in Städten wie Triest und Trient hofften auf die Befreiung vom „österreichischen Joch" und die Zusammenführung von nationaler mit territorialer Einheit. Trotz der im Vorfeld und zu Beginn des Konflikts sichtbar gewordenen antisemitischen Tendenzen innerhalb der Frauenbewegung erschien Italien aus dieser idealistischen Perspektive als Ort vollkommener Freiheit und Toleranz. Irredentistische Positionen waren daher bei jüdischen Vertreterinnen der italienischen Frauenbewegung häufig anzutreffen.

Insgesamt gewann ein italienischer Patriotismus in Verbindung mit einer ausgeprägt anti-österreichischen Haltung, die bereits für das ideologische Selbstverständnis der Pionierinnen der italienischen Frauenbewegung zentral gewesen war, unter den politischen Gegebenheiten der *Grande Guerra* auch für die jüngere Generation jüdischer Feministinnen neue Brisanz. Bezeichnenderweise kamen Protagonistinnen wie Gina Lombroso, Laura Orvieto und Amelia Rosselli aus Familien, die an den italienischen Unabhängigkeitskriegen unmittelbar beteiligt gewesen waren. Der Erste Weltkrieg bewirkte in vielen Fällen eine nachhaltige Intensivierung italienisch-jüdischer Familienidentitäten aufgrund der Revitalisierung und Weitergabe von Erinnerungen an das Engagement der Väter und Vorfahren für die italienische Einheit und die damit verbundene Gleichstellung der Juden.

In Amelia Rossellis zeitgenössischer Korrespondenz spiegelt sich die allgemein stark ausgeprägte interventionistische Neigung jüdischer Feministinnen eindrucksvoll wider. Als die Frage nach Neutralität oder Intervention im Jahr 1914 die italienische Frauenbewegung spaltete, befanden sich jüdische Akteurinnen mehrheitlich unter den Interventionistinnen. Die desaströse Niederlage von Caporetto im Herbst 1917 brachte auch die wenigen verbliebenen Pazifistinnen in der italienischen Frauenbewegung von ihren Idealen ab. Die langjährige Friedensaktivistin Paolina Schiff etwa unterstützte zu Kriegsbeginn noch einen italienischen Neutralismus, jedoch positionierte sich die Sozialistin seit 1917 zusammen mit Kuliscioff und Turati im interventionistischen Lager. Selbst führende Vertreterinnen der pazifistisch ausgerichteten Mailänder UFN wie Nina Rignano Sullam favorisierten spätestens seit Caporetto den Kampf Italiens an der Seite der Entente, den sie als einen „demokratischen Krieg" gegen die reaktionären Mittelmächte interpretierten. Dieses übermächtige Trugbild verdrängte die Bedeutung des internationalen Pazifismus, der für die Entwicklung der italienischen Frauenbewegung im 19. Jahrhundert wegweisend gewesen war.

Neben der auffälligen Empfänglichkeit italienischer Jüdinnen für Irredentismus und Interventionismus spricht aus den überprüften Egodokumenten und Zeitschriften auch eine vorübergehende Annäherung jüdischer Protagonistinnen an das zeitgenössische katholische Milieu aufgrund der Erfahrungen des Kriegs. Das aktive Engagement in Hilfsorganisationen und Krankenhäusern führte zu einer intensivierten Begegnung von Jüdinnen, vor allem Krankenschwestern, mit der nichtjüdischen italienischen Mehrheitsgesellschaft. Die aus den Tagebüchern der Rotkreuzschwester Silvia Treves und der Autobiografie Laura Orvietos hervorgehende, spannungsfreie Darstellung ihres Verhältnisses zu Nonnen in der Extremsituation des Krieges unterschied sich deutlich von der überwiegend antiklerikalen Haltung jüdischer Protagonistinnen im Vorfeld des Konflikts. Jedoch hatte die weitgehend emotionale Annäherung an die katholische Kultur der italienischen Mehrheitsgesellschaft während des Ersten Weltkriegs hauptsächlich patriotischen Charakter, wie der Blick auf zeitgleiche soziale Initiativen und Veröffentlichungen in der jüdischen Presse bestätigt.

Lediglich im Falle Laura Orvietos führten die Erfahrungen des Ersten Weltkriegs zu einer nachhaltigen, den Konflikt überdauernden Beziehung zum katholischen Milieu ihrer Wahlheimat Florenz. Gleichzeitig blieb sie in erster Linie sowohl den laizistischen Vereinigungen als auch der Florentiner jüdischen Gemeinde verbunden. Affirmationen jüdisch-christlicher Solidarität, die in den zeitgenössischen Publikationen jüdischer Schriftstellerinnen nachweisbar sind, waren in erster Linie Ausdruck patriotischer Gesinnung und italienischen Nationalgefühls. Trotz des gesellschaftlich und politisch erstarkten Katholizismus definierte sich die große Mehrheit jüdischer Feministinnen weiterhin über einen ausgeprägten Laizismus, dem für sie zentralen Erbe des Risorgimento, zumal die Verständigungsversuche mit den organisierten Katholikinnen aufgrund deren kompromissloser Abgrenzung zu Beginn des Kriegs erneut fehlgeschlagen waren. Auch hinsichtlich des akuten Problems jüdischer Kriegswaisen ließ sich eine bewusste Distanzierung der jüdischen Gemeinden von den katholischen Institutionen nachweisen. Die jüdisch-christliche Annäherung während des Ersten Weltkriegs erwies sich als unvollständig und nicht von Dauer.

In der Heimat wie an der Front bewirkte die Kriegssituation nicht nur eine generell größere Nähe jüdischer Akteurinnen zu den nichtjüdischen Mitbürgern und Mitbürgerinnen, sondern veränderte die Geschlechterbeziehungen insofern, als Frauen oft erstmals ihre Selbständigkeit unter Beweis stellen konnten. Insbesondere unter Vertreterinnen des italienischen Bürgertums entwickelte sich ein neues weibliches Selbstbewusstsein, dessen politischen Hintergrund die seit Beginn des Jahrhunderts geführten Diskussionen um eine Reform der gesetzlichen Stellung von Frauen bildeten.

Während die juristisch gebildete Nina Rignano Sullam sich innerhalb der UFN aktiv an den Vorbereitungen zum Gesetzesentwurf Sacchi beteiligte, beeinflussten Schriftstellerinnen wie Virginia Treves Tedeschi, Enrica Barzilai Gentilli und Laura Orvieto den aktuellen Frauenrechtsdiskurs aufgrund ihrer Beiträge zur zeitgenössischen Frauenemanzipationspresse. Ihre Betonung lag, wie bei den bürgerlichen Vertreterinnen der laizistischen Frauenorganisationen insgesamt, auf dem Konzept der Arbeit als Weg zur Emanzipation sowie auf der Gleichstellung von Frauen innerhalb der Familie. Mehrere der betreffenden Texte deuten auf die ungebrochene Identifizierung ihrer Autorinnen mit Mazzinis Diktum von der Frau als ebenbürtiger intellektueller „Gefährtin" des Mannes hin, das in engem Bezug zur jüdisch-laizistischen Symbolfigur der italienischen Frauenbewegung Sara Levi Nathan stand. Der Rekurs bildete einen weiteren Anhaltspunkt für die zentrale Relevanz des Risorgimento in den Emanzipationsentwürfen jüdischer Feministinnen während der *Grande Guerra*. Die Verabschiedung der *legge Sacchi* vom Juli 1919 bedeutete einen partiellen emanzipatorischen Erfolg. Das neue Gesetz ermöglichte Frauen die Ausübung vieler Berufe und schaffte mit der *autorizzazione maritale* die administrativen Befugnisse des Ehemanns über die Ehefrau ab. Die primäre Intention der italienischen wie der europäischen Frauenbewegungen überhaupt, das Wahlrecht, wurde italienischen Frauen jedoch vorenthalten. Auch in den jüdischen Gemeinden Italiens blieb nach 1918 die untergeordnete Stellung von Frauen trotz ihres herausragenden sozialen und kulturellen Engagements während des Krieges größtenteils unverändert. Italienisch-jüdische Feministinnen blieben weiterhin entfernt von ihrem Ziel einer vollständigen gesellschaftlichen und politischen Emanzipation als Frauen und Jüdinnen.

Wie anhand überlieferter Erinnerungen italienisch-jüdischer Frauen und ihrer Familien an den Ersten Weltkrieg gezeigt werden konnte, blendeten Autorinnen wie Laura Orvieto und Amelia Rosselli sowohl den sich verschärfenden Antisemitismus als auch die weitgehend unerfüllt gebliebenen frauenemanzipatorischen Intentionen im Zusammenhang mit der *Grande Guerra* aus. Die Erklärung hierfür liegt im Entstehungskontext der betreffenden Egodokumente, die größtenteils während der 1930er und 1940er Jahre geschrieben wurden: Antisemitische Anfeindung und zunehmende existentielle Not führten bei italienisch-jüdischen Akteurinnen wie Akteuren zur trügerischen Erinnerung des Großen Krieges als Periode einer vollkommenen nationalen Gemeinschaft. Die vermeintliche Erfolgsgeschichte italienischer Juden, die erst der Faschismus zunichtemachte, scheint sich innerhalb dieser Version zu bestätigen. Aus dem Rückblick nahmen italienisch-jüdische Protagonistinnen und Protagonisten den Großen Krieg als weit zurückliegende Ära wahr, in der Antisemitismus unter ihren italienischen Landsleuten nicht existiert hatte. Die nachweisbar vorhandenen antisemitischen Einstellungen in katholischen (Frauen-)Kreisen und die nur zwei Jahrzehnte nach Ende des Weltkriegs mit Erfolg umgesetzte faschistische Rassengesetzgebung standen in deutlichem Widerspruch zu diesem Idealbild.

Die wenigen Jahre zwischen dem Ende des Ersten Weltkriegs und der faschistischen Machtübernahme waren eine Zeit politischer und persönlicher Scheidewege. Jüdische wie nicht-jüdische Frauen wählten in der Nachkriegszeit durchaus unterschiedliche ideologische Optionen, die mit der eigenen Erfahrung des Weltkriegs in unmittelbarem Zusammenhang standen.

Insgesamt bewirkte die ausgebliebene Gleichstellung als Staatsbürgerinnen ein auffällig starkes Engagement gerade jüdischer Akteurinnen für das Frauenwahlrecht. Die zu Beginn des Weltkriegs offen zutage getretenen antisemitischen Tendenzen innerhalb der katholischen Frauenbewegung verliehen den alten Emanzipationsforderungen und dem angestrebten Aufbrechen der doppelten Außenseiterposition als Frauen und Jüdinnen neue Relevanz. Prinzipiell blieben jüdische Feministinnen auch in der Zeit zwischen Krieg und Gewaltherrschaft mehrheitlich (links-)liberal oder sozialistisch geprägt, während die organisierte italienische Frauenbewegung generell einen starken Rechtsruck hin zu faschistischen Positionen vollzog. Doch auch einzelne jüdische Protagonistinnen wie Margherita Sarfatti und Elisa Majer Rizzioli, 1920 Gründerin der Fasci Femminili, wurden von der erstarkenden faschistischen Bewegung in ihren Bann gezogen. D'Annunzios „Marsch auf Fiume" bewirkte bei nicht wenigen italienisch-jüdischen Aktivistinnen ein Aufleben der charakteristischen irredentistischen Begeisterung der Kriegszeit, die sich zumeist auf einen ideellen Irredentismus in Verbindung mit einem anhaltenden italienischen Patriotismus beschränkte, bei Majer Rizzioli jedoch zu militanten faschistischen Positionen führte.

Was die Organisationen der italienischen Frauenbewegung angeht, so blieb die sozialistisch geprägte UFN dem Faschismus gegenüber kritisch eingestellt. Der in Rom ansässige CNDI dagegen, der bereits während des Krieges verstärkt nationalistische und antisozialistische Positionen eingenommen hatte, schlug in der Nachkriegszeit einen pro-faschistischen Kurs ein.

Wie anhand der vorgenommenen Analyse der einschlägigen Organisationsarchive gezeigt werden konnte, war es die in Florenz ansässige Sektion des CNDI, die sich seit Anfang 1920 verstärkt der ideologischen Richtung der mitgliederstarken, von Aristokratinnen dominierten römischen Zentrale widersetzte. Nicht zuletzt aufgrund ihrer einflussreichen jüdischen Mitglieder blieb die Federazione Toscana bis in die Nachkriegszeit hinein weitgehend linksliberal und laizistisch ausgerichtet. Die aus den Quellen hervorgehenden, sich seit 1920 allmählich zuspitzenden ideologischen Auseinandersetzungen zwischen der dominierenden römischen Zentrale und der Florentiner Sektion zeugen von der zunehmenden Anpassung des CNDI an den Faschismus und die Entfernung von den dezidiert laizistischen Ursprüngen der Organisation, die für die Mitarbeit jüdischer Frauen und ihre Identifizierung mit den Zielen des CNDI seit Beginn des Jahrhunderts eine zentrale Voraussetzung dargestellt hatte. Die Folge waren zum Teil massive Veränderungen in der personellen Zusammensetzung: Zwischen 1920 und 1922 traten mehrere prominente jüdische Mitglieder der Florentiner Gruppe demonstrativ aus dem CNDI aus und wurden von philo-faschistischen Aristokratinnen ersetzt. Die Florentiner Sektion verlor so Anfang der 1920er Jahre, parallel zum Aufstieg des Faschismus, ihren von Jüdinnen maßgeblich geprägten liberalen Charakter und wurde analog zur römischen Zentrale immer stärker von adeligen Sympathisantinnen der faschistischen Bewegung dominiert. Die ideologische Entwicklung, die der CNDI in der Nachkriegszeit vollzog, hatte seinen Ursprung in der Entstehung eines aggressiven Nationalismus während des Ersten Weltkriegs, von dem aus die Schwelle zu faschistischen Positionen äußerst niedrig war. Die Weichen für die Faschisierung der nationalen Frauenbewegung und die Marginalisierung regimekritischer Akteurinnen, darunter viele Jüdinnen, wurden in den Jahren zwischen Krieg und Gewaltherrschaft gestellt.

Gesellschaftliche Ausgrenzung und zionistischer Neubeginn während der faschistischen Herrschaft

Die faschistische Diktatur grenzte jüdische Frauen zunächst aus der Gesellschaft aus, verfolgte seit 1936 ihre Rechte und trachtete ihnen seit 1943 nach dem Leben. Die 1861 auf Gesamtitalien ausgeweitete Judenemanzipation wurde 1938, nach nur wenig mehr als sieben Jahrzehnten, aufgehoben.

Anhand der Situation jüdischer Feministinnen konnte gezeigt werden, dass die Phase ihrer Marginalisierung bereits während der 1920er Jahre einsetzte. Innerhalb des CNDI, der unmittelbar nach dem Marsch auf Rom explizit seine Solidarität mit dem Faschismus erklärte, verbanden sich bei der gezielten Ausgrenzung ideologischer Abweichlerinnen politische mit latent vorhandenen antijüdischen Motiven. Wie aus den überprüften Unterlagen hervorging, wurde die angestrebte einheitliche, regimetreue Ausrichtung des CNDI aufgrund der Marginalisierung politisch unerwünschter Mitglieder und dem Aufgehen kleinerer Frauenverbände in die eigene Organisation schon seit Beginn der faschistischen Herrschaft stetig vorangetrieben. Der mit verleumderischen Mitteln erreichte Ausschluss der langjährigen jüdischen Mitarbeiterin Nina Sierra aus dem CNDI vor dem Hintergrund der Ermordung Matteottis bildete einen deutlichen Hinweis auf die 1924 bereits fortgeschrittene faschistische Durchdringung der nationalen Frauenvereinigung. Sierras Nähe zur UFN und zu sozialistischen Frauenrechtlerinnen wie Paolina Schiff muss den Hauptgrund für die Hetzkampagne gebildet haben. Gleichzeitig kann nicht ausgeschlossen werden, dass in der von katholischen Adligen dominierten Führungsschicht des CNDI auch antisemitische Haltungen vorhanden waren, die in der weltlichen Jüdin Nina Sierra eine Bedrohung für die ideologische Ausrichtung der nationalen Frauenvereinigung sahen.

Mit der Aufgabe des laizistischen Prinzips wurde der Gegensatz des CNDI zu den organisierten Katholikinnen schwächer, eine Entwicklung, die parallel zur Annäherung zwischen Faschismus und katholischer Kirche lief. Bezeichnenderweise stimmte der CNDI 1923 explizit der Schulreform Giovanni Gentiles zu, in deren Mittelpunkt die Bedeutung des katholischen Religionsunterrichts als wichtigster Grundlage nationaler Erziehung stand. Dagegen hatten sich noch 1908 die Auseinandersetzungen zwischen papsttreuen Katholikinnen und (jüdisch-)laizistischen Mitarbeiterinnen des CNDI genau an diesem Punkt entzündet. Die Anpassung der großen nationalen Frauenvereinigung an das faschistische Regime und das Schwinden ihres laizistischen Ideals wirkten sich auf die Handlungsspielräume von Feministinnen jüdischer Herkunft im Allgemeinen negativ aus, da sie sich seit Jahrzehnten mehrheitlich unter dem Vorzeichen des Laizismus in der italienischen Frauenbewegung engagiert hatten. Die Marginalisierung weltlicher, insbesondere antifaschistischer Protagonistinnen war damit vorgezeichnet.

Seit dem Delikt Matteotti und der zunehmend brutalen Verfolgung politischer Gegner durch das Regime drohte Antifaschistinnen wie Amelia Rosselli und den Schwestern Lombroso jedoch nicht nur die institutionelle Exklusion. Die Ermittlung privater Korrespondenzen machte deutlich, wie sich aufgrund der akuten existentiellen Gefahr bestehende jüdische Familien- und Freundschaftsnetzwerke Mitte der 1920er Jahre noch enger zusammenschlossen. Die allmähliche Verdrängung aus dem öffentlichen Leben aufgrund der kontinuierlichen polizeilichen Beschattung bewirkte zusammen mit dem starken Rechtsruck innerhalb der nationalen Frauenvereinigung eine intensivierte Solidarität zwischen antifaschistischen Feministinnen jüdischer Herkunft, die seit jeher innerhalb der einschlägigen Institutionen eng miteinander vernetzt waren.

Amelia Rosselli, deren Söhne Carlo und Nello zu den zentralen Figuren der Opposition avancierten, rückte in den Mittelpunkt antifaschistischer Netzwerke. Faschistische Diskriminierung und Gewalt schienen Mitte der 1920er Jahre in Florenz eine verstärkt antisemitische Wende zu nehmen, die sich unmittelbar gegen Akteure wie die Rosselli richtete. Jedoch stellte Antisemitismus, wie im Falle der Diffamierung Nina Sierras, damals vermutlich noch nicht das Hauptmotiv, sondern vielmehr einen zusätzlichen Grund für Angriffe auf jüdische Regimegegner dar. Dass diese Tendenz von jüdischen Feministinnen durchaus wahrgenommen wurde, zeigte sich in den Briefen Bice Cammeos, die sich mit der geächteten Amelia Rosselli und ihren Söhnen bedingungslos solidarisch erklärte. Gezeigt wurde, wie die Identifizierung mit den Werten von Frauensolidarität und das Bewusstsein gemeinsamer familiärer Erinnerungen in die aktuellen politischen Geschehnisse Eingang fanden. Sie bestätigten und stärkten das charakteristische Gruppenbewusstsein jüdischer Protagonistinnen wie Rosselli, Lombroso und Cammeo, das sich parallel zum Aufstieg Mussolinis mit antifaschistischen Positionen verbunden hatte.

Angesichts der faschistischen Einkreisung gewann die innerjüdische Sphäre auch für weltliche Jüdinnen seit Mitte der 1920er Jahre mehr und mehr an Bedeutung. Sie wurde zu einem Fluchtraum innerhalb einer feindlich gesinnten Umwelt. Wie aufgrund der Analyse der Gründungs- und Frühgeschichte der ADEI nachgewiesen werden konnte, stand die Entstehung des ersten jüdischen Frauenbunds in Italien mit den Bedingungen der faschistischen Diktatur in direkter Beziehung. Sie bildete das Ergebnis zweier parallel ablaufender Entwicklungen: Zum einen führte die Verfolgung antifaschistischer Gruppierungen und die fortschreitende faschistische Unterwanderung der noch bestehenden Frauenvereinigungen zur Marginalisierung von Akteurinnen, die sich seit jeher im linken politischen Spektrum positioniert hatten. Gleichzeitig entfalteten jüdische Kulturzirkel und zionistische Gruppierungen zwischen 1923 und 1928 eine intensive Aktivität in Italien, die auch unter jüdisch-weltlichen Frauen ein verstärktes Interesse am Judentum und zionistischen Ideen auslöste. Die Sozialarbeiterin Berta Cammeo Bernstein, Gründerin der ADEI und vorher langjährige Mitarbeiterin der UFN, stand bezeichnenderweise an der Schnittstelle beider Entwicklungen. Der Zusammenschluss einer Gruppe jüdischer Akteurinnen 1927 in Mailand, die den Nukleus der ADEI bildete, hing unmittelbar mit Cammeo Bernsteins Beziehungen zum zeitgenössischen Sozialismus, ihrem Engagement gegen den Frauen- und Mädchenhandel sowie ihrer persönlichen Annäherung an den auflebenden italienischen Zionismus zusammen. Aus den Quellen geht klar hervor, dass die Ursprünge der Organisation in dem charakteristischen Konnex zwischen Sozialismus, Antifaschismus, Feminismus und Zionismus lagen, der sich Mitte der 1920er Jahre um Berta Cammeo Bernstein in Mailand herausgebildet hatte.

In einer Zeit, in der regimekritische Akteurinnen aus dem CNDI ausgegrenzt wurden und Mussolini jede Art von Verband per Gesetz unter polizeiliche Kontrolle gestellt hatte, war die Neugründung einer von der faschistischen Partei und den Fasci Femminili unabhängigen Frauenorganisation bemerkenswert. Das Unterfangen gelang deshalb, da Berta Cammeo Bernstein den philanthropischen Charakter der ADEI unterstrich, ohne politische Ansprüche zu formulieren. Auf diese Weise schufen sich die Pionierinnen der ADEI einen von den repressiven Maßnahmen des Regimes in den Anfangsjahren weitgehend unberührten Ort, an dem sie sozial tätig werden und ein gemeinsames jüdisches Bewusstsein vertiefen konnten. Auch zahlreiche Anhängerinnen der UFN traten seit Ende der 1920er Jahre der jüdischen Frauenvereinigung bei, da sie ihnen noch bis in die 1930er Jahre hinein eine relativ geschützte Sphäre für die Umsetzung sozialer und kultureller Projekte bot. Die Mailänder ADEI wurde so zu einem politischen Fluchtraum, in dem anfangs auch die Netzwerke der UFN unter anderen Vorzeichen und mit Duldung des faschistischen Regimes teilweise aufrechterhalten werden konnten.

Gleichzeitig entwickelte sich der jüdische Frauenbund zum Ort eines veränderten, zunehmend religiös ausgerichteten jüdischen Selbstbewusstseins, das über die säkularen jüdischen Familienidentitäten und -netzwerke innerhalb der vorfaschistischen italienischen Frauenbewegung hinauszureichen begann. Zentrale Bedeutung erhielt in diesem Zusammenhang das Angehen gegen die faschistische Schulpolitik, die durch ihre starke Betonung des katholischen Religionsunterrichts und eines ausschließlich christlich-katholischen Charakters der gesamten Unterrichtslektüre die zeitlich weit zurückreichenden Ziele des intransigenten katholischen Lagers, insbesondere der organisierten Katholikinnen, im pädagogischen Bereich verwirklicht hatte. Die Konstruktion der „katholischen Nation" wurde während des Faschismus stetig vorangetrieben. Das dezidierte Engagement der ADEI im Bereich des jüdischen Religionsunterrichts stellte insofern den Versuch dar, der fortschreitenden Entfernung jüdischer Kultur und Identität aus dem Bildungsbereich und der faschistischen Verletzung des gesetzlichen Gleichheitsprinzips der Konfessionen im Rahmen der ihnen noch zur Verfügung stehenden Möglichkeiten entgegenzuwirken.

Die zionistische Orientierung der ADEI dagegen wurde von Beginn an so weit wie möglich vor der Öffentlichkeit abgeschirmt. Obwohl die Gründerinnen Berta Cammeo Bernstein, Gabriella Falco Ravenna und Vittoria Cantoni Pisa die Vorbereitung jüdischer Frauen auf die Auswanderung nach Palästina zu einem der Hauptziele ihrer Vereinigung erklärten und die ADEI im März 1928 der Wizo beitrat, wurde ihr zionistischer Charakter aus der begründeten Furcht vor der faschistischen Repression jahrelang von den Mitgliedern heruntergespielt. Den Hintergrund dafür bildete die generell widersprüchliche Haltung des Faschismus gegenüber dem Zionismus, die im November 1928 entschieden anti-zionistische Züge annahm: Mussolini selbst verdächtigte die Bewegung separatistischer und subversiver internationalistischer Umtriebe. Wie die Untersuchung der ideologischen Selbstverortungen und Lebenswege repräsentativer Akteurinnen zeigte, war unter den Pionierinnen der ADEI, insbesondere der bedeutenden Mailänder Gruppe, ein zionistisches Selbstverständnis zweifellos vorhanden.

Die Tatsache, dass die Vereinigung zwischen 1927 und 1937 in ganz Italien einen rasanten Mitgliederanstieg zu verzeichnen hatte, stand jedoch in erster Linie mit der zunehmenden Marginalisierung jüdischer Frauen durch die Bedingungen der faschistischen Herrschaft in Bezug. Da die ADEI alle ideologischen Tendenzen aufnahm, entwickelte sich der Verband auch für Nicht-Zionistinnen zu einem Ort jüdischer Solidarität, in dessen Rahmen kulturelle wie soziale Aktivitäten noch umsetzbar waren. Gleichzeitig entfernten sich die lokalen Gruppen häufig weit von den Idealen der Mailänder Gründerinnen. Die ungewöhnliche Verbindung zwischen Feminismus, Sozialismus und Zionismus konnte sich innerhalb der Großorganisation auf Dauer nicht halten. In den 1930er Jahren befanden sich auch faschistische Sympathisantinnen in den Reihen der ADEI. Erst in den Jahren nach der Rassengesetzgebung veränderte sich das politische Selbstverständnis der Organisation hin zu verstärkt antifaschistischen Positionen.

Etappen der Entrechtung und Verfolgung bis 1945

Die Jahre nach Abschluss der Lateranverträge, konkret der Zeitraum zwischen 1931 und 1935, können als das „Präludium der Entrechtung" bezeichnet werden. Nachdem der Katholizismus 1929 zur einzigen geltenden Religion des italienischen Staates erklärt und damit die einst gesetzlich festgeschriebene Gleichstellung aller Konfessionen aufgehoben worden war, existierte das Prinzip der Laizität nicht mehr. Eine der zentralen Voraussetzungen für die Judenemanzipation des 19. Jahrhunderts, die für das ausgeprägte Engagement jüdischer Feministinnen in den weltlichen Frauenvereinigungen stets wegweisend gewesen war, hatte der Faschismus zunichte gemacht.

In diesem Kontext stiegen die Beitritte zur ADEI stetig an, während Anfang der 1930er Jahre erneut mehrere Akteurinnen jüdischer Herkunft den CNDI verließen, der sich im Einklang mit der faschistischen Schul- und Religionspolitik von seinem einst laizistischen Selbstverständnis vollständig distanziert hatte. Die 1931 von der faschistischen Regierung zur Vorsitzenden des CNDI ernannte Anhängerin Mussolinis, Gräfin Daisy di Robilant, war an der fortschreitenden Gleichschaltung der zeitgenössischen Frauenorganisationen maßgeblich beteiligt. Wieder waren es mehrere der in Florenz ansässigen jüdischen Mitglieder des CNDI, die 1931 demonstrativ ihren Rücktritt aus der Organisation erklärten. Sie wehrten sich gegen die Absicht der neuen Vorsitzenden, aus dem CNDI eine faschistische „Großföderation aller Frauenvereinigungen" machen zu wollen.

Die organisatorische „Neuordnung" des CNDI hatte weitreichende Konsequenzen insbesondere für den Verband italienischer Akademikerinnen (FILDIS), in dessen lokalen Sektionen zahlreiche Frauen jüdischer Herkunft in Führungspositionen vertreten waren. Die Vorsitzende der römischen Sektion der FILDIS etwa war Sarina Nathan Levi Della Vida, eine Enkelin Sara Levi Nathans und Schwiegerenkelin Adele Della Vida Levis, die aufgrund ihres Namens und ihrer Herkunft das antisemitische Vorurteil einer „jüdisch-freimaurerischen Verschwörung" innerhalb der weltlichen Frauenvereinigungen par excellence zu verkörpern schien. Im Jahr 1935 wurde die FILDIS in euphemistischer Weise vom Vorstand des CNDI dazu „eingeladen", sich selbst aufzulösen. Höchstwahrscheinlich stellte die allgemein starke Präsenz jüdischer Frauen innerhalb des Akademikerverbands einen der Hauptgründe für sein forciertes Ende dar. Im März 1934 hatte die Festnahme einer Gruppe piemontesischer

Antifaschisten, alle Mitglieder der von Carlo Rosselli angeführten Bewegung Giustizia e Libertà, dem Verdacht einer grundsätzlichen Verbindung zwischen Judentum und Antifaschismus erheblichen Vorschub geleistet. Das Ereignis schürte antisemitische Vorurteile gegenüber jüdischen Akteuren und Akteurinnen in weltlichen Verbänden, insbesondere wenn sie wie die FILDIS internationalen und intellektuellen Charakter hatten.

Bis 1935 war die Faschisierung der organisierten italienischen Frauenbewegung weitgehend abgeschlossen. Wie sich anhand von Mitgliederlisten, Briefen und Sitzungsprotokollen nachweisen lässt, waren Jüdinnen aufgrund von freiwilligen oder erzwungenen Rücktritten und Ausgrenzungen in den einschlägigen Verbänden, vor allem im CNDI, Mitte der 1930er Jahre kaum noch vertreten. Sie wichen zunehmend auf die ADEI aus. Auch die UFN, die sich nach außen hin auf den Wohltätigkeitsbereich konzentrierte, bot jüdischen Feministinnen noch bis zu ihrer gewaltsamen Auflösung im Zuge der Rassengesetzgebung einen begrenzten Raum für soziales Engagement.

Die unaufhaltsame Radikalisierung der faschistischen „Judenpolitik" in den Monaten vor November 1938 lässt sich an der fortschreitenden Ausgrenzung jüdischer Protagonistinnen aus der nationalen Frauenbewegung deutlich ablesen. Sie lief parallel zur Verschärfung der Diffamierungskampagne gegen Juden in der Presse und der antizipierten Trennung von Juden und Nichtjuden in italienischen Universitäten.

Aus den einschlägigen Unterlagen der Pubblica Sicurezza ging hervor, dass auch die UFN aufgrund ihres hohen Anteils jüdischer Mitglieder bereits vor der Verabschiedung der Rassengesetzgebung ins Visier der faschistischen Führung geriet. Es war die Turiner Sektion, die aufgrund der jüdischen Herkunft und „sozialistischen Tendenz" ihrer Vorsitzenden Elisa Treves schon im Juli 1938 aufgrund des Drucks der faschistischen Partei und der Zustimmung des Innenministeriums aufgelöst wurde. Damit war das Vorbild für die Auflösung der bedeutenden Mailänder UFN geschaffen. Die Pionierin und Symbolfigur der Vereinigung, Nina Rignano Sullam, erklärte bereits Anfang Juli, wenige Tage vor der Veröffentlichung des „Manifesto della Razza", ihren freiwilligen Rücktritt aus der Organisation. Die Versuche der nicht-jüdischen Mitarbeiterinnen, Rignano Sullam von ihrer Entscheidung abzubringen, verdeutlichen erneut den ausgeprägten ideologischen Unterschied zwischen der UFN und dem CNDI, der bereits vor 1938 jüdische Frauen so weit wie möglich ausgegrenzt hatte.

Nach der Verabschiedung der Rassengesetzgebung stand der 1899 im Klima von Emanzipation und Laizismus von Jüdinnen mitgegründeten und maßgeblich geprägten Mailänder UFN das definitive Ende bevor. Bereits Anfang Dezember 1938 forderten die Mailänder Fasci Femminili von der UFN eine Liste mit den Namen aller Mitglieder „jüdischer Rasse" an, verbunden mit der Aufforderung, diese aus der Organisation auszuschließen. Mitte Dezember 1938 befahl das Innenministerium, die UFN zu schließen, und am 31. Januar 1939 erließ die Mailänder Präfektur ein Dekret, dem zufolge die Zentrale der UFN aufgelöst und ihr Vermögen zu konfiszieren sei. Nach der gewaltsamen Räumung des Hauses, dem Symbol der Vereinigung, bemächtigte sich der örtliche Fascio des Gebäudes. Nina Rignano Sullam, die sich nach Ligurien zurückgezogen hatte, kehrte bis zu ihrem Tod 1945 nicht mehr dauerhaft nach Mailand zurück. Die starke Ausprägung ihrer jüdischen Familienidentität zeigte sich darin, dass sie im Gegensatz zu Frida Marx Ceccon und anderen Mitgliedern der UFN trotz der Verfolgungsmaßnahmen des faschistischen Regimes weder die Taufe wählte noch eine Ausnahmeregelung von den Rassegesetzen beantragte.

Seit November 1938 wurden aus allen noch verbliebenen Institutionen der italienischen Frauenbewegung die letzten jüdischen Mitglieder vertrieben. Nach dem gewaltsamen Ende der UFN war die ADEI die einzige Organisation in Italien, die jüdischen Frauen noch offenstand. Während die Mitgliederzahlen der ADEI im Zuge der Verdrängung von Jüdinnen aus den weltlichen Frauenorganisationen bis 1938 stetig angestiegen waren, ereignete sich nach der Verabschiedung der Rassengesetzgebung eine rasante quantitative Abnahme der Mitgliedschaft. Diese erklärt sich zum einen durch die Auswanderung zahlreicher Protagonistinnen, zum anderen befürchteten nicht wenige Frauen, aufgrund der Zugehörigkeit zur ADEI ihre jüdische Herkunft preiszugeben und sich den Verfolgungsmaßnahmen des Regimes unmittelbar auszusetzen. Die realen Mitgliederzahlen dürften insofern auch in den Jahren nach 1938 zumindest geringfügig höher gewesen sein als in den einschlägigen Dokumenten angegeben wird.

Seit Beginn der 1940er Jahre wurde die Organisation in ihrer Existenz zunehmend gefährdet. Vor dem Hintergrund der Kriegssituation und der in Osteuropa einsetzenden Judenvernichtung durch Italiens deutschen Bündnispartner verschärfte auch die faschistische Regierung ihre judenfeindlichen Maßnahmen. Die ADEI, die sich abgesehen von der Mailänder Gruppe während der 1920er und 1930er Jahre als eher unpolitischer Verband verstanden und Konflikte mit der faschistischen Regierung bewusst vermieden hatte, entwickelte in diesem Kontext antifaschistische Tendenzen.

Ihre römische Sektion geriet im Mai 1941 unter den Verdacht antifaschistischer Umtriebe, da keine der verbliebenen Mitglieder der faschistischen Partei angehörte und die engen Verbindungen des Frauenbunds zu internierten Juden bekannt geworden waren. Auch konnten die zionistische Ausrichtung der Akteurinnen und ihre Kontakte nach Palästina nicht mehr verborgen bleiben. Die von Mussolini selbst geförderten Vorurteile gegenüber dem Zionismus erhielten aufgrund des Gegensatzes zum Kriegsgegner Großbritannien und der gleichzeitigen Radikalisierung der faschistischen „Judenpolitik" neuen Rückhalt. Wie aus den einschlägigen Dokumenten hervorgeht, galten die Mitglieder der ADEI spätestens seit 1941 bei den faschistischen Behörden als politisch gefährliche „antifaschistische Internationalistinnen". Obwohl die jüdische Frauenvereinigung in ihrer Gesamtheit noch bis September 1943 unter erschwerten Bedingungen weiterexistierte, wurde es für die römische Sektion seit Sommer 1941 nahezu unmöglich, unbeobachtete Zusammenkünfte zu organisieren.

Mit der deutschen Besetzung Italiens im September 1943 und der Gründung der RSI setzte die Verfolgung des Lebens der italienischen Juden ein. Die vorgenommene

Rekonstruktion der Schicksale jüdischer Feministinnen im Zeitraum zwischen 1943 und 1945, die durch Flucht oder im Versteck ihr Leben retten konnten oder aber in Vernichtungslagern umgebracht wurden, bildet einen Ausschnitt der immensen historischen Dimension der Verfolgung und Ermordung italienisch-jüdischer Frauen, Männer und Kinder in der Shoah. Nach dem 8. September 1943 begannen auch die Mitglieder der vorwiegend in Rom sowie Mittel- und Norditalien ansässigen ADEI, um ihr Überleben zu kämpfen. Während Berta Cammeo Bernsteins Tochter Marta Bernstein Navarra die Flucht in die Schweiz gelang und Gabriella Falco Ravenna zusammen mit ihren Töchtern bei dem befreundeten Juristen Arturo Carlo Jemolo in Rom und Ariccia Zuflucht fand, wurde die Philologin Augusta Jarach, eine der Pionierinnen der ADEI, im Februar 1944 nach Auschwitz deportiert. Flucht, Versteck und Deportation bestimmten auch die Schicksale der letzten jüdischen Mitglieder der UFN. Nina Rignano Sullam brachte die letzten beiden Jahre ihres Lebens unter falschem Namen in verschiedenen kleinen Ortschaften Norditaliens zu; die beinahe gleichaltrige Bice Cammeo überlebte als einziges Mitglied ihrer Familie in einem Versteck in Florenz. Die Mailänder Agrarwissenschaftlerin Aurelia Josz dagegen, die sich in einem Nonnenkloster in Alassio sicher glaubte, fiel vermutlich Ende 1943 einer Denunzierung zum Opfer. Nach mehreren Monaten Haft und Internierung wurde die 74-Jährige nach Auschwitz deportiert und dort am 26. Juni 1944 unmittelbar nach ihrer Ankunft umgebracht.

Laura Orvieto und Paola Lombroso gehören zu den wenigen überlebenden italienisch-jüdischen Feministinnen, die in der Nachkriegszeit ihr soziales und kulturelles Engagement wiederaufnahmen. Auch ihre Freundschaft mit Amelia Rosselli, die 1946 aus dem amerikanischen Exil nach Florenz zurückkehrte, konnte den Abgrund der Shoah überbrücken. Die vormals weitgespannten nationalen wie transnationalen Netzwerke italienisch-jüdischer Feministinnen jedoch waren nach Krieg und Völkermord unwiderruflich zerstört. Während die jüdischen Protagonistinnen der italienischen Frauenbewegung nach 1945 weitgehend in Vergessenheit gerieten, blieben ihre geistigen Errungenschaften im Sinne gesetzlicher Neuentwürfe, pädagogischer Innovation und moderner Sozialarbeit innerhalb der Frauenbewegung dennoch lebendig. Sie bildeten das kulturelle Erbe der Pionierinnen, die die Emanzipation als Frauen und Jüdinnen zu Lebzeiten nicht hatten erfahren dürfen.

Am Ende des Zweiten Weltkriegs, inmitten von Verlust und Zerstörung, entwarf Paola Lombroso im Schweizer Exil ein Projekt für die künftige Unterstützung und Betreuung italienischer Schulkinder. Ihr Text ging jedoch über einen reinen Arbeitsplan weit hinaus. Er war Ausdruck des auf Sara Levi Nathan zurückreichenden Ideals einer demokratischen Gesellschaftsordnung ohne konfessionelle Schranken, welches das Engagement von Jüdinnen in der italienischen Frauenbewegung zwischen Risorgimento und Faschismus stets am stärksten motiviert hatte:

„Während die Niederlage Deutschlands zunehmend Gewissheit annimmt und wir das Ende des Krieges voraussehen, ersteht vor den Augen jener, die darauf warten, nach Italien zurückzukehren, das Bild der Ruinen, die sie vorfinden werden, und nicht nur die der unersetzlichen Verluste, sondern auch der Bedürfnisse, denen zu Hilfe gekommen werden muss. Neben den großen Weltproblemen, die sich nur durch das Werk der Regierungen lösen lassen, gibt es konkrete Probleme, denen sich unsere individuelle Arbeit annehmen kann ... Mit dem größten Respekt für alle Konfessionen tragen wir Laizistinnen in uns ... den leidenschaftlichen Wunsch, am materiellen und moralischen Wiederaufbau einer Welt mitzuarbeiten, die die gegenwärtige Scham und den Schmerz auszulöschen vermag, einer Welt der Gerechtigkeit und Freiheit, für deren neue und alte Prinzipien Ehemänner, Brüder und Söhne ihr Leben gegeben haben, um die viele von uns trauern und sich danach sehnen, dass ihre Erinnerung und ihr Opfer sich niemals verflüchtigen."[3]

---

[3] Paola Lombroso an „Cara Amica", s. d. (1944), Archivio UFN, b. 10, fasc. 64: Maternità e infanzia (1901–1949).

Summary

This book represents the first epoch-spanning study on Jewish participation in the Italian women's movement. From a transnational perspective and on the basis of ego-documents that have been accessed for the first time, contemporary journals and Jewish community archives, as well as records by the police and public authorities, the study focuses on the experience of Italian-Jewish protagonists in Liberal Italy, during the First World War, and the Fascist dictatorship until 1945. It examines the tensions within the emancipation process between participation and exclusion. Developments of marginalisation, the persecution of Jewish rights, and the assault on Jewish lives during Fascism are analysed distinctly from the perspective of Jewish women.

The fact that the racial laws from 1938 did not represent the sudden end of an idyllic integration, but rather the climax of a long-term development, is demonstrated by a thorough analysis of Italian-Jewish protagonists and their relationships to the non-Jewish majority society. In spite of their significant influence on the transnational orientation of the Italian women's movement, their emancipation as women and Jews remained incomplete.

The first two chapters of the book focus on the biographies of important pioneers in the Italian women's movement. They explain various forms of Jewish family identities within an emerging secular subculture that took on a central role in the self-positioning of acculturated protagonists in post-emancipated Italy. Secular family identities were based on ideas of a community of origins, the continuity of ethical traditions, and communicative memory. The ongoing negotiation of parental relationships and family networks proceeded, as within contemporary European middle classes in general, through marriage. All of the women's biographies examined show the conspicuous importance of Jewish family and friendship networks for the self-images of Italian-Jewish feminists during the first two decades after Italian unification and the contemporary opening of the ghettos. Despite their strong identification with the liberal state's secular orientation, their foundation and support of secular institutions, as well as their above-average participation in laicist publication organs of the emerging Italian women's movement, they predominantly remained within their own group. Contacts to non-Jewish women mainly took place within transnational networks. The burgeoning integration process of Jewish pioneers into the young Italian nation state society moved between the poles of participation and distance.

The third part deals with the consolidation of the organised Italian women's movement from the 1880s onwards. In this period, the tensions within the emancipation process of Jewish feminists intensified. The chapter reconstructs both the central roles of Jewish protagonists as international networkers and the founding history of the organised Italian women's movement within the overall context of the contemporary European peace movement.

During the establishment of the most relevant secular women's organisation at the beginning of the 20th century, conflicts between Jewish and Catholic activists increased considerably. The particular connection between Catholic anti-Judaism and anti-Laicism, which was crucial for the Italian context, proved to be especially explosive within the contemporary women's movement, given that Jewish women were over-represented in secular associations and often assumed leading positions. In fact, the definite dissociation of the Catholic women's organisation from the non-confessional movement in 1908 revealed a strong convergence between anti-secular and anti-Jewish attitudes. The situation escalated towards the beginning of the First World War when openly antisemitic prejudices such as the evocation of a universal „Jewish-Masonic conspiracy" became part of the Catholic women's movement discourse. The analysis shows that the areas of education, school, and public morality, which were still significantly influenced by the Catholic church, offered important potential for the diffusion of antisemitic arguments that became increasingly radicalised during the Fascist period.

The fourth part centres on World War I. It examines the essential relevance of the „Great War" on Italian-Jewish women's expectations, experiences, and memories, and highlights its significance as a turning point for ideological developments, Jewish / non-Jewish relationships, as well as transformations of gender relations. The examination of relevant sources testifies to the fact that, at first, Italian-Jewish feminists interpreted the war primarily as the desired completion of the Risorgimento and a just „war of liberation" for Italian independence and unity. The dangerous fascination which interventionism and irredentism exerted on most of them was largely based on the memory of their ancestors' commitment to Italian unification, with its inherent project of Jewish emancipation. The experience of the cruel reality of war and violence, however, made many of them question their nationalist attitude and belief in a „democratic" Italian intervention on the part of the Entente powers. The war furthered a new female self-confidence, especially among middle-class women, which was considerably driven by contemporary discussions on a legal reform of women's position in society. Yet, in contrast to many other European countries, Italian women did not succeed in getting the vote after the end of the hostilities.

During the immediate post-war period, Italian-Jewish protagonists chose rather different ideological views which were based to a considerable extent on their own war experience. In principal, Jewish feminists continued to identify with socialist or liberalist ideas, while the organised Italian women's movement in general made a significant move towards the right, beginning to sympathise with Fascist positions. However, there were also several Jewish female activists who were attracted by the rising Fascist movement. It has become clear that the course for the fascistisation of the national women's movement and the marginalisation of nonconforming feminists was set in the crucial period between the end of the „Great War" and the arrival of Fascism in 1922.

The fifth part focuses on the exclusion and persecution of Italian-Jewish women during the Fascist regime. The social exclusion of politically dissident Jewish feminists started as early as the 1920s, while anti-fascist Jewish family and friendship networks became even closer. From the middle of the 1920s onwards, the inner-Jewish sphere became considerably important also for secular Jewish women. The reconstruction of the previously barely examined founding history of the first Jewish women's association, the Associazione Donne Ebree d'Italia (ADEI), shows that its development stood on the one hand in direct relation to the repressive conditions of the Fascist dictatorship. At the same time, Jewish cultural associations and Zionist groups began to engage in intense activity in Italy, which resulted in an increasing interest in Judaism and Zionist ideas among secular Jews as well. The ADEI, which was founded in 1927 in Milan and spread across Italy in the following years, developed into a space of refuge and renewed religious as well as Zionist identities within the context of Fascist oppression.

By 1935, the fascistization of the national women's movement was mostly concluded. On account of withdrawals or exclusions, there were hardly any Jewish members left in the respective organisations. With the racial laws set in November 1938 the situation deteriorated. The last Jewish representatives were expelled from all remaining women's associations, while the Unione Femminile Nazionale was violently closed down by the Fascist authorities because of its large number of Jewish members. The ADEI, on the other hand, developed anti-fascist tendencies that increased in the context of the Second World War and the extermination of Jews in Eastern Europe by Italy's German ally.

The assault on Jewish lives began with the German occupation of Italy in September 1943 and the creation of the Repubblica Sociale Italiana (RSI). The last chapter reconstructs the experiences of Italian-Jewish feminists, who between 1943 and 1945 saved their lives by escaping or hiding, as well as the fates of those who were deported and murdered in extermination camps. Their formerly extensive transnational networks were irrevocably destroyed by war and genocide. Although, after 1945, most Jewish protagonists of the Italian women's movement fell into oblivion, their accomplishments in terms of legal reforms, pedagogical innovation, and modern social work stayed alive. They became the cultural heritage of these pioneers who during their lifetimes had not been able to experience emancipation as women and Jews.

Abbildungsnachweise

Die Verfasserin und die Redaktion haben sich in allen Fällen darum bemüht, die Inhaber der Rechte an den Abbildungen ausfindig zu machen. In denjenigen Fällen, in denen dies nicht gelungen ist, stehen wir zur nachträglichen Abgleichung eventueller Ansprüche zur Verfügung.

- Abb. 1: URL: https://it.wikipedia.org/wiki/File:Ritratto_Laura_1.jpg (8.7.2020).
- Abb. 2: URL: https://it.wikipedia.org/wiki/File:Famiglia_Lombroso.jpg (8.7.2020).
- Abb. 3: © Fondazione Circolo Rosselli, Firenze, ASFI-R-16125.
- Abb. 4: © Fondazione Circolo Rosselli, Firenze, ASFI-R-16657.
- Abb. 5: URL: https://commons.wikimedia.org/wiki/File:Gina_Lombroso_1892.jpg?uselang=it (8.7.2020).
- Abb. 6: © Unione Femminile Nazionale di Milano, Archivio storico, b. 15.
- Abb. 7: © Unione Femminile Nazionale di Milano, Archivio Famiglia Majno, Album Asilo Mariuccia.
- Abb. 8: © Fondazione Circolo Rosselli, Firenze, ASFI-R-16122.
- Abb. 9: © Fondazione di Centro di Documentazione Ebraica Contemporanea CDEC – Onlus, Milano, Fondo fotografico „Pesaro Andrea", Nr. 662, ID. 662–102.

Abkürzungsverzeichnis

Allgemein

b.	busta
fasc.	fascicolo
n.	numero
s. d.	senza data
sfasc.	sottofascicolo

Institutionen

ACGV	Gabinetto G. P. Vieusseux, Archivio Contemporaneo „Alessandro Bonsanti"
ACIV	Archivio della Comunità Israelitica di Venezia
ACS	Archivio Centrale dello Stato
ADDI	Associazione divulgatrice donne italiane
ADEI	Associazione delle Donne Ebree d'Italia
AFF	Archivio Fondazione Giangiacomo Feltrinelli
AIF	Association Internationale des Femmes
ASPV	Archivio storico dell'Università di Pavia
CDEC	Centro di Documentazione Ebraica Contemporanea
CEF	Comunità Ebraica di Firenze
CNDI	Consiglio Nazionale delle Donne Italiane
Comasebit	Comitato di assistenza agli ebrei in Italia
DELASEM	Delegazione per l'assistenza agli emigranti
DEMORAZZA	Direzione Generale Demografia e Razza
DGIS	Direzione generale dell'Istruzione Superiore
DGPS	Direzione Generale della Pubblica Sicurezza
FACE	Federazione Associazioni Culturali Ebraiche
FILDIS	Federazione Italiana Laureate e Diplomate Istituti Superiori
FISEDD	Federazione italiana per il suffragio e i diritti della donna
FPC	Fondazione Primo Conti onlus
FRT	Fondazione Rosselli Torino
FSI	Federazione Sionistica Italiana
Isacem	Istituto per la storia dell'Azione cattolica e del movimento cattolico in Italia Paolo VI
Isrt	Istituto Storico della Resistenza in Toscana
IVSLA	Istituto Veneto di Scienze, Lettere ed Arti
MCRR	Museo Centrale del Risorgimento a Roma
MPI	Ministero Pubblica Istruzione
ONMI	Opera Nazionale per la Maternità e Infanzia
PNF	Partito Nazionale Fascista
PSI	Partito Socialista Italiano
RSI	Repubblica di Salò
UCEI	Unione delle Comunità Ebraiche Italiane
UDCI	Unione fra le donne cattoliche d'Italia
UFCI	Unione Femminile Cattolica Italiana
UFN	Unione Femminile Nazionale
Wizo	Women's International Zionist Organization

Quellen- und Literaturverzeichnis

1 Ungedruckte Quellen

Archivalien

Florenz

Archivio della Comunità Ebraica di Firenze (Archivio CEF)
Sezione Opere Pie: Pro Infanzia Israelitica

Fondazione Primo Conti onlus, Fiesole (FPC)
Fondo Leo Ferrero

Gabinetto G. P. Vieusseux, Archivio Contemporaneo „Alessandro Bonsanti" (ACGV)
Fondo Lombroso
Fondo Orvieto

Istituto Storico della Resistenza in Toscana (Isrt Firenze)
Archivio Gaetano Salvemini
Fondo Francesco Papafava
Fondo Maria Rosselli

Mailand

Archivio dei Luoghi Pii Elemosinieri
Asili Notturni Sonzogno

Archivio della Fondazione Giangiacomo Feltrinelli (AFF Milano)
Fondo Felice Cavallotti, Corrispondenza 1849–1916. 1. Corrispondenza ricevuta 1860–1898,
    fasc. Paolina Schiff
Fondo Felice Cavallotti, Serie Attività politica, 36/2
Fondo Osvaldo Gnocchi Viani, fasc. Unione Femminile Milano: 148/1

Archivio Unione Femminile Nazionale Milano (UFN)
Archivio storico dell'Unione Femminile Nazionale 1889–1951 (Archivio UFN)
Fondo Ersilia Majno Bronzini
Fondo Ada Sacchi Simonetta – Maria Sacerdotti Simonetta

Fondazione CDEC Milano
Cartella „Vicissitudini dei singoli", Nr. 434, Class. 1.2: Josz, Aurelia
Fondo ADEI (in riordinamento)
Fondo Angelo Sullam:
    b. 1, fasc. 1: Carte di Famiglia Sullam 1866–1978
    b. 18, fasc. 185: Corrispondenza del presidente 3 gennaio 1924 – 5 gennaio 1925
Fondo Comunità Ebraica di Milano:
    b. 2, fasc. 4: ADEI
Fondo Leone e Felice Ravenna:
    b. 8, fasc. 73: corrispondenza agosto–ottobre 1934 (carteggio Gabriella Falco Ravenna – Felice
    Ravenna)

Museo del Risorgimento Milano
Civiche Raccolte Storiche: Archivio Giuseppe Marcora

Pavia

Archivio storico dell'Università di Pavia (ASPV)
Fascicoli personale docente: Paolina Schiff
Lettere e Filosofia, Corrispondenza: b. 776, fasc. 4, Verbali Consiglio di Facoltà (1889)

Rom

Archivio Centrale dello Stato (ACS)
Archivio del Consiglio Nazionale delle Donne Italiane (CNDI)
Fondo Francesco Crispi Roma, fasc. 332: Comizio per la pace a Milano 1889
Fondo Ministero dell'Interno, Direzione Generale della Pubblica Sicurezza (DGPS), Divisione Affari generali e riservati, Fondo Associazioni (1912–1947): Associazioni in Italia e all'Estero:
    b. 4, fasc. 37: Associazione delle Donne Ebree d'Italia (ADEI)
    b. 30, fasc. 345: Unione Femminile Nazionale
Fondo Ministero dell'Interno, Direzione Generale Demografia e Razza (DEMORAZZA), Divisione Razza: Fascicoli personali
Ministero della Pubblica Istruzione (MPI), Direzione generale dell'Istruzione Superiore (DGIS) (1890–1895): b. 182; DGIS (1897–1910): b. 172

Archivio Unione delle Comunità Ebraiche Italiane (UCEI)
Fondo „Attività del Consorzio delle Comunità Israelitiche Italiane fino al 1924":
    b. IV, fasc. 18: „Tratta delle bianche"
    b. 8, fasc. 47: „Bambine Passigli e Coen" (ricovero presso l'orfanotrofio di Roma), 16. 1. 1917 – 5. 3. 1917

Istituto per la storia dell'Azione cattolica e del movimento cattolico in Italia Paolo VI (Isacem)
Fondo Unione Donne Cattoliche d'Italia (UDCI)

Museo Centrale del Risorgimento a Roma (MCRR)
    b. 405, 3: Jessie White Mario

Turin

Fondazione Rosselli Torino (FRT)
Archivio di Janet Nathan
Archivio di Amelia Rosselli

Venedig

Archivio della Comunità Israelitica di Venezia (ACIV)
    b. 187: Scuola Fanciulle (1835–1867)
    b. 188: Scuola Fanciulle (1869–1920)

Istituto Veneto di Scienze, Lettere ed Arti (IVSLA)
Fondo Luigi Luzzatti, Corrispondenza: Levi Della Vida, Adele
Fondo Luigi Luzzatti, fasc. 4, sez. B: Cassa Maternità

Interviews

Lionella Neppi Modona Viterbo, Florenz, 15. Februar 2017
Bosiljka Raditsa, Florenz, 30. Januar 2013

Briefliche Mitteilungen

Frank Gent, Crediton, U.K., 12. Februar 2013, 23. Oktober 2013
Susanne Schlösser, Mannheim, 8. April 2014

2 Gedruckte Quellen

Periodika

Almanacco della Donna Italiana
Attività Femminile Sociale
Cordelia
Educatore Israelita
Il Marzocco
Il Secolo Nuovo
Il Vessillo Israelitico
Israel
La Civiltà Cattolica
La Difesa
La Donna
La Plebe
La Rassegna Nazionale
La Riscossa – Unione Femminile nazionale, numero unico (gennaio 1918)
La Settimana dei ragazzi
La Settimana Israelitica
Natale di Guerra: numero unico a favore dei feriti (dicembre 1915)
Non Mollare. Bollettino d'informazione durante il regime fascista
Per il nostro Soldato
Unione fra le Donne Cattoliche d'Italia

Autobiografien, Memoiren, Briefe

Ancona, Clemente, In memoria di Emilia Ancona Contini nel primo anniversario della morte, Ferrara 1938.
Ascarelli, Aldo, Il più vivo dei miei figli, in: Pezzana, Angelo (Hg.), Quest'anno a Gerusalemme. Gli ebrei italiani in Israele, Firenze 2008, S. 31–40.
Ceccon, Adele, Adele Levi Della Vida e la sua opera in alcuni inediti, in: Rassegna di pedagogia XIII (1955), S. 21–45.
Ginzburg, Natalia, Lessico famigliare, Torino 1963.
Jemolo, Arturo Carlo, Anni di prova, Verona 1969.
Levi, Alessandro, Ricordi della vita e dei tempi di Ernesto Nathan, hg. von Andrea Bocchi, Pisa-Lucca 2006.
Levi, Enzo, Memorie di una vita (1889–1947), Modena 1972.
Levi Della Vida, Giorgio, Quattro Lettere di Samuele Romanin, in: Miscellanea in onore di Roberto Cessi, Roma 1958 (Storia e Letteratura 1), S. 321–344.
Lombroso, Paola und Gina, Cesare Lombroso: appunti sulla vita, le opere, Torino 1906.
Lombroso Ferrero, Gina, Adele Della Vida Levi. Una benefattrice dell'infanzia, Torino 1911.

Lombroso Ferrero, Gina, Cesare Lombroso, storia della vita e delle opere, Bologna 1921.
Lopez, Gigliola, Ricordo di Marta Navarra, in: Rassegna Mensile di Israel XLI (sett.-ott. 1975), S. 417–429.
Luzzatto, Fanny, La Famiglia Luzzatto durante il Risorgimento Italiano 1848–1860, hg. von Arturo Luzzatto, Roma 1941.
Luzzatto, Samuel David, Epistolario italiano, francese, latino, pubblicato dai suoi figli, 2 Bde., Padova 1890.
Majer Rizzioli, Elisa, Acconto agli eroi. Crociera sulla Memfi durante la conquista di Libia, Milano 1915.
Majer Rizzioli, Elisa, Fratelli e sorelle. Libro di guerra 1915–1918, Milano 1920.
Moscati, Sabatino, Ricordo di Giorgio Levi Della Vida, Roma 1968.
Nathan Rosselli, Janet, Una biografia di Sarina Nathan, in: Il pensiero mazziniano 9 (September 1979).
Orvieto, Laura, Leo e Lia. Storie di due bambini italiani con una governante inglese, Firenze 2011 [¹1909].
Orvieto, Laura, Storia di Angiolo e Laura, hg. von Caterina Del Vivo, Firenze 2001.
Politica e affetti familiari. Lettere di Amelia, Carlo e Nello Rosselli a Guglielmo, Leo e Nina Ferrero e Gina Lombroso Ferrero (1917–1943), hg. von Marina Calloni / Lorella Cedroni, Milano 1997.
Rosselli, Amelia, Memorie, hg. von Marina Calloni, Bologna 2001.
I Rosselli. Epistolario familiare di Carlo, Nello, Amelia Rosselli: 1914–1937, hg. von Zeffiro Ciuffoletti, Milano 1997.
Rosselli, Silvia, Gli otto venti, Palermo 2008.
Sereni, Clara, Il gioco dei regni, Firenze 1993.
Sereni, Enzo und Emilio, Politica e utopia, Lettere 1926–1943, hg. von David Bidussa / Maria Grazia Meriggi, Firenze 2000.
Tortoreto, Emanuele, Un ricordo di Aurelia Josz, fondatrice della Scuola, in: Notiziario della Scuola Agraria del Parco di Monza 2 (giugno–agosto) 1995.
Treves, Silvia, Diario di una crocerossina fiorentina, 1917–1918, in: Rassegna storica toscana XX,2 (luglio–dicembre) 1974, S. 233–278.
Turati, Filippo, Anna Kuliscioff. Amore e socialismo: un carteggio inedito, hg. von Claudia Dall'Osso, Firenze 2001.

Quellenliteratur, zeitgenössische Veröffentlichungen

Atti del I Congresso Nazionale delle Donne Italiane, Roma 1912.
Bandini Buti, Maria (Hg.), Enciclopedia biografica e bibliografica „italiana". Poetesse e scrittrici, Bd. 6, Milano 1941.
Benetti Brunelli, Valeria, Il primo giardino d'infanzia in Italia, Roma 1931.
Bisi Albini, Sofia, Le nostre fanciulle. Norme e consigli, con profilo dell'autrice, hg. von Elisa Majer-Rizzioli, Milano 1922.
Bistolfi, Giovanni, Figure lombarde. Ugo Pisa e Giuseppe Candiani, in: Nuova Antologia 230 (1910), S. 525–531.
Catanzaro, Carlo, La donna nelle scienze, nelle lettere, nelle arti, Florenz 1892.
Ceccon, Adele, Adele Levi Della Vida e la sua opera in alcuni inediti, in: Rassegna di pedagogia XIII (1955), S. 21–45.
da Persico, Elena, La questione femminile in Italia e il dovere della donna cattolica nei tempi presenti. Lezione letta nella settimana sociale di Brescia, Siena 1909.
da Persico, Elena, Moda e carattere femminile, Turin 1925.

Errera, Anna, Vita di Mazzini, Milano 1932.
Garagnani, Timoleone, La falsa mendicante. Dramma in cinque atti, Verona 1891.
Gentile, Giovanni, Il fascismo al governo della scuola (novembre '22 – aprile '24). Discorsi e interviste, Palermo 1924.
Greco, Oscar, Bibliografia femminile italiana, Venezia 1875.
Grossi-Mercanti, Onorata, Come si è fatta l'Italia. Storia del Risorgimento italiano, narrata ai fanciulli, Firenze 1891.
Grossi-Mercanti, Onorata, Giovane Italia. Libro di Lettura per la Quarta Classe elementare femminile, Firenze ³1911.
Kayserling, Meyer, Die jüdischen Frauen in der Geschichte, Literatur und Kunst, Berlin 1879.
Levi Della Vida, Adele, Educazione nuova. Raccolta di racconti e canzoni ad uso del giardinetto infantile di Venezia, Milano 1873.
Levi Della Vida, Adele, Relazione sul giardinetto infantile situato nella contrada dei SS. Apostoli di Venezia, Roma 1873.
Levi Nathan, Sara, in: Dizionario del Risorgimento nazionale: dalle origini a Roma capitale. Fatti e persone, Milano 1930–1937, S. 84–86.
Majer Rizzioli, Elisa, Nazario Sauro. Collezione di opuscoli storici e di biografie popolari per fanciulli, Milano 1923.
Mazzini, Giuseppe, Doveri dell'uomo, hg. von Giuseppe Civelli, New York 2009.
Mazzoleni, Ugo u. a. (Hg.), Ricordo agli amici di Angelo Mazzoleni, Milano 1895.
Mussolini, Benito, Opera Omnia, hg. von Edoardo und Duilio Susmel, Bd. 19, Firenze 1956.
Schiff, Paolina, Das Weib im Erwerbsleben, in: Koßmann, Robby / Weiß, Julius (Hg.), Mann und Weib. Ihre Beziehungen zueinander und zum Kulturleben der Gegenwart, Stuttgart 1908, S. 168–240.
Schiff, Paolina, Istituzione di una Cassa d'Assicurazione per la Maternità, Milano 1895.
Schiff, Paolina, La Pace gioverà alla donna? Conferenza tenuta a Milano nel Ridotto della Scala, Milano 1890.
Schiff, Paolina, L'influenza della donna sulla pace. Conferenza tenuta a Milano il 6 maggio 1888, Milano 1888.
Schiff, Paolina / Scodnik, Irma Melany, Les Caisses de prevoyance et d'assistance pour la maternité en Italie, in: Congrés International des Accidents du Travail et des assurances sociales. Paris 1900, Paris 1901, S. 679–680.
Schmid, Karl-Adolf / Schmid, Georg (Hg.), Geschichte der Erziehung, Bd. 5,3, Stuttgart-Berlin 1902.
Schönflies, Rosalie u. a. (Hg.), Der internationale Kongress für Frauenwerke und Frauenbestrebungen in Berlin, 19.–26. September 1896. Eine Sammlung der auf dem Kongress gehaltenen Vorträge und Ansprachen, Berlin 1897.
Tedeschi, Felice, Gli israeliti italiani nella guerra 1915–1918, Torino 1921.
Toschi-Dugnani, Maria, XIX Febbraio, in: La Sveglia Democratica 8 (1913).
Treves Tedeschi, Virginia, Le donne che lavorano, Torino 1916.
Villani, Carlo, Stelle femminili. Dizionario bio-bibliografico, Napoli 1915.
Vitali Lebrecht, Eugenia, Sulla coltura e sull'educazione morale e, a seconda delle varie credenze, religiosa nelle scuole, Roma 1908.

Berichte von Shoah-Überlebenden

Jerusalem, Yad Vashem
Bericht von Gabriella Falco Ravenna (1897–1983), URL: https://www.yadvashem.org/education/other-languages/italian/educational-materials/testimonies.html (8.7.2020)
Milano, Centro documentazione ebraica contemporanea (CDEC)
Interview mit Dario Navarra (geb. 1924), URL: http://digital-library.cdec.it/cdec-web/audiovideo/detail/IT-CDEC-AV0001-000171/dario-navarra.html (8.7.2020)
Bericht von Gabriella Falco Ravenna (1897–1983) über die Festnahme und Deportation ihrer Mutter und ihrer Schwester, URL: http://digital-library.cdec.it/cdec-web/viewer/cdecxDamsHist018/IT-CDEC-ST0018-000093#page/1/mode/1up (8.7.2020)

3 Literatur

Addis Saba, Marina, Anna Kuliscioff. Vita privata e passione politica, Milano 1993.
Addis Saba, Marina (Hg.), La corporazione delle donne. Ricerche e studi sui modelli femminili nel ventennio, Firenze 1988.
Adunka, Evelyn / Lamprecht, Gerald / Traska, Georg (Hg.), Jüdisches Vereinswesen in Österreich im 19. und 20. Jahrhundert, Innsbruck-Wien-Bozen 2011.
Alberto, Jori, Identità ebraica e sionismo nello scrittore Alberto Cantoni (1841–1904), con il testo di *Israele Italiano*, Firenze 2004.
Alfassio Grimaldi, Ugoberto u. a. (Hg.), La cultura milanese e l'università popolare negli anni 1901–1927, Milano 1983.
Allegra, Luciano, La madre ebrea nell'Italia moderna, in: D'Amelia, Marina (Hg.), Storia della maternità, Roma-Bari 1997, S. 53–57.
Amato, Giovanna, Una donna nella storia. Vita e letteratura di Amelia Pincherle Rosselli. Tragico tempo, chiaro il dovere = Quaderni del Circolo Rosselli 1 (2012).
Ambrosoli, Luigi, Libertà e religione nella riforma Gentile, Firenze 1980.
Angelini, Giovanna (Hg.), Nazione, democrazia e pace. Tra Ottocento e Novecento, Milano 2012.
Angelini, Giovanna / Tesoro, Marina (Hg.), De Amicitia. Scritti dedicati a Arturo Colombo, Milano 2006.
Anteghini, Alessandra, Parità, pace, libertà. Marie Goegg e André Léo nell'associazionismo femminile del secondo Ottocento, Genova 1998.
Antonini, Sandro, Delasem. Storia della più grande organizzazione ebraica italiana di soccorso durante la seconda guerra mondiale, Genova 2000.
Aquarone, Alberto, L'organizzazione dello Stato totalitario, Torino 2003.
Armani, Barbara, „Ebrei in casa". Famiglia, etnicità e ruoli sessuali tra norme, pratiche e rappresentazioni, in: Ebrei e nazione, S. 31–56.
Armani, Barbara, Il confine invisibile. L'elite ebraica di Firenze 1840–1914, Milano 2006.
Armani, Barbara / Schwarz, Guri (Hg.), Ebrei borghesi. Identità famigliare, solidarietà e affari nell'età dell'emancipazione, numero monografico di Quaderni Storici 14 (2003).
Arslan, Antonia, Scrittrici e giornaliste lombarde tra Ottocento e Novecento, in: Gigli Marchetti / Torcellan (Hg.), Donna lombarda, S. 249–264.
Arslan, Antonia (Hg.), Le stanze ritrovate. Antologia di scrittrici venete dal Quattrocento al Novecento, Milano 1991.
Artom, Eugenio, Per una storia degli Ebrei nel Risorgimento, in: Rassegna Storica Toscana 24, 1 (1978), S. 137–144.

Associazione donne ebree d'Italia (Hg.), Dalla nascita ai giorni nostri. Breve storia della Federazione italiana della Wizo, Milano 1971.
Associazione Italiana per lo Studio del Giudaismo, Italia Judaica, Lucca 6–9 giugno 2005: Donne nella storia degli ebrei d'Italia, Firenze 2007.

Baldi, Rita (Hg.), Guglielmo Ferrero tra società e politica. Atti del convegno di Genova (4–5 ottobre 1982), Genova 1986.
Baldi Cucchiara, Silvia u. a. (Hg.), Giorgio La Pira e la vocazione di Israele, Firenze 2005.
Ballestrero, Maria Vittoria, La legge Carcano sul lavoro delle donne e dei fanciulli, in: Passaniti (Hg.), Lavoro e cittadinanza femminile, S. 44–59.
Banti, Alberto Mario, La nazione del Risorgimento. Parentela, santità e onore alle origini dell'Italia unita, Torino 2000.
Barbarulli, Clotilde, La „ricerca straordinaria" di Elena Raffalovich Comparetti, in: Soldani (Hg.), L'educazione delle donne, S. 325–444.
Barbarulli, Clotilde / Borghi, Liana (Hg.), Visioni in/sostenibili. Genere e intercultura, Cagliari 2003.
Bard, Christine, Le filles de Marianne, Paris 1995.
Bartoloni, Stefania, Al capezzale del malato. Le scuole per la formazione delle infermiere, in: dies. (Hg.), Per le strade del mondo. Laiche e religiose fra Otto e Novecento, Bologna 2007, S. 215–247.
Bartoloni, Stefania, Italiane alla guerra. L'assistenza ai feriti, 1915–1918, Venezia 2003.
Bartoloni, Stefania, Margherita Sarfatti. Una intelletuale tra Nazione e Fascismo, in: Mori u. a. (Hg.), Di generazione in generazione, S. 207–220.
Bartoloni, Stefania (Hg.), Attraversando il tempo. Centoventi anni dell'Unione femminile nazionale (1899–2019), Roma 2019.
Bartoloni, Stefania (Hg.), La Grande Guerra delle italiane. Mobilitazioni, diritti, trasformazioni, Roma 2016.
Battegay, Caspar / Breysach, Barbara (Hg.), Jüdische Literatur als europäische Literatur. Europäizität und jüdische Identität 1860–1930, München 2008.
Baumeister, Martin, Ebrei fortunati? Juden in Italien zwischen Risorgimento und Faschismus, in: Terhoeven (Hg.), Italien, Blicke, S. 43–60.
Baumeister, Martin / Osti Guerrazzi, Amedeo / Procaccia, Claudio (Hg.), 16 ottobre 1943. La deportazione degli ebrei romani tra storia e memoria, Roma 2016.
Becker, Peter / Wetzell, Richard F. (Hg.), Criminals and their Scientists. The History of Criminology in International Perspective, Cambridge 2006.
Belardelli, Giovanni, Mazzini, Bologna 2010.
Belardelli, Giovanni, Nello Rosselli, uno storico antifascista, Firenze 1982.
Bentley Beauman, Katherine, Women and the Settlement Movement, London-New York 1996.
Bernardini, Paolo Luca u. a. (Hg.), Gli ebrei e la destra. Nazione, stato, identità, famiglia, Roma 2007.
Bertolotti, Maurizio / Sogliani, Daniela (Hg.), La nazione dipinta. Storia di una famiglia tra Mazzini e Garibaldi, Milano 2007.
Beseghi, Emy / Telmon, Vittorio (Hg.), Educazione al femminile. Dalla parità alla differenza, Firenze 1992.
Bettin, Cristina M., Italian Jews from Emancipation to the Racial Laws, New York 2010.
Biagianti, Ivo, Un protagonista della siderurgia fra Ottocento e Novecento: Arturo Luzzatto, Firenze 1978.
Biale, Rachel, Women and Jewish Law. An Exploration of Women's Issues in Halakhic Sources, New York 1984.

Bianchi, Bruna, Towards a New Internationalism. Pacifist Journals Edited by Women, 1914–1919, in: Hämmerle/Überegger/Bader Zaar (Hg.), Gender and the First World War, S. 176–194.
Bidussa, David, Il Mito del bravo italiano, Milano 1994.
Bidussa, David, Il sionismo italiano nel primo quarto del Novecento. Una „rivolta" culturale?, in: Bailamme 5–6 (1989), S. 168–244; Bailamme 7 (1990), S. 95–172.
Blaschke, Olaf/Kuhlemann, Frank-Michael (Hg.), Religion im Kaiserreich. Milieus – Mentalitäten – Krisen, Gütersloh 1996.
Boatti, Giorgio, Preferirei di no. Le storie dei dodici professori che si opposero a Mussolini, Torino 2001.
Bock, Gisela, Geschlechtergeschichten der Neuzeit. Ideen, Politik, Praxis, Göttingen 2014.
Bock, Gisela/Thane, Patricia (Hg.), Maternity and Gender Policies. Women and the Rise of the European Welfare States, 1880s–1950s, London 1994.
Borutta, Manuel, Antikatholizismus. Deutschland und Italien im Zeitalter der europäischen Kulturkämpfe, Göttingen 2010.
Borutta, Manuel, La „natura" del nemico. Rappresentazioni del cattolicesimo nell'anticlericalismo dell'Italia liberale, in: Ciampani/Klinkhammer (Hg.), La ricerca tedesca sul Risorgimento, S. 117–136.
Boukrif, Gabriele, „Der Schritt über den Rubikon". Eine vergleichende Untersuchung zur deutschen und italienischen Frauenstimmrechtsbewegung, Münster 2006.
Bozzini La Stella, Maura, Carolina Coen Luzzatto, Gorizia 1995.
Brazzo, Laura, Angelo Sullam e il Sionismo in Italia tra la Crisi di Fine Secolo e la Guerra di Libia, Roma 2007.
Brenner, Michael, Religion, Nation oder Stamm. Zum Wandel der Selbstdefinition unter deutschen Juden, in: Haupt/Langewiesche (Hg.), Nation und Religion, S. 587–597.
Brenner, Michael/Liedtke, Rainer/Rechter, David (Hg.), Two Nations. British and German Jews in Comparative Perspective, Tübingen 1999.
Brenner, Michael/Myers, David N. (Hg.), Jüdische Geschichtsschreibung heute. Themen, Positionen, Kontroversen, München 2002.
Bridenthal, Renate/Koonz, Claudia (Hg.), Becoming Visible. Women in European History, Boston 1977.
Brigadeci, Concetta, Forme di resistenza al fascismo. L'Unione Femminile Nazionale, Milano 2001.
Bühner, Maria/Möhring, Maren (Hg.), Europäische Geschlechtergeschichten in Quellen und Essays, Stuttgart 2018.
Bulletti, Patricia, Amelia nel Lyceum di Firenze (1908–1937), in: Vieri, Dolara (Hg.), Amelia Pincherle Rosselli, Quaderni del Circolo Rosselli 3 (2006), S. 29–38.
Burgio, Alberto (Hg.), Nel nome della razza. Il razzismo nella storia d'Italia (1870–1945), Bologna 1999.
Buttafuoco, Annarita, Cronache femminili. Temi e momenti della stampa emancipazionista in Italia dall'Unità al fascismo, Arezzo 1988.
Buttafuoco, Annarita, Le Mariuccine. Storia di un'istituzione laica. L'asilo Mariuccia, Milano 1985.
Buttafuoco, Annarita, Le origini della Cassa Nazionale di Maternità, Arezzo 1992.
Buttafuoco, Annarita, Motherhood as a Political Strategy. The role of the Italian Women's Movement in the creation of the Cassa Nazionale di Maternità, in: Bock/Thane (Hg.), Maternity and Gender Policies, S. 187–191.
Buttafuoco, Annarita, Nina Rignano Sullam. Una Filantropa Politica, in: Il Risorgimento 2 (1989), S. 143–159.
Buttafuoco, Annarita, Per un diritto. Coeducazione e identità femminile nell'emancipazionismo italiano tra Ottocento e Novecento, in: Beseghi/Telmon (Hg.), Educazione al femminile, S. 13–30.

Buttafuoco, Annarita, Solidarietà, Emancipazionismo, Cooperazione. Dall'Associazione Generale delle Operaie all'Unione Femminile Nazionale, in: Fabbri (Hg.), L'Audacia insolente, S. 79–110.

Calabrò, Carmelo, Liberalismo, democrazia, socialismo. L'itinerario di Carlo Rosselli, Firenze 2009.
Caffiero, Marina, Battesimi forzati. Storie di ebrei, cristiani e convertiti nella Roma dei papi, Roma 2009.
Caffiero, Marina, Storia degli ebrei nell'Italia moderna. Dal Rinascimento alla Restaurazione, Roma 2014.
Calimani, Riccardo, Storia del Ghetto di Venezia. Le vicende di una comunità perseguitata, Milano 1995.
Calloni, Marina, (Auto)biografie di intellettuali ebraiche italiane: Amelia Rosselli, Laura Orvieto e Gina Lombroso, in: Barbarulli/Borghi (Hg.), Visioni in/sostenibili, S. 139–158.
Calloni, Marina, Introduzione, in: Rosselli, Amelia, Memorie, hg. von Marina Calloni, Bologna 2001, S. 7–30.
Calloni, Marina/Cedroni, Lorella, Presentazione. Due famiglie in esilio, in: Politica e affetti familiari, hg. von Calloni/Cedroni, S. 21–27.
Cambi, Franco/Ulivieri, Simonetta, Storia dell'infanzia nell'Italia liberale, Firenze 1988.
Canadelli, Elena/Zocchi, Paola (Hg.), Milano scientifica 1875–1924, Bd. 1, Milano 2008.
Canale Cama, Francesca, La pace dei liberi e dei forti. La rete di pace di Ernesto Teodoro Moneta, Bologna 2012.
Canepa, Andrew M., Cattolici ed ebrei nell'Italia liberale (1870–1915), in: Comunità 179 (1978), S. 43–109.
Canepa, Andrew M., L'immagine dell'ebreo nel folklore e nella letteratura del postrisorgimento, in: Rassegna Mensile di Israel 5–6 (1978), S. 383–399.
Canepa, Andrew M., Reflections on Antisemitism in Liberal Italy, in: The Wiener Library Bulletin 31 (1978), S. 104–111.
Capristo, Annalisa, L'esclusione degli ebrei dall'Accademia d'Italia, in: Rassegna Mensile di Israel 67 (2001), S. 1–36.
Carpi, Daniel u. a. (Hg.), Scritti in memoria di Enzo Sereni. Saggi sull'ebraismo romano, Milano-Jerusalem 1970.
Carrannante, Antonio, Giovanni Calò nella storia della nostra scuola, in: Cultura e scuola 137 (1996), S. 229–250.
Carrarini, Rita/Giordano, Michele (Hg.), Bibliografia dei periodici femminili lombardi, Milano 1993.
Casalini, Maria, La signora del socialismo italiano. Vita di Anna Kuliscioff, Roma 1987.
Catalan, Tullia, Donne ebree a Trieste fra Ottocento e Prima Guerra Mondiale, in: Italia Judaica, Lucca 6–9 giugno 2005, S. 347–371.
Catalan, Tullia, Juden und Judentum in Italien von 1848 bis 1918, in: Novelli-Glaab/Jäger (Hg.), „... denn in Italien haben sich die Dinge anders abgespielt", S. 71–86.
Catalan, Tullia, La Comunità ebraica di Trieste (1781–1914). Politica, società e cultura, Trieste 2000.
Catalan, Tullia, Le reazioni dell'ebraismo italiano all'antisemitismo europeo (1880–1914), in: Miccoli/Brice, Les racines chrétiennes, S. 137–162.
Catalan, Tullia, Linguaggi e stereotipi dell'antislavismo irredentista dalla fine dell'Ottocento alla Grande Guerra, in: dies. (Hg.) Fratelli al massacro. Linguaggi e narrazioni della Prima Guerra mondiale, Roma 2015, S. 39–68.
Catalan, Tullia, Percorsi di emancipazione delle donne italiane in età liberale, in: Isnenghi/Levis Sullam (Hg.), Gli italiani in guerra, S. 170–181.
Caviglia, Stefano, L'identità salvata. Gli ebrei di Roma tra fede e nazione. 1870–1938, Roma 1996.

Cavaglion, Alberto, Gli ebrei emancipati puntano a „uscire dalle Malebolge". Ma poi ...,
  Vortragsmanuskript des Studientags „Gli ebrei e l'unità d'Italia", veranstaltet von der jüdischen
  Gemeinde in Venedig im November 2010.
Cavaglion, Alberto, Gli ebrei nell'Italia unita, Milano 2012.
Cedroni, Lorella, Guglielmo Ferrero. Una biografia intellettuale, Roma 2006.
Certini, Rossella, Jessie White Mario una giornalista educatrice. Tra liberalismo inglese e
  democrazia italiana, Firenze 1998.
Chiosso, Giorgio, Die Schulfrage in Italien. Volksschulbildung, in: Lill/Traniello (Hg.), Der
  Kulturkampf in Italien, S. 257–298.
Cicalese, Maria Luisa, Orientamenti culturali e idealità pedagogiche nella Milano del primo
  Novecento, in: Grimaldi u. a. (Hg.), La cultura milanese, S. 191–231.
Cipriani, Franco, Scritti in onore dei patres, Milano 2006.
Ciuffoletti, Zeffiro (Hg.), Nello Rosselli: uno storico sotto il fascismo. Lettere e scritti vari (1924–
  1937), Firenze 1979.
Ciuffoletti, Zeffiro / Corradi, Gian Luca (Hg.), Lessico famigliare. Vita, cultura e politica della
  Famiglia Rosselli all'insegna della libertà, Firenze 2002.
Ciuffoletti, Zeffiro / Tranfaglia, Nicola, Introduzione, in: Ciuffoletti / Corradi (Hg.), Lessico
  famigliare, S. IX–XIX.
Clemens, Gabriele B. / Späth, Jens (Hg.), 150 Jahre Risorgimento – geeintes Italien?, Trier 2014.
Colarizi, Simona, I democratici all'opposizione. Giovanni Amendola e l'Unione Nazionale (1922–
  1926), Bologna 1973.
Coletti, Alessandro, Il divorzio in Italia. Storia di una battaglia civile e democratica, Roma 1974.
Collotti, Enzo, Il fascismo e gli ebrei. Le leggi razziali in Italia, Roma-Bari 2004.
Collotti, Enzo, La politica razziale del regime fascista, Vortragsmanuskript der Veranstaltung
  „L'Invenzione del nemico. Sessantesimo anniversario della promulgazione delle leggi razziali",
  Istituto Nazionale per la Storia del Movimento di Liberazione in Italia e Ministero della Pubblica
  Istruzione, 3. Dezember 1998.
Conti Odorisio, Ginevra (Hg.), Salvatore Morelli (1824–1880). Emancipazione e democrazia
  nell'Ottocento europeo, Neapel 1992.
Contigiani, Ninfa, La forzatura delle pareti domestiche e la cittadinanza „mediata", in:
  Passaniti (Hg.), Lavoro e cittadinanza femminile, S. 99–121.
Contini, Mariagrazia / Ulivieri, Simonetta (Hg.), Donne, famiglia, famiglie, Milano 2010.
Cooper, Sandi E., Patriotic Pacifism. Waging War on War in Europe, 1815–1914, Oxford 1991.
Crawford, Elizabeth, The Women's Suffrage Movement. A Reference Guide 1866–1928, London
  2001.
Crusvar, Luisa, Sansone Schiff di Mannheim. Attività e Opere di un Argentiere Ebreo nella Trieste di
  Metà Ottocento, in: Atti e Memorie della Società Istriana di Archeologia e Storia Patria 41 (1993),
  S. 149–168.
Curci, Roberto / Ziani, Gabriella (Hg.), Bianco, Rosa e Verde. Scrittrici a Trieste fra '800 e '900,
  Trieste 1993.
Curli, Barbara, Italiane al lavoro, 1914–1920, Venezia 1998.

D'Amico, Fabio, Nina Rignano Sullam nella Milano del primo Novecento. Contributi teorici e attività
  filantropica (Tesi di Laurea), Università degli Studi di Milano, Anno accademico 2006/2007.
D'Amico, Fabio, Per l'elevazione materiale e morale della donna e del genere umano. L'Unione
  Femminile Nazionale di Milano dall'impegno sociale allo scioglimento (1908–1939) (Tesi di
  Laurea in Storia e documentazione storica), Università degli Studi di Milano, Anno accademico
  2009/2010.

Dau Novelli, Cecilia, L'associazionismo femminile cattolico (1908–1960), in: Bollettino dell'archivio per la storia del movimento sociale cattolico in Italia 33 (1998), S. 112–137.
Dazzetti, Stefania, Gli ebrei italiani e il fascismo. La formazione della legge del 1930 sulle comunità israelitiche, in: Mazzacane, Aldo (Hg.), Diritto economico e istituzioni nell'Italia fascista, Baden-Baden 2002, S. 219–254.
De Felice, Renzo, Storia degli ebrei sotto il fascismo, Torino 1961.
De Giorgio, Michela, Le italiane dall'unità ad oggi. Modelli culturali e comportamenti sociali, Roma-Bari 1992.
de Grazia, Victoria, Le donne nel regime fascista, Venezia 1992.
De Rosa, Gabriele, Storia del movimento cattolico in Italia, Roma-Bari 1966.
Decleva, Enrico, Etica del lavoro, socialismo, cultura popolare. Augusto Osimo e la Società umanitaria, Milano 1984.
Del Regno, Francesco, Gli ebrei a Roma tra le due guerre mondiali. Fonti e problemi di ricerca, in: Storia Contemporanea 23 (Februar 1992), S. 5–68.
Del Vivo, Caterina, Asterischi, in: Bollettino dell'Amicizia ebraico-cristiana 3–4 (2003), S. 61–64.
Del Vivo, Caterina, Introduzione, in: Orvieto, Laura, Storia di Angiolo e Laura, S. VII–XI.
Della Pergola, Sergio, Anatomia dell'ebraismo italiano, Roma 1976.
Della Pergola, Sergio, La popolazione ebraica in Italia nel contesto ebraico globale, in: Vivanti, Corrado (Hg.), Storia d'Italia, Annali 11: Gli ebrei in Italia: dal medioevo all'età dei ghetti, Torino 1996, S. 897–939.
Della Pergola, Sergio, La trasformazione demografica della diaspora ebraica, Torino 1983.
Della Seta, Simonetta, Dalla tradizione a un mondo più moderno. Un ebreo autentico in un'epoca di passaggio. Note per un profilo di Felice di Leone Ravenna, in: Rassegna Mensile di Israel 53,3 (1987), S. LXXI–LXXVII.
Demi, Cinzia, Ersilia Bronzini Majno. Immaginario biografico di un'italiana tra ruolo pubblico e privato, Bologna 2013.
Di Porto, Bruno, Il problema ebraico in Nello Rosselli: Giustizia e libertà nella lotta antifascista e nella storia d'Italia. Attualità dei fratelli Rosselli a quaranta anni dal loro sacrificio, Firenze 1978.
Dickmann, Elisabeth, Die italienische Frauenbewegung im 19. Jahrhundert, Frankfurt a. M. 2002.
Dickmann, Elisabeth, Über die Grenzen. Die Italienerinnen in der frühen internationalen Frauenbewegung, in: Schöck-Quinteros u. a. (Hg.), Politische Netzwerkerinnen, S. 207–227.
Diner, Dan, Geschichte der Juden – Paradigma einer europäischen Historie, in: Stourzh, Gerald (Hg.), Annäherungen an eine europäische Geschichtsschreibung, Wien 2002, S. 85–103.
Dittrich-Johansen, Helga, Le „militi dell'idea". Storia delle organizzazioni femminili del Partito Nazionale Fascista, Firenze 2002.
Dizionario biografico delle donne lombarde, hg. von Rachele Farina, Milano 1995.
Dogliani, Patrizia, Il fascismo degli italiani. Una storia sociale, Torino 2008.
Dolza, Delfina, Essere figlie di Lombroso. Due donne intellettuali tra '800 e '900, Milano 1990.
Duggan, Christopher, Fascist Voices. An Intimate History of Mussolini's Italy, Oxford 2013.
Dunkel, Franziska/Schneider, Corinna (Hg.), Frauen und Frieden? Zuschreibungen – Kämpfe – Verhinderungen, Opladen-Berlin-Toronto 2015.
Durand, André, Gustave Moynier and the Peace Societies, in: International Review of the Red Cross 314 (Oktober 1996), S. 532–550.

Ebrei e nazione. Comportamenti e rappresentazioni nell'età dell'emancipazione (storia e problemi contemporanei 20,45 (maggio–agosto) 2007.
Efron, John M., Defenders of the Race. Jewish Doctors and Race Science in Fin-de-Siècle Europe, New Haven 1994.

Ermacora, Matteo, Women behind the Lines. The Friuli Region as a Case Study of Total Mobilization, 1915–1917, in: Hämmerle/Überegger/Bader Zaar (Hg.), Gender and the First World War, S. 16–35.

Ernst, Petra, Der Erste Weltkrieg in deutschsprachig-jüdischer Literatur und Publizistik in Österreich, in: Mattl u. a. (Hg.), Krieg. Erinnerung. Geschichtswissenschaft, S. 47–72.

Ernst, Petra/Grossman, Jeffrey/Wyrwa, Ulrich (Hg.), The Great War. Reflections, Experiences and Memories of German and Habsburg Jews (1914–1918) = Quest. Issues in Contemporary Jewish History. Journal of Fondazione CDEC, Nr. 9 (October 2016), URL: http://www.quest-cdecjournal.it/index.php?issue=9 (8. 7. 2020).

Ernst, Petra/Lappin-Eppel, Eleonore (Hg.), Jüdische Publizistik und Literatur im Zeichen des Ersten Weltkriegs, Innsbruck-Wien-Bozen 2016.

Fabbri, Fabio (Hg.), L'Audacia insolente. La cooperazione femminile 1886–1986, Vicenza 1986.

Fabre, Giorgio, Mussolini razzista. Dal socialismo al fascismo, la formazione di un antisemita, Milano 2005.

Falchi, Federica, Democracy and the Rights of Women in the Thinking of Giuseppe Mazzini, in: Modern Italy 17,1 (February 2012), S. 15–30.

Falco Ravenna, Gabriella, Berta Bernstein Cammeo e gli Albori dell'ADEI, in: Associazione donne ebree d'Italia (Hg.), Dalla nascita ai giorni nostri, S. 15–19.

Farina, Rachele, Politica, amicizie e polemiche lungo la vita di Anna Maria Mozzoni, in: Scaramuzza (Hg.), Politica e amicizia, S. 55–72.

Fassmann, Maya, Jüdinnen in der deutschen Frauenbewegung, 1865–1919, Hildesheim 1996.

Fava, Sabrina, Percorsi critici di letterature per l'infanzia tra le due guerre, Milano 2004.

Fell, Alison S., Remembering French and British First World War Heroines, in: Hämmerle/Überegger/Bader Zaar (Hg.), Gender and the First World War, S. 108–126.

Ferrara degli Uberti, Carlotta, Fare gli ebrei italiani. Autorappresentazioni di una minoranza (1861–1918), Bologna 2011.

Ferrara degli Uberti, Carlotta, Italiani ma ebrei. Rappresentare se stessi fra famiglia e nazione. Appunti sul „Vessillo Israelitico" alla soglia del Novecento, in: Bernardini, Paolo Luca u. a. (Hg.), Gli ebrei e la destra. Nazione, stato, identità, famiglia, Roma 2007, S. 25–60.

Ferrari Occhionero, Marisa (Hg.), Dal diritto di voto alla cittadinanza piena, Roma 2008.

Filippini, Nadia Maria, „Come tenere pianticelle". L'educazione della prima infanzia: asili di carità, giardinetti, asili per lattanti, in: dies./Plebani (Hg.), La scoperta dell'infanzia, S. 91–111.

Filippini, Nadia Maria, Donne sulla scena politica: dalle Municipalità del 1797 al Risorgimento, in: dies. u. a. (Hg.), Donne sulla scena pubblica, S. 81–137.

Filippini, Nadia Maria u. a. (Hg.), Donne sulla scena pubblica. Società e politica in Veneto tra Sette e Ottocento, Milano 2006.

Filippini, Nadia Maria/Plebani, Tiziana (Hg.), La scoperta dell'infanzia. Cura, educazione e rappresentazione. Venezia 1750–1930, Venezia 1999.

Finotti, Fabio, Erminia Fuà Fusinato, in: Arslan, Antonia (Hg.), Le stanze ritrovate. Antologia di scrittrici venete dal Quattrocento al Novecento, Milano 1991, S. 208–218.

Fiori, Giuseppe, Casa Rosselli. Vita di Carlo e Nello, Amelia, Marion e Maria, Torino 1999.

Flores, Marcello u. a. (Hg.), Storia della Shoah in Italia. Vicende, memorie, rappresentazioni, Bd. 1: Le premesse, le persecuzioni, lo sterminio, Torino 2010.

Foa, Anna, Il mito dell'assimilazione. La storiografia sull'Emancipazione degli ebrei italiani: prospettive e condizionamenti, in: Ebrei e nazione, S. 17–29.

Focardi, Filippo, Il cattivo tedesco e il bravo italiano. La rimozione delle colpe della seconda guerra mondiale, Roma-Bari 2013.

Follacchio, Sara, Associazionismo femminile e nation building. Il contributo dell'Associazione Donne Ebree d'Italia, in: Chronica Mundi 12,1 (2017), S. 99–125.
Follacchio, Sara, „L'ingegno aveva acuto e la mente aperta". Teresa Labriola. Appunti per una biografia, in: Storia e problemi contemporanei 17 (1996), S. 65–89.
Formigoni, Guido, L'Italia dei cattolici. Fede e nazione dal Risorgimento alla Repubblica, Bologna 1998, S. 57–76.
Forti, Carla, Dopoguerra in provincia. Microstorie pisane e lucchesi, 1944–1948, Milano 2007.
Fossati, Roberta, Alice Hallgarten Franchetti e le sue iniziative alla Montesca, in: Fonti e documenti. Centro Studi per la storia del modernismo, Bd. 16–17, Urbino 1987–1988.
Franchini, Silvia / Pacini, Monica / Soldani, Simonetta (Hg.), Giornali di donne in Toscana, 2 Bde., Firenze 2007.
Franchini, Silvia / Soldani, Simonetta (Hg.), Donne e giornalismo. Percorsi e presenze di una storia di genere, Milano 2004.
Frattarelli, Lucia (Hg.), Sul filo della scrittura. Fonti e temi per la storia delle donne a Livorno, Pisa 2005.
Freeze, Chaeran / Hyman, Paula, Introduction. A Historiographical Survey, in: dies. / Polonsky, Antony (Hg.), Jewish Women in Eastern Europe = Polin. Studies in Polish Jewry 18 (2005), S. 3–24.
Frevert, Ute, Die Innenwelt der Außenwelt. Modernitätserfahrungen von Frauen zwischen Gleichheit und Differenz, in: Volkov, Shulamit (Hg.), Deutsche Juden und die Moderne, München 1994, S. 75–94.
Friedrich, Annegret u. a. (Hg.), Projektionen – Rassismus und Sexismus in der visuellen Kultur, Marburg 1997.
Frübis, Hildegard, Die schöne Jüdin. Bilder vom Eigenen und vom Fremden, in: dies. u. a. (Hg.), Projektionen – Rassismus und Sexismus in der visuellen Kultur, Marburg 1997, S. 112–124.
Funaro, Liana Elda, „Compagna e partecipe". Donne della comunità ebraica livornese nel secondo Ottocento, in: Frattarelli, Lucia (Hg.), Sul filo della scrittura. Fonti e temi per la storia delle donne a Livorno, Pisa 2005, S. 319–339.

Gaballo, Graziella, Il Nostro Dovere. L'Unione femminile tra impegno sociale, guerra e fascismo (1899–1939), Novi Ligure 2015.
Gabrielli, Patrizia, Tempio di virilità. L'antifascismo, il genere, la storia, Milano 2009.
Gaiotti de Biase, Paola, Le origini del movimento cattolico femminile, Brescia 2002.
Galimi, Valeria, Sotto gli occhi di tutti. La società italiana e le persecuzioni contro gli ebrei, Milano 2018.
Garibba, Pupa (Hg.), Donne ebree, Roma 2001.
Garroni, Maria Susanna, Lo sfilacciarsi della rete. Pacifiste femministe tra Europa e Stati Uniti, in: Bartoloni (Hg.), La Grande Guerra delle italiane, S. 75–97.
Gasparini, Duilio, Adolfo Pick. Il pensiero e l'opera, Firenze 1968.
Gazzetta, Liviana, Cattoliche durante il fascismo. Ordine sociale e organizzazioni femminili nelle Venezie, Roma 2011.
Gazzetta, Liviana, Elena da Persico, Verona 2005.
Gazzetta, Liviana, „Fede e fortezza". Il movimento cattolico femminile tra ortodossia ed eterodossia", in: Filippini u. a. (Hg.), Donne sulla scena pubblica, S. 218–265.
Gazzetta, Liviana, Giorgina Saffi. Contributo alla storia del mazzinianesimo femminile, Milano 2003.
Gazzetta, Liviana, Orizzonti nuovi. Storia del primo femminismo in Italia (1865–1925), Roma 2018.
Gazzetta, Liviana, Spiritualità, riforma educativa ed emancipazione femminile. Una rete locale in età giolittiana, Vicenza 2013.

Gazzetta, Liviana, Tra antiebraismo e antifemminismo. Temi dell'intransigentismo cattolico in Italia tra '800e '900, in: Ricerche di storia sociale e religiosa 85–86 (2014), S. 209–228.

Genovesi, Giovanni, L'educazione dei figli. L'Ottocento, Firenze 1999.

Ghezzi, Morris L. / Canavero, Alfredo, 1893–1903. Alle origini dell'Umanitaria, Milano 2013.

Gianni, Emilio, Dal radicalismo borghese al socialismo operaista. Dai congressi della Confederazione Operaia Lombarda a quelli del Partito Operaio Italiano (1881–1890), Milano 2012.

Gibson, Mary S., Cesare Lombroso and Italian Criminology, Theory and Politics, in: Becker / Wetzell (Hg.), Criminals and their Scientists, S. 137–158.

Gigli Marchetti, Ada, Regina della casa, regina della moda. La moda in un secolo di storia 1850–1950, in: dies. / Torcellan (Hg.), Donna lombarda, S. 537–553.

Gigli Marchetti, Ada / Torcellan, Nanda (Hg.), Donna lombarda. 1860–1945, Milano 1992.

Ginsborg, Paul, Daniele Manin e la rivoluzione veneziana del 1848–49, Torino 1978.

Ginsborg, Paul, Romanticismo e Risorgimento. L'io, l'amore e la nazione, in: ders. / Banti, Alberto Mario (Hg.), Storia d'Italia, Annali 22: Il Risorgimento, Torino 2007, S. 5–67.

Gori, Claudia, Crisalidi. Emancipazioniste liberali in età giolittiana, Milano 2003.

Gori, Claudia, Laura Orvieto: un'intellettuale del Novecento, in: Genesis 3,2 (2004), S. 183–203.

Gotzmann, Andreas / Liedtke, Rainer / van Rahden, Till (Hg.), Juden, Bürger, Deutsche. Zur Geschichte von Vielfalt und Differenz 1800–1933, Tübingen 2001.

Gragnani, Cristina, Istanza Didattica, Emancipazionismo e Biografismo Tardo Ottocentesco: Emma Boghen Conigliani Critica Letteraria, in: dies. / Frau, Ombretta (Hg.), Sottoboschi letterari. Sei case studies fra Otto e Novecento, Firenze 2011, S. 29–54.

Grandner, Margarete / Saurer, Edith, Vorwort der Herausgeberinnen, in: dies. (Hg.), Geschlecht, Religion und Engagement, S. 7–23.

Grandner, Margarete / Saurer, Edith (Hg.), Geschlecht, Religion und Engagement. Die jüdischen Frauenbewegungen im deutschsprachigen Raum, 19. und frühes 20. Jahrhundert, Köln 2005.

Grözinger, Hildegard, Die schöne Jüdin. Klischees, Mythen und Vorurteile über Juden in der Literatur, Berlin 2003.

Groppi, Angela, Lavoro e proprietà delle donne in età moderna, in: dies. (Hg.), Il lavoro delle donne, Roma-Bari 1996, S. 119-163.

Guarnieri, Patrizia, Italian Psychology and Jewish Emigration under Fascism. From Florence to Jerusalem and New York, Basingstoke-New York 2016.

Guarnieri, Patrizia, Tra Milano e Firenze. Bice Cammeo a Ersilia Majno per l'Unione Femminile, in: Angelini, Giovanna / Tesoro, Marina (Hg.), De Amicitia. Scritti dedicati a Arturo Colombo, Milano 2006, S. 504–515.

Guerrini, Irene / Pluviano, Marco, La propaganda antisemita fascista nell'America del Sud, in: Burgio, Alberto (Hg.), Nel nome della razza. Il razzismo nella storia d'Italia (1870–1945), Bologna 1999.

Guetta, Silvia, Donne e famiglia nella tradizione ebraica, in: Contini, Mariagrazia / Ulivieri, Simonetta (Hg.), Donne, famiglia, famiglie, Milano 2010, S. 63–84.

Guidi, Laura, Un nazionalismo declinato al femminile, in: dies. (Hg.), Vivere la guerra, S. 93–118.

Guidi, Laura (Hg.), Vivere la guerra. Percorsi biografici e ruoli di genere tra Risorgimento e primo conflitto mondiale, Neapel 2007.

Gunzberg, Lynn M., Strangers at Home. Jews in the Italian Literary Imagination, Berkeley 1992.

Hagemann, Karen / Schüler-Springorum, Stefanie (Hg.), Home / Front. The Military, War and Gender in Twentieth-Century Germany, Oxford-New York 2002.

Hahn, Hans-Joachim, Europäizität und innerjüdisches Othering. ‚Ostjuden' im literarischen Diskurs von Heine bis Zweig, in: Battegay/Breysach (Hg.), Jüdische Literatur als europäische Literatur, S. 124–138.

Hallett, Christine E., Containing Trauma. Nursing Work in the First World War, New York 2009.

Hämmerle, Christa, „Mentally broken, physically a wreck …". Violence in War Accounts of Nurses in Austro-Hungarian Service, in: dies./Überegger/Bader Zaar (Hg.), Gender and the First World War, S. 89–107.

Hämmerle, Christa/Überegger, Oswald/Bader Zaar, Birgitta (Hg.), Gender and the First World War, Basingstoke-New York 2014.

Hassan, Karen, Colte, chiare, patriote, persino femministe. Amalia Guglielminetti, Laura Orvieto, Clelia Fano, Adele Levi, in: Garibba (Hg.), Donne ebree, S. 78–82.

Haupt, Heinz-Gerhard/Langewiesche, Dieter (Hg.), Nation und Religion in Europa. Mehrkonfessionelle Gesellschaften im 19. und 20. Jahrhundert, Frankfurt a. M. 2004.

Hebenstreit, Sigurd, Friedrich Fröbel – Menschenbild, Kindergartenpädagogik, Spielförderung, Jena 2003.

Herweg, Rachel Monika, Die jüdische Mutter. Das verborgene Matriarchat, Darmstadt 1995.

Heschel, Susannah, Nicht nur Opfer und Heldinnen, in: Brenner/Myers (Hg.), Jüdische Geschichtsschreibung heute, S. 139–162.

Heubach, Helga, Das Heim des jüdischen Frauenbundes in Neu-Isenburg 1907–1942, Neu-Isenburg 1986.

Honess, Claire E./Jones, Verina R. (Hg.), Le donne delle minoranze. Le ebree e le protestanti d'Italia, Torino 1999.

Hutchinson Crocker, Ruth, Social Work and Social Order. The Settlement Movement in Two Industrial Cities, 1889–1930, Urbana IL 1992.

Hyman, Paula E., Does Gender Matter? Locating Women in European Jewish History, in: Cohen, Jeremy/Rosman, Moshe (Hg.), Rethinking European Jewish History, Oxford-Portland (Oregon) 2009, S. 55–71.

Hyman, Paula E., Gender and Assimilation in Modern Jewish History. The Roles and Representations of Women, Seattle-London 1995.

Iacchini, Giancarlo, Felice Cavallotti, URL: http://radicalsocialismo.it/i-nostri-maestri/felice-cavallotti/ (8. 7. 2020).

Imprenti, Fiorella, Alle origini dell'Unione Femminile. Idee, progetti e reti internazionali all'inizio del Novecento, Milano 2012.

Imprenti, Fiorella, Operaie e socialismo. Milano, le leghe femminili, la Camera del lavoro (1891–1918), Milano 2007.

Isastia, Anna Maria, La battaglia per il voto nell'Italia liberale, in: Ferrari Occhionero, Marisa (Hg.), Dal diritto di voto alla cittadinanza piena, Roma 2008.

Isastia, Anna Maria, Storia di una famiglia del Risorgimento. Sarina, Giuseppe, Ernesto Nathan, Torino 2010.

Isnenghi, Mario, Scenari dell'io nei racconti sociali della Grande Guerra, in: Bartoloni (Hg.), La Grande Guerra delle italiane, S. 273–294.

Isnenghi, Mario/Levis Sullam, Simon (Hg.), Gli italiani in guerra. Conflitti, identità, memorie dal Risorgimento ai nostri giorni, Bd. 2: Le Tre Italie dalla presa di Roma alla Settimana Rossa (1870–1914), Torino 2009.

Italia Judaica: Gli ebrei nell'Italia unita, 1870–1945. Atti del IV convegno internazionale (Siena 12–16 giugno 1989), Roma 1993.

Jacobelli, Jader (Hg.), Il fascismo e gli storici oggi, Roma-Bari 1988.

Janz, Oliver, Das symbolische Kapital der Trauer. Nation, Religion und Familie im italienischen Gefallenenkult des Ersten Weltkriegs, Tübingen 2009.

Janz, Oliver, Konflikt, Koexistenz und Symbiose. Nationale und religiöse Symbolik in Italien vom Risorgimento bis zum Faschismus, in: Haupt/Langewiesche (Hg.), Nation und Religion, S. 231–252.

Johnson, Christopher H. u. a. (Hg.), Blood and Kinship. Matter for Metaphor from Ancient Rome to the Present, Oxford-New York 2013.

Johnson, Christopher H. u. a. (Hg.), Transregional and Transnational Families in Europe and Beyond. Experiences since the Middle Ages, Oxford-New York 2011.

Joris, Elisabeth, Kinship and Gender. Property, Enterprise, and Politics, in: Sabean/Teuscher/Mathieu (Hg.), Kinship in Europe, S. 231–257.

Kaplan, Marion, Die jüdische Frauenbewegung in Deutschland, Organisationen und Ziele des Jüdischen Frauenbundes 1904–1938, Hamburg 1981.

Kaplan, Marion, Jewish Social Life, Antisemitism and Jewish Reactions in Imperial Germany and during the Weimar Republic, in: LBI Year Book (2003), S. 41–65.

Kaplan, Marion, Jüdisches Bürgertum. Frau, Familie und Identität im Kaiserreich, Hamburg 1997.

Kaplan, Marion, The Making of the Jewish Middle Class. Women, Family, and Identity in Imperial Germany, Oxford-New York 1991.

Kaplan, Temma, Women and Communal Strikes in the Crisis of 1917–1922, in: Bridenthal/Koonz (Hg.), Becoming Visible, S. 429–449.

Keilhauer, Annette, Frauenrechtsdiskurs und Literatur zwischen nationalen Traditionen und transnationalen Begegnungen. Französisch-italienische Verflechtungen 1870–1890, Habilitationsschrift, Berlin 2004.

Kern, Bärbel/Kern, Horst, Madame Doctorin Schlözer. Ein Frauenleben in den Widersprüchen der Aufklärung, München 1988.

Kertzer, David I., The Kidnapping of Edgardo Mortara, London 1997.

Klepfisz, Irena, Di Mames, dos Loshn / The Mothers, the Language. Feminism, Yidishkayt and the Politics of Memory, in: Bridges. A Journal for Jewish Feminists and Our Friends 4,1 (1994), S. 12–47.

Kleßmann, Eckart, Universitätsmamsellen. Fünf aufgeklärte Frauen zwischen Rokoko, Revolution und Romantik, Berlin 2017.

Klinkhammer, Lutz, Das nationalsozialistische Deutschland und die Republik von Salò 1943–1945, Tübingen 1993.

Konz, Britta, Bertha Pappenheim (1859–1936). Ein Leben für jüdische Tradition und weibliche Emanzipation, Frankfurt a. M. 2005.

Kuhlmann, Carola, „So erzieht man keinen Menschen!". Lebens- und Berufserinnerungen aus der Heimerziehung der 50er und 60er Jahre, Wiesbaden 2008.

Labanca, Nicola, La prima guerra mondiale in Italia, dalla memoria alla storia, e ritorno, in: ders./Überegger, Oswald (Hg.), La Guerra Italo-Austriaca (1915–18), Bologna 2014, S. 303–323.

Lässig, Simone, Jüdische Wege ins Bürgertum. Kulturelles Kapital und sozialer Aufstieg im 19. Jahrhundert, Göttingen 2004.

Laura Orvieto. La voglia di raccontare le „Storie del Mondo" = Antologia Vieusseux 18,53–54 (2012).

Le Gac, Julie/Virgili, Fabrice (Hg.), L'Europe des Femmes. XVIIIe–XXIe siècle, Paris 2017.

Lebovitch Dahl, David, The Antisemitism of the Italian Catholics and Nationalism. „The Jew" and „the Honest Italy" in the Rhetoric of La Civiltà Cattolica during the Risorgimento, in: Modern Italy 17,1 (February 2012), S. 1–14.

Lenhard, Philipp, Volk oder Religion? Die Entstehung moderner jüdischer Ethnizität in Frankreich und Deutschland 1782–1848, Göttingen 2014.
Leuzzi, Maria Cristina, Erminia Fuà Fusinato. Una vita in altro modo, Roma 2008.
Levi D'Ancona, Luisa, „Notabili e Dame" nella Filantropia Ebraica Ottocentesca. Casi di Studio in Francia, Italia e Inghilterra, in: Armani/Schwarz (Hg.), Ebrei borghesi, S. 741–776.
Levis Sullam, Simon, Arnaldo Momigliano e la „Nazionalizzazione parallela". Autobiografia, religione, storia, in: Passato e Presente 70 (2007), S. 59–82.
Levis Sullam, Simon, I carnefici italiani. Scene dal genocidio degli ebrei, 1943–1945, Milano 2016.
Levis Sullam, Simon, I critici e i nemici dell'emancipazione degli ebrei, in: Flores u. a. (Hg.), Storia della Shoah in Italia, S. 37–61.
Levis Sullam, Simon, L'apostolo a brandelli. L'eredità di Mazzini tra Risorgimento e fascismo, Roma-Bari 2010.
Levis Sullam, Simon, L'archivio antiebraico. Il linguaggio dell'antisemitismo moderno, Roma-Bari 2008.
Levis Sullam, Simon, Una comunità immaginata. Gli ebrei a Venezia (1900–1938), Milano 2001.
Lichtblau, Albert, Antisemitismus und soziale Spannung in Berlin und Wien, 1867–1914, Berlin 1994.
Lill, Rudolf/Traniello, Francesco (Hg.), Der Kulturkampf in Italien und in den deutschsprachigen Ländern, Berlin 1993.
Lindeman, Albert S., Anti-Semitism before the Holocaust, Harlow 2000.
Lopez, Gigliola, Ricordo di Marta Navarra, in: Rassegna Mensile di Israel 41 (1975), S. 417–429.
Lopez, Sisa, Gli Antefatti, in: Associazione donne ebree d'Italia (Hg.), Dalla nascita ai giorni nostri, S. 11–14.
Lowenstein, Steven M. u. a., Deutsch-jüdische Geschichte in der Neuzeit, Bd. 3: Umstrittene Integration 1871–1918, München 2000.
Luzzatto, Sergio/de Grazia, Victoria (Hg.), Dizionario del fascismo, Bd. 2, Torino 2003.
Luzzatto Voghera, Gadi, Il prezzo dell'eguaglianza. Il dibattito sull'emancipazione degli ebrei in Italia (1781–1848), Milano 1997.
Luzzatto Voghera, Gadi/Finzi, Lia/Szabados, Susanna, L'Educazione del Bambino Ebreo, in: Filippini/Plebani (Hg.), La scoperta dell'infanzia, S. 141–149.

Macrelli, Rina, L'indegna schiavitù. Anna Maria Mozzoni e la lotto contro la prostituzione di stato, Roma 1980.
Maifreda, Germano, Gli ebrei e l'economia milanese. L'Ottocento, Milano 2000.
Maionchi, Simona, Lyceum Club Internazionale di Firenze – circolo culturale femminile, Firenze 2001 (unveröffentlichtes Manuskript).
Malleier, Elisabeth, Das Engagement von Jüdinnen in gemischtkonfessionellen Vereinen, in: Adunka/Lamprecht/Traska (Hg.), Jüdisches Vereinswesen, S. 183–193.
Malleier, Elisabeth, „Jeder Sieg der Frauen muss ein Sieg der Freiheit sein, oder er ist keiner". Jüdische Feministinnen in der Wiener bürgerlichen Frauenbewegung und in internationalen Frauenfriedensorganisationen, in: Stern/Eichinger (Hg.), Wien und die jüdische Erfahrung, S. 277–295.
Malleier, Elisabeth, Jüdische Feministinnen in der Wiener Frauenbewegung vor 1938, in: Grandner/Saurer (Hg.), Geschlecht, Religion und Engagement, S. 79–101.
Mantelli, Brunello, Kurze Geschichte des italienischen Faschismus, Berlin 2008.
Maraini, Dacia u. a. (Hg.), Donne del Risorgimento, Bologna 2011.
Maryks, Robert Aleksander, „Pouring Jewish Water into Fascist Wine". Untold Stories of (Catholic) Jews from the Archive of Mussolini's Jesuit Pietro Tacchi Venturi, Leiden 2012.

Marzano, Arturo, Figure Femminili del Sionismo Italiano, in: Italia Judaica, Lucca 6–9 giugno 2005, S. 447–466.

Marzano, Arturo, Una terra per rinascere. Gli ebrei italiani e l'emigrazione in Palestina prima della guerra (1920–1940), Genova-Milano 2003.

Il Marzocco. Carteggi e cronache fra Ottocento e Avanguardie (1887–1913), Mostra documentaria coordinata da Caterina Del Vivo, Catalogo, hg. von Caterina Del Vivo/Marco Assirelli, Firenze 1983.

Matard-Bonucci, Marie-Anne, L'Italie fasciste e la persécution des juifs, Paris 2007.

Mattl, Siegfried u. a. (Hg.), Krieg. Erinnerung. Geschichtswissenschaft, Wien-Köln-Weimar 2009.

Mazzacane, Aldo (Hg.), Diritto economico e istituzioni nell'Italia fascista, Baden-Baden 2002.

Mazzini, Elena, Konversionen und Konvertiten im faschistischen Italien zum Zeitpunkt der Rassenkampagne, in: Quellen und Forschungen aus italienischen Archiven und Bibliotheken 95 (2015), S. 346–369.

Meriggi, Marco, Die Konstruktion von Staat und Nation. Der Fall Italien, in: Clemens/Späth (Hg.), 150 Jahre Risorgimento, S. 19–34.

Meriggi, Marco, Soziale Klassen, Institutionen und Nationalisierung im liberalen Italien, in: Geschichte und Gesellschaft 26 (2000), S. 201–218.

Meriggi, Maria Grazia, Cooperazione e mutualismo. Esperienze d'integrazione e conflitto sociale in Europa fra Ottocento e Novecento, Milano 2005.

Miccoli, Giovanni, Antiebraismo, antisemitismo. Un nesso fluttuante, in: ders./Brice, Les racines chrétiennes, S. 3–23.

Miccoli, Giovanni, Santa Sede, questione ebraica e antisemitismo fra Otto e Novecento, in: ders., Antisemitismo e cattolicesimo, Brescia 2013, S. 39–264.

Miccoli, Giovanni/Brice, Catherine, Les racines chrétiennes de l'antisémitisme politique (fin XIXe–XXe siècle), Roma 2003.

Minesso, Michela, Cittadinanza e tutela della maternità nell'Italia giolittiana. La classe dirigente politica, la Kuliscioff, i socialisti, in: Passaniti (Hg.), Lavoro e cittadinanza femminile, S. 74–98.

Miniati, Monica, Le „emancipate". Le donne ebree in Italia nel XIX e XX secolo, Roma 2008.

Miniati, Monica, Le „emancipate". Le ebree italiane fra Ottocento e Novecento, in: Honess/Jones (Hg.), Le donne delle minoranze, S. 243–254.

Miniati, Monica, Les „Émancipées". Les femmes juives italiennes aux XIXe et XXe siècles (1848–1924), Paris 2003.

Miniati, Monica, „Non dimenticare". Il ruolo formativo e culturale dell'Adei (Associazione donne ebree d'Italia), dal dopoguerra a oggi, in: Piussi (Hg.), Presto apprendere, S. 167–169.

Molinari, Maurizio, Ebrei in Italia: un problema di identità (1870–1938), Firenze 1991.

Momigliano, Arnaldo, Pagine ebraiche, hg. von Silvia Berti, Torino 1987.

Moorehead, Caroline, Una famiglia pericolosa. La storia vera della famiglia Rosselli e della sua opposizione al fascismo di Mussolini, Roma 2017.

Mori, Maria Teresa u. a. (Hg.), Di generazione in generazione. Le Italiane dall'Unità ad oggi, Roma 2014.

Mortara, Elèna, Writing for Justice. Victor Séjour, the Kidnapping of Edgardo Mortara and the Age of Transatlantic Emancipations, Hanover 2015.

Mosetti, Paola/Tacchinardi, Donatella, Società Umanitaria e UPM. I Protagonisti, in: Alfassio Grimaldi u. a. (Hg.), La cultura milanese, S. 233–276.

Murari, Stefania, L'idea più avanzata del secolo. Anna Maria Mozzoni e il femminismo italiano, Roma 2011.

Myers, David N. u. a. (Hg.), Acculturation and its Discontents. The Italian Jewish Experience between Exclusion and Inclusion, Toronto 2008.

Nahon, Umberto, La polemica antisionista del Popolo di Roma nel 1928, in: Carpi (Hg.), Scritti in memoria di Enzo Sereni, S. 216–253.
Naimark-Goldberg, Natalie, Jewish Women in Enlightenment Berlin, Oxford-Portland OR 2013.
Nattermann, Ruth, Die Konstruktion des „gefährlichen Anderen". Antifeministischer Antisemitismus in den Schriften der italienischen Aktivistin Elena da Persico (1869–1948), in: Frauen & Geschichte Baden-Württemberg (Hg.), Antisemitismus – Antifeminismus. Ausgrenzungsstrategien im 19. und 20. Jahrhundert, Roßdorf 2019, S. 85–104.
Nattermann, Ruth, Feministinnen in der europäischen Friedensbewegung. Die Association Internationale des Femmes 1868–1914, in: Bühner/Möhring (Hg.), Europäische Geschlechtergeschichten, S. 67–80.
Nattermann, Ruth, La paix des Dames. Paolina Schiff, La pace gioverà alla Donna?, Italie 1890, in: Le Gac/Virgili (Hg.), L'Europe des Femmes, S. 90–93.
Nattermann, Ruth, The Female Side of War. The Experience and Memory of the Great War in Italian-Jewish Women's Ego-Documents, in: Madigan, Edward/Reuveni, Gideon (Hg.), The Jewish Experience of the First World War, Basingstoke-New York 2018, S. 233–254.
Nattermann, Ruth, The Italian-Jewish Writer Laura Orvieto (1876–1955) between Intellectual Independence and Social Exclusion, in: Catalan, Tullia/Facchini, Cristiana (Hg.), Portrait of Italian Jewish Life (1800s–1930s) = Quest. Issues in Contemporary Jewish History. Journal of Fondazione CDEC, Nr. 8 (November 2015), URL: http://www.quest-cdecjournal.it/focus.php?id=368 (8.7.2020).
Nattermann, Ruth, Vom Pazifismus zum Interventionismus. Die italienische Frauenrechtlerin Paolina Schiff (1841–1926), in: Dunkel/Schneider (Hg.), Frauen und Frieden, S. 73–85.
Nattermann, Ruth, Weibliche Emanzipation und jüdische Identität im vereinten Italien. Jüdinnen in der frühen italienischen Frauenbewegung, in: Clemens/Späth (Hg.), 150 Jahre Risorgimento, S. 127–145.
Nattermann, Ruth, Zwischen Pazifismus, Irredentismus und nationaler Euphorie. Italienische Jüdinnen und der Erste Weltkrieg, in: Ernst/Lappin-Eppel (Hg.), Jüdische Publizistik und Literatur, S. 247–263.
Nidam Orvieto, Iael, Associazione Donne Ebree D'Italia (ADEI), URL: https://jwa.org/encyclopedia/article/associazione-donne-ebree-ditalia-adei (8.7.2020).
Nitsch, Meinolf, Private Wohltätigkeitsvereine im Kaiserreich. Die praktische Umsetzung der bürgerlichen Sozialreform in Berlin, Berlin-New York 1999.
Norsa, Achille, Tre donne che hanno onorato l'Ebraismo italiano: le sorelle Errera, in: Rassegna Mensile di Israel 41 (1975), S. 42–55.
Novelli-Glaab, Liliana, Zwischen Tradition und Moderne. Jüdinnen in Italien um 1900, in: dies./Jäger (Hg.), „… denn in Italien haben sich die Dinge anders abgespielt", S. 107–128.
Novelli-Glaab, Liliana/Jäger, Gudrun (Hg.), „… denn in Italien haben sich die Dinge anders abgespielt". Judentum und Antisemitismus im modernen Italien, Berlin 2007.

Odorisio, Maria L. (Hg.), Donna o cosa? I movimenti femminili in Italia dal Risorgimento a oggi, Torino 1986.
Offen, Karen, European Feminisms 1700–1950. A Political History, Stanford CA 2000.
Ori, Anna Maria, Il Campo di Fossoli. Da campo di prigionia e deportazione a luogo di memoria, Carpi 2004.
Ortaggi Cammarosano, Simonetta, Donne, lavoro, grande guerra, Milano 2009.

Pagnini, Cesare, Risorgimento e Irredentismo nella Venezia Giulia, Gorizia 1994.
Paletschek, Sylvia/Pietrow-Ennker, Bianka (Hg.), Women's Emancipation Movements in the 19th Century. A European Perspective, Stanford 2004.

Papa, Catia, L'Italia giovane dall'Unità al fascismo, Roma-Bari 2013.
Papa, Catia, La „famiglia italiana" nell'inchiesta dell'Ufficio storiografico della mobilitazione, in: Bartoloni (Hg.), La Grande Guerra delle italiane, S. 317–339.
Passaniti, Paolo, Dalla tutela del lavoro femminile al libero amore. Il diritto di famiglia nella società dell'avvenire, in: ders. (Hg.), Lavoro e cittadinanza femminile, S. 122–155.
Passaniti, Paolo (Hg.), Lavoro e cittadinanza femminile. Anna Kuliscioff e la prima legge sul lavoro delle donne, Milano 2016.
Passmore, Kevin (Hg.), Women, Gender and Fascism in Europe, 1919–1945, Manchester 2003.
Pavan, Ilaria, „Ebrei" in Affari tra Realtà e Pregiudizio. Paradigmi storiografici e percorsi di ricerca dall'Unità alle leggi razziali, in: Armani / Schwarz (Hg.), Ebrei borghesi, S. 777–821.
Pavan, Ilaria, L'impossibile rigenerazione. Ostilità antiebraiche nell'Italia liberale (1873–1913), in: Storia e problemi contemporanei 50 (2009), S. 34–67.
Pecorari, Paolo, Luzzattiana, Nuove ricerche storiche su Luigi Luzzatti e il suo tempo, Udine 2010.
Pellegrino Sutcliffe, Marcella, The Toynbee Travellers' Club and the Transnational Education of Citizens, 1888–90, in: History Workshop Journal 76,1 (2013), S. 137–159.
Penslar, Derek J., Jews and the Military. A History, Princeton-Oxford 2013.
Perugia, Ada, Marta Navarra: una grande educatrice, in: Il Portavoce. Rassegna Adei-Wizo 6 (1985), S. 6.
Pesman, Ros, Mazzini in esilio e le donne inglesi, in: Porciani (Hg.), Famiglia e nazione, S. 55–82.
Pezzana, Angelo (Hg.), Quest'anno a Gerusalemme. Gli ebrei italiani in Israele, Firenze 2008.
Piazza, Francesco, Luigi Luzzatti: riformatore sociale e statista, Treviso 1987.
Picciotto, Liliana, Il libro della memoria. Gli ebrei deportati dall'Italia (1943–1945), Milano 1991.
Picciotto, Liliana, L'alba ci colse come un tradimento. Gli ebrei nel campo di Fossoli 1943–1944, Milano 2010.
Picciotto, Maurizio, Tzedakah: giustizia o beneficenza?, Milano 2009.
Pieroni Bortolotti, Franca, Alle origini del movimento femminile in Italia 1848–1892, Torino 1963.
Pieroni Bortolotti, Franca, La Donna, La Pace, L'Europa. L'Associazione internazionale delle donne dalle origini alla prima guerra mondiale, Milano 1985.
Pieroni Bortolotti, Franca, Socialismo e questione femminile 1892–1922, Milano 1974.
Pillitteri, Paolo, Anna Kuliscioff: una biografia politica, Venezia 1986.
Pisa, Beatrice, Cittadine d'Europa. Integrazione europea e associazioni femminili italiane, Milano 2003.
Pisa, Beatrice, Venticinque anni di emancipazionismo femminile in Italia, Adelaide Beccari e la rivista „La Donna" (1869–1890), Roma 1983.
Pisano, Laura (Hg.), Donne del giornalismo italiano. Da Eleonora Fonseca Pimentel a Ilaria Alpi. Dizionario storico bio-bibliografico. Secoli XVIII–XX, Milano 2004.
Piussi, Anna Maria (Hg.), Presto apprendere, tardi dimenticare. L'educazione ebraica nell'Italia contemporanea, Milano 1998.
Pivato, Stefano, Clericalismo e laicismo nella cultura popolare italiana, Milano 1990.
Planert, Ute, Antifeminismus im Kaiserreich. Diskurs, soziale Formation und politische Mentalität, Göttingen 1998.
Planert, Ute, Vater Staat und Mutter Germania. Zur Politisierung des weiblichen Geschlechts im 19. und 20. Jahrhundert, in: dies. (Hg.), Nation, Politik und Geschlecht. Frauenbewegungen und Nationalismus in der Moderne, Frankfurt a. M. 2000, S. 15–50.
Polacco, Evelina, La Fondazione e l'Attività nel Primo Quinquennio, in: Associazione donne ebree d'Italia (Hg.), Dalla nascita ai giorni nostri, S. 21–35.
Polenghi, Simonetta, „Missione naturale", istruzione „artificiale" ed emancipazione femminile. Le donne e l'università tra Otto e Novecento, in: dies. / Ghizzoni, L'altra metà della scuola, S. 283–318.

Polenghi, Simonetta / Ghizzoni, Carla (Hg.), L'altra metà della scuola. Educazione e lavoro delle donne tra Otto e Novecento, Torino 2008.
Pombeni, Paolo (Hg.), La trasformazione politica nell'Europa liberale, 1870–1890, Bologna 1986.
Porciani, Ilaria, Famiglia e nazione nel lungo Ottocento, in: dies. (Hg.), Famiglia e Nazione, S. 15–53.
Porciani, Ilaria (Hg.), Famiglia e Nazione nel lungo Ottocento Italiano. Modelli, strategie, reti di relazioni, Roma 2006.
Prato, David, Una Vita per l'Ebraismo, in: Rassegna Mensile di Israel 79,1–3 (2013), S. 109–232.
Pugliese, Stanislao G., Israel in Italy. Wrestling with the Lord in the Land of Divine Dew, in: ders. (Hg.), The Most Ancient of Minorities. The Jews of Italy, Westport CT 2002, S. 1–10.

Raicich, Marino, Liceo, università, professioni: un percorso difficile, in: Soldani (Hg.), L'educazione delle donne, S. 147–181.
Ragaini, Claudio, Giù le armi! Ernesto Teodoro Moneta e il progetto di pace internazionale, Milano 1999.
Raggam-Blesch, Michaela, Frauen zwischen den Fronten. Jüdinnen in feministischen, politischen und philanthropischen Bewegungen in Wien an der Wende des 19. zum 20. Jahrhundert, in: Grandner / Saurer (Hg.), Geschlecht, Religion und Engagement, S. 25–55.
Rappaport, Helen (Hg.), Encyclopedia of Women Social Reformers, Bd. 2, Santa Barbara CA 2001.
Ravenna, Paolo, La famiglia Ravenna 1943–1945, Ferrara 2001.
Richarz, Monika, Frauen in Familie und Öffentlichkeit, in: Lowenstein u. a. (Hg.), Deutsch-jüdische Geschichte in der Neuzeit, Bd. 3, S. 69–100.
Ridolfi, Maurizio, La democrazia radicale nell'Ottocento Europeo. Forme Della Politica, Modelli Culturali, Riforme Sociali, Milano 2005.
Rochefort, Florence, The French Feminist Movement and Republicanism, 1868–1914, in: Paletschek / Pietrow-Ennker (Hg.), Women's Emancipation Movements, S. 77–101.
Romanelli, Raffaele, Alla ricerca di un corpo elettorale. La riforma del 1882 e il problema dell'allargamento del suffragio, in: Pombeni, Paolo (Hg.), La trasformazione politica nell'Europa liberale, 1870–1890, Bologna 1986, S. 171–211.
Rosenstein, Gabrielle u. a. (Hg.), Jüdische Lebenswelt Schweiz, Zürich 2004.
Rosselli, Carlo, Socialismo liberale, hg. von John Rosselli, Milano 1979.
Rosselli, Silvia, Le donne di Casa Rosselli. Amelia Pincherle, Marion Cave, Maria Todesco, in: Garibba (Hg.), Donne ebree, S. 117–123.
Rossini, Daniela, Il Consiglio nazionale delle donne italiane. Affinità e contrasti internazionali, in: Bartoloni (Hg.), La Grande Guerra delle italiane, S. 113–129.
Rozenblit, Marsha L., Reconstructing a National Identity. The Jews of Habsburg Austria During World War I, Oxford 2004.
Russo, Angela, „Viva l'Italia tutta redenta!". Interventiste alla vigilia della Grande Guerra, in: Guidi (Hg.), Vivere la guerra, S. 119–139.

Sabatello, Eitan Franco, Trasformazioni economiche e sociali degli ebrei in Italia nel periodo dell'emancipazione, in: Italia Judaica: Gli ebrei nell'Italia unita, S. 114–124.
Sabean, David W., Kinship and Class Dynamics in Nineteenth-Century Europe, in: ders. / Teuscher / Mathieu (Hg.), Kinship in Europe, S. 301–313.
Sabean, David W. / Teuscher, Simon, Introduction, in: Johnson u. a. (Hg.), Blood and Kinship, S. 1–17.
Sabean, David W. / Teuscher, Simon / Mathieu, Jon (Hg.), Kinship in Europe. Approaches to Long-Term Development, New York 2010.

Sabean, David W./Teuscher, Simon, Rethinking European Kinship. Transregional and Transnational Families, in: Johnson u. a. (Hg.), Transregional and Transnational Families, S. 1–21.

Sacerdoti Mariani, Gigliola, Lessico famigliare, in: Ciuffoletti/Corradi (Hg.), Lessico famigliare. Vita, cultura e politica della Famiglia Rosselli, S. 17–31.

Salah, Asher, From Odessa to Florence. Elena Comparetti Raffalovich, in: Catalan, Tullia/Facchini, Cristiana (Hg.), Portrait of Italian Jewish Life (1800s–1930s) = Quest. Issues in Contemporary Jewish History. Journal of Fondazione CDEC, Nr. 8 (November 2015), URL: http://www.quest-cdecjournal.it/focus.php?id=365 (8.7.2020).

Salvadori, Roberto G., Gli ebrei di Firenze: dalle origini ai nostri giorni, Firenze 2000.

Sandiford, Mirka, Il Lyceum di Firenze ai tempi di Amelia, in: Vieri, Dolara (Hg.), Amelia Pincherle Rosselli, Quaderni del Circolo Rosselli 3 (2006), S. 39–47.

Sandiford, Mirka, La presenza di Amelia Rosselli al Lyceum. Risultanze d'archivio, unveröffentlichtes Manuskript, Firenze 2004.

Sarfatti, Michele, Gino Bartali e la fabbricazione di carte di identità per gli ebrei nascosti a Firenze; Documenti e commenti 2 (upload January 17, 2017; last update February 3, 2017), URL: http://www.michelesarfatti.it/documenti-e-commenti/gino-bartali-e-la-fabbricazione-di-carte-di-identita-gli-ebrei-nascosti-firenze (8.7.2020).

Sarfatti, Michele, La Shoah in Italia. La persecuzione degli ebrei sotto il fascismo, Torino 2005.

Sarfatti, Michele, The Jews in Mussolini's Italy. From Equality to Persecution, Madison 2006.

Sarfatti, Michele (Hg.), Italy's Fascist Jews. Insights on an Unusual Scenario = Quest. Issues in Contemporary Jewish History. Journal of Fondazione CDEC, Nr. 11 (October 2017), URL: http://www.quest-cdecjournal.it/index.php?issue=11 (8.7.2020).

Sarogni, Emilia, L'Italia e la donna. La vita di Salvatore Morelli, Torino 2011.

Scalise, Daniele, Il caso Mortara. La vera storia del bambino ebreo rapito dal papa, Milano 1997.

Scaramuzza, Emma, La santa e la spudorata: Alessandrina Ravizza e Sibilla Aleramo. Amicizia, Politica e scrittura, Neapel 2004.

Scaramuzza, Emma (Hg.), Politica e amicizia. Relazioni, conflitti e differenze di genere (1860–1915), Milano 2010.

Scardino Belzer, Allison, Women and the Great War. Femininity under Fire in Italy, Basingstoke-New York 2010.

Scardozzi, Mirella, Amiche. Lettere di Marianna, Regina e Lina Uzielli a Emilia Toscanelli Peruzzi, in: Italia Judaica, Lucca 6–9 giugno 2005, S. 373–402.

Schächter, Elizabeth, The Jews of Italy 1848–1915. Between Tradition and Transformation, London-Portland 2011.

Schaser, Angelika, Frauenbewegung in Deutschland 1848–1933, Darmstadt 2006.

Schaser, Angelika/Schüler-Springorum, Stefanie (Hg.), Liberalismus und Emanzipation. In- und Exklusionsformen im Kaiserreich und in der Weimarer Republik, Stuttgart 2010.

Schettini, Laura, Il comitato italiano contro la tratta. Impegno locale e reti internazionali, in: Bartoloni (Hg.), Attraversando il tempo, S. 37–60.

Schiavon, Emma, Interventiste nella Grande Guerra. Assistenza, propaganda, lotta per i diritti e Milano e in Italia (1911–1919), Milano 2015.

Schieder, Wolfgang, Benito Mussolini, München 2014.

Schieder, Wolfgang, Der italienische Faschismus 1919–1945, München 2010.

Schöck-Quinteros, Eva u. a. (Hg.), Politische Netzwerkerinnen. Internationale Zusammenarbeit von Frauen 1830–1960, Berlin 2007.

Schönberger, Bianca, Motherly Heroines and Adventurous Girls. Red Cross Nurses and Women Army Auxiliaries in the First World War, in: Hagemann/Schüler-Springorum (Hg.), Home/Front, S. 87–118.

Schraut, Sylvia, Frau und Mann, Mann und Frau. Eine Geschlechtergeschichte des deutschen Südwestens 1789–1980, Stuttgart 2016.
Schröder, Iris, Grenzgängerinnen. Jüdische Sozialreformerinnen in der Frankfurter Frauenbewegung um 1900, in: Gotzmann/Liedtke/van Rahden (Hg.), Juden, Bürger, Deutsche, S. 341–368.
Schüler, Anja, Frauenbewegung und soziale Reform. Jane Addams und Alice Salomon im transatlantischen Dialog 1889–1933, Stuttgart 2004.
Schüler-Springorum, Stefanie, Geschlecht und Differenz, Paderborn 2014.
Schwegmann, Marjan, Gualberta Alaide Beccari, emancipazionista e scrittrice, Pisa 1995.
Sega, Maria Teresa, Percorsi di emancipazione tra Otto e Novecento, in: Filippini u. a. (Hg.), Donne sulla scena pubblica, S. 185–217.
Segre Amar, Sion, Sui „fatti" di Torino del 1934, in: Valabrega (Hg.), Gli ebrei in Italia durante il Fascismo, S. 125–127.
Soldani, Simonetta, Lo Stato e il lavoro delle donne nell'Italia liberale, in: Passato e Presente 24 (1990), S. 23–71.
Soldani, Simonetta (Hg.), L'educazione delle donne. Scuole e modelli di vita femminile nell'Italia dell'Ottocento, Milano 1989.
Soldani, Simonetta/Turi, Gabriele (Hg.), Fare gli italiani. Scuola e cultura nell'Italia contemporanea, Bologna 1993.
Soresina, Marco, Lo studio dell'avvocato Giuseppe Marcora. Materiali per una biografia professionale, in: Il Risorgimento 57,1 (2005), S. 5–60.
Sorkin, David, The Transformation of German Jewry 1780–1840, Oxford 1987.
Spadolini, Giovanni (Hg.), Jemolo. Testimone di un secolo, Firenze 1981.
Spartaco Capogreco, Carlo, I campi del duce. L'internamento civile nell'Italia fascista (1940–1943), Torino 2004.
Spini, Valdo, Firenze e la tradizione rosselliana, in: Ciuffoletti/Corradi (Hg.), Lessico famigliare. Vita, cultura e politica della Famiglia Rosselli, S. 33–39.
Stanislawski, Michael, Zionism and the Fin de Siècle. Cosmopolitanism and Nationalism from Nordau to Jabotinsky, Berkeley-London 2001.
Stern, Frank/Eichinger, Barbara (Hg.), Wien und die jüdische Erfahrung 1900–1938. Akkulturation, Antisemitismus, Zionismus, Wien-Köln-Weimar 2009.
Stille, Alexander, Benevolence and Betrayal. Five Italian Jewish Families Under Fascism, London 1992.
Stübig, Heinz, Friedrich Wilhelm August Fröbel. Beiträge zu Biographie und Wirkungsgeschichte eines „verdienten deutschen Pädagogen", Bochum-Freiburg 2010.
Summers, Anne, Which Women? What Europe? Josephine Butler and the International Abolitionist Federation, in: History Workshop Journal 62,1 (2006), S. 214–231.

Taglietti, Gianfranco, Le Donne di Casa Rosselli. Amelia Pincherle, Marion Cave, Maria Todesco, Amelia Junior e Carlo Rosselli, Cremona 2008.
Tananbaum, Susan L., Jewish Feminist Organisations in Britain and Germany at the Turn of the Century, in: Brenner/Liedtke/Rechter (Hg.), Two Nations, S. 371–392.
Taricone, Fiorenza, L'Associazionismo femminile in Italia dall'Unità al Fascismo, Milano 1996.
Taricone, Fiorenza, La FILDIS e l'associazionismo femminile, in: Addis Saba (Hg.), La corporazione delle donne, S. 127–169.
Taricone, Fiorenza, Una tessera del mosaico. Storia della Federazione Italiana Laureate e Diplomate di Istituti Superiori, Pavia 1992.
Tarquini, Alessandra, Storia della cultura fascista, Bologna 2011.

Tasca, Luisa, Die unmögliche Gleichheit von Frauen und Juden. Antiemanzipatorische Diskurse im italienischen Katholizismus und Positivismus um 1900, in: Ariadne 43 (2003), S. 30–36.
Terhoeven, Petra (Hg.), Italien, Blicke. Neue Perspektiven der italienischen Geschichte des 19. und 20. Jahrhunderts, Göttingen 2010.
Toscano, Mario, Ebrei ed ebraismo nell'Italia della grande guerra. Note su una inchiesta del Comitato delle comunità israelitiche italiane del maggio 1917, in: ders. (Hg.), Ebraismo e antisemitismo, S. 123–154.
Toscano, Mario, Gli ebrei italiani e la prima guerra mondiale (1915–1918): tra crisi religiosa e fremiti patriottici, in: Italia Judaica, Gli ebrei nell'Italia unita 1870–1945, S. 285–302.
Toscano, Mario, L'uguaglianza senza diversità. Stato, società e questione ebraica nell'Italia liberale, in: ders. (Hg.), Ebraismo e Antisemitismo, S. 24–47.
Toscano, Mario, Religione, patriottismo, sionismo. Il rabbinato militare nell'Italia della Grande Guerra (1915–1918), in: Zakhor 8 (2005), S. 77–133.
Toscano, Mario (Hg.), Ebraismo e antisemitismo in Italia. Dal 1848 alla guerra dei sei giorni, Milano 2003.
Toscano, Mario (Hg.), Integrazione e identità. L'esperienza ebraica in Germania e Italia dall'Illuminismo al fascismo, Milano 1998.

Urso, Simona, Margherita Sarfatti: dal mito del Dux al mito americano, Venezia 2003.

Valabrega, Guido (Hg.), Gli ebrei in Italia durante il Fascismo, Bd. 2, Torino 1961.
Valentini, Chiara, La banchiera della rivoluzione. Sara Levi Nathan, in: Maraini u. a. (Hg.), Donne del Risorgimento, S. 137–156.
Valiani, Leo, Introduzione, in: I Rosselli. Epistolario familiare, hg. von Ciuffoletti, S. VII–XXVII.
van Rahden, Till, Weder Milieu noch Konfession. Die situative Ethnizität der deutschen Juden im Kaiserreich in vergleichender Perspektive, in: Blaschke/Kuhlemann (Hg.), Religion im Kaiserreich, S. 409–434.
Vieri, Dolara (Hg.), Amelia Rosselli Pincherle = Quaderni del Circolo Rosselli 3 (2006).
Viterbo, Lionella, Impegno sociale ed educativo nella comunità ebraica fiorentina, in: Antologia Vieusseux 18,53–54 (2012), S. 65–84.
Vivanti, Corrado (Hg.), Storia d'Italia, Annali 11: Gli ebrei in Italia: dal medioevo all'età dei ghetti, Torino 1996.
Voigt, Klaus, Il rifugio precario. Gli esuli in Italia dal 1933 al 1945, Bd. 2, Firenze 1996.
Volkov, Shulamit, Antisemitismus und Antifeminismus. Soziale Norm oder kultureller Code, in: dies., Das jüdische Projekt der Moderne, München 2011, S. 62–81.
Volkov, Shulamit (Hg.), Deutsche Juden und die Moderne, München 1994.

Weber, Camilla, Schulbuchautoren im Königreich Italien 1861–1923, in: Quellen und Forschungen aus italienischen Archiven und Bibliotheken 88 (2008), S. 420–448.
Weingarten-Guggenheim, Elisabeth, Die jüdische Frauenbewegung in der Schweiz 1904–2004, in: Rosenstein u. a. (Hg.), Jüdische Lebenswelt Schweiz, S. 72–85.
Wenger, Beth S., Radical Politics in a Reactionary Age. The Unmaking of Rosika Schwimmer, 1914–1930, in: Journal of Women's History 2,2 (1990), S. 66–99.
Wieland, Karin, Die Geliebte des Duce. Das Leben der Margherita Sarfatti und die Erfindung des Faschismus, München 2004.
Willson, Perry, Italy, in: Passmore, Kevin (Hg.), Women, Gender and Fascism in Europe, 1919–1945, Manchester 2003, S. 11–32.
Willson, Perry, Opera nazionale per la maternità e l'infanzia (Onmi), in: Luzzatto, Sergio/de Grazia, Victoria (Hg.), Dizionario del fascismo, Bd. 2, Torino 2003, S. 273–277.

Willson, Perry, Peasant Women and Politics in Fascist Italy. The Massaie Rurali, London 2002.
Willson, Perry, The Clockwork Factory. Women and Work in Fascist Italy, Oxford 1993.
Willson, Perry, Women in Twentieth-Century Italy, Basingstoke-New York 2010.
Willson, Perry (Hg.), Gender, Family and Sexuality. The Private Sphere in Italy 1860–1945, Basingstoke-New York 2004.
Wilmers, Annika, Pazifismus in der internationalen Frauenbewegung (1914–1920). Handlungsspielräume, politische Konzeptionen und gesellschaftliche Auseinandersetzungen, Essen 2008.
Winter, Jay, Remembering War. The Great War between Memory and History in the Twentieth Century, New Haven-London 2006.
Wyrwa, Ulrich, Der Antisemitismus und die Gesellschaft des Liberalen Italien 1861–1915, in: Novelli-Glaab/Jäger (Hg.), „… denn in Italien haben sich die Dinge anders abgespielt", S. 87–106.
Wyrwa, Ulrich, Gesellschaftliche Konfliktfelder und die Entstehung des Antisemitismus. Das Deutsche Kaiserreich und das Liberale Italien im Vergleich, Berlin 2015.
Wyrwa, Ulrich, Juden in der Toskana und in Preußen im Vergleich. Aufklärung und Emanzipation in Florenz, Livorno, Berlin und Königsberg i. Pr., Tübingen 2003.

Zuccotti, Susan, The Italians and the Holocaust. Persecution, Rescue, and Survival, London 1987.

Register

Kursive Seitenzahlen beziehen sich auf Nennungen, die ausschließlich in den Anmerkungen vorkommen.

1 Personen

Aliverti, Ottavia, *Nichte von Paolina Schiff* 91
Alkibiades, *athenischer Staatsmann u. Feldherr* 96
Amatori, Augusto 241
Amore, Nicola 102
Anceschi, Alberto 241
Ancona, Clemente, *Börsenmakler* 16, 174–176, 185
Ancona, Luisa, *Ärztin* 180
Ancona, Margherita, *Literaturwissenschaftlerin* 180, 182 f., 188
Ancona Contini, Emilia s. *Contini Ancona, Emilia*
Arbib, Bianca 111, *123*, 196
Arbib Finzi, Bianca s. *Arbib, Bianca*
Arzelà in Morucci, Irma 232
Ascarelli, Aldo, *Mediziner, Enkel von Berta Cammeo Bernstein* 212–214
Ascarelli, Wanda 247
Ascoli Nathan, Giulia [?] 138
Ashurst Venturi, Emilie, *Malerin* 61, 66
Auerbach, Baruch Menachim, *Rabbiner, Vater von Nanny Margulies* 212
Auerbach, Berthold 32
Auerbach Margulies, Nanny s. *Margulies, Nanny*

Baal Shem Tov 221
Baer Stein, Betty 221
Balan, Pietro, *katholischer Priester u. Journalist* 81
Ballerini, Raffaele, *Jesuit* 130
Bandini Buti, Maria 81, 86
Baratono, Pietro, *Präfekt* 234
Bartoloni, Pia 187
Barzilai, Enrica s. *Barzilai Gentilli, Enrica*
Barzilai, Salvatore, *Jurist u. Politiker* 153
Barzilai Gentilli, Enrica 169, 269
Bassani, Dina *250*
Basso, [?], *Arzt der Familie Rosselli* 52
Bastianini, Giuseppe, *Politiker u. Diplomat* 219

Beccari, Gualberta Alaide 22 f., *54*, 63, 66, 78–84, 89, 97, 99 f., 103, 109, 262
Bemporad, Enrico, *Verleger* 145 f., *223*
Benigni, Umberto, *Presbyter* 187
Bernstein, Arrigo, *Sohn von Berta Cammeo Bernstein* 245
Bernstein, Arturo, *Textilunternehmer, Ehemann von Berta Cammeo Bernstein* 212, *213*, 214 f.
Bernstein, Elda, *Tochter von Berta Cammeo Bernstein, Schwiegertochter von Ersilia Majno* 214, 216, *241*
Bernstein, Wanda, *Tochter von Berta Cammeo Bernstein* 213 f.
Bernstein Cammeo, Berta s. *Cammeo Bernstein, Berta*
Bernstein Navarra, Marta, *Sprach-u. Literaturwissenschaftlerin, Tochter von Berta Cammeo Bernstein* 11, 212, 214, 215–218, 230, 252, *253*, 278
Bertani, Agostino, *Politiker* 95
Berti, Antonio, *Senator* 74
Biggs, Matilda *60*
Birnbaum, Bala 155
Bisi Albini, Sofia *185*
Boghen Conigliani, Emma 1, 5
Bonfiglioli, Wanda 220, *221*
Boschetti, Claudio 81
Boschetti, Elisa 126
Boschetti Pini, Larissa 126, *159*, *236*, *239*
Bottai, Giuseppe 233
Braun, Lily 110, 264
Bronzini, Edgardo, *Anwalt, Bruder von Ersilia Majno* 114
Bronzini Majno, Ersilia s. *Majno, Ersilia*
Butler, Josephine 66, *78*, *98*, 100, 261

Cagli della Pergola, Ada, *Schriftstellerin, Pseudonym: Fiducia* 162, *163*, 164

Calamandrei, Piero 201, *257*
Calò, Giovanni, *Politiker u. Pädagoge* 200
Cammeo, Bice 14, 16, 27, *114*, 117, *122*, 136, 158, 188, 196, 205–207, 212, 255, 273, 278
Cammeo, Cesare, *Vater von Bice Cammeo, Bruder von Giacomo Cammeo* 212
Cammeo, Cesare, *Jurist, Sohn von Federico Cammeo* 255
Cammeo, Federico, *Jurist, Bruder von Bice Cammeo* 117, *205*, 206, 255
Cammeo, Giacomo, *Vater von Berta Cammeo Bernstein* 212
Cammeo, Ida, *Mutter von Bice Cammeo* 136, 205
Cammeo, Maria, *Tochter von Federico Cammeo* 255
Cammeo Bernstein, Berta 27, 211 f., *213*, 214–216, *217*, 218, 220, 230, *241*, *245*, 249, 253, 273 f., 278
Cantoni, Achille, *Bankier, Vater von Laura Orvieto* 34, 36, 153
Cantoni, Arrigo, *Ehemann von Vittoria Cantoni Pisa* 226
Cantoni, Laura s. *Orvieto, Laura*
Cantoni, Marcella, *Tochter von Vittoria Cantoni Pisa* 226
Cantoni, Maria, *Mutter von Laura Orvieto* 36
Cantoni Orvieto, Amalia, *Mutter von Angiolo Orvieto* 34, 46
Cantoni Pisa, Vittoria, *Tochter von Ugo Pisa, Vorsitzende der ADEI* 121, *123*, 216, 218, 220 f., 223, 226, 242 f., 245 f., *247*, 249, 274
Capon, Emilia, *Mutter von Amelia Rosselli geb. Pincherle* 36, 46
Cappellano, [?], *Bedienstete der Familie Rosselli* 52
Capriles, Regina, *Mutter von Eugenia Pavia Gentilomo* 86
Carducci, Giosuè *91*
Carioli Condulmari, Lola *239*
Carrara, Maria Gina, *Tochter von Mario Carrara u. Paola Lombroso* 256
Carrara, Mario 36
Carrer, Luigi, *Schriftsteller u. Journalist* 87
Casati, Elena, *Mutter von Ada Sacchi Simonetta* 231
Castelbolognesi, Gustavo, *Rabbiner* 250
Castellani, Maria 230

Castelnuovo, Enrico, *Schriftsteller* 78
Catanzaro, Carlo 67, *81*, 86
Cavallotti, Felice 16, *33*, *91*, *93*, 95 f., *97*, 98, 101 f., 104, *106*, 111 f., 123, 135, 263
Cave, Marion, *Ehefrau von Carlo Rosselli* 32, *49*, 51, *52*, 206, *207*
Cavour, Camillo Benso, *Conte di* 66, 151, 162, 175
Ceccon, Adele *67*
Ceccon, Ernesto, *Anwalt, Ehemann von Frida Marx Ceccon* 233
Ceccon, Vera, *Tochter von Frida Marx Ceccon* 233 f.
Chelli, Emma, *Mutter von Ida Momigliani Barletti* 193
Clerici, Carlotta 195
Cohen, Samuel, *Sekretär der Jewish Association for the Protection of Girls and Women* 128
Colombo, Anselmo, *Journalist* 38, *128*
Console, Gustavo 206
Contini Ancona, Emilia 174, *175*, 184 f.
Cordelia s. *Treves Tedeschi, Virginia*
Costa, Luisa *168*
Cova, Rosa *242*
Craufurd Saffi, Giorgina *54*, 61, 66, 79
Crispi, Francesco *93*, 106

D'Annunzio, Gabriele 184–186, 270
da Persico, Elena 140 f., 146–150, 152, *213*, *228*, 266
da Porretta, Massimo, *Pater* 164, 257
De Benedetti, Nina, *Ehefrau von Cesare Lombroso* 39, 44, 49
De Gubernatis, Angelo *85–87*, 89
Della Vida, Cesare, *Parlamentsabgeordneter der Repubblica di San Marco, Bruder von Adele Della Vida Levi* 69
Della Vida, Samuele 68 f.
Della Vida Levi, Adele 1, 11, 15 f., 22, 34, 67–78, 80 f., 84, 86, 89, 93, 109, 117, 132, 135, 153, *230*, 232, 262, 264, 275
De Magri, Egidio, *Historiker u. Literat* 86
De Napoli, Antonio, *Militärarzt* 161
Deraismes, Marie 100
di Robilant, Daisy 229, 275
Dreyfus, Alfred 144
Drumont, Edouard 147 f.
D'Urbino, Olga 193

Elise, Cesare 251
Errera, Abramo, *venezianischer Patriot* 151
Errera, Anna, *Schriftstellerin* 1, 51, *31*, 138, 150–152, 219, 222
Errera, Cesare, *Vater von Anna, Emilia u. Rosa Errera* 132
Errera, Emilia, *Literaturwissenschaftlerin u. Historikerin* 31, 132 f., *150*
Errera, Rosa, *Pädagogin u. Schriftstellerin* 31, *150*, 159
Errera Cantoni, Annetta 46
Errera Levi, Amalia 46

Falco, Anna Marcella, *Tochter von Mario Falco u. Gabriella Falco Ravenna* 253 f.
Falco, Graziella, *Tochter von Mario Falco u. Gabriella Falco Ravenna* 253
Falco, Mario, *Jurist, Ehemann von Gabriella Falco Ravenna* 216, *242*, 253
Falco Ravenna, Gabriella 11, 19, 28, 211–213, 215 f., 220 f., 225–227, 230, *242*, 249, 253 f., 274, 278
Falcone, Simonetta, *geb. Heger, Großnichte von Aurelia Josz* 256
Fano, Emanuele 251
Fano, Emma 250 f.
Fano, Davide 250–252
Fano, Giustina 73
Faracovi, Giovanni, *Oberst* 159 f.
Feltrinelli, Giangiacomo 16, *33*
Ferrero, Guglielmo 36, *46*, 201 f., 208, *256*
Ferrero, Leo 43 f., 49, 200 f., 203
Ferrero, Nina 32, *44*, 202
Ferrero Lombroso, Gina s. *Lombroso, Gina*
Ferri, Clara 236, *239*
Ferri Benetti, Clara s. *Ferri, Clara*
Fiano Neppi, Elisa („Lisetta") 245 f., *247*
Finzi, Emilia, *Mutter von Aurelia Josz* 255
Finzi, Ida, *Dichterin* s. *Haydée*
Foa, Giuseppe 243
Foa, Vittorio 243
Foà, Delia 221
Foà, Pio, *Senator, Professor für Medizin* 139 f.
Formeggini, Giuseppina („Pina") 221, 225
Forti, Elvira 251
Fortis, Leone, *Jurist, zweiter Ehemann von Eugenia Pavia Gentilomo* 88
Franchetti Morpurgo, Laura 229, *230*
Frank, Malvina 80

French Cini, Elena 178, *191*, 197, *198*, *200*
Friedman, Sigismondo, *Germanist* 113
Friedman Coduri, Teresa *113*
Fröbel, Friedrich 1, 22, 67, 70–77, 81, 109, 132, 142, 262
Fröhlich, Emilia, *Pädagogin* 76
Fürth, Henriette 110, 264
Fuà, Marco, *Arzt, Vater von Erminia Fuà Fusinato* 83
Fuà Fusinato, Erminia 80, 82–85, 89
Fubini, Valeria *226*
Fuld, Augusta, *Großmutter von Paolina Schiff* 92

Gabelli, Aristide, *Pädagoge* 76
Gadola Lancini, Teresa 126, *239*
Garagnani, Timoleone, *Priester* 134
Garibaldi, Giuseppe 82, 96, 98, 108, 151, 153, *231*
Genoni, Rosa *155*
Gent, Frank VIII, *92*, 94, *179*
Gentile, Giovanni 27, 199 f., *222* f., 272
Gentilli, Alberto, *Journalist* 153
Gentilomo, Giuseppe, *Gelehrter, Ehemann von Eugenia Pavia Gentilomo* 87
Gianni Lamberthenghi, Ada 239
Giovanardi, Maria 236, 237, *239*, 241, 244
Ginzburg, Leone 231
Ginzburg, Natalia 14 f., *43*
Giustiniani-Bandini, Cristina 141, *142*, 143–146
Glass, Ciro 209
Gnocchi Viani, Osvaldo *115*, *119*
Goegg, Amand, *Badener Revolutionär* 99
Goegg, Marie, *geb. Pouchoulin* 99–101
Goldschmidt, Henriette 75
Gonzenbach, Maddalena *81*
Grassi, Fanny, *Mutter von Paul Valéry* 37
Greco, Oscar *67*, 76, *81*, 82, *84*, 86, *87* f., 89
Grossi-Mercanti, Onorata, *Schulbuchautorin* 145 f.
Guasconi, Adriana, *Aristokratin, Ehefrau von Leonfrancesco Orvieto* 163
Gugenheim, Susanna 216, 230

Hallgarten Franchetti, Alice 138, *139*
Haydée, *Dichterin, Pseudonym von Ida Finzi* 1, *228*

Incontri, Gabriella 193

Jarach, Augusta 216, 221, 223, 253, 255, 278
Jemolo, Arturo Carlo, *Jurist u. Historiker* 140, 253, 278
Josz, Aurelia 2, 20, 28, *159*, 255 f., *278*
Josz, Italo, *Maler, Bruder von Aurelia Josz* 255
Josz, Livio, *Maler, Bruder von Aurelia Josz* 255
Josz, Lodovico, *Vater von Aurelia Josz* 255
Josz, Valeria, *Schwester von Aurelia Josz* 256

Kayserling, Meyer, *Rabbiner u. Historiker* 86, 87
König Salomon 87
Königin von Saba 87
Kuliscioff, Anna, *urspr. Rosenstein, Anja* 97 f., *108*, *114*, 156, 214, 268

Labriola, Teresa 146, *169*, 182
Lancini, Teresa *236*, 239
La Pira, Giorgio 164
Launoy, Jean de *147*
Lazzari, Costantino *189*
Lebrecht, Guglielmo *139*
Lebrecht Vitali, Eugenia *138*, 139, *180*
Levelli, Donna Carla 190
Levi, Alessandro, *Jurist, Ehemann von Sarina Nathan* 57, 60
Levi, Carlo 231
Levi, Clotilde, *Ehefrau von Federico Cammeo* 255
Levi, David, *Cousin von Cesare Lombroso* 46
Levi, Emanuele, *Kaufmann, Vater von Sara Levi Nathan* 55
Levi, Enzo 140
Levi, Ettore, *Sohn von Adele Della Vida Levi* 70, 78
Levi, Eugenia, *Schriftstellerin* 162
Levi, Giuseppe, *Professor für Medizin, Vater von Natalia Ginzburg* 14
Levi, Giuseppe, *Rabbiner* 13
Levi, Lina, *Schwester von Clotilde Levi* 255
Levi, Mosè, *Ehemann von Adele Della Vida Levi* 33, 70
Levi, Zefora, *Mutter von Cesare Lombroso* 31, 44
Levi Castelnuovo, Emma, *Tochter von Adele Della Vida Levi* 78
Levi Della Vida, Adele s. *Della Vida Levi, Adele*
Levi Della Vida, Giorgio, *Orientalist, Enkel von Adele Della Vida Levi* 68, *69*

Levi Della Vida, Maria *138*
Levi Della Vida, Mario, *Mediziner, Enkel von Adele Della Vida Levi* 230
Levi Finzi, Cesira 14, *78*, 82, *84*, *89*
Levi Ginzburg, Natalia s. *Ginzburg, Natalia*
Levi Grassini, Emma 70
Levi Luzzatti, Amelia, *Ehefrau von Luigi Luzzatti, Tochter von Adele Della Vida Levi* 77, 78
Levi Minzi, Anna s. *Marx, Anna*
Levi Minzi, Giacomo, *Jurist* 215, 227
Levi Minzi, Guido („Gad"), *Sohn von Anna Marx* 227
Levi Nathan, Sara 9, 15, 22, 33 f., 54–66, 78, 89, 93, 95, 109, 117, 127, 132, 135, 190, 261 f., 269
Levi Sarfatti, Eloisa 229, *230*
Levis Sullam, Simon VIII, 16, *118*
Lewald, Fanny 81
Liebknecht, Wilhelm 106
Lombroso, Aronne, *Vater von Cesare Lombroso* *31*, 44
Lombroso, Cesare 14, 21, *31*, 36–39
Lombroso, Gina 14 f., 16, 21, 27, 31, 36–39, 49, 134, 153, 201–203, 256 f.
Lombroso, Paola 14 f., 16, 31, 36, 38 f., 49, 51, 76, *146*, 256, *257*, 278, *279*
Lombroso Ferrero, Gina s. *Lombroso, Gina*
Luzzatto, Arturo, *Parlamentsabgeordneter* 47, *175*
Luzzatto, Carolina (Sara), *geb. Sabbadini* 11, 79, 82, 84 f., 94, 153
Luzzatto, Fabio, *Jurist* 136
Luzzatto, Fanny, *Protagonistin des Risorgimento, Mutter von Arturo Luzzatto* 47, *175*
Luzzatto, Fanny, *Krankenschwester, Schwester von Fabio u. Oscar Luzzatto* 136, 160–163, 174
Luzzatto, Guido Ludovico 161
Luzzatto, Oscar, *Mediziner* 136
Luzzatto, Samuel David 86
Luzzatto Coen, Carolina s. *Luzzatto, Carolina*
Luzzatto Coen, Girolamo, *Ehemann von Carolina Luzzatto* 85
Luzzatti, Luigi 3, 15, 22, 68, 74, 77, *78*, 111

Maier, Barbara (Babette), *Näherin, Mutter von Paolina Schiff* 92 f.
Majer, Angelo 185

Majer Rizzioli, Elisa 26, 183–188, 270
Majno, Edoardo, *Anwalt, Sohn von Ersilia Majno, Schwiegersohn von Berta Cammeo Bernstein* 214, *241*
Majno, Ersilia 17, 108, 110, 114–117, 122, *123 f.*, 126, 127, *128 f.*, 136, *137*, 158, 166, 190, 199, 206, 214, *215*, 217, 219, 227, *241*, 255, 264
Majno, Luigi 108, *114*
Malnati, Linda 138 f., *140*, 195
Manin, Daniele 69, 154
Mantella Zambler, Gemma *239*
Marangoni, Guido *189*
Marcora, Giuseppe, *Radikaldemokrat* 104
Marcotti, Giuseppe *85*
Margulies, Heinrich, *Publizist u. Ökonom* 212, 216
Margulies, Nanny, *geb. Auerbach* 212, 216
Margulies, Samuel Hirsch, *Rabbiner* 165, 209, 210, *212*, *216*
Marin, Maria 185
Mario, Alberto, *Patriot* 55, *98*
Marx, Anna, *Ehefrau von Giacomo Levi Minzi, Schwester von Frida Marx Ceccon* 215, 219, 227
Marx, Karl *233*
Marx Ceccon, Frida, *Juristin* 215, 230, *233*, *236*, 242, 277
Matteotti, Giacomo 18, 27, 197 f., 200–202, 205, 272
Maurogonato Pesaro, Letizia *138*
Mazzini, Giuseppe 21–23, 29, 54, 59–66, 75, 79 f., 82, 93, 96, *97*, 98, 123, 128, 132, *150*, 151, 169, 219, *231*, *233*, 261 f., 267, 269
Mazzoleni, Angelo, *Jurist u. Pazifist* 91, 95, 103–105
Medina, Samuel, *Großvater von Daniele Manin* 69
Messere, Edoardo 240
Michels, Robert, *Soziologe* 187
Mieli, Virginia, *Ehefrau von Ernesto Nathan* 138
Milla, Arturo *239*, 242 f.
Milla, Eloisa 242
Milla, Laura 242
Milla, Maria Giovanna 242
Minich, Angelo, *Chirurg u. Senator* 74
Misan Levi, Ermilina *222*
Modigliani, Samuele, *Vater von Ida Modigliani Barletti* 193

Modigliani Barletti, Ida 192 f.
Modona Olivetti, Nina 11, 81 f., 84
Momigliano, Arnaldo 129
Moneta, Teodoro, *Journalist u. Friedensnobelpreisträger* 104, *105*
Montefiore, Claude G. *128*
Montesano, Giuseppe Ferruccio, *Psychologe u. Neuropsychiater, Schwager von Maria Montesano* 232
Montesano, Maria, *Pädagogin, Enkelin von Adele Della Vida Levi* 232, *233*
Montesano Levi Della Vida, Maria s. *Montesano, Maria*
Montessori, Maria 139 f., 142, *232*
Montuori, Raffaele, *Präfekt* 232
Moravia, Allegra, *Großmutter von Daniele Manin* 69
Morelli, Giovanni 151
Morelli, Salvatore, *Jurist, Politiker, Journalist u. Schriftsteller* 101–103, *189*
Morpurgo, Salomone, *Direktor der Nationalbibliothek von Florenz* 230
Mortara, Edgardo 165
Moses, *biblischer Patriarch* 29, 93
Mozzoni, Anna Maria 66, 79, 97 f., 100 f., 103 f., 151
Mussolini, Benito 4, 26, 41, *151*, 183, 186–188, 194–198, 202 f., 206, 217 f., 224 f., 229, 236, 248 f., 251, 257, 273–275, 277

Nathan, Adah 60
Nathan, Alfred 58, *60*
Nathan, Beniamino („Ben") 29, 60
Nathan, David 60
Nathan, Ernesto, *Bürgermeister von Rom 1907–1913, Sohn von Sara Levi Nathan* 57, 58, 60, 138, 188, 190, 229, *230*
Nathan, Giuseppe („Joe") 78, 80
Nathan, Henry 60
Nathan, Janet s. *Nathan Rosselli, Janet*
Nathan, Moses Meyer, *Börsenmakler, Ehemann von Sara Levi Nathan* 33, 57–62, 73
Nathan, Sarina, *Ehefrau von Alessandro Levi u. Nichte von Ernesto Nathan* 57
Nathan Levi Della Vida, Sarina, *Ehefrau von Mario Levi Della Vida u. Tochter von Ernesto Nathan* 230, 275
Nathan Puritz, Mary, *Tochter von Ernesto Nathan* *135*, 138, 188, 190–193, 229 f.

Nathan Rosselli, Janet, *Tochter von Sara Levi Nathan* 29, 55, 57, *58*, 64, *65*
Navarra, Dario, *Sohn von Marta Navarra Bernstein* 252, *253*
Navarra Bernstein, Marta s. *Bernstein Navarra, Marta*
Neppi, Aldo 162
Neppi, Graziadio 246
Neppi, Vittorio, *Anwalt, Professor für Jura* 246
Neppi Modona Viterbo, Lionella VIII, 16, *216*, 255
Nitti, Francesco Saverio 182
„Nonna" Paola (Pseudonym), *Journalistin u. katholische Aktivistin* 146
Nordau, Max *33*, *112*
Norsa Pisa, Fanny, *Tochter von Ugo Pisa, Vorsitzende der ONMI* 121, 188, 242 f.

Orano, Paolo, *Journalist u. Schriftsteller* 144
Orlando, Vittorio Emanuele, *Politiker* 134
Orvieto, Adolfo, *Journalist* 46
Orvieto, Angiolo, *Dichter u. Journalist, Ehemann von Laura Orvieto* 32, 34, *36*, 43, 46 f., *51*, 132 f., *150 f.*, *153*, 163 f., 170 f., *174*, *176*, 177, 192, 204, *207*, *209*, 244, *245*, 257
Orvieto, Annalia („Lia"), *Tochter von Angiolo u. Laura Orvieto* 32, *43*, 170, *223*
Orvieto, Laura 1, *5*, 9, 15–17, 21, 25, 31 f., 34–36, 43, 46, 48–52, 76, *117*, 134, *135*, 138, 151, 153, 156 f., 163 f., *167*, 168, 170, 173–177, 184, 188, 191–193, *197*, 204, *205*, 207, 209, *223*, 244 f., 257, *258*, 268–270, 278
Orvieto, Leonfrancesco („Leo"), *Sohn von Angiolo u. Laura Orvieto* 32, *34*, 43, 49–51, 163, 170, *223*

Pace Fassari, Irene 240
Pacifici, Alfonso, *Rabbiner, Jurist u. Journalist* 210
Padoa, Marcella, *Mutter von Gabriella Falco Ravenna* 253 f.
Padoa, Pellegrino 72
Papafava, Francesco 20, *257 f.*
Paper, Ernestine, *geb. Puritz-Manasse, Ärztin* 135, 178 f., 188
Pappenheim, Bertha 127
Pardo-Roques, Giorgina s. *Zabban, Giorgina*
Pardo-Roques, Giuseppe, *Vorsitzender der jüdischen Gemeinde von Pisa* 188 f.

Passigli, [?], *Schwestern, jüdische Halbwaisinnen* 165
Pavia, Rosa *221*
Pavia, Salomone, *Juwelier, Vater von Eugenia Pavia Gentilomo* 86
Pavia Gentilomo, Eugenia 11, *79*, 82–88, 89
Pavissich, Antonio *139*
Perugia, Ada *253*
Pestalozzi, Johann Heinrich *70*, 126
Pick, Adolfo, *Pädagoge* 70, 74
Pilati, Gaetano 206
Pincherle, Gabriele, *Senator, Bruder von Amelia Rosselli* 204
Pincherle, Giacomo, *venezianischer Patriot, Vater von Amelia Rosselli* 69, 173
Pincherle, Leone, *Minister der Repubblica di San Marco, Großvater von Adele Della Vida Levi* 69
Pincherle, Regina, *Gelehrte, Mutter von Adele Della Vida Levi* 68 f., *70*, 71 f.
Pincherle Rosselli, Amelia s. *Rosselli, Amelia*
Pisa, Bice, *Mutter von Nina Rignano Sullam, Schwester von Ugo Pisa* 118
Pisa, Costanza, *Großmutter von Nina Rignano Sullam* 121
Pisa, Luigi 243
Pisa, Ugo, *Philanthrop, Senator* 108, 118, 121, 216, 243
Pisa, Vittoria s. *Cantoni Pisa, Vittoria*
Pisa, Zaccaria, *Bankier, Urgroßvater von Nina Rignano Sullam* 121
Pisa Rizzi, Antonietta, *Mitgründerin der UFN, Schwägerin von Ugo Pisa* 108, 121 f.
Pistelli, Ermenegildo, *Pater* 163
Pius X., *Papst* 140 f.
Polacco, Evelina 222, 251
Politeo, Giorgio, *Philosoph, Pädagoge* 74
Porro, Ercole [?], *Jurist* 124
Prato, David, *Rabbiner* 211, *212*
Preziosi, Giovanni, *Politiker u. Journalist* 187, 248
Puccinelli Calò, Laura, *Ehefrau von Giovanni Calò* 200, 229, *230*
Pugliese, [?], *zionistische Pionierin* 226

Raditsa, Bogdan 44
Raditsa, Bosiljka VIII, 16, 44
Raffalovitch Comparetti, Elena, *Pädagogin* 73
Ravà, Eugenia *138*

Rava, Luigi, *Jurist u. Politiker* 111
Rava, Luisa 138
Ravenna, Felice, *Mitgründer u. Vorsitzender der zionistischen Vereinigung in Italien, Vater von Gabriella Falco Ravenna* 19, *210*, 212, 216, *221*
Ravenna, Germana, *Tochter von Felice Ravenna, Schwester von Gabriella Falco Ravenna* 213, *253 f.*
Ravizza, Alessandrina 97, *98*, *114*
Richer, Léon, *frz. Journalist* 100
Rignano, Eugenio, *Ingenieur, Ehemann von Nina Rignano Sullam* 34, 119, 121, 125
Rignano Sullam, Nina 1, *6*, 16, 19, 23 f., 28, *30*, 34, 114–121, 123–129, 134, 158 f., 166, 181, 183, 188, 190, 215 f., 235–237, 239, 241–245, 254 f., 263–265, 268 f., 276–278
Rocco, Alfredo, *Jurist u. Politiker* 229 f.
Roghi, Clara *236*, *239*, 240
Roghi Taidelli, Clara s. *Roghi, Clara*
Romanin Jacur, Leone, *Senator* 133
Romoli, Dante *191*
Rosenstein, Anja s. *Kuliscioff, Anna*
Rosselli, Alberto, *Theaterregisseur, Sohn von Nello Rosselli u. Maria Todesco* 52
Rosselli, Aldo, *Medizinstudent u. Leutnant im Ersten Weltkrieg, Sohn von Amelia Rosselli geb. Pincherle* 40, 51, 156, 170–174, 177 f., 208
Rosselli, Aldo, *Schriftsteller, Sohn von Nello Rosselli u. Maria Todesco* 51 f.
Rosselli, Amelia, *geb. Pincherle, Schriftstellerin, Mutter von Aldo, Carlo u. Nello* 5, 9, 15, 17, 20 f., 25, 27, 31, *33*, *36*, 40–43, 46, *47 f.*, 49–52, 65, *69*, 72, 109, *117*, 134, *135*, 136, 138, 153, 156 f., 170–174, 176, *177*, 178, 181, 188–190, 193, *197*, 200–208, 211, 245, 257 f., 268, 270, 272 f., 278
Rosselli, Amelia, *Dichterin, Tochter von Carlo Rosselli u. Marion Cave* 49
Rosselli, Andrew, *Ingenieur, Sohn von Carlo Rosselli u. Marion Cave* 49
Rosselli, Carlo 5, *32*, *34*, 40 f., *48*, 51, 156 f., 170 f., 173, 181, *188*, 202–204, *205*, 206 f., 231, 272, 276
Rosselli, Debora, *Ehefrau von Emanuele Rosselli* 56
Rosselli, Emanuele, *Kaufmann, Cousin von Sara Levi Nathans Mutter* 56 f.

Rosselli, Enrichetta („Ricca"), *Mutter von Sara Levi Nathan* 55 f.
Rosselli, Joe (Giuseppe), *Ehemann von Amelia Rosselli geb. Pincherle* 65, 170
Rosselli, Nello 5, *32*, *34*, 40–43, 51 f., 170 f., 173, 181, *188*, 201–203, 206 f., *208*, 211, 272
Rosselli, Maria s. *Todesco, Maria*
Rosselli, Marion s. *Cave, Marion*
Rosselli, Paola („Chicchi"), *Übersetzerin, Tochter von Nello Rosselli u. Maria Todesco* 51 f.
Rosselli, Pellegrino, *Ehemann von Janet Nathan* 64
Rosselli, Silvia, *Schriftstellerin u. Psychoanalytikerin, Tochter von Nello Rosselli u. Maria Todesco* 51 f.
Rosselli Del Turco, Beatrice 193, 197
Rossi, Ernesto 201–203

Sabbadini, Carolina s. *Luzzatto, Carolina*
Sacchi, Achille, *Arzt, Anhänger Garibaldis* 231
Sacchi, Beatrice 231
Sacchi, Giuseppe, *Pädagoge* 86
Sacchi Simonetta, Ada 20, 231 f., 237 f.
Sacerdotti, Cesare, *Professor für Pathologie, Vater von Maria Sacerdotti* 237
Sacerdotti, Maria, *Vorsitzende der Florentiner FILDIS, Schwiegertochter von Ada Sacchi Simonetta* 20, 232, 237 f.
Saffi, Aurelio, *Politiker* 61
Saffi, Giorgina s. *Craufurd Saffi, Giorgina*
Salandra, Antonio 153
Salomon, Alice 110, 264
Salvemini, Gaetano 201, 203 f.
Sarfatti, Gualtiero, *Psychologe* 230
Sarfatti, Margherita *151*, 183–185, 187 f., 270
Sartori Treves, Pia 138
Sauro, Nazario 186
Scandiani, Amelia, *Schwiegertochter von Adele Della Vida Levi* 78
Schiff, Friedrich, *Kunsthandwerker, Bruder von Paolina Schiff* 92
Schiff, Leopold, *Kaufmann, Onkel von Paolina Schiff* 93 f., *98*
Schiff, Paolina 16, 23 f., *33*, 91–98, 101–115, 118 f., 123 f., 135, 138, 155, 158, 178, *179*, 185, *189*, 190, 196, 199, 263–265, 268, 272

Schiff, Samson, *Silberschmied, Vater von Paolina Schiff* 92 f.
Schiff, Samuel, *urspr. Schwalbach, Samuel, Großvater von Paolina Schiff* 92
Schiff, Wilhelm (Guglielmo), *Bildhauer, Halbbruder von Paolina Schiff* 92
Schlözer, Dorothea 87, 88
Schönflies, Rosalie *94*, 110
Schwalbach, Samuel s. *Schiff, Samuel*
Schwarz, Lina 1, 49–51
Schwimmer, Rosika 155
Scialoja, Antonio, *Wirtschaftswissenschaftler u. Politiker* 77
Scodnik, Irma Melany *111*
Scott, Walter 44
Segre, Sion 231
Segre Amar, Sion s. *Segre, Sion*
Serena, Adelchi 234
Sereni, Angelo 165, *222*
Sereni, Clara *210*
Sereni, Emilio *127 f.*
Sereni, Enzo, *zionistischer Aktivist u. Partisan* 210
Sforza, Carlo, *Politiker u. Diplomat* 205
Sierra, Nina 18, 111, 196–200, 205, 218, 272 f.
Silva, Regina *73*
Simonetta, Bono, *Mediziner, Sohn von Ada Sacchi u. Vallino Simonetta, Ehemann von Maria Sacerdotti* 232, *238*
Simonetta, Quintavalle Carlo („Vallino"), *Philologe, Ehemann von Ada Sacchi* 231, *237 f.*
Sonino, Emma 246
Sonnemann, Leopold, *Verleger, Journalist u. Politiker* 33
Sonnino, Giuseppe, *Rabbiner* 127, 165
Sonnino Carpi, Graziella 236, 239
Spadolini, Giovanni *253*
Spalletti Rasponi, Gabriella 117, 139, 191, 193 f., 229
Spinelli Monticelli, Maria *150*
Sullam, Angelo, *Jurist u. zionistischer Aktivist* 118 f., 215, *219*
Sullam, Giuseppe, *Ingenieur u. Vorsitzender der Mailänder Jüdischen Gemeinde, Vater von Nina Rignano Sullam* 23, 118, 264

Tedeschi, Abramo, *Verleger, Vater von Fanny Tedeschi* 84

Tedeschi, Fanny 82, 84
Tedeschi, Felice *154*
Tedeschi, Marco, *Rabbiner* 84, *94*
Toaff, Alice *250*
Todesco, Maria, *Ehefrau von Nello Rosselli* 32, 49, 52, *157*, 207, *257*
Tordi, [?], *Aktivistin des CNDI* 139
Traquandi, Nello 203
Traxler, Nerina *197*, 229, *230*
Treves, Elisa 234 f., 276
Treves, Giuseppe, *Verleger, Ehemann von Virginia Treves Tedeschi* 166 f.
Treves, Marcello, *Sohn von Ada Treves Segre* 137, 226
Treves, Samuel 234
Treves, Silvia, *Kriegskrankenschwester* 161–163, 174, 179, 268
Treves, Ugo, *Sohn von Ada Treves Segre* 137
Treves, Zaccaria, *Mediziner, Ehemann von Ada Treves Segre* 137
Treves de Leva, Virginia *138*
Treves Segre, Ada 137, 218 f., 221, 226, *234*
Treves Tedeschi, Virginia, *Dichterin, Pseudonym: Cordelia* 112, 138, 166–170, 180, 269
Treves Treves, Elisa *123*
Trieste Sacerdoti, Adele 74
Turati, Filippo *97, 108*, 156, 201, 214, 268

Usiglio, Angelo, *Patriot* 61
Uzielli, Paolo, *Oberst* 191
Uzielli De Mari, Ida 191, 193

Valéry, Paul, *frz. Dichter u. Philosoph* 37
Vannucci, Dino 203
Velardi, [?], *Leutnant* 170
Venturi, Carlo, *Patriot* 61
Viganò, [?], *Vertreterin der Federazione Toscana des CNDI* 190
Villani, Carlo 67, *81*, 86
Villari, Pasquale, *Historiker* 132
Vita Josz, Eleonora, *Nichte von Aurelia Josz* 256
Viterbo, Lionella s. *Neppi Modona Viterbo, Lionella*
Vittorio Emanuele III., *König von Italien* 194
von Marenholtz-Bülow, Bertha, *Frauenrechtlerin u. Schülerin Friedrich Fröbels* 74, 76
Vonwiller, Alberto, *Bankier* 116
Vonwiller, Edvige *114*, 115

Weizmann, Chaim 224
Weizmann, Vera 224
White Mario, Jessie, *Schriftstellerin* 55, 56, 57–59, 61, 66, *98*
Wollemberg, Alina *138*

Yarach, Nyves *159*

Zabban, Giorgina, *geb. Pardo-Roques, Schriftstellerin, Pseudonym: Giorgia Pisani* 188, 207
Zabban, Giulio *188*

2 Orte

Alassio 255, 278
Alessandria, *Stadt in Piemont* 227, 247, 253
Alexandria 96, *198*
Ancona *162*
Argentinien 244
Ariccia 253, 278
Äthiopien 106, *227*
Auschwitz, *Arbeits- u. Vernichtungslager* 2, 20, 253, *254*, 255 f., 278
Australien 244

Baden, *Großherzogtum* 92, 99
Barberino del Mugello 257
Bayern 74
Belgien 75, 155, 262
Berlin 12, 76, *94*, 110, 123, *126*, 127, 212, *216*
Bern 98 f.
Bologna 21, *112*, 165, *205*, *227*, *247*
Bozen 176
Brasilien 244
Brenner 177
Brüssel *61*

Caporetto 158 f., *215*, 268
Carnia 51, 161, 171
Casale Monferrato (bei Alessandria in Piemont) 253
Como 254
Cormons 160
Cortina d'Ampezzo 171, 244
Cortona 203
Cosenza *248*

Dachau, *Konzentrationslager* 210
Dalmatien 184, 186
Den Haag 155
Deutschland 6 f., 9, 16, *33*, *37*, 50, 57 f., 75, 95, 98, 106, 110, 126, 157, 180, *212*, 248, *252*, 259, 262–264, *278*

England 7, *33*, *55*, 57, *60*, 61 f., 81, 98, 100, *118*, 125, 208, 214, *224*, 248
Europa 3, 7, *9*, 10, 12, 21, 23, 27, *34*, 36 f., 57, 66, 68, 74, 87, 91, 95, 98 f., 106, 114, 123–125, 130 f., 134, 143, 148, 151, 157, *170*, *224*, 248, 256, 259–261, 263, 266, 269

– Osteuropa 7, 88 f., 209, 215, 249, 277

Ferramonti, *Konzentrationslager* 248, 249, *250*
Ferrara 68, *139*, 160, *161*, 162, 174, 185, *212*, 213, 220 f., *227*, 246, *247*, 253
Fiume 184 f., 188, 191, *209*, 270
Florenz VIII, 14–16, 20, 34, 44, *46*, *47*, *57*, 74, 77, 87, *132*, 145, *156*, *162*, 163 f., *165*, 169, 171, *178*, 179, *184*, 188, 190, 192, *193*, 195 f., 200, 201–206, 209, *210* f., 212, *213*, *216*, *224*, *227*, 229, 244, *247*, *254*, 255, 257, 268, 271 f., 275, 278
– Borgo Santi Apostoli 202
– Via dei della Robbia *209*
– Via Giusti 202, 204
Fossoli, *Konzentrationslager in der Provinz Modena* 253, 256
Frankfurt a. M. *7*, 57 f.
Frankreich *33*, *37*, 81, 98, 100, 106, *118*, 143 f., *147* f., 156 f., 203, *247*
Freiburg 68
Friaul 25, 47, 136

Genf *36*, 98, *99*, 208, 256
Genua 29, *32*, 37, *89*, *127*, 146, 150, 165, 215, 221, *227*, *231*, *249*, 256
Givat Brenner, *Kibbutz* 210, *227*
Görz s. *Gorizia*
Gorizia *84*, 85, 153
Großbritannien *128*, 156 f., *179*, 224, *247*, 248, 251, 263, 277

Habsburger Monarchie s. *Habsburger Reich*
Habsburger Reich 7, 84–86, 150, 152, 155–157, 167, *170*, 173
Hanau 92

Indien 244
Israel *41*, *152*, *209*, 212, *213*, *224*, 226, 253
Istrien 177, *186*, *215*
Italien 2, 4, 6, 8, 9 f., 13, 17, 19, 21, 23 f., 27, 30, 37, 47 f., 53, 55, 62 f., 66, 72, 74 f., 82, 86, 89, 91, 93, 96, 98, 100, 112 f., 125, 130–133, 136, 142, 144 f., 147 f., 150–152, *158*, 160, 166, 170, 173–176, 181 f., 184–186, 208 f., 212, 217, 220 f., 225 f., 228, 244,

249, 251, 257, 259 f., 262–264, 266 f.,
  273 f., 278
– Mittelitalien 13, 184, 225, 252, 278
– Norditalien 1, 13, 23, 79, 85, 184, 225, 252,
  278
– Süditalien *13*, 79, 252

Jerusalem *210*, 226
Julisch-Venetien 177, 184

Kuba 244

Lateinamerika *224*
Leipzig 75
Libyen 142, 145, 185, 188, 217
Ligurien 254, 277
Lipari 206
Livorno *13*, 42, 55 f., 58, 119, 210 f., *212*, 220,
  223, *227*
Lombardei 84, 94, 102, 118
Lombardo-Venetien, *Kgr.* 68
London 54, *55*, 57 f., 60–62, 65 f., *97*, *98*, *106*,
  110, 125, 127 f., *214*, *224*
– Greville Street 62

Madrid 127
Mailand 1, 6, 11, 14–16, 19, 27, 68, 86, 92,
  94 f., *97*, 105, 108, 112, *114*, 115 f., 118 f.,
  150, 155, 158, *161*, 180, 183, 186, 198, 221,
  241, 244, 251, 255, 265 f., 273
– Corso di Porta Nuova 217
– Via Ruffini 222
Mannheim 16, 91–95, 114, 263
Mantua 20, *84*, 231 f., 237 f.
Modena 55 f., 58, 61, *81*, *210*, 221, 225, *227*, 253
Monza 183

Naher Osten 224
Neapel 74, 215
Neu-Isenburg 127
New York *138*, 257
Nordafrika 224
Nordamerika s. *USA*

Odessa 74, *178*
Offenbach 58
Österreich 68–70, 84–86, 93 f., 106, *150*, 151–
  153, 156–158, *171*, 176 f., 180, *186*, 267
– Monarchie s. *Habsburger Reich*

– Republik 7
Österreich-Ungarn 25, 157, *171*
Osteuropa s. *Europa*

Padua 22, *32*, 77 f., 83, 86, 133, *165*, *174*, *205*,
  209, 217, 220, *227*, *247*, 262
Palästina *137*, 209–211, *212*, 215–217, 220 f.,
  224, 226–228, *234*, 244, 246, *247*, 249–
  251, 254, 274, 277
Palermo *180*
Pal Grande *171*
Paris 37, *46*, 51, 55, 58, 68, *69*, 81 f., 102, 110 f.,
  127, 144, 147 f., 202, *213 f.*, 245
Pavia 15 f., 86, 95 f., *104*, 108, 112 f., *114*, 170
Pesaro 33, 55, 58, 62, 66, 68
Piemont 33, 70, 84, 137, 153, 218, 226, 231,
  234 f., 253, 275
Pisa 64, *178*, *188*, *227*, *237*, *247*
Pola *186*
Polen *180*, *212*, 248, 250, 263
Portogruaro 162
Portugal 100
Preußen 4, 126

Rehovot 226
Rignano sull'Arno (bei Florenz) 203 f.
Rödelheim (bei Frankfurt a. M.) 57
Rom VII f., 3, *13*, 14–18, 29, 40, *55*, 56 f., *60*,
  65 f., 68, *69*, 74 f., 77, *82*, 83, *93*, *95*, *97*,
  103, 106, 108, 111, 117 f., *128*, 134–136,
  138, *139*, 141, *143*, 145, *150*, 154, 158, 165,
  180, 186, 189 f., *193*, 194–197, *198*, *200*,
  201, 203, 211, 220, 222, *227*, *232 f.*, 236,
  247, 249, 250–254, 265 f., 270 f., 278
– Lungotevere Sanzio 251
– Trastevere 62, 65, 132, *233*
Rovigo *247*
Rumänien *248*
Russland *33*, 81, 97, 157, *178*, 180

Saint-Germain-en-Laye 177
Salò, *Repubblica di* 252
Sardinien-Piemont, *Kgr.* 3, 94, 96
Schweiz 74, 98, 100, 208, *253*, 256, 262, 278
Solingen *233*
Sowjetunion *248*
Spanien 33, *37*, 44
Split 74
Strada in Chianti (bei Florenz) 202

Südamerika 215, *247*
Südtirol 177

Tarsia *248*
Tel Aviv *212*, 216, 226 f., 243
Toskana 4, 49, *135*, *137*, *139*, *145*, 178, *179*, *181*, 188 f., *190*, 191, *192*, 193, *194*, 196–198, *199*, 200, *205*, 207, 229, *230*, 271
Trient 152, 156, 267
Triest *5*, 13, 19, 68, 84, 89, 92–95, 97, *132*, 150, 152 f., 155 f., 167, 169, 177, 209, 215, *227 f.*, *247*, *255*, 262 f., 267
Tripolis *218*, *227*, *250*
Turin 14–16, 18, *36*, 47, *81*, 84, 108, 112, *119*, 137, 139–143, 165, 189, *199*, 201, 218, 221, *226 f.*, 234–236, 239, *243*, *247*, *256 f.*, 276

Udine 47, 160, 172, 208
Ungarn 155, *248*, *255*
USA *33*, *69*, 81, 100, 125, 208, *219*, *247*
Ustica 206

Varese 254
Venedig 15 f., 33, 40, 46, 67–70, 73–76, 83, 87 f., *92*, 118, *119*, 132 f., 147, *150*, 173, 185 f., 215, 220, 223, 225, *227*, *247*, 251, 258, 262
– Ca' Boldù 46
– Ca' d'Oro 46
– Canal Grande 46, 68, 173
– Lido 46
– Rio di Noale 69
– Santi Apostoli 67, 74 f.
Venetien s. *Veneto*
Veneto *68*, 69, 84, *129*, *139*, 147, *213*
Vercelli *247*
Verona 44, *50*, 77, 133 f., 136, 139, *228*, *247*, *254*
Viareggio 207
Vigevano (bei Pavia) 170

Wien *92*

Yad Vashem 20, *254*

Zara *184 f.*, *215*
Zentralitalien s. *Mittelitalien*
Zürich *178*, *219*

www.ingramcontent.com/pod-product-compliance
Lightning Source LLC
Chambersburg PA
CBHW080835230426
43665CB00021B/2847